大事记 | 2017年2月

2017全国青少年信息学奥林匹克冬令营（CCFNOI 2017冬令营）于2月3日~10日在浙江省绍兴市第一中学举行。NOI 2017冬令营共8天，其中6天为培训和交流。参加冬令营的营员由正式营员和非正式营员组成。国家集训队选手和其指导教师为正式营员，共69名；非正式营员限量自愿报名，共有613人参加。冬令营内容包括授课、解法交流讨论、上机实习、测试和社会活动等。根据IOI 2017国家集训队员在集训和冬令营期间的表现，CCF在冬令营结束时选拔出15名国家队候选队员。

NOI科学委员会委员、北京大学博士蒋婷婷和IOI 2017国家队选手金策、任之洲、吴作凡、董克凡等一众专家与高手亲临现场为营员授课。他们不仅带来了精彩的算法讲解，还与营员们现场交流了竞赛经验与学习心得。

在本次冬令营中，CCF开设了第二课堂，主要针对教师培训和交流，同时也对所有营员开放。长沙雅礼中学的朱全民老师、杭州二中的李建老师、常州高级中学的曹文老师及长沙一中的曹利国老师在第二课堂做了精彩的教学授课。不仅如此，《CCF中学生程序设计教材》专题讲座邀请到教材的作者们：佛山石门一中的江涛老师、东北育才学校的邱桂香老师、福州一中的陈颖老师和中山纪念中学的宋新波老师为教师们详细介绍本套教材的内容和教法；在教师交流分享会上，教师们各抒己见、踊跃发言。听课教师分享了这几天的学习感悟和目前面临的问题与需求后，多位资深NOI金牌教师结合自身经验，有针对性地提出了建议和解决方案，让在场教师受益匪浅。参加培训的教师在4天培训后，进行了上机考核。

开营仪式

竞赛现场

2017年4月

作为国内信息学奥赛难度最高的比赛，IOI 2017中国队选拔赛暨信息学奥林匹克精英赛(CCFCTSC)于2017年5月7日~11日在北京市第八十中学举行。经过两轮角逐，从15名国家队候选队员中选出6名选手进入面试。面试主要对选手的口头表达、英语等综合能力进行考察。经过面试，4名选手入选IOI 2017国际信息学奥赛中国代表队，代表我国参加2017年在伊朗德黑兰举行的国际信息学奥林匹克竞赛。这四名选手分别是徐明宽（北京师范大学附属实验中学）、钟知闲（福州第一中学）、毛啸（长沙市雅礼中学）、杨家齐（中山市中山纪念中学）。

同期，还有458名选手参加了精英赛，与选拔赛选手同时参加测试和培训。

国家集训队选手答辩现场

颁奖现场

2017年5月

第十届亚洲和太平洋地区信息学奥林匹克（APIO 2017）由澳大利亚承办，中国赛区竞赛于2017年5月11日~15日在北京市第八十中学举行。来自全国24个省市的539名选手报名参赛。根据比赛规则，排在中国赛区总分前6名的选手全部获得赛会组委会颁发的国际金牌。大赛期间，经CCFNOI科学委员会安排，邀请部分IOI与NOI金牌选手为参赛选手及老师进行了为期两天的培训。

参赛选手在闭幕式上进行才艺展示

杜子德代表CCF
向北京市第八十中学颁发感谢牌

2017年7月

由中国计算机学会主办，浙江省绍兴市第一中学承办的第34届全国青少年信息学奥林匹克竞赛于2017年7月17日~23日在绍兴举行。

本届NOI规模创近年之最，来自全国30个省市（含香港特别行政区、澳门特别行政区）共计592名师生参加，其中正式选手297名，教师155人。经过为期5天的基础知识测试、讨论和两轮竞赛，最终产生金牌60枚、银牌90枚、铜牌95枚。此外，在同期举行的NOI 2017邀请赛中，共有140名选手参加，最终有10名选手达到金牌分数线、40名选手达到银牌分数线、70名选手达到铜牌分数线。

CCF秘书长、NOI主席杜子德在开幕式致辞

NOI 2017比赛现场

获奖选手受到国内著名学府的青睐，他们已分别被清华大学、北京航空航天大学、北京大学等14所国内重点高校现场录取，或者获得这些高校给予的高考降分优惠。本届NOI团体总分前8名的代表队分别是：湖南队、浙江队、江苏队、安徽队、吉林队、福建队、广东队和北京队。

为了给更多选手锻炼和挑战自己的机会，弥补不能现场参赛的遗憾，与NOI 2017同期，CCF举办了NOI 2017网络同步赛，共有1380名选手报名参加。

竞赛之余，NOI 2017承办单位绍兴市第一中学组织了一系列文体活动，丰富大赛日程，增进师生交流。羽毛球赛、足球赛、篮球赛在参赛教师中火热展开，象棋、桥牌、电影等也是选手们喜爱的活动。

羽毛球赛参赛教师合影

足球赛参赛教师合影

2017年7月

第29届国际信息学奥林匹克竞赛于2017年7月28日~8月4日在伊朗德黑兰举行。CCF派出NOI科学委员会副主席、北京航空航天大学副教授赵启阳担任领队，副领队是NOI科学委员会主席、清华大学计算机系副教授王宏。CCF秘书长、NOI主席杜子德研究员和2016 CCF卓越服务奖获得者、长沙雅礼中学NOI指导教师朱全民先生作为观察员参加了本次赛事活动。

本届大赛共有82个代表团组队参赛，参赛选手共308名。经过2天共计10小时的激烈角逐，中国队4名选手荣获两金两银。其中徐明宽获得金牌第2名，钟知闲获得金牌第25名；毛啸和杨家齐获得银牌。

中国队参加了迄今为止举办的全部IOI比赛，总共获得金牌77枚、银牌26枚、铜牌12枚，金牌数和奖牌总数位居参赛国家和地区之首。

IOI于1989年由联合国教科文组织创建，是一项面向全球中学生的计算机领域的赛事，每年由不同国家承办。举办IOI的目的是激发中学生在计算机科学方面的兴趣，为来自世界各地的优秀学生提供彼此交流的机会，分享他们在科学和文化方面的经验。通过竞赛，给学校同类的课程增加动力和新的思路，学习主办国的文化。选手以个人身份参赛，每个国家或代表队限4名选手。IOI创办至今，每年一度的IOI竞赛都吸引了来自约八十个国家的代表队参加。除IOI外，还有四项具有全球影响的国际奥林匹克学科竞赛，它们分别是：数学（IMO）、物理（IPhO）、化学（IChO）和生物学（IBO）。中国曾成功承办IOI 2000。IOI于2005年设立主席（president）一职，IOI首任主席由中国计算机学会秘书长杜子德担任（2005~2008年）。在IOI的竞赛史上，中国队凭借强大的整体实力和选手出色的发挥，在每届IOI的比赛中都取得了令人瞩目的成绩。

此项活动得到了中国科协青少年部和国家自然科学基金委的长期支持和资助。

IOI 2017中国代表队选手合影

2017年10月

2017年全国信息学奥林匹克联赛（NOIP 2017）初赛于2017年10月14日在全国各省赛区同步举行。NOIP 2017共有31个省份（含港澳）共计116260名选手参加。初赛参赛人数最多的五省依次为：山东、江苏、四川、安徽、浙江。

在初赛选拔的基础上，2017年11月11~12日在各省赛区举行了复赛，共18563名选手参加复赛，其中提高组有10300名选手，普及组有8263名选手。NOIP 2017复赛提高组一等奖获奖基准分数线为200分，获奖选手2464名，获奖率为23.92%；提高组二等奖获奖基准分数线为120分，获奖选手2956名，获奖率28.7%；一等奖获奖分数线位于基准分数线以上的省份，80分以上未获一二等奖的选手均可获三等奖；复赛普及组一等奖获奖基准分数线为165分，获奖选手1761名，获奖率21.31%；普及组二等奖获奖基准分数线为120分，获奖选手2954名，获奖率35.75%；一等奖获奖分数线位于基准分数线以上的省份，80分以上未获一二等奖的选手均可获三等奖。

2017年12月

2017年12月2日~7日，由获得NOI 2017金牌前50名选手（初中生除外）组成的IOI 2017国家集训队在清华大学举行了集中培训，为期6天，其中4天为培训和交流。培训内容包括：授课、专家讲座、讨论、测试、往届国际金牌和NOI金牌选手辅导等。

本次培训测试由科学委员会学生委员张瑞喆具体负责。王逸松、吉如一、翁家翌、任翰林、徐明宽、毕克、邹逍遥、周笑鸥、邢健开、吕欣、罗哲正、王聿中等IOI/NOI金牌选手参与命题和讲解。命题人还亲临现场指导，针对训练、参赛和综合素质培养与提高等问题与选手深入互动交流。他们不仅带来了精彩的算法讲解，还与队员们现场交流了竞赛经验与学习心得。现场气氛热烈，队员们的讲解和交流也相当精彩。在本次培训测试中，首次对选手采用实时评测的方式，娄晨耀、徐良钦、陈雅正、何家傲、刘晓义、闵梓轩、王邈等IOI/NOI优秀选手为竞赛提供了技术支持。

精英培训

2017年12月2~7日，IOI2017国家集训同期开设了精英培训。中国计算机学会从报名选手中根据NOI 2017成绩选取优秀选手参加。精英培训选手与集训队选手一同上课、测试。

NOI教师培训

CCF分别于2017年3月4~10日在南京外国语学校、9月24日-30日在北京市第八十中学、10月15~21日在长沙雅礼中学、10月22~28日在中山纪念中学、11月13~19日在华东师范大学第二附属中学举行NOI指导教师培训，五次教师培训有来自全国24个省市254所中学的322名教师参加。培训采取授课加上机考核的方式，所有培训教师在培训结束统一参加考核，通过考核由CCF统一颁发NOI指导教师资格证书。

2017 全国信息学奥林匹克年鉴

The Yearbook of China National Olympiad in Informatics 2017

中国计算机学会　主编

科 学 出 版 社

北　京

内 容 简 介

本书是自2006年以来中国计算机学会连续出版的第11部全国信息学奥林匹克年鉴。本书完整记录了2017年国际、国内几次重大的赛事活动，并收录了 IOI 2018 国家集训队在清华大学进行的四次测试赛的题目和题解。

本书内容丰富，技术含量高，非常适合广大信息学奥赛爱好者和指导教师参考阅读。

图书在版编目（CIP）数据

2017全国信息学奥林匹克年鉴/中国计算机学会主编.—北京：科学出版社，2019.1

ISBN 978-7-03-060123-0

Ⅰ.2⋯ Ⅱ.中⋯ Ⅲ.①信息学-竞赛-中国-2017-年鉴 Ⅳ.①G201-54

中国版本图书馆CIP数据核字（2018）第284106号

责任编辑：孙力维 杨 凯/责任制作：魏 谨
责任印制：张克忠
北京东方科龙图文有限公司 制作
http：//www.okbook.com.cn

科 学 出 版 社 出版
北京东黄城根北街16号
邮政编码：100717
http：//www.sciencep.com
中国科学院印刷厂 印刷
科学出版社发行各地新华书店经销
*
2019年1月第 一 版 开本：787×1092 1/16
2019年1月第一次印刷 印张：30 插页：4
字数：702 000

定价：150.00元

AUTHORS | 编委会

前　言 PREFACE

首先我们由衷祝贺《2017 全国信息学奥林匹克年鉴》（简记 CCF NOI 2017 年鉴）的出版发行。这是继《CCF 中学生计算机程序设计》系列教材出版后，CCF 第二次与科学出版社合作。CCF NOI 2017 年鉴也是自 2006 年以来中国计算机学会连续出版的第 11 部全国信息学奥林匹克年鉴。我们为 NOI 年鉴的连续成功出版发行感到高兴和欣慰。

先来简单回顾一下中国信息学奥林匹克在 2017 年两次重大国际竞赛中的表现：

2017 年 7 月在伊朗德黑兰举行的第 29 届国际信息学奥林匹克竞赛（29th International Olympiad in Informatics，简称 IOI 2017）中，代表中国参赛的四名选手克服多种不利因素获得两金两银的好成绩。来自北京师范大学附属实验中学的徐明宽荣获金牌第 2 名，来自安徽师范大学附属中学并入选美国国家队的罗哲正获得金牌第 3 名。

根据 IOI 的官方统计，截至 2017 年，中国信息学奥林匹克代表队在总计 29 届 IOI（1989—2017）中共获得奖牌 115 枚，其中金牌 77 枚、银牌 26 枚、铜牌 12 枚。获得的金牌数和奖牌数均高居各参赛国之首。

APIO 是信息学奥林匹克另一重要的地区性国际竞赛。在 2017 年 5 月由澳大利亚承办的第 11 届亚洲与太平洋地区信息学奥林匹克（简称 APIO 2017）中，中国赛区 100 名正式选手中有资格参与国际奖牌竞争的前 6 名选手再次荣获 6 枚国际竞赛金牌。APIO 至今共举办了 11 届（2007—2017），中国赛区的正式选手共在 7 届竞赛中全部摘金，并获得历届比赛总分第一（按照 CCF 的规则，从 2009 年开始，进入 NOI 国家集训队的选手未参加该项赛事）。这也从另一侧面充分展示了中国选手在信息学奥赛领域的整体综合实力。CCF 的规则使得更多的非国家集训队的选手有机会在 APIO 竞赛中获奖。

CCF NOI 2017 年鉴的主要结构和内容与前几年基本类似。在“大事记”部分完整记录了 2017 年国际、国内几次重大的赛事活动，按照时间顺序包括 NOI 冬令营、IOI 中国队选拔赛（CTSC）暨信息学奥林匹克精英赛、APIO、NOI、IOI、NOIP 的盛况和获奖情况，以及全年的重大赛事活动图片和数据精选。

CCF NOI 2017 年鉴中继续收录了 IOI 2018 国家集训队 50 名选手在清华大学（2017 年 12 月）进行的四次测试赛的题目和题解。从 CCF NOI 2014 年鉴开始，我们已将国家集训队测试赛的内容作为 NOI 年鉴的必选内容，以便让更多的非集训队选手在赛后一起领略测试赛的精彩。

在竞赛试题与算法解析方面，2017 年国内信息学奥赛全部 4 次重要竞赛试题的解题报告同样由命题者本人撰写完成，同时收录了 IOI 2017 和 APIO 2017 试题的参考译文和算法解析。有些题目还提供了命题背景或多种解法，解题思路范围更开阔。CTSC 2017 等部分国内信息学奥赛的题目具有相当的难度，许多题解涉及多学科领域的知识，具有较高的技术含量和参考价值。全部测试数据和部分命题者或选手的程序节选与年鉴一起配套提供。因而，CCF NOI 2017 年鉴必将为信息学奥赛爱好者和指导教师提供十分有益的帮助。

CCF NOI 年鉴的连续出版首先得益于全国信息学奥林匹克主席、中国计算机学会秘书长杜子德的不竭创意和对 CCF NOI 活动的整体把握。

借此机会我们也衷心感谢 CCF NOI 科学委员会全体成员、学生委员和通信委员的宝贵贡献和密切配合，感谢 CCF NOI 竞赛委员会的大力协助，各位命题、题解或试题翻译人员、竞赛总结撰稿人以及组稿人付出的辛勤劳动。他们是：

2017 冬令营命题和题解：杜瑜皓 / 金策、王逸松、吉如一；

APIO 2017 题目翻译与题解：陈宇、吕欣、张瑞喆；

CTSC 2017 命题和题解：金恺、余行江、茹逸中、毕克、金策、徐明宽 / 范浩强；

IOI 2017 题解：钟知闲、毛啸、徐明宽、杨家齐、罗哲正；

NOI 2017 命题和题解：王逸松、于纪平、吉如一、黎才华、张瑞喆、余行江；

NOIP 2017 初赛命题和题解：蒋婷婷、张勤健、林泽辉、林舒、倪星宇；

NOIP 2017 复赛命题和题解：孙辉、张瑞喆、梁钧凯、冯宁轩、茹逸中、侯宇蓬、周子鑫、吉如一；

IOI 2017 国家集训队测试赛命题和题解：吕欣、邢健开、王聿中、王逸松、周笑鸥、徐明宽、翁家翌、邹逍遥、毕克、吉如一、罗哲正、任翰林；

NOI 大事记部分：周苗。

我们还要特别感谢 CCF NOI 科学委员会名誉主席吴文虎教授一如既往的指导和帮助。感谢 CCF NOI 科学委员会顾问尹宝林教授、科学委员会副主席赵启阳博士和北航评测组为竞赛测评所做的大量卓有成效的工作。感谢常年工作在信息学奥赛第一线的指导教师和教练们的默默奉献。

我们欣喜地看到一些新的名字出现在 CCF NOI 2017 年鉴的各省特派员、领队和指导教师的名单中。由于年龄等多种原因，部分曾经在信息学奥赛第一线工作多年的特派员、领队和指导教师陆续退出了这一舞台。我们对他们为信息学奥赛做出的宝贵贡献致以崇高的敬意。

CCF NOI 2017 年鉴在主要赛事活动的选材和内容取舍方面难免仍存遗漏与疏忽，试题解析中的错误与缺憾同样在所难免，欢迎信息学奥赛的各位同行提出宝贵意见和建议，以便我们在今后的年鉴出版中逐步改进完善。

愿 CCF NOI 年鉴伴随信息学奥赛的发展不断充实丰富，与时俱进，为我国青少年计算机教育和信息学奥赛的普及与提高做出新的贡献。

王 宏
中国计算机学会理事
NOI 科学委员会主席
清华大学计算机系副教授
2018 年 7 月

CONTENTS 目录

NOI 组织机构

赛事成绩单

2017 年 NOI 系列活动试题与解题报告

NOI 组织机构

CCF NOI主席

杜子德　中国计算机学会秘书长

CCF NOI科学委员会

名誉主席	吴文虎	清华大学计算机系教授
主　　席	王　宏	清华大学计算机系副教授
副主席	赵启阳	北京航空航天大学计算机学院讲师
	孙　辉	中国人民大学信息学院副教授
委　　员	蒋婷婷	北京大学信息科学技术学院副教授
	刘奕群	清华大学计算机系副教授
学生委员	张瑞喆	清华大学计算机系本科生
	江　程	北京航空航天大学计算机学院研究生
	林　舒	北京大学信息科学技术学院研究生
顾　　问	尹宝林	北京航空航天大学计算机学院教授

CCF NOI竞赛委员会

主　　席	杜子德	中国计算机学会秘书长（兼）
副主席	陈熙霖	中国计算机学会副秘书长，中国科学院计算技术研究所研究员
	陈文光	中国计算机学会副秘书长，清华大学教授
委　　员	刘汝佳	尔宜居科技有限公司技术部经理

CCF NOI 各省特派员联系表

省市	NOI 各省组织单位	NOI 特派员	通讯地址	电话	E-mail
安徽	安徽省计算机学会	朱强	安徽省合肥市经开区莲花路 1688 号，合肥师范学院计算机科学与技术系，230011	0551-63800700	abelhftc@163.com abelhftc@163.com
北京	北京青少年科技教育协会	张晓芸	北京市朝阳区育慧里 4 号 3005 室，北京市科学技术协会信息中心，100077	010-84632839	noibeijing@bjkp.gov.cn
福建	福建省计算机学会	胡山立	福建省福州市工业路 523 号福州大学东门行政办公楼，福建省计算机学会，350002	0591-87894999（吴老师）	cfcs@fzu.edu.cn（吴老师）
甘肃	西北师范大学	王立群	甘肃省兰州市安宁东路 967 号，西北师范大学，730070	0931-7975692（石永福）	jzzx@nwnu.edu.cn
广东	广东省计算机学会	郭嵩山	广东省广州市新港西路 135 号，中山大学数据科学与计算机学院，510275	020-83561784	issgssh@mail.sysu.edu.cn
广西	广西壮族自治区计算机学会	钟辉登	广西壮族自治区南宁市星湖路 32 号，广西壮族自治区计算机学会，530022	0771-5315417	zhonghd@ccgx.com.cn
贵州	贵州省计算机学会	向程冠	贵州省贵阳市乌当区高新路 115 号，贵州师范学院，550002	0851-5816641	342956433@qq.com
海南	海南省电化教育馆	杜家锦	海南省海口市西沙路 2 号，海南省电化教育馆，570206	0898-66700493	hndujiajin@126.com
河北	燕山大学信息科学与工程学院	穆运峰	河北省秦皇岛市河北大街438号，燕山大学信息科学与工程学院，066004	18503370076	noihebei@126.com
河南	河南省计算机学会	周清雷	河南省郑州市科学大道 100 号，郑州大学信息工程学院，450001	0371-67739232（宋玉）	iesyguo@zzu.edu.cn（宋玉）
黑龙江	黑龙江省计算机学会	王宇华	黑龙江省哈尔滨市南岗区南通大街 145 号，哈尔滨工程大学计算机学院，150000	0451-82568031	hljnoi@163.com
湖北	湖北省计算机学会	郑然	湖北省武汉市洪山区珞喻路 1037 号，华中科技大学计算机学院，430074	027-87543529 转 8012	zhraner@hust.edu.cn
湖南	湖南省计算机学会	罗纲	湖南省长沙市岳麓区麓山南路，湖南大学信息科学与工程学院，410082	0731-88824255	luo.g@qq.com
吉林	吉林省计算机学会	吕巍	吉林省长春市前进大街2699号，吉林大学计算机学院，130012	0431-85159415	lvwei@jlu.edu.cn
江苏	江苏省青少年科技中心	张婧颖	江苏省南京市建邺区梦都大街 50 号，江苏省青少年科技中心，210019	025-68155822	jsoi@163.com
江西	江西省青少年科技活动中心	李智江	江西省南昌市洪都中大道 248 号，江西省青少年科技活动中心，330002	0791-8529194（肖炜）	26327080@qq.com（肖炜）
辽宁	大连大学	陈寒	辽宁省大连市大连经济技术开发区学府大街 10 号，大连大学，116622	0411-84340209（刘继峰）	lnnoi@dlu.edu.cn（刘继峰）

续 表

省市	NOI 各省组织单位	NOI 特派员	通讯地址	电话	E-mail
内蒙古	内蒙古青少年科技活动中心	王俊义	内蒙古呼和浩特市大学西街235号，内蒙古大学计算机学院，010021	0471-4994882（刘琳）	728204014@qq.com（刘琳）
山东	山东省计算机学会	刘培玉	山东省济南市高新区新泺大街2008号银荷大厦B座四层，山东省计算机学会，250014	0531-82605247	liupy@sdnu.edu.cn
山西	山西省计算机学会	李海芳	山西省晋中市榆次区大学城太原理工大学东门，030600	0351-3176530	sxlhf123@163.com
陕西	陕西学前师范学院	司存瑞	陕西省西安市小寨兴善寺东街，陕西教育学院2号信箱，710061	029-85370108	scr2210@163.com
上海	上海市科技艺术教育中心	吴申广	上海市中山西路1247号，上海市科技艺术教育中心，200051	021-64378912	wushenguang@sina.com
四川	电子科技大学	周世杰	四川省成都市建设北路二段四号，电子科技大学，610054	028-83202775	sjzhou@uestc.edu.cn
天津	天津市青少年科技中心	潘津	天津市南开区白堤路248号科技创业大楼2楼开发部，300192	022-23005037 转 206	panjinkjzx@163.com
新疆	新疆科普活动中心	沙吾烈·木哈提别克	新疆维吾尔自治区乌鲁木齐市沙依巴克区友好北路街道新医路686号区科协新疆科技馆5楼504号房间，新疆青少年科技中心，830011	0991-6386515	shawulie163@163.com
浙江	浙江省青少年科技活动中心	龚剑	浙江省杭州市西湖文化广场2号浙江省科技馆，310014	0571-85177794	1188951@qq.com
重庆	重庆邮电大学	李琳皓	重庆市南岸区崇文路2号，重庆邮电大学计算机学院，400065	023-62471005	lilh@cqupt.edu.cn
宁夏	宁夏计算机学会	杨宏轩	宁夏回族自治区银川市银川一中现代教育技术中心，750001	0951-6010107（刘丁）	liu.ding@126.com（刘丁）
云南	云南师范大学	王保云	云南省昆明市呈贡区聚贤街768号，云南师范大学，650092	0871-65940760	wspbmly@163.com
澳门	澳门电脑学会	林定	澳门欧华利街7-7B，慧华阁15楼C座，澳门电脑学会	00853-66602809	tlam@umac.mo
香港	香港电脑教育学会	欧阳厚从	香港电脑教育学会	00852-96689698	michaelinfohk@qq.com

赛事成绩单

CCF NOI 2017 冬令营获奖名单

一等奖

姓名	省份	学校	年级	姓名	省份	学校	年级
陶重年	江苏	南京外国语学校	高一	颜杰龙	广东	中山市中山纪念中学	高二
祝天然	浙江	浙江省杭州第二中学	高一	闭浩扬	广西	柳州高级中学	高二
梁晏成	浙江	宁波市镇海中学	高一	杨乾澜	江苏	江苏省淮阴中学	高二
陈博涵	浙江	浙江省杭州学军中学	高二	吴凯路	四川	四川省成都市石室中学	高二
钟子谦	福建	福州三牧中学	初三	黄小龙	浙江	温州中学	高二
郭资政	河北	石家庄市第一职业中专学校	高二	刘俊豪	重庆	重庆市第八中学校	高二
范致远	浙江	浙江省杭州学军中学	高一	周永隆	福建	福建师范大学附属中学	高二
蔡承泽	广东	汕头市金山中学	高二	陈子陵	广东	汕头市金山中学	高二
张宇博	北京	北京市第八十中学	高二	任轩笛	浙江	绍兴市第一中学	高二
吴瑾昭	浙江	浙江省杭州第二中学	高二	刘雅琪	福建	福建省泉州市第七中学	高二
武弘勋	安徽	合肥市第一中学	高二	王际豪	山东	山东省实验中学	高二
徐亦轲	湖南	长郡中学	高二	刘承奥	陕西	西北工业大学附属中学	高一
张千帆	湖南	长沙市雅礼中学	高二	潘云舟	福建	长乐第一中学	高一
高嘉煊	广东	中山市中山纪念中学	高一	翟明书	四川	成都七中	高二
王羿涵	湖南	长郡中学	高二	李奥	广东	中山市第一中学	高二
李宁健	浙江	绍兴市第一中学	高二	吴佳龙	浙江	浙江省衢州第二中学	高二
宗博特	浙江	浙江省义乌中学	高二	郭佳胜	广东	广州市第二中学	高二
蔡昊源	江苏	江苏省常州高级中学	高二	郑钧天	广东	广州市第二中学	初三
史记	浙江	温州中学	高二	杨懋龙	湖南	长郡中学	高二
高邱杨	安徽	安徽师范大学附属中学	高二	余泰来	江苏	南京外国语学校	高一
杨昊翔	福建	福建省福州第一中学	高二	杨宗翰	四川	成都外国语学校	高二
夏景涛	浙江	浙江省杭州第二中学	高二	季雨田	浙江	绍兴市第一中学	高二
王润泽	上海	上海外国语大学附属外国语学校	高二	刘明君	北京	中国人民大学附属中学	高二
罗怿鸣	天津	天津市南开中学	高二	王之栋	广东	中山市中山纪念中学	高一
冯宇涛	湖南	长沙市第一中学	高二	袁无为	广东	广州市第二中学	初三
李佳实	吉林	东北师范大学附属中学	高二	陈江伦	湖南	长郡中学	高二
徐翊轩	江苏	常州外国语学校	初三	徐泽涛	浙江	浙江省余姚中学	高一
董炜隽	广东	广州市第六中学	高二	李维钧	浙江	乐成寄宿中学	高二

二等奖

姓名	省份	学校	年级	姓名	省份	学校	年级
王逸轩	吉林	长春吉大附中实验学校	高二	顾霆枫	湖南	长郡中学	高二
吕时清	上海	华东师范大学第二附属中学	高二	吴秉阳	湖南	长沙市第一中学	高二
陈梦雷	福建	福建省厦门双十中学	高二	李欣隆	四川	成都七中	高二
林兆祥	福建	福建省厦门双十中学	高一	陈曦	江苏	江苏省天一中学	高二
李保霖	辽宁	东北育才学校	高二	黄浩睿	山东	山东省临沂第一中学	高二
张开	黑龙江	哈尔滨师范大学附属中学	高二	姜度	浙江	浙江省衢州第二中学	高二
丁明朔	山东	山东省青岛第二中学	高二	戚龙杰	浙江	宁波市镇海蛟川书院	高二
陈齐治	浙江	绍兴市第一中学	高一	成若彤	湖北	宜昌市第一中学	高二

续 表

二等奖

姓名	省份	学校	年级
毛嘉怡	浙江	浙江省杭州学军中学	高二
叶炜宁	浙江	浙江省余姚中学	高二
于剑	安徽	淮南第二中学	高二
丁海鹏	安徽	安徽师范大学附属中学	高二
李天晓	吉林	东北师范大学附属中学明珠学校	初三
堵君懿	江苏	江苏省常州高级中学	高二
周润龙	江苏	江苏省常州高级中学	高二
杨君维	四川	四川省绵阳南山中学	高二
冯东宇	四川	成都七中	高二
朱文天	安徽	安徽师范大学附属中学	高二
吕紫剑	北京	首都师范大学附属中学	高一
陈荣钊	福建	福建省漳平第一中学	高二
黎学丞	福建	福建省厦门第一中学	高二
谭嘉伟	广东	广州市铁一中学	高二
曾奥涵	湖北	武汉市第二中学	高二
吴梦迪	江苏	江苏省丹阳高级中学	高一
张志成	上海	上海外国语大学附属外国语学校	高二
王旭龙	山西	山西大学附属中学	高二
董晨	浙江	浙江省余姚中学	高二
张天陵	安徽	合肥市第一中学	高二
吴作同	福建	福建省福州第一中学	高一
何宇轩	湖南	长沙市雅礼中学	高二
曹力升	湖南	长沙市雅礼中学	高二
路已人	山东	山东省日照第一中学	高二
刘昀	天津	天津市南开中学	高二
邓明扬	北京	中国人民大学附属中学	初二
林旭恒	福建	福建师范大学附属中学	高一
宋航洋	浙江	浙江省余姚中学	高二
费凡	浙江	绍兴市第一中学	高二
樊志睿	广东	中山市中山纪念中学	高二
张天池	河北	衡水第一中学	高二
张宇萱	山东	东营市胜利第一中学	高二
陈嘉乐	浙江	浙江省杭州第二中学	高二
沈序戎	浙江	绍兴市第一中学	高一
王靖涵	北京	北京师范大学附属实验中学	高二
胡晨晓	重庆	重庆市树人中学校	高一
杨尚霏	河北	河北衡水中学	高二
徐子遥	湖南	长郡中学	高二
曹熠洲	四川	成都七中	高二
蔡东晓	山东	山东省泰安第一中学	高二

姓名	省份	学校	年级
韩汶辰	山东	山东省青岛第二中学	高二
何广荣	广东	广州市第二中学	高二
黄天宁	湖南	长沙市雅礼中学	高二
李畅	湖南	长沙市第一中学	高二
李孜睿	山东	东营市胜利第一中学	高二
贾子菡	山东	山东省泰安第一中学	高二
方汤骐	浙江	衢州市实验学校	初三
陈衍德	安徽	安徽师范大学附属中学	高二
陈瑄	江西	江西省萍乡地区莲花中学	高二
邱元辰	辽宁	大连市第二十四中学	高二
刘云蛰	安徽	安徽师范大学附属中学	高二
李佩轩	河北	衡水第一中学	高二
任羽辰	河北	石家庄市第二中学	高二
罗旭锟	湖南	长沙市明德中学	高二
文泓宇	湖南	长沙市第一中学	高二
宋泽宇	吉林	长春吉大附中实验学校	高二
李嘉图	山西	太原市第五中学校	高一
林文斌	广东	中山市中山纪念中学	高二
周任飞	浙江	长兴县实验中学	初三
黄臻祺	浙江	绍兴市第一中学	高二
幸京睿	北京	首都师范大学附属中学	高一
王颖	福建	长乐第一中学	高一
鲁清新	湖南	长郡中学	高二
孔瑞阳	江苏	常州市第一中学	高一
高杨宸严	辽宁	东北育才学校	高二
刘涛	山东	山东省诸城第一中学	高二
岑周涛	浙江	浙江省杭州学军中学	高二
孙沛瑜	浙江	乐成寄宿中学	高一
沈溯	浙江	乐成寄宿中学	高二
吴越	浙江	浙江省杭州第二中学	高一
融凯源	安徽	安徽师范大学附属中学	高二
李元鹏	北京	北京师范大学附属实验中学	高二
胡雨轩	北京	北京师范大学第三附属中学	高二
黄臻	福建	福建省厦门第一中学	高一
梁正昊	广东	中山市中山纪念中学	高二
刘润达	河北	衡水第一中学	高二
段昱	湖南	长沙市雅礼中学	高一
周宇轩	湖南	长沙市雅礼中学	高二
詹致豪	浙江	绍兴市第一中学	高一
周驿东	浙江	浙江省余姚中学	高一
陈冲	浙江	浙江省余姚中学	高二
唐梓天	山东	淄博实验中学	高一

续 表

二等奖							
姓名	省份	学校	年级	姓名	省份	学校	年级
黄康恩	广东	华南师范大学附属中学	高二	何志辉	四川	四川省绵阳南山中学	高二
吴昱	江苏	江苏省淮阴中学	高二	缪卓辰	浙江	宁波市镇海中学	高一
杨浩宇	江苏	江苏省丹阳高级中学	高一				
三等奖							
姓名	省份	学校	年级	姓名	省份	学校	年级
李子恒	北京	北京师范大学附属实验中学	高二	马睿泽	山东	东营市胜利第一中学	高二
袁新钰	重庆	重庆市第八中学校	高二	闫冰洁	山东	东营市胜利第一中学	高二
柴东辰	河南	焦作市第一中学	高二	李雨聪	山西	山西大学附属中学	高二
李可扬	江苏	江苏省常州高级中学	高二	崔轶偕	北京	北京师范大学附属实验中学	高一
肖炯辰	江苏	江苏省大丰高级中学	高二	梁昊骞	北京	北京十一学校	高二
曾晓龙	四川	四川省绵阳南山中学	高一	方泓杰	福建	福建省福州第三中学	高二
柳畅	山东	莱芜一中	高二	蔡子逸	广东	中山市中山纪念中学	高一
陈洪侃	浙江	苍南县嘉禾中学	高一	邓浩然	广东	广州大学附属中学	高二
林润博	福建	福建师范大学附属中学	高二	王冠	河南	郑州市第一中学	高一
张俊逸	广东	中山市中山纪念中学	高一	朱玮昊	上海	上海市上海中学	高一
游添予	湖北	湖北省黄石市第二中学	高二	黄锦松	陕西	西北工业大学附属中学	高二
徐奥淳	四川	四川省绵阳南山中学	高二	张文灏	安徽	合肥市第六中学	高二
程泽瑞	安徽	安徽师范大学附属中学	高一	曾致远	安徽	芜湖市第二十七中学	初三
卢昱昊	广西	南宁市第二中学	高二	韩百洋	北京	北京师范大学附属实验中学	高二
彭贻豪	湖南	长沙市第一中学	高一	沈晓腾	广东	汕头市金山中学	高二
周知谦	江苏	江苏省常州高级中学	高二	韦程瀚	广西	南宁市第三中学	高一
彭轩宇	江西	江西师大附中	高一	尹涵	吉林	东北师范大学附属中学	高二
任清宇	山东	山东省济南稼轩学校	初三	杭心语	江苏	南京师范大学附属中学	高二
罗弈桢	浙江	浙江省余姚中学	高二	王宇鑫	浙江	绍兴市第一中学	高二
林思仪	浙江	苍南县嘉禾中学	高二	林梓航	福建	福建省厦门双十中学	高二
洪玮昕	福建	福建省厦门第一中学	高二	王怀颉	广东	华南师范大学附属中学	高一
许子康	河北	衡水第一中学	高二	邝启鹏	广东	中山市中山纪念中学	高二
程思哲	四川	成都七中高新校区	高二	郭林松	河北	衡水第一中学	高二
邱睿中	四川	成都七中	高二	韩辰昱	江苏	江苏省常州高级中学	高二
张一钊	山东	山东省实验中学	高二	寿家跃	浙江	绍兴市第一中学	高一
吴润哲	福建	福建省福州第一中学	高二	周雨扬	浙江	绍兴市第一中学	初三
黄佳俊	福建	福建省泉州市第七中学	高二	吴纪赟	安徽	合肥市第一中学	高二
孟良谕	河南	郑州市第一中学	高一	黄孝谨	湖北	武汉市第二中学	高二
李天逸	河北	石家庄市第二中学	高二	雷宇辰	湖北	武汉市华师一附中	高二
杨溢华	河北	石家庄二中实验学校	高二	李健楠	黑龙江	哈尔滨市第三中学	高二
杨天祺	江苏	南京师范大学附属中学	高一	唐泽	江苏	江苏省常州高级中学	高二
吴梓柯	四川	成都树德中学	高二	何志明	四川	四川省绵阳南山中学	高二
雍政祺	四川	四川省成都市石室中学	高二	韩宵玥	山东	东营市胜利第一中学	高二
徐泽凡	陕西	陕西师范大学附属中学	高二	蒋梦旭	安徽	淮南第二中学	高二
尹昊萱	山西	山西大学附属中学	高二	罗元超	福建	福建省厦门第一中学	高一
唐昊鹏	湖南	长郡中学	高二	杨思祺	河北	石家庄二中实验学校	高二
赵启元	江西	新余市第四中学	高二	刘牧依	河北	石家庄二中实验学校	高二

续 表

三等奖							
姓名	省份	学校	年级	姓名	省份	学校	年级
黄海晨	湖南	长沙市第一中学	高二	连士熙	天津	天津市南开中学	高二
张乐行	浙江	绍兴市第一中学	高一	王天乐	浙江	绍兴市第一中学	高一
蒋炳衡	安徽	安徽师范大学附属中学	高一	林新元	广东	广州市第六中学	高一
张宇恒	山东	东营市胜利第一中学	高二	姜淳誉	吉林	东北师范大学附属中学	高二
张逸凡	浙江	绍兴市第一中学	高一	胡浦云	江西	江西师范大学附属中学	高二
赵文轩	浙江	乐成寄宿中学	高二	周屹霄	浙江	浙江省杭州第二中学	高一
汤博文	北京	北京师范大学附属实验中学	高二	邹晨雪	安徽	安徽师范大学附属中学	高一
张珈尔	湖北	武汉市华师一附中	高二	李元恺	北京	北京师范大学实验二龙路中学	高二
唐彬峪	江苏	金陵中学河西分校	高一	郑人宁	福建	福建省福州第一中学	高一
管晏如	上海	上海市延安初级中学	六	柳志轩	河南	焦作市第一中学	高二
宁醒龙	广西	南宁市第三中学	高一	单启程	江苏	江苏省淮阴中学	高二
姜雨欣	江苏	南京师范大学附属中学	高二	尤予阳	陕西	西安交通大学附属中学	高二
易普	湖北	宜昌市夷陵中学	高二	杨帆	浙江	浙江省杭州第二中学	高一
许楚豪	湖北	武汉市华师一附中	高一	褚步霄	浙江	绍兴市第一中学	高一
龙晟	湖南	衡阳市八中	高二	陆宇凡	安徽	安徽师范大学附属中学	高二
罗真尧	四川	绵阳南山中学实验学校	高二	孙祯鹏	重庆	重庆市第八中学校	高一
汪志斌	四川	四川省成都市石室中学	高二	鲍政衡	广东	华南师范大学附属中学	高二
牛子牧	山东	山东省青岛第二中学	高二	薛振梁	湖南	湖南师范大学附属中学	高二
毛一琛	浙江	浙江省杭州第二中学	高一	王英豪	江苏	江苏省苏州中学校	高二
沈凌翔	安徽	安徽师范大学附属中学	高二	宋沛荻	江西	江西省赣州三中	高二
张宏	福建	福建省厦门双十中学	高二	黄喆敏	上海	上海市上海中学	高一
周魏	广东	广州大学附属中学	高一	张金鑫	天津	天津市南开中学	高二
杨卓毅	河北	石家庄市第二中学	高二	杨铭基	浙江	乐成寄宿中学	高二
黄兴睿	江苏	南京外国语学校	高一	宋子健	浙江	绍兴市第一中学	高二
颜禹焓	四川	绵阳东辰国际学校	高二	陈俊聪	山东	东营市胜利第一中学	高二
杨溢鑫	四川	四川省绵阳南山中学	高二	朱紫涵	天津	天津市第一中学	高二
罗智康	广东	广州大学附属中学	高二	韦周骏	广西	柳州市龙城中学	初三
岑洋	贵州	关岭布依族苗族自治县民族高级中学	高二	徐达鹏	河南	河南师范大学附属中学	高二
				林觉民	海南	海口中学	高二
刘一达	河北	石家庄市第二中学	高二	焦景辉	河南	焦作市第一中学	高二
张龙姣	河北	衡水第一中学	高二	薛天扬	河南	郑州市第十一中学	高二
吴思扬	江苏	南京外国语学校	高一	宋逸群	河南	焦作市第一中学	高二
陈盛恺	上海	上海市敬业中学	高二	刘轩奇	江西	江西九江一中	高二
艾继涛	陕西	西北工业大学附属中学	高二	王嘉畅	新疆	新疆乌鲁木齐市第一中学	高二
许逸培	浙江	绍兴市第一中学	高二	金浩男	浙江	绍兴市第一中学	高二
吴耀轩	安徽	安徽师范大学附属中学	高二	陈纪源	北京	北京师范大学附属实验中学	高一
姚靖龙	福建	福建省福州第一中学	高二	陈彤	福建	福建省福州第一中学	高二
石蒙	河南	安阳市第一中学	高二	陈雨硕	广东	中山市第一中学	高一
谢松江	湖南	长沙市雅礼中学	高二	张瀚文	河南	安阳市第一中学	高二
吕泓源	吉林	长春吉大附中实验学校	高二	李宗佳	黑龙江	佳木斯市第一中学	高二
贺情怡	四川	成都七中	高二	常容熇	吉林	长春吉大附中实验学校	高二
肖有为	山东	东营市胜利第一中学	高二	王海昱	天津	天津市耀华中学	高二

续 表

三等奖							
姓名	省份	学校	年级	姓名	省份	学校	年级
朱子健	北京	北京师范大学附属实验中学	高一	张珂豪	四川	四川省绵阳中学	高二
史心悦	河北	石家庄市第二中学	高二	李斯威	四川	成都外国语学校	高一
顾宇晨	江西	江西九江一中	高二	孙亮亮	陕西	西安市第六中学分校	高二

APIO 2017 获奖名单

金牌							
省份	姓名	学校	年级	省份	姓名	学校	年级
浙江	梁晏成	宁波市镇海中学	高一	河南	张瀚文	安阳市第一中学	高二
浙江	任轩笛	绍兴市第一中学	高二	四川	王修涵	成都市第七中学	高一
福建	闫书弈	福州第三中学	高二	安徽	刘云蛰	安徽师范大学附属中学	高二
辽宁	樊泽文	东北育才学校	高二	浙江	吴瑾昭	杭州第二中学	高二
福建	钟知闲	福建省福州第一中学	高二	浙江	陆宇暄	杭州第二中学	高二
湖南	张千帆	长沙市雅礼中学	高二	湖南	黄海晨	长沙市第一中学	高二
北京	张宇博	北京市第八十中学	高二	江苏	李可扬	江苏省常州高级中学	高二
福建	吴作同	福建省福州第一中学	高一	广东	李奥	中山市龙山中学	高二
浙江	徐泽涛	余姚中学	高一	浙江	杨帆	杭州第二中学	高一
江苏	徐懿	南京外国语学校	高二	重庆	曾言	重庆市巴蜀中学校	高二
广东	董炜隽	广州市第六中学	高二	湖北	曾奥涵	武汉市第二中学	高二
福建	熊云帆	福建省厦门第一中学	高二	江苏	尤艺霖	南京外国语学校	高二
江苏	杨乾澜	江苏省淮阴中学	高二	江苏	徐翊轩	常州外国语学校	初三
吉林	李佳实	东北师范大学附属中学	高二	湖南	文泓宇	长沙市第一中学	高二
浙江	范致远	杭州学军中学	高一	福建	钟子谦	福州三牧中学	初三
江苏	余泰来	南京外国语学校	高一	福建	杨昊翔	福建省福州第一中学	高二
浙江	祝天然	江山中学	高一	浙江	陈博涵	杭州学军中学	高二
浙江	詹致豪	绍兴市第一中学	高一	安徽	吴耀轩	安徽师范大学附属中学	高二
浙江	李宁健	绍兴市第一中学	高二	福建	邵培圣	福州第三中学	高一
广东	颜杰龙	中山市中山纪念中学	高二	广东	蔡承泽	汕头市金山中学	高二
河北	刘润达	衡水第一中学	高二	福建	刘雅琪	福建省泉州市第七中学	高二
浙江	叶炜宁	余姚中学	高二	湖南	顾霆枫	长郡中学	高二
山东	张运生	东营市胜利第一中学	高二	四川	张清棋	成都市第七中学	高二
江苏	徐海珂	南京外国语学校	高二	湖北	游添予	湖北省黄石市第二中学	高二
四川	杨宗翰	成都外国语学校	高二	上海	何文阳	上海市延安初级中学	初三
江苏	堵君懿	江苏省常州高级中学	高二	安徽	丁海鹏	安徽师范大学附属中学	高二
江苏	周知谦	江苏省常州高级中学	高二	安徽	高邱杨	安徽师范大学附属中学	高二
江苏	谭竣文	南京师范大学附属中学	高一	湖南	唐旻鹏	长郡中学	高二
江苏	杨天祺	南京师范大学附属中学	高一	浙江	陈齐治	绍兴市第一中学	高一
江苏	韩辰昱	江苏省常州高级中学	高二				

续 表

银牌							
省份	姓名	学校	年级	省份	姓名	学校	年级
山东	张一钊	山东省实验中学	高二	山东	肖有为	东营市胜利第一中学	高二
福建	张宏	厦门双十中学	高二	四川	高宇睿	四川省成都市石室中学	高一
浙江	费凡	绍兴市第一中学	高二	安徽	张文灏	合肥市第六中学	高二
广东	高嘉煊	中山市中山纪念中学	高一	重庆	郭俊毅	重庆市第八中学校	高一
江苏	吴思扬	南京外国语学校	高一	四川	邱睿中	成都市第七中学	高二
北京	何中天	北京市第八十中学	高二	广东	罗梓璋	石门中学	高二
浙江	周任飞	长兴县实验中学	初三	河北	李天逸	石家庄市第二中学	高二
浙江	方汤骐	衢州市实验学校	初三	湖南	刘宇晗	长沙市雅礼中学	高二
广东	樊志睿	中山市中山纪念中学	高二	湖南	吴秉阳	长沙市第一中学	高二
湖南	叶闻捷	长郡中学	高一	湖南	曹力升	长沙市雅礼中学	高二
山东	任清宇	济南市稼轩学校	初三	吉林	常容熇	长春吉大附中实验学校	高二
四川	吴凯路	四川省成都市石室中学	高二	山东	闫冰洁	东营市胜利第一中学	高二
浙江	周屹霄	杭州第二中学	高一	山西	王旭龙	山西大学附属中学	高二
广东	林新元	广州市第六中学	高一	北京	吕紫剑	首都师范大学附属中学	高二
浙江	寿家跃	绍兴市第一中学	高一	北京	李元鹏	北京师范大学附属实验中学	高二
安徽	武弘勋	合肥市第一中学	高二	福建	王颖	福建省长乐第一中学	高一
河北	杨卓毅	石家庄市第二中学	高二	北京	王子健	首都师范大学附属中学	高二
湖南	冯宇涛	长沙市第一中学	高二	浙江	宗博特	浙江省义乌中学	高二
湖南	罗宇琦	长沙市雅礼中学	高一	北京	肖元安	中国人民大学附属中学	高二
四川	李欣隆	成都市第七中学	高二	浙江	王天乐	绍兴市第一中学	高一
福建	查寒天	厦门双十中学	高二	广东	柯新宇	石门中学	高一
广东	方彦皓	广州市第六中学	高一	湖南	李淳风	长郡中学	高二
广东	杨启欣	广州市第六中学	高二	福建	兰天	厦门双十中学	高一
河北	张天池	衡水第一中学	高二	山东	张宇恒	东营市胜利第一中学	高二
湖南	龙晟	衡阳市第八中学	高二	浙江	毛一琛	杭州第二中学	高一
湖南	杨懋龙	长郡中学	高二	浙江	孙沛瑜	乐清市乐成寄宿中学	高一
浙江	缪卓辰	宁波市镇海中学	高一	浙江	史添能	杭州第二中学	高一
北京	王靖涵	北京师范大学附属实验中学	高二	浙江	季雨田	绍兴市第一中学	高二
山东	蔡东晓	山东省泰安第一中学	高二	江苏	陶重年	南京外国语学校	高一
四川	冯东宇	成都市第七中学	高二	湖南	徐亦轲	长郡中学	高二
广东	谢典霖	中山市中山纪念中学	高一	吉林	尹涵	东北师范大学附属中学	高二
重庆	杜雨峰	重庆市巴蜀中学校	高二	广东	陈子陵	汕头市金山中学	高二
江苏	孔瑞阳	常州市第一中学	高一	天津	张金鑫	天津市南开中学	高二
山东	马睿泽	东营市胜利第一中学	高二	湖南	黄天宁	长沙市雅礼中学	高二
山东	丁明朔	山东省青岛第二中学	高二	浙江	陈雯丽	衢州兴华中学	初三
四川	王思齐	成都市第七中学	高一	安徽	邹晨雪	安徽师范大学附属中学	高一
河南	乔羽佳	郑州市第一中学	高二	安徽	闻深博	安庆一中	高二
湖南	王羿涵	长郡中学	高二	吉林	程傲	东北师范大学附属中学	高二
山东	韩汶辰	山东省青岛第二中学	高二	四川	梁宇航	四川省成都市石室中学	高二
北京	刘明君	中国人民大学附属中学	高二	江苏	唐泽	江苏省常州高级中学	高二
福建	黎学丞	福建省厦门第一中学	高二	湖南	贺伟强	长沙市雅礼中学	高二
广东	蔡子逸	中山市中山纪念中学	高一	福建	陈梦雷	厦门双十中学	高二

续　表

银牌							
省份	姓名	学校	年级	省份	姓名	学校	年级
河北	郭资政	石家庄市第二中学	高二	北京	崔铁锴	北京师范大学附属实验中学	高一
广东	谭嘉伟	广州市铁一中学	高二	广东	邓浩然	广州大学附属中学	高二
湖南	刘俊琦	长郡中学	高一	广东	鲍政衡	华南师范大学附属中学	高二
浙江	吴越	杭州第二中学	高一	广东	黄舒炜	中山市中山纪念中学	高二
吉林	宋泽宇	长春吉大附中实验学校	高二	浙江	陈冲	余姚中学	高二
北京	唐泓煊	中国人民大学附属中学	高二	浙江	徐希彦	绍兴市第一中学	高一
江苏	蔡昊源	江苏省常州高级中学	高二	辽宁	李保霖	东北育才学校	高二
湖南	陈江伦	长郡中学	高二	山东	李孜睿	东营市胜利第一中学	高二
山东	王肇汉	山东省日照第一中学	高一	广东	吴景图	石门中学	高一
上海	吕时清	华东师大二附中	高二	河北	许子康	衡水第一中学	高二
江苏	唐彬峪	金陵中学河西分校	高一	湖南	唐旻骥	长郡中学	高二
广东	梁家铭	中山市龙山中学	高二	吉林	郭星灼	长春吉大附中实验学校	高一
天津	朱紫涵	天津市第一中学	高二	陕西	李思哲	西北工业大学附属中学	高二
安徽	于剑	淮南第二中学	高二	浙江	过思齐	杭州第二中学	高一
铜牌							
省份	姓名	学校	年级	省份	姓名	学校	年级
湖北	王证儒	华中师大一附中	高二	浙江	沈溯	乐清市乐成寄宿中学	高二
福建	潘云舟	福建省长乐第一中学	高一	北京	武钰淞	清华附中	高二
江苏	杜伟桦	常州外国语学校	初三	黑龙江	付冰洋	佳木斯市第一中学	高二
浙江	黄小龙	浙江省温州中学	高二	山东	柳畅	山东省莱芜第一中学	高二
河北	刘一辰	衡水第一中学	高二	四川	廖弘毅	四川省成都市石室中学	高一
湖南	戴予淳	长郡中学	高二	浙江	赵文轩	乐清市乐成寄宿中学	高二
河北	杨思祺	石家庄二中实验学校	高二	湖南	何宇轩	长沙市雅礼中学	高二
吉林	姜淳誉	东北师范大学附属中学	高二	辽宁	高杨宸严	东北育才学校	高二
广东	沈晓腾	汕头市金山中学	高二	浙江	张乐行	绍兴市第一中学	高一
江苏	周润龙	江苏省常州高级中学	高二	河南	薛天扬	郑州市第十一中学	高二
四川	董海辰	成都外国语学校	高二	湖南	鲁清新	长郡中学	高二
重庆	胡晨晓	重庆市树人中学校	高一	陕西	尤予阳	西安交通大学附属中学	高二
安徽	赵奕喆	芜湖市第一中学	高二	浙江	陈嘉乐	杭州第二中学	高二
安徽	朱震霆	安徽师范大学附属中学	高一	北京	黄思	中国人民大学附属中学	高一
北京	李子恒	北京师范大学附属实验中学	高二	广东	梁正昊	中山市中山纪念中学	高二
北京	朱子健	北京师范大学附属实验中学	高一	辽宁	邱元辰	大连市第二十四中学	高二
福建	王文铎	福州第十八中学	初三	山西	游宁远	山西大学附属中学	高二
福建	谢芷钰	福建省厦门第一中学	高一	山西	李嘉图	太原市第五中学校	高一
河北	吕优	唐山市第一中学	高二	安徽	融凯源	安徽师范大学附属中学	高二
湖北	万才学	湖北省黄石市第二中学	高二	广东	王之栋	中山市中山纪念中学	高一
湖南	罗进	长沙市第一中学	高二	河北	任羽辰	石家庄市第二中学	高二
江苏	张哲	江苏省梁丰高级中学	高二	河北	施浩森	衡水第一中学	高二
辽宁	高庆麾	东北育才学校	高一	河南	孟良谕	郑州市第一中学	高一
上海	韩家乐	华东师大二附中	高二	湖北	叶茂尧	武汉市外国语学校	高二
黑龙江	祁展华	佳木斯市新世纪中学	初三	湖北	马浩博	宜昌市第一中学	高二
辽宁	葛骐睿	东北育才学校	高二	湖南	周宇轩	长沙市雅礼中学	高二

续 表

铜牌							
省份	姓名	学校	年级	省份	姓名	学校	年级
江苏	王英豪	江苏省苏州中学校	高二	广东	林文斌	中山市中山纪念中学	高二
江苏	肖炯辰	江苏省大丰高级中学	高二	河北	王予曦	唐山市第一中学	高二
江苏	李至丹	江苏省丹阳高级中学	高一	河北	李佩轩	衡水第一中学	高二
山东	贾子菡	山东省泰安第一中学	高二	湖北	雷宇辰	华中师大一附中	高二
山东	张宇萱	东营市胜利第一中学	高二	江苏	何乐晗	常州外国语学校	初三
山东	张仡昊	东营市胜利第一中学	高一	重庆	袁新钰	重庆市第八中学校	高二
山东	陈醉	山东省青岛第二中学	高一	陕西	艾继涛	西北工业大学附属中学	高二
陕西	孙亮亮	西安市第六中学分校	高二	福建	朱泽远	福州第三中学	高二
上海	高逸凡	上海市民办华育中学	初二	江苏	张一玎	南京师范大学附属中学	高一
浙江	杨铭基	乐清市乐成寄宿中学	高二	重庆	刘肖	重庆市巴蜀中学校	初三
浙江	戚龙杰	宁波市镇海蛟川书院	高二	福建	吴润哲	福建省福州第一中学	高二
浙江	金浩男	绍兴市第一中学	高二	福建	郑舒恒	福建省泉州市第七中学	高一
浙江	李怀谷	乐清市乐成寄宿中学	高二	江苏	张汝嘉	江苏省大丰高级中学	高一
重庆	郭子劢	重庆市第八中学校	高一	辽宁	吕嘉庆	大连市第二十四中学	高二
安徽	王翰坤	合肥市第一中学	高二	山东	张浩南	东营市胜利第十中学	高二
福建	林梓航	厦门双十中学	高二	四川	张铁怀	绵阳东辰国际学校	高二
江苏	周泳晨	江苏省常州高级中学	高一	北京	白行健	北京师范大学附属实验中学分校	初三
浙江	宋航洋	余姚中学	高二				
浙江	张齐颢	乐清市乐成寄宿中学	高一	黑龙江	李宗佳	佳木斯市第一中学	高二
浙江	傅乐天	绍兴市第一中学	高一	上海	陈泓仰	华东师大二附中	高一
安徽	蒋炳衡	安徽师范大学附属中学	高一	安徽	陆宇凡	安徽师范大学附属中学	高二
广东	张俊逸	中山市中山纪念中学	高一	安徽	江锐城	马鞍山二中	高二
四川	翟明书	成都市第七中学	高二	安徽	贾昊瑞	安徽师范大学附属中学	高一
江苏	陈曦	江苏省天一中学	高二	北京	梁昊骞	北京市十一学校	高二
重庆	蔡祥文	重庆市第一中学校	高二	北京	农钧翔	中国人民大学附属中学	高一
北京	黄子宽	北京师范大学附属实验中学分校	初二	福建	方泓杰	福州第三中学	高二
				湖北	吴轲	武汉市武钢三中	高二
广东	谢立辉	广东省四会市四会中学	高二	湖北	杨易龙	华中师大一附中	高二
四川	郭炼	四川省绵阳中学	高二	湖南	李畅	长沙市第一中学	高二
云南	万仞峰	云南师范大学附属中学	高二	湖南	谢松江	长沙市雅礼中学	高二
北京	李琦煜	首都师范大学附属中学	高一	湖南	罗焯	长沙市雅礼中学	高二
广东	尹鉴鹏	石门中学	高一	江苏	姜雨欣	南京师范大学附属中学	高二
湖南	徐子遥	长郡中学	高二	山东	汪啸宇	山东省青岛第二中学	高二
四川	李云飞	成都市第七中学	高一	山东	邓朝萌	莒县第一中学	高一
天津	刘昀	天津市南开中学	高二	四川	张珂豪	四川省绵阳中学	高二
河北	郭林松	衡水第一中学	高二	四川	邓朝一	成都市第七中学	高一
河北	董博文	河北衡水中学	高二	四川	刘雨薇	四川省成都市石室中学	高一
江苏	黄海烽	常州市第一中学	高二	浙江	谢天晰	浙江省温州中学	高一
山西	李雨聪	山西大学附属中学	高二	福建	林旭恒	福建师范大学附属中学	高一
北京	郑乔	北京师范大学附属实验中学	高二	湖南	廖原	长沙市明德中学	高二
福建	周易	福州第三中学	高一	江苏	刘书玮	江苏省新海高级中学	高一
广东	杨耀良	汕头市金山中学	高二	江苏	刘朗麒	南京外国语学校	高二

续 表

铜牌							
省份	姓名	学校	年级	省份	姓名	学校	年级
山东	黄浩睿	山东省临沂第一中学	高二	湖南	彭贻豪	长沙市第一中学	高一
吉林	赵广泽	东北师范大学附属中学	高一	湖南	欧阳志昕	衡阳市第八中学	高二
山东	赵云霏	东营市胜利第一中学	高二	湖南	黎锦灏	长郡中学	高二
安徽	陈衍德	安徽师范大学附属中学	高二	吉林	吕昆航	东北师范大学附属中学	高一
北京	张辛宁	北京市第八十中学	高二	吉林	赵晨琪	长春吉大附中实验学校	高一
广西	韦周骏	广西柳州市龙城中学	初三	江苏	单启程	江苏省淮阴中学	高二
黑龙江	张开	哈尔滨师范大学附属中学	高二	江苏	吴梦迪	江苏省丹阳高级中学	高一
黑龙江	李昊洋	佳木斯市第一中学	高二	江苏	徐若凡	江苏省常州高级中学	高一
湖北	成若彤	宜昌市第一中学	高二	江苏	王宇骥	常州外国语学校	初三
辽宁	肖宇朔	大连市第二十四中学	高二	山东	路已人	山东省日照第一中学	高二
山西	尹昊萱	山西大学附属中学	高二	山东	王际豪	山东省实验中学	高二
陕西	黄锦松	西北工业大学附属中学	高二	山东	郑继凯	山东省广饶县第一中学	高二
陕西	万和润	西安交通大学附属中学	高一	山东	师天硕	山东省青岛第二中学	高二
安徽	张天陵	合肥市第一中学	高二	山东	郝哲文	山东省潍坊第一中学	高一
北京	汤博文	北京师范大学附属实验中学	高二	山东	李卓彦	东营市胜利第十中学	高二
北京	胡雨轩	北京师范大学第三附属中学	高二	陕西	乔袁飞龙	西安市铁一中学	高二
北京	毛宇翔	北京师范大学附属实验中学	高二	陕西	宋子辰	西安市铁一中学	高二
福建	曾锴鹏	厦门双十中学	高二	上海	汤一泽	上海市民办华育中学	初三
广东	何泓豪	中山市中山纪念中学	高一	上海	高之檬	上海市立达中学	初三
广东	杨明炜	东莞中学松山湖学校	高一	四川	颜禹焓	绵阳东辰国际学校	高二
广东	王宇轩	中山市中山纪念中学	高二	四川	袁方舟	成都市第七中学	高一
河北	张龙姣	衡水第一中学	高二	四川	彭博濠	四川省绵阳中学	高二
河北	范一隆	衡水第一中学	高二	浙江	陈威宇	慈溪上林初级中学教育集团	初三
河南	刘易铖	河南省实验中学	高二	浙江	楼家宁	浙江省衢州第二中学	高一
河南	柴东辰	焦作市第一中学	高二	浙江	邵煜	慈溪中学	高二
黑龙江	管浩博	哈尔滨师范大学附属中学	高二	重庆	杨翔云	重庆鲁能巴蜀中学	高二
湖北	许楚豪	华中师大一附中	高一				

CCF CTSC 2017 获奖名单

一等奖							
省份	姓名	学校	年级	省份	姓名	学校	年级
浙江	岑周涛	浙江省杭州学军中学	高二	浙江	方汤骐	衢州市实验学校	初三
浙江	祝天然	江山中学	高一	安徽	陈衍德	安徽师范大学附属中学	高二
湖南	杨懋龙	长郡中学	高二	浙江	陆宇暄	杭州第二中学	高二
浙江	徐泽涛	余姚中学	高一	湖南	何宇轩	长沙市雅礼中学	高二
安徽	武弘勋	合肥市第一中学	高二	浙江	梁晏成	宁波市镇海中学	高一
浙江	范致远	浙江省杭州学军中学	高一	河北	郭资政	石家庄市第二中学	高二
江苏	余泰来	南京外国语学校	高一	江苏	周润龙	江苏省常州高级中学	高二
四川	翟明书	成都市第七中学	高二	浙江	张乐行	绍兴市第一中学	高一

续 表

一等奖							
省份	姓名	学校	年级	省份	姓名	学校	年级
安徽	吴耀轩	安徽师范大学附属中学	高二	浙江	陈嘉乐	杭州第二中学	高二
福建	钟子谦	福州三牧中学	初三	北京	张宇博	北京市八十中学	高二
广东	蔡承泽	汕头市金山中学	高二	湖南	王羿涵	长郡中学	高二
广东	董炜隽	广州市第六中学	高二	吉林	聂恺辰	东北师范大学附属中学	高二
湖南	陈江伦	长郡中学	高二	安徽	刘云蛰	安徽师范大学附属中学	高二
湖南	符景洲	长沙市雅礼中学	高二	广东	沈晓腾	汕头市金山中学	高二
安徽	贾昊瑞	安徽师范大学附属中学	高一	江苏	陶重年	南京外国语学校	高一
江苏	堵君懿	江苏省常州高级中学	高二	山东	张运生	东营市胜利第一中学	高二
湖南	杨倚天	长沙市雅礼中学	高二	陕西	刘承奥	西北工业大学附属中学	高一
河北	刘润达	衡水第一中学	高二	浙江	李宁远	杭州第二中学	高一
北京	王子健	首都师范大学附属中学	高二	四川	吴凯路	四川省成都市石室中学	高二
福建	杨昊翔	福建省福州第一中学	高二	福建	熊云帆	福建省厦门第一中学	高二
安徽	朱震霆	安徽师范大学附属中学	高一	广东	陈子陵	汕头市金山中学	高二
吉林	李佳实	东北师范大学附属中学	高二	湖南	罗进	长沙市第一中学	高二
江苏	杨天祺	南京师范大学附属中学	高一	江苏	黄海烽	常州市第一中学	高二
山东	李睿涵	山东省泰安第一中学	高二	辽宁	樊泽文	东北育才学校	高二
二等奖							
省份	姓名	学校	年级	省份	姓名	学校	年级
安徽	曾致远	芜湖市第二十七中学	初三	广东	杨耀良	汕头市金山中学	高二
广东	樊志睿	中山市中山纪念中学	高二	吉林	宋泽宇	长春吉大附中实验学校	高二
山东	任清宇	济南市稼轩学校	初三	山东	张一钊	山东省实验中学	高二
浙江	吴佳龙	浙江省衢州第二中学	高二	广东	颜杰龙	中山市中山纪念中学	高二
浙江	周任飞	浙江省长兴县实验中学	初三	湖南	冯宇涛	长沙市第一中学	高二
北京	李子恒	北京师范大学附属实验中学	高二	湖南	郭特	长沙市雅礼中学	高一
江苏	黄鹤飞	江苏省苏州中学校	高二	吉林	尹涵	东北师范大学附属中学	高二
福建	张宏	厦门双十中学	高二	四川	邱睿中	成都市第七中学	高二
广东	王之栋	中山市中山纪念中学	高一	四川	郭睿涵	成都市第七中学	高二
湖南	徐亦轲	长郡中学	高二	江苏	杭心语	南京师范大学附属中学	高二
湖南	黄天宁	长沙市雅礼中学	高二	安徽	融凯源	安徽师范大学附属中学	高二
福建	陈彤	福建省福州第一中学	高二	福建	林兆祥	厦门双十中学	高一
江苏	徐懿	南京外国语学校	高二	江苏	杨乾澜	江苏省淮阴中学	高二
辽宁	邱元辰	大连市第二十四中学	高二	浙江	黄臻祺	绍兴市第一中学	高二
四川	王思齐	成都市第七中学	高一	北京	朱子健	北京师范大学附属实验中学	高一
浙江	费凡	绍兴市第一中学	高二	四川	杨宗翰	成都外国语学校	高二
浙江	任轩笛	绍兴市第一中学	高二	浙江	张逸凡	绍兴市第一中学	高一
浙江	杨帆	杭州第二中学	高一	福建	王颖	福建省长乐第一中学	高一
广东	张俊逸	中山市中山纪念中学	高一	广东	邝启鹏	中山市中山纪念中学	高二
四川	王修涵	成都市第七中学	高一	吉林	姜淳誉	东北师范大学附属中学	高二
浙江	吴瑾昭	杭州第二中学	高二	江苏	孔瑞阳	常州市第一中学	高一
浙江	吴越	杭州第二中学	高一	山东	田宇辰	山东省青岛第二中学	高一
浙江	毛嘉怡	浙江省杭州学军中学	高二	浙江	徐炜	浙江省杭州学军中学	高二
天津	刘昀	天津市南开中学	高二	福建	陈荣钊	福建省漳平第一中学	高二

续 表

二等奖							
省份	姓名	学校	年级	省份	姓名	学校	年级
河北	张天池	衡水第一中学	高二	浙江	过思齐	杭州第二中学	高一
安徽	高邱杨	安徽师范大学附属中学	高二	浙江	陈雍之	浙江省杭州学军中学	高一
山东	韩汶辰	山东省青岛第二中学	高二	四川	董海辰	成都外国语学校	高二
安徽	邹晨雪	安徽师范大学附属中学	高一	广东	谢典霖	中山市中山纪念中学	高一
北京	王靖涵	北京师范大学附属实验中学	高二	江苏	蔡昊源	江苏省常州高级中学	高二
福建	潘云舟	福建省长乐第一中学	高一	四川	梁宇航	四川省成都市石室中学	高二
福建	吴润哲	福建省福州第一中学	高二	浙江	宗博特	浙江省义乌中学	高二
福建	林旭恒	福建师范大学附属中学	高一	浙江	宋航洋	余姚中学	高二
广东	王宇轩	中山市中山纪念中学	高二	江苏	周知谦	江苏省常州高级中学	高二
湖南	蒋康	长沙市第一中学	高二	广东	梁正昊	中山市中山纪念中学	高二
江苏	尤艺霖	南京外国语学校	高二	湖南	龙晟	衡阳市第八中学	高二
江苏	谭竣文	南京师范大学附属中学	高一	江苏	杨浩宇	江苏省丹阳高级中学	高一
四川	袁方舟	成都市第七中学	高一	浙江	金浩男	绍兴市第一中学	高二
浙江	叶炜宁	余姚中学	高二	浙江	陈涵	浙江省杭州学军中学	高一
广东	苏凯	深圳外国语学校	高二	江苏	徐翊轩	常州外国语学校	初三
安徽	程泽瑞	安徽师范大学附属中学	高一	浙江	王天乐	绍兴市第一中学	高一
北京	吕紫剑	首都师范大学附属中学	高二	上海	吕时清	华东师大二附中	高二
山东	华立业	山东省泰安第一中学	高一	湖南	李畅	长沙市第一中学	高二
浙江	毛一琛	杭州第二中学	高一	湖南	曹力升	长沙市雅礼中学	高二
北京	黄思	中国人民大学附属中学	高一	河北	杨卓毅	石家庄市第二中学	高二
福建	黎学丞	福建省厦门第一中学	高二	湖南	唐昊骥	长郡中学	高二
广东	高嘉煊	中山市中山纪念中学	高一	江苏	王英豪	江苏省苏州中学校	高二
黑龙江	张开	哈尔滨师范大学附属中学	高二	江苏	李至丹	江苏省丹阳高级中学	高一
湖南	唐昊鹏	长郡中学	高二	山东	丁明朔	山东省青岛第二中学	高二
上海	王润泽	上海外国语大学附属外国语学校	高二	四川	冯东宇	成都市第七中学	高二
三等奖							
省份	姓名	学校	年级	省份	姓名	学校	年级
山东	李孜睿	东营市胜利第一中学	高二	福建	马斯坦	厦门双十中学	高一
浙江	陈冲	余姚中学	高二	湖南	彭贻豪	长沙市第一中学	高一
湖南	顾霆枫	长郡中学	高二	江苏	许澔天	江苏省苏州中学校	高一
福建	查寒天	厦门双十中学	高二	上海	朱玮昊	上海市上海中学	高一
广东	鲍政衡	华南师范大学附属中学	高二	辽宁	李保霖	东北育才学校	高二
河南	焦景辉	焦作市第一中学	高二	安徽	丁海鹏	安徽师范大学附属中学	高二
山东	柳畅	山东省莱芜第一中学	高二	浙江	邵煜	慈溪中学	高二
浙江	周屹霄	杭州第二中学	高一	福建	林润博	福建师范大学附属中学	高二
福建	谢芷钰	福建省厦门第一中学	高一	河南	柳志轩	焦作市第一中学	高二
北京	李元鹏	北京师范大学附属实验中学	高二	黑龙江	李昊洋	佳木斯市第一中学	高二
湖南	宋明潇	长沙市雅礼中学	高二	湖南	鲁清新	长郡中学	高二
湖南	贺伟强	长沙市雅礼中学	高二	山东	闫冰洁	东营市胜利第一中学	高二
湖南	赵昱童	长郡中学	高二	浙江	季雨田	绍兴市第一中学	高二
四川	雍政祺	四川省成都市石室中学	高二	浙江	陈博涵	浙江省杭州学军中学	高二

续 表

三等奖							
省份	姓名	学校	年级	省份	姓名	学校	年级
湖南	徐子遥	长郡中学	高二	辽宁	高庆麾	东北育才学校	高一
山东	韩宇栋	东营市第一中学	高二	福建	王文铎	福州第十八中学	初三
重庆	刘俊豪	重庆市第八中学校	高二	湖南	荣易	长沙市雅礼中学	高一
安徽	于剑	淮南第二中学	高二	湖南	黄海晨	长沙市第一中学	高二
北京	王瑞康	中国人民大学附属中学	高二	湖南	文泓宇	长沙市第一中学	高二
广东	蔡子逸	中山市中山纪念中学	高一	四川	程思哲	成都七中（高新校区）	高二
河北	杨尚霏	河北衡水中学	高二	浙江	寿家跃	绍兴市第一中学	高一
湖南	段昱	长沙市雅礼中学	高一	浙江	詹哲远	杭州第二中学	高一
山东	刘涛	山东省诸城第一中学	高二	重庆	杨翔云	重庆鲁能巴蜀中学	高二
山东	贾子菡	山东省泰安第一中学	高二	福建	林荣恩	厦门双十中学	高一
四川	谭世炜	成都外国语学校	高二	湖南	吴秉阳	长沙市第一中学	高二
安徽	张文灏	合肥市第六中学	高二	上海	高逸凡	上海市民办华育中学	初二
湖南	谢超才	长沙市第一中学	高一	北京	郑乔	北京师范大学附属实验中学	高二
北京	胡雨轩	北京师范大学第三附属中学	高二	北京	汤博文	北京师范大学附属实验中学	高二
湖南	李淳风	长郡中学	高二	福建	周永隆	福建师范大学附属中学	高二
北京	刘明君	中国人民大学附属中学	高二	福建	曾锴鹏	厦门双十中学	高二
福建	洪玮昕	福建省厦门第一中学	高二	江苏	单启程	江苏省淮阴中学	高二
广东	杨明炜	东莞中学松山湖学校	高一	江苏	赵源捷	南京外国语学校	高一
广东	黄舒炜	中山市中山纪念中学	高二	浙江	刘柏成	宁波市镇海蛟川书院	初三
河北	蔺欣瑶	衡水第一中学	高二	安徽	朱文天	安徽师范大学附属中学	高二
江苏	唐彬峪	南京市金陵中学河西分校	高一	北京	白行健	北京师范大学附属实验中学分校	初三
山东	蔡东晓	山东省泰安第一中学	高二				
山东	张宇恒	东营市胜利第一中学	高二	广东	林文斌	中山市中山纪念中学	高二
陕西	黄锦松	西北工业大学附属中学	高二	河北	吕优	唐山市第一中学	高二
重庆	袁新钰	重庆市第八中学校	高二	山东	黄浩睿	山东省临沂第一中学	高二
福建	吴作同	福建省福州第一中学	高一	山东	苗顺源	山东省莱芜第一中学	高二
湖北	易普	宜昌市夷陵中学	高二	四川	张清棋	成都市第七中学	高二
浙江	缪卓辰	宁波市镇海中学	高一	浙江	李宁健	绍兴市第一中学	高二
浙江	戚龙杰	宁波市镇海蛟川书院	高二	福建	叶若晴	福州第三中学	高一
湖南	刘宇晗	长沙市雅礼中学	高二	浙江	吴成彰	浙江省杭州学军中学	高一
安徽	蒋炳衡	安徽师范大学附属中学	高一	北京	幸京睿	首都师范大学附属中学	高一
江苏	唐泽	江苏省常州高级中学	高二	福建	方泓杰	福州第三中学	高二
浙江	范寒威	绍兴市第一中学	高二	河南	柴东辰	焦作市第一中学	高二
北京	许益冰	中国人民大学附属中学	高二	陕西	艾继涛	西北工业大学附属中学	高二
福建	陈喆桓	福建师范大学附属中学	高一	四川	颜禹焓	绵阳东辰国际学校	高二
广东	陈翊聪	汕头市金山中学	高一	安徽	张天陵	合肥市第一中学	高二
河北	杨思祺	石家庄二中实验学校	高二	北京	唐泓煊	中国人民大学附属中学	高二
河北	郭林松	衡水第一中学	高二	河北	刘一达	石家庄市第二中学	高二
湖南	罗焯	长沙市雅礼中学	高二	河北	张龙姣	衡水第一中学	高二
江苏	韩辰昱	江苏省常州高级中学	高二	吉林	常容熇	长春吉大附中实验学校	高二
浙江	朱江宁	浙江省杭州学军中学	高一	辽宁	肖宇朔	大连市第二十四中学	高二
河北	李佩轩	衡水第一中学	高二	湖南	罗龙光	长郡中学	高二

续 表

三等奖							
省份	姓名	学校	年级	省份	姓名	学校	年级
河南	薛天扬	郑州市第十一中学	高二	福建	柳文骏	福州励志中学	初三
湖南	谢松江	长沙市雅礼中学	高二	河南	孟良谕	郑州市第一中学	高一
陕西	李思哲	西北工业大学附属中学	高二	湖北	马浩博	宜昌市第一中学	高二
北京	崔铁锴	北京师范大学附属实验中学	高一	吉林	程傲	东北师范大学附属中学	高二
北京	武钰淞	清华大学附属中学	高二	山东	唐雯豪	山东省平度第一中学	高二
安徽	凤奕鸣	安徽师范大学附属中学	高一	山西	王旭龙	山西大学附属中学	高二
福建	胡学浚	福建师范大学附属中学	高一	北京	张辛宁	北京市八十中学	高二
湖北	杨易龙	华中师大一附中	高二	福建	朱泽远	福州第三中学	高二
湖南	张千帆	长沙市雅礼中学	高二	黑龙江	李宗佳	佳木斯市第一中学	高二
湖南	赖睿航	长郡中学	高二	湖北	成若彤	宜昌市第一中学	高二
吉林	王逸轩	长春吉大附中实验学校	高二	湖南	周宇轩	长沙市雅礼中学	高二
江苏	张哲	江苏省梁丰高级中学	高二	山东	陈俊聪	东营市胜利第一中学	高二
北京	梁昊骞	北京市十一学校	高二	浙江	史添能	杭州第二中学	高一
福建	陈梦雷	厦门双十中学	高二	浙江	陈彦博	浙江省温州中学	高一
河北	董博文	河北衡水中学	高二	湖南	魏罗健	长沙市雅礼中学	高一
河北	施浩森	衡水第一中学	高二	上海	汤一泽	上海市民办华育中学	初三
辽宁	安泊宁	大连市第二十四中学	高二				

CCF NOI 2017 获奖名单

金牌 60 名						
姓名	省份	性别	学校（全称）	年级	总分	指导教师
闫书弈	福建	男	福建省福州第三中学	高二	627	黄志刚
任轩笛	浙江	男	绍兴市第一中学	高二	592	陈合力、董烨华
何中天	北京	男	北京市第八十中学	高二	586	贾志勇
梁晏成	浙江	男	宁波市镇海中学	高一	574	应平安 / 刘华
武弘勋	安徽	男	合肥市第一中学	高二	567	汪义超、张群、何文才
堵君懿	江苏	男	江苏省常州高级中学	高二	567	曹文、吴涛、周弘恺
潘云舟	福建	男	福建省长乐第一中学	高一	551	董永建
毛嘉怡	浙江	女	浙江省杭州学军中学	高二	551	徐先友
张宇博	北京	男	北京市第八十中学	高二	547	贾志勇
王羿涵	湖南	男	长沙市长郡中学	高二	543	谢秋锋
张千帆	湖南	男	长沙市雅礼中学	高二	543	屈运华
姜淳誉	吉林	男	东北师范大学附属中学	高二	543	王昌平、王晓光、孔维玲
王思齐	四川	男	成都市第七中学	高一	536	蔺洋
陈江伦	湖南	男	长沙市长郡中学	高二	533	谢秋锋
杨懋龙	湖南	男	长沙市长郡中学	高二	528	谢秋锋
蔡承泽	广东	男	汕头市金山中学	高二	522	姚肖华
徐海珂	江苏	男	南京外国语学校	高二	517	周弋、于露、曹蓉
夏景涛	浙江	男	浙江省杭州第二中学	高二	514	李建

续 表

金牌60名						
姓名	省份	性别	学校（全称）	年级	总分	指导教师
吴凯路	四川	男	四川省成都市石室中学	高二	509	文仲友
陈嘉乐	浙江	男	浙江省杭州第二中学	高二	505	李建
陈博涵	浙江	男	浙江省杭州学军中学	高二	502	徐先友
刘承奥	陕西	男	西北工业大学附属中学	高一	502	刘利丽
陈 通	北京	男	北京师范大学附属实验中学	高二	500	胡伟栋、于保红、韩冬兵
钟子谦	福建	男	福州三牧中学	初三	498	黄志刚
吴瑾昭	浙江	男	浙江省杭州第二中学	高二	495	李建
吴耀轩	安徽	男	安徽师范大学附属中学	高二	494	叶国平
高睿泉	江苏	男	南京外国语学校	高二	493	李曙、曹蓉、陈之杨
王子健	北京	男	首都师范大学附属中学	高二	488	杨森林
朱震霆	安徽	男	安徽师范大学附属中学	高一	484	叶国平
董炜隽	广东	男	广州市第六中学	高二	481	严开明
徐泽涛	浙江	男	浙江省余姚中学	高一	477	史习艺
李佳实	吉林	男	东北师范大学附属中学	高二	475	王昌平、王晓光、孔维玲
范致远	浙江	男	浙江省杭州学军中学	高一	472	徐先友
张运生	山东	男	东营市胜利第一中学	高二	471	李云军、刘雪、孔祥丽
杨卓毅	河北	男	石家庄市第二中学	高二	471	李晶
何宇轩	湖南	男	长沙市雅礼中学	高二	468	屈运华
郑钧天	广东	男	广州市第二中学	初三	467	陈旭龙
林旭恒	福建	男	福建师范大学附属中学	高一	460	周成
季雨田	浙江	男	绍兴市第一中学	高二	459	陈合力、董烨华
于剑	安徽	男	淮南第二中学	高二	454	刘立杰、孙全鹏、王娟
杨溢鑫	四川	女	四川省绵阳南山中学	高二	454	叶诗富、朱小红、吴辉
余泰来	江苏	男	南京外国语学校	高一	446	周弋、李曙、史钋镭
陆宇暄	浙江	男	浙江省杭州第二中学	高二	446	李建
杨乾澜	江苏	男	江苏省淮阴中学	高二	445	薛志坚
张瀚文	河南	男	安阳市第一中学	高二	443	李永恒
尹涵	吉林	女	东北师范大学附属中学	高二	439	王昌平、王晓光、孔维玲
杨耀良	广东	男	汕头市金山中学	高二	438	姚肖华
罗进	湖南	男	湖南省长沙市第一中学	高二	438	周祖松
谭竣文	江苏	男	南京师范大学附属中学	高一	438	王静
刘雅琪	福建	女	福建省泉州市第七中学	高二	438	谢水英、郑德强
刘昀	天津	男	天津市南开中学	高二	436	滕伟
宋泽宇	吉林	男	长春吉大附中实验学校	高二	436	刘斓乾、潘雪峰
蔡昊源	江苏	男	江苏省常州高级中学	高二	435	曹文、吴涛、周弘恺
何志明	四川	男	四川省绵阳南山中学	高二	431	叶诗富、吴辉、朱小红
刘俊豪	重庆	男	重庆市第八中学校	高二	428	吴新
冯宇涛	湖南	男	湖南省长沙市第一中学	高二	425	周祖松
李宁健	浙江	男	绍兴市第一中学	高二	424	陈合力、董烨华
叶昊星	浙江	男	浙江省温岭中学	高一	423	陈军辉
刘云蛰	安徽	男	安徽师范大学附属中学	高二	418	叶国平

续 表

银牌 90 名						
姓名	省份	性别	学校（全称）	年级	总分	指导教师
刘润达	河北	男	衡水第一中学	高二	416	姚波、吕洪波、朱文虎
樊泽文	辽宁	男	东北育才学校	高二	415	邱桂香
吴润哲	福建	男	福建省福州第一中学	高二	414	张玲珠
樊志睿	广东	男	中山市中山纪念中学	高二	411	宋新波、熊超、刘德成
熊云帆	福建	男	福建省厦门第一中学	高二	409	赵艳
李昊洋	黑龙江	男	佳木斯市第一中学	高二	409	苑志慧、田丰、蔡福民
段昱	湖南	男	长沙市雅礼中学	高一	408	廖晓刚
宋沛荻	江西	男	江西省赣州市第三中学	高二	408	范才坤
邱元辰	辽宁	男	大连市第二十四中学	高二	408	张新钢
韩宇栋	山东	男	东营市第一中学	高二	408	苟新杰
费凡	浙江	男	绍兴市第一中学	高二	408	陈合力、董烨华
冯东宇	四川	男	成都市第七中学	高二	405	张君亮
黄舒炜	广东	女	中山市中山纪念中学	高二	404	宋新波、熊超、陈智敏
曾言	重庆	男	重庆市巴蜀中学校	高二	403	袁明宏
吴思扬	江苏	男	南京外国语学校	高一	403	李曙、史钋镭、于露
文泓宇	湖南	女	湖南省长沙市第一中学	高二	403	周祖松
曾奥涵	湖北	男	武汉市第二中学	高二	402	徐刚
李淳风	湖南	男	长沙市长郡中学	高二	400	谢秋锋
李畅	湖南	男	湖南省长沙市第一中学	高二	397	周祖松
李奥	广东	男	中山市第一中学	高二	392	沈楚炎
吴佳龙	浙江	男	浙江省衢州第二中学	高二	391	叶敏红
尤艺霖	江苏	男	南京外国语学校	高二	388	吴效时、曹蓉、于露
吕时清	上海	男	华东师大二附中	高二	385	金靖、吴申广
李天逸	河北	男	石家庄市第二中学	高二	384	李晶
徐翊轩	江苏	男	常州外国语学校	初三	384	秦新华、朱春华
丁明朔	山东	男	山东省青岛第二中学	高二	383	胡芳
杨昊翔	福建	男	福建省福州第一中学	高二	381	陈颖
王之栋	广东	男	中山市中山纪念中学	高一	381	宋新波、熊超、黄细光
唐梓天	山东	男	淄博实验中学	高一	381	崔国亮
何志辉	四川	男	四川省绵阳南山中学	高二	381	叶诗富、朱小红、吴辉
罗梓璋	广东	男	佛山市南海区石门中学	高二	380	江涛、梁冠健
徐奥淳	四川	男	四川省绵阳南山中学	高二	379	叶诗富、朱小红、吴辉
杨思祺	河北	男	石家庄二中实验学校	高二	377	李晶
黄天宁	湖南	男	长沙市雅礼中学	高二	373	屈运华
褚步霄	浙江	男	绍兴市第一中学	高一	372	陈合力、董烨华
吴秉阳	湖南	男	湖南省长沙市第一中学	高二	371	周祖松
李保霖	辽宁	男	东北育才学校	高二	370	邱桂香
郭佳胜	广东	男	广州市第二中学	高二	368	林盛华
张开	黑龙江	男	哈尔滨师范大学附属中学	高二	368	于纪明
李宗佳	黑龙江	男	佳木斯市第一中学	高二	368	苑志慧、田丰、蔡福民
柳志轩	河南	男	焦作市第一中学	高二	367	刘小刚、岳卫华、焦卫国
高嘉煊	广东	男	中山市中山纪念中学	高一	366	宋新波、熊超、陈智敏

续 表

银牌 90 名						
姓名	省份	性别	学校（全称）	年级	总分	指导教师
朱子健	北京	男	北京师范大学附属实验中学	高一	365	胡伟栋、韩冬兵、郭培培
王靖涵	北京	男	北京师范大学附属实验中学	高二	365	胡伟栋、郭培培、于保红
黎学丞	福建	男	福建省厦门第一中学	高二	365	赵艳
周润龙	江苏	男	江苏省常州高级中学	高二	365	曹文、吴涛、周弘恺
杨君维	四川	男	四川省绵阳南山中学	高二	363	叶诗富、朱小红、吴辉
顾逸	上海	男	上海市上海中学	高二	361	吴奕明
薛振梁	湖南	男	湖南师范大学附属中学	高二	360	许力
毛一琛	浙江	男	浙江省杭州第二中学	高一	359	李建
易普	湖北	男	宜昌市夷陵中学	高二	359	杜清龙
李子恒	北京	男	北京师范大学附属实验中学	高二	357	胡伟栋、郭培培、于保红
杨宗翰	四川	男	成都外国语学校	高二	357	熊永成
杨尚霏	河北	男	河北衡水中学	高二	355	姚波、吕洪波、朱文虎
田宇辰	山东	男	山东省青岛第二中学	高一	354	胡芳
邱睿中	四川	男	成都市第七中学	高二	353	张君亮
梁正昊	广东	男	中山市中山纪念中学	高二	352	宋新波、熊超、黄细光
李梦宁	天津	女	天津市第一中学	高二	351	王宁
李维钧	浙江	男	乐成寄宿中学	高二	346	张超
顾宇晨	江西	男	江西省九江市第一中学	高二	346	龚禹
郭林松	河北	男	衡水第一中学	高二	342	姚波、吕洪波、朱文虎
祝天然	浙江	男	浙江省江山中学	高一	338	李建
刘明君	北京	男	中国人民大学附属中学	高二	336	叶金毅
高杨宸严	辽宁	男	东北育才学校	高二	335	邱桂香
罗怿鸣	天津	男	天津市南开中学	高二	335	滕伟
张一钊	山东	男	山东省实验中学	高二	331	宁华
黄臻祺	浙江	男	绍兴市第一中学	高二	331	陈合力、董烨华
李睿涵	山东	男	山东省泰安第一中学	高二	331	周鑫、任森森
周宇轩	湖南	男	长沙市雅礼中学	高二	330	屈运华
邓明扬	北京	男	中国人民大学附属中学	初二	329	叶金毅
刘雨俊	重庆	男	重庆鲁能巴蜀中学	高二	329	袁明宏
张乐行	浙江	男	绍兴市第一中学	高一	329	陈合力、董烨华
王润泽	上海	男	上海外国语大学附属外国语学校	高二	329	陈明、顾力放
詹致豪	浙江	男	绍兴市第一中学	高一	328	陈合力、董烨华
常容熇	吉林	女	长春吉大附中实验学校	高二	327	刘斓乾、潘雪峰
孔瑞阳	江苏	男	常州市第一中学	高一	327	林厚从
黄 思	北京	男	中国人民大学附属中学	高一	324	叶金毅
成若彤	湖北	女	宜昌市第一中学	高二	324	陈凡
王欣灏	重庆	男	重庆市南开中学校	高二	322	何浪
尹昊萱	山西	男	山西大学附属中学	高二	320	杨静
孟良谕	河南	男	郑州市第一中学	高一	318	刘俊星
赵心怡	江苏	女	南京外国语学校	高二	314	吴效时、李曙、史钋镭
陈宇	广西	男	南宁市第二中学	高二	313	林边菊、周龙
郭星灼	吉林	男	长春吉大附中实验学校	高一	313	潘雪峰、刘斓乾

续 表

银牌 90 名						
姓名	省份	性别	学校（全称）	年级	总分	指导教师
游宁远	山西	男	山西大学附属中学	高二	313	杨静
曾晓龙	四川	男	四川省绵阳南山中学	高一	312	叶诗富、朱小红、吴辉
王旭龙	山西	男	山西大学附属中学	高二	312	杨静
陈衍德	安徽	男	安徽师范大学附属中学	高二	311	叶国平
孙亮亮	陕西	男	西安市第六中学分校	高二	310	刘利丽
张天池	河北	男	衡水第一中学	高二	309	姚波、吕洪波、朱文虎
铜牌 95 名						
姓名	省份	性别	学校（全称）	年级	总分	指导教师
张宏	福建	男	福建省厦门双十中学	高二	308	曾艺卿
石蒙	河南	男	安阳市第一中学	高二	305	李永恒
吕优	河北	男	唐山市第一中学	高二	304	郭连凤
毛昕渝	重庆	男	重庆南开（融侨）中学校	高二	303	何浪
陶重年	江苏	男	南京外国语学校	高一	302	周弋、李曙、史钋镭
聂恺辰	吉林	男	东北师范大学附属中学	高二	300	王昌平、王晓光、孔维玲
王宇鑫	浙江	男	绍兴市第一中学	高二	297	陈合力、董烨华
朱紫涵	天津	男	天津市第一中学	高二	295	王宁
蔡子逸	广东	男	中山市中山纪念中学	高一	294	宋新波、熊超、黄细光
陆宇凡	安徽	女	安徽师范大学附属中学	高二	293	叶国平
徐子遥	湖南	男	长沙市长郡中学	高二	290	谢秋锋
黄梓駿	香港	男	香港培正中學	中六	290	蘇栢揚
张辛宁	北京	男	北京市第八十中学	高二	289	贾志勇
陈彤	福建	男	福建省福州第一中学	高二	289	林国军
王冠	河南	男	郑州市第一中学	高一	289	刘俊星
闭浩扬	广西	男	柳州高级中学	高二	289	吴克标
兰慧心	北京	女	北京师范大学附属中学	高二	287	胡伟栋、于保红、韩冬兵
许楚豪	湖北	男	华中师大一附中	高一	287	孙俊峰
孙志博	黑龙江	男	哈尔滨师范大学附属中学	高二	286	于纪明
祁展华	黑龙江	男	佳木斯市新世纪中学	初三	283	苑志慧、田丰、蔡福民
汤一泽	上海	男	上海市民办华育中学	初三	282	汪晨、吴申广、马融
韦周骏	广西	男	广西柳州市龙城中学	初三	282	丁强、马振
幸京睿	北京	男	首都师范大学附属中学	高一	281	杨森林
陈昱文	甘肃	男	西北师范大学附属中学	高二	281	张坤
张龙姣	河北	女	衡水第一中学	高二	281	姚波、吕洪波、朱文虎
冉盛文	陕西	男	西安铁一中分校	初三	280	艾庆兴
肖宇朔	辽宁	男	大连市第二十四中学	高二	280	张新钢
王予曦	河北	男	唐山市第一中学	高二	279	郭连凤
付冰洋	黑龙江	女	佳木斯市第一中学	高二	279	苑志慧、田丰、蔡福民
何文阳	上海	男	上海市延安初级中学	初三	278	吴申广、金靖、马融
周义涵	黑龙江	男	七台河市第一中学	高二	277	苑志慧、田丰、蔡福民
宋逸群	河南	男	焦作市第一中学	高二	276	刘小刚、岳卫华、焦卫国
葉景輝	香港	男	喇沙書院	中三	276	黃敏恆、何志達
张志成	上海	男	上海外国语大学附属外国语学校	高二	275	马融、陈明、吴申广

续 表

铜牌 95 名						
姓名	省份	性别	学校（全称）	年级	总分	指导教师
陈荣钊	福建	男	福建省漳平第一中学	高二	274	李超
刘一辰	河北	男	衡水第一中学	高二	274	姚波、吕洪波、朱文虎
曹力升	湖南	男	长沙市雅礼中学	高二	274	屈运华
张宇恒	山东	男	东营市胜利第一中学	高二	274	李云军、刘雪、孔祥丽
张宇萱	山东	女	东营市胜利第一中学	高二	274	李云军、刘雪、孔祥丽
李嘉图	山西	男	太原市第五中学校	高一	274	陈真
宋子辰	陕西	男	西安市铁一中学	高二	273	艾庆兴
贾子菡	山东	男	山东省泰安第一中学	高二	271	周鑫、任森森
邓浩然	广东	男	广州大学附属中学	高二	270	王晓鹏
赵启元	江西	男	江西省新余市第四中学	高二	269	贺新庚
彭轩宇	江西	男	江西师范大学附属中学	高一	269	冯有兵
胡沐彦	江苏	男	江苏省常州高级中学	高一	268	曹文、吴涛、薛莺
朱玮昊	上海	男	上海市上海中学	高一	268	吴奕明、毛黎莉
汤博文	北京	男	北京师范大学附属实验中学	高二	267	胡伟栋、于保红、韩冬兵
吕紫剑	北京	男	首都师范大学附属中学	高一	262	杨森林
田翔宇	江西	男	江西省九江市第一中学	高二	261	龚禹
江锐城	安徽	男	安徽省马鞍山市第二中学	高二	260	陈福宝
郭俊毅	重庆	男	重庆市第八中学校	高一	260	何雄姿
张浩南	山东	男	东营市胜利第十中学	高二	258	王辉青、于红艳
蔡俊銘	香港	男	聖言中學	中四	257	林希達、鍾達智
毛子恒	新疆	男	乌鲁木齐市第一中学	高一	257	杨慧蓉
张一玎	江苏	男	南京师范大学附属中学	高一	255	王静
何思齐	重庆	男	重庆南开（融侨）中学校	高二	248	何浪
郭睿涵	四川	男	成都市第七中学	高二	248	张君亮
蔡柏华	湖北	男	武汉市武钢三中	高二	241	吴金全
周永隆	福建	男	福建师范大学附属中学	高二	239	黄丽华
刘又铭	重庆	男	重庆市巴蜀中学校	高二	238	袁明宏
黄孝谨	湖北	男	武汉市第二中学	高二	238	徐刚
朱景舟	黑龙江	男	齐齐哈尔市实验中学	高二	238	王建宇
袁劭涵	内蒙古	男	呼和浩特市第二中学	高二	238	张鹏飞
黄锦松	陕西	男	西北工业大学附属中学	高二	238	刘利丽
杜雨峰	重庆	男	重庆市巴蜀中学校	高二	237	袁明宏
袁新钰	重庆	女	重庆市第八中学校	高二	237	吴新
陈齐治	浙江	男	绍兴市第一中学	高一	236	陈合力、董烨华
张天陵	安徽	男	合肥市第一中学	高二	235	汪义超、张群、何文才
刘一达	河北	男	石家庄市第二中学	高二	234	李晶
黄云依	山西	女	太原市第五中学校	高二	234	陈真
宋子健	浙江	男	绍兴市第一中学	高二	234	陈合力、董烨华
姜菲洋	天津	男	天津市耀华中学	高一	232	张茹桂
杨翔云	重庆	男	重庆鲁能巴蜀中学	高二	231	袁明宏
黄海烽	江苏	男	常州市第一中学	高二	229	林厚从
杜宸洋	甘肃	男	兰州市第五十八中学	高二	228	石永福

续 表

铜牌95名						
姓名	省份	性别	学校（全称）	年级	总分	指导教师
吴轲	湖北	男	武汉市武钢三中	高二	226	吴金全
王宇轩	广东	男	中山市中山纪念中学	高二	225	宋新波、熊超、黄细光
陈盛恺	上海	男	上海市敬业中学	高二	225	吴申广、周群香、陶然
张珈尔	湖北	男	华中师大一附中	高二	224	孙俊峰、查成林
管浩博	黑龙江	男	哈尔滨师范大学附属中学	高二	223	于纪明
岑洋	贵州	男	关岭民族高级中学	高二	222	李守志
刘宇晗	湖南	男	长沙市雅礼中学	高二	219	屈运华
李元恺	北京	男	北京师范大学实验二龙路中学	高二	215	胡伟栋、韩冬兵、郭培培
陳朗烜	香港	男	聖言中學	中五	213	林希達、鍾達智
余林旭	贵州	男	盘县第二中学	高二	211	缪和平
力维辰	上海	女	华东师大二附中	高二	209	金靖、吴申广、王聿中
蒋梦旭	安徽	男	淮南第二中学	高二	208	刘立杰、孙全鹏、刘龙
卢旻昊	广西	男	南宁市第二中学	高二	208	周龙、林边菊
司嘉祺	辽宁	女	大连市第八十中学	初三	208	张新钢
李烱熙	香港	男	拔萃男書院	中四	207	李冠勁
郭子劢	重庆	男	重庆市第八中学校	高一	206	何雄姿
范寒威	浙江	男	绍兴市第一中学	高二	206	陈合力、董烨华
岳志澄	四川	男	四川省绵阳南山中学	高二	205	叶诗富、吴辉、朱小红
林福煜	澳门	男	澳門勞工子弟學校	高二	205	孙戈明

CCF NOI 2017 邀请赛获奖名单

金牌分数线上10名						
姓名	省份	性别	学校（全称）	年级	总分	第一指导教师
唐彬峪	江苏	男	金陵中学河西分校	高一	498	朱学兴、王孝东
梁家铭	广东	男	中山市龙山中学	高二	485	万杰
何广荣	广东	男	广州市第二中学	高二	465	林盛华
周知谦	江苏	男	江苏省常州高级中学	高二	454	曹文、吴涛、薛莺
鲍东方	浙江	男	绍兴市第一中学	高一	443	陈合力、董烨华
缪卓辰	浙江	男	宁波市镇海中学	高一	442	应平安、刘华
吴梦迪	江苏	女	江苏省丹阳高级中学	高一	433	荆晓虹、方俊
董博文	河北	男	河北衡水中学	高二	427	姚波、吕洪波、朱文虎
龙晟	湖南	男	湖南省衡阳市第八中学	高二	426	邹毅
杨倚天	湖南	男	长沙市雅礼中学	高二	423	屈运华
银牌分数线上40名						
姓名	省份	性别	学校（全称）	年级	总分	第一指导教师
沈晓腾	广东	男	汕头市金山中学	高二	415	姚肖华
高邱杨	安徽	男	安徽师范大学附属中学	高二	413	叶国平
顾霆枫	湖南	男	长沙市长郡中学	高二	413	谢秋锋
胡舟径	浙江	男	浙江省温州中学	高二	409	舒春平

续 表

银牌分数线上 40 名						
姓名	省份	性别	学校（全称）	年级	总分	第一指导教师
姜度	浙江	男	浙江省衢州第二中学	高二	408	叶敏红
程泽瑞	安徽	男	安徽师范大学附属中学	高一	402	叶国平
于峥	湖南	男	长沙市雅礼中学	高二	398	屈运华
杭心语	江苏	男	南京师范大学附属中学	高二	395	王静
蒋康	湖南	男	湖南省长沙市第一中学	高二	388	周祖松
王修涵	四川	男	成都市第七中学	高一	388	蔺洋
雍政祺	四川	男	四川省成都市石室中学	高二	385	文仲友
杨浩宇	江苏	男	江苏省丹阳高级中学	高一	380	荆晓虹、方俊
黄海晨	湖南	男	湖南省长沙市第一中学	高二	373	周祖松
李孜睿	山东	男	东营市胜利第一中学	高二	370	李云军、刘雪、孔祥丽
杨天祺	江苏	男	南京师范大学附属中学	高一	369	王静
赖睿航	湖南	男	长沙市长郡中学	高二	358	谢秋锋
唐旻鹏	湖南	男	长沙市长郡中学	高二	358	谢秋锋
颜杰龙	广东	男	中山市中山纪念中学	高二	357	宋新波、熊超、陈智敏
陈冲	浙江	男	浙江省余姚中学	高二	352	史习艺
李宁远	浙江	男	浙江省杭州第二中学	高一	348	李建
马浩博	湖北	男	宜昌市第一中学	高二	343	陈凡
黄浩睿	山东	男	山东省临沂第一中学	高二	338	唐振华
陈威宇	浙江	男	慈溪市上林初级中学教育集团	初三	335	邹仲杰
寻之扬	山东	男	山东省实验中学	高二	334	宁华
傅乐天	浙江	男	绍兴市第一中学	高一	333	陈合力、董烨华
肖有为	山东	男	东营市胜利第一中学	高二	332	李云军、刘雪、孔祥丽
陈洋	四川	男	绵阳南山中学实验学校	高二	329	张亚芳、李晓蓉
丁海鹏	安徽	男	安徽师范大学附属中学	高二	328	叶国平
李欣隆	四川	男	成都市第七中学	高二	328	张君亮
唐泽	江苏	男	江苏省常州高级中学	高二	326	曹文、吴涛、韩晓
杨铭基	浙江	男	乐成寄宿中学	高二	326	张超
章可循	浙江	男	浙江省杭州学军中学	高二	324	徐先友
李元鹏	北京	男	北京师范大学附属实验中学	高二	321	胡伟栋、于保红、韩冬兵
林润博	福建	男	福建师范大学附属中学	高二	321	黄丽华
韩汶辰	山东	男	山东省青岛第二中学	高二	320	胡芳
牛子牧	山东	男	山东省青岛第二中学	高二	320	胡芳
刘涛	山东	男	山东省诸城第一中学	高二	317	曹爱华
查寒天	福建	男	福建省厦门双十中学	高二	316	曾艺卿
王天乐	浙江	男	绍兴市第一中学	高一	312	陈合力、董烨华
赵和旭	山东	男	淄博实验中学	高一	309	崔国亮
铜牌分数线上 70 名						
姓名	省份	性别	学校（全称）	年级	总分	第一指导教师
李佩轩	河北	男	衡水第一中学	高二	306	姚波、吕洪波、朱文虎
胡浦云	江西	男	江西师范大学附属中学	高二	306	李菲莉
许益冰	北京	女	中国人民大学附属中学	高二	305	叶金毅
刘书玮	江苏	男	江苏省新海高级中学	高一	302	吕高见、张丽、陈伟

续 表

铜牌分数线上 70 名						
姓名	省份	性别	学校（全称）	年级	总分	第一指导教师
刘彦铭	重庆	男	重庆市南开中学校	高二	301	何浪
杨爽	江苏	女	江苏省常州高级中学	高二	301	曹文、吴涛、韩晓
乔袁飞龙	陕西	男	西安市铁一中学	高二	301	艾庆兴
李朴凡	福建	男	福建省长乐第一中学	高一	297	董永建
肖元安	北京	男	中国人民大学附属中学	高二	296	叶金毅
欧阳志昕	湖南	男	湖南省衡阳市第八中学	高二	296	邹毅
徐希彦	浙江	男	绍兴市第一中学	高一	296	陈合力、董烨华
韩宵玥	山东	女	东营市胜利第一中学	高二	293	李云军、刘雪、孔祥丽
林梓航	福建	男	福建省厦门双十中学	高二	292	曾艺卿
焦景辉	河南	男	焦作市第一中学	高二	292	刘小刚、岳卫华、焦卫国
崔倍宁	黑龙江	男	佳木斯市第一中学	高二	292	苑志慧、田丰、蔡福民
董欣然	福建	女	福建省长乐第一中学	高二	290	董永建
路已人	山东	男	山东省日照第一中学	高二	289	张磊
罗旭锟	湖南	男	长沙市明德中学	高二	288	郑玉、王维赢
肖炯辰	江苏	男	江苏省大丰高级中学	高二	288	陈鹏
赵晨琪	吉林	男	长春吉大附中实验学校	高一	287	潘雪峰、刘斓乾
徐炜	浙江	男	浙江省杭州学军中学	高二	286	徐先友
林新元	广东	男	广州市第六中学	高一	282	严开明
许逸培	浙江	男	绍兴市第一中学	高二	282	陈合力、董烨华
任羽辰	河北	男	石家庄市第二中学	高二	280	李晶
向宇	四川	男	四川省绵阳南山中学	高二	280	叶诗富、吴辉、朱小红
赵奕喆	安徽	男	安徽省芜湖市第一中学	高二	278	贾亮
吴昱	江苏	男	江苏省淮阴中学	高二	278	薛志坚
寿家跃	浙江	男	绍兴市第一中学	高一	277	陈合力、董烨华
谭嘉伟	广东	男	广州市铁一中学	高二	276	卢剑锋
王逸轩	吉林	男	长春吉大附中实验学校	高二	275	刘斓乾、潘雪峰
李卓彦	山东	男	东营市胜利第十中学	高二	272	王辉青、于红艳
杨启欣	广东	男	广州市第六中学	高二	270	严开明、徐景全
高庆麾	辽宁	男	东北育才学校	高一	268	邱桂香
施浩森	河北	男	衡水第一中学	高二	265	姚波、吕洪波、朱文虎
方泓杰	福建	男	福州第三中学	高二	264	魏丽真、宋立林
崔轶锴	北京	男	北京师范大学附属实验中学	高一	263	胡伟栋、韩冬兵、郭培培
苏凯	广东	男	深圳外国语学校	高二	262	宋世星
金浩男	浙江	男	绍兴市第一中学	高二	258	陈合力、董烨华
王文铎	福建	男	福州第十八中学	初三	257	吴煊
单启程	江苏	男	江苏省淮阴中学	高二	257	薛志坚
柴致远	山西	男	山西大学附属中学	高二	253	杨静
宋航洋	浙江	男	浙江省余姚中学	高二	253	史习艺
融凯源	安徽	男	安徽师范大学附属中学	高二	251	叶国平
邝启鹏	广东	男	中山市中山纪念中学	高二	250	宋新波、熊超、黄细光
刘易铖	河南	男	河南省实验中学	高二	250	常庆卫
黄兴睿	江苏	男	南京外国语学校	高一	249	李曙、曹蓉、于露

续 表

铜牌分数线上 70 名						
姓名	省份	性别	学校（全称）	年级	总分	第一指导教师
张金鑫	天津	男	天津市南开中学	高二	249	滕伟
程傲	吉林	男	东北师范大学附属中学	高二	246	王昌平、王晓光、孔维玲
姜涵书	辽宁	男	大连市第二十四中学	高二	245	张新钢
华立业	山东	男	山东省泰安第一中学	高一	245	周鑫、任森森
谢芷钰	福建	女	福建省厦门第一中学	高一	243	江逸君
史鑫杰	陕西	男	西安市铁一中学	高二	243	艾庆兴
张逸凡	浙江	男	绍兴市第一中学	高一	242	陈合力、董烨华
蔡东晓	山东	男	山东省泰安第一中学	高二	241	周鑫、任森森
王英豪	江苏	男	江苏省苏州中学校	高二	240	陈剑秋
王宇骥	江苏	男	常州外国语学校	初三	238	秦新华、朱春华
黄喆敏	上海	男	上海市上海中学	高一	238	吴奕明
柳畅	山东	男	山东省莱芜第一中学	高二	236	曹全利
赵广泽	吉林	男	东北师范大学附属中学	高一	232	王昌平、王晓光、孔维玲
吕嘉庆	辽宁	男	大连市第二十四中学	高二	229	张新钢
葛骐睿	辽宁	男	东北育才学校	高二	228	邱桂香
李昊龙	重庆	男	重庆鲁能巴蜀中学	高二	221	袁明宏
柴东辰	河南	男	焦作市第一中学	高二	219	刘小刚、岳卫华、焦卫国
王瑞康	北京	男	中国人民大学附属中学	高二	218	叶金毅
颜禹焓	四川	男	绵阳东辰国际学校	高二	216	张万辉
栗明磊	山西	男	晋城市第一中学校	高二	212	郭继飞、郭惠青、张江钰
谢松江	湖南	男	长沙市雅礼中学	高二	211	屈运华
乔羽佳	河南	男	郑州市第一中学	高二	207	刘俊星
杨丰华	河南	男	郑州外国语学校	高二	206	杨晓东
罗焯	湖南	男	长沙市雅礼中学	高二	206	屈运华

CCF NOIP 2017 复赛普及组一等奖名单

省份	姓名	学校	年级	省份	姓名	学校	年级
安徽	范昊妍	芜湖市第二十七中学	初三	安徽	王天宇	芜湖市第二十七中学	初二
安徽	杨珖	芜湖市第二十七中学	初二	安徽	桂麟	芜湖荟萃中学	初三
安徽	干志鹏	芜湖市第二十七中学	初三	安徽	殷跃然	芜湖市第二十七中学	初二
安徽	吴天意	合肥市第四十五中学	初二	安徽	江可扬	芜湖荟萃中学	初二
安徽	杭洋	芜湖市第二十七中学	初二	安徽	汪澄	芜湖市第二十七中学	初一
安徽	陈宇	芜湖市第二十七中学	初三	安徽	周何	芜湖市第二十七中学	初三
安徽	俞歌飏	芜湖市第二十七中学	初三	安徽	后尚	芜湖市第二十七中学	初三
安徽	王孟儒	合肥市第四十六中学	初二	安徽	葛子越	芜湖市第二十七中学	初一
安徽	余辰昕	合肥市第五十中学东校	初三	安徽	王昊宇	合肥市第四十五中学	初三
安徽	朱晨曦	芜湖市第二十七中学	初三	安徽	王胥仪	芜湖市第二十七中学	初三
安徽	曾彬城	合肥市第四十六中学	初三	安徽	李骋	芜湖市第二十七中学	初三
安徽	王云骥	芜湖市第二十七中学	初三	安徽	胡天睿	芜湖市第二十七中学	初三

续 表

省份	姓名	学校	年级	省份	姓名	学校	年级
安徽	崔皓玮	芜湖市第二十七中学	初三	安徽	袁江引	安徽师范大学附属外国语学校	初一
安徽	刘昱	安徽师范大学附属外国语学校	初二	安徽	承煜祺	芜湖市第二十七中学	初二
安徽	樊澄宇	合肥市卫岗小学	小学	安徽	吕先艨	芜湖市第二十七中学	初二
安徽	吴迪	芜湖市第二十七中学	初一	安徽	白亦璠	安徽省安庆市第四中学	初二
安徽	梁锐	芜湖市第二十七中学	初一	安徽	吴舒涵	安徽省安庆市第四中学	初二
安徽	郭一凡	合肥市第四十五中学	初三	安徽	余亦晗	安徽省安庆市第四中学	初一
安徽	张乐天	合肥市第四十五中学	初三	安徽	范辰一	淮南实验中学	初二
安徽	王博文	芜湖市第二十七中学	初二	安徽	任天宇	淮南实验中学	初三
安徽	郎朗	阜阳市第十五中学	初二	安徽	汪智浩	合肥市第四十八中学滨湖校区	初三
安徽	程赛	安徽省安庆市第四中学	初二	安徽	刘易成	合肥市第四十五中学	初三
安徽	孙皓宇	合肥市第四十五中学	初三	安徽	李轩宇	合肥市第四十五中学	初三
安徽	蔡晋	马鞍山市成功学校	初二	安徽	张雨阳	合肥市三十八中学	初三
安徽	张雨潇	芜湖市第二十七中学	初三	安徽	郑志远	合肥市五十中学南校	初一
安徽	吴乃博	合肥市第四十五中学	初三	安徽	尚耀坤	芜湖市第二十七中学	初三
安徽	陈政安	芜湖市第二十七中学	初二	安徽	呼延泽	芜湖市第二十七中学	初三
安徽	吴心远	合肥市第四十五中学	初三	安徽	张宏鑫	合肥市第四十五中学	初三
安徽	王小同	芜湖市第二十七中学	初二	安徽	邢昊天	合肥市第四十五中学	初二
安徽	叶博文	安徽师范大学附属萃文中学	初三	安徽	洪朝阳	合肥市第五十中学东校	初二
安徽	朱苏捷	芜湖市第二十七中学	初二	安徽	司弘毅	芜湖荟萃中学	初二
安徽	张子康	合肥市第四十六中学	初二	安徽	汪骏宇	芜湖市第二十七中学	初二
安徽	王晶晶	安徽省安庆市第四中学	初三	安徽	范恒旭	合肥市第四十六中学	初二
安徽	苏睿	合肥市第四十五中学	初三	安徽	黄逸鸣	芜湖市第二十七中学	初二
安徽	桑浩翔	合肥市第四十五中学	初三	安徽	李冉	合肥市第五十中学东校	初三
安徽	郝兆禹	阜阳市第十五中学	初三	安徽	李昊哲	合肥市第五十中学东校	初三
安徽	匡显然	合肥市第四十五中学	初一	安徽	吴天铭	安徽师范大学附属萃文中学	初三
安徽	高国翔	蚌埠高新教育集团实验中学	初三	安徽	朱剑枫	芜湖市第二十七中学	初一
安徽	余禛哲	淮南洞山中学	初一	安徽	陈溪	合肥市第四十五中学	初一
安徽	吴丹	合肥市第四十五中学	初一	安徽	徐浚涵	合肥市六安路小学	小学
安徽	褚睿极	芜湖市第二十七中学	初二	安徽	沈欣悦	安庆市第十四中学	初二
安徽	陈奕帆	芜湖市第二十七中学	初二	安徽	沈楚焜	芜湖荟萃中学	初三
安徽	杨欣烨	芜湖市第二十七中学	初一	安徽	谢昀宏	芜湖市第二十七中学	初三
安徽	陈怿阳	合肥市第五十中学东校	初三	安徽	刘兆炜	芜湖市第二十七中学	初三
安徽	王逸彬	合肥市第四十二中学	初二	安徽	施翔	芜湖市第二十七中学	初二
安徽	黄韵桐	芜湖市第二十七中学	初三	安徽	许展翔	合肥一六八玫瑰园学校	初二
安徽	成旭冉	芜湖市第二十七中学	初二	安徽	何基正	合肥市第四十五中学	初三
安徽	孙浩然	蚌埠新城实验学校	初二	安徽	高思睿	合肥市五十中学西校	初二
安徽	王彩锐	芜湖市第二十七中学	初一	安徽	盛语宸	芜湖市第二十七中学	初二
安徽	章元	安徽省安庆市第四中学	初一	安徽	王星河	合肥市第四十五中学	初二
安徽	李季中	芜湖市第二十七中学	初一	安徽	苏睿杰	芜湖荟萃中学	初二
安徽	孔旭辉	芜湖荟萃中学	初一	安徽	谢沄漪	芜湖市第二十七中学	初二
安徽	姜浩天	芜湖市第二十七中学	初三	安徽	吕瀚文	芜湖市第二十七中学	初二
安徽	缪羽晴	芜湖市第二十七中学	初三	安徽	赵晨翔	合肥市第五十中学东校	初一
安徽	盛果	芜湖市第二十七中学	初二	安徽	吴美霖	合肥市第四十六中学	初二

续 表

省份	姓名	学校	年级	省份	姓名	学校	年级
安徽	孙宇晨	合肥市三十八中学	初一	安徽	李融柏	合肥市第五十中学东校	初二
安徽	沈泽然	合肥市五十中学西校	初一	安徽	严静萱	安徽省淮南师范附属小学	小学
安徽	秦朗	淮南实验中学	初三	安徽	刘鑫	淮南实验中学	初三
安徽	朱成儒	安庆市石化第一中学	初三	安徽	陈睿宁	马鞍山市第八中学	初三
安徽	梅若澜	合肥市第四十八中学	初二	安徽	贾骁涵	马鞍山市第七中学	初二
安徽	李柏霖	合肥市五十中学新校（天鹅湖校区）	初三	安徽	方天岩	芜湖市第二十七中学	初一
				安徽	胡晨昉	合肥市第四十五中学	初三
安徽	李轩然	合肥市第四十五中学	初二	安徽	谢子元	芜湖荟萃中学	初一
安徽	王胤杰	芜湖市第二十七中学	初三	安徽	孙嘉嵘	合肥市第四十五中学	初二
安徽	夏禹扬	芜湖荟萃中学	初三	安徽	高冬阳	合肥市第四十五中学	初二
安徽	李润民	合肥市第四十六中学	初一	安徽	薛瑞锦	芜湖市第二十七中学	初三
安徽	汪晨曦	合肥市第四十五中学	初二	安徽	陶文祥	芜湖市赭山小学	小学
安徽	沈与	芜湖市第二十七中学	初二	安徽	吴海啸	合肥市第四十五中学	初一
安徽	胡扬帆	芜湖市第二十七中学	初二	安徽	李启民	芜湖市第二十七中学	初二
安徽	季鑫宏	芜湖市第二十七中学	初一	安徽	林必同	合肥市五十中学西校	初二
安徽	俞启澄	合肥市第四十五中学	初三	安徽	余文妍	六安市皋城中学	初二
安徽	陈昶旭	合肥市第四十五中学	初一	安徽	张子劼	芜湖市第二十七中学	初二
安徽	程淼	芜湖市第二十七中学	初一	安徽	季锟	芜湖市第二十七中学	初二
安徽	张元睿	合肥市第四十八中学	初二	安徽	曹剑坤	芜湖市第二十七中学	初二
安徽	张阳	芜湖市第二十七中学	初三	安徽	陈中达	安徽省安庆市第四中学	初二
安徽	陈凯歆	芜湖市第二十七中学	初二	安徽	汪梓楷	安徽省安庆市第四中学	初三
安徽	王鸿宇	芜湖市第二十七中学	初二	安徽	刘博石	蚌埠第二十六中学	初三
安徽	董振博	芜湖市第二十七中学	初二	安徽	孙伟中	淮南实验中学	初三
安徽	王天翼	芜湖市第二十七中学	初二	安徽	张一鸣	淮南实验中学	初三
安徽	李越	芜湖市第二十七中学	初二	安徽	陈智鹏	淮南实验中学	初二
安徽	刘文彬	安徽省安庆市第四中学	初二	安徽	汪白筝	合肥市第四十八中学	初三
安徽	袁保杰	六安市皋城中学	初三	安徽	李怡林	宁国中学	初二
安徽	王宇杰	合肥市第五十中学东校	初二	安徽	丁聚贤	合肥市第四十八中学滨湖校区	初三
安徽	廖世立	淮南实验中学	初三	安徽	闫瑾	淮南实验中学	初三
安徽	万全	芜湖市第二十七中学	初一	安徽	陈汇鑫	合肥市巢湖路小学	小学
安徽	廖睿欣	合肥市第四十五中学	初三	安徽	李阳洋	合肥市第四十五中学	初三
安徽	胡叶烨	合肥市第四十五中学	初二	安徽	王晨阳	芜湖市第二十七中学	初一
安徽	杨朝晖	芜湖市第二十七中学	初三	安徽	雍志晔	芜湖市第二十七中学	初一
安徽	闫林茂	合肥市第四十五中学	初三	安徽	张凯	合肥市第四十五中学	初一
安徽	郁然	芜湖市第二十七中学	初二	安徽	汪宇涵	芜湖荟萃中学	初一
安徽	杨超豪	合肥市五十中学西校	初三	安徽	金宇涵	中国科学技术大学附属中学	初一
安徽	江山	芜湖市第二十七中学	初二	安徽	高子瑞	合肥市屯溪路小学	小学
安徽	张裕博	合肥市第四十六中学	初一	安徽	李响	芜湖荟萃中学	初三
安徽	孙奥	合肥一六八玫瑰园学校	初二	安徽	张文庆	安庆市外国语学校	初一
安徽	徐硕洋	淮南新思维学校	初二	安徽	张筱雅	合肥市第四十八中学	初二
安徽	肖翱宇	安徽省铜陵市第十五中学	初三	安徽	王坡	合肥市第四十五中学	初三
安徽	伍晨韵	芜湖市第二十七中学	初一	安徽	周伟杰	合肥市第四十五中学	初三
安徽	沈海亮	合肥市第五十中学东校	初二	安徽	张天立	合肥市第四十五中学	初一

续 表

省份	姓名	学校	年级	省份	姓名	学校	年级
安徽	左知行	芜湖荟萃中学	初一	北京	赵佳滢	北京师范大学实验二龙路中学	初三
安徽	陈奕天	合肥市第四十五中学	初二	北京	高瑞宸	北大附中	初二
安徽	陈威	合肥市第四十五中学	初二	北京	曹越	北京市第八十中学	初二
安徽	卜俊明	芜湖荟萃中学	初二	北京	陈天琦	首都师范大学附属中学	高一
安徽	黄泽源	芜湖市第二十七中学	初三	北京	洪一宁	桦树湾教育	高一
安徽	程远之	芜湖市第二十七中学	初三	北京	李丁一城	北京师范大学附属实验中学分校	初三
安徽	王子誉	合肥市第四十六中学	初二				
安徽	朱鸿墨	合肥市五十中学南校	初一	北京	刘浩辰	首都师范大学附属中学	初一
安徽	万梓宸	合肥市第四十五中学	初一	北京	王启隆	北京师范大学附属实验中学分校	初三
安徽	颜齐岳	合肥市第四十五中学	初一				
安徽	刘欣羽	芜湖市第二十七中学	初二	北京	王兴启	北京师范大学附属实验中学分校	初三
安徽	李伟杰	合肥市六安路小学	小学				
安徽	穆睿飏	芜湖荟萃中学	初三	北京	钟昊翔	北京市第四中学	初三
安徽	王子翔	安徽省安庆市第四中学	初二	北京	黄嘉萌	北京市第一零一中学	初三
安徽	孙浩翔	马鞍山二中实验学校	初一	北京	王淏天	首都师范大学附属中学	初二
安徽	王诚舒	合肥市第四十五中学	初三	北京	张梓熙	北大附中	初三
安徽	汪寒颖	马鞍山二中实验学校	初一	北京	郭映阳	北京师范大学附属实验中学分校	初三
安徽	梅陶然	安徽省马鞍山市花园初级中学	初二				
安徽	侯书洋	合肥市第四十六中学	初二	北京	李俊豪	北京市第八十中学	初二
安徽	付家乐	蚌埠高新教育集团第三实验小学	小学	北京	李恺泽	中国人民大学附属中学	初二
				北京	刘知宜	北大附中	初三
安徽	王明致	合肥市第五十中学东校	初二	北京	张岂凡	中国人民大学附属中学	初二
安徽	李尧	安徽省无为第三中学	初三	北京	陈则行	桦树湾教育	高二
安徽	赵婧齐	安庆市第十四中学	初二	北京	刘安迪	北京八中	初三
安徽	王彦梓	芜湖市第二十七中学	初一	北京	欧阳宇鹏	首都师范大学附属中学	初三
安徽	陈贝希	安徽省安庆市第四中学	初三	北京	石宜菲	首都师范大学附属中学	初三
安徽	范宇	合肥一六八陶冲湖学校	初二	北京	周尚	北京师范大学附属实验中学分校	初三
安徽	江宇晨	安徽省安庆市第四中学	初二				
澳门	甄澄宇	澳門勞工子弟學校	初二	北京	朱子甲	北京市第一七一中学	初三
澳门	王志傑	濠江中學	初三	北京	安庭毅	北京师范大学附属实验中学分校	初三
北京	黄子宽	北京师范大学附属实验中学分校	初三				
				北京	郭庆翔	北京十一学校	初三
北京	李效轩	北京师范大学附属实验中学分校	初三	北京	刘宇萌	首都师范大学附属中学	初三
				北京	袁浩然	中国人民大学附属中学	初二
北京	彭柯岚	北京市第八十中学	初三	北京	甘鹿扬	北京师范大学附属实验中学分校	初二
北京	赵天健	北京师范大学附属实验中学分校	初三				
				北京	韩济成	中关村第三小学	小学
北京	汪锦程	北京师范大学附属实验中学分校	初三	北京	孔弋函	北京市第一零一中学	初三
				北京	李知拙	清华大学附属中学	初三
北京	管丹辰	首都师范大学附属中学	初三	北京	索春祥	首都师范大学附属中学	初三
北京	秦一飞	北京市第八十中学	初三	北京	王羲羽	中国人民大学附属中学	初一
北京	魏川	北京师范大学附属实验中学分校	初三	北京	刘洋	北京十一学校	初三
				北京	谢行健	首都师范大学附属中学	初三

续 表

省份	姓名	学校	年级
北京	张汉恺	北京市鼎石学校	初二
北京	刘佳琪	北京十一学校	初三
北京	王则清	北京交通大学附属中学	初三
北京	易思铭	首都师范大学附属中学	初三
北京	殷绍峰	首都师范大学附属中学	初二
北京	丁牧云	北京市第十二中学	初二
北京	董九川	北京市第四中学	初二
北京	何牧	北京市第八十中学	初三
北京	林之桐	北京师范大学附属实验中学分校	初二
北京	王英丞	北京市中关村中学	初三
北京	朱成思	北京市第四中学	初二
北京	冯烺	北京市第十二中学	初三
北京	张乐天	北大附中	初二
北京	刘丞毓	北京师范大学附属实验中学分校	初三
北京	宋泓熹	首都师范大学附属中学	初一
北京	文豪	北京十一学校	初一
北京	张家祺	北京市第四中学	初三
北京	吴佳玳	北京市第一零一中学	初三
北京	刘思远	北京市第一零一中学	初一
北京	万浦晨	北京市八一学校	初三
北京	吴雨洋	北京十一学校	初一
北京	张栩杰	北京市第八十中学	初三
北京	陈于嘉	北大附中	初一
北京	贾嘉	北京师范大学附属实验中学分校	初二
北京	贾天歌	中国人民大学附属中学	初一
北京	李鸣宇	北大附中	初一
北京	刘元琛	北京市第一零一中学	初三
北京	刘子壮	中国人民大学附属中学	初一
北京	秦健	北京市第八十中学	初三
北京	宋曦轲	北大附中	初二
北京	孙熙正	中国人民大学附属中学	初二
北京	万林普	北京师范大学实验二龙路中学	初三
北京	余越	北京十一学校	初三
北京	张天意	北京师范大学附属实验中学分校	初二
北京	张镕韬	北京师范大学实验二龙路中学	初二
北京	赵瑞霖	北大附中	初二
北京	陈柏萱	北京师范大学实验二龙路中学	初三
北京	陈国凯	北京师范大学附属实验中学分校	初三
北京	楚柏纶	中国人民大学附属中学	初一
北京	董一凡	北大附中	初一
北京	宫泽宇	北京市第一零一中学	初三
北京	何子默	北京十一学校	初三
北京	李伯涵	中国人民大学附属中学	初一
北京	李欣扬	北京十一学校	初三
北京	刘锦钰	北京市第八十中学	初一
北京	刘廷均	首都师范大学附属中学	初二
北京	万子豪	北京师范大学附属实验中学分校	初二
北京	王家浩	北京市海淀区简明教育培训学校	初二
北京	王梓雯	北京市海淀区简明教育培训学校	小学
北京	王昱婕	北京市第八十中学	初三
北京	谢梓涵	慧明教育	小学
北京	虞陶然	北京师范大学实验二龙路中学	初二
北京	赵翊博	北京市第八十中学	初三
北京	隋兆天	慧明教育	初一
福建	翁好好	福州华伦中学	初二
福建	陈梓旷	福建省长乐市梅花中学	初三
福建	方昀昊	福州三牧中学	初二
福建	陈翰飞	福建省龙岩第一中学	初三
福建	陈煜翔	福建省长乐市航城中学	初二
福建	陈凌峰	泉州现代中学	初二
福建	陈雨昕	福州三牧中学	初三
福建	张博汉	泉州现代中学	初三
福建	张志心	福州时代中学	初三
福建	郑轲旸	福州时代中学	初二
福建	周圣力	福州华伦中学	初二
福建	叶章衍	福州外国语学校	初三
福建	陈逸聪	泉州实验中学	初三
福建	吴忠权	泉州现代中学	初三
福建	杨思汗	福州三牧中学	初二
福建	陈予菲	福建省长乐华侨中学	初三
福建	谢濡键	福州时代中学	初二
福建	叶海鹏	泉州现代中学	初三
福建	陈荣锴	福建省漳平市第三中学	初三
福建	陈澄	福州金桥学校	初一
福建	陈宇	泉州市惠安广海中学	初二
福建	胡雨菲	泉州现代中学	初三
福建	马飞洋	福州时代中学	初三
福建	赖坤锋	泉州现代中学	初二

续 表

省份	姓名	学校	年级	省份	姓名	学校	年级
福建	庄宇烽	泉州现代中学	初二	福建	孟羽佳	福建省泉州市第七中学	初三
福建	陈亮舟	福州时代中学	初三	福建	念知翰	福州第十九中学	初三
福建	江滢怡	福建省泉州第一中学	初三	福建	林骅	福州屏东中学	初三
福建	罗铭威	福建省泉州市第七中学	初三	福建	王德藩	福州时代中学	初三
福建	王毅翀	福州时代中学	初二	福建	陈博	泉州现代中学	初三
福建	张培杰	福建省泉州市第七中学	初二	福建	陈棱葳	福建省漳平市第三中学	初二
福建	郑力炫	福建省长乐华侨中学	初二	福建	李煜恒	福建省漳平第二中学	初一
福建	魏来	福州时代中学	初三	福建	黄一嵘	福建省泉州市第七中学	初二
福建	苏弘烨	福建省泉州第一中学	初二	福建	徐沐杰	福州时代中学	初三
福建	李汉森	福建省泉州第一中学	初二	福建	黄宇浩	福州第十九中学	初三
福建	陈浩天	福州华伦中学	初二	福建	李乐禛	福建省三明市第三中学	初三
福建	陈建宇	福建省长乐市吴航中学	初二	福建	姚恩怀	泉州现代中学	初二
福建	陈贤	福建省长乐华侨中学	初三	福建	范良杰	福州时代中学	初三
福建	何文焜	福建省福州第一中学	初二	福建	林怿	泉州实验中学	初二
福建	倪子杭	福州时代中学	初三	福建	俞贤皓	福州第十九中学	初三
福建	王潇	福州金桥学校	初一	福建	陈弘脉	福州时代中学	初三
福建	郑逸飞	福州三牧中学	初三	福建	陈靖晖	福州时代中学	初三
福建	陈焱森	福建省泉州第一中学	初三	福建	黄城帆	三明市第八中学	初三
福建	潘恩宁	福建省长乐市朝阳中学	初三	福建	黄淞	福建省惠安第一中学	初三
福建	林东颖	泉州现代中学	初三	福建	赖国杨	福建省泉州第一中学	初三
福建	林芃韬	福州时代中学	初三	福建	李欣欣	福建省泉州市第七中学	初三
福建	王珈琦	福建省晋江市第一中学	初二	福建	李云翔	福建省三明市第十二中学	初三
福建	高思研	福建省长乐市航城中学	初三	福建	林文潇	福州时代中学	初二
福建	陈徽桓	福建省泉州市第七中学	初三	福建	谭兆辰	福州三牧中学	初二
福建	范棋珈	福州三牧中学	初三	福建	吴欣宁	泉州现代中学	初二
福建	林昊翰	福州三牧中学	初三	福建	熊大任	泉州现代中学	初三
福建	付晓	泉州现代中学	初三	福建	许茗皓	福建省泉州市第七中学	初二
福建	匡亮	福州三牧中学	初三	福建	俞畅	福州时代中学	初一
福建	陈若妍	福建省长乐市航城中学	初一	福建	覃坤皓	泉州科技中学	初二
福建	林铎鸣	泉州现代中学	初三	福建	石朴桓	福建省泉州第一中学	初三
福建	杨泽辰	晋江市华侨中学	初三	福建	黄泽楷	泉州现代中学	初二
福建	张联诚	泉州现代中学	初二	福建	林嘉俊	泉州实验中学	初三
福建	戴文麒	龙岩市长汀县龙山中学	初三	福建	谢骁尧	福州时代中学	初三
福建	林舜华	福州三牧中学	初一	福建	郑知菲	福建省厦门双十中学漳州校区	初三
福建	刘星佳	福州三牧中学	初一	福建	周桃鋆	福建省厦门双十中学漳州校区	初三
福建	章子阳	福建省泉州市第七中学	初二	福建	左江田	福州第十九中学	初二
福建	洪语涵	福建省泉州市第七中学	初二	福建	陈孚	福州三牧中学	初二
福建	李梓阳	福州时代中学	初三	福建	董海康	福建省长汀县第四中学	初二
福建	陆宏	福州时代中学	初三	福建	陈毅	福建省泉州市第七中学	初三
福建	苏阳	福建省泉州市第七中学	初二	福建	段博瀚	福州延安中学	初二
福建	祝孝轩	福州屏东中学	初三	福建	华恺	泉州实验中学	初三
福建	胡以承	福建省泉州市第七中学	初三	福建	林语棠	泉州市惠安广海中学	初三
福建	林骏楠	福州时代中学	初三	福建	吕玮健	泉州现代中学	初三

续 表

省份	姓名	学校	年级
福建	郑逸韬	福州时代中学	初二
福建	周旻	福建省长乐市航城中学	初三
福建	郭泽鑫	福建省泉州市第七中学	初三
福建	郑思凡	福建省泉州市第七中学	初二
福建	董伟坤	泉州现代中学	初二
福建	刘健	福建省长汀县第二中学	初三
福建	吴宇晗	福建省长汀县第四中学	初二
福建	曾巍	福建省长汀县第四中学	初二
福建	曾映恺	福建省泉州第五中学	初二
福建	陈佳怡	福建省泉州第一中学	初二
福建	黄旭函	福建省泉州市第七中学	初二
福建	李汶芝	晋江市华侨中学	初三
甘肃	刘瑷玮	兰州三十五中	初一
广东	屈之洲	汕头市金园实验中学	初三
广东	刘梓安	中山市中山纪念中学	初一
广东	苏律硕	中山市中山纪念中学	初一
广东	杨睿轩	广州市第二中学	初三
广东	李浩宇	广州市海珠区六中珠江中学	初三
广东	陈泓希	广州市第二中学	初一
广东	吴家庆	中山市中山纪念中学	初二
广东	阳恩昊	广州市第二中学	初一
广东	冯启豫	中山市中山纪念中学	初一
广东	郭润杨	广州市第二中学	初二
广东	谢文龙	佛山市南海区桂城街道桂江第一初级中学	初三
广东	陈贤坤	汕头市金园实验中学	初三
广东	陈宇龙	广州市第二中学	初三
广东	陈炜翀	佛山市南海区石门实验学校	初二
广东	董攸	中山市纪中雅居乐凯茵学校	初一
广东	李安灏	佛山市南海外国语学校	初一
广东	李思奕	广州大学附属中学	初二
广东	刘青山	珠海市第十中学	初三
广东	麦隽绅	广州市第二中学	初二
广东	彭博	广州大学附属中学	初二
广东	向奕尊	佛山市南海区桂城街道桂江第一初级中学	初二
广东	杨宇辰	佛山市南海外国语学校	初一
广东	张涵	广州市第二中学	初二
广东	张家瑞	广州市第二中学	初一
广东	钟迪	佛山市南海区桂城街道桂江第一初级中学	初二
广东	钟锦立	中山市纪中三鑫双语学校	初二
广东	周方远	中山市第一中学	初一
广东	黄敬文	汕头市金园实验中学	初二
广东	李轩宇	广州市海珠区六中珠江中学	初三
广东	张仁浩	中山市中山纪念中学	初一
广东	胡晟智	中山市中山纪念中学	初一
广东	黄懿聪	东莞市东莞外国语学校	初三
广东	吕乐	中山市纪中雅居乐凯茵学校	初二
广东	姚景怡	东莞市东莞中学松山湖学校	初三
广东	蔡子健	中山市中山纪念中学	初三
广东	王荟斐	东莞市东莞中学松山湖学校	初二
广东	陈冠宏	中山市中山纪念中学	初二
广东	黄家旺	东莞市东莞中学松山湖学校	初三
广东	刘昊言	佛山市南海区石门实验学校	初一
广东	谭喆文	广州市第二中学	初一
广东	王钰瑶	佛山市南海外国语学校	初三
广东	魏玮	东莞市东华初级中学	初二
广东	赵子睿	佛山市南海区石门实验中学	初三
广东	黄健洋	中山市中山纪念中学	初二
广东	戴骏腾	东莞市可园中学	初二
广东	董艺涵	佛山市南海区石门实验学校	初二
广东	郝佳炜	华南师范大学附属中学	初二
广东	黄梓宏	佛山市南海区石门实验学校	初三
广东	雷哲涵	华南师范大学附属中学	初二
广东	黎俊豪	佛山市南海区桂城街道桂江第一初级中学	初一
广东	李泽基	佛山市南海区桂城街道桂江第一初级中学	初三
广东	李睿琪	中山市中山纪念中学	初一
广东	莫祖祥	佛山市南海区桂城街道桂江第一初级中学	初三
广东	陈铭烨	四会市四会中学	初三
广东	罗兴杰	广州市海珠区六中珠江中学	初三
广东	钟耀锋	东莞市东华初级中学	初三
广东	陈毅卓	佛山市南海外国语学校	初二
广东	陈铎友	中山市中山纪念中学	初二
广东	黄浩楠	广州市海珠区六中珠江中学	初三
广东	李明翰	汕头市龙湖实验中学	初二
广东	李梓航	广州市第二中学	初一
广东	林奕昕	广州市第二中学	初一
广东	林梓希	广州市第二中学	初三
广东	刘卓逸	东莞市东莞外国语学校	初三
广东	吕镕	佛山市南海区南海实验中学	初三
广东	徐浩恬	中山市中山纪念中学	初一

续 表

省份	姓名	学校	年级	省份	姓名	学校	年级
广东	郑宇城	佛山市南海区石门实验学校	初三	广东	吴治霖	广州市海珠区六中珠江中学	初二
广东	郑茜匀	佛山市南海外国语学校	初三	广东	肖淇	中山市中山纪念中学	初一
广东	陈硕	东莞市东莞外国语学校	初三	广东	严禹韬	中山市中山纪念中学	初一
广东	范铭津	佛山市南海区石门实验学校	初一	广东	杨礼甄	广州大学附属中学	初三
广东	甘景贤	中山市中山纪念中学	初二	广东	曾与点	深圳中学	初二
广东	龚晟昊	佛山市南海外国语学校	初二	广东	张琪琦	东莞市东华初级中学	初三
广东	林蒴	广州市海珠区六中珠江中学	初三	广东	郑锦涛	佛山市南海区桂城街道桂江第一初级中学	初三
广东	聂文蕙	佛山市南海区桂城街道桂江第一初级中学	初三	广东	周承轩	佛山市南海区石门实验学校	初二
广东	白扬	华南师范大学附属中学	初一	广东	覃醒亮	佛山市南海区狮山镇狮城中学	初三
广东	鲍睿钊	中山市第一中学	初二	广东	唐瑞鸿	佛山市南海区桂城街道桂江第一初级中学	初二
广东	陈思行	东莞市东华初级中学	初三	广东	温鑫	东莞市望牛墩中学	初二
广东	陈醉之	佛山市南海区石门实验中学	初三	广东	祝子扬	东莞市东莞中学松山湖学校	初二
广东	范裕爔	广州市第二中学	初三	广东	胡明瀚	中山市中山纪念中学	初一
广东	冯钰恒	佛山市南海区石门实验学校	初二	广东	刘天弘	广州市海珠区六中珠江中学	初三
广东	韩冠东	中山市中山纪念中学	初一	广东	谭泽晖	华南师范大学附属中学	初二
广东	何其浚	广州市第二中学	初二	广东	汪子杰	佛山市南海区石门实验学校	初三
广东	黄展泓	中山市中山纪念中学	初二	广东	巫卓钊	佛山市南海区桂城街道桂江第一初级中学	初二
广东	黄梓豪	中山市中山纪念中学	初一	广东	丁畅	广州市第二中学	初三
广东	刘澈	广州市第二中学	初二	广东	洪志浩	中山市中山纪念中学	初一
广东	刘鹏宇	广州市第二中学	初一	广东	黄炜	中山市第一中学	初二
广东	刘志炜	中山市纪中三鑫双语学校	初三	广东	梁倬玮	佛山市南海区石门实验学校	初二
广东	伦天乐	东莞市东莞外国语学校	初三	广东	谢宇晋	广州市海珠区六中珠江中学	初三
广东	谢天宇	华南师范大学附属中学	初二	广东	姚大福	广州市第二中学	初三
广东	尹广皓	珠海市第十中学	初三	广东	郑楚豪	中山市第一中学	初二
广东	朱丹	广州市第二中学	初一	广东	廖家健	佛山市南海区桂城街道桂江第一初级中学	初二
广东	朱威林	佛山市南海区狮山镇狮城中学	初二	广东	周子健	中山市纪中雅居乐凯茵学校	初一
广东	邓晓蓝	佛山市南海区南海实验中学	初一	广东	李天宇	佛山市南海区石门实验中学	初二
广东	何家睿	广东省佛山市南海区西樵镇西樵中学	初一	广东	李子毅	广州市第二中学	初三
广东	何烨成	中山市中山纪念中学	初一	广东	骆嘉伟	东莞市东莞中学松山湖学校	初二
广东	贺琛清	广州大学附属中学	初三	广东	区梓琦	佛山市南海区桂城街道桂江第一初级中学	初三
广东	黄海华	佛山市南海区桂城街道桂江第一初级中学	初二	广东	吴晨霖	广州市第二中学	初三
广东	金典	佛山市南海区石门实验学校	初二	广东	吴翊杰	东莞市常平镇振兴中学	初三
广东	李根	汕头市金园实验中学	初三	广东	杨琳	中山市纪中雅居乐凯茵学校	初三
广东	李子扬	中山市中山纪念中学	初一	广东	杨心墨	中山市纪中三鑫双语学校	初二
广东	廖弘宇	华南师范大学附属中学	初一	广东	张睿哲	广州市第二中学	初三
广东	廖秋宇	广州大学附属中学	初二	广东	钟睿智	广州大学附属中学	初三
广东	龙睿志	佛山市南海区狮山镇狮城中学	初三	广东	陈思翔	广州大学附属中学	初三
广东	麦穗良	佛山市南海区桂城街道桂江第一初级中学	初三	广东	高嘉焕	中山市纪中雅居乐凯茵学校	初一
广东	苏泽佳	中山市中山纪念中学	初二				

续 表

省份	姓名	学校	年级	省份	姓名	学校	年级
广东	李文迪	佛山市南海区石门实验学校	初三	广西	陈俊伟	桂林市奎光学校	初三
广东	李昱萱	东莞市新世纪英才学校	初一	广西	龙腾云	柳州市三十五中	初二
广东	林宏杰	佛山市南海外国语学校	初二	广西	覃南郦	南宁市第二中学	初二
广东	鲁柏舟	佛山市南海区石门实验学校	初二	广西	黄河颂	柳州市启智中学	初三
广东	全宇昊	东莞市东莞中学松山湖学校	初二	广西	农振声	广西大学附属中学	初二
广东	唐思远	东莞市莞城少年宫	初二	广西	王馨怡	柳州市第十二中学	初三
广东	游文汛	佛山市南海区桂城街道桂江第一初级中学	初二	广西	蔡文韬	广西大学附属中学	初三
				广西	崔沛祺	柳州市第四十五中学	初二
广东	曾德星	广东北江实验学校	初二	广西	黄冠菱	柳州市文华中学	初二
广东	赵艺博	广州市第二中学	初三	广西	黄逸尘	柳州市文华中学	初一
广东	陈端锐	佛山市南海外国语学校	初二	广西	李博文	桂林市奎光学校	初三
广东	丁昊	中山市纪中三鑫双语学校	初二	广西	梁涵禹	柳州市壶西实验中学	初二
广东	范嘉怡	中山市中山纪念中学	初二	广西	梁科艺	柳州市第十二中学	初三
广东	甘善铭	中山市纪中三鑫双语学校	初一	广西	梁钰松	柳州市第十五中学	初二
广东	南天放	广州大学附属中学	初一	广西	廖嘉祺	柳州市第十五中学	初二
广东	杨展宇	中山市中山纪念中学	初一	广西	刘晓萌	广西大学附属中学	初三
广东	余达一	华南师范大学附属中学	初一	广西	陆鹏飞	南宁市第十四中学	初二
广东	张玮权	中山市第一中学	初一	广西	潘祖凯	柳州市鹅山路小学	小学
广东	陈罗玥平	广州大学附属中学	初二	广西	王亦昕	柳州市柳石路二小	小学
广东	陈全隆	华南师范大学附属中学	初一	广西	韦裔夫	柳州市第十五中学	初三
广东	郭锦豪	东莞市东莞中学松山湖学校	初三	广西	吴柱昊	广西师范大学附属外国语学校	初二
广东	黄秋铭	广州市第二中学	初一	广西	夏宇	南宁市新民中学	初二
广东	柯俊宇	佛山市南海区桂城街道桂江第一初级中学	初二	广西	叶浩天	柳州市第十二中学	初二
				广西	曾鹏瑞	柳州市第十五中学	初二
广东	林正	华南师范大学附属中学	初一	广西	詹徐颖	柳州市第十二中学	初二
广东	龙晟宇	广州大学附属中学	初二	广西	张嘉珩	柳州市第八中学	初二
广东	欧朝民	佛山市南海区狮山镇狮城中学	初二	广西	张小波	南宁市第二中学	初三
广东	茹浩轩	中山市中山纪念中学	初一	广西	张学之	柳州市第十五中学	初三
广东	魏俊涛	佛山市南海区石门实验中学	初一	广西	周其星	柳州市第十五中学	初二
广东	吴永聪	东莞市东莞中学松山湖学校	初一	广西	覃梓函	南宁市第二十六中学	初二
广东	杨宁	广州市海珠区六中珠江中学	初二	贵州	吴一玄	盘州市柏果镇柏果中学	初三
广东	叶泳聪	东莞市东莞中学松山湖学校	初二	贵州	杨阳	兴义市阳光书院	初三
广东	余星辰	深圳中学	初二	贵州	陶璐璐	兴义市阳光书院	初三
广东	张福林	佛山市南海区狮山镇狮城中学	初二	贵州	赵亮亮	北京师范大学贵阳附属中学	初二
广东	张嘉康	东莞市东莞外国语学校	初三	贵州	李斌	兴义市阳光书院	初二
广东	周梓欣	华南师范大学附属中学	初二	贵州	肖枝智	兴义市阳光书院	初三
广东	刘振宇	广州大学附属中学	初二	贵州	徐天浩	兴义市阳光书院	初三
广西	覃洋洋	柳州市第十二中学	初三	贵州	赵治华	六盘水市第三中学	初三
广西	周家宝	柳州市第十五中学	初三	贵州	唐瑞辰	兴义市阳光书院	初三
广西	粟语桐	柳州市湾塘路小学	小学	贵州	扈荣峻	兴义市阳光书院	初三
广西	谢明啸	柳州市景行小学	小学	贵州	郭林科	兴义市阳光书院	初二
广西	李书羽	柳州市第十五中学	初二	贵州	王镭宇	兴义市阳光书院	初二
广西	莫泽华	柳州市第三十九中学	初三	贵州	王应泽	兴义市阳光书院	初三

续　表

省份	姓名	学校	年级	省份	姓名	学校	年级
贵州	钟宇	贵州省六盘水市第十二中学	初三	河南	赵英博	安阳市第七中学	初三
海南	王品霁	临高县临高中学	初二	黑龙江	栾佳浩	佳木斯市第二十中学	初三
海南	符鸿琛	临高县临高中学	初三	黑龙江	仲崇毅	佳木斯市第五中学	初二
海南	符洋锋	临高县临高中学	初三	黑龙江	孙源泽	齐齐哈尔市第五十二中学	初三
海南	朱语涵	海南昌茂花园学校	初一	黑龙江	陈子昂	佳木斯市第五中学	初二
海南	王唯之	海口中学	初二	黑龙江	田鹏瑞	哈尔滨第 47 中学	初二
河北	杨程铄	保定市第二中学分校	初一	黑龙江	崔博涵	哈尔滨工业大学附属中学	初二
河北	吉倚天	石家庄石门实验学校	初三	黑龙江	贺煦轩	哈尔滨师范大学附属中学	初二
河北	王复兴	华北油田东风中学	初三	黑龙江	黄睿哲	齐齐哈尔市第三十四中学	初三
河北	李佳祎	保定市第十七中学	初二	黑龙江	金泽涵	哈尔滨工业大学附属中学	初一
河北	关子洲	华北油田东风中学	初二	黑龙江	王轶达	哈尔滨市松雷中学	初一
河北	侯哲昊	华北油田东风中学	初二	湖北	叶皓天	武汉武珞路实验初级中学	初二
河北	孙傲雪	华北油田东风中学	初三	湖北	陈泊锦	武汉二中广雅中学	初一
河北	王艺璇	华北油田东风中学	初二	湖北	闫卢昊	武汉外国语学校	初二
河北	曾浩祖	华北油田东风中学	初三	湖北	吴语林	黄石八中	初三
河北	张宝鸿	沧州市第八中学	初三	湖北	李慕耘	华中科技大学同济医学院附属中学	初三
河北	王木子	华北油田东风中学	初二				
河北	窦芮璇	华北油田东风中学	初三	湖北	游宇凡	武汉外国语学校	初三
河北	刘福祥	华北油田东风中学	初三	湖北	樊瑛昊	宜昌市第二十五中学	初二
河北	綦浩量	石家庄第二外国语学校	初一	湖北	陈知易	武汉二中广雅中学初中部	初一
河北	康博皓	保定市第十七中学	初二	湖北	代康琪	十堰市东风第七中学	初二
河北	唐瑄泽	华北油田东风中学	初三	湖北	胡意成	黄石八中	初一
河北	郭帅辰	华北油田东风中学	初三	湖北	李承祥	武汉武珞路实验初级中学	初三
河北	孙一粟	华北油田东风中学	初二	湖北	唐晨鸣	黄石八中	初三
河南	都博远	河南师范大学附属中学	初三	湖北	詹效华	武汉七一华源中学	初三
河南	张雨泽	焦作市第十八中学	初二	湖北	张笑宇	华中师范大学第一附属中学	初二
河南	刘继阳	河南省实验文博学校	初三	湖北	蔡向阳	宜昌金东方初中	初二
河南	赵正阳	郑州枫杨外国语学校	初三	湖北	方奕凯	黄石十六中	初二
河南	房子涵	河南省实验文博学校	初三	湖南	徐舟子	湖南省长沙市长郡双语实验中学	初三
河南	王宁	焦作市第十八中学	初二				
河南	张泰玮	郑州市第一中学	初二	湖南	罗恺	长沙市中雅培粹学校	初二
河南	陈柯颖	焦作市第二十中学	初二	湖南	万天航	长沙市一中雨花新华都学校	初三
河南	郭仕举	河南省实验文博学校	初二	湖南	朱宇轩	株洲市淞南中学	初二
河南	申晶晶	安阳市第七中学	初三	湖南	杨承翰	长沙市长郡梅溪湖中学	初三
河南	王艺润	焦作市第二十中学	初二	湖南	胡昊	长沙市雅礼实验中学	初二
河南	王智珩	焦作市第十八中学	初二	湖南	朱梓铭	长沙市中雅培粹学校	初一
河南	张家宝	河南省实验英才学校	初三	湖南	邓睿涵	长沙市中雅培粹学校	初一
河南	张子毅	安阳市第七中学	初三	湖南	黄少霖	长沙青竹湖湘一外国语学校	初三
河南	赵宏方	河南省实验文博学校	初三	湖南	吴兆昕	湖南省长沙市长郡双语实验中学	初三
河南	郑力宁	河南省实验英才学校	初三				
河南	朱向阳	河南师范大学附属中学	初三	湖南	张植翔	长沙市湘郡培粹实验中学	初二
河南	常根源	河南省实验文博学校	初二	湖南	胡欣雷	长沙市中雅培粹学校	初二
河南	李紫临	河南省实验文博学校	初二	湖南	陈紫阳	长沙市中雅培粹学校	初二

续 表

省份	姓名	学校	年级	省份	姓名	学校	年级
湖南	梁宇昊	湖南师大附中博才实验中学	初三	湖南	黄骙	长沙市雅礼实验中学	初三
湖南	梁骆城	长沙市岳麓区郡维学校	初二	湖南	李昊泽	长沙市中雅培粹学校	初二
湖南	赵子悦	长沙市湘郡培粹实验中学	初二	湖南	鲁诗雨	长沙市中雅培粹学校	初二
湖南	曹思宇	长沙县泉塘中学	初三	湖南	张俊颖	长沙市湘郡培粹实验中学	初一
湖南	黄子乐	湖南省长沙市长郡双语实验中学	初一	湖南	贺思锶	曾国藩学校	初三
				湖南	陈泽楷	长沙市中雅培粹学校	初二
湖南	鲁劲帆	长沙市雅礼实验中学	初二	湖南	邓欧晟泽	长沙市雅礼实验中学	初一
湖南	黄浚源	长沙青竹湖湘一外国语学校	初三	湖南	黄博言	长沙市中雅培粹学校	初二
湖南	郭劲豪	湖南省长沙市长郡双语实验中学	初二	湖南	黎锦阳	湖南省醴陵第一中学	初三
				湖南	李亦虎	长沙市中雅培粹学校	初一
湖南	刘语姚	湖南省娄底市第一中学	初三	湖南	黄可唯	长沙市长郡梅溪湖中学	初二
湖南	谭凯文	衡阳市博雅学校	初三	湖南	胡展鹏	长沙市南雅中学	初三
湖南	郑寒友	湖南省常德芷兰实验学校	初三	湖南	武汉	长沙市湘郡培粹实验中学	初二
湖南	文语乐	长沙青竹湖湘一外国语学校	初二	湖南	肖锦嗣	湖南省娄底市第一中学	初三
湖南	谷昀蓁	长沙青竹湖湘一外国语学校	初三	湖南	杨镇熙	长沙市湘郡培粹实验中学	初一
湖南	何俞均	长沙市岳麓区郡维学校	初二	湖南	李云昊	澧县澧阳中学	初二
湖南	贺韵畅	长沙青竹湖湘一外国语学校	初二	湖南	王羽轩	湖南澧县九澧实验学校	初三
湖南	胡博潇	长沙市湘郡培粹实验中学	初二	湖南	杨孙毅	湖南省常德芷兰嘉树学校	初三
湖南	罗靖宇	长沙市中雅培粹学校	初一	湖南	熊程远	长沙市中雅培粹学校	初三
湖南	沈畅	湖南省常德芷兰实验学校	初三	湖南	陈怡天	长沙市中雅培粹学校	初二
湖南	陈佳敏	曾国藩学校	初三	湖南	吉泰榕	长沙市中雅培粹学校	初一
湖南	周家琛	长沙市中雅培粹学校	初二	湖南	羊柯伍	株洲景炎学校	初二
湖南	黄子益	长沙市中雅培粹学校	初二	湖南	袁湘韬	湘一芙蓉中学	初二
湖南	郭展宏	长沙市雅礼实验中学	初一	湖南	杜佳	湖南省娄底市第一中学	初三
湖南	黄子睿	湖南第一师范学院第一附属小学	小学	湖南	李秉翰	长沙市中雅培粹学校	初二
				湖南	刘健坤	长沙麓山国际实验学校	初三
湖南	李林怿	曾国藩学校	初三	湖南	熊鼎	长沙市雅礼雨花中学	初一
湖南	邓柏涵	长沙市中雅培粹学校	初一	湖南	钟瑞峥	长沙青竹湖湘一外国语学校	初三
湖南	李爽	长沙青竹湖湘一外国语学校	初二	湖南	吴子仪	娄底市楚英学校	初三
湖南	张泽涛	长沙市中雅培粹学校	初二	湖南	辛朝阳	澧县澧州实验学校	初二
湖南	张宸笛号	长沙市湘郡培粹实验中学	初一	湖南	廖康屹	长沙市南雅中学	初一
湖南	朱厚源	长沙市南雅中学	初一	湖南	罗艺翔	长沙市一中雨花新华都学校	初二
湖南	韩雅慧	长沙市南雅中学	初二	湖南	欧磊	长沙青竹湖湘一外国语学校	初三
湖南	胡文波	湖南省常德芷兰嘉树学校	初三	湖南	彭诚	湖南省娄底市第一中学	初三
湖南	唐景榕	衡阳市成章实验中学	初一	湖南	张雨露	长沙市一中岳麓中学	初二
湖南	王捷扬	衡阳市成章实验中学	初二	湖南	杨丰源	长沙青竹湖湘一外国语学校	初二
湖南	尹鑫辰	衡阳市成章实验中学	初三	湖南	黄帅钦	衡阳市博雅学校	初三
湖南	曾贤	长沙市南雅中学	初三	湖南	欧力铭	衡阳市成章实验中学	初三
湖南	陈永志	湖南师大附中梅溪湖中学	初二	湖南	彭程	长沙市南雅中学	初一
湖南	姬周	湖南师大附中梅溪湖中学	初二	湖南	谭伯睿	湖南师大附中博才实验中学	初二
湖南	唐炜堤	长沙市长郡梅溪湖中学	初二	湖南	唐天翼	长沙市雨花区砂子塘小学	小学
湖南	王禹涵	长沙市中雅培粹学校	初二	湖南	赵清澄	长沙青竹湖湘一外国语学校	初三
湖南	邓梓彬	长郡雨花外国语学校	初二	湖南	周天翊	长沙市砂子塘小学	小学

续　表

省份	姓名	学校	年级
湖南	房宸昕	曾国藩学校	初三
湖南	刘晨雨	长沙市湘郡培粹实验中学	初一
湖南	周文博	长沙市砂子塘小学	小学
湖南	蔡兆丰	长沙市南雅中学	初三
湖南	曹歆蕤	长沙市雅礼实验中学	初三
湖南	段清宇	衡阳市成章实验中学	初二
湖南	胡可汗	长沙市一中岳麓中学	初二
湖南	黄云轲	湖南广益实验中学	初二
湖南	李晨曦	衡阳市成章实验中学	初三
湖南	刘齐圣	湖南师大附中高新实验中学	初二
湖南	孙张书涵	长沙红卫小学	小学
湖南	汤翼达	长沙高新技术产业开发区明德麓谷学校	初二
湖南	肖惠湘	湖南省娄底市第一中学	初二
湖南	杨丰恺	长沙市湘郡培粹实验中学	初一
湖南	杨兆祥	湖南广益实验中学	初二
湖南	祝嘉诺	湖南师大附中梅溪湖中学	初二
湖南	包彧萱	长沙市中雅培粹学校	初二
湖南	丁怡宁	长沙市南雅中学	初一
湖南	高伟倚	长沙市中雅培粹学校	初二
湖南	吴卓阳	湖南广益实验中学	初二
湖南	肖子尧	长沙市育新小学	小学
湖南	张洁	曾国藩学校	初三
吉林	高鸣宇	东北师大附中明珠学校	初三
吉林	孙嘉伟	东北师大附中明珠学校	初二
吉林	杨松燚	长春吉大附中实验学校	初三
吉林	艾江山	东北师大附中明珠学校	初三
吉林	刘一尘	东北师大附中明珠学校	初二
吉林	张皓然	东北师大附中明珠学校	初一
吉林	刘朔	东北师大附中明珠学校	初一
吉林	王浩钟	东北师范大学附属实验学校	初三
吉林	李子豪	东北师大附中明珠学校	初一
吉林	何松谕	东北师大附中明珠学校	初二
吉林	郭宸僖	东北师大附中明珠学校	初二
吉林	李亦唐	东北师大附中明珠学校	初二
吉林	张广浩	东北师大附中明珠学校	初三
吉林	安玺儒	东北师大附中明珠学校	初二
吉林	吴天翔	东北师大附中明珠学校	初三
吉林	伊凯琛	东北师大附中明珠学校	初二
吉林	邴熙睿	东北师范大学附属实验学校	初二
吉林	包麒新	东北师范大学附属实验学校	初二
吉林	祝永祺	长春吉大附中实验学校	初三
吉林	赵春森	长春吉大附中实验学校	初三

省份	姓名	学校	年级
江苏	陈煜航	南京师范大学附属中学树人学校	初三
江苏	陈诵咏	南京外国语学校	初二
江苏	陶佳文	常州外国语学校	初三
江苏	谢天	常州市北郊初级中学	初三
江苏	陈祥玮	南京玄武外国语学校	初二
江苏	徐子逸	南京外国语学校	初三
江苏	戴江齐	南京外国语学校	初一
江苏	金天	南京市金陵中学河西分校	初一
江苏	马双儿	常州外国语学校	初三
江苏	王德坤	南京外国语学校	初二
江苏	魏启峰	常州市第二十四中学	初三
江苏	肖旭杰	南京外国语学校	初二
江苏	郁钧哲	常州外国语学校	初三
江苏	张宸瑞	江苏省淮阴中学开明分校	初三
江苏	邓逸凡	常州外国语学校	初二
江苏	杨耀丁	泰州市第二中学附属初中	初二
江苏	陈树伦	常州外国语学校	初二
江苏	张亦弛	南京师范大学附属中学树人学校	初一
江苏	朱坤元	南京外国语学校	初一
江苏	丁晓漫	南京外国语学校	初二
江苏	濮成风	常州市武进区前黄实验学校	初二
江苏	沈含章	常州市第二十四中学	初三
江苏	樊祺乐	常州市实验初级中学	初三
江苏	葛文清	南京外国语学校	初一
江苏	郭沈琳	常州市第二十四中学	初三
江苏	李翰宸	南京外国语学校	初三
江苏	刘可欣	南京外国语学校	初二
江苏	陶君函	南京外国语学校	初二
江苏	王俊	常州市第二十四中学	初三
江苏	曹桐瑜	江苏省泗洪中学	初三
江苏	韩可可	江苏省淮阴中学开明分校	初三
江苏	史天宇	常州市正衡中学	初二
江苏	王珩	镇江实验学校	初三
江苏	阎昶澍	南京师范大学附属中学树人学校	初一
江苏	包逸凡	常州外国语学校	初一
江苏	卜翊天	江苏省淮阴中学开明分校	初三
江苏	范思远	常州市正衡中学	初三
江苏	水源	连云港市新海实验中学苍梧校区	初三
江苏	王宸磊	常州外国语学校	初三

续 表

省份	姓名	学校	年级
江苏	钟佩容	常州市第二十四中学	初二
江苏	周仕哲	常州市正衡中学	初三
江苏	陈杰	常州外国语学校	初二
江苏	马燕然	南京外国语学校	初二
江苏	史睿哲	江苏省泗洪中学	初三
江苏	向毅	常州外国语学校	初二
江苏	王乾宇	江苏省海安县紫石中学	初三
江苏	陈然	南京师范大学附属中学树人学校	初二
江苏	高楷骅	常州外国语学校	初三
江苏	顾祺润	南京师范大学附属中学树人学校	初二
江苏	何润元	常州市第二十四中学	初一
江苏	金俊杰	江苏省海安县海陵中学	初三
江苏	刘靖轩	常州外国语学校	初三
江苏	施逸凡	江苏省海门中学	初三
江苏	孙嘉昊	常州市武进区湖塘实验中学	初三
江苏	汪铭煜	常州市正衡中学	初三
江苏	王鹏程	江苏省丹阳高级中学	初三
江苏	徐思婷	江苏省苏州中学伟长实验部	初三
江苏	许天祺	常州外国语学校	初一
江苏	张毓瑾	江苏省泗洪中学	初三
江苏	郭翊涛	江苏省淮阴中学开明分校	初二
江苏	王泊宁	南京师范大学附属中学树人学校	初三
江苏	周钰翔	丹阳市华南实验学校	初三
江苏	蔡逸轩	丹阳市华南实验学校	初二
江苏	孙力为	南京师范大学附属中学树人学校	初一
江苏	王皓睿	常州外国语学校	初三
江苏	韩堉昕	常州市正衡中学	初三
江苏	经怀远	镇江市第三中学	初三
江苏	张家明	常州市第二十四中学	初二
江苏	朱昊宇	常州市实验初级中学	初三
江苏	陈奕舟	江苏省淮阴中学开明分校	初二
江苏	史麒桢	常州市第二十四中学	初二
江苏	王钧澎	常州外国语学校	初一
江苏	王致远	常州外国语学校	初二
江苏	庄裕旻	镇江市第三中学	初一
江苏	李海洋	常州外国语学校	初二
江苏	刘铭江	常州市第二十四中学	初二
江苏	沈嘉峻	常州市第二十四中学	初二
江苏	孙悠然	南京外国语学校	初一
江苏	万家齐	常州外国语学校	初一
江苏	王宇轩	常州市正衡中学	初三
江苏	伍华东	淮安外国语学校	初三
江苏	徐恒奕	盐城市初级中学	初三
江苏	张宇阳	江苏省淮阴中学开明分校	初三
江苏	朱天乙	镇江市宜城中学	初三
江苏	陈军玮	南京市钟英中学	初二
江苏	李逸凡	南京市金陵中学河西分校	初二
江苏	王诗尚	江苏省淮阴中学开明分校	初三
江苏	夏灵	常州市武进区湖塘实验中学	初三
江苏	袁晨	常州市正衡中学	初三
江苏	朱云帆	江苏省泰州市姜堰区励才实验学校	初三
江苏	郦恒仪	常州外国语学校	初二
江苏	滕致浩	南京外国语学校	初二
江苏	安锐博	南京外国语学校	初二
江苏	崔晨曦	南京外国语学校	初一
江苏	费阳	南京师范大学附属中学树人学校	初二
江苏	贾庆豪	江苏省淮阴中学教育集团清浦开明中学	初三
江苏	刘欣雨	南京外国语学校	初三
江苏	刘毅轩	常州市正衡中学	初三
江苏	陆俊安	常州市北郊初级中学	初三
江苏	陈卓	丹阳市第三中学	初二
江苏	陈子杰	南京市金陵中学河西分校	初三
江苏	成昱成	南京外国语学校	初二
江苏	李熠城	常州外国语学校	初一
江苏	刘朔	南京市金陵中学河西分校	初二
江苏	陆依凡	常州市北郊初级中学	初三
江苏	马诚	南京外国语学校	初二
江苏	戎胤泽	南京外国语学校	初一
江苏	陶然	常州市正衡中学	初三
江苏	王一禾	江苏省锡山高级中学实验学校	初三
江苏	王莺时	扬州市江都区邵伯镇中学	初三
江苏	徐未	常州外国语学校	初三
江苏	徐恺辰	南京师范大学附属中学树人学校	初三
江苏	岳鹏宇	常州市第二十四中学	初三
江苏	张一可	常州市北郊初级中学	初三
江苏	周冠程	镇江第一外国语学校	初三
江苏	茆翼浩	江苏省苏州中学伟长实验部	初三
江苏	陈方宁	常州外国语学校	初二

续 表

省份	姓名	学校	年级	省份	姓名	学校	年级
江苏	黄祖昊	常州市第二十四中学	初二	江西	李昀蔚	江西省九江市同文中学	初二
江苏	刘柏年	江苏省淮阴中学开明分校	初二	江西	马声宇	九江晨光中学	初一
江苏	秦铁荥	常州市正衡中学	初二	江西	倪凯浪	上饶市广丰区五都镇中学	初二
江苏	沈牧天	苏州市吴江区盛泽第二中学	初三	江西	魏灵坤	上饶市广丰区五都镇中学	初二
江苏	韦天铭	镇江第一外国语学校	初三	江西	敖佳钰	新余市第四中学	初二
江苏	魏子竣	南京外国语学校	初二	江西	谢凯文	新余市第四中学	初三
江苏	伍轩熠	常州市正衡中学	初一	江西	熊品清	江西省婺源中学	初三
江苏	夏悠然	常州市第二十四中学	初三	江西	叶翔	上饶市广丰区五都镇中学	初三
江苏	谢苏安	江苏省淮阴中学教育集团清浦开明中学	初二	江西	詹毅寒	江西省婺源中学	初二
				江西	钟骏	赣州中学	初三
江苏	严煜	江苏省淮阴中学开明分校	初三	江西	陈俊宇	上饶市广丰区实验中学	初二
江苏	张昊	扬州中学教育集团树人学校	初二	江西	程泽宇	江西省婺源中学	初一
江苏	左京伟	镇江第一外国语学校	初三	江西	江煦宁	赣州中学	初二
江苏	蔡润泽	常州外国语学校	初三	江西	赖禹欣	江西会昌实验学校	初二
江苏	方可元	丹阳市华南实验学校	初二	江西	李弈	九江外国语学校	初三
江苏	黄天宇	江苏省苏州中学伟长实验部	初三	江西	林凡琪	广丰区永丰街道永丰中学	初三
江苏	荆国浩	南京外国语学校	初一	江西	刘明浩	江西育华学校	初三
江苏	雷竹韵	江苏省锡山高级中学实验学校	初三	江西	刘歆之	江西省玉山一中文苑学校	初三
江苏	刘熙然	南京外国语学校	初二	江西	罗奕佳	江西省九江市同文中学	初二
江苏	刘云桐	南京师范大学附属中学树人学校	初三	江西	马欣远	江西省九江市同文中学	初三
				江西	汪晓阳	江西省婺源中学	初二
江苏	倪伯承	扬州中学教育集团树人学校	初一	江西	汪妍	江西省婺源中学	初二
江苏	孙若凡	常州市正衡中学	初二	江西	汪烨	婺源县朱熹中学	初二
江苏	张天钰	盐城市大丰区实验初级中学	初二	江西	王俊	上饶市广丰区五都镇中学	初三
江苏	赵灵瑄	常州外国语学校	初二	江西	翁祎昕	广丰区永丰街道永丰中学	初三
江苏	邓嘉晟	江苏省淮阴中学开明分校	初三	江西	吴佳乐	上饶市广丰区五都镇中学	初三
江苏	何梓琛	常州市北郊初级中学	初三	江西	项忠宇	上饶市广丰区实验中学	初二
江苏	胡凌宇	苏州市吴江区盛泽第二中学	初三	江西	严梓杰	九江外国语学校	初一
江苏	林枫	常州外国语学校	初二	江西	杨一帆	新余市第四中学	初三
江苏	孟子昕	南京师范大学附属中学树人学校	初三	江西	叶余磊	上饶市广丰区泉波镇中学	初三
				江西	俞杨	上饶市广丰区五都镇中学	初三
江苏	倪潘奇	常州市正衡中学	初二	江西	曾绍煜	赣州中学	初三
江苏	申孟哲	淮安外国语学校	初三	江西	钟菡树	赣州中学	初三
江苏	王蕴炜	常州市正衡中学	初二	江西	卓灵婧	江西省玉山一中文苑学校	初三
江苏	王子尧	常州外国语学校	初一	江西	李可期	新余一中	初二
江苏	张常昊	丹阳市华南实验学校	初三	江西	刘璟	江西省赣州三中	初二
江西	黄文睿	江西省赣州三中	初二	江西	刘力骏	南昌市心远中学	初三
江西	何其键	新余市第四中学	初二	辽宁	张文哲	鞍山市第二十六中学	初一
江西	谢祥肆	赣州中学	初三	辽宁	李南锡	东北育才学校	初一
江西	石城玮	九江晨光中学	初一	辽宁	彭汉一	辽宁省实验学校	初三
江西	肖诗迅	江西省九江第一中学	初二	辽宁	车兴宇	本溪市高级中学	初三
江西	卢安来	赣州市第一中学	初二	辽宁	张闻朔	东北育才学校	初三
江西	邹宇轩	新余一中	初二	辽宁	刘祉序	东北育才学校	初三

续 表

省份	姓名	学校	年级
辽宁	薛梓玥	东北育才学校	初二
辽宁	杨博乔	东北育才学校	初三
辽宁	桑逸恺	东北育才学校	初三
辽宁	周子智	东北育才双语学校	初二
宁夏	张泽楠	宁夏石嘴山市第九中学	初三
宁夏	戴歆予	吴忠市第三中学	初三
宁夏	马瑞鹏	吴忠市第三中学	初二
山东	汪之茗	山东省青岛实验初级中学	初一
山东	赵可泰	山东省青岛第三十九中学	初三
山东	赵柳权	淄博市张店区第七中学	初三
山东	唐绍轩	山东省平邑第一中学	初一
山东	原知新	山东省青岛第二十六中学	初三
山东	柳凯元	山东省青岛第三十九中学	初二
山东	张华清	山东省烟台第二中学	初三
山东	周小成	山东省青岛第七中学	初三
山东	邓璐	青岛启元学校	初一
山东	王逸飞	东营市育才学校	初二
山东	杨宁远	青岛超银中学(广饶路校区)	初二
山东	孙铭远	莱州市云峰中学	初三
山东	孙晓畅	青岛大学附属中学	初一
山东	王肖鉴	青岛第三十七中学	初一
山东	王在烜	东营市胜利第四中学	初三
山东	张汉城	山东省青岛超银中学（鞍山路校区）	初三
山东	王子龙	日照市新营中学	初三
山东	吴卓凡	淄博市张店区第七中学	初三
山东	王楠棣	山东省烟台第二中学	初三
山东	许博翔	日照市新营中学	初三
山东	燕骏寒	淄博市张店区第七中学	初三
山东	马鑫岩	山东临邑洛北中学	初三
山东	张浩宇	东营市实验中学	初三
山东	刘佳倍	山东省青岛第七中学	初三
山东	刘金澜	东营市实验中学	初三
山东	周硕	山大华特卧龙学校	初三
山东	董钧昊	莱州市文峰中学	初三
山东	张允成	东营市胜利第十三中学	初三
山东	杨博文	山东大学第二附属中学	初二
山东	李润豪	山东省青岛第二十六中学	初二
山东	王潇逸	山东省济南第二十中学	初二
山东	李坤和	山东省潍坊市坊子区崇文初级中学	初三
山东	苏力恺	山东大学附属中学	初三
山东	魏千壹	青岛上清路小学	小学
山东	魏亦翔	东营市胜利第一中学	初三
山东	魏照峰	山东省昌乐第一中学	初三
山东	尹子豪	山东省邹平县第一中学	初三
山东	单敏轩	寿光市羊口镇初级中学	初二
山东	范洲洋	鄄城县第一中学	初二
山东	郭锦瑞	山东省邹平县第一中学	初三
山东	杨恩铭	东营市胜利第三中学	初三
山东	张晨宇	山东大学附属中学	初三
山东	张澜琼	东营市实验中学	初一
山东	周守琛	山东省青岛实验初级中学	初三
山东	郭浩	山东省五莲中学	初二
山东	胡子	东营市胜利第一中学	初三
山东	姜子涵	山东省昌乐第一中学	初三
山东	李卓然	青岛上清路小学	小学
山东	李瀚林	青岛第二实验初级中学	初三
山东	厉东霖	山东省五莲县第二中学	初一
山东	刘美彤	青岛大学附属中学	初三
山东	刘智轩	东营市胜利第一中学	初二
山东	欧俊良	东营市东营区第一中学	初一
山东	慎梓戎	东营市胜利第一中学	初三
山东	汪鑫	青岛第三十七中学	初二
山东	徐弈	山东临邑洛北中学	初三
山东	张宇翔	山东省邹平县第一中学	初三
山东	赵一浩	东营市实验中学	初三
山东	周浩文	山东省诸城市繁华初级中学	初二
山东	朱梓铭	山东临邑洛北中学	初二
山东	白骏	东营市胜利第四中学	初三
山东	曹暖玉	山东省青岛第三十九中学	初二
山东	曹瀚心	山东省烟台第二中学	初三
山东	陈俊丞	山东省昌乐第一中学	初三
山东	陈优群	山东省德州市夏津县第六中学	初二
山东	陈晟骞	东营市胜利第一中学	初二
山东	翟恩建	山东省济南稼轩学校	初三
山东	翟艺圃	山东省青岛市第五十九中学	初一
山东	丁星童	东营市实验中学	初三
山东	董佳浩	昌邑市实验中学	初二
山东	杜俊毅	高密市立新中学	初三
山东	冯博远	东营市胜利第三中学	初二
山东	冯友和	东营市实验中学	初二
山东	高飞	青岛市实验小学	小学
山东	谷嘉良	东营市东营区第一中学	初三
山东	管振宇	山东省诸城市皇华镇郝戈庄初中	初三

续 表

省份	姓名	学校	年级
山东	国睿	山东省青岛第六十五中学	初二
山东	韩栩焓	淄博市张店区第七中学	初三
山东	侯懿伦	山东省青岛第五十三中学	初三
山东	姜冠宇	东营市东营区第一中学	初三
山东	姜燕恒	东营市胜利第六中学	初一
山东	李秉宏	山东省北镇中学	初三
山东	李浩	山东省五莲中学	初三
山东	李嘉兴	山东省邹平县第一中学	初二
山东	李佳衡	山东省烟台第三中学	初三
山东	李佳儒	山东省青岛第三十九中学	初二
山东	李健平	山东省济南稼轩学校	初三
山东	李炯烨	山东省青岛第二十六中学	初二
山东	李明泽	山东省邹平县第一中学	初三
山东	李慎喆	山东省五莲中学	初三
山东	李硕	山东省五莲中学	初三
山东	李易峰	莱阳市第二实验中学	初二
山东	李勇	山东省诸城市贾悦镇贾悦初中	初三
山东	李宇鑫	青岛台东六路小学	小学
山东	李昕	山东省五莲中学	初三
山东	梁乃夫	烟台经济技术开发区实验中学	初三
山东	刘耕	东营市东营区第一中学	初二
山东	刘翰奇	东营市胜利第一中学	初一
山东	刘文倩	寿光市侯镇第一初级中学	初二
山东	刘羽辰	聊城市外国语学校	初三
山东	刘政均	莱州市文峰中学	初三
山东	刘子源	青岛福州路小学	小学
山东	刘骁腾	山东省青岛第三十九中学	初三
山东	刘梓竣	东营市胜利第十七中学	初三
山东	娄焕彬	山东省济南稼轩学校	初二
山东	娄峻玮	山东省五莲县第二中学	初二
山东	卢子言	山东省诸城市皇华镇郝戈庄初中	初二
山东	陆渤轩	青岛大学附属中学	初二
山东	吕俊安	青岛市城阳区第二实验中学	初三
山东	罗澜	青岛大学附属中学	初二
山东	马明辰	东营市实验中学	初三
山东	马舒庆	昌邑市峻青初中	初三
山东	苗雨	山东省诸城市繁华初级中学	初三
山东	齐畅	山东省烟台第二中学	初三
山东	齐志昀	昌邑市实验中学	初三
山东	邱城锐	山东省济南稼轩学校	初三
山东	邱钰哲	山东省青岛第三十九中学	初三
山东	沈星宇	山东省诸城市贾悦镇贾悦初中	初二
山东	石欣昌	山东省青岛实验初级中学	初一
山东	司韶君	淄博市张店区第七中学	初三
山东	宋沛泽	山东省青岛实验初级中学	初三
山东	宋昊龙	诸城一中国际学校	初二
山东	苏佳奕	东营市育才学校	初二
山东	孙棒棒	青岛大学附属中学	初二
山东	孙浩斌	山东省青岛超银中学（鞍山路校区）	初二
山东	孙瑞泽	山东省五莲中学	初二
山东	孙语聪	山东省青岛超银中学（鞍山路校区）	初
山东	万名扬	中国石油大学（华东）附属中学	初二
山东	汪嘉华	东营市胜利第一中学	初三
山东	王浩龙	山大华特卧龙学校	初三
山东	王基荣	青岛第二实验初级中学	初二
山东	王嘉睿	昌邑市峻青初中	初三
山东	王仁泽	昌邑市实验中学	初三
山东	王新宇	山东省潍坊新华中学	初二
山东	王耀琪	山东省烟台第三中学	初三
山东	王艺臻	山东省烟台第二中学	初三
山东	王忠睿	东营市胜利第六中学	初一
山东	王子康	山东省莱州市双语学校	初三
山东	王子鸣	山东省临沂第一中学	初一
山东	王子玉	山东省潍坊外国语学校	初一
山东	王铮	山东省济南稼轩学校	初二
山东	吴树睿	东营市胜利第一中学	初二
山东	徐诗扬	山东省青岛实验初级中学	初三
山东	徐艺峰	青岛市黄岛区第四中学	初三
山东	徐志鹏	山东省济南稼轩学校	初二
山东	许文静	诸城一中国际学校	初三
山东	薛锡峰	淄博市张店区第七中学	初二
山东	燕学烨	东营市育才学校	初一
山东	杨云飞	山东大学附属中学	初三
山东	尹昱钦	平度市实验中学	初一
山东	俞可馨	青岛第二实验初级中学	初三
山东	张博钧	青岛第三十四中学	初三
山东	张伯谦	青岛大学附属中学	初三
山东	张弘鹏	山东省五莲中学	初二
山东	张晶程	山东省诸城市明德学校	初三
山东	张竞之	山东省邹平县第一中学	初三
山东	张峻涵	东营市胜利第一中学	初三
山东	张峻豪	山东省青岛第五十三中学	初三

续 表

省份	姓名	学校	年级	省份	姓名	学校	年级
山东	张瑞哲	东营市胜利第一中学	初二	上海	王元鸿	上海市民办华育中学	初二
山东	张朔	青岛市城阳区实验中学	初三	上海	夏李锦暄	上海市实验学校东校	初三
山东	张艺铭	日照市新营中学	初三	上海	张迅	上海市民办华育中学	初一
山东	赵国宇	山东省青岛第五十三中学	初三	上海	魏正	上海市民办华育中学	初三
山东	赵海川	山东省邹平县第一中学	初三	上海	陈希捷	上海市民办华育中学	初三
山东	赵明珠	山东省诸城市贾悦镇贾悦初中	初三	上海	陈哲	上海市世界外国语中学	初二
山东	赵浦乐	山东省潍坊外国语学校	初三	上海	杜楚恒	上海市市北初级中学	初二
山东	赵阳	青岛国开实验中学	初二	上海	高麟翔	上海民办兰生复旦中学	小学
山东	赵越	山东省烟台第二中学	初三	上海	辛统	上海市实验学校	初三
山东	郑天宇	青岛市城阳区实验中学	初三	上海	袁翊天	上海市静安区教育学院附属学校	初三
山东	郑尊文	山东大学第二附属中学	初二				
山东	周愈曦	东营市东营区第一中学	初三	上海	张博为	上海市新竹园中学	初三
山东	周致远	山东省烟台第一中学	初二	上海	王海涛	上海市洋泾中学	高一
山东	朱吉武	寿光市侯镇第一初级中学	初三	上海	高逸凡	上海市民办华育中学	初三
山东	闫瑾	山东省邹平县第一中学	初三	上海	吴律	上海市娄山中学	初二
山东	滕启成	日照市新营中学	初三	上海	魏九德	上海市卢湾中学	初三
山东	禚文宇	山东省北镇中学	初三	上海	孙伟轩	上海市市北初级中学	初二
山东	徐圣璋	山东省青岛第三十九中学	初二	上海	赵元琛	上海民办兰生复旦中学	初二
山东	赵思哲	山东省青岛第七中学	初一	上海	唐嘉诣	上海市向明初级中学	初二
山西	李帅衡	晋城市凤鸣中学	初三	上海	袁得葳	上海外国语大学附属外国语学校	初三
山西	韩则进	太原市第五中学校	初三				
山西	薛立伟	太原市五育中学校	初二	上海	赵思诚	上海市实验学校	初三
山西	杜昌昕	太原市五育中学校	初二	上海	汪畋宇	上海市实验学校	初二
山西	高楚贺	晋城爱物学校	初二	上海	王一川	上海市民办华育中学	初三
山西	冀昱昊	太原市五育中学校	初二	上海	吕行健	上海市星河双语学校	初三
山西	梁劭珺	太原市五育中学校	初二	上海	管晏如	上海市延安初级中学	初一
山西	刘瑷源	太原市五育中学校	初二	上海	尚存远	上海市卢湾中学	初三
山西	宋卓远	晋城爱物学校	初二	上海	俞思成	上海市民办进华中学	初二
山西	吴天予	太原市五育中学校	初二	上海	朱晨煊	上海兰田中学	初一
山西	张慕凡	晋城市矿区中学	初二	上海	曹嘉伟	上海兰田中学	初三
山西	陈诗思	晋城市凤台中学	初二	上海	曹思诺	上海市西南位育中学	初三
山西	梁亦博	晋城市凤鸣中学	初三	上海	蔡心珺	上海市世界外国语中学	初三
山西	张子沐	晋城市实验中学校	初二	上海	程彦彬	上海市市北初级中学	初三
上海	徐陈皓	上海市卢湾中学	初二	上海	刘心远	上海市市北初级中学	小学
上海	周祎晨	上海市民办华二初级中学	初三	上海	王翀	上海市建平中学西校	初三
上海	戴麟懿	上海外国语大学附属外国语学校	初三	上海	郑佳睿	上海市民办华育中学	小学
				上海	房辰燏	上海市民办华育中学	初一
上海	吴启凡	上海市民办华育中学	初三	上海	聂天骄	上海民办兰生复旦中学	初二
上海	陈格非	上海市延安初级中学	初三	上海	江若泓	上海市民办华育中学	初三
上海	顾奕成	上海市实验学校	初二	上海	陆天成	上海市文来中学	初三
上海	刘可盈	上海市娄山中学	初三	上海	施浩何奇	上海兰田中学	初二
上海	姜天乐	上海外国语大学附属外国语学校	初三	上海	杨亦诚	上海民办兰生复旦中学	初一
				上海	周哲铭	上海市世界外国语中学	初三

续　表

省份	姓名	学校	年级
上海	陈融	上海市西南位育中学	高二
上海	连昊宇	上海市西南位育中学	初二
上海	刘弘毅	上海市民办华育中学	初三
上海	曲民扬	上海中学东校	初三
上海	冯逸韬	上海市民办华育中学	初二
上海	冯睿阳	上海外国语大学附属外国语学校	初一
上海	施安然	上海市西南位育中学	初三
上海	孙亦喆	上海外国语大学附属外国语学校东校	初三
上海	万成章	复旦大学第二附属中学	初一
上海	朱申哲	上海市民办华育中学	初三
上海	方铭谦	上海耀中国际学校	初三
上海	陈文昊	上海市民办华育中学	初二
上海	黄予何	上海外国语大学附属外国语学校	初二
上海	李天乐	上海市民办华育中学	初一
上海	刘宙宜	上海市民办华育中学	初三
上海	强欣伟	上海市西南位育中学	初二
上海	乔宜昊	上海市民办华育中学	初一
上海	吴优然	上海外国语大学附属外国语学校	初一
上海	杨凌羽	上海市徐汇中学	初一
上海	曾济	上海中学东校	初一
上海	张为奕	上海市民办华育中学	初三
上海	张逸静	上海宋庆龄学校	初三
上海	周梓豪	上海市卢湾中学	初二
上海	朱星澄	上海市民办华育中学	初二
上海	陈泽淏	上海外国语大学附属外国语学校东校	初三
上海	黄虹彰	上海市民办华育中学	小学
上海	雷杨骏鹏	上海市民办华育中学	初三
上海	李轶凡	上海市世界外国语中学	初三
上海	马鸣谦	上海外国语大学附属外国语学校	初三
上海	秦彬	上海市民办华育中学	初三
上海	王若凡	上海市和平双语学校	初二
上海	王子斐	上海兰田中学	初二
上海	赵云柯	上海外国语大学附属外国语学校	初二
上海	栾昊洋	上海民办华二初级中学	初二
上海	陈睿旻	上海市民办华育中学	初一
上海	胡韬琇	上海市世界外国语中学	初一
上海	陆衍帆	上海市市西初级中学	初三
上海	王逸	上海市实验学校	初二
上海	吴政泽	上海市中远实验学校	初二
上海	张炜健	上海市格致初级中学	初二
四川	蒋明润	成都七中高新校区	初三
四川	王子一点	成都七中育才学校	初三
四川	叶余非	成都七中高新校区	初三
四川	卢加洲	成都外国语学校	初三
四川	刘贝	成都七中育才学校	初三
四川	赵羚渲	成都外国语学校	初三
四川	周泊含	成都石室联合中学	初二
四川	钟自厚	成都嘉祥外国语学校	小学
四川	严翔羽	成都石室联合中学	初三
四川	温铠瑞	成都外国语学校	初三
四川	张隽恺	成都外国语学校	初二
四川	陈俊儒	电子科技大学实验中学	初三
四川	陈禹良	成都外国语学校	初三
四川	付余	成都外国语学校	初三
四川	田若载	七中育才汇源校区	初三
四川	段宇乐	成都嘉祥外国语学校	初三
四川	洪文杰	成都石室联合中学	初一
四川	王俊凯	成都七中育才学校	初二
四川	杨恺	成都市树德实验中学	初三
四川	姚昕岳	绵阳中学英才学校	初二
四川	蔡鑫榆	成都市树德实验中学	初三
四川	李思杰	成都外国语学校	初二
四川	钟雨薇	成都外国语学校	初二
四川	纪宇舟	成都外国语学校	初三
四川	邱昊炜	成都外国语学校	初三
四川	田宇灼	成都七中育才学校	初二
四川	杨力源	成都市树德实验中学	初三
四川	蒋麟洲	成都七中育才学校	初三
四川	李品昭	成都外国语学校	初三
四川	仲星燚	成都石室联合中学	初三
四川	卢思睿	绵阳中学英才学校	初三
四川	唐旌凯	成都七中育才学校	初三
四川	王善上	成都石室中学初中学校	初二
四川	陈取霖	成都外国语学校	初二
四川	李冬旭	成都市树德实验中学	初三
四川	任彦屹	成都外国语学校	初二
四川	郑子涵	成都嘉祥外国语学校	初二
四川	董依航	成都七中育才学校	初二
四川	何星熠	成都外国语学校	初二

续 表

省份	姓名	学校	年级
四川	廖晨翔	成都市实验外国语学校	初二
四川	魏衍芃	成都七中初中学校	初三
四川	岳旸迪	成都市树德实验中学	初三
四川	张嘉豪	成都石室联合中学	初一
四川	王博洋	成都外国语学校	初三
四川	黄俊凯	成都市树德实验中学	初三
四川	黄蔚尧	成都嘉祥外国语学校	初二
四川	李科检	成都市树德实验中学	初三
四川	闻瑞祥	成都石室联合中学	初二
四川	陈彦兴	天府第七中学	初一
四川	干哲宇	成都外国语学校	初三
四川	李恒之	成都石室联合中学	初三
四川	萧颜	成都外国语学校	初三
四川	张晗东	成都市树德实验中学	初二
四川	李志轩	成都外国语学校	初二
四川	谭淇心	成都市树德实验中学	初一
四川	周语程	成都外国语学校	初三
四川	杨昆玉	成都七中育才学校	初二
四川	熊璐宇	成都石室中学北湖校区	初三
四川	黄嘉豪	成都七中育才学校	初一
四川	饶哲萌	成都七中育才学校	初二
四川	王栚骁	成都嘉祥外国语学校	初三
四川	胡翰阳	乐山市实验中学	初三
四川	廖博雅	绵阳中学英才学校	初二
四川	张恒睿	七中育才汇源校区	初二
四川	梁一帆	成都外国语学校	初一
四川	廖润龙	成都外国语学校	初三
四川	刘斌然	成都外国语学校	初三
四川	刘子瑞	绵阳中学英才学校	初二
四川	王浩然	绵阳中学英才学校	初三
四川	包航	成都外国语学校	初三
四川	岳镝	绵阳中学英才学校	初三
四川	沈诚	绵阳中学英才学校	初三
四川	苏莉雅	成都嘉祥外国语学校	初三
四川	叶洋瑞	成都七中育才学校	初二
四川	张胜熙	绵阳中学英才学校	初二
四川	陈冠霖	成都石室联合中学	初三
四川	方鸿铭	成都西川中学	初二
四川	唐恺旭	成都市树德实验中学	初一
四川	蔡欣然	成都市树德实验中学	初二
四川	陈鹏宇	成都市实验外国语学校	初二
四川	冯施源	成都石室联合中学	初二
四川	何迅	绵阳中学英才学校	初三

省份	姓名	学校	年级
四川	姜易柯	绵阳中学英才学校	初二
四川	李希宸	绵阳中学英才学校	初二
四川	夏志豪	成都市实验外国语学校	初二
四川	高睿恒	成都石室联合中学	初三
四川	白信羽	成都外国语学校	初二
四川	蔡镇宇	成都嘉祥外国语学校	初二
四川	付恒宇	成都七中育才学校	初二
四川	郭士尧	七中育才汇源校区	初二
四川	孙承智	成都七中育才学校	初一
四川	杨轶涵	成都市实验外国语学校	初二
四川	周牧岩	成都七中育才学校	初一
四川	邹滨阳	成都石室联合中学	初二
四川	陈春昊	绵阳中学英才学校	初一
四川	唐蕴维	成都树德中学	初三
四川	王玉洋	绵阳中学英才学校	初二
四川	西贝哲承	成都石室中学北湖校区	初三
四川	徐悦程	成都石室中学初中学校	初二
四川	蔡昊洋	成都石室联合中学	初二
四川	顾彩篷	绵阳中学英才学校	初三
四川	胡芸	绵阳中学英才学校	初三
四川	黄熠城	成都七中育才学校	初二
四川	李俊玮	七中育才汇源校区	初一
四川	刘浩宇	成都石室联合中学	初二
四川	刘昕垚	成都市树德实验中学	初二
四川	齐天翼	成都市树德实验中学	初二
四川	杨疏影	成都市实验外国语学校	初二
四川	杨奕麟	成都嘉祥外国语学校	初一
四川	张越	七中育才汇源校区	初三
四川	甘一超	成都七中高新校区	初三
四川	黄炯博	成都石室联合中学	初二
四川	廖世栋	四川省射洪中学	初三
四川	强陶	绵阳东辰国际学校	初一
四川	赵力	绵阳中学英才学校	初二
天津	刘家萁	天津益中学校	初三
天津	刘子琦	天津英华国际学校	初三
天津	王雨颀	天津外国语大学附属外国语学校	初二
天津	马钰滢	天津益中学校	初三
天津	李骏骁	天津益中学校	初三
天津	刘青岳	南开翔宇学校	初三
天津	庄滢碧	天津外国语大学附属外国语学校	初二

续 表

省份	姓名	学校	年级
天津	陈兴昊	天津外国语大学附属滨海外国语学校	初二
天津	胡适宇	天津益中学校	初三
天津	刘慕非	天津益中学校	初三
天津	戚一嘉豪	天津益中学校	初二
天津	宋沛洋	天津益中学校	初二
天津	王凯正	天津益中学校	初三
天津	王圣凯	南开翔宇学校	初二
天津	王学梁	天津益中学校	初三
天津	杨博一	天津外国语大学附属外国语学校	初二
天津	杨圣仝	南开翔宇学校	初二
天津	杨易明	天津益中学校	初三
天津	赵梓丞	天津益中学校	初二
天津	周靖卓	天津外国语大学附属外国语学校	初二
天津	王芃翰	天津益中学校	初三
香港	李卓傑	喇沙書院	初二
香港	汤俊成	拔萃男書院	初二
香港	楊汶璁	香港培正中學	初二
香港	陳元昊	拔萃男書院	初三
新疆	张书豪	新疆生产建设兵团第一中学	初三
新疆	周弋智	新疆维吾尔自治区乌鲁木齐市第七十中学	初一
新疆	闫俊杰	新疆生产建设兵团第一中学	初三
新疆	蔡铭诚	新疆维吾尔自治区乌鲁木齐市第十三中学	初二
新疆	杜卫鑫	新疆维吾尔自治区乌鲁木齐市华兵实验中学	初二
新疆	龙行	新疆维吾尔自治区乌鲁木齐市幸福中学	初三
新疆	荣翰佶	新疆维吾尔自治区乌鲁木齐市第 126 中学	初三
新疆	周奕帆	新疆维吾尔自治区乌鲁木齐市第七十中学	小学
新疆	姚智勇	新疆维吾尔自治区乌鲁木齐市第七十中学	初三
新疆	张讯启	新疆生产建设兵团第一中学	初二
新疆	颜毓辰	新疆生产建设兵团第一中学	初三
新疆	杨云逸	新疆维吾尔自治区乌鲁木齐市第 126 中学	初三
新疆	俞杨隆	新疆维吾尔自治区乌鲁木齐市华兵实验中学	初三

省份	姓名	学校	年级
新疆	张艺龄	新疆维吾尔自治区乌鲁木齐市第十三中学	初三
浙江	陈浩杰	衢州市实验学校	初三
浙江	冯明浩	衢州市兴华中学	初二
浙江	吴天	衢州市实验学校	初三
浙江	徐晨威	衢州市实验学校	初三
浙江	余邦轩	衢州市兴华中学	初二
浙江	朱颀	衢州市实验学校	初三
浙江	刘亿臻	余姚市实验学校	初一
浙江	范天奇	衢州市兴华中学	初三
浙江	马文浩	杭州二中白马湖学校	初二
浙江	徐安矣	杭州二中白马湖学校	初一
浙江	朱羿恺	浙江省诸暨市浣江教育集团浣江初中	初一
浙江	沈泽楷	慈溪实验中学	初二
浙江	潘思成	慈溪市上林初级中学教育集团	初三
浙江	陈乐扬	衢州市实验学校	初二
浙江	陈泓睿	杭州二中白马湖学校	初二
浙江	高逸凡	衢州市实验学校	初二
浙江	孟煜皓	浙江省诸暨市浣江教育集团浣江初中	初一
浙江	邱欣祺	杭州市建兰中学	初三
浙江	苏焜	义乌市绣湖中学	初二
浙江	王鸿宇	宁波市镇海蛟川书院	初二
浙江	王奕程	杭州江南实验学校	初三
浙江	徐亦周	衢州市兴华中学	初三
浙江	徐子懿	衢州市实验学校	初三
浙江	徐睿	宁波市镇海蛟川书院	初二
浙江	许益玮	慈溪实验中学	初三
浙江	杨子恒	杭州市建兰中学	初二
浙江	叶可禾	衢州华茂外国语学校	初三
浙江	叶涛	苍南县嘉禾中学	初三
浙江	余智旺	衢州市兴华中学	初二
浙江	余杲	绍兴市建功中学	初三
浙江	张家奇	义乌市春晗学校	初三
浙江	张旭腾	慈溪实验中学	初三
浙江	郑路明	江山外国语学校	初二
浙江	卢景行	杭州市十三中教育集团(总校)	初二
浙江	杨一凡	杭州二中白马湖学校	初二
浙江	黄霖	衢州华茂外国语学校	初二
浙江	张小宇	杭州文澜中学	初二
浙江	周晓禾	慈溪市上林初级中学教育集团	初二

续　表

省份	姓名	学校	年级
浙江	陈奕阳	慈溪市上林初级中学教育集团	初二
浙江	陈潇然	衢州华茂外国语学校	初一
浙江	刘嘉骥	温州第十二中学	初三
浙江	鲁永杰	衢州市兴华中学	初二
浙江	马景阳	慈溪实验中学	初一
浙江	倪楠	慈溪市上林初级中学教育集团	初二
浙江	欧阳镁杰	慈溪市上林初级中学教育集团	初二
浙江	王玛琪	慈溪市上林初级中学教育集团	初三
浙江	吴启航	余姚市实验学校	初一
浙江	谢琳涵	绍兴市第一初级中学教育集团龙山校区	初二
浙江	姚起龙	杭州市建兰中学	初二
浙江	张亲翰	杭州市建兰中学	初二
浙江	高晨俊	杭州市建兰中学	初二
浙江	柴浩天	慈溪市上林初级中学教育集团	初三
浙江	何宇凯	衢州新星初级中学	初二
浙江	吴陈乐	余姚市子陵中学	初二
浙江	何旸	蓝青学校	初二
浙江	黄际豪	宁波市镇海蛟川书院	初一
浙江	毛桢栩	蓝青学校	初三
浙江	王欣扬	浙江师范大学婺州外国语学校	初三
浙江	徐敏睿	余姚市实验学校	初一
浙江	应佳泽	余姚市子陵中学	初二
浙江	周佳仪	宁波市镇海蛟川书院	初一
浙江	胡佳栋	慈溪实验中学	初三
浙江	白雨洁	慈溪实验中学	初三
浙江	陈琛	宁波市镇海蛟川书院	初一
浙江	方行楷	慈溪市上林初级中学教育集团	初二
浙江	何卓睿	乐清市康德寄宿学校	初二
浙江	洪宇涛	浙江师范大学婺州外国语学校	初三
浙江	金伟杰	嵊州市初级中学	初二
浙江	毛沄涛	江山外国语学校	初三
浙江	苗先涛	慈溪市上林初级中学教育集团	初三
浙江	倪飞浩	衢州市柯城区巨化中学	初二
浙江	邵辰航	温州第十二中学	初三
浙江	沈栩冉	慈溪实验中学	初二
浙江	施博骜	杭州文澜中学	初二
浙江	卓宇晴	宁波市镇海蛟川书院	初二
浙江	顾宇豪	杭州市公益中学	初二
浙江	胡艾博	宁波外国语学校	初三
浙江	徐子泰	衢州华茂外国语学校	初三
浙江	陈哲栋	慈溪市上林初级中学教育集团	初三
浙江	金云韬	宁波市惠贞书院	初一
浙江	林迦勒	杭州二中白马湖学校	初二
浙江	宋歌	衢州华茂外国语学校	初二
浙江	孙旭磊	慈溪市上林初级中学教育集团	初二
浙江	尹松屹	余姚市实验学校	初二
浙江	张景彦	余姚市实验学校	初三
浙江	钟泽纬	宁波市镇海蛟川书院	初一
浙江	蔡凯玮	余姚市子陵中学	初三
浙江	陈明志	杭州江南实验学校	初二
浙江	龚欣洋	温州市实验中学	初二
浙江	黄培伦	慈溪实验中学	初二
浙江	金雷博	杭州江南实验学校	初二
浙江	林正敏	杭州江南实验学校	初二
浙江	彭子越	杭州二中白马湖学校	初二
浙江	史佩天	嵊州市初级中学	初二
浙江	汪昱晨	绍兴市柯桥区实验中学	初一
浙江	王泽	余姚市高风中学	初一
浙江	王煜凯	慈溪实验中学	初一
浙江	徐晨洋	慈溪实验中学	初三
浙江	徐嘉浩	绍兴市建功中学	初二
浙江	杨子骏	杭州市建兰中学	初三
浙江	余智超	衢州市兴华中学	初三
浙江	张瑜恒	浙江省诸暨市浣江教育集团浣江初中	初二
浙江	郑天阳	杭州江南实验学校	初三
浙江	周栋	绍兴市昌安实验学校	初三
浙江	周航锐	金华市第五中学	初一
浙江	朱哲凯	慈溪市上林初级中学教育集团	初三
浙江	邹柳石	慈溪市上林初级中学教育集团	初三
浙江	葛俊辰	杭州市建兰中学	初三
浙江	吴与伦	杭州二中白马湖学校	初二
浙江	杨英豪	杭州文澜中学	初二
浙江	郑昱可	衢州市兴华中学	初三
浙江	李嘉陆	慈溪市上林初级中学教育集团	初一
浙江	王植	余姚市实验学校	初三
浙江	徐品原	余姚市实验学校	初二
浙江	郑睿喆	衢州市兴华中学	初二
浙江	周轩熠	浙江省诸暨市浣江教育集团浣江初中	初二
浙江	陈铭宇	杭州养正学校	初三
浙江	陈启杭	慈溪市上林初级中学教育集团	初三
浙江	陈政坤	宁波科学中学	初二
浙江	范金楷	杭州二中白马湖学校	初二
浙江	郭子欣	杭州江南实验学校	初三

续 表

省份	姓名	学校	年级
浙江	胡赵阳	绍兴文理学院附属中学	初一
浙江	黄嘉尔	诸暨市开放双语实验学校	初二
浙江	姜华锦	衢州华茂外国语学校	初二
浙江	蓝天朗	衢州市兴华中学	初二
浙江	刘弋驰	蓝青学校	初二
浙江	楼元培	慈溪实验中学	初一
浙江	毛逸韬	江山市第二中学	初三
浙江	梅正阳	杭州养正学校	初二
浙江	尚天麒	杭州文澜中学	初二
浙江	沈致远	嵊州市初级中学	初三
浙江	王锴	余姚市实验学校	初三
浙江	吴菲	蓝青学校	初三
浙江	徐锐扬	衢州华茂外国语学校	初一
浙江	徐致远	衢州市实验学校	初二
浙江	徐瀚文	衢州市实验学校	初二
浙江	薛苇杭	杭州市翠苑中学	初三
浙江	杨博超	绍兴市文澜中学	初三
浙江	叶腾逊	宁波市镇海蛟川书院	初二
浙江	张浩然	宁波市李兴贵中学	初三
浙江	张钰成	慈溪实验中学	初三
浙江	赵文川	衢州市实验学校	初二
浙江	周齐圣	衢州华茂外国语学校	初二
浙江	周天宇	绍兴市元培中学	初三
浙江	周易成	江山市第二中学	初三
浙江	何卓锟	海亮初级中学	初一
浙江	孔启皓	宁波市镇海蛟川书院	初一
浙江	郑文璟	杭州二中白马湖学校	初二
浙江	朱宸	杭州二中白马湖学校	初二
浙江	陈臻	江山市城东实验学校	初三
浙江	秦雨扬	杭州养正学校	初三
浙江	沈亮吉	慈溪市上林初级中学教育集团	初三
浙江	王彬宇	余姚市实验学校	初二
浙江	周瓯翔	乐清市知临寄宿学校	初二
浙江	陈俊杰	衢州市实验学校(新湖校区)	初三
浙江	陈昊阳	浙江省诸暨市浣江教育集团浣江初中	初三
浙江	胡杨	杭州江南实验学校	初二
浙江	黄河	浙江省诸暨市浣江教育集团浣江初中	初三
浙江	黄晟航	余姚市实验学校	初二
浙江	金宇轩	慈溪市上林初级中学教育集团	初三
浙江	楼云韬	义乌市绣湖中学	初二
浙江	沈皓天	余姚市实验学校	初一
浙江	宋家宥	宁波市惠贞书院	初三
浙江	徐熙来	嵊州市剡城中学教育集团城关校区	初二
浙江	杨皓丞	温州第十二中学	初三
浙江	余梓诚	义乌市绣湖中学	初二
浙江	张奕涵	杭州江南实验学校	初三
浙江	朱灏然	温州市实验中学	初一
浙江	祝向博	江山市城北中学	初三
浙江	杨锦皓	杭州市建兰中学	初二
浙江	林劻泽	嵊州市初级中学	初二
浙江	王瑞天	宁波市镇海蛟川书院	初一
浙江	谢璟涵	衢州市菁才中学	初三
浙江	赵铁团	浙江华维外国语学校	初三
浙江	郑海汛	江山外国语学校	初三
浙江	钟睿	杭州养正学校	初三
浙江	陈俊源	宁波市镇海蛟川书院	初二
浙江	陈然	衢州华茂外国语学校	初二
浙江	胡宸源	宁波市镇海蛟川书院	初二
浙江	林响烨	温州市实验中学	初三
浙江	倪一栋	绍兴市柯桥区齐贤镇中学	初三
浙江	王若天	慈溪市上林初级中学教育集团	初三
浙江	王子熙	新昌县城关中学	初三
浙江	翁一栋	宁波科学中学	初二
浙江	许凯胤	余姚市实验学校	初二
浙江	张天逸	宁波市镇海蛟川书院	初二
浙江	钟皓宇	慈溪市上林初级中学教育集团	初三
浙江	金谓健	杭州养正学校	初二
重庆	吴锴	重庆八中宏帆初级中学校	初三
重庆	向明义	重庆八中宏帆初级中学校	初三
重庆	段俊宏	重庆市鲁能巴蜀中学校	初三
重庆	毛彦升	重庆八中宏帆初级中学校	初二
重庆	唐睿柏	重庆市鲁能巴蜀中学校	初三
重庆	陶立宇	重庆八中宏帆初级中学校	初二
重庆	张记僖	重庆八中宏帆初级中学校	初二
重庆	胡诗杰	重庆市鲁能巴蜀中学校	初三
重庆	陈思阳	重庆八中宏帆初级中学校	初三
重庆	邓铭越	西南大学附属中学校	初二
重庆	李锴	重庆市鲁能巴蜀中学校	初三
重庆	艾羿	重庆八中宏帆初级中学校	初三
重庆	李佳员	西南大学附属中学校	初三
重庆	易子杰	重庆市鲁能巴蜀中学校	初二
重庆	洪家庆	重庆市鲁能巴蜀中学校	初二
重庆	袁玮鸿	重庆南开(融侨)中学校	初三

续 表

省份	姓名	学校	年级	省份	姓名	学校	年级
重庆	张庭川	重庆南开（融侨）中学校	初三	重庆	瞿霄宇	重庆市鲁能巴蜀中学校	初一
重庆	石宇昕	重庆八中宏帆初级中学校	初二	重庆	傅俊林	重庆市鲁能巴蜀中学校	初二
重庆	谢东宸	西南大学附属中学校	初二	重庆	何永杰	重庆市鲁能巴蜀中学校	初一
重庆	瞿睿	重庆南开（融侨）中学校	初二	重庆	尹炜凯	重庆八中宏帆初级中学校	初二
重庆	党伟豪	重庆市鲁能巴蜀中学校	初三	重庆	吴雨垚	重庆市鲁能巴蜀中学校	初三
重庆	李文灿	重庆市第八中学校	高一	重庆	郭雨豪	重庆巴蜀常春藤学校	初一
重庆	袁愉清	重庆八中宏帆初级中学校	初三	重庆	李杰	重庆南开（融侨）中学校	初二
重庆	席跃	重庆市鲁能巴蜀中学校	初二	重庆	李旭恒	重庆市鲁能巴蜀中学校	初二
重庆	谭云鹏	重庆市第八中学校	高一	重庆	刘彤林	重庆实验外国语学校	初二
重庆	吴沁倚	重庆市鲁能巴蜀中学校	初二	重庆	罗思远	重庆巴蜀常春藤学校	初一
重庆	武展仪	重庆八中宏帆初级中学校	初二	重庆	沈知远	重庆巴蜀常春藤学校	初一
重庆	郑超舰	重庆市鲁能巴蜀中学校	初三	重庆	周子文彦	重庆八中宏帆初级中学校	初三
重庆	蒋知睿	重庆市江津中学校	初三	重庆	李羿希	重庆南开（融侨）中学校	初三
重庆	许可	重庆巴蜀常春藤学校	初一	重庆	罗登尧	重庆市鲁能巴蜀中学校	初一
重庆	曾祥碧	重庆市第八中学校	高一	重庆	吴培鑫	重庆市鲁能巴蜀中学校	初二
重庆	钟星宇	重庆市鲁能巴蜀中学校	初二	重庆	周子为	重庆巴蜀常春藤学校	初一
重庆	陈识曲	重庆八中宏帆初级中学校	初三	重庆	胥昊天	重庆南开（融侨）中学校	初二
重庆	李周任	重庆八中宏帆初级中学校	初二	重庆	朱萌文	重庆八中宏帆初级中学校	初二

CCF NOIP 2017 复赛普及组二等奖名单

省份	姓名	学校	年级	省份	姓名	学校	年级
安徽	王珂锐	合肥市第四十五中学	初一	安徽	夏宇航	合肥市第四十八中学滨湖校区	初三
安徽	王诗琪	淮南实验中学	初二	安徽	吕东霆	合肥市第四十五中学	初二
安徽	盛嘉薇	淮南实验中学	初二	安徽	李鹏飞	合肥市第四十五中学	初二
安徽	武孝元	淮南实验中学	初三	安徽	梁涵	合肥市第四十八中学	初二
安徽	杨茜木	淮南实验中学	初三	安徽	胡睿睿	淮南实验中学	初二
安徽	许思远	淮南实验中学	初一	安徽	刘博文	合肥市第四十五中学	初一
安徽	杨天	合肥市第四十八中学	初二	安徽	汤玉哲	合肥市第四十五中学	初二
安徽	英艺博	淮南实验中学	初二	安徽	王梓璇	合肥市第四十五中学	初二
安徽	陈炳宇	淮南实验中学	初三	安徽	贾宇航	淮南实验中学	初三
安徽	丁瑞	淮南实验中学	初三	安徽	郭冠麟	芜湖市第二十七中学	初一
安徽	叶昕傲	合肥市五十中学西校	初二	安徽	姜采唐	芜湖市育红小学	小学
安徽	黎韫豪	宁国中学	初二	安徽	王润坤	淮南实验中学	初三
安徽	朱世彤	安徽省淮南师范附属小学	小学	安徽	万雨航	芜湖市第二十七中学	初一
安徽	何信宽	合肥市第四十八中学	初二	安徽	项正豪	芜湖市第二十七中学	初一
安徽	王礼铭	合肥市第四十五中学	初二	安徽	吴名璞	芜湖市第二十七中学	初一
安徽	彭笑雨	宁国中学	初二	安徽	夏润天	芜湖市第二十七中学	初一
安徽	李瑞卿	合肥市第四十八中学	初一	安徽	殷越	芜湖市第二十七中学	初一
安徽	黄元昊	合肥市第四十八中学滨湖校区	初二	安徽	蒋逸凡	芜湖市第二十七中学	初一
安徽	王康	合肥市第五十中学东校	初三	安徽	骆俊玮	芜湖市第二十七中学	初一

续 表

省份	姓名	学校	年级	省份	姓名	学校	年级
安徽	刘睿涵	芜湖市第二十七中学	初一	安徽	黄钰	芜湖荟萃中学	初二
安徽	闫子恒	安徽省淮南师范附属小学	小学	安徽	杜宇涵	芜湖市赭山小学	小学
安徽	方光政	安徽省芜湖市绿影小学	小学	安徽	杨逸凡	安徽省淮南师范附属小学	小学
安徽	闫寒	合肥市第四十五中学	初二	安徽	程龙廷	淮南新思维学校	初一
安徽	黄思峻	中国科学技术大学附属中学	初一	安徽	张舒怡	淮南洞山中学	初三
安徽	任思娴	安庆市外国语学校	初一	安徽	张仲宝	淮南新思维学校	初一
安徽	袁磊	合肥市第四十八中学	初一	安徽	蒋东珦	安徽省蚌埠第六中学	初一
安徽	石馨雅	安徽省蚌埠第七中学	初二	安徽	王星宇	合肥市第四十六中学南校区	初二
安徽	陈元昊	芜湖荟萃中学	初三	安徽	关伦	合肥市第四十六中学	初二
安徽	陈乐佳	合肥市海常花园小学	小学	安徽	刘子既	合肥市第四十五中学	初一
安徽	季司楠	合肥市第四十五中学	初三	安徽	江嘉杰	芜湖荟萃中学	初二
安徽	王子川	马鞍山市成功学校	初三	安徽	苏宗山	合肥市第四十五中学	初二
安徽	林宏博	中国科学技术大学附属中学	初二	安徽	高启亮	芜湖市第二十七中学	初二
安徽	金山	马鞍山市成功学校	初二	安徽	张佳禾	合肥市第四十五中学	初三
安徽	赵熠	合肥市第四十五中学	初三	安徽	黄睿健	芜湖市第二十七中学	初二
安徽	万振阳	马鞍山市成功学校	初一	安徽	杨鸿瑞	芜湖荟萃中学	初一
安徽	丁宇航	合肥市第四十五中学	初一	安徽	胡新	芜湖市第二十七中学	初二
安徽	黄逸民	合肥市第四十八中学	初一	安徽	龙海诺	芜湖市第二十七中学	初二
安徽	钟瑞	合肥市第四十五中学	初一	安徽	朱宇辰	合肥市第四十六中学	初二
安徽	李响	中国科学技术大学附属中学	小学	安徽	王雅典	马鞍山市成功学校	初二
安徽	黄熠	马鞍山市第八中学	初三	安徽	吴易翰	马鞍山市成功学校	初二
安徽	赵鑫	芜湖市第二十七中学	初一	安徽	高天天	芜湖市第二十七中学	初二
安徽	汤伟祺	马鞍山市四村小学	小学	安徽	蒋明恒	合肥市第四十五中学	初二
安徽	陈振洋	合肥市第五十中学东校	初三	安徽	宋思齐	合肥市第四十六中学	初一
安徽	俞海婷	合肥市第四十八中学	初一	安徽	王欣悦	芜湖市第二十七中学	初二
安徽	张云鹏	合肥市第四十五中学	初一	安徽	李井一	合肥市三十八中学	初一
安徽	徐苏洋	芜湖市第二十七中学	初三	安徽	王铖潇	六安市皋城中学	初三
安徽	刘彦开	合肥市第四十五中学	初二	安徽	朱榕添	安徽省安庆市第四中学	初二
安徽	程若晗	合肥市第四十五中学	初三	安徽	吴波镝	合肥市第四十六中学	初一
安徽	刘孟博	合肥市第四十五中学	初一	安徽	殷梓豪	芜湖市第二十七中学	初二
安徽	高圣杰	芜湖市第二十七中学	初一	安徽	毛逸姝	芜湖市第二十七中学	初二
安徽	原帅	马鞍山市成功学校	初二	安徽	齐翔	芜湖市第二十七中学	初二
安徽	汪梓祥	芜湖荟萃中学	初三	安徽	汪子妍	芜湖市第二十七中学	初二
安徽	伍浩	芜湖荟萃中学	初二	安徽	姚欣蕊	芜湖荟萃中学	初二
安徽	唐楚夫	马鞍山实验小学	小学	安徽	周泓宇	芜湖市第二十七中学	初二
安徽	丁镜沅	合肥市第四十六中学	初一	安徽	程晗	芜湖市第二十七中学	初二
安徽	杨宁康	合肥市第四十五中学	初二	安徽	甘志远	芜湖市第二中学	初二
安徽	童楚茨	芜湖市第二十七中学	初三	安徽	杨维悦	合肥市第四十六中学	初二
安徽	付新煜	芜湖市第二十七中学	初三	安徽	韩阳	合肥一六八玫瑰园学校	初二
安徽	李惟一	芜湖市第二十七中学	初三	安徽	葛建军	合肥一六八玫瑰园学校	初二
安徽	方今盛	芜湖市第二十七中学	初三	安徽	徐勤	合肥一六八玫瑰园学校	小学
安徽	周逸	芜湖市第二十七中学	初一	安徽	杨博涵	合肥一六八玫瑰园学校	初一
安徽	何宏昊	合肥市第四十五中学	初二	安徽	花振林	淮南新思维学校	初一

续 表

省份	姓名	学校	年级	省份	姓名	学校	年级
安徽	曾添琪	安徽省芜湖市镜湖小学	小学	安徽	赵宇扬	安徽省无为第三中学	初二
安徽	王睿洋	合肥寿春中学	初三	安徽	吕毅	芜湖市第二十七中学	初一
安徽	朱子悦	合肥寿春中学	初三	安徽	成智炜	芜湖市第二十七中学	初一
安徽	周弋然	安庆市人民路小学	小学	安徽	晋启圣	芜湖市第二十七中学	初一
安徽	李卓凡	安徽省芜湖市镜湖小学	小学	安徽	盛明睿	芜湖市第二十七中学	初一
安徽	曹天赐	合肥市第四十二中学	初一	安徽	沈钰欣	合肥市第五十中学东校	初三
安徽	郭文迪	芜湖市育红小学	小学	安徽	王佳晖	安徽省安庆市第四中学	初一
安徽	胡兆杨	合肥市五十中学西校	初二	安徽	韩宇杉	安徽省安庆市第四中学	初一
安徽	朱正旸	马鞍山市第八中学	初三	安徽	孙涵	芜湖市第二十七中学	初一
安徽	刘冠冰	合肥市第四十五中学	初一	安徽	余璐瑶	安庆市健康路小学	小学
安徽	杜宇轩	合肥市第四十五中学	初三	安徽	汪杰頔	安徽省安庆市第四中学	初三
安徽	夏禹	合肥市第五十中学东校	初一	安徽	陈子严	马鞍山市第八中学	初一
安徽	董美茜	合肥市第四十六中学	初二	安徽	王邦兴	合肥市第五十中学东校	初三
安徽	陆音熙	合肥市第四十五中学	初二	安徽	曹可心	安徽省安庆市第四中学	初二
安徽	焦点	安徽省安庆市第四中学	初二	安徽	程贝石	合肥一六八陶冲湖学校	初二
安徽	常心悦	合肥市第四十五中学	初一	安徽	程穆润泽	合肥滨湖寿春中学	初二
安徽	叶昕昊	阜阳师范学院附属中学	初二	安徽	江川	安庆市第十四中学	初一
安徽	黄泽远	合肥市五十中学西校	初一	安徽	吴成浩	安庆市第十四中学	初二
安徽	高逸朗	阜阳师范学院附属中学	初二	安徽	刘夷临	合肥市第五十中学东校	初二
安徽	杨岩琦	合肥市五十中学新校（天鹅湖校区）	初三	安徽	曹可欣	安徽省安庆市第四中学	初一
安徽	王可扬	合肥市第五十中学东校	初二	安徽	王义涵	安徽省安庆市第四中学	初一
安徽	陈瑞琪	合肥市第四十六中学	初三	安徽	赵天鸣	安徽省安庆市第四中学	初一
安徽	赵昕昱	蚌埠新城实验学校	初一	安徽	杨方岳	安徽省安庆市第四中学	初一
安徽	夏兆泉	六安市皋城中学	初一	安徽	陈曦	安徽省安庆市第四中学	初三
安徽	夏睿珩	六安市清水河学校	初二	安徽	汪昊成	安徽省安庆市第四中学	初三
安徽	汪鑫宇	六安市皋城中学	初二	安徽	方欣哲	安徽省安庆市第四中学	初二
安徽	叶乐言	安徽省铜陵市第十五中学	初二	安徽	吴宛玲	安徽省安庆市第四中学	初二
安徽	刘俊烨	合肥市五十中学西校	初二	安徽	徐小健	芜湖荟萃中学	初二
安徽	朱朝睿	安徽省无为第三中学	初三	安徽	范世祎	蚌埠高新教育集团实验中学	初二
安徽	林锦宇	铜陵市实验小学	小学	安徽	刘正宇	合肥市第四十五中学	初一
安徽	章思远	安徽省无为第三中学	初二	安徽	杨晟潇	淮南实验中学	初三
安徽	周礼阳	芜湖市第二十七中学	初一	安徽	解明生	合肥市第四十八中学	初二
安徽	何牧	芜湖市第二十七中学	初一	安徽	张锦鹏	合肥市第四十五中学	初二
安徽	何梦钰	芜湖市第二十七中学	初一	安徽	单宇宸	合肥市第四十五中学	初三
安徽	汪怡乐	芜湖市第二十七中学	初一	安徽	田凯文	淮南市田家庵区第十八小学	小学
安徽	林万新	芜湖市第二十七中学	初一	安徽	高彦博	马鞍山市成功学校	初二
安徽	陈西尧	芜湖市第二十七中学	初一	安徽	唐宗瑞	安徽师范大学附属外国语学校	初二
安徽	王尚骏恒	芜湖市第二十七中学	初一	安徽	洪昱鹏	宁国中学	初三
安徽	武牧云	芜湖市第二十七中学	初一	安徽	俞子睿	淮南实验中学	初三
安徽	王子琛	宿城第一初级中学	初三	安徽	彭骐飞	合肥市第四十五中学	初一
安徽	鲍辰睿	安庆市华中路第二小学	小学	安徽	赵恩焕	合肥市五十中学南校	初一
安徽	姚旭宇	合肥市五十中学新校（天鹅湖校区）	初一	安徽	丁松	合肥市第四十八中学滨湖校区	初二

续 表

省份	姓名	学校	年级
安徽	姚文涛	合肥市第四十八中学	初一
安徽	江睿翔	合肥市第四十五中学	初三
安徽	张晗懿	合肥市六安路小学	小学
安徽	董晨旭	合肥市琥珀中学	初一
安徽	吴文皓	芜湖市南瑞实验学校	初三
安徽	黄奕龙	安徽省芜湖市镜湖小学	小学
安徽	张子健	合肥市第四十五中学	初一
安徽	毛卓凡	合肥市第四十五中学	初一
安徽	王秉鉴	合肥市第四十五中学	初三
安徽	王一诺	合肥市第四十五中学	初三
安徽	许昊天	合肥市第四十五中学	初二
安徽	汪玉娜	淮南市田家庵区第十八小学	小学
安徽	赵浩楠	芜湖荟萃中学	初一
安徽	许龙飞	合肥市第四十五中学	初二
安徽	洪尚禹	合肥市第四十五中学	初三
安徽	钟子锐	合肥市第五十中学东校	初三
安徽	王凯兴	芜湖荟萃中学	初一
安徽	吴卓璇	安徽省蚌埠第六中学	初三
安徽	奚韵文	芜湖市第二十七中学	初二
安徽	疏畅	芜湖市第二十七中学	初二
安徽	丁雯琪	合肥市第四十五中学	初三
安徽	袁畅举	合肥市第四十五中学	初三
安徽	许佳瑶	六安市皋城中学	初三
安徽	池安琪	合肥市五十中学新校（天鹅湖校区）	初二
安徽	黄宇霄	六安市皋城中学	初三
安徽	郑兆航	合肥市第四十五中学	初一
安徽	王书杰	合肥寿春中学	初三
安徽	路畅	合肥寿春中学	初二
安徽	靳文惠	合肥市第四十二中学	初一
安徽	潘圣睿	芜湖市第二十七中学	初二
安徽	陈颢元	安徽省铜陵市第十五中学	初一
安徽	尤优	合肥市第四十五中学	初一
安徽	李陆涵	合肥市第四十二中学	初一
安徽	孙乐然	合肥市五十中学新校（天鹅湖校区）	初三
安徽	金志远	安徽省安庆市第四中学	初二
安徽	郭子毅	蚌埠高新教育集团实验中学	初三
安徽	赵文定	安徽省铜陵市第十五中学	初一
安徽	赵子昕	安徽省无为第三中学	初二
安徽	翟瑞杨	芜湖市第二十七中学	初一
安徽	邵润	安徽省无为第三中学	初二
安徽	刘传星	合肥市第六十二中学	初二
安徽	沈正	六安市皋城中学	初三
安徽	熊天航	宁国中学	初二
安徽	江舜尧	安庆市第十四中学	初一
安徽	闫炜宸	阜阳实验中学	初三
安徽	汪子栩	合肥市第四十五中学	初三
安徽	程怡然	安徽省安庆市第四中学	初二
安徽	王潇茗	合肥市第五十中学东校	初三
安徽	张乐轩	安徽省安庆市第四中学	初一
安徽	檀识宇	安徽省安庆市第四中学	初三
安徽	吕秉城	芜湖荟萃中学	初一
安徽	蔡宗健	淮南实验中学	初二
安徽	张奕岑	合肥市第四十五中学	初一
安徽	郭飞扬	合肥市第四十五中学	初三
安徽	鹿逸文	合肥市五十中学西校	初三
安徽	周洪祺	安庆市第二中学	初一
安徽	阚闯	芜湖市第二十七中学	初二
安徽	施耀炜	合肥市第四十五中学	初二
安徽	冯易	淮南实验中学	初一
安徽	张贤峰	合肥市第四十八中学	初一
安徽	章文澜	合肥市第四十五中学	初三
安徽	柴辰晔	芜湖市第二十七中学	初三
安徽	叶之凡	合肥市第四十五中学	初三
安徽	袁尚志	安徽省安庆市第四中学	初二
安徽	董劲豪	合肥市第四十六中学	初一
安徽	印无忧	合肥市第五十中学东校	初一
安徽	李伯轩	淮南新思维学校	小学
安徽	贾文卓	合肥市卫岗小学	小学
安徽	王珏	安徽省安庆市第四中学	初二
安徽	马硕妍	安徽省无为第三中学	初一
安徽	倪子婧	安徽省安庆市第四中学	初一
安徽	杨鸣	芜湖市第二十七中学	初一
安徽	王安川	合肥市五十中学西校	初一
安徽	方文轩	合肥市五十中学新校（天鹅湖校区）	初二
安徽	曹博文	安徽省蚌埠市凤阳路第一小学	小学
安徽	盛海洋	淮南实验中学	初三
安徽	魏微笑	安徽省芜湖市镜湖小学	小学
安徽	曾子康	合肥市五十中学西校	初二
安徽	吴成瀚	安庆市第十四中学	初二
安徽	吕祥瑞	安徽省蚌埠第六中学	初二
安徽	葛烨	中国科学技术大学附属中学	初三
安徽	史智劢	安徽省淮南师范附属小学	小学
安徽	何天浚	合肥市第四十五中学	初三

续 表

省份	姓名	学校	年级	省份	姓名	学校	年级
安徽	时数	合肥市第四十五中学	初二	安徽	许修治	淮南洞山中学	初三
安徽	杨卓凡	淮南实验中学	初三	安徽	王怡然	淮南洞山中学	初一
安徽	闫晓旭	安徽省淮南师范附属小学	小学	安徽	王熙宇	安徽省无为第三中学	初三
安徽	戴志鑫	芜湖市第二十七中学	初三	安徽	汪添翼	合肥市第四十六中学	初二
安徽	梁锦程	合肥市五十中学南校	初一	安徽	张宇佳	合肥市五十中学西校	初三
安徽	张晓雨	芜湖市第二十七中学	初二	安徽	尹天乐	淮南实验中学	初三
安徽	张笑阳	淮南新思维学校	初二	安徽	吴悦	淮南实验中学	初二
安徽	熊崇文	芜湖市第二十七中学	初二	安徽	石浩瀚	淮南实验中学	初三
安徽	陈子阳	淮南新思维学校	初三	安徽	周文杰	淮南实验中学	初三
安徽	陶应智	合肥市第四十五中学	初三	安徽	金祖峰	淮南开景公学	初三
安徽	司乐阳	合肥市第五十中学东校	初三	安徽	魏思远	马鞍山实验小学	小学
安徽	汪越洋	安徽省无为第三中学	初三	安徽	李大成	芜湖荟萃中学	初三
安徽	张全	安庆市第十四中学	初二	安徽	杨锐鸣	芜湖荟萃中学	初一
安徽	唐贤昊	芜湖荟萃中学	初二	安徽	汤恺凡	安徽省铜陵市第十五中学	初二
安徽	钱星宇	安徽省安庆市第四中学	初三	安徽	江昊	合肥市第四十六中学	初二
安徽	李庚午	合肥一六八玫瑰园学校	初二	安徽	管厚扬	六安市皋城中学	初三
安徽	胡桥羽	合肥市第四十五中学	初二	安徽	孙玮勖	合肥一六八玫瑰园学校	初二
安徽	陶梓锐	合肥市卫岗小学	小学	安徽	肖永恒	合肥一六八玫瑰园学校	小学
安徽	蔡心诚	六安市皋城中学	初二	安徽	吴柏呈	芜湖荟萃中学	初一
安徽	汪希	安庆市第十四中学	初一	安徽	汪子智	合肥寿春中学	初一
安徽	杜宜宸	淮南实验中学	初二	安徽	汪泓毅	安徽省安庆市第四中学	初二
安徽	吴宇凡	芜湖荟萃中学	初二	安徽	陈美琪	合肥市五十中学西校	初三
安徽	付祥元	马鞍山市第七中学	初三	安徽	魏欣彤	芜湖市第二十七中学	初一
安徽	陆麟瑞	合肥市卫岗小学	小学	安徽	霍畅	阜阳实验中学	初二
安徽	赵亦奇	合肥市第四十六中学	初二	安徽	罗超	宁国中学	初三
安徽	李嵩远	合肥市第五十中学东校	初二	安徽	沈泉	安庆市华中路第一小学	小学
安徽	徐翔宇	安徽省安庆市第四中学	初一	安徽	蒋一帆	安徽省无为第三中学	初三
安徽	陈宗瑞	安徽省安庆市第四中学	初二	安徽	李然	无为县实验小学	小学
安徽	张国鉴	合肥市第四十八中学	初一	安徽	金向阳	合肥市第五十中学东校	初二
安徽	张嘉盛	合肥市第四十八中学滨湖校区	初二	安徽	石亦峰	淮南师范附属小学	小学
安徽	王子轩	合肥市第四十八中学滨湖校区	初一	安徽	徐思远	芜湖师范附属小学	小学
安徽	孟贝尔	合肥市五十中学西校	初二	安徽	丁瑞锋	淮南实验中学	初一
安徽	刘欣悦	淮南实验中学山南校区	初二	安徽	潘健行	铜陵市师范附属小学	小学
安徽	陈俊安	淮南市田家庵区第十六小学	小学	安徽	万文杰	衡安中学	初一
安徽	徐天磊	芜湖市第二十七中学	初三	安徽	方星语	合肥市第四十五中学	初一
安徽	陈弘毅	芜湖荟萃中学	初一	安徽	邢志伟	淮南新思维学校	初二
安徽	王睿	合肥市第四十五中学	初二	安徽	周子驿	中国科学技术大学附属中学	初二
安徽	孙承泽	合肥市第四十五中学	初二	安徽	昂扬	合肥市第四十五中学	初二
安徽	钱叶铜	铜陵市实验小学	小学	安徽	曹俣璠	马鞍山二中实验学校	初三
安徽	胡泽中	合肥市第四十八中学	初一	安徽	刘继业	淮南实验中学	初一
安徽	张亦弛	芜湖市第二十七中学	初一	安徽	芦嘉诚	淮南实验中学	初二
安徽	董浩然	芜湖市第二十七中学	初三	安徽	宋浩然	安徽省芜湖市绿影小学	小学
安徽	茅瀚锟	芜湖荟萃中学	初一	安徽	李炎浩	合肥市第四十五中学	初三

续 表

省份	姓名	学校	年级
安徽	杨宇飞	芜湖市第二十七中学	初一
安徽	徐自横	马鞍山实验小学	小学
安徽	梁星河	芜湖荟萃中学	初一
安徽	钱朴睿	合肥市第四十二中学	初一
安徽	孙逸尘	合肥市第四十八中学	初二
安徽	冯梓熳	淮南洞山中学	初二
安徽	章今	安徽省芜湖市镜湖小学	小学
安徽	孙哲远	合肥市第四十六中学	初二
安徽	韦雅轩	淮南洞山中学	初二
安徽	谈星辰	淮南洞山中学	初一
安徽	胡子航	合肥寿春中学	初二
安徽	刘迅	六安市皋城中学	初二
安徽	白浩文	合肥市五十中学西校	初二
安徽	杨潘星	安庆市华中路第一小学	小学
安徽	蒋中扬	阜阳市城南中学	初二
安徽	张耀	淮南实验中学	初一
安徽	李沐雨	淮南实验中学	初一
安徽	陈博文	淮南实验中学	初二
安徽	徐健羽	合肥市第四十五中学	初二
安徽	裴恩泽	安徽省淮南师范附属小学	小学
安徽	俞清扬	马鞍山市成功学校	初三
安徽	鹿一凡	合肥市第四十五中学	初一
安徽	郑弘哲	安徽省淮南师范附属小学	小学
安徽	周小祺	淮南师范附属小学	小学
安徽	王中	合肥市第四十五中学	初二
安徽	叶明非	合肥市第四十五中学	初一
安徽	叶璨	合肥市第四十六中学	初一
安徽	莫翔宇	淮南新思维学校	小学
安徽	文俊杰	铜陵市实验小学	小学
安徽	陶金金	合肥市第四十六中学	初二
安徽	陆文博	马鞍山二中实验学校	初一
安徽	沈正恒	安徽省无为第三中学	初二
安徽	杨诗睿	芜湖市第二十七中学	初一
安徽	阮景洋	合肥市五十中学西校	初二
安徽	许宗瑞	芜湖荟萃中学	初一
安徽	李易辉	芜湖市南瑞实验学校	小学
澳门	劉浚賢	濠江中學	初三
澳门	陈泉睿	澳門勞工子弟學校	初二
澳门	梁轩威	澳門勞工子弟學校	初二
澳门	鄔秉和	濠江中學	初三
澳门	黄月祺	濠江中學	初三
澳门	黄学锋	濠江中學	初二
澳门	唐俊豪	濠江中學	初三
澳门	鍾旻騫	澳門勞工子弟學校	初二
澳门	黄小漪	濠江中學	初三
北京	白昊桐	中国人民大学附属中学朝阳学校	初二
北京	蔡维翰	北大附中	初三
北京	陈若蕖	北京师范大学附属实验中学分校	初二
北京	陈旭冉	北京市第十二中学	初二
北京	陈远秋	北大附中	初三
北京	陈濯	北京交通大学附属中学	初三
北京	崔楮焓	北京师范大学附属中学	初一
北京	代北	北京市鼎石学校	初一
北京	董亦骐	中国人民大学附属中学	小学
北京	傅嘉齐	中国人民大学附属中学	初一
北京	付家齐	北京市第四中学	初三
北京	付楷迪	北京市第四中学	初二
北京	韩沛煊	桦树湾教育	高一
北京	韩则行	北京童程童美科技有限公司	小学
北京	郝思尧	北京师范大学附属实验中学分校	初二
北京	郝天乐	北师大朝阳附属中学	初三
北京	何佳玥	北京师范大学附属实验中学分校	初二
北京	何小兮	北京师范大学附属实验中学分校	初二
北京	胡雨森	德威英国国际学校	初三
北京	黄开元	北京十一学校	初三
北京	黄阅	北京市海淀区简明教育培训学校	初二
北京	冀唐旭	北京师范大学附属实验中学分校	初三
北京	季庆林	慧明教育	初三
北京	解相儒	北京市第十二中学	初三
北京	雷佳朋	慧明教育	初二
北京	李秉伦	北京市海淀区简明教育培训学校	初二
北京	李成蹊	北京十一学校	初三
北京	李春进	中国人民大学附属中学	初一
北京	李恩泽	北京市第四中学	初二
北京	李家鑫	首都师范大学附属中学	初二
北京	李润恒	北京市海淀区前进小学	小学
北京	李天圣	北大附中	初一
北京	李兴烨	北京十一学校	初一

续 表

省份	姓名	学校	年级
北京	李泽鸣	北京市第一零一中学	初二
北京	李知非	中国人民大学附属中学分校	初二
北京	李梓赫	首都师范大学附属中学	初二
北京	廉晟	北大附中	初一
北京	刘锦惠	北大附中	初三
北京	刘云	北京市第十二中学	初三
北京	刘泽野	桦树湾教育	初一
北京	刘岱儒	北京市第一零一中学	初二
北京	刘曜玮	中国人民大学附属中学	初一
北京	刘睿知	清华大学附属中学	小学
北京	娄启晟	中国人民大学附属中学	初一
北京	吕伯龙	北京师范大学附属实验中学分校	初三
北京	罗家杰	北京师范大学附属实验中学分校	初二
北京	罗天择	中国人民大学附属中学	初二
北京	齐乐蒙	北京鲁迅中学	初三
北京	齐泽诚	北京十一学校	初一
北京	秦禹洲	北京师范大学附属实验中学分校	初三
北京	权尚浩然	北京市第一零一中学	初三
北京	沈佳怡	首都师范大学附属中学	初二
北京	沈啸歌	北京市第四中学	初三
北京	石昕潼	中国人民大学附属中学	初一
北京	苏明阳	清华大学附属中学	小学
北京	谭加淇	北京师范大学附属实验中学分校	初二
北京	汪道朴	北京师范大学附属实验中学分校	初三
北京	王汝佳	北京市第四中学	初二
北京	王翔宇	清华大学附属中学	初一
北京	王以翔	北京师范大学附属实验中学分校	初三
北京	王子涵	中国人民大学附属中学	小学
北京	王子杰	北京童程童美科技有限公司	小学
北京	王昊天	北京市海淀区简明教育培训学校	初三
北京	闻富琪	北京十一学校	初三
北京	吴鸿宇	首都师范大学附属中学	初三
北京	吴同	桦树湾教育	小学
北京	吴习哲	中国人民大学附属中学	初一
北京	吴振杰	北京童程童美科技有限公司	小学
北京	武晓宇	首都师范大学附属中学	初三
北京	谢浩天	北京市海淀区枫丹实验小学	小学
北京	谢宇洲	慧明教育	初二
北京	熊润明	北京市第一零一中学	初二
北京	徐嘉茗	北京市第四中学	初三
北京	徐文昕	中国人民大学附属中学	初一
北京	徐元竹	北京师范大学附属实验中学分校	初三
北京	徐岫旸	北京师范大学附属实验中学分校	初三
北京	许艺馨	中国人民大学附属中学	初一
北京	严嘉哲	清华大学附属中学	初二
北京	严顺其	清华大学附属中学	初三
北京	阎首信	北大附中	初二
北京	杨涵易	北大附中	初一
北京	杨健明	北京交通大学附属中学	初二
北京	杨朴睿	中国人民大学附属中学	初二
北京	杨若平	北京十一学校	初三
北京	杨泽仁	北京市第一零一中学	初三
北京	衣威旭	中国人民大学附属中学	初一
北京	殷轶伦	北京市海淀区简明教育培训学校	初二
北京	尹鹏舒	北京市第一零一中学	初三
北京	张祎宬	桦树湾教育	小学
北京	张功泽	北京市第八十中学	初二
北京	张景行	北大附中	初一
北京	张明康	北京市上地实验学校	初一
北京	张修齐	北京师范大学附属实验中学分校	初三
北京	张旭峰	北京十一学校	初二
北京	张蕴豪	北京市海淀区中关村一小	小学
北京	张哲渊	北京市第一零一中学	初一
北京	赵乐坤	首都师范大学附属中学	初一
北京	郑乃琪	北京师范大学附属实验中学分校	初三
北京	钟彦童	北京市第八十中学	初三
北京	周博龄	北京市第一零一中学	初三
北京	周恒安	北大附中	初三
北京	朱誉	北京市第二十中学	初三
北京	朱卓青	首都师范大学附属中学	初二
北京	闫海天	北京师范大学附属实验中学分校	初二
北京	晁嘉禾	北大附中	初三
北京	谷佳烨	北京市第一零一中学	初一

续 表

省份	姓名	学校	年级	省份	姓名	学校	年级
北京	周弋翔	北京市第一六一中学分校	初一	北京	姜盛曦	北京十一学校	初二
北京	崔楠	北京市第一零一中学	初三	北京	黎梓轩	桦树湾教育	初一
北京	郭镓恺	北京市海淀区简明教育培训学校	初一	北京	王义飞	北师大朝阳附属中学	初三
				北京	朱铄	北京市第四中学	初二
北京	韩海闻	北大附中	初一	北京	黎真	清华大学附属中学	小学
北京	韩天新	北京市八一学校	初二	北京	孙文琪	首都师范大学附属中学	初二
北京	蒋穆清	中国人民大学附属中学	初一	北京	陈星月	北大附中	初一
北京	李嘉成	北京市上地实验学校	初一	北京	李书桓	北大附中	初一
北京	李沛霖	中国人民大学附属中学	初二	北京	刘璟	清华大学附属中学	初二
北京	李秀实	北京市第一零一中学	初二	北京	单茂轩	北京市第八十中学	初二
北京	刘聆羽	北京师范大学附属实验中学分校	初三	北京	王小奕	中国人民大学附属中学朝阳学校	初二
北京	卢天弋	北大附中	初二	北京	肖斌	北师大三帆中学朝阳学校	初三
北京	孟令杰	北京市第一零一中学	初一	北京	李佑龙	北京市第四中学	初二
北京	史洛合	北京市第四中学	初二	北京	王俊宜	桦树湾教育	小学
北京	斯文	中国人民大学附属中学	初二	北京	许睿泽	北京师范大学附属实验中学分校	初二
北京	宋卓卿	北京师范大学附属实验中学分校	初二	北京	臧浩民	北京市第十二中学	初二
北京	涂晋喆	北京市第四中学	初一	北京	陈尧森	中国人民大学附属中学	初一
北京	王博涵	北京市第四中学	初二	北京	孔文骐	北大附中	初三
北京	王泽华	中国人民大学附属中学	初一	北京	李逸伦	慧明教育	小学
北京	王子齐	中国人民大学附属中学	初一	北京	孙晓鸥	北京市第一零一中学	初一
北京	吴欣桐	北大附中	初三	北京	谭天扬	北大附中	初三
北京	吴轩南	中国人民大学附属中学朝阳学校	初三	北京	田九合	慧明教育	小学
				北京	吴天祥	慧明教育	小学
北京	徐兆恺	中国人民大学附属中学	初一	北京	张文菲	北京师范大学附属实验中学分校	初三
北京	张益睿	北京师范大学附属实验中学分校	初二	北京	张远洋	中国人民大学附属中学	初一
北京	赵一辰	北京师范大学附属实验中学分校	初二	北京	张宸	北京十一学校	初三
				北京	孙嘉毅	北京市第一零一中学	初三
北京	赵子铭	北大附中	初一	北京	吴越	北京十一学校	初一
北京	黎博宇	北京十一学校	初三	北京	范子钰	北京市第十二中学	初一
北京	张慈轩	北京师范大学附属实验中学分校	初二	北京	孟子安	首都师范大学附属中学	初二
				北京	倪鹤洋	北京市西城区三里河第三小学	小学
北京	张贤	北京市第八十中学	初一	北京	周若辰	桦树湾教育	小学
北京	刘华瑞	北京师范大学附属实验中学分校	初二	北京	高语墨	北京十一学校	初二
北京	万博洋	中国人民大学附属中学	初二	北京	潘确然	北京童程童美科技有限公司	初三
北京	向昱帆	北京童程童美科技有限公司	初一	北京	王靖淳	首都师范大学附属中学	初一
北京	姚博涵	北京市第一零一中学	初一	北京	杨书涵	清华大学附属中学	小学
北京	易子舒	北京十一学校	初二	北京	于吉源	北京市第一零一中学	初二
北京	陈越	北京市第一零一中学	初三	北京	崔皓哲	北京市师达中学	初一
北京	黄逸山	北京师范大学附属实验中学分校	初三	北京	李伯涵	北京十一学校	初二

续 表

省份	姓名	学校	年级	省份	姓名	学校	年级
北京	李逸飞	首都师范大学附属中学	初三	北京	郝翊涵	北京市第八十中学	初一
北京	李语潇	北大附中	初二	北京	黄闻迪	北京市第一零一中学	初一
北京	凌霄羽	桦树湾教育	小学	北京	惠志成	北京市第十二中学	初二
北京	刘俊宏	中国人民大学附属中学	初一	北京	蒋同度	北京市上地实验学校	初二
北京	谭琮珏	北京市第一零一中学	初三	北京	康若曦	北京市第十二中学	初一
北京	卫林溪	北大附中	初二	北京	李思学	北大附中	初二
北京	张文思	北大附中	初二	北京	李天正	慧明教育	小学
北京	赵康毅	北京市第二十中学	初一	北京	李逸璠	北京市第一零一中学	初一
北京	崔宇晟	北大附中	初一	北京	李震榆	桦树湾教育	小学
北京	丁泽禹	北京市第十二中学	初二	北京	李之非	中国人民大学附属中学	初一
北京	廖友涵	首都师范大学附属中学	初一	北京	李奕均	中国人民大学附属中学	初二
北京	王志泽	北京童程童美科技有限公司	小学	北京	刘诗远	北京师范大学附属实验中学分校	初二
北京	王羿珧	北大附中	初二				
北京	杨中天	北京十一学校	初二	北京	刘心平	桦树湾教育	小学
北京	叶浔曦	北京童程童美科技有限公司	小学	北京	刘一璋	北大附中	初二
北京	白京北	北京市第十二中学	初一	北京	卢思翰	人大附中	初一
北京	丁子兼	北京市第八十中学	初一	北京	吕逍依	中国人民大学附属中学	初一
北京	高涵林	北大附中	初二	北京	罗培鑫	北京市第十二中学	初一
北京	胡思齐	北京交通大学附属中学	初一	北京	罗天奕	北京市第八十中学	初一
北京	胡雲方	中国人民大学附属中学分校	初一	北京	孟繁锟	北京市第一零一中学	初三
北京	田奕轩	中国人民大学附属中学	小学	北京	藕才俊	慧明教育	初二
北京	吴畅	慧明教育	小学	北京	彭佑	白家庄小学望京新城校区	小学
北京	吴一如	桦树湾教育	初三	北京	宋天宇	北京市第十二中学	初一
北京	许童馨	中国人民大学附属中学	初一	北京	孙昊翔	北京市第一零一中学	初二
北京	朱翰桐	北大附中	初二	北京	王赫祺	北京市上地实验学校	初一
北京	戚楷涵	北京师范大学实验二龙路中学	初二	北京	王泽芃	北京市第四中学	初二
北京	高茉乔	北京市第一零一中学	初三	北京	吴征汝	清华大学附属中学	小学
北京	李佩远	北大附中	初一	北京	吴紫菱	北京师范大学实验华夏女子中学	初二
北京	李熙民	北京师范大学实验二龙路中学	初二				
北京	李祖臣	北京市第八十中学	初一	北京	武心悦	北大附中	初一
北京	李霁坤	首都师范大学附属中学	初一	北京	熊禹翔	北京十一学校	初一
北京	徐珂	北京市第八十中学	初三	北京	许征知	清华大学附属中学	小学
北京	鲍晨	北京市海淀区简明教育培训学校	小学	北京	杨国轩	北京市第十二中学	初二
				北京	杨宇桐	北京市第十二中学	初三
北京	陈锦阳	清华大学附属中学	小学	北京	杨梓琪	北京师范大学附属实验中学分校	初二
北京	陈麒儒	北京丰台二中	初三				
北京	程汐柔	北京师范大学实验二龙路中学	初二	北京	叶佶辰	北京市八一学校	初三
北京	翟英博	慧明教育	小学	北京	袁望舒	北京市第一零一中学	初二
北京	樊明涵	北京市第八十中学	初一	北京	袁子涵	北京市八一学校	初一
北京	龚熙尧	北京市第十二中学	初一	北京	张坤程	北京丰台二中	初一
北京	宫评	北京市第十二中学	初一	北京	张砉滟	北京童程童美科技有限公司	小学
北京	管庆涵	北京市第四中学	初二	北京	张彦琛	中国人民大学附属中学	初一
北京	韩奇松	慧明教育	小学	北京	赵洪宽	北京市第一零一中学	初二

续 表

省份	姓名	学校	年级
北京	赵元谨	北京市丰台区第一小学	小学
北京	周汇为	中国人民大学附属中学朝阳学校	初三
北京	周子超	中国人民大学附属中学	初一
北京	於天一	北大附中	初二
北京	竺佳诺	北大附中	初一
北京	陈其佑	北京市第八十中学	初一
北京	戴弘毅	北京世青国际学校	初二
北京	丁奕冰	北京市第十二中学	初一
北京	孙雨农	北京市第十二中学	初二
北京	张照智	慧明教育	小学
福建	蔡新洁	福建省泉州第一中学	初二
福建	黄灿杰	泉州现代中学	初三
福建	赖锦镕	福建省泉州市第七中学	初二
福建	庄家晴	福建省泉州市第七中学	初三
福建	林沫非	福建省泉州第一中学	初二
福建	朱俊好	福州时代中学	初一
福建	戴静莹	泉州现代中学	初三
福建	洪锋	泉州现代中学	初二
福建	黄锦翔	泉州实验中学	初二
福建	柯宁皓	福建省长乐市吴航中学	初一
福建	林家齐	福建省泉州市第七中学	初三
福建	卢君和	福州第十九中学	初三
福建	钱炜楠	泉州实验中学	初三
福建	吴悠	泉州现代中学	初二
福建	严旭	福州三牧中学	初三
福建	杨玥祺	福州时代中学	初二
福建	曾语桐	福建省泉州第五中学	初二
福建	郑丽媛	泉州现代中学	初三
福建	陈一航	福建省惠安第一中学	初三
福建	龚凌琥	福州屏东中学	初三
福建	黄睿轩	福州时代中学	初二
福建	林圣凯	福州华伦中学	初二
福建	林逸涵	福建省泉州第五中学	初二
福建	林澍	福州外国语学校	初二
福建	丘瑞岑	福州时代中学	初三
福建	唐鸿锴	福州华伦中学	初三
福建	王浩洋	福建省长乐市航城中学	初一
福建	黄子轩	福建省泉州市第七中学	初二
福建	唐佳蔚	福州时代中学	初三
福建	张祺楠	福建省晋江市养正中学	初三
福建	陈立元	福建省泉州市第七中学	初一
福建	杜泽凯	泉州现代中学	初二

省份	姓名	学校	年级
福建	傅锦灿	福建省泉州市第七中学	初二
福建	黄劲涵	福州市鼓楼第二中心小学	小学
福建	吴相依	福建省福州实验小学	小学
福建	吴昕宇	福建省泉州市第七中学	初二
福建	谢睿杰	福建省厦门双十中学漳州校区	初二
福建	杨宏基	福建省泉州第一中学	初三
福建	张耘天	福建省惠安第一中学	初三
福建	陈嘉琦	福建省漳平第二中学	初一
福建	洪怡洁	福建省厦门双十中学漳州校区	初二
福建	林霁开	福建省泉州市第七中学	初一
福建	杨锟	晋江市华侨中学	初一
福建	曾义	福建省长汀县第三中学	初二
福建	蔡云森	福建省泉州第一中学	初三
福建	邓钧峰	福建省长汀县第二中学	初三
福建	辜开源	福州三牧中学	初二
福建	林钊海	福州三牧中学	初三
福建	刘文桢	福州时代中学	初二
福建	刘婧	泉州现代中学	初三
福建	唐珈玮	福建省泉州第五中学	初二
福建	许皓宸	福建省福州市台江第三中心小学	小学
福建	杨晋晟	福州三牧中学	初三
福建	张启钒	福建省长汀县第三中学	初三
福建	郑籽悦	泉州现代中学	初二
福建	陈英杰	福建省厦门双十中学漳州校区	初二
福建	康力	福建省长汀县第三中学	初三
福建	徐世豪	福建省泉州第一中学	初三
福建	张陈旸	福州金桥学校	初一
福建	缪延	福州三牧中学	初二
福建	蔡东霖	福建省晋江市养正中学	初三
福建	蔡孟辛	福州时代中学	初二
福建	蔡思捷	福建省泉州市第七中学	初三
福建	陈笔睿	福建省漳平市第三中学	初一
福建	陈加林	三明市列东中学	初三
福建	陈天添	福建省长乐师范附属小学	小学
福建	陈泽鑫	三明市第八中学	初二
福建	陈张钰蓉	福建省厦门双十中学漳州校区	初三
福建	陈怡佳	福建泉州外国语中学	初三
福建	陈霆旭	福州屏东中学	初三
福建	池驰	福州时代中学	初二
福建	戴伟杰	泉州实验中学	初二
福建	戴怡真	泉州科技中学	初三
福建	董文韬	福州第十九中学	初三

续 表

省份	姓名	学校	年级	省份	姓名	学校	年级
福建	傅嘉雯	福建泉州外国语中学	初二	福建	韩浏佳	福州时代中学	初二
福建	高炳强	泉州实验中学	初三	福建	黄晨昱	福建省长汀县第四中学	初三
福建	何梓滔	福州三牧中学	初一	福建	黄盛唐	福州时代中学	初一
福建	胡嘉伟	泉州现代中学	初二	福建	黄思源	福州时代中学	初二
福建	黄钢都	泉州现代中学	初二	福建	黄元顺	福建泉州外国语中学	初三
福建	黄嘉乐	三明市第八中学	初三	福建	黄子洛	福建省泉州市第七中学	初二
福建	黄逸昕	泉州中远学校	初二	福建	蒋梓睿	武夷山实验小学	小学
福建	黄梓隽	福州延安中学	初三	福建	兰彦铭	厦门大学附属实验中学	初三
福建	赖以政	福建省泉州第一中学	初二	福建	林而立	福州时代中学	初一
福建	李立森	福建省晋江市养正中学	初三	福建	林泽晔	福建省长汀县第三中学	初三
福建	林艺超	泉州科技中学	初二	福建	林钰焜	福建省泉州市第七中学	初二
福建	林宇翔	福建省泉州市第七中学	初二	福建	刘志滨	福建泉州外国语中学	初三
福建	林泽锂	福州时代中学	初二	福建	马荣局	福建省长汀县第四中学	初二
福建	林子予	福州时代中学	初二	福建	潘捷	福建省泉州市第七中学	初二
福建	刘铭煊	福建省安溪第一中学	初二	福建	苏明锐	福州三牧中学	初二
福建	龙宇轩	福建省泉州市第七中学	初二	福建	王宇霖	福建省泉州第一中学	初二
福建	吕罗智	泉州现代中学	初二	福建	翁隽恺	福州第八中学	初三
福建	罗琳	泉州科技中学	初二	福建	吴童	福州华伦中学	初二
福建	罗文斌	福建省长汀县第二中学	初三	福建	杨沛山	福州第十九中学	初三
福建	马元澈	福州时代中学	初二	福建	俞忠逸	福州第十九中学	初二
福建	苏伟标	福建泉州外国语中学	初二	福建	张恒	福州文博中学	初三
福建	田方航	三明市第八中学	初二	福建	张心宇	福建省泉州第一中学	初三
福建	王柏琰	晋江市华侨中学	初一	福建	赵华镇	福建省泉州第一中学	初三
福建	王复祥	福建省晋江季延初级中学	初三	福建	郑欢洋	福州时代中学	初二
福建	王思元	三明市列东中学	初三	福建	郑书芃	福建省长汀县第四中学	初三
福建	王振华	泉州实验中学	初二	福建	周川迪	福州三牧中学	初二
福建	吴彧菲	福州三牧中学	初二	福建	黄玉蓉	泉州现代中学	初二
福建	吴文婕	泉州现代中学	初二	福建	赖羿丞	福建省漳平市第三中学	初三
福建	谢彬海	福建省泉州市第七中学	初三	福建	李闽闳	福建省泉州市第七中学	初一
福建	谢泽涛	三明市列东中学	初二	福建	林家棋	福州三牧中学	初三
福建	谢筠天	福州屏东中学	初二	福建	吕峰辉	福建省泉州市第七中学	初二
福建	许嘉鑫	泉州科技中学	初三	福建	潘铮滨	福建省泉州市第七中学	初三
福建	许泽先	福建省泉州市第七中学	初一	福建	邱铮涛	泉州现代中学	初一
福建	许煊宇	福建泉州外国语中学	初二	福建	王珅荣	泉州科技中学	初三
福建	张凯乐	福建省泉州市第七中学	初三	福建	王宇翔	晋江市华侨中学	初三
福建	张少杰	福建省晋江市养正中学	初三	福建	徐林鸿	福州时代中学	初二
福建	张艳蓉	泉州现代中学	初二	福建	严铮	福建省长汀县第三中学	初三
福建	郑瑞烽	泉州实验中学	初二	福建	张嘉树	泉州现代中学	初二
福建	郑祖彬	福建省泉州市华侨大学附属中学	初三	福建	张佳鑫	福州文博中学	初三
				福建	郑滢滢	福建省泉州市第七中学	初三
福建	周建东	福州第八中学	初二	福建	陈文韬	福建省晋江市养正中学	初三
福建	庄立炜	泉州实验中学	初三	福建	陈晓丹	福建省长汀县第四中学	初二
福建	陈振国	福建省晋江季延初级中学	初二	福建	陈章俊	福州第八中学	初一

续 表

省份	姓名	学校	年级
福建	董海乐	福建省长汀县第四中学	初二
福建	黄颜波	福建省晋江市养正中学	初三
福建	李炜祎	泉州现代中学	初一
福建	杨濛	厦门大学附属实验中学	初三
福建	朱圣智	福建省泉州市第七中学	初二
福建	庄尧晗	泉州实验中学	初二
福建	庄奕凯	福建省晋江市第一中学	初二
福建	蔡书翰	福州屏东中学	初三
福建	陈阳	福建省泉州市第七中学	初二
福建	李宗霏	福建省长汀县第二中学	初二
福建	邱宇铨	福州时代中学	初三
福建	周晨钢	泉州实验中学	初三
福建	吴骏文	福州第八中学	初三
福建	黄晟焱	福州时代中学	初二
福建	张羽宁	泉州现代中学	初二
福建	林锦宸	福州时代中学	初三
福建	罗澄杨	福建省三明市第三中学	初二
福建	陈瀚林	福州时代中学	初一
福建	张宇衡	福州时代中学	初一
福建	彭鸿伟	泉州现代中学	初二
福建	朱福鑫	泉州现代中学	初三
福建	颜张岩	福建省漳平第二中学	初一
甘肃	范晨	康乐县第一中学	高一
甘肃	龙正	甘肃省临夏中学	高一
甘肃	芦潇伟	康乐县第一中学	高二
甘肃	马海明	康乐县康乐中学	高二
甘肃	马海燕	康乐县康乐中学	高二
甘肃	苏晓菲	广河中学	高二
甘肃	张晓兰	康乐县康乐中学	高二
甘肃	常冰玉	康乐县康乐中学	高二
甘肃	雍艳林	康乐县第一中学	高二
广东	敖立智	佛山市南海区石门实验学校	初二
广东	丁其安	广州市海珠区六中珠江中学	初二
广东	李振皓	广州大学附属中学	初三
广东	梁昕玥	广州市海珠区六中珠江中学	初二
广东	罗文俊	佛山市南海区桂城街道桂江第一初级中学	初二
广东	莫南	广州市海珠区六中珠江中学	初二
广东	石明熙	广州大学附属中学	初三
广东	伍沛轩	广州市第二中学	初二
广东	杨丁玮	中山市纪中雅居乐凯茵学校	初一
广东	张驰	汕头市金园实验中学	初二
广东	陈曦	广州市第二中学	初三
广东	黄伟贤	中山市第一中学	初二
广东	黄鲲鹏	佛山市南海区南海实验中学	初一
广东	孔令瀚	佛山市南海区狮山镇狮城中学	初二
广东	梁舟	华南师范大学附属中学	初二
广东	陆文波	东莞市南城中学	初三
广东	陆炫辉	佛山市南海区桂城街道桂江第一初级中学	初一
广东	秦琬舒	广州大学附属中学	初二
广东	沈子晨	广州大学附属中学	初三
广东	史昊翾	广州市海珠区六中珠江中学	初三
广东	邹奕程	东莞市东莞中学松山湖学校	初一
广东	曹国林	东莞市东莞中学松山湖学校	初二
广东	冯梓扬	佛山市南海区石门实验学校	初三
广东	高祖伟	佛山市南海区大沥镇平地小学	小学
广东	关梓浩	广州市第二中学	初一
广东	林家扬	中山市第一中学	初二
广东	林振涛	中山市纪中三鑫双语学校	初三
广东	刘之羽	东莞市东莞外国语学校	初二
广东	卢沂锋	东莞市莞城少年宫	初一
广东	罗宇焵	佛山市南海区石门实验学校	初二
广东	欧天毅	广东北江实验学校	初二
广东	潘锦炫	广东省佛山市南海区西樵镇西樵中学	初二
广东	王楷迪	东莞市东华初级中学	初三
广东	王瑾瑜	华南师范大学附属中学	初二
广东	杨靖妍	中山市第一中学	初二
广东	杨立坤	佛山市南海区石门实验中学	初二
广东	叶耀文	河源中学实验学校	初三
广东	张建军	中山市第一中学	初一
广东	陈国豪	佛山市南海区桂城街道桂江第一初级中学	初二
广东	崔靖炎	佛山市南海外国语学校	初二
广东	何宇涵	中山市中山纪念中学	初二
广东	林泽	佛山市南海区桂城街道桂江第一初级中学	初一
广东	刘子祺	广州市第二中学	初二
广东	罗欣彤	佛山市南海区狮山镇狮城中学	初三
广东	王靖浩	中山市第一中学	初二
广东	王泓皓	中山市中山纪念中学	初一
广东	杨昊	中山市第一中学	初二
广东	张晋杰	中山市纪中三鑫双语学校	初一
广东	张倩	佛山市南海区桂城街道桂江第一初级中学	初一

续 表

省份	姓名	学校	年级	省份	姓名	学校	年级
广东	周昊阳	东莞市东城第一中学	初三	广东	李嘉恒	佛山市南海区石门实验中学	初二
广东	蔡骏芃	佛山市南海区狮山镇狮城中学	初三	广东	李宣达	佛山市南海区桂城街道桂江第一初级中学	初二
广东	陈鹿鸣	东莞市可园中学	初二				
广东	黄恩良	佛山市南海区狮山镇狮城中学	初二	广东	李祖恒	佛山市南海区石门实验中学	初三
广东	雷灏	中山市纪中雅居乐凯茵学校	初一	广东	林诺彦	佛山市南海区桂城街道桂江第一初级中学	初二
广东	李嘉	东莞市东城第一中学	初三				
广东	李景楠	珠海市第十中学	初三	广东	潘浩然	东莞市东华初级中学	初三
广东	梁宝烨	佛山市南海区大沥镇太平成远小学	小学	广东	隋秉成	华南师范大学附属中学	初二
				广东	谭靖宇	广州市第二中学	初一
广东	刘裕阳	佛山市南海区石门实验中学	初三	广东	吴明禹	中山市中山纪念中学	初一
广东	罗彦理	佛山市南海区石门实验中学	初三	广东	叶储睿	佛山市南海区石门实验学校	初三
广东	王宇晨	广州市第二中学	初一	广东	周桃	佛山市南海区桂城街道桂江第一初级中学	初三
广东	王誉达	中山市中山纪念中学	初一				
广东	杨凯冰	佛山市南海区狮山镇狮城中学	初二	广东	陈宏阳	广州大学附属中学	初三
广东	杨逸舸	东莞市东华初级中学	初二	广东	陈睿	东莞市莞城中心小学	小学
广东	袁泽昊	中山市纪中三鑫双语学校	初三	广东	戴尚均	佛山市南海区石门实验中学	初二
广东	赵海峰	广东肇庆中学	初三	广东	郭佰澎	佛山市南海区南海实验中学	初一
广东	陈东武	广州大学附属中学	初一	广东	黄燃锋	佛山市南海区狮山镇罗村第二初级中学	初二
广东	陈瑞宝	广东省佛山市南海区大沥镇黄岐初级中学	初一				
				广东	雷昕晔	佛山市南海区南海实验中学	初二
广东	陈子曦	华南师范大学附属中学	初一	广东	黎民涛	佛山市南海区石门实验中学	初三
广东	冯彦博	广州市海珠区六中珠江中学	初三	广东	李若仪	广州市海珠区六中珠江中学	初三
广东	郭晋宏	广州市第二中学	初二	广东	李宗戴	华南师范大学附属中学	初二
广东	胡炜	佛山市南海区石门实验中学	初三	广东	梁值霄	佛山市南海区石门实验学校	初一
广东	蒋雨轩	中山市中山纪念中学	初二	广东	林煜明	东莞市石龙第二中学	初三
广东	廖昊亮	佛山市南海外国语学校	初二	广东	刘佳晟	中山市第一中学	初二
广东	罗欣言	佛山市南海区石门实验学校	初二	广东	罗言臻	佛山市南海区南海实验中学	初三
广东	麦俊鹏	佛山市南海区石门实验中学	初三	广东	彭文俊	东莞市东华初级中学	初三
广东	潘冠臻	佛山市南海区南海实验中学	初一	广东	田皓文	佛山市南海区南海实验中学	初二
广东	潘鸿远	佛山市南海区石门实验学校	初二	广东	涂建鹏	佛山市南海区狮山镇狮城中学	初一
广东	叶新宇	佛山市南海区狮山镇狮城中学	初二	广东	王镭皓	东莞市莞城少年宫	初三
广东	尹鹏皓	佛山市南海区桂城街道桂江第一初级中学	初三	广东	王劭轩	东莞市东华初级中学	初一
				广东	吴子越	佛山市南海区南海实验中学	初二
广东	郑昊洋	广州大学附属中学	初二	广东	徐瑞华	佛山市南海区狮山镇狮城中学	初三
广东	钟志林	佛山市南海区狮山镇狮城中学	初三	广东	尹执信	东莞市东莞外国语学校	初二
广东	陈纳川	佛山市南海区石门实验学校	初二	广东	钟和燊	东莞市东华初级中学	初三
广东	陈思源	华南师范大学附属中学	初一	广东	朱森南	佛山市南海区石门实验中学	初一
广东	邓楚曦	广州大学附属中学	初二	广东	王韬杰	佛山市南海区桂城街道桂江第一初级中学	初二
广东	樊子谦	广州市第二中学	初一				
广东	范翔烺	佛山市南海区桂城街道桂江第一初级中学	初二	广东	蔡可忻	广州市海珠区六中珠江中学	初二
				广东	陈景泰	华南师范大学附属中学	初一
广东	何昊阳	广州市海珠区六中珠江中学	初二	广东	陈烯铜	佛山市南海区石门实验学校	初一
广东	黄朗初	广州大学附属中学	初二	广东	陈晓杰	佛山市南海区狮山镇狮城中学	初二

续 表

省份	姓名	学校	年级
广东	陈兆锋	东莞市东莞外国语学校	初二
广东	陈子豪	佛山市南海区西樵镇太平初级中学	初二
广东	陈奕涵	广州大学附属中学	初二
广东	崔力鸿	珠海市第十中学	初三
广东	戴早	广州大学附属中学	初二
广东	邓定坤	东莞市莞城少年宫	初一
广东	丁骏扬	佛山市南海区狮山镇桃园初级中学	初三
广东	赖其睿	佛山市南海外国语学校	初二
广东	李沛雯	中山市第一中学	初一
广东	李熠	佛山市南海区南海实验中学	初二
广东	梁焌轩	佛山市南海区桂城街道桂江第一初级中学	初一
广东	梁诺靖	中山市纪中三鑫双语学校	初三
广东	林锦莹	中山市第一中学	初二
广东	林文隽	东莞市东莞外国语学校	初一
广东	刘思远	佛山市南海外国语学校	初二
广东	刘泓凯	佛山市南海区南海实验中学	初一
广东	卢苇	广州市第二中学	初三
广东	彭日骏	东莞市东莞外国语学校	小学
广东	屈重壹	东莞市寮步中学	初三
广东	苏玥	佛山市南海区桂城街道桂江第一初级中学	初二
广东	谭景鸿	中山市纪中雅居乐凯茵学校	初一
广东	谭梓晴	佛山市南海区桂城街道桂江第一初级中学	初二
广东	田俊杰	佛山市南海区桂城街道桂江第一初级中学	初二
广东	王晓蕾	佛山市南海区桂城街道桂江第一初级中学	初三
广东	韦一	佛山市南海区儒林初级中学	初三
广东	翁正朗	华南师范大学附属中学	初一
广东	吴光栋	广州市广外附设外语学校	初三
广东	谢志贤	佛山市南海外国语学校	初二
广东	杨宁	佛山市南海区桂城街道桂江第一初级中学	初一
广东	杨子弘	广州广雅实验学校	初二
广东	曾祥鑫	东莞市东华初级中学	初三
广东	张佳皓	深圳中学	初二
广东	张健维	中山市第一中学	初一
广东	张炜钿	汕头市金园实验中学	初三
广东	张聿扬	广州市海珠区六中珠江中学	初二
广东	赵晋琛	华南师范大学附属中学	初二
广东	赵星宇	华南师范大学附属中学	初一
广东	罗为	广州大学附属中学	初二
广东	蔡佳宁	佛山市南海区石门实验中学	初三
广东	陈博涵	华南师范大学附属中学	初一
广东	陈戈	中山市纪中三鑫双语学校	初二
广东	陈峻宇	中山市华侨中学	初一
广东	陈俊烨	佛山市南海区石门实验学校	初三
广东	陈铭康	佛山市南海区石门实验学校	初三
广东	陈大霖	东莞市莞城中心小学	小学
广东	陈晓霜	广东省佛山市南海区大沥镇黄岐初级中学	初二
广东	陈政宇	佛山市南海区石门实验学校	初一
广东	陈圻	汕头市金园实验中学	初一
广东	陈梓健	东莞市东莞中学松山湖学校	初二
广东	陈曦	中山市第一中学	初一
广东	陈曦	东莞市南城中学	初一
广东	戴子棋	佛山市南海区南海实验中学	初二
广东	邓大杰	佛山市南海区狮山镇小塘初级中学	初三
广东	丁晋杰	广东北江实验学校	初二
广东	丁昊天	广东北江实验学校	初二
广东	董麟平	东莞市石龙第三中学	初二
广东	段泽伟	佛山市南海区狮山镇狮城中学	初二
广东	冯广权	佛山市南海区桂城街道桂江第一初级中学	初一
广东	冯凯	佛山市南海区狮山镇狮城中学	初二
广东	关浩然	佛山市南海区狮山镇桃园初级中学	初二
广东	关卓轩	佛山市南海区石门实验学校	初一
广东	官文迪	佛山市南海区桂城街道桂江第一初级中学	初一
广东	何明昊	广州市海珠区六中珠江中学	初三
广东	胡涵之	华南师范大学附属中学	初一
广东	胡杰	广州大学附属中学	初三
广东	胡钧淇	中山市中山纪念中学	初二
广东	黄家谦	东莞市东莞中学松山湖学校	初一
广东	黄诗诺	佛山市南海区桂城街道桂江第一初级中学	初二
广东	黄一帆	东莞市东华初级中学	初二
广东	黄禹盛	东莞市东华初级中学	初二
广东	黄悦峰	广州大学附属中学	初三
广东	黄铿瑜	佛山市南海区石门实验学校	初一

续 表

省份	姓名	学校	年级	省份	姓名	学校	年级
广东	金许诺	广州市第二中学	初二	广东	秦非冉	华南师范大学附属中学	初一
广东	孔家慧	佛山市南海区石门实验中学	初二	广东	苏志彬	佛山市南海区南海实验中学	初二
广东	劳思棋	佛山市南海区桂城街道桂江第一初级中学	初二	广东	唐瑞熙	东莞市东莞中学松山湖学校	初三
				广东	王翰平	广州大学附属中学	初二
广东	黎永健	广州市越秀区少年宫	初三	广东	王浩荣	东莞市莞城少年宫	初一
广东	黎睿正	东莞市东莞中学松山湖学校	初一	广东	王一然	东莞市莞城少年宫	初一
广东	李浩源	中山市纪中三鑫双语学校	初二	广东	王志钢	汕头金山中学南区学校	初二
广东	李健洋	中山市第一中学	初一				
广东	李建耀	中山市第一中学	初二	广东	王志梁	佛山市南海区桂城街道桂江第一初级中学	初二
广东	李思敏	珠海市紫荆中学	初三				
广东	李颖玥	华南师范大学附属中学	初一	广东	王梓丞	汕头市金园实验中学	初二
广东	梁定聪	佛山市南海区大沥镇盐步初级中学	初二	广东	温广华	佛山市南海区桂城街道桂江第一初级中学	初二
广东	梁浩均	佛山市南海外国语学校	初一	广东	吴南枢	佛山市南海区石门实验学校	初二
广东	梁路晴	中山市中山纪念中学	初一	广东	吴宇亮	广州大学附属中学	初三
广东	梁盛然	广东肇庆中学	初三	广东	谢启骏	佛山市南海外国语学校	初二
广东	梁伟	东莞市东莞中学松山湖学校	初一	广东	谢卓立	广州大学附属中学	初二
广东	梁瀚尹	中山市第一中学	初二	广东	熊俊淇	东莞市东莞中学松山湖学校	初一
广东	梁皓铭	东莞市莞城少年宫	初二	广东	熊壬正	佛山市南海区石门实验中学	初二
广东	廖鹏飞	东莞市东莞中学初中部	初二	广东	熊祖元	中山市纪中三鑫双语学校	初二
广东	林锦桦	佛山市南海区桂城街道桂江第一初级中学	初一	广东	杨广源	深圳中学	初二
				广东	杨恒	佛山市南海区南海实验中学	初一
广东	林立	汕头市龙湖实验中学	初二	广东	杨家修	东莞市新世纪英才学校	初一
广东	刘畅	广州大学附属中学	初三	广东	杨竞元	中山市华侨中学	初三
广东	刘盛元	佛山市华英学校	初二	广东	杨晓诗	广东省佛山市南海区大沥镇黄岐初级中学	初二
广东	刘文浩	广州大学附属中学	初二				
广东	卢宇洋	东莞市可园中学	初二	广东	杨宇烽	佛山市南海区石门实验学校	初二
广东	吕其乐	佛山市南海区南海实验中学	初三	广东	杨哲焓	东莞市南城阳光第一小学	小学
广东	吕銮琳	汕头市聿怀初级中学	初二	广东	叶敏徽	佛山市南海区桂城街道桂江第一初级中学	初一
广东	马方哲	佛山市南海区石门实验中学	初三				
广东	麦浩轩	佛山市南海区石门实验学校	初一	广东	叶曙光	佛山市南海区桂城街道桂江第一初级中学	初二
广东	麦君豪	广州大学附属中学	初三				
广东	莫烁东	汕头市龙湖实验中学	初二	广东	叶梓炫	佛山市南海区石门实验学校	初二
广东	莫文炜	佛山市南海区桂城街道桂江第一初级中学	初一	广东	尤俊鸿	佛山市南海区石门实验学校	初三
广东	倪特	东莞市东华初级中学	初二	广东	余悦可	广东实验中学	初一
广东	潘科铮	中山市中山纪念中学	初一	广东	袁溢熙	东莞市东莞中学松山湖学校	初二
广东	潘森禾	佛山市南海区石门实验学校	初二	广东	张诚德	佛山市南海区大沥镇盐步初级中学	初二
广东	潘泽轩	广州广雅实验学校	初二				
广东	潘烨	佛山市南海区石门实验中学	初二	广东	张国华	佛山市南海区桂城街道文翰中学	初三
广东	庞安博	佛山市南海区石门实验学校	初二				
广东	彭德立	东莞市新世纪英才学校	初一	广东	张桓	中山市纪中雅居乐凯茵学校	初一
广东	钱思睿	佛山市南海区桂城街道桂江第一初级中学	初一	广东	张南	佛山市南海区石门实验学校	初三

续 表

省份	姓名	学校	年级
广东	张世林	广东省佛山市南海区西樵镇西樵中学	初三
广东	张哲滔	广州外国语学校	初二
广东	张奕霖	佛山市南海区桂城街道文翰中学	初三
广东	赵国任	佛山市南海区狮山镇狮城中学	初二
广东	钟元	广州大学附属中学	初三
广东	周浚锋	佛山市南海区南海实验中学	初三
广东	周朗辉	佛山市南海外国语学校	初一
广东	周圣杰	佛山市南海外国语学校	初二
广东	朱哲	佛山市南海区石门实验中学	初二
广东	尤彦博	汕头市聿怀初级中学	初三
广东	吴昊晖	珠海市第十中学	初二
广东	邹嘉昊	佛山市南海区狮山镇狮城中学	初二
广西	陈欢	柳州市第八中学	初一
广西	陈思聪	柳州市第十五中学	初三
广西	陈宇明	南宁市西乡塘区心圩中学	初二
广西	崔零壹	南宁市第二中学	初二
广西	黄子昂	柳州市第八中学	初三
广西	蒋冰恬	柳州市第十五中学	初二
广西	蓝培文	南宁市第十四中学	初二
广西	李金哲	柳州市第十五中学	初三
广西	刘孜涵	柳州市壶西实验中学	初三
广西	刘奕成	柳州市第八中学	初二
广西	龙学仕	柳州市第八中学	初一
广西	秦骏言	桂林市奎光学校	初三
广西	任上旭	广西师范大学附属外国语学校	初二
广西	唐复之	柳州市第十二中学	初二
广西	周子杰	柳州市第十二中学	初三
广西	戴驿权	柳州市第八中学	初三
广西	刘子祺	柳州市第十二中学	初三
广西	梁大卫	广西师范大学附属外国语学校	初二
广西	唐海原	广西大学附属中学	初一
广西	韦志毅	柳州市第八中学	初二
广西	吴子奇	柳州市启智中学	初三
广西	宋义	南宁市新民中学	初三
广西	唐维远	南宁市第十四中学	初二
广西	周文礼	柳州市启智中学	初三
广西	何泽	贵港市高级中学	初三
广西	马睿	南宁市三美学校	初二
广西	韦凯元	南宁市新民中学	初三
广西	覃俊儒	柳州市龙城中学	初三
广西	李乐扬	南宁市第十四中学	初二
广西	李乐怡	柳州市第十五中学	初二
广西	黄禹历	柳州市第十五中学	初一
广西	黄赐源	柳州市第十五中学	初二
广西	刘柠嘉	柳州市第十二中学	初二
广西	覃锐麟	柳州市兴柳学校	小学
广西	黎子川	柳州市驾鹤小学	小学
广西	李业讯	柳州市第十五中学	初三
广西	张珉宇	柳州市第46中学	初一
广西	何维	广西师范大学附属外国语学校	初二
广西	应佳奇	柳州市第十二中学	初二
广西	李熠玮	柳州市第八中学	初二
广西	刘宇嘉	柳州市第八中学	初三
广西	杨明勋	桂林市奎光学校	初三
广西	廖峻峤	南宁市新民中学	初二
广西	罗韦秋皓	柳州市湾塘路小学	小学
广西	莫可亿	柳州市三十五中	初一
广西	邓黄篷	柳州市启智中学	初三
广西	黄俊期	南宁市新民中学	初三
广西	谭明昊	南宁市新民中学	初二
广西	韦钧桓	柳州市第十二中学	初二
广西	闭耀松	广西大学附属中学	初三
广西	黄梓豪	南宁市三美学校	初一
广西	李俊涛	广西大学附属中学	初二
广西	李诗瑜	柳州市景行小学	小学
广西	李雨乐	桂林德智外国语学校	初三
广西	梁凯策	南宁市第三中学	初一
广西	廖之越	广西师范大学附属外国语学校	初二
广西	龙国晟	柳州市启智中学	初三
广西	卢光谊	柳州市景行小学	小学
广西	罗百朝	柳州市柳邕路二小	小学
广西	马卓群	南宁市三美学校	初一
广西	莫泽锦	柳州市启智中学	初一
广西	秦凯文	桂林德智外国语学校	初二
广西	秦祉恺	广西师范大学附属外国语学校	初一
广西	王玉麟	柳州市第十五中学	初三
广西	韦梁轩昂	柳州市第十二中学	初二
广西	吴思远	柳州市第十五中学	初二
广西	谢艺飞	南宁市第十四中学	初二
广西	徐嘉鸿	桂林市奎光学校	初三
广西	薛淞	柳州市景行小学	小学
广西	玉树杰	柳州市龙城中学	初三
广西	曾昱淞	柳州市第十二中学	初二
广西	张倪嘉	柳州市第十五中学	初二

续 表

省份	姓名	学校	年级	省份	姓名	学校	年级
广西	覃云之尚	柳州市文华中学	初一	贵州	李秀培	贵州省盘县第六中学	初三
广西	韩骐羽	柳州市第八中学	初三	贵州	梁正烨	兴义市阳光书院	初二
广西	蒋熙霖	桂林德智外国语学校	初三	贵州	罗熳娇	兴义市阳光书院	初二
广西	莫晨希	桂林德智外国语学校	初三	贵州	石亚楠	兴义一中教育集团盘江书院	初二
广西	潘景洋	广西大学附属中学	初二	贵州	魏斌	贵州省六盘水市第十二中学	初三
广西	权力	柳州市第八中学	初二	贵州	谢敏	安顺市实验学校	初二
广西	韦林坤	南宁市育才实验中学	初一	贵州	杨世平	六盘水市第一中学	初二
广西	张文杰	柳州市启智中学	初三	贵州	易科均	兴义市阳光书院	初三
贵州	李欣蔓	兴义市阳光书院	初二	贵州	周惠梓	遵义市第四初级中学	初一
贵州	廖胤丰	兴义市阳光书院	初三	贵州	岑龙	兴义市阳光书院	初二
贵州	陈杨	兴义市阳光书院	初二	贵州	龙志成铖	兴义市阳光书院	初二
贵州	郑新华	兴义市阳光书院	初二	海南	黄铭	海口中学	初三
贵州	谢安喆	北京师范大学贵阳附属中学	初三	海南	何琬仪	海南中学	初三
贵州	张禾嘉	兴义市阳光书院	初三	海南	曾曼丽	定安中学	初三
贵州	孔专	盘州市盘关镇盘江中学	初三	海南	郑筌糠	临高县临高中学	初二
贵州	魏浩桓	北京师范大学贵阳附属中学	初二	海南	叶博夫	临高县临高中学	初二
贵州	吴瑞捷	兴义市阳光书院	初二	海南	洪寂倪	定安中学	初三
贵州	吴志伟	盘州市盘关镇盘江中学	初三	海南	胡杨	海南中学	初二
贵州	杨雨婷	贵州省六盘水市第十二中学	初三	海南	黄靖雯	海南中学	初三
贵州	叶友艳	六盘水市第一中学	初二	海南	姜子夏	海南中学	初三
贵州	袁双平	盘州市盘关镇盘江中学	初三	海南	徐坤	海南中学	初二
贵州	滕润润	六盘水市第一中学	初二	海南	黄毅成	海口中学	初二
贵州	胡金驰	兴义市阳光书院	初二	河北	袁文旭	华北油田东风中学	初三
贵州	李显蓉	兴义市阳光书院	初三	河北	姜青宸	华北油田东风中学	初二
贵州	袁超	贵州省六盘水市第十二中学	初三	河北	郭涵逸	华北油田东风中学	初二
贵州	张义蕊	盘州市柏果镇柏果中学	初三	河北	靳一轩	华北油田东风中学	初二
贵州	耿睿天	兴义市阳光书院	初二	河北	王潇宇	华北油田东风中学	初三
贵州	黄润	兴义市阳光书院	初三	河北	李鑫洋	华北油田东风中学	初二
贵州	梁一铭	兴义一中教育集团盘江书院	初三	河北	曹天成	华北油田东风中学	初二
贵州	刘恩丞	遵义市第四初级中学	初一	河北	闫宇萱	华北油田东风中学	初二
贵州	吴雨竹	兴义市阳光书院	初三	河北	蒋华睿	华北油田东风中学	初二
贵州	颜海	贵州省六盘水市第十二中学	初三	河北	王媛绮	华北油田东风中学	初二
贵州	郑乔月	遵义市第四初级中学	初二	河北	何孟洋	华北油田东风中学	初二
贵州	朱心愿	贵州省六盘水市第十二中学	初三	河南	张健哲	郑州市为民中学	初一
贵州	敖渝	兴义市阳光书院	初三	河南	孙茂荣	河南省实验文博学校	初三
贵州	陈廷毅	遵义市第四初级中学	初一	河南	王冀恒	焦作市第十八中学	初二
贵州	方泽肖然	兴义市阳光书院	初二	河南	张越华	安阳市第七中学	初二
贵州	何国瑞	兴义市阳光书院	初二	河南	赵铱泽	安阳市第七中学	初二
贵州	黄洪伟	兴义一中教育集团盘江书院	初二	河南	郝奇	安阳市第七中学	初三
贵州	黄梅	六盘水市第一中学	初二	河南	朱润泽	安阳市第七中学	初二
贵州	黄文	兴义一中教育集团盘江书院	初三	河南	秦钰闰	焦作市第十八中学	初二
贵州	蒋勇	兴义市阳光书院	初二	河南	王禹波	河南省实验文博学校	初二
贵州	雷蒙蒙	兴义市阳光书院	初三	河南	崔子煜	安阳市第七中学	初二

续 表

省份	姓名	学校	年级	省份	姓名	学校	年级
河南	陈汉锋	焦作市实验中学	初二	河南	姬政柞	焦作市人民中学	初二
河南	段云峥	焦作市第十八中学	初二	河南	金桐锐	郑州市为民中学	初二
河南	刚子棉	河南省实验文博学校	初二	河南	李秉桐	焦作市第十八中学	初二
河南	关佳衡	河南省实验中学	初二	河南	连康旭	平顶山市第四十一中学	初二
河南	郭沣锐	焦作市第二十中学	初二	河南	裴一同	郑州枫杨外国语学校	初二
河南	韩冠宇	安阳市第七中学	初二	河南	赵勇耀	郑州枫杨外国语学校	初一
河南	韩曜同	河南省实验英才学校	初三	黑龙江	刘健祺	哈尔滨工业大学附属中学	初二
河南	胡书源	河南省实验文博学校	初二	黑龙江	袁习斌	哈尔滨市松雷中学	初二
河南	贾尚奇	安阳市第七中学	初三	黑龙江	李东轩	哈尔滨工业大学附属中学	初三
河南	李思翰	焦作市第十八中学	初二	黑龙江	邢业甯	哈尔滨市第六十九中学校	初二
河南	刘丰瑞	安阳市第七中学	初三	黑龙江	孙肇芮	大庆市兰德学校	初二
河南	马梦恺	河南省实验文博学校	初二	黑龙江	赵誉博	哈尔滨市松雷中学	初二
河南	苗林泽	焦作市第十八中学	初一	黑龙江	姜羿先	哈尔滨师范大学附属中学	初三
河南	苗若晗	焦作市实验中学	初二	黑龙江	盛一诺	哈尔滨市南岗区少年宫	初三
河南	王嘉睿	河南省实验文博学校	初二	黑龙江	王度	大庆第一中学	初一
河南	王泽豫	焦作市第十八中学	初一	黑龙江	张昊宇	大庆第一中学	初一
河南	王子元	安阳市第七中学	初二	黑龙江	常添	哈尔滨市松雷中学	初二
河南	王子炫	安阳市第七中学	初二	黑龙江	冯仁泽	齐齐哈尔市第四十五中学校	初二
河南	徐海童	焦作市实验中学	初二	黑龙江	吕美豫	哈尔滨工业大学附属中学	初二
河南	袁家驹	安阳市第七中学	初二	黑龙江	汪千喻	哈尔滨市第四十九中学	初三
河南	岳琤昊	郑州实验外国语中学	初二	黑龙江	王浩宇	哈尔滨市松雷中学	初一
河南	袁钰涛	安阳市第七中学	初二	黑龙江	王添丙	大庆市湖滨学校	初一
河南	岳子琦	河南省实验文博学校	初二	黑龙江	王信	大庆市兰德学校	小学
河南	张蓝翔	安阳市第七中学	初三	黑龙江	王奕博	大庆市兰德学校	小学
河南	张原铭	焦作中站许衡实验学校	初二	黑龙江	王羿阳	哈尔滨工业大学附属中学	初二
河南	苏国峰	安阳市第七中学	初二	黑龙江	张文博	大庆市兰德学校	小学
河南	樊展序	郑州市为民中学	初二	黑龙江	张钰童	大庆市兰德学校	初二
河南	冯梦奇	郑州一八联合国际学校	初二	黑龙江	赵佳义	哈尔滨工业大学附属中学	初一
河南	冯睿琪	焦作市实验中学	初二	黑龙江	赵中昊	大庆市兰德学校	小学
河南	李思远	河南省实验文博学校	初二	黑龙江	郑斯瀚	哈尔滨工业大学附属中学	初二
河南	李元奇	郑州市第五十七中学	初一	黑龙江	张逸宸	大庆市兰德学校	小学
河南	马庆凯	焦作市第十八中学	初二	湖北	黄煦喆	武汉武珞路实验初级中学	初二
河南	王家琦	焦作市人民中学	初二	湖北	苏子涵	宜昌市第十九中学	初三
河南	王振宇	焦作市第二十中学	初三	湖北	蒋博韬	宜昌市第二十二中学	初三
河南	王耀楼	郑州市第五十七中学	初二	湖北	郑彦翔	宜昌市第二十二中学	初三
河南	武双	焦作市第十八中学	初二	湖北	明子钧	黄石十五中	初二
河南	许志诚	河南师范大学附属中学	初二	湖北	龙俊宇	十堰市东风第七中学	初二
河南	杨采元	安阳市第七中学	初二	湖北	王之典	黄石八中	初二
河南	杨紫颍	河南省实验文博学校	初二	湖北	杨子康	武汉二中广雅中学	初三
河南	余怡初	焦作市第十八中学	初三	湖北	邹博诚	宜昌金东方初中	初二
河南	张欣悦	安阳市第七中学	初三	湖北	谭睿	武汉杨春湖实验学校	初一
河南	赵明恒	安阳市第七中学	初三	湖北	方萌	黄石八中	初三
河南	龚靖宇	郑州市第五十七中学	初一	湖北	陈凯歌	十堰市东风第七中学	初三

续 表

省份	姓名	学校	年级
湖北	陈龙启瑞	武汉外国语学校	初二
湖北	胡典正	十堰市东风第七中学	初三
湖北	林雨生	宜昌金东方初中	初二
湖北	罗高	襄阳市第三十五中学	初一
湖北	沙铭亮	十堰市东风第七中学	初三
湖北	舒云轩	武汉六中上智中学	初三
湖北	唐思思	十堰市东风第七中学	初一
湖北	汪哲悉	武汉外国语学校	初一
湖北	王令欧	湖北省武昌水果湖第一小学	小学
湖北	徐翊凯	武汉外国语学校	初一
湖北	刘煦	华中师范大学第一附属中学初中部	初三
湖北	陆叶天	武汉市武昌实验寄宿小学	小学
湖北	孙鎏	湖北华一寄宿学校	初一
湖北	袁誉玮	宜昌市第二十五中学	初二
湖北	古凌风	宜昌市第五中学	初二
湖北	欧阳俨茁	宜昌市第八中学	初三
湖北	苏果	武汉二中广雅中学	初一
湖北	肖皓文	武汉一初慧泉中学	初一
湖北	阎宇辰	枝江市实验中学	初二
湖北	杨培文	宜昌金东方初中	初二
湖北	张剑青	宜昌金东方初中	初二
湖北	覃萧可	宜昌市第八中学	初三
湖北	冯文韬	宜昌市第十九中学	初三
湖北	傅品淳	武汉武珞路实验初级中学	初二
湖北	黄怡佳	武汉武珞路实验初级中学	初二
湖北	刘俊杰	宜昌金东方初中	初二
湖北	王琦琪	湖北省宜昌市第六中学	初二
湖北	冼冲	武汉三牛中美中学	初二
湖北	陈泽锐	十堰市东风第七中学	初三
湖南	曹子衿	长沙市中雅培粹学校	初一
湖南	陈玦锱	长沙市中雅培粹学校	初一
湖南	陈禹昕	长沙青竹湖湘一外国语学校	初三
湖南	陈则霖	湖南省长沙市长郡双语实验中学	初二
湖南	邓晨	长沙市湘郡培粹实验中学	初一
湖南	邓荣祥	湖南省冷水江市第七中学	初三
湖南	丁珮涓	长沙市长郡梅溪湖中学	初二
湖南	杜嫣然	长沙市赤岭路小学	小学
湖南	范欣卓	湖南省长沙市长郡双语实验中学	初三
湖南	冯开淇	长沙市育才小学	小学
湖南	郭厚泽	长沙市长塘里小学	小学
湖南	郭宁懿	长沙市中雅培粹学校	初一
湖南	何珏	湖南省娄底市第一中学	初三
湖南	贺艾心亚	长沙市中雅培粹学校	初二
湖南	贺泽邦	长沙市南雅中学	初一
湖南	侯嘉祺	长沙市一中雨花新华都学校	初二
湖南	胡维轩	长沙市湘郡培粹实验中学	初一
湖南	李贤俊	长沙市中雅培粹学校	初二
湖南	廖承瓒	湖南省娄底市第一中学	初三
湖南	刘嘉杰	长沙市雨花区明德洞井中学	初三
湖南	刘俊哲	湖南省冷水江市第七中学	初三
湖南	刘思磊	湖南省娄底市第一中学	初三
湖南	刘永康	湖南省娄底市第一中学	初二
湖南	刘泽仁	长沙市中雅培粹学校	初二
湖南	龙凌枫	湖南省娄底市第一中学	初二
湖南	陆定一	湖南师大附中梅溪湖中学	初三
湖南	吕博程	长沙市湘郡培粹实验中学	初一
湖南	罗广宁	长沙青竹湖湘一外国语学校	初三
湖南	罗心伟	长沙市长郡梅溪湖中学	初三
湖南	毛彬润	长沙幼幼学校	小学
湖南	毛雄博	长沙市雅礼实验中学	初二
湖南	欧思远	湖南省长沙市长郡双语实验中学	初一
湖南	彭梦龙	湖南省常德芷兰实验学校	初三
湖南	彭泽宇	湖南省娄底市第一中学	初二
湖南	邱泽楷	娄底市楚英学校	初二
湖南	石璨玮	长沙市中雅培粹学校	初二
湖南	谭荣熙竣	长沙桂花坪小学	小学
湖南	谭智超	衡阳市博雅学校	初三
湖南	唐基铭	娄底市楚英学校	初三
湖南	王励添	长沙青竹湖湘一外国语学校	初一
湖南	王逾昔	长沙青竹湖湘一外国语学校	初二
湖南	王悦轩	长沙市中雅培粹学校	初一
湖南	王蕴睿	长沙市中雅培粹学校	初二
湖南	文章	长沙市砂子塘小学	小学
湖南	文之豪	长沙市南雅中学	初二
湖南	伍书航	长沙市中雅培粹学校	初一
湖南	夏小洲	长沙市岳麓区郡维学校	初二
湖南	向俊嘉	湖南省长沙市长郡双语实验中学	初二
湖南	谢烨宇	湖南省娄底市第一中学	初三
湖南	熊宇翔	衡阳市成章实验中学	初一
湖南	徐彦炜	湖南第一师范学院第一附属小学	小学

续 表

省份	姓名	学校	年级
湖南	徐玺喆	长沙市中雅培粹学校	初一
湖南	曾思贻	长沙市南雅中学	初二
湖南	曾瀚章	长沙市雅礼实验中学	初二
湖南	周杰洋	湖南省冷水江市第二中学	初三
湖南	周擎天	湖南省娄底市第一中学	初二
湖南	周逸航	长沙市雅礼实验中学	初二
湖南	周卓	湖南省醴陵第一中学	初二
湖南	朱皓宇	湖南省娄底市第一中学	初二
湖南	邹佳乐	湖南省娄底市第一中学	初三
湖南	左锐平	长沙市南雅中学	初二
湖南	左云骞	湖南广益实验中学	初二
湖南	蔡湘辉	湖南省冷水江市第二中学	初三
湖南	曹家豪	长沙市中雅培粹学校	初一
湖南	陈锦锟	曾国藩学校	初二
湖南	邓天健	长沙市南雅中学	初三
湖南	邓雨承	长沙市雅礼实验中学	初二
湖南	付雄勇	湖南省娄底市第一中学	初三
湖南	贺胜宇	曾国藩学校	初三
湖南	黄锦晖	长沙岳麓区实验小学	小学
湖南	蒋灼繁	湖南省长沙市长郡双语实验中学	初二
湖南	黎博奥	湖南广益实验中学	初二
湖南	李安欣汝	湖南省冷水江市第二中学	初三
湖南	李家宇	湖南省娄底市第一中学	初二
湖南	李鹏伟	湖南省娄底市第一中学	初三
湖南	李一鹏	娄底市楚英学校	初二
湖南	李昱萱	澧县银谷国际实验学校	初二
湖南	刘交易	长沙市雅礼雨花中学	初三
湖南	刘敏杰	湖南省娄底市第一中学	初二
湖南	刘牧洋	长沙市中雅培粹学校	初一
湖南	刘昊文	株洲景炎学校	初三
湖南	罗岑	长沙市一中岳麓中学	初一
湖南	欧盟	长沙青竹湖湘一外国语学校	初二
湖南	彭志可	宁乡紫金中学	初二
湖南	师阳昊	长沙市雨花区长郡雨花外国语学校	初二
湖南	宋亚迪	长沙市中雅培粹学校	初一
湖南	唐文柏	株洲景炎学校	初三
湖南	涂智轩	长沙市湘郡培粹实验中学	初一
湖南	王嘉文	长沙麓山国际实验学校	初二
湖南	王敏芳	澧县澧阳中学	初二
湖南	王志翔	曾国藩学校	初三
湖南	王子威	湖南广益实验中学	初二
湖南	吴宇娇	湖南省娄底市第一中学	初二
湖南	吴蕴章	湖南第一师范学院第一附属小学	小学
湖南	向武龙	湖南省娄底市第一中学	初二
湖南	肖卓然	湖南省娄底市第一中学	初二
湖南	谢康建	长沙市一中岳麓中学	初二
湖南	谢睿杰	长沙市岳麓区郡维学校	初一
湖南	徐健皓	湖南广益实验中学	初一
湖南	徐乐鑫	湖南省娄底市第一中学	初三
湖南	许昊喆	长沙市雅礼实验中学	初一
湖南	颜慧博	长沙市一中岳麓中学	初二
湖南	杨翔	长沙市南雅中学	初三
湖南	易琢然	长沙市南雅中学	初三
湖南	曾子杉	长沙青竹湖湘一外国语学校	初一
湖南	张仕震	衡阳市成章实验中学	初三
湖南	朱超夷	湖南省娄底市第一中学	初三
湖南	朱韵宇	湖南广益实验中学	初一
湖南	左宇驰	曾国藩学校	初三
湖南	陈诺祎	长沙市一中雨花新华都学校	初二
湖南	陈沛昀	衡阳市成章实验中学	初三
湖南	丁孝文	湖南省醴陵第一中学	初三
湖南	顾佳荣	湖南省宁乡县金海中学	初二
湖南	郭宇恒	长沙市中雅培粹学校	初二
湖南	胡景文	长沙市一中岳麓中学	初三
湖南	胡明宇	湖南师大附中梅溪湖中学	初二
湖南	黄宇晨	长沙青竹湖湘一外国语学校	初二
湖南	孔翰林	长沙市一中岳麓中学	初三
湖南	李果杨子	长沙市湘郡培粹实验中学	初二
湖南	李梦玉	娄底市楚英学校	初二
湖南	廖浩翔	衡阳市成章实验中学	初二
湖南	刘简	湖南省娄底市第一中学	初二
湖南	马诺然	长沙麓山国际实验学校	初一
湖南	欧明钦	湖南省醴陵第一中学	初三
湖南	欧鹏夫	衡阳市成章实验中学	初二
湖南	欧阳俊鸿	长沙市中雅培粹学校	初一
湖南	苏琰博	长沙青竹湖湘一外国语学校	初二
湖南	谭屹俊	曾国藩学校	初三
湖南	谭皓文	长沙市雅礼实验中学	初二
湖南	田宇星	长沙市中雅培粹学校	初一
湖南	向泊西	长沙市中雅培粹学校	初二
湖南	肖贺翔	长沙市南雅中学	初一
湖南	肖佳辰	长沙市长郡梅溪湖中学	初三
湖南	谢毅	长沙市北雅中学	初二

续 表

省份	姓名	学校	年级	省份	姓名	学校	年级
湖南	熊方舟	株洲景炎学校	初三	湖南	邹祯	长沙市湘郡培粹实验中学	初二
湖南	易光廷	湖南省醴陵第一中学	初二	湖南	龚可	娄底市楚英学校	初二
湖南	易智恒	株洲景炎学校	初三	湖南	岳诗育	长沙麓山国际实验学校	初二
湖南	尤铭	湖南师大附中博才实验中学	初二	湖南	王渝凯	长沙市芙蓉区大同第二小学	小学
湖南	袁珮珊	长沙市中雅培粹学校	初二	湖南	周信达	长沙市中雅培粹学校	初二
湖南	曾奕玮	株洲景炎学校	初三	湖南	李行健	长沙市一中雨花新华都学校	初三
湖南	朱柏文	湖南省娄底市第一中学	初二	湖南	徐之杰	湖南第一师范学院第一附属小学	小学
湖南	邹声奇	长沙市南雅中学	初二				
湖南	段志麟	湖南省冷水江市第二中学	初一	湖南	胡晔	长沙市雅礼实验中学	初二
湖南	蓝子睿	长沙市雅礼实验中学	初二	湖南	王思睿	长沙青竹湖湘一外国语学校	初二
湖南	李思成	长沙市长郡梅溪湖中学	初二	湖南	柳思	长沙青竹湖湘一外国语学校	初二
湖南	李子熙	湖南广益实验中学	初二	湖南	周嘉芮	长沙市中雅培粹学校	初二
湖南	李昱锋	湖南师大附中博才实验中学	初三	湖南	贾凌云	湖南省娄底市第一中学	初三
湖南	林轶能	长沙市雅礼实验中学	初二	湖南	肖玉强	娄底市楚英学校	初二
湖南	彭磊	娄底市楚英学校	初三	湖南	陈鸿嘉	长沙青竹湖湘一外国语学校	初二
湖南	彭星博	长沙市雅礼雨花中学	小学	湖南	詹一夫	湖南广益实验中学	初二
湖南	饶子歆	湖南省长沙市长郡双语实验中学	初三	湖南	李嘉乐	株洲景炎学校	初二
				湖南	蒲泽暄	长沙市南雅中学	初三
湖南	魏佳孟	长沙高新技术产业开发区明德麓谷学校	初三	湖南	扶灏	澧县澧阳中学	初二
				湖南	贾兆升	长沙市岳麓区郡维学校	初一
湖南	吴天宇	株洲景炎学校	初二	湖南	易健熙	长沙市一中岳麓中学	初二
湖南	尹芝富	衡阳市成章实验中学	初三	湖南	易楷为	长沙市南雅中学	初二
湖南	张锦轩	长沙青竹湖湘一外国语学校	初一	湖南	易彦宇	长沙市长郡梅溪湖中学	初二
湖南	张逸涵	长沙市泰禹小学	小学	湖南	尤溱	长沙青竹湖湘一外国语学校	初一
湖南	张志超	株洲景炎学校	初二	湖南	胡欣宇	湘潭江声实验学校	初一
湖南	周维	株洲景炎学校	初二	湖南	刘兴	湖南省娄底市第一中学	初三
湖南	周一航	长沙市南雅中学	初二	湖南	殷彬霖	湖南省娄底市第一中学	初三
湖南	周晗	湖南广益实验中学	初二	湖南	胡凯	湖南省娄底市第一中学	初三
湖南	褚轩宇	长沙市中雅培粹学校	初一	湖南	朱泰然	长沙湘府英才小学	小学
湖南	唐煦臣	湖南省常德芷兰嘉树学校	初三	湖南	刘谨滔	长沙市中雅培粹学校	初一
湖南	武尚柯	长沙麓山国际实验学校	初二	湖南	张心悦	曾国藩学校	初三
湖南	熊一玮	湖南广益实验中学	初二	湖南	钱启航	长沙青竹湖湘一外国语学校	初二
湖南	张明驰	湖南广益实验中学	初二	湖南	熊啸闻	长沙高新技术产业开发区明德麓谷学校	初三
湖南	梁栋然	娄底市楚英学校	初三				
湖南	伍政武	湖南省娄底市第一中学	初二	湖南	谭文杰	湖南师大附中梅溪湖中学	初二
湖南	周佰涛	长沙市雨花区天华寄宿制学校	小学	湖南	蔡涛辉	娄底市楚英学校	初三
湖南	陈辉扬	曾国藩学校	初三	湖南	李欣泽	湖南省长沙市长郡双语实验中学	初一
湖南	彭勃新	娄底市楚英学校	初三				
湖南	黄博奕	衡阳市成章实验中学	初三	湖南	刘辰宇	长沙市南雅中学	初三
湖南	汪添吉	长沙市湘郡培粹实验中学	初一	湖南	肖世熙	长沙市南雅中学	初二
湖南	王子韬	湖南省长沙市长郡双语实验中学	初三	湖南	谢能荣	湖南省娄底市第一中学	初二
				湖南	徐翌玮	长沙市中雅培粹学校	初二
湖南	杨文宇	长沙市外国语中学	初二	湖南	杨雪健	长沙市枫树山小学	小学

续 表

省份	姓名	学校	年级	省份	姓名	学校	年级
湖南	周凯	湖南师大附中梅溪湖中学	初二	湖南	陈诺	长沙青竹湖湘一外国语学校	初二
湖南	李谦之	长沙清水塘北辰小学	小学	湖南	陈翘楚	长沙市南雅中学	初三
湖南	廖佩瑶	湖南省长沙市长郡双语实验中学	初二	湖南	陈文嘉	湖南省冷水江市第七中学	初三
				湖南	陈昶	湖南省冷水江市第七中学	初二
湖南	罗思源	长沙市湘郡培粹实验中学	初一	湖南	成明	娄底市第一小学	小学
湖南	毛浩童	澧县银谷国际实验学校	初二	湖南	邓涵夫	长沙市南雅中学	初二
湖南	杨景夫	常德外国语学校	初二	湖南	邓思哲	长沙市湘郡培粹实验中学	初一
湖南	喻子萱	长沙高新技术产业开发区明德麓谷学校	初一	湖南	费麟轩	长沙市湘郡培粹实验中学	初二
				湖南	何昕润	湖南省醴陵第一中学	初一
湖南	曾皓炜	曾国藩学校	初二	湖南	贺柏屹	长沙市中雅培粹学校	初二
湖南	邹月与海	衡阳市成章实验中学	初一	湖南	侯骏哲	长沙市南雅中学	初三
湖南	黄祉恒	长沙市雨花区明德洞井中学	初三	湖南	胡晶晶	娄底市楚英学校	初三
湖南	谢晗	湖南省冷水江市第七中学	初三	湖南	黄涵优	湖南省长沙市长郡双语实验中学	初二
湖南	曾科翔	长沙青竹湖湘一外国语学校	初二				
湖南	邹秉霖	明德天心中学	初三	湖南	黄小璐	湖南省醴陵第一中学	初三
湖南	丁文皓	衡阳市成章实验中学	初三	湖南	江书祺	长沙青竹湖湘一外国语学校	初二
湖南	余杨睿杰	长沙青竹湖湘一外国语学校	初二	湖南	金晓媛	湖南省娄底市第一中学	初二
湖南	滕振坤	长沙市雅礼实验中学	初二	湖南	李培墉	曾国藩学校	初三
湖南	郭炟燃	曾国藩学校	初三	湖南	李岫逸	长沙市雅礼实验中学	初二
湖南	黄羿维	株洲景炎学校	初二	湖南	刘沫晗	长沙砂子塘小学	小学
湖南	刘天一	衡阳市成章实验中学	初三	湖南	刘陶陶	长沙市枫树山小学	小学
湖南	罗漫其	长沙青竹湖湘一外国语学校	初二	湖南	刘颜鹏	娄底市楚英学校	初二
湖南	马瑞阳	长沙青竹湖湘一外国语学校	初二	湖南	刘颐宁	湖南省长沙市天心区幼幼小学	小学
湖南	唐嘉伟	株洲市淞南中学	初二	湖南	刘曾成	长沙市南雅中学	初二
湖南	王兮	衡阳市成章实验中学	初一	湖南	龙浩然	衡阳市成章实验中学	初二
湖南	向谭玺	长沙青竹湖湘一外国语学校	初二	湖南	罗一腾	衡阳市成章实验中学	初一
湖南	姚智杰	湘一芙蓉中学	初三	湖南	罗宇扬	湘一芙蓉中学	初三
湖南	宗昊哲	娄底市第八小学	小学	湖南	孙厚旻	长沙青竹湖湘一外国语学校	初一
湖南	龚三益	湘潭江声实验学校	初一	湖南	谭景文	湖南广益实验中学	初二
湖南	卢杨	长沙市一中雨花新华都学校	初三	湖南	谭力仁	长沙市中雅培粹学校	初一
湖南	明同辉	长沙市一中岳麓中学	初二	湖南	汤舒恺	长沙市南雅中学	初二
湖南	张泰来	湖南师大附中博才实验中学	初三	湖南	汤茗竣	株洲景炎学校	初三
湖南	李康彦	娄底市楚英学校	初二	湖南	唐友诚	湖南省冷水江市第七中学	初二
湖南	李斯玮	长沙市长郡梅溪湖中学	初二	湖南	王洪毅	长沙市中雅培粹学校	初一
湖南	刘嘉琦	娄底市楚英学校	初三	湖南	王佳琪	长沙市中雅培粹学校	初一
湖南	刘源	湖南省冷水江市第七中学	初二	湖南	伍一明	长沙市中雅培粹学校	初二
湖南	陆怡飞	衡阳市成章实验中学	初一	湖南	肖仕雨	湖南省醴陵第一中学	初三
湖南	汤家杰	娄底市楚英学校	初二	湖南	肖亦凡	湖南省冷水江市第二中学	初三
湖南	陈彦至	长沙市中雅培粹学校	初二	湖南	谢俊哲	衡阳市成章实验中学	初二
湖南	彭乐涛	曾国藩学校	初三	湖南	谢朋睿	长沙市岳麓区郡维学校	初一
湖南	吴力朋	长沙青竹湖湘一外国语学校	初二	湖南	谢适棋	长沙市中雅培粹学校	初二
湖南	谢岱佑	长沙青竹湖湘一外国语学校	初二	湖南	熊晟亮	湖南第一师范学院第一附属小学	小学
湖南	曹家瑞	长沙市长郡梅溪湖中学	初二				

续 表

省份	姓名	学校	年级	省份	姓名	学校	年级
湖南	姚俊杰	湖南省娄底市第一中学	初二	湖南	邱哲宇	娄底市楚英学校	初二
湖南	姚震泉	长沙市一中岳麓中学	初三	湖南	任睿敬	长沙青竹湖湘一外国语学校	初二
湖南	易宇航	长沙天华寄宿制学校	小学	湖南	尚元栋	长沙市西雅中学	初一
湖南	袁子龙	衡阳市成章实验中学	初二	湖南	沈依诺	长沙市南雅中学	初一
湖南	曾俊皓	长沙市泰禹小学	小学	湖南	史存远	长沙市雅礼实验中学	初二
湖南	曾研	长沙市湘郡培粹实验中学	初一	湖南	宋嘉仪	长沙市湘郡培粹实验中学	初一
湖南	张泰来	湖南师大附中博才实验中学	初三	湖南	唐裕	娄底市楚英学校	初二
湖南	张闻达	澧县澧州实验学校	初二	湖南	童琦	湖南省娄底市第一中学	初三
湖南	钟国翔	长沙市大同小学	小学	湖南	王静	长沙市雨花区明德洞井中学	初三
湖南	周一可	长沙市开福区清水塘小学	小学	湖南	王伊凡	长沙市清水塘小学	小学
湖南	邹邦鹏	长沙市中雅培粹学校	初一	湖南	王之懿	长沙高新技术产业开发区明德麓谷学校	初三
湖南	晏宇崎	湖南师大附中博才实验中学	初二				
湖南	陈勃然	株洲市外国语学校	初三	湖南	吴俊杰	长沙市雅礼实验中学	初二
湖南	邓佳强	长沙市雅礼实验中学	初二	湖南	吴亦凡	国防科技大学附属小学	小学
湖南	邓赛涛	娄底市楚英学校	初二	湖南	吴宇豪	娄底市楚英学校	初二
湖南	丁文韬	长沙麓山外国语实验中学	初一	湖南	向彦崧	娄底市楚英学校	初二
湖南	段柱材	湖南省冷水江市第二中学	初三	湖南	肖越	娄底市楚英学校	初三
湖南	方嘉瑜	长沙青竹湖湘一外国语学校	初一	湖南	谢宇祺	长沙市湘郡培粹实验中学	初一
湖南	方千瑞	长沙市北雅中学	初一	湖南	熊翰章	长沙市湘郡培粹实验中学	初一
湖南	冯钰翔	湖南省长沙市天心区幼幼小学	小学	湖南	熊子坤	湖南广益实验中学	初二
湖南	郭佳彦	长沙市中雅培粹学校	初二	湖南	颜棋涛	娄底市楚英学校	初二
湖南	韩新荣	澧县澧阳中学	初二	湖南	杨瑶	娄底市楚英学校	初二
湖南	何博艺	长沙市雅礼实验中学	初二	湖南	杨毅凯	长沙市南雅中学	初一
湖南	何睿林	湖南广益实验中学	初二	湖南	杨永隆	长沙市一中岳麓中学	初一
湖南	胡文雯	娄底市楚英学校	初二	湖南	杨子建	湖南省长沙市长郡双语实验中学	初三
湖南	黄金隆	娄底市楚英学校	初三				
湖南	李畅	娄底市楚英学校	初二	湖南	易楷程	湖南省娄底市第一中学	初二
湖南	李路易	湖南省娄底市第二中学	初三	湖南	曾高兴	湖南省娄底市第三中学	初一
湖南	李乾旭	澧县银谷国际实验学校	初二	湖南	张紫阳	湖南省娄底市第一中学	初三
湖南	李子树	长沙麓山国际实验学校	初二	湖南	钟泽宇	湖南省长沙市长郡双语实验中学	初二
湖南	廖松清	湖南省娄底市第一中学	初三				
湖南	刘峻颜	长沙市博才阳光小学	小学	湖南	周明宇	娄底市楚英学校	初二
湖南	刘星桐	湖南师大附中梅溪湖中学	初二	湖南	周涛	娄底市楚英学校	初二
湖南	刘雨婷	长沙市湘一立信实验学校	初一	湖南	邹腾熠	长沙市湘郡培粹实验中学	初一
湖南	刘郅锴	娄底市楚英学校	初三	吉林	李承峰	东北师大附中明珠学校	初一
湖南	刘梓培	娄底市楚英学校	初二	吉林	姜乃珲	东北师大附中明珠学校	初二
湖南	刘梓攸	长沙市一中岳麓中学	初一	吉林	高东杭	东北师大附中明珠学校	初一
湖南	吕志远	湖南师大附中博才实验中学	初二	吉林	赵文溥	吉林省四平市第十七中学	初二
湖南	罗咏航	湖南省冷水江市第二中学	初三	吉林	寇哲浩	吉林省四平市第十七中学	初二
湖南	马可成	衡阳市成章实验中学	初一	吉林	李光赫	吉林大学附属中学高新慧谷学校	初三
湖南	聂宇琪	湖南省娄底市第一中学	初三				
湖南	彭竣科	湖南师大附中博才实验中学	初三	吉林	姜名鸿	长春吉大附中实验学校	初三
湖南	彭天乐	湖南省娄底市第二中学	初三	吉林	李新年	东北师大附中明珠学校	初二

续　表

省份	姓名	学校	年级
吉林	雷雨丰	东北师大附中明珠学校	初二
吉林	曲家昊	东北师大附中明珠学校	初一
吉林	田暹群	东北师范大学附属实验学校	初三
吉林	于弋涵	吉林市第七中学校	初一
吉林	刘家赫	东北师大附中明珠学校	初二
吉林	朱帅铭	吉林省四平市第十七中学	初二
吉林	赵梓淇	东北师大附中明珠学校	初一
吉林	周文熙	吉林九中	初一
吉林	高靖泽	吉林省第二实验高新学校	初二
吉林	牛思远	东北师大附中明珠学校	初二
吉林	王竟人	东北师大附中明珠学校	初一
吉林	刘展	东北师大附中明珠学校	初二
吉林	徐屾喆	东北师大附中明珠学校	初二
吉林	李姝睿	东北师大附中明珠学校	初三
吉林	赵禹惟	东北师大附中明珠学校	初二
吉林	郭佳靓	东北师大附中明珠学校	初一
吉林	王梓旭	东北师大附中明珠学校	初一
吉林	项舒一	东北师大附中明珠学校	初一
吉林	万常江	东北师大附中明珠学校	初一
吉林	余泊廷	东北师大附中明珠学校	初一
吉林	王子轩	东北师大附中明珠学校	初二
吉林	王柏轩	东北师范大学附属实验学校	初三
吉林	王恕	吉林省第二实验学校	初一
吉林	全伟业	吉林省四平市第十七中学	初二
吉林	吕星澎	吉林省四平市第十七中学	初二
吉林	毕宇淏	吉林省第二实验高新学校	初二
吉林	丁子函	东北师范大学附属实验学校	初二
吉林	焦欣彤	东北师范大学附属实验学校	初一
吉林	王乃卉	东北师范大学附属实验学校	初一
吉林	张恩搏	长春吉大附中实验学校	初三
吉林	沈垚	东北师大附中明珠学校	初一
吉林	何鸣	吉林师范大学附属中学	初二
江苏	封毅文	盐城市初级中学	初三
江苏	黄天呈	南京外国语学校	初一
江苏	李柯睿	常州市正衡中学	初三
江苏	李宣乐	江苏省泰州市姜堰区励才实验学校	初二
江苏	潘亚航	常州市武进区湖塘实验中学	初二
江苏	邵卓诚	无锡市大桥实验学校	初三
江苏	苏畅	常州市正衡中学	初三
江苏	田卓然	南京外国语学校	初三
江苏	童彦图	江苏省海安县海陵中学	初三
江苏	汪树荣	南京外国语学校仙林分校	初二
江苏	张彦昕	常州市第二十四中学	初二
江苏	张禹健	南京师范大学附属中学树人学校	初三
江苏	朱厚宇	盐城市大丰区实验初级中学	初二
江苏	樊书岩	常州外国语学校	初一
江苏	韩知非	泰州市第二中学附属初中	初三
江苏	侯天赐	江苏省苏州中学伟长实验部	初三
江苏	王思齐	盐城市初级中学	初二
江苏	王续烨	江苏省苏州中学伟长实验部	初三
江苏	韦玮	常州市第二十四中学	初三
江苏	姚烣文	南京外国语学校	初一
江苏	周成栋	常州市北郊初级中学	初三
江苏	宗锐涛	常州外国语学校	初三
江苏	巢越	常州外国语学校	初三
江苏	陈星宇	江苏省天一中学	初三
江苏	胡昊珅	南京师范大学附属中学树人学校	初二
江苏	户梓洋	常州外国语学校	初二
江苏	金湘祺	常州外国语学校	初二
江苏	刘博悦	江苏省泗洪中学	初三
江苏	刘云嘉	常州外国语学校	初三
江苏	彭飞	常州外国语学校	初三
江苏	乔纳川	常州外国语学校	初二
江苏	王楚屹	南京外国语学校	初一
江苏	王卓扬	常州市正衡中学	初三
江苏	韦宇鑫	常州市实验初级中学	初二
江苏	吴浩元	常州外国语学校	初二
江苏	张浩淼	南京师范大学附属中学树人学校	初二
江苏	赵士翔	盐城市大丰区实验初级中学	初二
江苏	包铭溢	常州外国语学校	初三
江苏	陈珏凯	太仓市第二中学	初二
江苏	丁驰宇	常州外国语学校	初三
江苏	高近书	常州外国语学校	初三
江苏	韩佳恒	南京玄武外国语学校	初三
江苏	姜迅雷	淮安外国语学校	初三
江苏	蒋文杰	盐城市大丰区实验初级中学	初一
江苏	金以权	常州市北郊初级中学	初三
江苏	林朗	南京市金陵中学河西分校	初三
江苏	王熙同	淮安外国语学校	初三
江苏	王一丁	江苏省淮阴中学开明分校	初二
江苏	王一农	南京外国语学校河西分校	初三
江苏	夏宇辰	江苏省苏州中学伟长实验部	初二

续 表

省份	姓名	学校	年级
江苏	徐十一	江苏省淮阴中学开明分校	初二
江苏	徐子晨	江苏省淮阴中学开明分校	初二
江苏	薛以晨	江苏省苏州中学伟长实验部	初三
江苏	张程	淮安外国语学校	初三
江苏	张玉颜	江苏省南通田家炳中学	初二
江苏	郑皓文	常州外国语学校	初一
江苏	陈博羿	淮安外国语学校	初三
江苏	储甄含	常州外国语学校	初二
江苏	高子安	常州外国语学校	初二
江苏	季桐辉	连云港市新海实验中学苍梧校区	初二
江苏	刘沛城	常州外国语学校	初一
江苏	潘谟天	南京外国语学校	初一
江苏	沈泽屹	南京外国语学校	初三
江苏	王浩然	南京市金陵汇文学校	初二
江苏	王绎澎	常州外国语学校	初一
江苏	王悦齐	南京师范大学附属中学树人学校	初三
江苏	吴浩宇	盐城市大丰区实验初级中学	初二
江苏	吴妍	镇江实验学校	初三
江苏	张炯辰	无锡市大桥实验学校	初三
江苏	张天泽	常州外国语学校	初二
江苏	周子凯	江苏省淮阴中学开明分校	初二
江苏	曹博群	中国矿业大学附属中学	初一
江苏	陈天麟	扬州中学教育集团树人学校	初三
江苏	陈梓睿	南京外国语学校	初一
江苏	程嘉怡	常州市新北区实验中学	初二
江苏	范因特	常州外国语学校	初三
江苏	华亦凡	南京师范大学附属中学树人学校	初二
江苏	蒋亦舟	南京市金陵中学河西分校	初三
江苏	李雁志	南京外国语学校	初三
江苏	潘威	扬州中学教育集团树人学校	初二
江苏	戚威	镇江第一外国语学校	初三
江苏	邵彬纾	常州市第二十四中学	初三
江苏	孙德铭	盐城市初级中学	初三
江苏	孙予晖	南京市金陵中学河西分校	初二
江苏	王烨宇	常州市正衡中学	初三
江苏	王睿轩	江苏省新海高级中学	初二
江苏	吴一鸣	江苏省苏州中学伟长实验部	初三
江苏	徐创	常州市北郊初级中学	初三
江苏	严申辰	泰州市第二中学附属初中	初二
江苏	杨朴	扬州市江都区实验初级中学	初二
江苏	张晨逸	丹阳市第三中学	初二
江苏	张千驰	无锡市大桥实验学校	初三
江苏	张泰晨	南京师范大学附属中学树人学校	初三
江苏	郑涵文	镇江市丹徒区炎黄外国语学校	初二
江苏	朱庆刚	扬州教育学院附属中学	初二
江苏	朱泽齐	南京外国语学校	初二
江苏	白杨硕	无锡市大桥实验学校	初三
江苏	陈抱朴	江苏省南通田家炳中学	初三
江苏	陈封谕	江苏省南通田家炳中学	初二
江苏	董秋奕	常州市正衡中学	初三
江苏	方乐舟	常州市正衡中学	初二
江苏	洪钱堃	江苏省南通市通州区金郊初级中学	初二
江苏	黄瑞睿	南京外国语学校	初一
江苏	黄问远	南京外国语学校	初二
江苏	李明业	盐城市大丰区金丰路初级中学	初二
江苏	刘清	南京师范大学附属中学树人学校	初三
江苏	钱秋硕	常州市正衡中学	初一
江苏	桑世杰	镇江第一外国语学校	初三
江苏	桑田	无锡市大桥实验学校	初三
江苏	唐羽昕	南京外国语学校	初二
江苏	王子淇	扬州中学教育集团树人学校	初二
江苏	吴奕君	中国矿业大学附属中学	初三
江苏	许御风	江苏省苏州中学伟长实验部	初二
江苏	薛辰立	无锡金桥双语实验学校	初二
江苏	严浩翔	淮安外国语学校	初三
江苏	尹蔚如	镇江实验学校	初三
江苏	袁啸	丹阳市实验学校	初二
江苏	张哲瑞	丹阳市华南实验学校	初三
江苏	张子健	镇江市索普初级中学	初三
江苏	张怡文	常州外国语学校	初二
江西	查洪立	江西省婺源中学	初一
江西	龚德逸	九江晨光中学	初二
江西	李书羽	大余县南安中学	初二
江西	刘桔宏	赣州四中	初三
江西	刘峻晔	上饶市广丰区实验中学	初二
江西	刘少宇	赣州市赣县区第二中学	初二
江西	王可立	萍乡市第四中学	初三
江西	余一民	婺源县朱熹中学	初三
江西	俞诗阳	江西省婺源中学	初三
江西	张瑞麟	上犹县第二中学	初三

续 表

省份	姓名	学校	年级	省份	姓名	学校	年级
江西	李俊翔	江西省赣州三中	初三	江西	徐猷宸	江西育华学校	初一
江西	徐晟	江西省广丰贞白中学	初二	江西	张文凯	新余市第四中学	初三
江西	杨众勋	赣州中学	初二	江西	邹如嵩	新余市第四中学	初一
江西	侯效禹	赣州中学	初二	江西	蔡明辰	瑞昌市第四中学	初二
江西	卢万琪	九江晨光中学	初二	江西	程锦明	赣州中学	初三
江西	徐钟伟	广丰区永丰街道永丰中学	初三	江西	黄启亮	九江外国语学校	初一
江西	赖欣颖	赣州中学	初三	江西	李木阳	赣州市赣县区第二中学	初二
江西	汪远睿	江西省婺源中学	初三	江西	刘少楠	赣州市赣县区第二中学	初二
江西	周运贵	赣州市赣县区第二中学	初二	江西	刘昱	上犹县第二中学	初三
江西	周兆哲	赣州市第一中学	初一	江西	吕泽钦	广丰区永丰街道永丰中学	初二
江西	程烨	江西省婺源中学	初二	江西	罗斯翼	江西省九江市同文中学	初三
江西	黄海鑫	婺源县朱熹中学	初三	江西	毛熔宇	南昌民德学校	初一
江西	董思涵	婺源县镇头中学	初三	江西	邵雨乐	婺源县朱熹中学	初二
江西	何子偕	江西省赣州三中	初一	江西	涂睿轩	南昌市心远中学	初三
江西	黎思羽	九江外国语学校	初一	江西	王烽瑞	九江市第十一中学	初二
江西	刘海沛	赣州中学	初三	江西	吴正午	江西省萍乡市第三中学	初三
江西	魏昱琦	九江晨光中学	初二	江西	肖智骏	赣州中学	初三
江西	吴埌	上饶市广丰区五都镇中学	初三	江西	谢涛	信丰县第七中学	初二
江西	周靖期	广丰区永丰街道永丰中学	初三	江西	许宸哲	萍乡市第六中学	初三
江西	陈柏伶	赣州四中	初三	江西	叶迅	广丰区永丰街道永丰中学	初三
江西	江振平	江西省广丰贞白中学	初一	江西	英嘉轩	九江晨光中学	初二
江西	龙信	江西省赣州三中	初三	江西	俞书亮	上饶市广丰区南屏中学	初三
江西	赖昊杨	赣州中学	初二	江西	朱思泉	赣州市赣县区第二中学	初二
江西	邱俊杰	上饶市广丰区五都镇中学	初三	江西	蔡雅琳	赣州四中	初三
江西	冯嘉珅	萍乡市第六中学	初一	江西	刘畅	九江晨光中学	初二
江西	蔡志昕	赣州中学	初二	江西	毛浩	江西省玉山县四股桥初级中学	初三
江西	陈欣意	江西育华学校	初二	江西	吴晓晴	婺源县思口中学	初三
江西	程可依	婺源县中云镇龙山学校	初三	江西	曾楷钧	赣州市兴国县第七中学	初二
江西	黄文浩	赣州市第一中学	初三	江西	钟林轩	新余市第四中学	初二
江西	李泽影	江西省赣州三中	初一	辽宁	郭航旗	东北育才学校	初一
江西	林逸良	新余市第四中学	初二	辽宁	金鹤吏	东北育才学校	初一
江西	刘文烨	赣州中学	初二	辽宁	王羿博	本溪市高级中学	小学
江西	刘鑫	上饶市广丰区五都镇中学	初三	辽宁	张文秋	本溪市高级中学	初三
江西	莫凡	新余市第四中学	初二	辽宁	詹俊铄	本溪市高级中学	初三
江西	王绍苇	赣州市赣县区第二中学	初二	辽宁	张天译	本溪市高级中学	初三
江西	余鸿	上饶市广丰区五都镇中学	初二	辽宁	石琨	大连软件园双语学校	初三
江西	俞琪	上饶市广丰区五都镇中学	初二	辽宁	赵政凯	本溪市高级中学	初三
江西	詹潇恒	婺源县思口中学	初三	辽宁	欧阳博丁	东北育才学校	初二
江西	赵丛俊	赣州市赣县区第二中学	初三	辽宁	宫龄越	东北育才双语学校	初二
江西	郑卫国	上饶市广丰区实验中学	初三	辽宁	单子维	东北育才学校	初二
江西	陈瑞祺	江西省广丰贞白中学	初一	辽宁	沙靖翔	本溪市高级中学	初二
江西	廖燕薇	江西省赣州三中	初三	辽宁	吴祉桥	东北育才学校	初二
江西	桑溪远	江西育华学校	初一	辽宁	张智华	本溪市高级中学	初二

续 表

省份	姓名	学校	年级	省份	姓名	学校	年级
辽宁	陈美霖	东北育才双语学校	初二	山东	杨昀淇	东营市东营区第一中学	初一
辽宁	邓子冲	东北育才学校	初一	山东	周羿	山东省五莲中学	初三
辽宁	刘珅凯	东北育才双语学校	初二	山东	秘晨阳	山东省北镇中学	初三
辽宁	付晟豪	东北育才双语学校	初二	山东	刘轩华	东营市实验中学	初二
辽宁	商旅侨	东北育才双语学校	初三	山东	安凤双	山东省诸城市繁华初级中学	初二
辽宁	袁海轩	东北育才双语学校	初二	山东	陈东旭	山东省广饶县实验中学	初三
辽宁	吴思辰	本溪市高级中学	初三	山东	侯竣译	日照市北京路中学	初一
辽宁	王开颜	本溪市高级中学	初三	山东	李君一	东营市胜利第一中学	初三
辽宁	韩佳霖	本溪市高级中学	初三	山东	刘天择	淄博市张店区第七中学	初二
宁夏	陈怡冰	中卫市第三中学	初三	山东	马浩然	潍坊市奎文实验初中	初三
宁夏	李昱	中卫市第三中学	初三	山东	孙晋杰	东营市胜利第五中学	初三
宁夏	张昊	吴忠市第三中学	初三	山东	杨奕	山东省青岛第五十一中学	初三
宁夏	李睿	中卫市第三中学	初三	山东	曹维康	山东省泰安第六中学	初二
宁夏	柴嘉振	中卫市第三中学	初三	山东	燕翼鸣	东营市实验中学	初三
宁夏	马川	吴忠市第五中学	初二	山东	刘一平	潍坊高新技术产业开发区东明学校	初一
宁夏	马千	吴忠市第三中学	初三	山东	王愉扬	山东省青岛第二十六中学	初三
宁夏	马润潇	吴忠市第三中学	初三	山东	陈泰来	山东省烟台第一中学	初三
宁夏	徐一卓	吴忠市第三中学	初三	山东	陈瀚智	山东省东营市胜利友爱小学	小学
宁夏	曾卓然	吴忠市第三中学	初三	山东	侯林烽	泗水县洙泗初级中学	初二
宁夏	张多多	中卫市第三中学	初三	山东	李奎良	淄博市张店区第七中学	初三
宁夏	赵晨阳	中卫市第二中学	初三	山东	宋学伟	东营市胜利第五十五中学	初二
宁夏	江云啸	银川英才学校	初二	山东	孙宇辰	山东省青岛第二十六中学	初二
宁夏	赵童	吴忠市第三中学	初二	山东	王瀚林	山东省诸城市明德学校	初二
山东	陈鹏	诸城市龙都初级中学	初三	山东	吴宇航	昌邑市峻青初中	初一
山东	戴文鑫	淄博市张店区实验中学	初三	山东	于豪杰	山东省烟台第三中学	初三
山东	耿卓林	寿光市侯镇第一初级中学	初二	山东	朱昭菲	昌邑市峻青初中	初三
山东	韩宝伟	昌乐外国语学校	初三	山东	徐志鲲	山东省济南稼轩学校	初二
山东	季帅康	诸城一中国际学校	初一	山东	徐增润	寿光市侯镇第一初级中学	初三
山东	季原君	东营市实验中学	初三	山东	孙东硕	寿光市侯镇第一初级中学	初三
山东	蒋宇轩	山东省青岛第二十六中学	初二	山东	吴雨航	山东省临沂第一中学	初二
山东	李高源	山东省临沂第一中学	初二	山东	于周洋	山东省青岛第五十三中学	初三
山东	李明臻	寿光市侯镇第一初级中学	初三	山东	单红旗	山东省临沂第一中学	初二
山东	齐鲁正	东营市胜利第一中学	初一	山东	秦旭宇	山东省济南稼轩学校	初二
山东	史行健	淄博市张店区第七中学	初二	山东	孙西越	青岛市实验小学	小学
山东	孙佳文	山东省诸城市明德学校	初三	山东	杨梦晗	山东省邹平县第一中学	初三
山东	谭珺仁	山东省昌乐二中	初三	山东	逄天格	东营市胜利第四中学	初三
山东	汪子涵	山东大学第二附属中学	初二	山东	雒仁韬	山东省青岛第二十六中学	初一
山东	王永峰	山东省诸城市明德学校	初三	山东	安晓曼	广饶经济开发区乐安中学	初三
山东	王志凯	山东省青岛第二十六中学	初三	山东	段壮壮	日照市新营中学	初二
山东	王梓旭	东营市实验中学	初三	山东	纪郅炀	青岛超银中学（广饶路校区）	初二
山东	许焜琦	东营市实验中学	初二	山东	马铭杉	山东省青岛第二十六中学	初三
山东	杨振宇	山东省诸城市繁华初级中学	初三	山东	庞皓	山东省青岛实验初级中学	初三

续　表

省份	姓名	学校	年级	省份	姓名	学校	年级
山东	阳丰泽	山东省青岛超银中学（鞍山路校区）	初一	山西	刘羽妍	太原市五育中学校	初二
				山西	赵海辰	太原市五育中学校	初二
山东	张松炜	山东省邹平县第一中学	初三	山西	闫赟智	太原市五育中学校	初二
山东	朱世轩	山东省青岛实验初级中学	初三	上海	曹倍铭	上海市民办华育中学	初一
山东	李泳明	山东省五莲中学	初二	上海	陈聪乐	上海市平和双语学校	小学
山东	王鹏城	山东省青岛实验初级中学	初二	上海	陈星岩	复旦大学第二附属中学	初二
山东	郭笑含	昌乐县新城中学	初二	上海	党嘉成	上海尚德实验学校	初三
山东	辛冬昊	东营市实验中学	初二	上海	范奕娉	上海市民办华育中学	初一
山东	丛煜恒	山东省青岛第二十六中学	初一	上海	傅正阳	上海市华东师范大学第二附属中学附属初级中学	初二
山东	国耀泽	山东省东营市胜利第十五中学	初一				
山东	姜恒轩	淄博市张店区实验中学	初三	上海	计岳辰	上海市实验学校东校	初二
山东	李顺其	青岛第二实验初级中学	初二	上海	江嘉骅	上海市实验学校东校	初二
山东	刘恒溥	青岛第三十七中学	初二	上海	李航成	上海市延安初级中学	初二
山东	聂语良	东营市胜利第一中学	初三	上海	李继韬	上海市民办华二初级中学	初三
山东	商博涵	东营市实验中学	初三	上海	李卓恒	上海市民办华育中学	初三
山东	孙彬涵	青岛启元学校	初一	上海	南平真希	上海市世界外国语中学	初一
山东	谭易	山东省青岛第七中学	初一	上海	孙润生	上海市洋泾—菊园实验学校	初一
山东	田宇潇	山东省青岛第三十九中学	初三	上海	王天泽	上海市民办华育中学	初三
山东	王一飞	山东省临沂第一中学	初三	上海	严珅	上海市民办华育中学	初一
山东	王一甲	泰山双语学校	初三	上海	杨书	上海市世界外国语中学	初二
山东	徐蕴涵	东营市东营区第一中学	初三	上海	夷诺	上海民办兰生复旦中学	初三
山东	杨凯龙	寿光市侯镇第一初级中学	初二	上海	尹小虎	上海宋庆龄学校	初二
山东	于熙铄	寿光市侯镇第一初级中学	初三	上海	张海纳	上海市民办华育中学	初二
山东	张宇昊	淄博市张店区实验中学	初三	上海	张正颐	上海市民办华育中学	初二
山东	窦凌寒	山东省邹平县第一中学	初三	上海	张贻然	上海市民办华育中学	初二
山东	高浩宇	东营市育才学校	初二	上海	郑懿轩	上海外国语大学附属外国语学校	初三
山东	刘季雨	青岛市黄岛区珠江路小学	小学				
山东	刘跃升	诸城经济开发区诸冯学校	初三	上海	周俊豪	上海市娄山中学	初三
山东	刘琪	山东省诸城市贾悦镇贾悦初中	初三	上海	周弈成	上海民办华二初级中学	初一
山东	王雨舟	山东大学附属中学	初三	上海	朱韬	上海市民办华育中学	初一
山东	衣帆	诸城一中国际学校	初二	上海	薛洋	上海市西南位育中学	初三
山东	吴普	山东省烟台第二中学	初三	上海	张艺恬	上海市民办华育中学	初一
山西	刘力铭	晋城市凤鸣中学	初三	上海	周泓宇	上海市洋泾—菊园实验学校	初二
山西	渠凯铭	晋城市星河学校	初二	上海	陈博洋	上海市民办新竹园中学	初三
山西	张家晨	晋城市矿区中学	初三	上海	陈乐	上海兰田中学	初二
山西	闫东雨	晋城市中原街中学	初一	上海	程昱皓	上海民办华二初级中学	初二
山西	张珂齐	沁水县城镇初级中学	初三	上海	董哲钧	上海市娄山中学	初二
山西	张子钰	山西省晋城师范学校附属小学	小学	上海	范烨麟	上海市实验学校东校	初二
山西	景锗敏	晋城市凤鸣中学	初三	上海	冯光耀	上海民办兰生复旦中学	初三
山西	柴韩澄宇	太原市五育中学校	初二	上海	冯劲萱	上海市西南位育中学	初三
山西	胡子渊	太原市五育中学校	初二	上海	耿雨桐	上海市西南位育中学	初二
山西	李国源	太原市外国语凤凰双语中学校	初二	上海	顾奕	上海同济大学附属存志学校	初一
山西	李文睿	太原市五育中学校	初二	上海	关浩然	上海市西南位育中学	初二

续 表

省份	姓名	学校	年级	省份	姓名	学校	年级
上海	管理	上海市中远实验学校	初二	上海	朱廷熙	上海市民办华育中学	初二
上海	郭启元	上海市世界外国语中学	初二	上海	朱昊彬	上海市民办华育中学	初二
上海	韩天薏	上海市娄山中学	初三	上海	郦晋恒	上海市民办华育中学	初一
上海	胡锦波	上海市民办华育中学	初二	上海	芮子航	上海市民办华育中学	初二
上海	胡耀杰	上海兰田中学	初一	上海	宓申谊	上海市娄山中学	初一
上海	黄晨轩	上海市民办华育中学	初二	上海	褚家言	上海市文来中学初中部	初二
上海	季铭轩	上海市市北初级中学	初三	上海	桂仲腾	上海市民办华育中学	小学
上海	李蒙海	上海民办华二初级中学	初二	上海	吴振宇	上海市民办华育中学	初三
上海	林瀚熙	上海民办兰生复旦中学	初一	上海	向俊峰	上海市民办华育中学	初一
上海	刘家齐	上海市民办进华中学	初一	上海	杨家熠	复旦大学第二附属中学	初一
上海	刘天奕	上海市实验学校	初三	上海	叶一航	上海市建平实验中学	初二
上海	刘翌辰	上海市民办进华中学	小学	上海	张钧皓	上海民办兰生复旦中学	初三
上海	刘蕴之	上海市民办华育中学	初一	上海	张书恺	上海市第四中学	初二
上海	卢锐坤	上海市民办华育中学	初二	上海	张颖	上海兰田中学	初三
上海	任翀宇	上海市开元学校	小学	上海	赵鸣九	上海外国语大学附属外国语学校	初二
上海	施彦青	上海市西南位育中学	初三				
上海	谭楷蓁	上海市世界外国语中学	初三	上海	郑玮	上海市民办华育中学	初三
上海	涂笑	上海市澧溪中学	初一	上海	钟韵骅	华东师范大学第二附属中学附属初级中学	初三
上海	汪家明	上海市民办华二初级中学	初三				
上海	汪哲鋆	上海外国语大学第一实验学校	小学	上海	周筠博	上海星河湾双语学校	初一
上海	王靖琰	上海市卢湾中学	初二	上海	柴英伦	上海市民办华育中学	初一
上海	王思远	上海市民办华二初级中学	初三	上海	陈嘉熙	上海市实验学校小学部	小学
上海	温和	上海市市北初级中学	小学	上海	顾理	上海外国语大学附属外国语学校	初三
上海	吴瑞麟	上海外国语大学附属外国语学校	小学	上海	顾效瑄	上海市世界外国语中学	初二
上海	吴聿非	上海兰田中学	初三	上海	顾奕骏	上海市建平中学西校	初三
上海	徐启越	上海市世界外国语中学	初一	上海	蒋宇浩	上海市西南位育中学	初一
上海	徐梓闻	上海外国语大学附属外国语学校	初二	上海	李润基	上海市西南位育中学	高二
				上海	李翔宇	上海市民办上宝中学	初一
上海	薛亿杰	上海市民办华育中学	小学	上海	林肖疃	华东师范大学第二附属中学附属初级中学	初二
上海	严之皓	上海市市北初级中学	初一				
上海	杨淏然	上海市世界外国语中学	初一	上海	凌枫	上海市民办华育中学	初二
上海	杨程	华东师范大学第二附属中学附属初级中学	初二	上海	刘博韬	上海市民办华育中学	初二
上海	杨一夫	上海市民办华育中学	初三	上海	刘思飞	华东师范大学第二附属中学附属初级中学	初三
上海	郁皞譞	上海市民办华育中学	初一	上海	刘胤轩	上海市民办华育中学	初二
上海	张修齐	上海民办建平远翔学校	初一	上海	毛逸洲	上海市上宝中学	初三
上海	张越群	上海市民办华二初级中学	初二	上海	孟宇祺	上海市民办华育中学	初三
上海	张展豪	上海市松江九峰实验学校	初三	上海	聂昱	上海市洋泾—菊园实验学校	初一
上海	张智豪	上海市市西初级中学	小学	上海	宁致远	上海市中远实验学校	初一
上海	张婧琳	上海市建平中学西校	初三	上海	祁璟玥	上海市民办华育中学	初一
上海	赵浩峰	上海市浦东新区明珠小学 B 区	小学	上海	邵亦成	上海市实验学校小学部	小学
上海	周天缘	上海市格致初级中学	初二	上海	盛诗乔	上海市市北初级中学	小学

续 表

省份	姓名	学校	年级	省份	姓名	学校	年级
上海	施远	上海市实验学校东校	初二	上海	陈家豪	上海市西南模范中学	初三
上海	宋映雪	上海兰田中学	初一	上海	李若涵	上海市静安区教育学院附属学校	初一
上海	孙逸畅	上海市市北初级中学	初二				
上海	孙宇飞	上海市实验学校西校	初二	上海	刘宙达	上海市民办华育中学	初三
上海	田高乐	上海市卢湾中学	初一	上海	漆之禹	上海市民办华育中学	小学
上海	王励迪	上海市世界外国语中学	初二	上海	孙乐彦	上海市洋泾—菊园实验学校	初一
上海	王逸凡	上海市江苏路第五小学	小学	上海	郑宜苇	上海市实验学校东校	初一
上海	王重瑞	上海市市西初级中学	初三	上海	王宇骥	上海市兰生复旦中学	小学
上海	王宗原	上海市延安初级中学	初三	四川	巴浩轩	成都嘉祥外国语学校	初二
上海	肖子尧	上海市市北初级中学	初一	四川	陈瑞丰	成都石室联合中学	初二
上海	徐天昊	上海复旦五浦汇实验学校	初一	四川	陈彦羲	绵阳中学英才学校	初二
上海	徐悦	上海市民办华育中学	初一	四川	邓皓宇	成都嘉祥外国语学校	初三
上海	许培源	上海民办华二浦东实验学校	小学	四川	刁戈	绵阳中学英才学校	初二
上海	严乐文	上海同济大学附属存志学校	初三	四川	董万希	成都石室联合中学	初二
上海	杨斯翔	上海市西南位育中学	初三	四川	傅浩伦	成都石室联合中学	初二
上海	杨盈瑞	上海市民办华育中学	初二	四川	勾世杰	成都石室中学北湖校区	初三
上海	杨致中	上海市建平中学西校	初三	四川	何炳儒	成都市树德实验中学	初三
上海	张慕涵	上海民办兰生复旦中学	初一	四川	何海童	成都外国语学校	初二
上海	张昊辰	上海市实验学校	初二	四川	何润南	七中育才汇源校区	初二
上海	赵翌安	上海市西南位育中学	初一	四川	胡宇翔	成都嘉祥外国语学校	初二
上海	郑天罡	上海市西南位育中学	小学	四川	蒋济遥	成都石室联合中学	初二
上海	周恒博	上海市西南位育中学	初三	四川	李晨舟	成都嘉祥外国语学校	初二
上海	顾潇予	上海市世界外国语中学	初一	四川	李德虹	成都市树德实验中学	初三
上海	张毅帆	上海市民办华育中学	初二	四川	李俊佚	成都市树德实验中学	初三
上海	李宇轩	上海市西南位育中学	初三	四川	李乐山	成都石室联合中学	初一
上海	谢雨菲	上海市外国语大学附属双语学校	初二	四川	李蔚初	成都七中高新校区	初三
				四川	李宇堃	成都石室联合中学	初一
上海	于文杰	同济大学实验学校	初三	四川	李宇翾	成都石室联合中学	初三
上海	陈铭扬	上海市西南位育中学	初三	四川	李元凯	绵阳中学英才学校	初二
上海	李星汉	上海市民办华育中学	初二	四川	李玮杰	成都市实验外国语学校	初二
上海	王晨越	上海市市西初级中学	初一	四川	李羿辰	绵阳中学英才学校	初一
上海	段令博	上海市民办新复兴初级中学	初三	四川	梁思怡	绵阳中学英才学校	初三
上海	严子安	上海市延安初级中学	初一	四川	林思宇	成都外国语学校	初一
上海	陈旭	上海市民办华育中学	初二	四川	林雨轩	成都七中育才学校	初一
上海	倪靖元	上海市建平中学西校	初二	四川	刘俊杰	四川省射洪中学	初三
上海	张霁云	上海市民办立达中学	初三	四川	刘镇玮	成都外国语学校	初二
上海	赵一玮	上海外国语大学第一实验学校	小学	四川	刘祖权	成都嘉祥外国语学校	初二
上海	王嘉铭	上海民办兰生复旦中学	初一	四川	罗明义	成都石室中学初中学校	初二
上海	费祺轩	上海市延安初级中学	初二	四川	罗斯汀	成都市树德实验中学	初二
上海	马涵	上海市实验学校东校	初二	四川	骆泓佑	成都市树德实验中学	初一
上海	秦琦康	上海市民办上宝中学	初一	四川	马平川	成都石室联合中学	初一
上海	吴沛宏	上海市民办华育中学	初一	四川	马紫麟	成都石室联合中学	初二
上海	陈辰	上海市娄山中学	初一	四川	毛锦阳	天府第七中学	初一

续 表

省份	姓名	学校	年级	省份	姓名	学校	年级
四川	邱沛然	成都嘉祥外国语学校	初三	四川	陈星锫	成都市树德实验中学	初二
四川	申犀子	成都市树德实验中学	初二	四川	冯语涵	绵阳中学英才学校	初三
四川	宋林恺	成都嘉祥外国语学校	初三	四川	郭林峰	成都石室联合中学	初三
四川	孙仲天	成都七中初中学校	初二	四川	韩彧璞	成都石室联合中学	初一
四川	唐启源	电子科技大学实验中学	初二	四川	何僖	绵阳中学英才学校	初二
四川	唐子晗	成都外国语学校	初一	四川	黄乙坤	成都市树德实验中学	初二
四川	王晨瑞	成都石室联合中学	初三	四川	李子诺	电子科技大学实验中学	初三
四川	王冬睿	成都外国语学校	初二	四川	廖海川	成都嘉祥外国语学校	初三
四川	王乐尧	成都七中育才学校	初二	四川	龙彦熹	成都嘉祥外国语学校	初三
四川	王勉力	成都外国语学校	初二	四川	罗俊凯	绵阳中学英才学校	初二
四川	王孝志	成都外国语学校	初二	四川	潘科	成都外国语学校	初一
四川	王瀚宇	七中育才汇源校区	初二	四川	钱龙	成都外国语学校	初二
四川	温博凯	天府第七中学	初一	四川	秦义	成都石室联合中学	初二
四川	巫茂杰	成都外国语学校	初三	四川	申一晴	七中育才汇源校区	初一
四川	吴立俊	成都石室联合中学	初二	四川	谭郅琨	四川省射洪中学	初三
四川	夏尧民	成都嘉祥外国语学校	初三	四川	陶弘翼	成都石室联合中学	初二
四川	谢帛宏	成都市树德实验中学	初一	四川	田宇轩	成都七中初中学校	初二
四川	谢林珂	成都七中育才学校	初一	四川	汪思蒙	成都外国语学校	初一
四川	徐子珺	成都石室联合中学	初二	四川	王浩旭	成都石室联合中学	初一
四川	许庆山	成都西川中学	初一	四川	王一萌	电子科技大学实验中学	初三
四川	严志翔	成都嘉祥外国语学校	初三	四川	吴雨雨	绵阳中学英才学校	初二
四川	颜欣乂	成都市树德实验中学	初二	四川	谢雨衡	成都西川中学	初一
四川	杨超然	绵阳中学英才学校	初一	四川	杨其霖	成都嘉祥外国语学校	初一
四川	杨浩东	成都石室联合中学	初二	四川	杨逸文	绵阳中学英才学校	初三
四川	杨宁远	成都石室联合中学	初一	四川	杨正奇	成都七中育才学校	初一
四川	杨喜林	成都外国语学校	初二	四川	易熙麟	绵阳中学英才学校	初二
四川	易帆	成都嘉祥外国语学校	初二	四川	余柯霖	四川省射洪中学	初三
四川	余嘉琦	成都石室联合中学	初一	四川	张城赫	成都石室联合中学	初三
四川	余沛翰	成都嘉祥外国语学校	初三	四川	张昊飞	成都石室中学北湖校区	初二
四川	喻奕杰	成都嘉祥外国语学校	初一	四川	赵崇翔	成都七中育才学校	初一
四川	岳钦羽	成都市实验外国语学校	初二	四川	赵子鉴	成都七中八一学校	初二
四川	曾筱航	绵阳中学英才学校	初三	四川	郑皓文	成都嘉祥外国语学校	初三
四川	詹国珑玙	成都市树德实验中学	初三	四川	周沛东	成都市实验外国语学校	初二
四川	张继中	成都外国语学校	初二	四川	柏小丁	成都嘉祥外国语学校	初三
四川	张宽	成都石室联合中学	初二	四川	车启萌	犍为外国语实验学校	初三
四川	张乃天	电子科技大学	小学	四川	陈厚霖	成都七中育才学校	初一
四川	张语晴	成都市树德实验中学	初三	四川	陈天乐	成都市树德实验中学	初二
四川	钟雨田	成都嘉祥外国语学校	初三	四川	邓思豪	天府第七中学	初一
四川	钟鑫	绵阳中学英才学校	初二	四川	冯俊杰	成都树德中学	初三
四川	周锦翔	成都石室联合中学	初二	四川	何星翰	成都嘉祥外国语学校	初三
四川	周书扬	成都外国语学校	初二	四川	黄光誉	犍为外国语实验学校	初三
四川	朱奕杰	成都市树德实验中学	初三	四川	雷佳侗	成都七中育才学校	初三
四川	鄢盛宇	成都石室联合中学	初三	四川	李桐	成都外国语学校	初二

续 表

省份	姓名	学校	年级	省份	姓名	学校	年级
四川	李婉馨	成都外国语学校	初三	四川	吕昕瑶	成都石室联合中学	初二
四川	吕昊江	绵阳中学英才学校	初三	四川	李林霏	成都嘉祥外国语学校	初三
四川	彭俊杰	成都嘉祥外国语学校	初一	四川	陈嘉艺	成都市树德实验中学	初二
四川	彭文祺	成都市泡桐树中学	初二	四川	计昀	成都石室联合中学	初一
四川	帅文超	成都七中育才学校	初一	四川	肖雨彤	成都石室联合中学	初二
四川	谭晶晶	成都外国语学校	初二	四川	张涵锐	成都石室中学北湖校区	初二
四川	王邈熹	成都石室联合中学	初二	四川	陈万朗	电子科技大学实验中学	初二
四川	王梓翕	犍为外国语实验学校	初三	四川	朱宇亮	成都石室中学初中学校	初二
四川	吴思锐	成都嘉祥外国语学校	初二	四川	洪宇轩	成都石室联合中学	初二
四川	俞跃	成都七中初中学校	初二	四川	蒲奕帆	成都七中育才学校	初二
四川	张睿诚	七中育才汇源校区	初二	四川	汝明润	七中育才汇源校区	初二
四川	张钰杰	成都外国语学校	初三	四川	孙迎翌	绵阳中学英才学校	初二
四川	钟子乐	成都七中万达学校	初一	四川	杨仔涵	绵阳中学英才学校	初三
四川	周唯	成都石室联合中学	初一	四川	曾杨	犍为外国语实验学校	初二
四川	朱镛希	成都西川中学	初一	四川	杨承松	绵阳中学英才学校	初三
四川	奚浩峰	成都外国语学校	初二	四川	李金臻	七中育才汇源校区	初二
四川	闫一格	成都七中初中学校	初二	四川	张彧铭	成都市树德实验中学	初一
四川	邓智予	绵阳中学英才学校	初一	四川	王镜凯	成都七中高新校区	初二
四川	纪鉴峰	绵阳中学英才学校	初一	四川	王泽鼎	成都七中八一学校	初一
四川	李董睿煊	成都金苹果锦城第一中学	初一	四川	熊家辉	成都外国语学校	初二
四川	林子杰	成都市树德实验中学	初一	四川	袁若涵	绵阳中学英才学校	初二
四川	梅笑寒	成都石室联合中学	初二	四川	周孟谦	成都嘉祥外国语学校	初三
四川	任峙屹	成都外国语学校	初三	四川	陈子骥	四川泸县二中外国语实验学校	初二
四川	孙俊	成都石室中学初中学校	初二	四川	漆琪	成都石室中学北湖校区	初三
四川	巫月楠	绵阳中学英才学校	初三	四川	曾涛	绵阳中学英才学校	初三
四川	伍羿寰	成都石室联合中学	初二	四川	胡佳木	成都七中育才学校	初三
四川	许畅	成都嘉祥外国语学校	初一	四川	刘冀哲	树德中学外国语校区	初二
四川	曾子浩	成都树德中学	初三	四川	牟胤萱	绵阳中学英才学校	初二
四川	朱浩哲	成都石室联合中学	初二	四川	张云涛	成都外国语学校	初二
四川	唐崧天	成都嘉祥外国语学校	初二	四川	崔隽章	成都嘉祥外国语学校	小学
四川	王崧睿	成都石室联合中学	初二	四川	胡仕豪	成都市树德实验中学	初一
四川	邓成	电子科技大学实验中学	初三	四川	万博霖	成都市树德实验中学	初二
四川	胡希言	成都外国语学校	初二	四川	徐川	成都师范附属小学万科分校	小学
四川	蒲实	成都嘉祥外国语学校	初三	四川	杨佳宇轩	绵阳东辰国际学校	初一
四川	杨济裴	成都外国语学校	初二	四川	杨松翰	成都市实验外国语学校	初二
四川	周蕴钰	成都西川中学	初三	四川	尹政琪	成都嘉祥外国语学校	初一
四川	陈亦乐	成都嘉祥外国语学校	初三	四川	余淼	成都石室联合中学	初三
四川	万一男	成都七中初中学校	初二	四川	刘树仁	成都石室联合中学	初二
四川	杨文昊	成都外国语学校	初三	四川	谢海锋	四川省射洪中学	初三
四川	欧松祎	成都石室联合中学	初三	四川	张博铖	绵阳中学英才学校	初三
四川	曾文博	成都外国语学校	初二	四川	鞠建宇	成都外国语学校	初二
四川	郭炆京	成都市树德实验中学	初二	四川	余浩男	成都七中育才学校	初二
四川	林诗程	成都外国语学校	初三	四川	陈君儒	绵阳中学英才学校	初二

续 表

省份	姓名	学校	年级
四川	肖秋瑜	成都七中八一学校	初二
四川	叶梓垚	成都外国语学校	初二
四川	何文骁	成都七中初中学校	初二
四川	贺厚杰	成都金苹果锦城第一中学	初一
四川	黄哲	绵阳东辰国际学校	初一
四川	李远哲	成都师范附属小学万科分校	小学
四川	蒲玙轩	成都外国语学校	初一
四川	任逍遥	成都师范附属小学万科分校	小学
四川	孙孟熙	成都石室中学初中学校	初三
四川	万江源	成都市树德实验中学	初二
四川	王赞	成都七中高新校区	初三
四川	严原一	绵阳中学英才学校	初一
四川	余宸熙	绵阳中学英才学校	初二
四川	周柏君	成都石室联合中学	初三
四川	张袁博	成都石室联合中学	初三
天津	单启峰	天津市耀华嘉诚国际中学	初二
天津	韩秀奇	天津益中学校	初二
天津	李赫	天津外国语大学附属外国语学校	初二
天津	马祎玮	天津益中学校	初三
天津	王家辉	天津外国语大学附属外国语学校	初二
天津	徐子涵	天津益中学校	初二
天津	姚盛源	天津益中学校	初一
天津	张博轩	天津外国语大学附属外国语学校	初二
天津	冷滟泽	南开大学附属中学	初二
天津	郑博茗	天津益中学校	初三
天津	乔楷淳	天津外国语大学附属外国语学校	初二
天津	洪诗然	天津益中学校	初三
天津	张金灏	天津市梧桐中学	初二
天津	李宏泽	南开翔宇学校	初一
天津	刘宸嘉	天津英华国际学校	初三
天津	何津旭	天津市第六十一中学	初二
天津	滕艺博	天津市南开中学	初二
香港	郭朗峯	喇沙書院	初二
香港	林柏翰	拔萃男書院	初二
香港	梁家朗	香港培正中學	初二
香港	周天翼	拔萃男書院	初三
香港	伍梓骞	拔萃男書院	初三
香港	謝凌睿	喇沙書院	初二
香港	李鎔智	拔萃男書院	初三
新疆	陈政衡	新疆维吾尔自治区乌鲁木齐市第七十中学	初三
新疆	杜一鸣	新疆维吾尔自治区乌鲁木齐市第七十中学	小学
新疆	李沛声	新疆维吾尔自治区乌鲁木齐市第十三中学	初二
新疆	罗传杰	新疆生产建设兵团第二中学	初一
新疆	马海书	新疆维吾尔自治区乌鲁木齐市第十三中学	初三
新疆	宁泰民	新疆维吾尔自治区乌鲁木齐市第十三中学	初二
新疆	薛桦泽	新疆维吾尔自治区乌鲁木齐市幸福中学	初二
新疆	冶中旭	新疆维吾尔自治区乌鲁木齐市第十三中学	初二
新疆	赵晟亦	新疆维吾尔自治区乌鲁木齐市第七十中学	初一
新疆	林乐天	新疆维吾尔自治区乌鲁木齐市第 113 中学	初一
新疆	陈星林	新疆维吾尔自治区乌鲁木齐市第十三中学	初三
新疆	龚泽龙	新疆维吾尔自治区乌鲁木齐市第七十中学	初一
新疆	蒋旻昊	新疆维吾尔自治区乌鲁木齐市第 126 中学	初三
新疆	靳皓旭	新疆生产建设兵团第一中学	初二
新疆	石泽堃	新疆维吾尔自治区乌鲁木齐市幸福中学	初三
新疆	夏源潞	新疆维吾尔自治区乌鲁木齐市幸福中学	初二
新疆	王浩宇	新疆维吾尔自治区乌鲁木齐市第 126 中学	初三
新疆	何梓俊	新疆维吾尔自治区乌鲁木齐市幸福中学	初三
新疆	程泽阳	新疆维吾尔自治区乌鲁木齐八一中学	初二
新疆	蒋怡伶	新疆维吾尔自治区乌鲁木齐市第十三中学	初二
新疆	刘泓杰	新疆维吾尔自治区新疆师范大学附属中学	初一
新疆	杨俊宏	新疆维吾尔自治区乌鲁木齐市华兵实验中学	初三
新疆	温博凯	新疆生产建设兵团第一中学	初二

续　表

省份	姓名	学校	年级	省份	姓名	学校	年级
新疆	王赞博	新疆生产建设兵团第一中学	初一	浙江	娄啸行	杭州市建兰中学	初三
云南	胡城玮	云南师范大学附属中学	高一	浙江	卢高磊	慈溪市上林初级中学教育集团	初一
浙江	何天乐	余姚市实验学校	初一	浙江	毛正宇	衢州华茂外国语学校	初一
浙江	鲁永卓	衢州市兴华中学	初二	浙江	盛晨璐	衢州市菁才中学	初三
浙江	王亭鉴	绍兴市柯桥区华舍中学	初三	浙江	舒家楠	嵊州市初级中学	初三
浙江	应子帆	杭州二中白马湖学校	初三	浙江	王蔚东	余姚市实验学校	初一
浙江	章雨帆	杭州滨和中学	初一	浙江	邢航晨	嵊州市初级中学	初三
浙江	赵一鹏	慈溪市上林初级中学教育集团	初二	浙江	徐元程	杭州二中白马湖学校	初三
浙江	周天钦	绍兴市柯桥区华舍中学	初三	浙江	杨清潇	慈溪市上林初级中学教育集团	初二
浙江	金晨烨	衢州市实验学校	初二	浙江	曾成	杭州江南实验学校	初二
浙江	方俞历	杭州市建兰中学	初三	浙江	张意超	慈溪市上林初级中学教育集团	初二
浙江	韩雨彤	慈溪实验中学	初一	浙江	朱程炀	宁波市镇海蛟川书院	初一
浙江	胡越	杭州市建兰中学	初三	浙江	鲍政廷	义乌市稠州中学教育集团	初三
浙江	金轩宇	绍兴市建功中学	初二	浙江	巫铭	衢州市实验学校	初三
浙江	毛睿泽	杭州市建兰中学	初三	浙江	曹锐	浙江华维外国语学校	初二
浙江	童川博	宁波市兴宁中学	初二	浙江	陈攒鑫	慈溪市上林初级中学教育集团	初二
浙江	俞舜言	绍兴市昌安实验学校	初三	浙江	傅立凯	宁波市实验学校	初一
浙江	郑欣典	衢州华茂外国语学校	初二	浙江	李承涛	余姚市实验学校	初二
浙江	欧阳创宇	杭州文澜中学	初三	浙江	林雨晨	宁波市海曙外国语学校	初三
浙江	陈思豪	温州育英国际实验学校	初三	浙江	刘迅	金华市外国语学校	初三
浙江	丁志灏	嵊州市初级中学	初二	浙江	刘鑫煜	嵊州市初级中学	初三
浙江	范翊	衢州市兴华中学	初二	浙江	莫皓翔	余姚市实验学校	初一
浙江	黄辰宇	杭州市建兰中学	初二	浙江	潘子豪	余姚市实验学校	初一
浙江	刘阳	余姚市高风中学	初二	浙江	潘铧超	宁波外国语学校	初一
浙江	沈家楠	杭州市建兰中学	初三	浙江	钱陈灏	慈溪实验中学	初一
浙江	沈展帆	余姚市高风中学	初一	浙江	孙奕扬	慈溪市上林初级中学教育集团	初三
浙江	王淳瑞	绍兴市柯桥区实验中学	初二	浙江	汤展硕	金华市外国语学校	初一
浙江	王琮闳	宁波科学中学	初二	浙江	王相文	杭州市建兰中学	初一
浙江	谢集	温州市实验中学	初二	浙江	王奕东	温州市实验中学	初三
浙江	章越	湖州市第四中学教育集团	初三	浙江	谢子晨	衢州华茂外国语学校	初三
浙江	张坚熠	新昌县城关中学	初二	浙江	张非特	杭州市建兰中学	初三
浙江	周炜程	余姚市实验学校	初三	浙江	朱家启	温州市实验中学	初三
浙江	陈天祺	杭州二中白马湖学校	初三	浙江	祝立轩	衢州华茂外国语学校	初二
浙江	鲍雷栋	杭州市保俶塔实验学校	初三	浙江	裘凯希	嵊州市初级中学	初一
浙江	陈豪	浙江省余姚市舜水中学	初二	浙江	郑茗逸	杭州市建兰中学	初一
浙江	陈景致	温州第十二中学	初三	浙江	陈俊起	慈溪市上林初级中学教育集团	初一
浙江	陈可汗	杭州养正学校	初二	浙江	陈样	慈溪市上林初级中学教育集团	初二
浙江	韩童	余姚市实验学校	初一	浙江	干航翊	余姚市实验学校	初三
浙江	胡佳怡	慈溪市上林初级中学教育集团	初一	浙江	金承乐	浙江省诸暨市浣江教育集团浣江初中	初三
浙江	胡震邦	慈溪市上林初级中学教育集团	初二				
浙江	林立奇	温州第十二中学	初三	浙江	罗启源	富阳区永兴学校初中部	初三
浙江	楼信辰	浙江省诸暨市浣江教育集团浣江初中	初二	浙江	莫裔	湖州市第四中学教育集团	初三

续 表

省份	姓名	学校	年级	省份	姓名	学校	年级
浙江	钱禹恒	嵊州市剡城中学教育集团城关校区	初二	浙江	周彦泽	衢州华茂外国语学校	初三
				浙江	陈俭德	杭州文澜中学	初二
浙江	吴昊天	宁波市镇海蛟川书院	初二	浙江	甘海瑞	宁波科学中学	初二
浙江	肖天尧	宁波市镇海蛟川书院	初一	浙江	高昕彤	杭州江南实验学校	初三
浙江	徐宽	金华市第五中学	初二	浙江	贾泽林	杭州文澜中学	初二
浙江	严平川	衢州市实验学校	初三	浙江	刘圣丰	海亮初级中学	初一
浙江	张佳乐	慈溪市上林初级中学教育集团	初三	浙江	卢宇宸	宁波市镇海蛟川书院	初一
浙江	张洋	金华市第五中学	初三	浙江	马熠阳	杭州文澜中学	初一
浙江	张韵凯	余姚市实验学校	初一	浙江	田镭	杭州市采荷实验学校	初三
浙江	张炘珂	嵊州市剡城中学教育集团城关校区	初二	浙江	王吉儿	嵊州市初级中学	初二
				浙江	王子航	衢州市实验学校	初三
浙江	周嘉晨	浙江省诸暨市浣江教育集团浣江初中	初三	浙江	吴佳航	杭州二中白马湖学校	初一
				浙江	吴凯晟	江山市城东实验学校	初三
浙江	周靖皓	杭州市建兰中学	初二	浙江	吴修灏	杭州文澜中学	初二
浙江	郭王一涵	杭州文澜中学	初二	浙江	杨景琦	北京师范大学附属杭州中学	初三
浙江	薛滢聪	宁波市镇海蛟川书院	初二	浙江	俞嘉琪	余姚市实验学校	初二
浙江	包晨豪	温州市实验中学	初三	浙江	张泽钰	杭州市建兰中学	初三
浙江	陈逸凡	杭州养正学校	初二	浙江	张煜峰	慈溪市上林初级中学教育集团	初一
浙江	冯松权	余姚市实验学校	初二	浙江	朱力川	杭州江南实验学校	初三
浙江	顾芸榕	浙江省诸暨市浣江教育集团浣江初中	初二	浙江	庄毅帆	金华市第五中学	初三
				浙江	陈科舟	慈溪实验中学	初三
浙江	蒋钦杰	宁波市镇海蛟川书院	初三	浙江	戴嘉睿	杭州市建兰中学	初三
浙江	林赫	衢州华茂外国语学校	初一	浙江	戴我好	宁波市镇海蛟川书院	初一
浙江	施开拓	奉化市实验中学	初三	浙江	戴湛宸	温州外国语学校	初二
浙江	王云昊	余姚市实验学校	初二	浙江	梁钧著	慈溪实验中学	初三
浙江	张堉	余姚市实验学校	初一	浙江	刘董	杭州市文海实验学校	初一
浙江	楼翰诚	义乌市稠州中学教育集团	初二	浙江	吕乐翔	义乌市绣湖中学	初三
浙江	陈骏扬	蓝青学校	初三	浙江	戚行之	杭州江南实验学校	初二
浙江	陈怡舟	蓝青学校	初一	浙江	钱孚嘉	杭州市建兰中学	初二
浙江	廖昭涵	宁波市镇海蛟川书院	初一	浙江	邱子安	嵊州市初级中学	初三
浙江	潘天麟	余姚市实验学校	初一	浙江	闻人思泽	余姚市实验学校	初一
浙江	戎子易	诸暨市滨江初级中学	初三	浙江	徐嘉怿	慈溪市上林初级中学教育集团	初二
浙江	沈嘉乐	嵊州市初级中学	初二	浙江	徐行	义乌市绣湖中学	初二
浙江	沈钱颖	慈溪阳光实验学校	初一	浙江	张雨涛	慈溪实验中学	初一
浙江	孙宇恺	杭州文澜中学	初二	浙江	朱伯扬	金华市外国语学校	初三
浙江	严畅	杭州养正学校	初三	浙江	何奕锐	宁波外国语学校	初三
浙江	姚涵	宁波市曙光中学	初二	浙江	季安扬	杭州江南实验学校	初三
浙江	姚璐锴	余姚市实验学校	初二	浙江	蒋佳杰	嵊州市初级中学	初三
浙江	应天淇	嵊州市剡城中学教育集团城关校区	初一	浙江	林一凡	金华市外国语学校	初二
				浙江	王海	宁波市镇海蛟川书院	初一
浙江	张涵宁	宁波外国语学校	初一	浙江	王晟帆	余姚市实验学校	初二
浙江	钟金翰	浙江省诸暨市浣江教育集团浣江初中	初三	浙江	阎冠举	金华市第五中学	初三
				浙江	周牧	杭州市建兰中学	初二

续 表

省份	姓名	学校	年级
浙江	陈栩阳	余姚市实验学校	初三
浙江	陈烨炜	温州市实验中学	初二
浙江	方向阳	余姚市实验学校	初二
浙江	费泽邦	湖州市第五中学	初三
浙江	姜哲文	余姚市子陵中学	初一
浙江	金逸轩	义乌市绣湖中学	初二
浙江	彭城璐	江山市第二中学	初三
浙江	盛明磊	绍兴市柯桥区鲁迅外国语学校	初三
浙江	王路成	杭州二中白马湖学校	初三
浙江	王造时	江山市第二中学	初二
浙江	王婧琦	慈溪实验中学	初二
浙江	魏泽宇	绍兴市柯桥区实验中学	初一
浙江	张家豪	蓝青学校	初三
浙江	张越扬	金华市外国语学校	初二
浙江	赵弈丞	诸暨市暨阳初级中学	初三
浙江	周靖轶	杭州文澜中学	初二
浙江	朱云翼	义乌市绣湖中学	初三
浙江	柴奇	江山外国语学校	初三
浙江	陈蕴	杭州市建兰中学	初二
浙江	冯元宁	宁波外国语学校	初一
浙江	贺青瑜	衢州华茂外国语学校	初一
浙江	黄文婧	诸暨市滨江初级中学	初二
浙江	金晟治	温州市实验中学	初二
浙江	李子轩	宁波市镇海蛟川书院	初一
浙江	刘欣楠	杭州滨和中学	初一
浙江	邵丹妤	衢州市实验学校	初一
浙江	孙宇泽	慈溪实验中学	初二
浙江	韦沛然	杭州江南实验学校	初二
浙江	杨飞洋	杭州市公益中学	初三
浙江	叶力天	余姚市实验学校	初一
浙江	张天一	宁波市镇海蛟川书院	初三
浙江	张子蓦	温州市实验中学	初三
浙江	邹其乐	慈溪市上林初级中学教育集团	初一
浙江	邹一烽	余姚市实验学校	初二
浙江	陈昱澄	杭州市建兰中学	初一
浙江	李嘉政	温州市实验中学	初三
浙江	楼驰晨	义乌市绣湖中学	初三
浙江	王旭杰	杭州市萧山区高桥初中	初二
浙江	丁思源	海盐县博才实验学校	初二
浙江	方晨羽	宁波市镇海蛟川书院	初一
浙江	方俊杰	杭州东南中学	初三
浙江	冯垚	浙江省诸暨市浣江教育集团浣江初中	初二
浙江	葛馨木	宁波市奉化区锦屏中学	初三
浙江	何宇阳	宁波市镇海蛟川书院	初二
浙江	李克成	温州育英国际实验学校	初二
浙江	陆浩威	慈溪市上林初级中学教育集团	初三
浙江	毛星瞳	江山市第二中学	初二
浙江	潘奕帆	余姚市实验学校	初二
浙江	屠泽帅	慈溪市上林初级中学教育集团	初二
浙江	王俊杰	余姚市实验学校	初二
浙江	王皓泽	嵊州市剡城中学教育集团城关校区	初一
浙江	翁康琪	衢州市菁才中学	初二
浙江	肖俊谦	湖州市第五中学	初三
浙江	谢欧阳	杭州养正学校	初二
浙江	徐书研	衢州华茂外国语学校	初二
浙江	严川浙	湖州市第五中学	初二
浙江	严思诚	余姚市高风中学	初三
浙江	杨金林	余姚市实验学校	初二
浙江	杨铖禹	湖州市第五中学	初三
浙江	叶熹宁	杭州养正学校	初二
浙江	张喆彧	慈溪实验中学	初一
浙江	张洋鸣	衢州市实验学校	初一
浙江	张宇杨	湖州市第五中学	初三
浙江	郑丁瑞	杭州市建兰中学	初二
浙江	郑锦易	江山市城东实验学校	初三
浙江	周楷然	江山市第二中学	初三
浙江	戴凝泽	杭州市文海实验学校	初三
浙江	傅昕禾	金华市外国语学校	初二
浙江	姚嘉	海盐县博才实验学校	初二
重庆	方智鉴	重庆市鲁能巴蜀中学校	初一
重庆	韩铭昊	重庆市名校联合中学校	初二
重庆	蒋昀轩	重庆市第一实验中学校	初一
重庆	李沛远	重庆市鲁能巴蜀中学校	初三
重庆	宋俊樵	重庆八中宏帆初级中学校	初二
重庆	徐畅	重庆一中寄宿学校	初三
重庆	朱俊杰	重庆南开（融侨）中学校	初三
重庆	李智枭	重庆一中寄宿学校	初一
重庆	王希陶	重庆南开（融侨）中学校	初三
重庆	杨鹏程	重庆市名校联合中学校	初一
重庆	邹海涛	重庆市鲁能巴蜀中学校	初三
重庆	邓博源	重庆市鲁能巴蜀中学校	初一
重庆	杜沛键	重庆市鲁能巴蜀中学校	初二
重庆	何其蓁	重庆巴蜀常春藤学校	初一
重庆	蒋松霖	西南大学附属中学校	初二

续 表

省份	姓名	学校	年级	省份	姓名	学校	年级
重庆	李佳骏	重庆市鲁能巴蜀中学校	初一	重庆	张子涵	重庆实验外国语学校	初二
重庆	唐霄汉	重庆南开（融侨）中学校	初二	重庆	周思成	重庆巴蜀常春藤学校	初一
重庆	张楚杭	重庆巴蜀常春藤学校	初一	重庆	佘雨航	重庆皇冠实验中学	初二
重庆	郑俊烽	重庆八中宏帆初级中学校	初三	重庆	曹译元	重庆市名校联合中学校	初一
重庆	滕鎧泽	重庆市名校联合中学校	初一	重庆	曹宇辰	重庆实验外国语学校	初三
重庆	陈劲帆	重庆市鲁能巴蜀中学校	初一	重庆	车石	重庆市第一实验中学校	初一
重庆	段澍雨	重庆市鲁能巴蜀中学校	初三	重庆	陈锦芸	重庆南开（融侨）中学校	初三
重庆	范忧乐	西南大学附属中学校	初三	重庆	胡政一	重庆一中寄宿学校	初二
重庆	何秋杰	重庆实验外国语学校	初三	重庆	李欣蔚	重庆市鲁能巴蜀中学校	初一
重庆	黄墨涵	重庆市鲁能巴蜀中学校	初二	重庆	刘洞露	重庆南开（融侨）中学校	初二
重庆	蒋兴宇	重庆市名校联合中学校	初一	重庆	秦浩然	重庆南开（融侨）中学校	初二
重庆	李潭啸	重庆市名校联合中学校	初三	重庆	谭钦予	重庆市鲁能巴蜀中学校	初三
重庆	刘柄宏	重庆市鲁能巴蜀中学校	初三	重庆	王梓皓	重庆巴蜀常春藤学校	初一
重庆	庞刚强	重庆八中宏帆初级中学校	初二	重庆	魏琳轩	重庆市鲁能巴蜀中学校	初一
重庆	王大禹	重庆南开（融侨）中学校	初二	重庆	伍余林翰	重庆皇冠实验中学	初三
重庆	薛瑞年	重庆市鲁能巴蜀中学校	初三	重庆	周靖函	重庆南开（融侨）中学校	初二
重庆	易雨飞	重庆皇冠实验中学	初二	重庆	周彦彤	重庆一中寄宿学校	初二
重庆	吴佰霆	重庆市鲁能巴蜀中学校	初一	重庆	陈治非	重庆南开（融侨）中学校	初二
重庆	蔡雨桐	重庆市名校联合中学校	初三	重庆	陈治臻	重庆市鲁能巴蜀中学校	初一
重庆	常瑞年	重庆市鲁能巴蜀中学校	初一	重庆	董智	重庆八中宏帆初级中学校	初二
重庆	程星桦	重庆八中宏帆初级中学校	初二	重庆	胡千羽	重庆市名校联合中学校	初一
重庆	邓兆昕	重庆一中寄宿学校	初一	重庆	蒋文焯	重庆市鲁能巴蜀中学校	初一
重庆	丁星迪	重庆南开（融侨）中学校	初二	重庆	谭皓今	重庆市鲁能巴蜀中学校	初二
重庆	黄逸轩	重庆市鲁能巴蜀中学校	初二	重庆	王笑扬	重庆市第八中学校	初二
重庆	江俊锋	西南大学附属中学校	初三	重庆	吴止竞	重庆南开（融侨）中学校	初二
重庆	李浩正	重庆市鲁能巴蜀中学校	初二	重庆	孙为	重庆市名校联合中学校	初二
重庆	李远政	重庆市名校联合中学校	初二	重庆	陈柯宇	重庆一中寄宿学校	初二
重庆	梁斯凯	重庆八中宏帆初级中学校	初二	重庆	李思进	重庆市名校联合中学校	初三
重庆	廖宣博	重庆市鲁能巴蜀中学校	初二	重庆	张德洵	重庆市名校联合中学校	初一
重庆	刘家齐	重庆市名校联合中学校	初二	重庆	蒋槟阳	重庆市鲁能巴蜀中学校	初二
重庆	刘峻畅	重庆市鲁能巴蜀中学校	初一	重庆	谢志宏	西南大学附属中学校	初二
重庆	刘禹辰	重庆南开（融侨）中学校	初二	重庆	王丰源	重庆市名校联合中学校	初一
重庆	龙帝汛	重庆南开（融侨）中学校	初三	重庆	古明阳	重庆市鲁能巴蜀中学校	初一
重庆	蒲彦丞	重庆南开（融侨）中学校	初二	重庆	袁震宇	重庆市铁路中学校	初三
重庆	石益玮	重庆市鲁能巴蜀中学校	初三	重庆	金倚天	重庆南开（融侨）中学校	初一
重庆	汪耿乐	重庆市鲁能巴蜀中学校	初一	重庆	谢俊深	重庆市鲁能巴蜀中学校	初一
重庆	王超	西南大学附属中学校	初二	重庆	包煜程	重庆市鲁能巴蜀中学校	初二
重庆	杨辰希	西南大学附属中学校	初二	重庆	刘子琪	重庆市名校联合中学校	初二
重庆	杨家祯	重庆市第一实验中学校	初一	重庆	杨定一	重庆皇冠实验中学	初一

CCF NOIP 2017 复赛普及组三等奖名单

省份	姓名	学校	年级	省份	姓名	学校	年级
安徽	王宸镐	芜湖师范附属小学	小学	安徽	曹城玮	芜湖荟萃中学	初一
安徽	吴翰儒	淮南实验中学	初二	安徽	卢欣瑞	芜湖荟萃中学	初一
安徽	职浩然	淮南实验中学	初三	安徽	但美帛	合肥市五十中学南校	初一
安徽	徐若凝	淮南实验中学	初二	安徽	姚至成	芜湖师范附属小学	小学
安徽	李翔宇	淮南实验中学	初二	安徽	仵栢澄	安徽省淮南师范附属小学	小学
安徽	谢淼	淮南实验中学	初二	安徽	吴俊豪	马鞍山市成功学校	初一
安徽	江贻瑜	淮南实验中学	初二	安徽	陈天志	安徽省淮南师范附属小学	小学
安徽	高鑫瑞	淮南实验中学	初三	安徽	赵文博	马鞍山市成功学校	初一
安徽	戚丁檀	淮南实验中学	初一	安徽	孙义坤	芜湖市第二十七中学	初三
安徽	许超洋	蚌埠第一实验学校	初三	安徽	王恒岳	芜湖荟萃中学	初二
安徽	张诗杰	合肥市第四十八中学	初一	安徽	袁天池	合肥市第四十五中学	初二
安徽	朱鸿涛	淮南实验中学	初二	安徽	周子坤	马鞍山市成功学校	初三
安徽	赵子恒	合肥市师范附属小学	小学	安徽	胡睿吉	马鞍山市成功学校	初一
安徽	金昊婴	中国科学技术大学附属中学	初一	安徽	王海洋	合肥市第四十五中学	初三
安徽	毛绍阳	合肥市第四十八中学	初一	安徽	陈乐天	合肥市第四十八中学	初二
安徽	左兢齐	合肥市第四十八中学滨湖校区	初三	安徽	许鑫瑞	芜湖荟萃中学	初二
安徽	徐俊杰	合肥市第四十八中学滨湖校区	初二	安徽	王浩然	合肥市第四十五中学	初二
安徽	李子杰	合肥市第四十八中学滨湖校区	初二	安徽	魏立恒	淮南实验中学山南校区	初一
安徽	乔丹	合肥市第四十八中学滨湖校区	初二	安徽	李白	安徽师范大学附属外国语学校	初一
安徽	葛奕成	蚌埠第一实验学校	小学	安徽	郑卜俊宏	淮南实验中学山南校区	初一
安徽	李俊儒	合肥市第四十八中学	初一	安徽	龙正光	淮南英才中学	初一
安徽	彭媛媛	合肥市第四十八中学滨湖校区	初二	安徽	方义诚	淮南市田家庵区第十八小学	小学
安徽	翟冉星	淮南实验中学	初三	安徽	李可	安徽省淮南师范附属小学	小学
安徽	文天骜	合肥市琥珀中学	初二	安徽	王天岳	安徽省淮南师范附属小学	小学
安徽	刘霁萱	安庆市公园小学	小学	安徽	吴书让	合肥市第四十六中学	初二
安徽	陈亚杰	淮南实验中学	初二	安徽	朱曜宇	安徽省淮南师范附属小学	小学
安徽	孙芷萱	淮南实验中学	初三	安徽	王子烨	合肥市第四十五中学	初一
安徽	孔令怡	淮南实验中学	初二	安徽	孔冠霖	淮南实验中学山南校区	初二
安徽	戴江辰	淮南实验中学	初一	安徽	张哲康	淮南实验中学山南校区	初二
安徽	蒋佩璇	淮南师范附属小学	小学	安徽	汪文慧	合肥市五十中学西校	初三
安徽	张成喆	淮南实验中学	初二	安徽	孔子睿	淮南实验中学山南校区	初二
安徽	代子暄	合肥市第四十五中学	初二	安徽	李晨璞	合肥市第四十五中学	初一
安徽	李馨凝	淮南实验中学	初三	安徽	张家雯	合肥市第四十六中学	初二
安徽	吕心宁	淮南实验中学	初二	安徽	陶凯	芜湖市第二十七中学	初三
安徽	尹宝杨	淮南开景公学	初三	安徽	杨世骢	芜湖市第二十七中学	初三
安徽	李文浩	淮南开景公学	初三	安徽	王子祥	安徽省淮南师范附属小学	小学
安徽	邹依含	淮南开景公学	初二	安徽	常博文	淮南新思维学校	小学
安徽	叶卓然	芜湖市第二十七中学	初一	安徽	朱文婷	淮南新思维学校	小学
安徽	金雨轩	芜湖市第二十七中学	初一	安徽	翁睿	芜湖荟萃中学	初二
安徽	曹晟瑞	马鞍山实验小学	小学	安徽	李义恒	淮南新思维学校	初二
安徽	陈武琦	芜湖荟萃中学	初三	安徽	方羽菲	马鞍山实验小学	小学

续 表

省份	姓名	学校	年级
安徽	汤庆峰	淮南洞山中学	初一
安徽	许乐岩	淮南洞山中学	初二
安徽	张子恒	淮南新思维学校	小学
安徽	解治行	淮南新思维学校	初一
安徽	吴开元	合肥市第四十五中学	初一
安徽	叶煦旻	马鞍山市成功学校	初一
安徽	牛悦	淮南新思维学校	初二
安徽	查喜	安庆市外国语学校	初一
安徽	靳星岩	淮南新思维学校	小学
安徽	蒋元龙	淮南新思维学校	初一
安徽	杨晨溪	安徽省淮南师范附属小学	小学
安徽	韩子靖	合肥市巢湖路小学	小学
安徽	张睿琦	淮南新思维学校	初一
安徽	陈希鸣	淮南新思维学校	初一
安徽	汝欣乐	淮南新思维学校	小学
安徽	徐贝怡	淮南洞山中学	初一
安徽	王鑫海	淮南洞山中学	初一
安徽	王君	合肥市第四十五中学	初三
安徽	孙可涵	淮南新思维学校	初一
安徽	王思琦	淮南新思维学校	初二
安徽	李春阳	马鞍山市成功学校	初一
安徽	曾甜甜	淮南新思维学校	小学
安徽	卢继琛	淮南新思维学校	初一
安徽	邵瑞杰	淮南洞山中学	初一
安徽	蒋逸飞	芜湖荟萃中学	初三
安徽	吴乐尧	安徽省淮南师范附属小学	小学
安徽	王子默	淮南洞山中学	初一
安徽	丁一	安徽省淮南师范附属小学	小学
安徽	刘功泽	淮南新思维学校	小学
安徽	常靖翊	淮南新思维学校	初二
安徽	张婧颖	淮南新思维学校	初一
安徽	徐沐曦	淮南洞山中学	初二
安徽	蔡天逸	合肥市五十中学西校	初三
安徽	李旭	淮南洞山中学	初三
安徽	牛浩然	淮南新思维学校	小学
安徽	张宸	淮南新思维学校	小学
安徽	陈若莹	中国科学技术大学附属中学	初二
安徽	吴佳睿	淮南新思维学校	初二
安徽	邹广伟	淮南新思维学校	初二
安徽	王庆宇	阜阳实验中学	初一
安徽	王浩桐	合肥市五十中学新校（天鹅湖校区）	初二
安徽	程孝一	合肥市海棠花园小学	小学
安徽	崔宇昂	淮南洞山中学	初二
安徽	陶心月	淮南洞山中学	初一
安徽	邵信民	合肥市五十中学新校（天鹅湖校区）	初二
安徽	斯宁锋	安徽省安庆市第四中学	初二
安徽	亓恩婷	安徽省淮南师范附属小学	小学
安徽	徐玉珩	中国科学技术大学附属中学	初一
安徽	曹海粟	合肥市第四十五中学	初一
安徽	乐天烁	合肥市第五十中学东校	初二
安徽	娄瀚予	马鞍山二中实验学校	初一
安徽	谢鑫淼	铜陵市师范附属小学	小学
安徽	高哲	和县第四中学	初二
安徽	周嘉伟	马鞍山市山南小学	小学
安徽	方亦然	合肥寿春中学	初一
安徽	方文皓	合肥市第四十二中学	初一
安徽	宋子凡	合肥市第四十二中学	初一
安徽	刘籽曦	合肥市第四十二中学	初一
安徽	李思颉	芜湖荟萃中学	初一
安徽	李云鹏	淮南新思维学校	小学
安徽	许圳达	芜湖市狮子山小学	小学
安徽	陈玥	合肥市第四十六中学	初二
安徽	王炳皓	宿州市第十一中学	初二
安徽	杜文博	淮南新思维学校	初三
安徽	张朕豪	合肥一六八玫瑰园学校	初一
安徽	李翊冉	淮南新思维学校	初一
安徽	倪若辰	合肥市第四十六中学	初一
安徽	李俊恒	芜湖荟萃中学	初二
安徽	张文涵	合肥市第二十九中学	初三
安徽	王韦杰	合肥寿春中学	初三
安徽	王超	阜阳市第十五中学	初三
安徽	强哲宇辰	马鞍山二中实验学校	初一
安徽	姚明锐	蚌埠高新教育集团实验中学	初二
安徽	刘新月	蚌埠高新教育集团第三实验小学	小学
安徽	鲁一凡	安庆市高琦小学	小学
安徽	饶译	蚌埠高新教育集团第三实验小学	小学
安徽	陈忆然	安徽省铜陵市第二中学	初三
安徽	刘子盛	合肥市五十中学新校（天鹅湖校区）	初二
安徽	刘铭烨	合肥市第四十六中学	初三
安徽	赵睿涵	蚌埠高新教育集团第三实验小学	小学

续 表

省份	姓名	学校	年级	省份	姓名	学校	年级
安徽	徐凯瑞	合肥市第四十五中学	初一	安徽	张玮婷	合肥市五十中学西校	初二
安徽	董家豪	蚌埠高新教育集团实验中学	初二	安徽	黄思涵	安徽省安庆市第四中学	初二
安徽	苗润晖	蚌埠高新教育集团第三实验小学	小学	安徽	刘苏萱	安徽省蚌埠第六中学	初三
				安徽	徐一凡	合肥市第五十中学东校	初二
安徽	胡傲文	安徽省安庆市第四中学	初二	安徽	谢云帆	无为杏花泉小学	小学
安徽	操可凡	安徽省安庆市第四中学	初二	安徽	詹江叶煜	安徽省安庆市第四中学	初一
安徽	高翔	安徽省安庆市第四中学	初二	安徽	汪文熠	安徽省安庆市第四中学	初三
安徽	郑申武	安徽省无为第三中学	初三	安徽	张宇桐	淮南实验中学	初三
安徽	费思谋	安徽省马鞍山市花园初级中学	初一	安徽	张宸旭	淮南实验中学	初二
安徽	丁歆	安徽省安庆市第四中学	初二	安徽	张宸曦	淮南实验中学	初二
安徽	敖翔	蚌埠高新教育集团第三实验小学	小学	安徽	陈雨泽	淮南实验中学	初二
				安徽	洪迅成	淮南实验中学	初二
安徽	邢正鹏	蚌埠第一实验学校	初三	安徽	李俊杰	淮南实验中学	初一
安徽	张哲琛	安徽省蚌埠第六中学	初二	安徽	李明襄	淮南实验中学	初二
安徽	邓迪	马鞍山市成功学校	初一	安徽	李馥羽	淮南实验中学	初一
安徽	许恒	合肥市第五十中学东校	初二	安徽	韩瑾怡	淮南实验中学	初三
安徽	赵雨濛	安徽省马鞍山市花园初级中学	初一	安徽	靳尧	合肥市第四十五中学	初一
安徽	朱克文	安徽省无为第三中学	初三	安徽	夏省博	淮南开景公学	初三
安徽	陈子颜	马鞍山二中实验学校	初一	安徽	李健秋	芜湖荟萃中学	初三
安徽	曾晨昊	安徽师范大学附属外国语学校	初二	安徽	桂耀翔	淮南洞山中学	初一
安徽	赵晨熙	安徽省无为第三中学	初一	安徽	郑昊	淮南师范附属小学	小学
安徽	汪雨涵	芜湖市第二十七中学	初一	安徽	吴彤	淮南师范附属小学	小学
安徽	陈欢	安徽省无为第三中学	初一	安徽	张梦霏	马鞍山市成功学校	初一
安徽	许力文	宿城第一初级中学	初三	安徽	李轶	芜湖荟萃中学	初三
安徽	秦雨梦	安徽省无为第三中学	初二	安徽	汤羽骁	合肥市第四十五中学	初二
安徽	陈诺	安徽省无为第三中学	初三	安徽	魏序一	芜湖荟萃中学	初一
安徽	舒雨飞	马鞍山二中实验学校	初一	安徽	郭佳乐	阜阳市第十六中学	初二
安徽	马天佑	马鞍山市外国语学校	初一	安徽	王芷妍	淮南新思维学校	小学
安徽	戴子龙	合肥市第五十中学东校	初一	安徽	冯子鸣	合肥市第五十中学东校	初二
安徽	吴炤未	宁国中学	初三	安徽	董鑫雨	芜湖市第二十七中学	初二
安徽	胡岱澎	安徽省安庆市第四中学	初一	安徽	沈奕鸣	合肥市五十中学西校	初一
安徽	丁祝盼	安徽省安庆市第四中学	初一	安徽	张子涵	安徽师范大学附属外国语学校	初一
安徽	吴飞潼	安徽省安庆市第四中学	初三	安徽	梁彦博	合肥市第四十二中学	初一
安徽	鲍斯羽	安徽省无为第三中学	初三	安徽	裴语豪	和县第四中学	初二
安徽	徐焕文	马鞍山实验小学	小学	安徽	孔斐然	合肥市第五十中学东校	初二
安徽	赵冠凯	马鞍山市成功学校	初一	安徽	范欣	安徽省无为第三中学	初三
安徽	张宇洲	蚌埠第二十六中学	初二	安徽	杨兆宇	蚌埠第二十六中学	初三
安徽	郑君仪	蚌埠第二十六中学	初二	安徽	赵名扬	阜阳师范学院附属中学	初一
安徽	葛佳誉	芜湖市第二十七中学	初二	安徽	廖言彬	淮南实验中学	初二
安徽	王本旭	合肥市五十中学南校	初一	安徽	朱旭波	淮南实验中学	初二
安徽	刘瑞	安庆市第十四中学	初一	安徽	李振屹	淮南实验中学	初二
安徽	陈照昕	安庆市第十四中学	初二	安徽	陆怡佳	淮南实验中学	初一
安徽	张宇轩	阜阳市第十九中学	初二	安徽	秦业桐	淮南实验中学	初二

续　表

省份	姓名	学校	年级	省份	姓名	学校	年级
安徽	许仲远	淮南实验中学	初二	安徽	王浥菲	淮南新思维学校	初二
安徽	王荃	安庆市石化第二小学	小学	安徽	张航	阜阳市第十六中学	初三
安徽	田子杰	淮南实验中学	初一	安徽	郭嘉远	合肥市第四十五中学	初一
安徽	武魏梓	淮南实验中学	初一	安徽	朱兆翔	淮南洞山中学	初二
安徽	王博文	蚌埠第一实验学校	初一	安徽	张馨予	芜湖荟萃中学	初一
安徽	李悦	蚌埠第一实验学校	初一	安徽	张诚钰	马鞍山市第一中学	初二
安徽	王筱	宁国中学	初二	安徽	秦睿妍	阜阳实验中学	初一
安徽	闪思凡	安徽省淮南师范附属小学	小学	安徽	岳光宇	蚌埠第五中学	初二
安徽	孙琪皓	安徽省蚌埠第九中学	初三	安徽	周莉雅	合肥市五十中学西校	初一
安徽	唐义丰	安徽省蚌埠第九中学	初三	安徽	魏子言	合肥市卫岗小学	小学
安徽	陈玥	淮南实验中学	初一	安徽	刘苏杭	淮南新思维学校	初一
安徽	张昊鹏	淮南实验中学	初一	安徽	骆泽轩	淮南新思维学校	小学
安徽	陈世豪	淮南市龙湖中学	初一	安徽	邹奕宸	安徽省芜湖市镜湖小学	小学
安徽	王乙同	淮南实验中学	初二	安徽	韩博翔	合肥寿春中学	初二
安徽	王才艺	淮南开景公学	初三	安徽	何远博	马鞍山市成功学校	初一
安徽	黄文越	淮南实验中学	初二	安徽	管思缘	合肥市三十八中学	初一
安徽	李君宝	淮南开景公学	初三	安徽	王佳禾	马鞍山二中实验学校	初二
安徽	耿文杰	淮南开景公学	初二	安徽	白云翔	马鞍山二中实验学校	初一
安徽	李祥	淮南开景公学	初二	安徽	陆彦澄	蚌埠高新教育集团实验中学	初一
安徽	周康健	芜湖市第二十七中学	初一	安徽	汪博涵	安徽省安庆市第四中学	初二
安徽	袁姜子辉	蚌埠师范附属小学	小学	安徽	陈双扬	蚌埠第一实验学校	初三
安徽	韦先轶	马鞍山市成功学校	初二	安徽	陈子涵	马鞍山二中实验学校	初二
安徽	朱明韬	合肥市五十中学新校（天鹅湖校区）	初二	安徽	左博妍	芜湖师范附属小学	小学
				安徽	刘宏伟	安徽省铜陵市第十五中学	初三
安徽	黎子康	马鞍山实验小学	小学	安徽	杨子圣	安庆市高琦小学	小学
安徽	李逾耀	安徽蚌埠慕远学校	初二	安徽	车志祥	马鞍山市成功学校	初一
安徽	王梓扬	安庆市人民路小学	小学	安徽	鲁嘉豪	阜阳市第十五中学	初二
安徽	张昊宇	马鞍山市成功学校	初一	安徽	朱应杰	马鞍山市外国语学校	初二
安徽	万俊山	马鞍山市成功学校	初二	安徽	吴锴	安庆市人民路小学	小学
安徽	姚瑞哲	淮南师范附属小学	小学	安徽	王科儒	安徽省蚌埠第二实验小学	小学
安徽	边成欣	淮南市第九中学	初二	安徽	杨宇欣	蚌埠高新教育集团实验中学	初三
安徽	郭思成	淮南市田家庵区第十八小学	小学	安徽	周叶涵	马鞍山二中实验学校	初一
安徽	徐书彦博	淮南市田家庵区第十八小学	小学	安徽	张锐	安徽省马鞍山市花园初级中学	初一
安徽	张子宸	淮南师范附属小学	小学	安徽	李享	宁国中学	初二
安徽	李木子	淮南市田家庵区第十八小学	小学	安徽	郝俊熙	蚌埠新城实验学校	小学
安徽	李博文	合肥市海棠花园小学	小学	安徽	查锐	蚌埠新城实验学校	初三
安徽	陈玉松	淮南新思维学校	初一	安徽	魏云鹏	蚌埠新城实验学校	初三
安徽	许映雪	马鞍山市成功学校	初一	安徽	刘易泽	马鞍山二中实验学校	初二
安徽	杨仕远	淮南洞山中学	小学	安徽	谷宏策	蚌埠高新教育集团第三实验小学	小学
安徽	万芃希	芜湖荟萃中学	初二				
安徽	朱斐然	淮南新思维学校	初一	安徽	李佳宜	蚌埠高新教育集团第三实验小学	小学
安徽	方仁志	淮南洞山中学	初一				
安徽	吴桐	淮南新思维学校	小学	安徽	孟昕童	阜阳实验中学	初二

续 表

省份	姓名	学校	年级	省份	姓名	学校	年级
安徽	张力	马鞍山市成功学校	初三	安徽	陈国靖	淮南实验中学	初二
安徽	彭成谨	合肥市第五十中学东校	初一	安徽	岳恩赐	淮南实验中学	初一
安徽	张笑宇	阜阳实验中学	初二	安徽	邓伊凡	淮南实验中学	初二
安徽	叶霖雨	马鞍山二中实验学校	初一	安徽	邢颖	合肥市第四十八中学滨湖校区	初二
安徽	陈智卓	六安市皋城中学	初二	安徽	罗玮轩	合肥市第四十八中学滨湖校区	初二
安徽	李国智	安徽省无为第三中学	初一	安徽	潘思睿	合肥市第四十五中学	初二
安徽	王宇航	淮北市第二中学	初三	安徽	刘思宇	淮南实验中学	初一
安徽	琚泽希	芜湖市镜湖小学汀棠校区	小学	安徽	尹川	淮南开景公学	初三
安徽	章涵孜	安庆市高琦小学	小学	安徽	刘道春	淮南实验中学山南校区	初二
安徽	洪宇飞	安徽师范大学附属萃文中学	初二	安徽	陈冰哲	淮南实验中学山南校区	初一
安徽	洪旭然	安徽省铜陵市第十五中学	初一	安徽	王溯	淮南师范附属小学	小学
安徽	徐雅琪	安徽省无为第三中学	初一	安徽	许亦佳	马鞍山市成功学校	初一
安徽	季锴	安徽省无为第三中学	初三	安徽	程祺	合肥市五十中学新校（天鹅湖校区）	初一
安徽	陈哲坤	安徽省无为第三中学	初三				
安徽	李嘉齐	马鞍山市成功学校	初一	安徽	仕博戎	阜阳市颍州区文峰办事处中心学校	小学
安徽	肖惠文	安徽省无为第三中学	初一				
安徽	朱明慧	合肥市五十中学新校（天鹅湖校区）	初二	安徽	严欣宇	合肥市第四十二中学	初一
				安徽	汪馨妍	马鞍山市成功学校	初一
安徽	齐欣然	安徽省无为第三中学	初一	安徽	陈柯文	安徽省界首市第一小学	小学
安徽	朱文韬	蚌埠铁三小	小学	安徽	夏骁弈	蚌埠高新教育集团第三实验小学	小学
安徽	陈孟德	蚌埠铁三小	小学				
安徽	王宇辉	蚌埠铁三小	小学	安徽	周乐琪	蚌埠高新教育集团第三实验小学	小学
安徽	丁灏瑞	安庆市高琦小学	小学				
安徽	沈浩天	马鞍山中加双语学校	初一	安徽	龙鎏源	马鞍山二中实验学校	小学
安徽	陈妍	蚌埠第二十六中学	初二	安徽	章若涵	蚌埠铁三小	小学
安徽	欧阳锦奇	蚌埠第二十六中学	初二	安徽	许浩宇	蚌埠铁三小	小学
安徽	罗瑞峰	蚌埠铁三小	小学	安徽	黄仁玥	马鞍山市成功学校	初一
安徽	王梓越	安徽省蚌埠第六中学	初二	安徽	朱宸睿	合肥市第四十五中学	初一
安徽	李凌正杰	安徽省蚌埠第六中学	初二	安徽	张承烨	阜阳实验中学	初二
安徽	吴桐雨	安徽省蚌埠第六中学	初二	安徽	张晓晨	阜阳市清河路第一小学	小学
安徽	孙雅晴	安徽省蚌埠田家炳中学	初三	安徽	刘迅良	淮南实验中学	初一
安徽	周雨霏	宁国中学	初三	北京	陈逸轩	北京市第八十中学	初一
安徽	唐梦洋	阜阳市第十九中学	初三	北京	陈镇岳	北京市第十二中学	初一
安徽	武师扬	阜阳实验中学	初三	北京	陈潇扬	清华大学附属中学	小学
安徽	江学祺	合肥市第五十中学东校	初一	北京	陈昱丞	北大附中	初一
安徽	孙宏伟	安徽省安庆市第四中学	初一	北京	淡然	北京市第八十中学	初三
安徽	程邦泰	安徽省安庆市第四中学	初一	北京	高鸣鹤	北京市第八十中学	初一
安徽	徐子豪	安徽省安庆市第四中学	初三	北京	韩雨辰	北京十一学校	初二
安徽	潘璠	无为县实验小学	小学	北京	胡寓嘉	清华大学附属中学	小学
安徽	陆清源	合肥市第四十五中学	初二	北京	黄大山	慧明教育	小学
安徽	赵梓昂	淮南实验中学	初一	北京	黄锦文	北大附中	初一
安徽	王艺翔	淮南实验中学	初一	北京	黄镜元	清华大学附属中学	小学
安徽	宋方志远	淮南实验中学	初一	北京	柯经纶	北京市第八十中学	初一

续 表

省份	姓名	学校	年级
北京	李凯昱	中国人民大学附属中学	初一
北京	李思辰	清华大学附属中学	小学
北京	李峙均	北大附中	初一
北京	李子为	中国人民大学附属中学朝阳学校	初二
北京	林涵坤	中国人民大学附属中学	初二
北京	林姝宜	北京市第八十中学	初三
北京	刘丛语	北京师范大学附属实验中学分校	初三
北京	刘兆辰	北京市第十二中学	初一
北京	刘炜峰	北京十一学校	初二
北京	陆奕洲	北京十一学校	初三
北京	吕彦鹏	中国人民大学附属中学	初一
北京	吕彦荣	北京师范大学附属实验中学分校	初二
北京	马禹元	北京市第四中学	初二
北京	孟博彰	中国人民大学附属中学	初一
北京	彭麟翔	北京八中	初一
北京	乔嘉硕	北京丰台二中	初一
北京	饶邦略	北京十一学校	初三
北京	任以恒	北京市第八十中学	初一
北京	田凯中	慧明教育	小学
北京	王蓝天	北京市第八十中学	初一
北京	王潇策	北京市海淀区简明教育培训学校	初一
北京	魏麟骁	慧明教育	小学
北京	文思涌	北京师范大学附属实验中学分校	初二
北京	肖一乐	北京师范大学附属实验中学分校	初二
北京	谢智峤	慧明教育	初三
北京	邢思源	北京市第八十中学	初一
北京	徐子今	北京市育才学校	小学
北京	许舒童	北京师范大学附属实验中学分校	初二
北京	杨展鸣	首都师范大学附属中学	初二
北京	杨昀逸	北京十一学校	初二
北京	张功润	北京市第八十中学	初二
北京	张康为	北京市第十二中学	初一
北京	张诺天	北京十一学校	初二
北京	张远平	北京市第四中学	初一
北京	郑皓之	中国人民大学附属中学	初一
北京	周宇辰	清华大学附属中学	小学
北京	周哲	中国人民大学附属中学朝阳学校	初二
北京	臧科航	北京市第一零一中学	初二
北京	常稚林	楚黎（北京）教育科技有限公司	小学
北京	陈淑祚	北京市第四中学	初三
北京	郝希文	北京师范大学附属实验中学分校	初三
北京	孔俊博	慧明教育	小学
北京	李佳隆	中国人民大学附属中学朝阳学校	初二
北京	刘润	北京市第十二中学	初一
北京	孙偌朗	桦树湾教育	初二
北京	王诗云	北京市第八十中学	初一
北京	周游	北京师范大学附属实验中学分校	初二
北京	周子牧	北京市第十二中学	初一
福建	杜远鹏	泉州现代中学	初二
福建	王靖恒	福建省泉州市第七中学	初二
福建	谢炯生	厦门外国语学校石狮分校	初一
福建	谢银美	福建省泉州第一中学	初三
福建	刘宇航	福建省泉州第一中学	初二
福建	林宝良	福建省泉州市第七中学	初三
福建	吴晨	福州时代中学	初一
福建	张恒维	福建省泉州市第七中学	初一
福建	涂鸿铭	福建省泉州第一中学	初二
福建	蔡少政	福建省泉州第一中学	初二
福建	陈泊豪	福州第八中学	初二
福建	黄子宸	福州时代中学	初二
福建	潘子羽	福建省泉州第一中学	初三
福建	洪佳静	福建省厦门双十中学漳州校区	初二
福建	曾俊立	漳州立人学校	初三
福建	郑至美	晋江市华侨中学	初三
福建	郭亿镭	厦门外国语学校石狮分校	初一
福建	吴宝祥	泉州现代中学	初二
福建	黄心悦	福建省龙岩第一中学	初三
福建	林志育	福建省漳平市第三中学	初一
福建	徐彬城	武夷山第一中学	初二
福建	陈圣尧	福州励志中学	初二
福建	范正炜	福州华伦中学	初一
福建	林晨阳	福州第十九中学	初三
福建	颜子竣	泉州科技中学	初二
福建	张黄罡	福建省厦门双十中学漳州校区	初二

续 表

省份	姓名	学校	年级	省份	姓名	学校	年级
福建	刘佳晟	厦门外国语学校石狮分校	初二	福建	陈钰君	福建省长乐市朝阳中学	初一
福建	叶嘉宏	福建省泉州市第七中学	初三	福建	胡一铭	泉州现代中学	初三
福建	董宇桓	福州文博中学	初三	福建	黄珍雅	泉州科技中学	初二
福建	赖沿任	泉州现代中学	初二	福建	江炳榕	三明市列东中学	初三
福建	林俊杰	三明市第八中学	初二	福建	林炘畅	福州时代中学	初一
福建	林永峰	福建省永安市第一中学附属学校	初三	福建	沈洪文晰	福建省泉州市第七中学	小学
				福建	石明毅	福建省漳平第二中学	初一
福建	石翰林	福州时代中学	初三	福建	苏雅铭	泉州现代中学	初二
福建	曾堉翔	泉州现代中学	初一	福建	谢梓恒	福建省泉州市第七中学	初一
福建	郑以哲	福州时代中学	初二	福建	许丹宁	泉州科技中学	初二
福建	钟毅	福建省泉州市第七中学	初二	福建	曾根基	泉州中远学校	初二
福建	黄伟豪	福建泉州外国语中学	初三	福建	张增鑫	泉州现代中学	初一
福建	吴荣榜	石狮石光中学	初二	福建	钟旭辉	福建省长汀县第二中学	初二
福建	张祈	福建省三明市第三中学	初二	福建	陈竞起	福建省泉州第一中学	初三
福建	林昊	福建省厦门双十中学漳州校区	初三	福建	贺啸风	福建省泉州市第七中学	初二
福建	汤锐杰	福建省龙岩第一中学	初三	福建	黄鸿翔	福建省晋江市第一中学	初二
福建	陈福临	福建省长乐市航城中学	初一	福建	黄思旭	福州第八中学	初二
福建	洪佳盈	福建泉州外国语中学	初三	福建	赖哲源	福州时代中学	初二
福建	丘聿章	福建省长汀县第二中学	初二	福建	雷葭雨	泉州现代中学	初一
福建	邱经钞	福建泉州外国语中学	初三	福建	李锦成	泉州中远学校	初二
福建	朱紫荷	福建省晋江市养正中学	初二	福建	李宇航	福州第八中学	初二
福建	蔡舒龙	福建省三明市第三中学	初二	福建	廖禹铭	泉州现代中学	初一
福建	陈俊鸣	福建省长乐市航城中学	初一	福建	林政宇	福州时代中学	初一
福建	黄景言	福州文博中学	初三	福建	王强	福州第八中学	初二
福建	潘凌峰	泉州实验中学	初二	福建	王舒晗	三明市列东中学	初一
福建	薛韬	福州励志中学	初二	福建	吴烨	福建省晋江市第一中学	初二
福建	余秉晟	福建省泉州市第七中学	初一	福建	杨范林	泉州市第九中学	初三
福建	曾伟毅	泉州现代中学	初二	福建	杨培焜	泉州现代中学	初一
福建	陈恒宇	福建省漳平市第三中学	初二	福建	郑辰烨	福州第八中学	初一
福建	段岩淞	福建省长汀县第三中学	初三	福建	周天宇	福州第八中学	初一
福建	林益城	福州第八中学	初三	福建	陈宏成	福州第八中学	初一
福建	王彦力	福建省长汀县第四中学	初二	福建	陈烨	福建省泉州市华侨大学附属中学	初三
福建	王睿	福建省泉州市第七中学	初一				
福建	陈柏霖	福州时代中学	初二	福建	杜锦煌	泉州现代中学	初一
福建	黄桦	福建省泉州市第七中学	初一	福建	李昊逸	福州时代中学	初一
福建	沈佳宁	福州鼓楼第一中心小学	小学	福建	廖昊天	泉州现代中学	初一
福建	王俊杰	福建省晋江季延初级中学	初三	福建	林雅萍	泉州现代中学	初二
福建	肖文	福州延安中学	初一	福建	刘可惟	三明市第八中学	初二
福建	姚煦瀚	福州时代中学	初一	福建	马洪	泉州实验中学	初三
福建	洪瑞珑	厦门外国语学校石狮分校	初二	福建	潘清清	福建省永安市第一中学附属学校	初三
福建	李博扬	福建省泉州市第七中学	初二				
福建	陈淑珍	泉州科技中学	初二	福建	苏崇杰	福建省晋江季延初级中学	初三
福建	陈思涵	福建省长汀县第四中学	初三	福建	苏锦波	福建省泉州市第七中学	初三

续 表

省份	姓名	学校	年级
福建	王成睿	福建省福州市台江第三中心小学	小学
福建	王恒毅	福建师范大学附属小学	小学
福建	吴森榕	石狮石光中学	初三
福建	许宏宇	福建省晋江市第一中学	初二
福建	许知攀	泉州实验中学	初三
福建	姚诗婷	泉州现代中学	初一
福建	叶宇成	福州第十八中学	初三
福建	曾思恺	泉州实验中学	初二
福建	张宇涵	泉州科技中学	初二
福建	赵子博	福建省惠安第一中学	初三
福建	邹星宇	漳州立人学校	初三
福建	陈天一	武夷山实验小学	小学
福建	池彩星	福州第八中学	初二
福建	黄冠聪	福建泉州外国语中学	初二
福建	赖炜杰	福建省漳平第二中学	初一
福建	林佳昕	福建省安溪第一中学	初二
福建	丘恩铭	福建省长汀县第四中学	初一
福建	孙显皓	福州时代中学	初一
福建	吴海文	福建省厦门双十中学漳州校区	初二
福建	徐艺轩	福建省连城县第二中学	初一
福建	杨晓森	福建省泉州市第七中学	初二
福建	张家炜	泉州现代中学	初一
福建	张昀凡	福州第八中学	初二
福建	郑俊钦	泉州市第九中学	初二
广东	陈乐晴	中山大学附属中学	初二
广东	陈舒瀚	佛山市南海外国语学校	初一
广东	程嘉耀	广东实验中学	初一
广东	邓宏烨	佛山市南海区石门实验学校	初二
广东	杜戈	广州市第二中学	初一
广东	高宇鹏	深圳外国语学校	初三
广东	韩喻	广州市第二中学	初一
广东	何文凯	广州市第二中学	初二
广东	黄敏行	广东实验中学附属天河学校	初三
广东	黄启炀	汕头市金园实验中学	初三
广东	黄宇帆	佛山市南海外国语学校	初一
广东	黄烨	汕头市金园实验中学	初二
广东	黎国雄	佛山市南海区狮山镇狮城中学	初三
广东	李燊旭	广州市铁一中学	初二
广东	李嘉修	广东碧桂园学校	初二
广东	李杰	广州市第七十五中学	初三
广东	李永恒	四会市四会中学	初三
广东	李熠峰	东莞市东华初级中学	初三
广东	梁奋曦	佛山市南海区狮山镇桃园初级中学	初三
广东	梁睿	中山市纪中三鑫双语学校	初三
广东	林俊勇	广州市第七十五中学	初三
广东	林思博	佛山市南海区桂城街道桂江第一初级中学	初二
广东	林渭其	佛山市南海区石门实验学校	初二
广东	刘天宇	中山市华侨中学	初一
广东	陆遥	华南师范大学附属中学	初二
广东	毛南	佛山市南海区石门实验中学	初三
广东	潘嘉阳	广东北江实验学校	初三
广东	潘朗轩	佛山市南海区儒林初级中学	初三
广东	沈宙兴	佛山市南海区石门实验中学	初二
广东	苏子乔	佛山市南海区石门实验学校	初二
广东	王旭柯	广州市第二中学	初一
广东	温嘉好	佛山市南海区狮山镇狮城中学	初一
广东	伍恒誉	佛山市南海区南海实验中学	初二
广东	席颢洛	广州市第二中学	初二
广东	谢敏	广州大学附属中学	初二
广东	谢鹏宇	佛山市南海区石门实验学校	初二
广东	谢润文	华南师范大学附属中学	初一
广东	徐晨钧	东莞市东莞外国语学校	初二
广东	徐夏阳	东莞市东莞中学松山湖学校	初一
广东	杨思琦	广东省佛山市南海区大沥镇黄岐初级中学	初二
广东	叶家聪	佛山市南海区狮山镇桃园初级中学	初二
广东	曾烨	佛山市南海区桂城街道桂江第一初级中学	初三
广东	张成旭	广州市执信中学	初三
广东	张廷彧	东莞市东华初级中学	初二
广东	郑朴骏	潮州市金山实验学校	初三
广东	钟琳	广东北江实验学校	初二
广东	周子涵	佛山市南海区石门实验学校	初二
广东	邹瀚泓	深圳中学	初二
广东	阙羚	东莞市莞城少年宫	初三
广东	赵思行	佛山市南海区大沥镇黄岐中心小学	小学
广东	何昊燊	佛山市南海区南海实验中学	初一
广东	康兆炜	广州大学附属中学	初二
广东	刘骐华	东莞市莞城少年宫	初二
广东	石炜城	佛山市南海区大沥镇盐步初级中学	初二

续 表

省份	姓名	学校	年级
广东	江津津	佛山市南海区南海实验中学	初一
广东	梁爽	广东肇庆中学	初三
广东	梁潇	中山大学附属中学	初二
广东	罗智良	中山市中山纪念中学	初一
广东	程建诚	佛山市南海区石门实验学校	初二
广东	黄晓颖	东莞市东莞外国语学校	初三
广东	李锐燊	广东北江实验学校	初二
广东	林亮	佛山市南海区石门实验学校	初三
广东	刘钧佑	佛山市南海区石门实验中学	初三
广东	刘霈轩	广州市海珠区六中珠江中学	初一
广东	谭皓骏	佛山市南海外国语学校	初二
广东	王锦鹏	佛山市南海区狮山镇狮城中学	初一
广东	余贞耀	湛江一中培才学校	初三
广东	黎明艺	东莞市望牛墩中学	初三
广东	林展志	广州广雅实验学校	初二
广东	龙炜靖	东莞市可园中学	初二
广东	傅建涵	华南师范大学附属中学	初二
广东	孙劭阳	东莞市东华初级中学	初三
广东	吴昇辉	佛山市南海区石门实验学校	初二
广东	吴尚鸿	中山市第一中学	初二
广东	伍孜越	广东北江实验学校	初二
广东	张峻龙	广州市海珠区六中珠江中学	初一
广东	张永康	佛山市南海区南海实验中学	初二
广东	陈颂琳	汕头市金园实验中学	初三
广东	杜宇轩	华南师范大学附属中学	初一
广东	蒋程薪	佛山市南海区儒林初级中学	初三
广东	李俊昊	广州大学附属中学	初三
广东	刘曦	佛山市南海区石门实验学校	初二
广东	罗昭昀	东莞市望牛墩中学	初三
广东	施支林	东莞市望牛墩中学	初三
广东	王天赐	佛山市南海区南海实验中学	初三
广东	王梓为	东莞市石龙第三中学	初二
广东	文梵羽	华南师范大学附属中学	初一
广东	许卓婷	佛山市南海区石门实验学校	初三
广东	覃锦瑶	佛山市南海区儒林初级中学	初三
广东	陈嘉昊	佛山市南海外国语学校	初二
广东	黄凯愉	东莞市莞城少年宫	初一
广东	黄期琪	佛山市南海区桂城街道桂江第一初级中学	初三
广东	吴浥辰	中山市第一中学	初二
广东	曾宇	东莞市东莞中学松山湖学校	初二
广东	丘均濠	东莞市石龙第三中学	初三
广东	王海博	佛山市南海区桂城街道桂江第一初级中学	初一
广东	叶志宇	广州市海珠区六中珠江中学	初三
广东	蔡麟	广州广雅实验学校	初三
广东	邓浩彬	佛山市南海区桂城街道桂江第一初级中学	初二
广东	罗科杰	东莞市莞城少年宫	初一
广东	曾明宇	东莞市莞城中心小学	小学
广东	陈诺涵	东莞市东莞外国语学校	初一
广东	郭婉婷	佛山市南海区桂城街道桂江第一初级中学	初三
广东	李宇峰	佛山市南海区桂城街道桂江第一初级中学	初一
广东	林树燊	中山市纪中三鑫双语学校	初三
广东	罗衍舜	佛山市南海区狮山镇小塘初级中学	初三
广东	沈子杰	佛山市南海外国语学校	初二
广东	唐家豪	东莞市寮步中学	初三
广东	谢雨舟	广东实验中学	初一
广东	徐梓洪	东莞市可园中学	初二
广东	钟宇睿	东莞市可园中学	初二
广东	梁泽林	佛山市南海区石门实验学校	初三
广东	罗正贤	东莞市东莞中学松山湖学校	初三
广东	童竞仪	佛山市南海区桂城街道桂江第一初级中学	初二
广东	毋竞浩	东莞市莞城少年宫	初一
广东	杨泽宇	佛山市南海区南海实验中学	初三
广东	陈创新	东莞市莞城中心小学	小学
广东	陈子澍	广州市海珠区六中珠江中学	初二
广东	胡宇晨	广州大学附属中学	初二
广东	黄碧紫	深圳中学	初二
广东	李仲锴	佛山市南海区石门实验中学	初三
广东	刘昊	佛山市南海区南海实验中学	初一
广东	谢良栩	佛山市南海区南海实验中学	初三
广东	曾天乐	佛山市南海区石门实验学校	初一
广东	蔡俊黠	佛山市南海区西樵镇太平初级中学	初二
广东	龚鸿林	佛山市南海区石门实验学校	初三
广东	何俊伟	佛山市南海区狮山镇狮城中学	初三
广东	曾衍铨	广州广雅实验学校	初三
广东	郑鸿鑫	东莞市可园中学	初二
广东	邱文君	佛山市南海区桂城街道桂江第一初级中学	初三

续 表

省份	姓名	学校	年级
广东	陈文烜	广州大学附属中学	初三
广东	陈逸飞	东莞市东莞中学松山湖学校	初二
广东	陈奕斐	东莞市南城中学	初一
广东	崔锦鸿	东莞市石龙第三中学	初二
广东	高宏钧	汕头市金园实验中学	初一
广东	胡锦洋	佛山市南海区南海实验中学	初一
广东	刘亦菲	东莞市南城中学	初一
广东	邱启阳	广州大学附属中学	初二
广东	肖伟文	中山市纪中雅居乐凯茵学校	初一
广东	杨宸昊	佛山市南海区南海实验中学	初三
广东	曾诚	珠海市第十中学	初三
广东	张弘毅	华南师范大学附属中学	初二
广东	张昕	东莞市莞城少年宫	初三
广东	钟博文	华南师范大学附属中学	初一
广东	黄宇凡	汕头金山中学南区学校	初二
广东	侯睿	广东北江实验学校	初二
广东	简世杰	佛山市南海区石门实验学校	初三
广东	李翔	东莞市塘厦初级中学	初三
广东	潘彦璋	汕头市金园实验中学	初三
广东	甄泽宇	东莞市东莞中学松山湖学校	初三
广东	周天羽菲	珠海市紫荆中学	初三
广东	陈懿	佛山市南海区大沥镇盐步初级中学	初二
广东	范韬	佛山市南海区南海实验中学	初二
广东	刘洁仪	广州大学附属中学	初三
广东	谭佳豪	佛山市南海区石门实验学校	初一
广东	杨洋	广州大学附属中学	初二
广东	赵振宇	佛山市南海区南海实验中学	初二
广东	赵睿霖	广东实验中学	初一
广东	邹伟锋	东莞市南城中学	初一
广东	邓骐初	佛山市南海区大沥镇盐步初级中学	初二
广东	李耿豪	汕头金山中学南区学校	初二
广东	李俊泽	深圳中学	初二
广东	邵潆滢	佛山市南海外国语学校	初三
广东	袁珏非	珠海市紫荆中学	初三
广东	董卓钰	华南师范大学附属中学	初一
广东	沈亿三	佛山市南海区南海实验中学	初二
广东	蔡梓煌	汕头市聿怀初级中学	初三
广东	陈罗玥安	广州大学附属中学	初二
广东	陈夏雷	广东北江实验学校	初二
广东	樊子熹	东莞市南城中学	初二
广东	黄清韵	东莞市南城中学	初一
广东	黄义健	佛山市超盈实验中学	初二
广东	黄泽宇	广州广雅实验学校	初三
广东	李润东	佛山市南海区石门实验中学	初二
广东	李尚致	佛山市南海区石门实验学校	初一
广东	刘畅	东莞市寮步中学	初三
广东	刘悦菲	佛山市南海区南海实验中学	初二
广东	彭浩权	广州市海珠区六中珠江中学	初一
广东	涂镇	佛山市南海区石门实验学校	初一
广东	王景玉	东莞市南城中学	初三
广东	吴彪生	东莞市东华初级中学	初二
广东	余世扬	广州大学附属中学	初二
广东	张梓峰	东莞市南城中学	初二
广东	周然	广州市铁一中学	初二
广东	周思雨	佛山市南海区狮山镇狮城中学	初二
广东	李资楷	广东实验中学	初一
广东	卢梓晴	佛山市南海区儒林初级中学	初三
广东	曾麒文	珠海市第十中学	初三
广东	陈儒琳	佛山市南海区石门实验中学	初二
广东	仇玮铖	东莞市可园中学	初二
广东	冯天骥	广州大学附属中学	初三
广东	何自博	中山市中山纪念中学	初一
广东	黄晏希	广州市海珠区六中珠江中学	初一
广东	姜宇潼	珠海市第十中学	初二
广东	李佳芮	华南师范大学附属中学	初一
广东	李锦初	佛山市南海区狮山镇狮城中学	初三
广东	林泽文	汕头金山中学南区学校	初二
广东	刘泽源	佛山市南海区狮山镇狮城中学	初三
广东	吕思翰	广州市海珠区六中珠江中学	初二
广东	彭依琪	中山市第一中学	初二
广东	谭梓杰	东莞市塘厦初级中学	初二
广东	唐粲	东莞市新世纪英才学校	初一
广东	万永彬	佛山市南海区狮山镇桃园初级中学	初二
广东	薛一凡	东莞市南城中学	初一
广东	赵丹瑜	佛山市南海区石门实验学校	初二
广东	周珮琳	东莞市南城中学	初三
广西	陈丘吉	广西师范大学附属外国语学校	初二
广西	陈锐章	南宁市第二中学	初二
广西	陈泓逸	柳州市第十五中学	初二
广西	邓梓杨	贵港市高级中学	初三
广西	何曾洁	广西阳朔县漓江中学	初三
广西	季琦翔	南宁市三美学校	初一
广西	李杨	广西师范大学附属外国语学校	初二

续 表

省份	姓名	学校	年级	省份	姓名	学校	年级
广西	梁家豪	柳州市第四十五中学	初一	河北	侯代宗	华北油田东风中学	初二
广西	梁铧益	柳州市启智中学	初三	河北	王凯淇	华北油田钻二中学	初三
广西	廖健翔	南宁市新民中学	初一	河北	杨昊明	衡水志臻实验中学	初二
广西	刘书聿	柳州市启智中学	初一	河北	李沐	华北油田东风中学	初二
广西	陆俊霖	柳州市启智中学	初一	河北	高原	衡水志臻实验中学	初二
广西	罗梓拯	柳州市启智中学	初一	河北	魏佳琪	衡水志臻实验中学	初二
广西	王靖淋	广西师范大学附属外国语学校	初二	河北	王瀚翔	衡水志臻实验中学	初二
广西	王振宇	南宁市第十四中学	初二	河北	赵乐颜	华北油田东风中学	初二
广西	徐国雄	南宁市第十四中学	初二	河北	路子鸣	华北油田东风中学	初二
广西	许运国	柳州市第十五中学	初二	河北	黄厚德	华北油田东风中学	初二
广西	杨德靖	柳州市第十二中学	初三	河北	周毅	华北油田东风中学	初二
广西	姚易良	柳州市第八中学	初一	河北	高珩珺	华北油田东风中学	初二
广西	易建宇	南宁市第二中学	初二	河北	张天浩	唐山市第十二中学	初二
广西	尹葳杰	桂林德智外国语学校	初三	河北	刘禹航	华北油田东风中学	初二
广西	岳星岚	柳州市第十五中学	初二	河北	王佳卉	华北油田东风中学	初二
广西	曾祥轩	南宁市新民中学	初二	河北	王雅桐	华北油田东风中学	初二
广西	赵成栋	柳州市启智中学	初一	河北	王逸凡	华北油田东风中学	初二
广西	覃为可	桂林市奎光学校	初二	河北	徐文昊	华北油田东风中学	初二
广西	黄杰涛	南宁市新民中学	初二	河北	王岳腾	华北油田东风中学	初二
广西	黄伟航	柳州市启智中学	初一	河北	于化龙	华北油田东风中学	初二
广西	李依霖	柳州市第十五中学	初二	河北	梁云淇	石家庄第二外国语学校	初一
广西	刘若妍	广西师范大学附属外国语学校	初二	河北	陈焯楷	唐山外国语学校	初三
广西	卢梓涵	南宁市第二中学	初二	河北	杨振烨	华北油田东风中学	初二
广西	陆治文	柳州市第十五中学	初一	河北	孟祎	华北油田东风中学	初二
广西	秦凝锐	柳州市启智中学	初一	河北	赵成磊	衡水志臻实验中学	初二
广西	邱俊宇	柳州市第八中学	初一	河北	张浩	衡水志臻实验中学	初二
广西	徐明	柳州市启智中学	初二	河北	李依庭	保定市县学街小学	小学
广西	叶子泓	广西师范大学附属外国语学校	初二	河北	杨茗杰	保定市第十三中学	初三
广西	张何语	柳州市启智中学	初二	河北	韩梓豪	华北油田东风中学	初二
河北	张桐硕	保定市第十七中学	初一	河北	栗俊琦	华北油田东风中学	初二
河北	刘松涛	华北油田东风中学	初三	河北	杨熠	华北油田东风中学	初二
河北	高艺远	华北油田东风中学	初二	河北	吴玥	华北油田东风中学	初二
河北	刘佳澎	华北油田东风中学	初二	河北	刘奕林	华北油田东风中学	初二
河北	淡承誉	华北油田东风中学	初二	河北	毕研博	华北油田东风中学	初二
河北	范敬奇	华北油田东风中学	初三	河北	杨一笑	华北油田东风中学	初二
河北	刘科言	华北油田东风中学	初二	河北	王开宇	华北油田钻二中学	初三
河北	王紫骞	华北油田东风中学	初三	河北	马子来	华北油田钻二中学	初二
河北	陈可东	华北油田东风中学	初二	河北	张祎涵	华北油田东风中学	初二
河北	王波静	华北油田东风中学	初二	河北	孟浩谦	石家庄第二外国语学校	初一
河北	李子楠	华北油田东风中学	初二	河北	刘美灵	华北油田东风中学	初二
河北	陈星如	华北油田东风中学	初三	河北	李荣玖	华北油田东风中学	初二
河北	黄文炫	华北油田东风中学	初三	河北	闫纲宇	华北油田东风中学	初二
河北	何松儒	华北油田东风中学	初二	河北	司珉赫	秦皇岛海港区建设路小学	小学

续 表

省份	姓名	学校	年级
湖南	曹宸宇	湖南省娄底市第一中学	初二
湖南	陈锦裕	长沙市岳麓区博才培圣学校	初二
湖南	陈景怡	湖南省冷水江市第七中学	初二
湖南	陈宇涵	长沙市雅礼实验中学	初二
湖南	陈宇康	娄底市楚英学校	初二
湖南	陈卓	长沙高新技术产业开发区明德麓谷学校	小学
湖南	陈曦祎	澧县澧阳中学	初二
湖南	成宜庭	长沙市雨花区砂子塘小学	小学
湖南	戴杰坤	娄底市楚英学校	初三
湖南	丁晨峰	衡阳市成章实验中学	初二
湖南	丁星月	长沙市雨花区金海中学	初二
湖南	樊思琦	长沙市雨花区金海中学	初二
湖南	冯曦	长沙市中雅培粹学校	初一
湖南	谷振灿	长沙市长郡湘府中学	初二
湖南	郭蕙源	长沙市中雅培粹学校	初一
湖南	何秉宸	长沙市雅礼实验中学	初二
湖南	贺邦琦	长沙青竹湖湘一外国语学校	初二
湖南	贺思	娄底市楚英学校	初二
湖南	黄止戈	湘潭市雨湖区逸夫小学	小学
湖南	黄姗姗	株洲市天元区建宁实验中学	初二
湖南	黄熠阳	娄底市楚英学校	初二
湖南	姜孟毅	湖南省冷水江市第七中学	初三
湖南	蒋宇慧	长沙市明德华兴中学	初二
湖南	金伟	娄底市楚英学校	初二
湖南	孔令达	长沙市南雅中学	初一
湖南	李耀华	湖南师大附中梅溪湖中学	初三
湖南	李屹松	长沙青竹湖湘一外国语学校	初二
湖南	凌天相	株洲景炎学校	初三
湖南	刘江鑫	湖南省醴陵第一中学	初三
湖南	刘平	娄底市楚英学校	初二
湖南	刘彦廷	衡阳市成章实验中学	初三
湖南	刘一文	长沙市中雅培粹学校	初一
湖南	刘泽威	湖南省长沙市天心区幼幼小学	小学
湖南	刘炫成	长沙市中雅培粹学校	初一
湖南	柳宣兆	长沙市岳麓区郡维学校	初一
湖南	罗宇熙	长沙高新技术产业开发区明德麓谷学校	初二
湖南	马廖乐	长沙市湘郡培粹实验中学	初一
湖南	毛文成	长沙育才小学	小学
湖南	毛睿	长沙市滨江小学	小学
湖南	彭靓	长沙市雅礼雨花中学	初二
湖南	沈艺	长沙县百熙实验学校初中部	初二
湖南	孙佳成	长沙市南雅中学	初二
湖南	谭臻	娄底市第八小学	小学
湖南	唐梓棋	长沙市中雅培粹学校	初二
湖南	唐睿程	长沙市中雅培粹学校	初一
湖南	童文彬	衡阳市成章实验中学	初一
湖南	王哲嘉	湖南省冷水江市第七中学	初二
湖南	文豪杰	衡阳市博雅学校	初二
湖南	吴炫珠	长沙市中雅培粹学校	初一
湖南	夏清昊	曾国藩学校	初三
湖南	向彦卓	湖南省长沙市长郡双语实验中学	初一
湖南	肖楚阳	长沙市明德华兴中学	初二
湖南	肖宇	湖南省娄底市第一中学	初二
湖南	谢惟楚	娄底市第五小学	小学
湖南	熊沂冰	衡阳市成章实验中学	初二
湖南	徐鸿远	长沙市湘郡培粹实验中学	初一
湖南	杨畅	长沙市雅礼实验中学	初一
湖南	袁佳	娄底市楚英学校	初二
湖南	詹添凯	湖南省醴陵第一中学	初二
湖南	赵家乐	长沙高新技术产业开发区明德麓谷学校	初三
湖南	赵禹翔	长沙高新技术产业开发区明德麓谷学校	小学
湖南	周仕博	涟源市双江小学	小学
湖南	朱磊	娄底市楚英学校	初二
湖南	朱权	湖南省娄底市第二中学	初三
湖南	虢烜时	湖南省长沙市天心区幼幼小学	小学
湖南	陈宇康	长沙市一师二附小	小学
湖南	程子彧	长沙青竹湖湘一外国语学校	初一
湖南	楚简宁	长沙市中雅培粹学校	初一
湖南	戴灿辉	湖南广益实验中学	初二
湖南	邓慧敏	娄底市楚英学校	初二
湖南	段宇帆	湖南省冷水江市第二中学	初三
湖南	樊城玮	娄底市楚英学校	初二
湖南	冯川翊	湖南省长沙市天心区幼幼小学	小学
湖南	华浩宇	长沙市雅礼实验中学	初二
湖南	黄佳扬	长沙市雅礼雨花中学	初二
湖南	黄子杰	长沙市育新小学	小学
湖南	黄昱菘	长沙市长郡雨外小学	小学
湖南	贾琼琼	湖南省娄底市第二中学	初三
湖南	蒋赫	娄底市楚英学校	初三
湖南	康搏强	娄底市第一小学	小学
湖南	雷昇	衡阳市博雅学校	初二

续 表

省份	姓名	学校	年级
湖南	李龙章	长沙县高桥中学	初三
湖南	厉倩妤	娄底市第八小学	小学
湖南	刘佳宜	长沙育才学校	小学
湖南	刘乐	娄底市楚英学校	初二
湖南	刘礼	娄底市楚英学校	初三
湖南	刘瞳	长沙高新技术产业开发区明德麓谷学校	初三
湖南	刘煦杨	湘潭江声实验学校	初一
湖南	聂民生	湖南省娄底市第二中学	初三
湖南	聂怡妍	娄底市楚英学校	初二
湖南	彭泳灿	湖南省娄底市第二中学	初三
湖南	彭宇轩	长沙市湘郡培粹实验中学	初一
湖南	彭之年	长沙市岳麓区郡维学校	初一
湖南	盛世雄	长沙市雅礼实验中学	初二
湖南	唐可谦	株洲景炎学校	初二
湖南	王涵宇	长沙市南雅中学	初二
湖南	王子豪	长沙市湘郡培粹实验中学	初二
湖南	向怀瑾	长沙青竹湖湘一外国语学校	初一
湖南	肖哲	湖南省娄底市第二中学	初三
湖南	徐智仁	长沙市雅礼实验中学	初二
湖南	袁晨圃	长沙市中雅培粹学校	初一
湖南	张灿	衡阳市成章实验中学	初一
湖南	张书宁	湖南省长沙市长郡双语实验中学	初二
湖南	张腾岩	长沙市湘郡培粹实验中学	初一
湖南	赵轩琦	娄底市楚英学校	初二
湖南	晏礼奇	湖南省冷水江市第七中学	初二
湖南	谭潇阳	长沙市南雅中学	初二
湖南	朱胤先	长沙市湘郡培粹实验中学	初一
湖南	林骏贤	长沙市明德华兴中学	初三
湖南	潘倩芸	湖南省常德芷兰实验学校	初三
江苏	蔡启越	江苏省南通田家炳中学	初二
江苏	蔡宇洁	南京外国语学校	初二
江苏	曹佳韬	盐城市大丰区实验初级中学	初一
江苏	陈经纬	常州市正衡中学	初三
江苏	陈文琦	淮安外国语学校	初三
江苏	陈雨涵	扬州中学教育集团树人学校	初二
江苏	单楷文	江苏省南通市通州区金郊初级中学	初二
江苏	邓锦宸	南京师范大学附属中学树人学校	初三
江苏	董坤鹏	南京外国语学校	初一
江苏	董然	南京市金陵中学河西分校	初二
江苏	方彦喆	江苏省苏州中学伟长实验部	初三
江苏	冯宇杰	盐城市大丰区实验初级中学	初一
江苏	甘梓辰	镇江实验学校	初三
江苏	龚翔宇	淮安外国语学校	初三
江苏	管益民	扬州中学教育集团树人学校	初二
江苏	郭明睿	江苏扬中市外国语中学	初三
江苏	何铭飏	常州市北郊初级中学	初三
江苏	胡博涵	江苏省泰州市姜堰区励才实验学校	初三
江苏	宦镇	镇江实验学校	初二
江苏	吉喆	南京师范大学附属中学树人学校	初二
江苏	季云飞	淮安外国语学校	初三
江苏	金千果	江苏省泗洪中学	初三
江苏	孔德衍	盐城市初级中学	初三
江苏	李嘉伟	南京师范大学附属中学树人学校	初三
江苏	李亦杰	连云港市新海实验中学延安校区	初三
江苏	李泽昊	镇江第一外国语学校	初三
江苏	李卓	扬州中学教育集团树人学校	初二
江苏	凌宿寒	南京师范大学附属中学树人学校	初三
江苏	刘春超	江苏省南通市通州区金郊初级中学	初三
江苏	刘张毅	靖江外国语学校	初三
江苏	马思博	扬州市江都区实验初级中学	初二
江苏	倪昀	常州市第二十四中学	初三
江苏	潘天奇	镇江市索普初级中学	初二
江苏	祁小薇	常州市正衡中学	初二
江苏	钱嘉乐	太仓市浮桥中学	初三
江苏	钱芒今	南京外国语学校	初二
江苏	钱一凡	丹阳市华南实验学校	初二
江苏	邱江杰	江苏省海门中学	初三
江苏	施天笑	南京师范大学附属中学树人学校	初二
江苏	苏越	江苏省淮阴中学教育集团清浦开明中学	初三
江苏	孙宇栋	南京市第一中学	初三
江苏	孙震	江苏省泗洪中学	初三
江苏	田源坤	南京师范大学附属中学树人学校	初二
江苏	万凯	常州外国语学校	初一

续 表

省份	姓名	学校	年级	省份	姓名	学校	年级
江苏	王景毅	江苏省苏州中学伟长实验部	初一	江苏	窦铭澍	镇江第一外国语学校	初三
江苏	王天睿	江苏省南通市通州区实验中学	初三	江苏	严景天	北京新东方扬州外国语学校	初三
江苏	韦一	兴化市楚水初级中学	初二	江苏	查凯文	宜兴市实验中学	初二
江苏	魏宇航	镇江实验学校	初三	江苏	陈国太	淮安外国语学校	初三
江苏	吴涵之	常州市正衡中学	初三	江苏	陈劭谦	南京师范大学附属中学树人学校	初三
江苏	吴骏杰	常州市第二十四中学	初三				
江苏	吴润泽	江苏省淮阴中学开明分校	初二	江苏	陈骐	丹阳市华南实验学校	初二
江苏	吴玉阳	丹阳市华南实验学校	初三	江苏	储彤	江苏省淮阴中学教育集团清浦开明中学	初三
江苏	夏林锐	丹阳市华南实验学校	初三				
江苏	肖国力	南京市金陵中学河西分校	初三	江苏	丁文涛	扬州中学教育集团树人学校	初二
江苏	肖霖昕	无锡市大桥实验学校	初三	江苏	费伟晨	南京市科利华中学	初一
江苏	谢宇焜	常州市正衡中学	初二	江苏	高雨萌	镇江实验学校	初三
江苏	徐慕鸿	盐城市初级中学	初三	江苏	耿天成	南京师范大学附属中学树人学校	初二
江苏	徐士喆	连云港市新海实验中学延安校区	初二	江苏	顾子龙	苏州高新区第二中学	初二
江苏	徐梓鸣	南京外国语学校	初一	江苏	何乃成	南京外国语学校	初二
江苏	薛沁宜	常州市正衡中学	初一	江苏	姜睿哲	南京外国语学校	初二
江苏	薛然之	江苏省淮阴中学开明分校	初一	江苏	蒋丛源	常州外国语学校	初一
江苏	杨晋宇	江苏省淮阴中学教育集团清浦开明中学	初三	江苏	李宏达	连云港市新海实验中学苍梧校区	初二
江苏	杨瑞景	江苏省天一中学	初二	江苏	李天翔	苏州市吴江区盛泽第二中学	初三
江苏	尹支雨	淮安外国语学校	初三	江苏	廖力辉	丹阳市华南实验学校	初三
江苏	雍卓远	淮安外国语学校	初三	江苏	林家栋	南京市第一中学	初二
江苏	于旻扬	常州市正衡中学	初二	江苏	陆遥	江苏省天一中学	初二
江苏	于之航	南京市第一中学	初一	江苏	马淑均	南京师范大学附属中学树人学校	初三
江苏	袁宇洋	盐城市大丰区实验初级中学	初一				
江苏	张怀睿	南京外国语学校	初一	江苏	施辰熙	常州外国语学校	初一
江苏	张天乐	镇江市实验初级中学	初三	江苏	史宇杰	丹阳市华南实验学校	初三
江苏	张皓嘉	扬州中学教育集团树人学校	初二	江苏	苏哲偕	无锡市湖滨中学	初三
江苏	赵子涵	江苏省淮阴中学开明分校	初二	江苏	孙嘉柏	江苏省淮阴中学开明分校	初三
江苏	赵聿祺	南京外国语学校	初一	江苏	陶逸桐	淮安外国语学校	初三
江苏	郑昕屿	常州市实验初级中学	初二	江苏	王佳昊	南京外国语学校	初一
江苏	周攀	盐城市大丰区实验初级中学	初一	江苏	王旭阳	淮安外国语学校	初三
江苏	周子钧	南京师范大学附属中学仙林学校初中部	初三	江苏	吴冠辰	南京市金陵汇文学校	初一
				江苏	徐鲸鹏	淮安外国语学校	初三
江苏	周奕菲	南京师范大学附属中学树人学校	初二	江苏	徐霄同	南京师范大学附属中学树人学校	初三
江苏	朱达夫	淮安外国语学校	初三	江苏	杨轶群	连云港市新海实验中学苍梧校区	初三
江苏	朱济庆	丹阳市华南实验学校	初二				
江苏	朱静	淮安外国语学校	初三	江苏	易舒涵	江苏省天一中学	初二
江苏	朱毅	盐城市大丰区实验初级中学	初一	江苏	游天明	南京外国语学校	初一
江苏	朱肸予	常州市正衡中学	初三	江苏	于锦	淮安外国语学校	初三
江苏	於汉阳	淮安外国语学校	初三	江苏	岳晋宇	盐城市初级中学	初三

续 表

省份	姓名	学校	年级	省份	姓名	学校	年级
江苏	周瑞琳	南京师范大学附属中学树人学校	初三	江苏	秦梓铉	常州外国语学校	初三
				江苏	刘益杉	江苏省泗洪中学	初二
江苏	周宇轩	江苏省苏州中学伟长实验部	初三	江苏	贡煜欢	常州外国语学校	初一
江苏	庄玮琦	常州市北郊初级中学	初三	江苏	李彦阳	江苏省泗洪中学	初三
江苏	汤玉吉	南京师范大学附属中学仙林学校初中部	初二	江苏	孙思远	南京师范大学附属中学新城初级中学	初一
江苏	许君同	北京新东方扬州外国语学校	初三	江苏	王劼	镇江市丹徒区炎黄外国语学校	初二
江苏	陆华均	常州外国语学校	初一	江苏	姚皓天	常州外国语学校	初一
江苏	薛梓屹	南京玄武外国语学校	初三	江苏	闵嘉宁	无锡市江南中学	初三
江苏	庄征远	丹阳市华南实验学校	初二	江苏	曹熠辉	常州市实验初级中学	初三
江苏	陈启涵	江苏省新海高级中学	初二	江苏	丁奕超	无锡市大桥实验学校	初二
江苏	顾嘉宇	江苏省锡山高级中学实验学校	初三	江苏	韩达昊	连云港市新海实验中学延安校区	初二
江苏	王妙杰	南京外国语学校	初一				
江苏	王瑞泽	盐城市大丰区实验初级中学	初二	江苏	汤亦文	扬州市江都区第三中学	初三
江苏	张旭冬	靖江外国语学校	初三	江苏	王嘉懿	扬州市江都区国际学校	初三
江苏	董义进	扬州中学教育集团树人学校	初二	江苏	徐致简	无锡市大桥实验学校	初三
江苏	范岳林	扬州中学教育集团树人学校	初二	江苏	钟辰阳	丹阳市实验学校	初二
江苏	胡益铭	江苏省新海高级中学	初二	江苏	陈星翰	南京外国语学校	初一
江苏	华坤剑	南京市鼓楼实验中学	初二	江苏	冯韵	南京师范大学附属中学树人学校	初二
江苏	姜皓仁	江苏省锡山高级中学实验学校	初三				
江苏	李硕睿	南京外国语学校	初二	江苏	胡家齐	南京师范大学附属中学树人学校	初二
江苏	施润	丹阳市华南实验学校	初二				
江苏	唐若芸	常州外国语学校	初一	江苏	李辰璋	南京市金陵中学河西分校	初二
江苏	王宁丰	江苏省淮阴中学开明分校	初三	江苏	刘小江	丹阳市华南实验学校	初二
江苏	杨熙晟	江苏省锡山高级中学实验学校	初二	江苏	谈沁卓	江苏省泗洪中学	初二
江苏	陆天翔	江苏省锡山高级中学实验学校	初三	江苏	田柯涵	扬州中学教育集团树人学校	初二
江苏	赵若帆	江苏省天一中学	初三	江苏	王天淏	江苏省南通田家炳中学	初二
江苏	纪以恒	镇江第一外国语学校	初二	江苏	韦骆飞	常州市第二十四中学	初二
江苏	李响	江苏省淮阴中学开明分校	初二	江苏	徐宇飞	丹阳市华南实验学校	初三
江苏	刘宇凡	江苏省淮阴中学开明分校	初三	江苏	杨朝坤	常州市第二十四中学	初二
江苏	任飞	苏州市吴江区北厍中学	初三	江苏	于昕颜	南京外国语学校	初三
江苏	陈方信	扬州中学教育集团树人学校	初二	江苏	奚铭浩	常州外国语学校	初一
江苏	范宇辰	江苏省如皋市实验初中	初一	江苏	程玥怡	泰州市第二中学附属初中	初二
江苏	范羽轩	常州外国语学校	初三	江苏	韩昊佑	南京外国语学校	初一
江苏	廖梓轩	南京师范大学附属中学树人学校	初二	江苏	聂晗	江苏扬中市外国语中学	初三
江苏	刘立成	南京外国语学校	初二	江苏	戚陶然	南京师范大学附属中学树人学校	初一
江苏	蒋宇轩	盐城市大丰区实验初级中学	初二	江苏	袁佳豪	南京外国语学校	初一
江苏	王泽同	南京师范大学附属中学树人学校	初二	江苏	白宇杰	张家港市常青藤实验中学	初三
				江苏	曹诗禹	盐城市初级中学	初二
江苏	王昱涵	常州外国语学校	初一	江苏	陈成	江苏省淮阴中学开明分校	初二
江苏	严逊	淮安外国语学校	初三	江苏	丁绍洋	新沂市第一中学	初三
江苏	周子承	常州外国语学校	初一	江苏	方乐远	张家港市常青藤实验中学	初二

续 表

省份	姓名	学校	年级
江苏	贺逸帆	常州市正衡中学	初二
江苏	胡航瑞	南京市金陵中学河西分校	初二
江苏	刘佳琪	盐城市大丰区实验初级中学	初一
江苏	罗轶群	扬州中学教育集团树人学校	初二
江苏	马煜轩	南京外国语学校	初二
江苏	潘亦新	常州市正衡中学	初一
江苏	谭逸扬	常州外国语学校	初一
江苏	熊王昕	南京外国语学校	初二
江苏	徐堃	江苏省南通田家炳中学	初二
江苏	杨济源	常州外国语学校	初一
江苏	杨文博	南京市金陵汇文学校	初一
江苏	张劼	南京师范大学附属中学树人学校	初三
江苏	赵震宇	江苏省淮阴中学开明分校	初二
江苏	朱孝缘	南京市金陵中学河西分校	初二
江苏	费小刚	太仓市浮桥中学	初三
江苏	顾范杰	江苏省海安县城东镇西场初级中学	初三
江苏	何诗禹	盐城市大丰区实验初级中学	初一
江苏	何宇航	江苏省苏州中学伟长实验部	初一
江苏	徐子劼	宜兴市实验中学	初一
江苏	赵汉林	盐城市初级中学	初三
江苏	朱文轩	盐城市大丰区实验初级中学	初二
江苏	白宇豪	张家港市常青藤实验中学	初三
江苏	顾望辰	扬州市邗江区实验学校	初一
江苏	王唯仲	扬州中学教育集团树人学校	初二
江苏	王永翔	南京外国语学校	初一
江苏	徐奕然	南京师范大学附属中学树人学校	初三
江苏	翟天宁	南京市科利华中学	初一
江苏	潘子妍	泰州市第二中学附属初中	初二
江苏	徐振森	扬州市江都区第二中学	初三
江苏	许昊昊	苏州工业园区第十中学	初三
江苏	陈兴华	江苏省泗洪中学	初二
江苏	储宣宇	新沂市第一中学	初三
江苏	崔屿杰	江苏省海门中学	初三
江苏	杜征洋	南京师范大学附属中学树人学校	初三
江苏	顾天禹	盐城市大丰区实验初级中学	初一
江苏	何治其	南京外国语学校	初一
江苏	刘礼奕笑	江苏省淮阴中学教育集团清浦开明中学	初三
江苏	刘宇赫	南京外国语学校	初一
江苏	陆尧	江苏省新海高级中学	初二
江苏	茅迦一	盐城市大丰区实验初级中学	初一
江苏	沈果杨	盐城市大丰区实验初级中学	初二
江苏	王天也	连云港市新海实验中学延安校区	初三
江苏	王震冬	盐城市大丰区金丰路初级中学	初一
江苏	徐乐原	常州外国语学校	初一
江苏	徐雅婧	江苏省南通市通州区金郊初级中学	初二
江苏	许如清	江苏省淮阴中学教育集团清浦开明中学	初三
江苏	张锡林	盐城市初级中学	初三
江苏	张泽骞	盐城市大丰区实验初级中学	初二
江苏	朱嘉诚	扬州中学教育集团树人学校	初二
江苏	朱子佳	常州外国语学校	初一
江苏	杨一帆	盐城市大丰区实验初级中学	初二
江苏	顾弘晔	扬中市第一中学	初二
江苏	卢笑天	镇江实验学校	初二
江苏	阮雪彬	南京师范大学附属中学树人学校	初三
江苏	张语洋	南京外国语学校	初一
江苏	朱佳茗	苏州市第三中学校慧成实验项目	初二
辽宁	宋明屿	东北育才学校	初二
辽宁	任书毅	东北育才学校	初二
辽宁	李卓远	东北育才实验学校	初三
辽宁	李勃霖	望湖路小学新世界校区	小学
辽宁	周琦尧	东北育才学校	初二
山东	付冠赫	淄博市张店区第二中学	初二
山东	韩林华	莱州市云峰中学	初三
山东	李牧寒	东营市东营区第一中学	初二
山东	李少凡	潍坊实验中学	初三
山东	乔高宽	东营行知实验学校	初二
山东	宋绪涛	山东省泰安第六中学	初三
山东	孙浩玮	山东省烟台第十中学	初三
山东	颜毓	山东省青岛市第五十九中学	初三
山东	庸真阁	山东省诸城市皇华镇郝戈庄初中	初三
山东	张子嵩	肥城市龙山中学	初二
山东	郑瑞秋	莱芜市陈毅中学	初二
山东	宋梓萌	聊城文轩中学	初三
山东	陈锦浩	山东省烟台第二中学	初三
山东	宋思威	山东省莱阳市城厢中心初级中学	初三

续 表

省份	姓名	学校	年级	省份	姓名	学校	年级
山东	田富骏	潍坊市奎文实验初中	初三	山东	李闻睿	山东省诸城市繁华初级中学	初二
山东	王奕璇	山东省青岛第七中学	初二	山东	李旭	山东省五莲中学	初三
山东	于一阳	东营市胜利第一中学	初二	山东	李蕴奇	山东省青岛市第五十九中学	初三
山东	张鲁豫	青岛上清路小学	小学	山东	李正迅	青岛上清路小学	小学
山东	周元桢	东营市胜利第三中学	初二	山东	李卓航	山东省泰安市实验学校	初一
山东	朱宏梓	淄博市张店区实验中学	初三	山东	李奕玮	山东省潍坊第五中学	初二
山东	左宇晨	东营市胜利第五中学	初一	山东	李昊天	诸城一中国际学校	初三
山东	鲍俊辰	山东省青岛第二十六中学	初三	山东	林萍	山东省诸城市皇华镇郝戈庄初中	初三
山东	毕凯瑞	东营市胜利第六十二中学	初三				
山东	卜若洋	东营市胜利第一中学	初二	山东	刘喆	临沂第九中学	初二
山东	陈家航	济南市辅仁学校	初二	山东	刘峰凯	山东省潍坊外国语学校	初一
山东	陈晶	山东省诸城市皇华镇郝戈庄初中	初三	山东	刘洪超	诸城市龙都初级中学	初三
				山东	刘天源	山东省青岛实验初级中学	初二
山东	崔宇昊	广饶经济开发区乐安中学	初三	山东	刘信楠	山东省烟台第三中学	初二
山东	单昊	高密市立新中学	初三	山东	刘星宇	东营市东营区第一中学	小学
山东	丁欣	山东省诸城市皇华镇郝戈庄初中	初二	山东	刘中琦	山东省寿光世纪学校	初三
				山东	刘子扬	山东省高密市豪迈中学	初二
山东	豆鑫阳	聊城第六中学	初三	山东	刘睿哲	东营市胜利第一中学	初三
山东	杜圣南	山东省烟台第二中学	初三	山东	刘霁睿	山东省烟台第二中学	初三
山东	方佩泽	山东省烟台第一中学	初三	山东	龙浩泉	山东大学附属中学	初二
山东	冯展祥	山东省诸城市贾悦镇贾悦初中	初三	山东	吕泉锦	青岛大学附属中学	初二
山东	冯子扬	青岛大学附属中学	初二	山东	马正	山东省五莲中学	初三
山东	高翔	山东省烟台第二中学	初三	山东	毛崇晓	山东省烟台第三中学	初三
山东	高一鸣	东营市胜利第六十二中学	初二	山东	孟戎宬	潍坊文华国际学校	初三
山东	高云天	日照市新营中学	初三	山东	潘柏皓	青岛经济技术开发区第四中学	初一
山东	耿翌祥	东营市胜利第二中学	初一	山东	彭柏程	山东省青岛第二十六中学	初二
山东	巩龙锟	山东省青岛超银中学（鞍山路校区）	初二	山东	钱冠冰	山东省烟台第二中学	初三
				山东	邱天野	山东省诸城市繁华初级中学	初三
山东	管昊	日照市北京路中学	初二	山东	商泽林	东营市东营区第一中学	初二
山东	韩烨昊	山东省潍坊第五中学	初二	山东	宋福阳	潍坊市奎文实验初中	初二
山东	郝秋源	山东省青岛第三十九中学	初三	山东	苏月阳	山东省邹平县第一中学	初二
山东	侯腾	山东省烟台第二中学	初三	山东	孙晨曦	山东省广饶县实验中学	初三
山东	侯雨辰	山东省寿光世纪学校	初三	山东	孙京翔	昌邑潍水学校	初二
山东	胡广阔	临沂第五中学	初三	山东	孙靖翔	山东省烟台第二中学	初三
山东	胡兆琨	山东省潍坊第五中学	初二	山东	孙靖贻	山东省烟台第二中学	初三
山东	冀陈宇	山东省青岛第六十五中学	初二	山东	孙康晖	山东省广饶县实验中学	初三
山东	贾丰豪	青岛大学附属中学	初二	山东	孙茂迪	山东省烟台第二中学	初三
山东	解子程	莱芜市陈毅中学	初二	山东	孙若东	青岛大学附属中学	初二
山东	孔令达	山东省潍坊外国语学校	初一	山东	孙伟宸	山东省潍坊外国语学校	初一
山东	李嘉禾	山东省邹平县第一中学	初二	山东	台琦	山东临邑洛北中学	初二
山东	李明冉	诸城市龙都初级中学	初二	山东	陶柏杉	山东省诸城市繁华初级中学	初二
山东	李名锴	山东省青岛第三十九中学	初二	山东	田晓涛	山东省广饶县实验中学	初三
山东	李维琳	山东省广饶县实验中学	初三	山东	田一丁	莱阳市第二实验中学	初二

续 表

省份	姓名	学校	年级
山东	王嘉豪	山东省北镇中学	初三
山东	王孟宇	山东省诸城市繁华初级中学	初二
山东	王鹏飞	山东省潍坊外国语学校	初三
山东	王启蒙	潍坊市奎文实验初中	初三
山东	王淑君	潍坊市坊子区坊子工业发展区实验学校	初三
山东	王一帆	莱阳市第二实验中学	初三
山东	王一旭	山东省诸城市皇华镇郝戈庄初中	初三
山东	王张泉	山东省诸城市繁华初级中学	初一
山东	王中正	东营市胜利第一中学	初一
山东	王子昂	山东省诸城市明德学校	初三
山东	魏迈	潍坊市育才学校	初三
山东	魏正宇	山东大学第二附属中学	初二
山东	吴筱冉	东营市实验中学	初二
山东	武靖博	青岛国开实验中学	初一
山东	夏滕旭	日照市新营中学	初三
山东	谢晋生	泰安市东平县实验中学	初二
山东	徐舒冉	聊城文轩中学	初三
山东	徐子凯	山东省青岛实验初级中学	初三
山东	徐子尧	山东省诸城市贾悦镇贾悦初中	初二
山东	许亚男	山东省诸城市明德学校	初二
山东	杨博新	山东省青岛第二十六中学	初二
山东	杨东瑞	东营市胜利第四中学	初三
山东	杨融行	山东省邹平县第一中学	初三
山东	杨晓凡	聊城文轩中学	初三
山东	杨誉名	东营市胜利第一中学	初三
山东	杨云皓	山东省邹平县第一中学	初二
山东	尹崇玺	山东省邹平县第一中学	初二
山东	于林楷	莱州市云峰中学	初三
山东	于子杰	莱芜市花园学校	初二
山东	苑新	山东省昌乐第一中学	初三
山东	张超	山东省青岛实验初级中学	初二
山东	张程翔	高密市立新中学	初二
山东	张国东伟	寿光市侯镇第一初级中学	初三
山东	张峻瑜	山东省潍坊新华中学	初二
山东	张小凡	东营市胜利第十七中学	初三
山东	张翼恒	东营市育才学校	初一
山东	张宇翔	高密市立新中学	初三
山东	张泽儒	潍坊市奎文区德润国际学校	初二
山东	张泽骁	东营市育才学校	初二
山东	张馨蕊	山东省烟台第三中学	初三
山东	赵一帆	山东省青岛实验初级中学	初一
山东	郑北	山东省诸城市皇华镇郝戈庄初中	初三
山东	郑嘉一	东营市胜利第五中学	初一
山东	郑利洋	东营市育才学校	初二
山东	周庆航	山东省诸城市贾悦镇贾悦初中	初二
山东	周学敏	东营市胜利第十三中学	初二
山东	朱雍赫	山东省青岛市第五十九中学	初三
山东	朱永正	寿光市侯镇第一初级中学	初三
山东	祝晨曦	青岛市城阳区实验中学	初三
山东	庄浩	日照市新营中学	初三
山东	庄英哲	山东省青岛超银中学（鞍山路校区）	初三
山东	邹铨	山东省青岛第三十九中学	初三
山东	邬中华	山东省诸城市皇华镇郝戈庄初中	初三
山东	佀轩宇	山东省烟台第三中学	初二
山东	白旭辉	山东省青岛第二十六中学	初三
山东	高飞	山东省烟台第二中学	初三
山东	郭欣宇	山东省寿光市洛城街道第二初级中学	初二
山东	蒋正文	山东省广饶县实验中学	初三
山东	李振恺	寿光市羊口镇初级中学	初一
山东	刘昌泽	山东省青岛实验初级中学	初三
山东	刘子硕	山东省高密市豪迈中学	初二
山东	唐晨	山东省烟台第三中学	初三
山东	夏瑞阳	寿光市侯镇第一初级中学	初二
山东	杨康平	寿光市侯镇第一初级中学	初二
山东	于盛骁	威海市文登区实验中学	初三
山东	张德旭	山东省德州市夏津县第六中学	初三
山东	闫钰荟	广饶县稻庄镇实验中学	初三
山东	安益辰	日照市北京路中学	初二
山东	蔡昕倩	潍坊市育才学校	初一
山东	车昊阳	山东省诸城市繁华初级中学	初二
山东	陈书恒	山东省潍坊第五中学	初二
山东	崔恩华	山东省高密市豪迈中学	初二
山东	崔洪睿	东营市实验中学	初二
山东	崔宸	山东省烟台第二中学	初三
山东	丁昱	诸城一中国际学校	初二
山东	董正方	山东省高密市豪迈中学	初二
山东	范湘宜	山东省诸城市皇华镇郝戈庄初中	初二
山东	高劭源	山东省青岛实验初级中学	初三
山东	郭文凯	山东省潍坊第五中学	初二

续 表

省份	姓名	学校	年级	省份	姓名	学校	年级
山东	侯月林	寿光市羊口镇初级中学	初二	山东	王宏宇	诸城市龙都初级中学	初二
山东	黄锦民	山东省潍坊第五中学	初二	山东	王俊洋	诸城市龙都初级中学	初三
山东	黄威昊	东营市胜利第八中学	初二	山东	王培燕	莱州市云峰中学	初三
山东	纪宇涵	山东省烟台第二中学	初三	山东	王维	山东省德州市夏津县第六中学	初三
山东	金楷宸	日照市北京路中学	初二	山东	王祥瑞	山东省潍坊新华中学	初二
山东	孔靖淞	邹平县魏桥实验学校	初一	山东	王允昊	山东省青岛第五十三中学	初三
山东	李成玉	潍坊市育才学校	初二	山东	王章泽	日照第二实验中学	初二
山东	李东政	东营市胜利第六中学	初二	山东	王正阳	山东省青岛超银中学（鞍山路校区）	初三
山东	李非阳	山东省日照市日照港中学	初一				
山东	李福良	日照市北京路中学	初二	山东	魏泽祺	东营市胜利第一中学	初一
山东	李翰墨	山东省青岛第六十五中学	初二	山东	辛文康	山东潍坊第三中学	初一
山东	李恒源	山东省潍坊新华中学	初二	山东	徐俍锘	滨州实验学校	初三
山东	李惠鑫	广饶经济开发区乐安中学	初三	山东	徐浩然	山东省青岛实验初级中学	初三
山东	李佳一	潍坊市育才学校	初二	山东	徐泽桐	山东省广饶县实验中学	初三
山东	李俊吉	寿光市侯镇第一初级中学	初二	山东	严昕	潍坊市奎文实验初中	初三
山东	李梦龙	山东省昌乐二中	初二	山东	杨瀛涛	东营市胜利第五中学	初二
山东	李书真	青岛市城阳区天泰城学校	初一	山东	于玥	昌邑市峻青初中	初二
山东	李英杰	山东省潍坊新华中学	初二	山东	于丰泽	山东省文登第二中学	初二
山东	李永臻	山东省莱州市双语学校	初三	山东	于知洋	东营市东营区第一中学	初二
山东	李宇璇	山东省诸城市明德学校	初三	山东	袁冰洁	潍坊市坊子区坊子工业发展区实验学校	初三
山东	厉子萱	山东省日照市日照港中学	初一				
山东	刘博威	山东省北镇中学	初三	山东	张晨玥	东营市实验中学	初一
山东	刘国铖	潍坊市奎文实验初中	初二	山东	张德林	寿光市羊口镇初级中学	初一
山东	刘殷帆	东营行知实验学校	初二	山东	张凤居	山东省潍坊新华中学	初二
山东	刘元翔	山东省潍坊新华中学	初二	山东	张君	山东省寿光世纪学校	初三
山东	刘子扬	山东省临沂第一中学	初三	山东	张泽华	寿光市建桥学校	初三
山东	刘怡清	山东省日照市日照港中学	初一	山东	张正	日照市新营中学南校	初二
山东	刘睿其	山东省临沂第一中学	初一	山东	张昱龙	山东省潍坊第五中学	初二
山东	陆春杰	山东省烟台第二中学	初三	山东	张皓凯	山东省烟台第十中学	初二
山东	吕和孺	山东省青岛第二十六中学	初三	山东	赵博文	滨州实验学校	初三
山东	伦岳廷	山东省寿光市洛城街道第一初级中学	初二	山东	赵子云	山东省烟台第一中学	初三
山东	孟凡超	东营市胜利第一中学	初二	山东	周文博	潍坊市坊子区坊安街道南流初级中学	初二
山东	孟建奇	山东省邹平县第一中学	初二				
山东	孟良羽	东营行知实验学校	初二	山东	周英浩	山东省诸城市贾悦镇贾悦初中	初二
山东	齐宏健	寿光市纪台镇第二初级中学	初三	山东	周英卓	山东省诸城市贾悦镇贾悦初中	初二
山东	曲艺林	东营市实验中学	初二	山东	朱天瑞	日照市新营中学	初二
山东	邵远平	山东省烟台第二中学	初三	山东	鄢子腾	山东省烟台第一中学	初二
山东	宋明洋	青岛第三十七中学	初二	山东	琚娜	山东省诸城市繁华初级中学	初二
山东	孙浩宸	滨州实验学校	初二	山东	曹任飞	日照市北京路中学	初二
山东	孙佳明	山东省潍坊第五中学	初二	山东	迟皓玉	日照市北京路中学	初二
山东	孙瑞敏	滨州实验学校	初二	山东	冯荆扬	东营市胜利第五十八中学	初三
山东	王秉基	泗水县龙城中学	初二	山东	郭泳辰	山东省诸城市繁华初级中学	初二

续 表

省份	姓名	学校	年级	省份	姓名	学校	年级
山东	李浩瑜	山东省寿光市洛城街道第二初级中学	初二	上海	余俪婷	上海外国语大学附属外国语学校	初二
山东	刘浩宇	山东省青岛第七中学	初一	上海	顾宇阳	上海民办浦东华二实验学校	初一
山东	施怡冰	曲阜师范大学附属实验学校	初一	上海	何天行	上海市民办华育中学	初二
山东	史英路	山东省潍坊第五中学	初二	上海	杨弘毅	上海外国语大学附属外国语学校	初一
山东	万德宝	诸城经济开发区诸冯学校	初二				
山东	王天一	山东省五莲中学	初三	上海	张致远	上海市世界外国语中学	初三
山东	张逸凡	山东省烟台第三中学	初三	上海	陆剑峰	上海市洋泾—菊园实验学校	初一
山东	张皓宸	泗水县龙城中学	初二	上海	陈嘉祺	上海市实验学校东校	初二
山东	佟志浩	山东省潍坊第五中学	初二	上海	陈奕铭	上海市民办华育中学	初二
山东	刘子玮	山东省诸城市繁华初级中学	初二	上海	陈奕名	上海外国语大学附属浦东外国语学校	初三
山西	黄浩洋	太原市五育中学校	初二				
山西	秦励超	太原市外国语凤凰双语中学校	初三	上海	王嘉睿	华东师范大学第二附属中学附属初级中学	初三
山西	陈轩宇	晋城市凤鸣中学	初一				
山西	祁瀚钦	晋城市凤鸣中学	初三	上海	徐乾凯	华东师范大学第二附属中学附属初级中学	初二
山西	司俊昊	晋城市经济开发区颐翠中学	初一				
山西	王瑞枝	晋城市第五中学校	初三	上海	杨彦祺	上海兰田中学	初一
上海	雷泽宇	上海市民办华育中学	初一	上海	郑力铖	上海市西南位育中学	初三
上海	梁炜崚	上海市西南位育中学	小学	上海	周骏宇	上海市建平中学西校	初三
上海	严喆	上海市民办新竹园中学	初三	上海	周逸桐	上海市市北初级中学	小学
上海	吴平	上海市鞍山实验中学	初一	上海	王昱翔	华东师范大学第二附属中学附属初级中学	小学
上海	蔡优	上海市梅陇中学	初二				
上海	贺竞择	上海复旦五浦汇实验学校	初二	上海	龚丞思	上海市西南位育中学	初二
上海	邹天扬	上海宋庆龄学校	初一	上海	贾轶宁	上海市卢湾中学	初二
上海	高宁远	上海市建平中学西校	初三	上海	徐长今	上海市实验学校	初一
上海	卢鸿良	上海市延安初级中学	初一	上海	徐启轩	上海市洋泾—菊园实验学校	初一
上海	龚宇霖	上海市民办华育中学	初一	上海	范中睿	上海复旦五浦汇实验学校	初二
上海	李佳熹	上海市洋泾—菊园实验学校	初二	上海	高翔	上海市西南位育中学	初三
上海	卫紫靖	上海外国语大学附属外国语学校	初一	上海	刘小雅	上海师范大学第三附属实验学校	小学
上海	濮周锋	上海市民办华育中学	初二	上海	邱晨蔚	上海市民办华二浦东实验学校	初一
上海	艾奕舟	上海同济大学附属存志学校	初二	上海	施禛祾	上海兰田中学	初一
上海	蔡景丞	上海市民办华育中学	初一	上海	袁欣怡	上海外国语大学附属外国语学校	初三
上海	冯振洋	上海复旦五浦汇实验学校	初二				
上海	李秋奇	上海市实验学校东校	初二	上海	刘逸兴	华东师范大学第二附属中学附属初级中学	初三
上海	李项	上海市民办华育中学	初一				
上海	沈亦奇	上海市延安初级中学	初三	上海	陆宇昂	上海市高安路第一小学	小学
上海	王哲玮	上海市建平中学西校	初二	上海	钱坤笑	上海市民办华育中学	小学
上海	杨桐	上海外国语大学附属外国语学校	初一	上海	唐翼飞	上海市民办华育中学	初一
				上海	翁泽凯	上海民办华二初级中学	初二
上海	张倍鸣	上海市建平中学西校	初三	上海	吴凡	上海市鞍山实验中学	初一
上海	张弛	上海市民办进华中学	初一	上海	张弛	上海市民办金盟中学	初二
上海	张祝悦	上海市南洋模范初级中学	初三	上海	白天宇	上海市延安初级中学	初一

续 表

省份	姓名	学校	年级
上海	蔡沅沣	上海复旦五浦汇实验学校	初一
上海	陈乐一	上海中学国际部	初一
上海	储文皓	上海市张江集团学校	小学
上海	丛玮	上海市民办新华初级中学	初一
上海	邓心远	上海兰田中学	初一
上海	丁天灵	上海兰田中学	初一
上海	付予泽	复旦大学第二附属中学	初一
上海	高鸿飞	上海市卢湾中学	初二
上海	胡予衡	上海市福山外国语小学	小学
上海	李问天	上海市华东政法大学附属中学	初一
上海	刘天勤	上海市实验学校	小学
上海	倪昕昱	上海市民办华育中学	初一
上海	钮瑞翔	上海市复旦初级中学	初三
上海	彭鹏	上海市实验学校东校	初一
上海	任飞宇	上海市西南位育中学	初三
上海	施晔旸	上海市张江集团学校	初三
上海	孙铭阳	上海外国语大学第一实验学校	初二
上海	孙奕华	上海市卢湾中学	初一
上海	汤博雅	上海市曹杨中学附属学校	初二
上海	魏子博	上海市民办华育中学	小学
上海	吴思源	上海兰田中学	初一
上海	徐越龄	上海市世界外国语中学	初二
上海	徐瑭	上海市民办华二浦东实验学校	初一
上海	许愿	上海市民办新复兴初级中学	小学
上海	杨涵升	上海市民办进华中学	小学
上海	杨岳	上海兰田中学	初一
上海	叶嘉宁	上海市民办迅行中学	初一
上海	余奕君	上海市民办新北郊初级中学	初三
上海	张金皓	上海市世界外国语中学	小学
上海	张玉汝成	上海兰田中学	初一
上海	赵鹏宏	上海市市西初级中学	初二
上海	周天怿	上海市静安区教育学院附属学校	小学
上海	周子景	上海市民办华育中学	小学
上海	侯欧	上海培佳双语学校	初二
上海	刘博涵	上海市民办华育中学	初一
上海	伍佳乐	上海外国语大学第一实验学校	初一
上海	肖佳伟	华东师范大学第二附属中学附属初级中学	初三
上海	张海岳	上海交通大学第二附属中学	初二
上海	赵楷越	上海民办建平远翔学校	初二
上海	朱弈	上海复旦五浦汇实验学校	初二
上海	诸子昊	上海市张江集团学校	初三
上海	陈嘉铭	上海市西延安中学	初一
上海	陈天琳	上海市民办华育中学	初二
上海	顾佐君	华东师范大学第二附属中学附属初级中学	小学
上海	黄兆扬	上海兰田中学	初一
上海	黄奕恺	上海市西南位育中学	初二
上海	孔繁亚	上海市民办华育中学	小学
上海	李佳骏	上海市铁岭中学	初三
上海	林之弘	上海市市西初级中学	初二
上海	刘屿泱	上海市实验学校	初三
上海	沈泊秋	上海市三林中学北校	初三
上海	沈悠然	上海市民办华育中学	初一
上海	孙昱铭	上海市实验学校	初一
上海	孙祺家	上海市新复兴初级中学	初三
上海	吴文韬	上海民办兰生复旦中学	小学
上海	杨俊杰	上海市洋泾—菊园实验学校	初一
上海	杨煜宸	上海外国语大学附属外国语学校	初二
上海	张华熠	上海市民办华育中学	小学
上海	张禹哲	上海包玉刚实验学校	初一
上海	张在贺	上海市虹口区第四中心小学	小学
上海	周诗蓉	上海静安外国语中学	初一
上海	董格浩	上海市卢湾中学	初二
上海	冯俊睿	上海市民办华育中学	初二
上海	刘洲宏	上海市实验学校东校	初一
上海	王杨	上海兰田中学	初二
上海	叶佳音	上海市民办华育中学	初二
上海	郁峥鸣	上海民办兰生复旦中学	小学
上海	钟天奕	上海外国语大学附属第一实验学校	初一
上海	钟骐逊	上海市实验学校	初一
上海	朱禹豪	上海市仙霞高级中学	初一
四川	程麟越	成都石室联合中学	初一
四川	郭宇翼	七中育才汇源校区	初二
四川	李思杰	四川泸县二中外国语实验学校	初二
四川	马思远	成都外国语学校	初一
四川	陶政汶	成都市实验外国语学校	初二
四川	吴祖吉	成都市实验外国语学校	初二
四川	叶城宇	成都七中高新校区	初二
四川	庞祯熠	绵阳东辰国际学校	初一
四川	敖祥	成都嘉祥外国语学校	初一
四川	程筱洣	成都七中高新校区	初二
四川	段城志	绵阳东辰国际学校	小学

续　表

省份	姓名	学校	年级	省份	姓名	学校	年级
四川	范思苇	成都嘉祥外国语学校	初二	四川	周哲立	成都嘉祥外国语学校	初二
四川	郭磊	成都七中育才学校	初二	四川	谯宇宸	成都石室联合中学	初一
四川	韩卓阳	成都嘉祥外国语学校	初二	四川	邬文博	成都师范附属小学万科分校	小学
四川	何俊辰	成都市树德实验中学	初一	四川	胥峻鹏	成都嘉祥外国语学校	初一
四川	何桐	成都石室中学北湖校区	初三	四川	覃焓	成都石室联合中学	初一
四川	何叙儒	成都七中初中学校	初二	四川	包镇松	成都七中高新校区	初二
四川	黄圣翔	成都七中育才学校	初一	四川	邓添今	成都市锦江区四川师大附属第一实验中学	初一
四川	黄新凯	七中育才汇源校区	初二				
四川	黄泓源	成都七中高新校区	初三	四川	刁于峰	成都七中初中学校	初二
四川	江昆远	成都外国语学校	初一	四川	何彦儒	四川省广元外国语学校	初二
四川	赖舒	成都市实验小学	小学	四川	何晖	成都七中初中学校	初二
四川	黎志凌	成都七中育才学校	初一	四川	黄新犁	成都市树德实验中学	初一
四川	李晨曦	成都七中育才学校	初一	四川	孔一宁	成都外国语学校	初一
四川	李坤洋	成都石室中学北湖校区	初二	四川	李博徵	成都七中初中学校	初二
四川	廖熠扬	成都嘉祥外国语学校	初二	四川	廖曦睿	成都七中育才学校	初二
四川	刘力源	绵阳东辰国际学校	小学	四川	刘济尧	成都七中育才学校	初二
四川	刘雨菲	成都石室联合中学	初一	四川	刘昕	成都石室中学北湖校区	初二
四川	潘家睿	成都嘉祥外国语学校	初二	四川	蒙恬	成都石室中学初中学校	初二
四川	钱朗	成都市树德实验中学	初二	四川	涂锦荣	四川省射洪中学	初二
四川	邵睿恒	成都市树德实验中学	初一	四川	涂雨缘	四川泸县二中外国语实验学校	初三
四川	孙中天	成都嘉祥外国语学校	初二	四川	王泓凯	成都市树德实验中学	初二
四川	谭郅劼	绵阳中学英才学校	初二	四川	文雅璇	成都石室联合中学	初二
四川	唐宇杰	四川省射洪中学	初二	四川	肖力行	成都七中育才学校	初二
四川	田梓瑛	成都石室联合中学	初二	四川	杨雅涵	成都石室中学北湖校区	初三
四川	万雅心	成都市玉林中学	初一	四川	杨在洲	成都树德中学	初三
四川	王果鑫	成都石室联合中学	初一	四川	杨锟鸿	四川泸县二中外国语实验学校	初三
四川	王恒达	成都市树德实验中学	初二	四川	钟荟琳	成都石室中学北湖校区	初三
四川	王若宇	成都市树德实验中学	初二	四川	曹艺潇	成都外国语学校	初一
四川	王彦钧	七中育才汇源校区	初二	四川	陈嘉威	成都石室联合中学	初二
四川	王子嫣	成都西川中学	初一	四川	陈涛	成都七中高新校区	初三
四川	吴宇潇	成都西川中学	初一	四川	陈宇铎	成都七中高新校区	初三
四川	谢沁鑫	成都外国语学校	初一	四川	代胜楠	成都外国语学校	初一
四川	许晓雪	成都石室中学初中学校	初二	四川	丁泓渊	绵阳东辰国际学校	小学
四川	许永豪	绵阳东辰国际学校	小学	四川	何运鑫	四川泸县二中外国语实验学校	初三
四川	严平安	成都七中育才学校	初二	四川	洪健桐	成都七中育才学校	初一
四川	杨承典	绵阳中学英才学校	初三	四川	胡竞跃	成都嘉祥外国语学校	初一
四川	杨雨润	电子科技大学实验中学	初二	四川	胡林晓什	成都嘉祥外国语学校	初二
四川	杨圳奇	成都外国语学校	初一	四川	黄鑫瑞	成都外国语学校	初二
四川	袁溢珩	成都外国语学校	初一	四川	蒋欣志	成都石室联合中学	初二
四川	张子杰	七中育才汇源校区	初二	四川	雷宇航	树德中学外国语校区	初二
四川	赵飞洋	四川省射洪中学	初二	四川	李星辰	犍为外国语实验学校	初三
四川	周凌弘	成都嘉祥外国语学校	初二	四川	李宇孛	成都嘉祥外国语学校	初一
四川	周亚博	成都七中初中学校	初二	四川	李煜培	成都外国语学校	初一

续 表

省份	姓名	学校	年级
四川	刘晨宇	成都嘉祥外国语学校	初二
四川	刘诗奇	成都市实验小学	小学
四川	刘一彬	成都市树德实验中学	初一
四川	刘禹珅	成都市树德实验中学	初一
四川	刘宇豪	成都市实验外国语学校	初二
四川	明袁宇	绵阳东辰国际学校	初一
四川	王宇辰	成都石室联合中学	初三
四川	向仕诚	成都市树德实验中学	初一
四川	谢知非	成都外国语学校	初一
四川	徐可为	成都市龙江路小学	小学
四川	许可诺	成都七中育才学校	初一
四川	严才翕	成都石室联合中学	初三
四川	杨怀圻	成都石室联合中学	初一
四川	杨炅灵	成都外国语学校	初一
四川	叶文涛	七中育才汇源校区	初二
四川	余济安	成都外国语学校	初一
四川	张宁樱	成都七中八一学校	初二
四川	张正扬	绵阳中学英才学校	初三
四川	张皓聪	成都外国语学校	初一
四川	赵嵚崟	成都嘉祥外国语学校	初二
四川	周妍希	成都石室联合中学	初一
四川	陈戈亮	成都石室中学初中学校	初二
四川	陈凌硕	成都西川中学	初二
四川	陈王曦	成都外国语学校	初一
四川	程渝峰	成都外国语学校	初一
四川	邓卜玮	成都石室中学北湖校区	初二
四川	杜博文	四川省射洪中学	初二
四川	何陈哲	四川省广元外国语学校	初一
四川	胡宸嘉	成都嘉祥外国语学校	初二
四川	胡鑫	成都石室联合中学	初二
四川	李博睿	天府第七中学	初一
四川	李秋昊	电子科技大学实验中学	初三
四川	李岷璨	成都七中育才学校	初一
四川	刘亘武	四川泸县二中外国语实验学校	初二
四川	陶思洋	成都外国语学校	初一
四川	汪骋骁	成都市树德实验中学	初二
四川	王正域博	成都嘉祥外国语学校	初二
四川	钟昕	成都石室联合中学	初三
四川	周昶舟	成都市实验外国语学校	初二
四川	邹蕊旭	犍为外国语实验学校	初二
天津	田世豪	南开区外国语中学	初一
天津	张敏浩	天津益中学校	初三
天津	高靖哲	天津市河西区闽侯路小学	小学
天津	李君峰	天津市滨海新区大港同盛学校	小学
天津	梁奥典	天津市育贤中学	初二
天津	龙文韬	南开日新国际学校	初一
天津	王宇轩	天津市梧桐中学	初二
天津	韦承成	天津益中学校	初二
天津	张丞鸣	天津市梧桐中学	初二
天津	甄艾嘉	天津市第二南开学校	初二
天津	郭稼禾	天津外国语大学附属外国语学校	初二
天津	李梦洋	天津市梧桐中学	初二
天津	杨明熙	天津市梧桐中学	初二
天津	赵尊石	天津外国语大学附属滨海外国语学校	初二
天津	黎思远	南开区外国语中学	初一
天津	路广城	天津益中学校	初二
天津	王音合	天津市滨海新区塘沽第一中学初中校区	初三
天津	王梓鑫	天津市河西区闽侯路小学	小学
天津	魏铮	天津益中学校	初二
天津	吴睿宸	天津市建华中学	初二
天津	徐靖哲	南开翔宇学校	小学
天津	徐雅菲	天津益中学校	初二
天津	周姝涵	天津益中学校	初二
天津	陈昊哲	天津逸阳梅江湾国际学校	小学
天津	李思帅	天津市耀华中学	初二
天津	廖怡婷	天津市河西区闽侯路小学	小学
天津	杨镕兆	天津外国语大学附属外国语学校	初一
天津	张弛	天津外国语大学附属滨海外国语学校	初二
香港	蔡蔚正	喇沙書院	初三
香港	鄭力行	拔萃男書院	初二
新疆	程浩林	新疆生产建设兵团第一中学	初二
新疆	杜乐平	新疆维吾尔自治区乌鲁木齐市第七十中学	小学
新疆	段郁松	新疆维吾尔自治区乌鲁木齐市第 73 中学	初二
新疆	高伊星	新疆生产建设兵团第一中学	初二
新疆	李嘉豪	新疆维吾尔自治区乌鲁木齐市第十三中学	初二
新疆	吕锦华	新疆维吾尔自治区乌鲁木齐市实验学校	初三
新疆	彭宇轩	新疆生产建设兵团第一中学	初一

续 表

省份	姓名	学校	年级
新疆	钱汉锟	新疆生产建设兵团第一中学	初二
新疆	王一凡	新疆生产建设兵团第一中学	初二
新疆	王源皓	新疆维吾尔自治区乌鲁木齐市第十三中学	初二
新疆	谢锦艺	新疆维吾尔自治区乌鲁木齐市第 113 中学	初三
新疆	杨秀伟	新疆维吾尔自治区乌鲁木齐市华兵实验中学	初二
新疆	战威皓	新疆维吾尔自治区乌鲁木齐市第 3 中学	初二
新疆	张峻珲	新疆生产建设兵团第二中学	初二
新疆	张舜迪	新疆维吾尔自治区乌鲁木齐市第 41 中学	初二
新疆	周北辰	新疆维吾尔自治区乌鲁木齐市第十三中学	初二
新疆	谌阳	新疆维吾尔自治区乌鲁木齐市第 3 中学	初二
新疆	敖钦	新疆维吾尔自治区乌鲁木齐市第十三中学	初二
新疆	唐崇峻	新疆生产建设兵团第一中学	初一
新疆	张子墨	新疆生产建设兵团第一中学	初二
新疆	盖昱皓	新疆维吾尔自治区乌鲁木齐市第十三中学	初一
新疆	黄齐家	新疆维吾尔自治区乌鲁木齐市第 113 中学	初三
新疆	任梓宽	新疆维吾尔自治区乌鲁木齐市第 41 中学	初二
新疆	宋亚轩	新疆维吾尔自治区乌鲁木齐市第七十中学	初一
新疆	孙中昊	新疆维吾尔自治区乌鲁木齐八一中学	初二
新疆	田佩鑫	新疆维吾尔自治区乌鲁木齐市华兵实验中学	初二
新疆	田正阳	新疆维吾尔自治区乌鲁木齐市幸福中学	初一
新疆	许长乐	新疆维吾尔自治区乌鲁木齐市第 126 中学	初三
新疆	张瑞泽	新疆维吾尔自治区乌鲁木齐市第 126 中学	初二
新疆	郑稀文	新疆维吾尔自治区乌鲁木齐市第十三中学	初一
新疆	王梦林	新疆生产建设兵团第一中学	初三
新疆	王宇飞	新疆维吾尔自治区乌鲁木齐市第 126 中学	初二
新疆	吴天翼	新疆维吾尔自治区乌鲁木齐市第十三中学	初二
浙江	陈加成	慈溪市上林初级中学教育集团	初一
浙江	陈秋宇	宁波市镇海蛟川书院	初二
浙江	陈思锴	慈溪实验中学	初三
浙江	陈一	上海外国语大学附属浙江宏达学校	初二
浙江	戴丘熠	江山外国语学校	初二
浙江	丁磊	宁波市北仑区顾国和外国语学校	初三
浙江	方俊烨	余姚市实验学校	初一
浙江	何畔	衢州市菁才中学	初一
浙江	何谐	湖州市第五中学	初三
浙江	胡锐阳	慈溪市上林初级中学教育集团	初二
浙江	胡扬	杭州文澜中学	初二
浙江	华培淳	蓝青学校	初二
浙江	黄林泰辉	龙游华茂外国语学校	初二
浙江	孔象象	杭州外国语学校	初一
浙江	雷沐泽	衢州市实验学校	初一
浙江	李昌林	温州市实验中学	初二
浙江	李乐晨	宁波市镇海蛟川书院	初一
浙江	林笑杰	衢州市菁才中学	初二
浙江	刘若宁	江山市第二中学	初二
浙江	楼天驰	宁波外国语学校	初二
浙江	陆金浩	湖州市吴兴实验中学	初二
浙江	吕翀	杭州二中白马湖学校	初二
浙江	潘登	浙江省绍兴市上虞区实验中学	初三
浙江	饶一格	江山市第二中学	初二
浙江	史宇颉	宁波市镇海蛟川书院	初一
浙江	宋徐铭扬	绍兴市第一初级中学教育集团龙山校区	初三
浙江	宋宇宸	嵊州市初级中学	初三
浙江	孙愉超	余姚市实验学校	初一
浙江	汤嘉炜	湖州市第五中学	初二
浙江	汪明	温州第十二中学	初二
浙江	王梵	杭州市保俶塔实验学校（申花路校区）	初二
浙江	吴特奥	杭州市建兰中学	初三
浙江	吴味子	绍兴市柯桥区实验中学	初三
浙江	吴依霖	温州市实验中学	初三
浙江	吴沂霖	余姚市实验学校	初二

续 表

省份	姓名	学校	年级	省份	姓名	学校	年级
浙江	吴艺瑶	江山市第二中学	初二	浙江	陈哲韬	温州市第二中学	初二
浙江	徐秉渊	余姚市实验学校	初一	浙江	陈子瑜	温州市实验中学	初三
浙江	许颢瀚	台州学院附属中学	初二	浙江	陈泽凯	慈溪市慈吉中学	初一
浙江	杨炀	江山市城东实验学校	初三	浙江	沈昱帆	宁波科学中学	初二
浙江	叶灵琪	衢州华茂外国语学校	初一	浙江	卢一鸣	嵊州市剡城中学教育集团城关校区	初一
浙江	虞子灏	杭州江南实验学校	初二				
浙江	余超	宁波科学中学	初二	浙江	徐立	宁波市镇海蛟川书院	初二
浙江	张鑫亮	宁波市镇海蛟川书院	初一	浙江	徐一洋	宁波市镇海蛟川书院	初一
浙江	赵故渊	江山市城东实验学校	初三	浙江	周旸	龙游华茂外国语学校	初二
浙江	郑焕弋	江山市第二中学	初三	浙江	彭喆	湖州市吴兴实验中学	初三
浙江	郑许超	江山市第二中学	初二	浙江	李卓轩	瑞安市安阳实验中学	初三
浙江	周煜凯	余姚市实验学校	初二	浙江	郑若昕	衢州市白云学校	初二
浙江	祝贝阳	江山市第二中学	初二	浙江	陈倚俭	浙江省嘉善县第四中学	初三
浙江	樊炎志	丽水市实验学校	初三	浙江	邵骋宇	浙江省舟山市定海区第二中学教育集团	初三
浙江	赖晨兮	衢州华茂外国语学校	初一				
浙江	王蔚澄	杭州市建兰中学	初一	浙江	肖云帆	杭州文澜中学	初一
浙江	叶飞越	温州市实验中学	初二	浙江	徐若禺	江山市第二中学	初二
浙江	叶康杰	义乌市义亭镇初级中学	初二	浙江	许思杰	衢州市白云学校	初二
浙江	赵奕	杭州市建兰中学	初一	浙江	余瑞杨	衢州华茂外国语学校	初一
浙江	陈钰林	绍兴市柯桥区齐贤镇中学	初三	浙江	张智然	温州市南浦实验中学	初二
浙江	范涵	江山市城东实验学校	初二	浙江	胡值闻	慈溪实验中学	初三
浙江	龚政柯	衢州市菁才中学	初三	浙江	王烨涛	余姚市实验学校	初一
浙江	何骏哲	湖州市第四中学教育集团	初三	浙江	诸彦宇	浙江省余姚市舜水中学	初二
浙江	胡清畅	金华市外国语学校	初三	浙江	李苏浩	余姚市实验学校	初二
浙江	华展辉	慈溪市慈吉中学	初二	浙江	李昊炜	慈溪市上林初级中学教育集团	初三
浙江	卢骏杨	湖州市第四中学教育集团	初三	浙江	郁诗洋	慈溪市慈吉中学	初二
浙江	邵嘉南	金华市外国语学校	初二	浙江	韩冰	杭州市建兰中学	初二
浙江	宋明德	慈溪实验中学	初二	浙江	侯齐	宁波科学中学	初二
浙江	孙晨毓	义乌市宾王中学	初二	浙江	姜钧耀	衢州华茂外国语学校	初一
浙江	陶钧	湖州市第五中学	初三	浙江	林童奕凡	金华市第五中学	初二
浙江	王涵斌	杭州市保俶塔实验学校（申花路校区）	初二	浙江	徐畅翔	瑞安市安阳实验中学	初一
				浙江	徐羿涵	宁波市镇海蛟川书院	初一
浙江	闻人雨泽	余姚市实验学校	初二	浙江	杨茗	杭州市十三中教育集团（总校）	初二
浙江	吴锦泽	宁波外国语学校	初二	浙江	冯静怡	杭州二中白马湖学校	初二
浙江	徐匡劼	杭州绿城育华学校	初三	浙江	严翔宇	绍兴市第一初级中学教育集团龙山校区	初一
浙江	杨骐恺	杭州市建兰中学	初二				
浙江	姚开翔	温州市实验中学	初三	浙江	鲍世杰	余姚市高风中学	初一
浙江	赵灵杰	江山市城东实验学校	初二	浙江	解奕扬	温州市实验中学	初三
浙江	郑力文	义乌市绣湖中学	初三	浙江	徐子皓	江山外国语学校	初二
浙江	郑炜昊	温州市实验中学	初三	浙江	高轶康	江山外国语学校	初一
浙江	钟宇骋	宁波市镇海蛟川书院	初三	浙江	姜子衿	江山市第二中学	初二
浙江	丁思韬	杭州养正学校	初一	浙江	厉汪扬	衢州华茂外国语学校	初一
浙江	郑天宇	衢州市白云学校	初三	浙江	汤千里	湖州市第五中学	初三

续 表

省份	姓名	学校	年级	省份	姓名	学校	年级
浙江	杨淮备	安吉县实验初中教育集团	初三	浙江	虞雯雯	宁波市北仑区顾国和外国语学校	初一
浙江	周晨枫	江山市第二中学	初二				
浙江	梁越	杭州东南中学	初二	浙江	王浩旭	温州育英国际实验学校	初三
浙江	贺轩	杭州市建兰中学	初三	重庆	胡远卓	重庆市第八中学校	初二
浙江	蒋懿行	浙江省余姚市舜水中学	初二	重庆	董子豪	重庆市鲁能巴蜀中学校	初二
浙江	乐珈汝	浙江省舟山市定海区第二中学教育集团	初三	重庆	谭尧	重庆一中寄宿学校	初二
				重庆	陈相龙	重庆南开(融侨)中学校	初一
浙江	徐旷原	江山外国语学校	初二	重庆	周桐	重庆八中宏帆初级中学校	初二
浙江	华康益	江山外国语学校	初二	重庆	张皓翔	重庆市名校联合中学校	初二
浙江	丁冠豪	龙游县第三中学	初二	重庆	刘思齐	重庆市名校联合中学校	初三
浙江	周致志	江山外国语学校	初一	重庆	杨子翔	西南大学附属中学校	初二
浙江	费箫远	湖州市吴兴实验中学	初二	重庆	饶雯霖	重庆一中寄宿学校	初二
浙江	谢子杰	衢州华茂外国语学校	初二	重庆	田力	重庆八中宏帆初级中学校	初二
浙江	余尚阳	杭州育才中学	初三	重庆	严瑞	重庆南开(融侨)中学校	初二
浙江	朱宇翔	宁波市镇海古塘中学	初一	重庆	张恒瑞	重庆南开(融侨)中学校	初二
浙江	杜炫乐	江山外国语学校	初一	重庆	邹钰	西南大学附属中学校	初二
浙江	陈子焕	慈溪实验中学	初二	重庆	李明涵	重庆市名校联合中学校	初二
浙江	万扬	湖州市第十一中学教育集团	初三	重庆	梁浩原	重庆实验外国语学校	初三
浙江	宋彦婷	衢州市兴华中学	初一	重庆	秦一鸣	重庆巴蜀常春藤学校	初一
浙江	方焊	衢州华茂外国语学校	初一	重庆	徐自翔	重庆南开(融侨)中学校	初二
浙江	胡永豪	龙游县第三中学	初二	重庆	杨欣渝	西南大学附属中学校	初二
浙江	蓝天蔚	龙游华茂外国语学校	初二	重庆	赵文玮	重庆市鲁能巴蜀中学校	初二
浙江	刘浩	湖州市吴兴实验中学	初二	重庆	钟富城	重庆市鲁能巴蜀中学校	初一
浙江	阮启承	浙江省余姚市舜水中学	初二	重庆	杜周桓	西南大学附属中学校	初二
浙江	沈新迪	海盐县博才实验学校	初三	重庆	李彦东	重庆市名校联合中学校	初一
浙江	舒子豪	衢州市菁才中学	初二	重庆	何思宇	重庆一中寄宿学校	初二
浙江	王可逸	台州学院附属中学	初三	重庆	杨子安	重庆皇冠实验中学	初一
浙江	吴文涛	龙游华茂外国语学校	初二	重庆	杨浩彬	重庆市鲁能巴蜀中学校	初一
浙江	徐晨洋	江山市第二中学	初三	重庆	周翔宇	重庆市鲁能巴蜀中学校	初一
浙江	叶任成	浙江省绍兴市上虞区实验中学	初三	重庆	何东宸	西南大学附属中学校	初二
浙江	俞炫男	衢州华茂外国语学校	初一	重庆	李俊	重庆市第八中学校	初二
浙江	詹璟皓	衢州华茂外国语学校	初一	重庆	李瑞涵	重庆南开(融侨)中学校	初三
浙江	张栩溦	江山市第二中学	初三	重庆	杨坤	重庆巴蜀常春藤学校	初一
浙江	郑雨轩	江山市第二中学	初二	重庆	何泓宇	重庆市名校联合中学校	初二
浙江	周驰斌	杭州文澜中学	初二	重庆	黄道晨	重庆南开(融侨)中学校	初一
浙江	周至	衢州华茂外国语学校	初一	重庆	黎星辰	重庆市名校联合中学校	初二
浙江	余彦	义乌市稠州中学教育集团	初一	重庆	刘思言	西南大学附属中学校	初二
浙江	陈晅	杭州文澜中学	初一	重庆	骆语行	重庆八中宏帆初级中学校	初二
浙江	蒋嘉会	浙江省舟山市定海区第二中学教育集团	初一	重庆	任俊	西南大学附属中学校	初二
				重庆	向芷嫣	西南大学附属中学校	初二
浙江	李国京	温州市南浦实验中学	初二	重庆	刘谦	重庆市鲁能巴蜀中学校	初一
浙江	李力超	宁波市奉化区锦屏中学	初三	重庆	刘益帆	重庆市鲁能巴蜀中学校	初一
浙江	王啸秋	衢州市白云学校	初三	重庆	龙南汐	重庆市名校联合中学校	初三

续 表

省份	姓名	学校	年级	省份	姓名	学校	年级
重庆	任三言	重庆一中寄宿学校	初二	重庆	陈芸怡	重庆市名校联合中学校	初二
重庆	苏云橦	重庆市鲁能巴蜀中学校	初三	重庆	黄聪	重庆一中寄宿学校	初二
重庆	朱俊彦	重庆一中寄宿学校	初二	重庆	李阳捷	重庆一中寄宿学校	初一
重庆	邓博方	重庆市鲁能巴蜀中学校	初一	重庆	刘若缺	重庆皇冠实验中学	初二
重庆	范笑尘	重庆皇冠实验中学	初一	重庆	吕欣蔚	重庆一中寄宿学校	初二
重庆	黄翟	西南大学附属中学校	初二	重庆	罗烜至	重庆市鲁能巴蜀中学校	初一
重庆	李润泽	重庆市名校联合中学校	初二	重庆	罗钰婷	重庆市第八中学校	初二
重庆	罗海骁	重庆实验外国语学校	初三	重庆	石聃瑞	重庆市鲁能巴蜀中学校	初一
重庆	宋雨	重庆八中宏帆初级中学校	初一	重庆	谭皓心	重庆市名校联合中学校	初一
重庆	汪炜翕	重庆南开（融侨）中学校	初一	重庆	王越乔	重庆一中寄宿学校	初二
重庆	王礴航	西南大学附属中学校	初三	重庆	谢艾伶	重庆市名校联合中学校	初三
重庆	叶沛林	重庆市鲁能巴蜀中学校	初一	重庆	邹明洋	重庆市鲁能巴蜀中学校	初一
重庆	张垒	西南大学附属中学校	初二	重庆	廖力弘	重庆南开（融侨）中学校	初三
重庆	周润林	重庆市鲁能巴蜀中学校	初一				

CCF NOIP 2017 复赛提高组一等奖名单

省份	姓名	学校	年级	省份	姓名	学校	年级
安徽	吴耀轩	安徽师范大学附属中学	高三	安徽	朱文天	安徽师范大学附属中学	高三
安徽	贾昊瑞	安徽师范大学附属中学	高二	安徽	陆宇凡	安徽师范大学附属中学	高三
安徽	武弘勋	合肥市第一中学	高三	安徽	殷开颜	铜陵市第一中学	高三
安徽	融凯源	安徽师范大学附属中学	高三	安徽	王云骥	芜湖市第二十七中学	初三
安徽	陈衍德	安徽师范大学附属中学	高三	安徽	沈凌翔	安徽师范大学附属中学	高三
安徽	程泽瑞	安徽师范大学附属中学	高二	安徽	高子健	马鞍山市第二中学	高一
安徽	邹晨雪	安徽师范大学附属中学	高二	安徽	谢悦	安徽师范大学附属中学	高二
安徽	凤奕鸣	安徽师范大学附属中学	高二	安徽	任彦羽	蚌埠第二中学	高二
安徽	刘云蛰	安徽师范大学附属中学	高三	安徽	周子航	安徽省铜陵市第十中学	初三
安徽	徐志骏	安徽师范大学附属中学	高一	安徽	珠齐明	安徽省安庆市第一中学	高二
安徽	曹逸中	安徽省芜湖市第一中学	高二	安徽	朱震霆	安徽师范大学附属中学	高二
安徽	高邱杨	安徽师范大学附属中学	高三	安徽	张天泽	安徽师范大学附属中学	高一
安徽	曾致远	安徽师范大学附属中学	高一	安徽	崔皓玮	芜湖市第二十七中学	初三
安徽	王瑞祺	合肥市第一中学	高一	安徽	余卓然	安徽师范大学附属中学	高二
安徽	周宇	安徽师范大学附属中学	高二	安徽	谭亦轩	安徽师范大学附属中学	高一
安徽	蒋炳衡	安徽师范大学附属中学	高二	安徽	吴天意	合肥市第四十五中学	初二
安徽	丁海鹏	安徽师范大学附属中学	高三	安徽	史卓然	合肥市第四十六中学	初二
安徽	干志鹏	芜湖市第二十七中学	初三	安徽	潘舒羽	安徽省合肥市第八中学	高二
安徽	陈宇	芜湖市第二十七中学	初三	安徽	陶文琪	合肥市第一中学	高二
安徽	陈宇昂	安徽师范大学附属中学	高一	安徽	李骋	芜湖市第二十七中学	初三
安徽	高子健	蚌埠第二中学	高二	安徽	范昊妍	芜湖市第二十七中学	初三
安徽	刘展	马鞍山市第二中学	高一	安徽	高翔宇	安徽师范大学附属中学	高二
安徽	范之闽	铜陵市第一中学	高二	安徽	杨珖	芜湖市第二十七中学	初二

续 表

省份	姓名	学校	年级	省份	姓名	学校	年级
安徽	皮雳	安徽省宿州市宿城第一中学	高三	安徽	张子牛	安徽省芜湖市第一中学	高二
安徽	余师剑	安徽省安庆市第一中学	高一	安徽	王子扬	铜陵市第一中学	高三
安徽	胡剑铮	安徽省安庆市第一中学	高一	安徽	汪晨曦	合肥市第四十五中学	初二
安徽	程锐诚	合肥市第一中学	高一	安徽	魏啸冲	马鞍山市第二中学	高三
安徽	张铭文	安徽师范大学附属中学	高一	安徽	汪修平	合肥市第一中学	高一
安徽	赵昕鹏	安徽师范大学附属中学	高一	安徽	徐思琪	合肥市第六中学	高一
安徽	潘昊天	安徽省无为中学	高二	安徽	汪欣然	合肥市第一中学	高一
安徽	樊昊天	安徽师范大学附属中学	高二	安徽	王昱晨	合肥一六八玫瑰园学校	初二
安徽	陈怿阳	合肥市第五十中学东校	初三	安徽	张新科	合肥一六八中学	高一
安徽	朱晨曦	芜湖市第二十七中学	初三	安徽	陈子聪	安徽省芜湖市第一中学	高一
安徽	呼延泽	芜湖市第二十七中学	初三	安徽	缪志远	安徽师范大学附属中学	高二
安徽	蒋梦旭	安徽省淮南第二中学	高三	安徽	夏浩然	马鞍山市第二中学	高一
安徽	胡润琦	安徽师范大学附属中学	高二	安徽	胡周国	安徽省安庆市第一中学	高三
安徽	常昊冉	合肥市第六中学	高二	安徽	罗应松	合肥市第六中学	高二
安徽	缪其跃	合肥市第一中学	高一	安徽	李弘毅	蚌埠第二中学	高三
安徽	魏一鸣	马鞍山市第二中学	高二	安徽	尹宇阳	安徽师范大学附属中学	高二
安徽	赵雨扬	安徽师范大学附属中学	高一	安徽	单宇强	安徽省芜湖市第一中学	高二
安徽	李仁轩	合肥市第一中学	高二	安徽	韦一	安徽师范大学附属中学	高三
安徽	金典	安徽省安庆市第一中学	高一	安徽	施耀炜	合肥市第四十五中学	初二
安徽	王叶伟	安徽省芜湖市第一中学	高三	安徽	王昊宇	合肥市第四十五中学	初三
安徽	陈桐飞	合肥市第一中学	高一	安徽	胡天睿	芜湖市第二十七中学	初三
安徽	张乐天	合肥市第四十五中学	初三	安徽	田鹏飞	安徽省宿州市第二中学	高三
安徽	邬登科	安徽省六安第一中学	高二	安徽	李铮然	安徽省无为中学	高一
安徽	王一言	安徽师范大学附属中学	高一	安徽	邓玉成	蚌埠第二中学	高三
安徽	高宇鑫	安徽师范大学附属中学	高一	安徽	程启东	蚌埠新城实验学校	初二
安徽	章博文	合肥市第一中学	高一	安徽	袁昱明	安徽省安庆市第一中学	高三
安徽	李嘉乾	安徽师范大学附属中学	高一	安徽	王隽伟	合肥市第六中学	高三
安徽	花鹏祥	安徽省淮北市第一中学	高二	安徽	葛晨笛	安徽省六安第一中学	高二
安徽	杨汭	安徽省芜湖市第一中学	高一	安徽	彭昕睿	安徽师范大学附属中学	高一
安徽	许浩泽	安徽省宿州市第二中学	高三	安徽	郭一凡	合肥市第四十五中学	初三
安徽	钱善民	合肥市第一中学	高一	安徽	赵瑞琦	安庆市桐城中学	高三
安徽	程至柔	安徽省安庆市第一中学	高二	安徽	李卓原	安徽省无为中学	高一
安徽	姚学然	安徽师范大学附属中学	高一	安徽	韦润晨	安徽省芜湖市第一中学	高一
安徽	陶子扬	安徽师范大学附属中学	高二	安徽	吴舒涵	安徽省安庆市第四中学	初二
安徽	葛一凡	马鞍山市第二中学	高二	安徽	任鹏程	安徽师范大学附属中学	高二
安徽	程赛	安徽省安庆市第四中学	初二	安徽	吕炎昌	安徽省芜湖市第一中学	高一
安徽	吕岸桐	安徽师范大学附属中学	高三	安徽	刘皖豫	安徽省宿州市第二中学	高三
安徽	李可新	合肥市第一中学	高二	安徽	陈巩固	合肥一六八中学	高二
安徽	丁捷	安徽省芜湖市第一中学	高三	安徽	刘晓奕	合肥市第一中学	高一
安徽	胡宇澍	安徽省芜湖市第一中学	高二	安徽	奚兆阳	安徽省安庆市第一中学	高一
安徽	周俊杰	合肥市第一中学	高二	北京	张宇博	北京市第八十中学	高三
安徽	金溥原	安徽省安庆市第一中学	高一	北京	陈通	北京师范大学附属实验中学	高三
安徽	周何	芜湖市第二十七中学	初三	北京	邓明扬	中国人民大学附属中学	初三

续 表

省份	姓名	学校	年级
北京	王子健	首都师范大学附属中学	高三
北京	吕紫剑	首都师范大学附属中学	高二
北京	黄思	中国人民大学附属中学	高二
北京	李白天	北大附中	初三
北京	白行健	北京师范大学附属实验中学	高一
北京	幸京睿	首都师范大学附属中学	高二
北京	朱子健	北京师范大学附属实验中学	高二
北京	任憬羿	北京师范大学附属实验中学	高一
北京	王靖涵	北京师范大学附属实验中学	高三
北京	李元鹏	北京师范大学附属实验中学	高三
北京	刘明君	中国人民大学附属中学	高三
北京	黄子宽	北京师范大学附属实验中学分校	初三
北京	毛宇翔	北京师范大学附属实验中学	高三
北京	邹懿麟	北京市第四中学	高三
北京	李元恺	北京师范大学实验二龙路中学	高三
北京	张博鑫	北京师范大学附属实验中学	高一
北京	唐嘉辰	中国人民大学附属中学	高二
北京	李子恒	北京师范大学附属实验中学	高三
北京	李琦煜	首都师范大学附属中学	高三
北京	陈纪源	北京师范大学附属实验中学	高二
北京	何中天	北京市第八十中学	高三
北京	屈文杰	北京师范大学实验二龙路中学	高二
北京	郑乔	北京师范大学附属实验中学	高三
北京	董滨瑞	北京市第四中学	高三
北京	董建威	北京十一学校	高一
北京	董佳澜	北京十一学校	高二
北京	农钧翔	中国人民大学附属中学	高二
北京	秦歌	中国人民大学附属中学	高一
北京	吴恩泽	北京十一学校	高二
北京	张辛宁	北京市第八十中学	高三
北京	闵烁	北京市第八十中学	高一
北京	梁昊骞	北京十一学校	高三
北京	石宜菲	首都师范大学附属中学	初三
北京	汤博文	北京师范大学附属实验中学	高三
北京	陈于思	中国人民大学附属中学	初二
北京	吴湛宇	北京市第一零一中学	高二
北京	阎芃寰	中国人民大学附属中学	初三
北京	郭心源	北京十一学校	高一
北京	李欧盟	北京市一五九中学	高二
北京	唐泓煊	中国人民大学附属中学	高三
北京	王旭佳	首都师范大学附属中学	初二
北京	薛司旸	北京师范大学附属实验中学	高三

省份	姓名	学校	年级
北京	崔家瑞	北京市第八十中学	高一
北京	黄亦宸	中国人民大学附属中学	高一
北京	李谨菡	中国人民大学附属中学	初三
北京	盛翊伦	中国人民大学附属中学	高三
北京	孙宗元	北京市第四中学	高三
北京	陈龙云	北京市育英学校	高一
北京	姜澈	中国人民大学附属中学	高二
北京	时中	北京十一学校	高一
北京	张雨溪	北京师范大学附属实验中学	高一
北京	王思清	北京师范大学附属实验中学	高一
北京	陈则行	桦树湾教育	高二
北京	谷雨	北京师范大学附属中学	高二
北京	李辰洋	北京师范大学附属中学	高二
北京	张锐翀	北京十一学校	高一
北京	齐思恺	中国人民大学附属中学	高一
北京	赵天健	北京师范大学附属实验中学分校	初三
北京	朱玥华	北京师范大学附属实验中学	高三
北京	何佳优	北京师范大学附属实验中学	高一
北京	梁元成	中国人民大学附属中学	高一
北京	王启隆	北京师范大学附属实验中学分校	初三
北京	许庭强	中国人民大学附属中学	初二
北京	赵佳滢	北京师范大学实验二龙路中学	初三
北京	陈宇鹏	北京师范大学第二附属中学	高三
北京	成家轩	北京市第八十中学	高三
北京	韩百洋	北京师范大学附属实验中学	高三
北京	李经纬	北京师范大学附属实验中学	高三
北京	廖嘉琦	北京十一学校	高一
北京	刘般若	北京十一学校	高二
北京	陈厚铭	北京市第四中学	高二
北京	陈驭祺	中国人民大学附属中学	初三
北京	崔轶锴	北京师范大学附属实验中学	高二
北京	单浩轩	北京师范大学附属实验中学	高三
北京	李一文	北京市第五中学	高三
北京	秦一飞	北京市第八十中学	初三
北京	石尚锋	北京十一学校	高一
北京	魏泽轩	北京师范大学附属实验中学	高一
北京	姜耀东	北京市育才学校	初三
北京	高天	清华大学附属中学	高二
北京	刘天辰	北京师范大学附属实验中学	高二
北京	龙旭杰	北京师范大学附属实验中学	高二
北京	沈欣	首都师范大学附属中学	高一

续 表

省份	姓名	学校	年级	省份	姓名	学校	年级
北京	熊高越	首都师范大学附属中学	高一	重庆	周可行	重庆市鲁能巴蜀中学校	高二
北京	于泽龙	中国人民大学附属中学	高二	重庆	胡晨晓	重庆市树人中学校	高二
北京	丁子健	北京师范大学附属实验中学	高二	重庆	孙祯鹏	重庆市第八中学校	高二
北京	邱远	慧明教育	高二	重庆	陈彦儒	重庆市巴蜀中学校	高二
北京	王佳禾	首都师范大学附属中学	高一	重庆	彭伟桀	重庆市南开中学校	高二
北京	袁可聿	北京师范大学附属实验中学	高一	重庆	柳浩	重庆市南开中学校	高二
北京	范潇雄	北京市第四中学	高三	重庆	陈冲寒	重庆市第八中学校	高一
北京	管丹辰	首都师范大学附属中学	初三	重庆	代皓燃	重庆南开（融侨）中学校	高二
北京	郝子胥	中国人民大学附属中学	高二	重庆	刘上	重庆市巴蜀中学校	高二
北京	李效轩	北京师范大学附属实验中学分校	初三	重庆	郭俊毅	重庆市第八中学校	高二
				重庆	刘俊豪	重庆市第八中学校	高三
北京	李翰杰	北京市第五中学	高三	重庆	徐艺佳	重庆市巴蜀中学校	高二
北京	秦禹洲	北京师范大学附属实验中学分校	初三	重庆	马玉龙	西南大学附属中学校	高二
				重庆	林星涵	重庆市巴蜀中学校	高二
北京	王丁尧	桦树湾教育	初一	重庆	吴锴	重庆八中宏帆初级中学校	初三
北京	袁奕晨	首都师范大学附属中学	高一	重庆	唐海洪	重庆市南开中学校	高二
北京	崔又天	中国人民大学附属中学	高二	重庆	王浩宇	重庆南开（融侨）中学校	高二
北京	胡雨轩	北京市师范大学附属第三中学	高三	重庆	刘肖	重庆市巴蜀中学校	高一
北京	黄行健	北京师范大学实验二龙路中学	高二	重庆	罗子霄	重庆市巴蜀中学校	高二
北京	孙唯潇	北京市第五中学	高三	重庆	潘曲阳	重庆市南开中学校	高二
北京	涂腾	北京景山学校	高二	重庆	刘昕鑫	重庆市巴蜀中学校	高二
北京	殷绍峰	首都师范大学附属中学	初二	重庆	尤加成	重庆市巴蜀中学校	高二
北京	傅云濠	首都师范大学附属中学	高二	重庆	喻浩南	重庆市第八中学校	高一
北京	李丁一城	北京师范大学附属实验中学分校	初三	重庆	陈宥羽	重庆市第一中学校	高二
				重庆	潘一鸣	重庆市第一中学校	高二
北京	索春祥	首都师范大学附属中学	初三	重庆	向明义	重庆八中宏帆初级中学校	初三
北京	郑康夫	北京师范大学附属实验中学	高一	重庆	杨彦凝	重庆市第一中学校	高二
北京	程云飞	中国人民大学附属中学	初三	重庆	黄子越	重庆市巴蜀中学校	高一
北京	郝世博	北京市第四中学	高三	重庆	李沿橙	重庆市第十一中学校	高二
北京	洪一宁	桦树湾教育	高一	重庆	邓嘉怡	重庆市第一中学校	高二
北京	刘天	中国人民大学附属中学	高二	重庆	黄星童	重庆市巴蜀中学校	高二
北京	孟昭旭	北大附中	高一	重庆	晏阳秋	重庆市第一中学校	高二
北京	宋曦轩	中国人民大学附属中学	初三	重庆	池纪君	重庆市第一中学校	高二
北京	陶吟翔	北京十一学校	高二	重庆	龙香遇	重庆市巴蜀中学校	高二
北京	于子淳	北京十一学校	高二	重庆	王智航	重庆市第一中学校	高二
北京	郑子阳	北京师范大学附属实验中学	高一	重庆	张誉然	重庆市巴蜀中学校	高二
北京	陈嘉易	北京市一五九中学	高一	重庆	周畅	重庆市巴蜀中学校	高二
北京	黄逸飞	首都师范大学附属中学	高二	重庆	陈识曲	重庆八中宏帆初级中学校	初三
北京	秦立昌	清华大学附属中学	高二	重庆	冯梓峻	重庆市第一中学校	高二
北京	时屿轩	北京市第一零一中学	高二	重庆	张记僖	重庆八中宏帆初级中学校	初二
北京	孙一丁	北大附中	高二	重庆	赖昱行	西南大学附属中学校	高二
重庆	曾言	重庆市巴蜀中学校	高三	重庆	陶虹宇	重庆市第八中学校	高二
重庆	郭子劢	重庆市第八中学校	高二	重庆	熊科宇	重庆市巴蜀中学校	高二

续 表

省份	姓名	学校	年级	省份	姓名	学校	年级
重庆	刘杨合	重庆市巴蜀中学校	高一	福建	王颖	福建省长乐第一中学	高二
重庆	刘昶辰	重庆市第八中学校	高一	福建	张子韫	福建省厦门第一中学	高一
重庆	刘睿哲	重庆市南开中学校	高二	福建	黎学丞	福建省厦门第一中学	高三
重庆	唐煜川	西南大学附属中学校	高二	福建	曾子雨	福建省厦门第一中学	高二
重庆	杨名	重庆市鲁能巴蜀中学校	高二	福建	陈喆桓	福建师范大学附属中学	高二
重庆	吕双羽	重庆市第八中学校	高二	福建	刘子奇	厦门双十中学	高二
重庆	张云奎	重庆市巴蜀中学校	高二	福建	林宇轩	福建省厦门第一中学	高二
重庆	陈俊佚	重庆市巴蜀中学校	高二	福建	邵培圣	福建省福州第三中学	高二
重庆	刘怀川	重庆南开（融侨）中学校	初三	福建	石泉	福建省福州第三中学	高一
重庆	唐菘菘	重庆市第一中学校	高二	福建	李朴凡	福建省长乐第一中学	高二
重庆	朱柏羽	重庆市南开中学校	高二	福建	周易	福建省福州第三中学	高二
重庆	陈浩	重庆市育才中学校	高三	福建	高泽斌	福建省长乐第一中学	高二
重庆	郭博为	重庆南开（融侨）中学校	高二	福建	江雨桐	厦门双十中学	高一
重庆	胡瑞麟	重庆市巴蜀中学校	高二	福建	李诺凡	福建省福州第三中学	高二
重庆	滕宇涵	重庆市第一中学校	高二	福建	陈彦谞	福建省福州第一中学	高一
重庆	欧骞炜	重庆市巴蜀中学校	高二	福建	刘焕宇	福建省厦门第一中学	高一
重庆	张烜	重庆市鲁能巴蜀中学校	高二	福建	刘子彬	福建师范大学附属中学	高一
重庆	范洪伟	重庆市第十一中学校	高三	福建	吴耀宗	福建省南安第一中学	高三
重庆	冷方洲	重庆市巴蜀中学校	高二	福建	陈博航	福建省厦门第一中学	高二
重庆	唐睿柏	重庆市鲁能巴蜀中学校	初三	福建	林云涛	福建省长乐第一中学	高二
重庆	王希陶	重庆南开（融侨）中学校	初三	福建	王安哲	福建省福州第三中学	高一
重庆	李江涵	重庆市南开中学校	高二	福建	陈彤	福建省福州第一中学	高三
重庆	张至鑫	重庆市第一中学校	高二	福建	黄新炜	福建省福州第一中学	高二
重庆	刘易坪	重庆市巴蜀中学校	高二	福建	黄雨庭	福建师范大学附属中学	高三
重庆	郑超舰	重庆市鲁能巴蜀中学校	初三	福建	卢胤	厦门双十中学	高二
福建	吴作同	福建省福州第一中学	高二	福建	吴杭	福建省南安第一中学	高二
福建	刘雅琪	福建省泉州市第七中学	高三	福建	叶景源	福建省福州第一中学	高二
福建	钟知闲	福建省福州第一中学	高三	福建	郑英炜	福建省大田县第一中学	高一
福建	钟子谦	福建省福州第三中学	高一	福建	周永隆	福建师范大学附属中学	高三
福建	熊云帆	福建省厦门第一中学	高三	福建	林靖沅	福建省福州第三中学	高二
福建	胡学浚	福建师范大学附属中学	高二	福建	陈志朋	福建省厦门第一中学	高二
福建	董欣然	福建省长乐第一中学	高二	福建	林荣恩	厦门双十中学	高二
福建	林旭恒	福建师范大学附属中学	高二	福建	林正阳	厦门双十中学	高二
福建	闫书弈	福建省福州第三中学	高三	福建	苏杰	福建省三明市第二中学	高一
福建	兰天	厦门双十中学	高二	福建	周正	福建师范大学附属中学	高一
福建	潘云舟	福建省长乐第一中学	高二	福建	查寒天	厦门双十中学	高三
福建	王文铎	福建省福州第三中学	高一	福建	江奕晨	厦门双十中学	高一
福建	杨昊翔	福建省福州第一中学	高三	福建	王权	福建省泉州市第七中学	高一
福建	柳文骏	福建省福州第三中学	高一	福建	谢芷钰	福建省厦门第一中学	高二
福建	陈禹	福建省厦门第一中学	高二	福建	曾锴鹏	厦门双十中学	高三
福建	吴润哲	福建省福州第一中学	高三	福建	陈涵	福建省福州第三中学	高二
福建	马斯坦	厦门双十中学	高二	福建	陈昊旸	福建省福州第三中学	高一
福建	王建楠	福建省福州第一中学	高二	福建	刘畅	福建省长乐第一中学	高一

续 表

省份	姓名	学校	年级	省份	姓名	学校	年级
福建	刘纪轩	福建省泉州市第七中学	高二	福建	廖子康	福建省龙岩第一中学	高二
福建	吴瀚哲	福建师范大学附属中学	高一	福建	许福临	厦门大学附属实验中学	高一
福建	陈泽毅	福建省厦门第一中学	高二	福建	姚靖龙	福建省福州第一中学	高三
福建	洪玮昕	福建省厦门第一中学	高三	福建	占可盈	福建省泉州第一中学	高一
福建	黄臻	福建省厦门第一中学	高二	福建	周千阳	厦门双十中学	高二
福建	赖佳宏	福建省龙岩第一中学	高二	福建	蔡嘉伦	厦门双十中学	高一
福建	潘天蔚	福建省漳州第一中学	高二	福建	洪翰华	福建省厦门第一中学	高一
福建	陈佳博	福建省福州第三中学	高一	福建	李鸿宇	福建省福州第一中学	高一
福建	黄铮	厦门双十中学	高一	福建	连奕航	福建省福州第一中学	高二
福建	王河山	福建省福州第一中学	高二	福建	林盛昊	福建省厦门第一中学	高一
福建	张颜彬	福建省福州第三中学	高一	福建	吕泽龙	福建省厦门第一中学	高一
福建	黄睿丰	福建省长乐第一中学	高一	福建	文博思	厦门双十中学	高二
福建	林伟程	福建省福州第一中学	高一	福建	陈纪翔	福建省福州第三中学	高二
福建	罗元超	福建省厦门第一中学	高二	福建	陈思玮	福建省南安第一中学	高二
福建	汪昊楠	福建省福州第三中学	高一	福建	陈雨杭	漳平第一中学	高二
福建	王胤嗣	福建省泉州第一中学	高一	福建	程思浩	福建省厦门第一中学	高一
福建	叶若晴	福建省福州第三中学	高二	福建	李竞翔	福建省南安第一中学	高二
福建	郑得贤	福建省泉州第一中学	高二	福建	李智	福建省泉州市第七中学	高二
福建	陈哲斯	福建省泉州第一中学	高三	福建	黄奕恒	福建省泉州市第七中学	高二
福建	洪愷越	厦门双十中学	高二	福建	柯舒麒	福建省厦门第一中学	高二
福建	洪磊	福建省泉州市第七中学	高二	福建	苏承烨	福建省泉州市第七中学	高一
福建	林恺	福建师范大学附属中学	高一	福建	温昕阳	上杭县第一中学	高二
福建	施楚宁	福建省泉州第五中学	高三	福建	杨嵘涛	福建省福州第一中学	高一
福建	孙慧洁	福建省福州第三中学	高二	福建	曾杰航	福建省泉州市第七中学	高二
福建	徐步骥	莆田第一中学	高一	福建	陈铖煦	福建省晋江市第一中学	高一
福建	张清发	上杭县第一中学	高三	福建	陈睿扬	福建省福州第一中学	高二
福建	王恺欣	福建省福州第三中学	高二	福建	陈伟镔	福建省泉州市第七中学	高一
福建	余锦天	福建省长乐第一中学	高二	福建	陈泱宇	厦门集美中学	高三
福建	张劭晗	晋江市侨声中学	高二	福建	陈毅凯	福建省泉州市第七中学	高二
福建	郑友锋	福建省泉州第五中学	高二	福建	黄剑锋	福建省泉州第一中学	高三
福建	蔡旭昀	福建省厦门第一中学	高二	福建	赖伟烨	漳平第一中学	高三
福建	崔领	福建省南安第一中学	高三	福建	邱而沐	福建省长乐第一中学	高三
福建	林梓航	厦门双十中学	高三	福建	邱慕凡	福建省泉州市第七中学	高一
福建	王芷怡	福建省泉州市第七中学	高二	福建	孙谌劼	福建省福州第一中学	高一
福建	严林	莆田第一中学	高二	福建	俞晨阳	福建省福州第一中学	高一
福建	黄智文	厦门双十中学	高二	福建	卓蕴晖	福建省南安第一中学	高三
福建	林棋珺	福建省南安第一中学	高二	福建	陈霖	福建省泉州市第七中学	高二
福建	蔡飞	福建师范大学附属中学	高三	福建	陈秋泓	福建省福州第一中学	高二
福建	陈昊	漳平第一中学	高一	福建	傅子豪	厦门双十中学	高二
福建	陈鸿基	福建省福州第一中学	高二	福建	林弘扬	厦门双十中学	高一
福建	陈诗捷	福建省南安第一中学	高二	福建	林章鹏	福建省福州第三中学	高二
福建	方明俊	厦门双十中学	高二	福建	陈涣焕	福建省泉州第一中学	高一
福建	赖思颖	福建省福州第一中学	高二	福建	廖泽楠	福建省安溪第一中学	高三

续 表

省份	姓名	学校	年级	省份	姓名	学校	年级
福建	孙睿	福建省厦门第一中学	高一	广西	闭浩扬	柳州高级中学	高三
福建	陈申洋	福建省长乐第一中学	高二	广西	朱宇博	南宁市第二中学	高二
福建	邓宇凡	漳平第一中学	高一	广西	潘秋安	柳州高级中学	高二
福建	林信劼	福建省泉州第五中学	高一	广西	李翔	南宁市第二中学	高二
福建	王铭沣	福建省泉州第一中学	高一	广西	陆海晟	柳州高级中学	高二
福建	郑舒恒	福建省泉州市第七中学	高二	广西	谢明东	南宁市第二中学	高一
福建	庄杼衡	福建省福州第三中学	高一	广西	杨镈溥	南宁市第三中学	高一
福建	高浩裕	福建省安溪第一中学	高三	广西	李睿佳	柳州市景行小学	小学
福建	李斌	福建省泉州第一中学	高三	广西	黄文龙	南宁市第三中学	高二
福建	李伟宏	福建省南安第一中学	高一	广西	罗鑫	贵港市高级中学	高三
福建	廖伟鑫	福建省龙岩第一中学	高一	广西	覃子睿	柳州市第十二中学	初二
福建	林子骏	福建省福州第三中学	高二	广西	陈宇	南宁市第二中学	高三
福建	施劲松	福建省晋江市养正中学	高二	广西	黄熠飞	柳州高级中学	高一
福建	熊皓哲	福建省福州第一中学	高一	广西	韩麒鸿	南宁市第三中学	高二
福建	许泽龙	福建省泉州第五中学	高三	广西	梁启亮	柳州高级中学	高一
福建	许铮睿	福建省泉州市第七中学	高二	广西	张桐	南宁市第三中学	高二
福建	郑道	厦门双十中学	高三	广西	宁醒龙	南宁市第三中学	高二
福建	黄隽恺	福建省厦门第一中学	高一	广西	陶玲琳	广西师范大学附属外国语学校	高二
福建	龙牧云	福建省福州第三中学	高一	广西	杨茂琛	南宁市第三中学	高二
福建	游世伟	福建省宁德市古田县玉田中学	高二	广西	陈宇浩	柳州高级中学	高一
福建	蔡玉聪	福建省福州第一中学	高一	广西	韦程瀚	南宁市第三中学	高二
福建	戴航	福建省泉州市第七中学	高一	广西	周子靖	柳州高级中学	高一
福建	丁雅可	福建省泉州市第七中学	高一	广西	潘锶逵	广西师范大学附属外国语学校	高二
福建	卢祺	福建省福州第三中学	高一	广西	唐嘉珺	广西师范大学附属外国语学校	高二
福建	苏国平	福建省安溪第一中学	高三	广西	覃超智	柳州高级中学	高一
福建	吴志煌	福建省泉州第一中学	高二	广西	肖力炜	南宁市第二中学	高二
福建	张克昌	福建省晋江市第一中学	高一	广西	李彬昌	南宁市第二中学	高一
福建	黄佳俊	福建省泉州市第七中学	高三	广西	梁庆聪	南宁市第二中学	高二
福建	黄煜松	福建省福州第一中学	高二	广西	何泓历	柳州铁一中学	高二
福建	沈奕伶	厦门双十中学	高二	广西	廖中奥	富川高中	高二
福建	施云怀	福建省泉州第五中学	高一	广西	张天宇	柳州高级中学	高一
福建	许海凌	福建省厦门第一中学	高二	广西	闭宗越	南宁市第三中学五象校区	高二
福建	游道森	福建省泉州市第七中学	高二	广西	李映潜	南宁市第三中学	高二
甘肃	王廉杰	西北师范大学附属中学	高二	贵州	徐炳超	盘州市第二中学	高三
甘肃	陈昱文	西北师范大学附属中学	高三	贵州	敖睿涵	清镇市第一中学	高二
甘肃	李宏源	西北师范大学附属中学	高二	贵州	薛孝璟	盘州市第二中学	高二
甘肃	杜宸洋	兰州市第五十八中学	高三	贵州	冉启迪	贵州省兴义市第八中学	高二
广西	黄旭民	广西师范大学附属外国语学校	高二	贵州	许晓诺	盘州市第二中学	高二
广西	黄彬	南宁市第二中学	高二	贵州	郑子尧	贵州省兴义市第八中学	高二
广西	廖纪童	南宁市第二中学	高三	贵州	朱涛焘	盘州市第二中学	高二
广西	韦周骏	南宁市第二中学	高一	贵州	冯少支	盘州市第二中学	高二
广西	卢旻昊	南宁市第二中学	高三	贵州	薛松涛	贵州省兴义市第八中学	高一
广西	韦辰翰	柳州高级中学	高三	贵州	杨苏培	贵阳市第一中学	高三

续 表

省份	姓名	学校	年级	省份	姓名	学校	年级
贵州	文淏	贵阳市第一中学	高二	河南	郭尧	焦作市第一中学	高二
河南	张瀚文	安阳市第一中学	高三	河南	雷雨豪	河南省实验中学	高一
河南	孟良谕	郑州市第一中学	高二	河南	张景洋	郑州市第十一中学	高二
河南	彭博	郑州外国语新枫杨学校	高二	河南	邱明冉	安阳市第一中学	高二
河南	徐文博	郑州外国语学校	高二	河南	姚建业	安阳市第一中学	高二
河南	胡嘉兴	河南省实验中学	高一	河南	刘文卓	河南省实验中学	高二
河南	侯昀伯	河南师范大学附属中学	高二	河南	乔家硕	河南省实验中学	高二
河南	马凯	河南省实验中学	高二	河南	任若寒	河南师范大学附属中学	高一
河南	苏同	郑州外国语新枫杨学校	高二	河南	王艺洁	焦作市第一中学	高三
河南	焦景辉	焦作市第一中学	高二	河南	薛天扬	郑州市第十一中学	高三
河南	刘睿佳	河南省实验中学	高二	河南	孙昊天	焦作市第一中学	高二
河南	石炳晖	安阳市第一中学	高三	河南	张正威	河南省实验文博学校	高二
河南	王冠	郑州市第一中学	高二	河南	连泓坤	安阳市第一中学	高二
河南	马少杰	安阳市第一中学	高二	河南	宋雅昆	河南省开封高级中学	高二
河南	周照方	河南省实验中学	高二	湖北	许楚豪	华中师范大学第一附属中学	高二
河南	张澈	郑州外国语学校	高二	湖北	吴轲	武汉市武钢三中	高三
河南	万在舟	郑州市第十一中学	高二	湖北	温堰翔	湖北省十堰市郧阳中学	高二
河南	李智宇	焦作市第一中学	高二	湖北	刘江宜	宜昌市第一中学	高二
河南	石响宇	郑州市第十一中学	高三	湖北	马浩博	宜昌市第一中学	高三
河南	赵雪松	郑州市第二中学	高三	湖北	李胤驰	武汉外国语学校	高一
河南	刘鹏宇	安阳市第一中学	高三	湖北	王琪盛	武汉外国语学校	高二
河南	刘易铖	河南省实验中学	高三	湖北	张珈尔	华中师范大学第一附属中学	高三
河南	杨丰华	郑州外国语学校	高三	湖北	游添予	湖北省黄石市第二中学	高三
河南	杨天乐	河南省实验中学	高一	湖北	范行健	湖北省黄石市第二中学	高二
河南	柴东辰	焦作市第一中学	高三	湖北	王兴罡	湖北省十堰市郧阳中学	高二
河南	何骏扬	郑州外国语新枫杨学校	高二	湖北	郑欣	华中师范大学第一附属中学	高二
河南	王仕和	郑州市第一中学	高二	湖北	毕彰谦	湖北省襄阳市第五中学	高三
河南	朱少本	郑州市第十一中学	高二	湖北	邢喆	湖北省黄石市第二中学	高二
河南	杨澜	焦作市第一中学	高二	湖北	郑天成	宜昌市夷陵中学	高二
河南	邹炎均	郑州市实验高级中学	高二	湖北	陈雪阳	武汉市武钢三中	高二
河南	杨柳	河南省实验中学	高二	湖北	向雅欣	武汉市武钢三中	高二
河南	袁马轲	安阳市第一中学	高二	湖北	胡婧	湖北省黄石市第二中学	高二
河南	李唯聪	新乡市河南师范大学附属中学金龙学校	高二	湖北	汤萌	华中师范大学第一附属中学	高一
				湖北	易捷	宜昌市夷陵中学	高二
河南	吴浩钟	河南省实验中学	高一	湖北	吴鸿铭	华中师范大学第一附属中学	高二
河南	张维璞	郑州外国语学校	高二	湖北	蒋轩林	武汉武珞路实验初级中学	初三
河南	赵坤宇	河南省实验中学	高二	湖北	王证儒	华中师范大学第一附属中学	高三
河南	黄禧敏	郑州外国语学校	高二	湖北	周傲然	武汉武珞路实验初级中学	初三
河南	王培屹	郑州市第十一中学	高二	湖北	王宁暄	宜昌市第一中学	高三
河南	朱一帆	郑州市实验高级中学	高三	湖北	杨硕	武汉市第二中学	高二
河南	王家明	郑州外国语新枫杨学校	高二	湖北	余欣然	宜昌市夷陵中学	高二
河南	肖帆	焦作市第一中学	高二	湖北	王祥国	湖北省黄冈中学	高二
河南	高正	焦作市第一中学	高二	湖北	张奕	湖北省黄石市第二中学	高三

续 表

省份	姓名	学校	年级	省份	姓名	学校	年级
湖北	何承天	湖北省十堰市郧阳中学	高二	河北	王旭	衡水第一中学	高二
湖北	刘凌霄	宜昌市夷陵中学	高二	河北	王超星	衡水第一中学	高二
湖北	秦家诚	湖北省黄石市第二中学	高二	河北	王旭浩	河北衡水中学	高二
湖北	史文韬	湖北省黄冈中学	高三	河北	袁野	衡水志臻中学	高二
湖北	万才学	湖北省黄石市第二中学	高三	河北	王博晓	石家庄市第二中学	高二
湖北	余诵惟	武汉市武钢三中	高二	河北	刘建妙	衡水第一中学	高二
湖北	冯宸	湖北省十堰市郧阳中学	高二	河北	秦诗雨	衡水第一中学	高二
湖北	胡宇飞	华中师范大学第一附属中学	高一	河北	张一帆	衡水第一中学	高二
湖北	刘益彰	华中师范大学第一附属中学	高二	河北	石翔宇	衡水市第二中学	高二
湖北	罗炫	洪山高中	高二	河北	李杰	唐山市第一中学	高二
湖北	许旺	宜昌市第一中学	高二	河北	贾若凡	唐山市第一中学	高二
湖北	向路加	武汉市武钢三中	高一	河北	张昊闻	石家庄市第一中学	高二
湖北	王怡凌	武汉市第二中学	高二	河北	王梦琦	衡水市第二中学	高二
湖北	熊穗宁	武汉外国语学校	高二	河北	白宇轩	衡水志臻中学	高二
湖北	黄越	武汉外国语学校	初一	河北	彭泽	石家庄二中实验学校	高二
湖北	蔡柏华	武汉市武钢三中	高三	河北	孟宇轩	衡水第一中学	高二
湖北	高源	武汉市武钢三中	高三	河北	周自恒	衡水第一中学	高二
湖北	李明卓	湖北省黄冈中学	高二	河北	王子奕	唐山市第一中学	高二
湖北	肖千与	武汉二中广雅中学	初二	河北	张闰清	石家庄市第二中学	高一
湖北	刘云挚	湖北省武昌实验中学	高二	河北	陆红旭	衡水市第二中学	高三
湖北	赵舒灿	华中师范大学第一附属中学	高三	河北	梁永硕	石家庄二中实验学校	高二
河北	杨卓毅	石家庄市第二中学	高三	河北	周天宝	石家庄市第二中学	高一
河北	刘诣元	石家庄二中实验学校	高二	河北	常为铭	邯郸市第一中学	高三
河北	王晓晖	衡水第一中学	高二	河北	张扬	衡水志臻中学	高二
河北	王泽州	衡水第一中学	高二	河北	张嘉伟	石家庄二中实验学校	高二
河北	任羽辰	石家庄市第二中学	高三	河北	何玮薄	衡水市第二中学	高二
河北	刘天睿	衡水第一中学	高二	河北	杨鸣宇	石家庄二中实验学校	高三
河北	任一凡	衡水第一中学	高二	河北	华振洋	衡水志臻中学	高三
河北	王琦	河北衡水中学	高二	河北	白英伯	衡水第一中学	高二
河北	胡越洋	衡水第一中学	高二	河北	李亚轩	石家庄市第一中学	高二
河北	杨思祺	石家庄二中实验学校	高三	河北	苑世豪	石家庄二中实验学校	高二
河北	张浩宇	石家庄市第二中学	高二	河北	张天岳	石家庄市第二中学	高二
河北	吕超	衡水第一中学	高二	河北	刘玉英	衡水第一中学	高二
河北	孙若诗	衡水第一中学	高二	河北	韩文韦	衡水第一中学	高二
河北	张明韬	衡水第一中学	高二	河北	段环宇	邯郸市第一中学	高一
河北	邢旭	衡水第一中学	高二	河北	孟世元	衡水市第二中学	高二
河北	管啸野	衡水第一中学	高二	河北	吴钰璋	唐山市第一中学	高二
河北	祁雯	衡水志臻中学	高三	河北	谢渊正	衡水第一中学	高二
河北	吴家庆	衡水志臻中学	高三	河北	刘雨琛	唐山市第一中学	高二
河北	李天逸	石家庄市第二中学	高三	河北	尹振云	石家庄二中实验学校	高二
河北	张世骐	河北衡水中学	高一	河北	李怡哲	邯郸市第一中学	高二
河北	于倬浩	衡水第一中学	高二	河北	韩喻泷	石家庄市第二中学	高二
河北	郭浩博	邯郸市第一中学	高二	河北	刘家尧	衡水第一中学	高二

续 表

省份	姓名	学校	年级	省份	姓名	学校	年级
河北	李宙帆	唐山市第一中学	高二	湖南	周陶铸	长沙市雅礼中学	高二
河北	陈纪龙	石家庄市第一中学	高三	湖南	于峥	长沙市雅礼中学	高三
河北	唐贝利	石家庄市第二中学	高一	湖南	邬丰骏	湖南省长沙市长郡中学	高二
河北	陈卓裕	石家庄市第二中学	高一	湖南	傅珂琳	长沙市第一中学	高一
河北	王宇晨	石家庄市第一中学	高二	湖南	王治奕	衡阳市第八中学	高二
河北	陈浩然	衡水第一中学	高一	湖南	何东楠	长沙市雅礼中学	高二
河北	蒋博韬	石家庄市第一中学	高三	湖南	胡昊	长沙市雅礼实验中学	初二
河北	王洋	唐山市第一中学	高二	湖南	李坚	湖南师范大学附属中学	高三
海南	林诗润	临高县临高中学	初三	湖南	唐雷	湖南师范大学附属中学	高二
海南	陈悦	海口中学	高二	湖南	吴佳英	长沙市雅礼中学	高一
海南	陈文嘉	海口中学	高一	湖南	杨曜嘉	长沙市第一中学	高二
湖南	杨懋龙	湖南省长沙市长郡中学	高三	湖南	曹歆蕤	长沙市雅礼实验中学	初三
湖南	张千帆	长沙市雅礼中学	高三	湖南	高子翼	湖南省长沙市长郡双语实验中学	初三
湖南	陈俊恺	湖南省长沙市长郡中学	高二				
湖南	陈江伦	湖南省长沙市长郡中学	高三	湖南	何佳林	长沙市明德中学	高二
湖南	王羿涵	湖南省长沙市长郡中学	高三	湖南	罗龙光	湖南省长沙市长郡中学	高三
湖南	段昱	长沙市雅礼中学	高二	湖南	罗恺	长沙市中雅培粹学校	初二
湖南	罗进	长沙市第一中学	高三	湖南	汪韬	长沙市雅礼中学	高二
湖南	彭贻豪	长沙市第一中学	高二	湖南	肖士程	长沙市雅礼中学	高一
湖南	郭特	长沙市雅礼中学	高二	湖南	周书予	湖南省长沙市长郡中学	高一
湖南	刘俊琦	湖南省长沙市长郡中学	高二	湖南	安博施	长沙市第一中学	高一
湖南	魏罗健	长沙市雅礼中学	高二	湖南	姜唯晟	湖南师范大学附属中学	高二
湖南	何宇轩	长沙市雅礼中学	高三	湖南	唐嘉俊	长沙麓山国际实验学校	初三
湖南	罗宇琦	长沙市雅礼中学	高二	湖南	王一帆	湖南省澧县第一中学	高二
湖南	刘宇晗	长沙市雅礼中学	高三	湖南	杨光	长沙市雅礼中学	高二
湖南	荣易	长沙市雅礼中学	高二	湖南	易兰萱	长沙市雅礼中学	高一
湖南	肖子凯	长沙市雅礼中学	高二	湖南	刘亦晖	湖南省长沙市长郡中学	高二
湖南	谢超才	长沙市第一中学	高二	湖南	谢松江	长沙市雅礼中学	高三
湖南	叶闻捷	湖南省长沙市长郡中学	高二	湖南	曾乐天	长沙市雅礼中学	高二
湖南	邓一轩	长沙市雅礼中学	高一	湖南	张雨辰	长沙市雅礼中学	高二
湖南	谭恒楷	长沙市雅礼中学	高二	湖南	贺伟强	长沙市雅礼中学	高三
湖南	吴宜檬	湖南省长沙市长郡中学	高二	湖南	宁飞扬	湖南省长沙市长郡中学	高二
湖南	喻梓浩	长沙麓山国际实验学校	高二	湖南	任沛凡	湖南师范大学附属中学	高二
湖南	欧阳子绚	长沙市雅礼中学	高二	湖南	宋明潇	长沙市雅礼中学	高三
湖南	王一	长沙市第一中学	高一	湖南	王益铭	衡阳市第八中学	高一
湖南	向尔格	长沙市雅礼中学	高二	湖南	杨童凯	湖南省长沙市长郡中学	高二
湖南	杨之典	长沙麓山国际实验学校	高二	湖南	夏曦乐	湖南师范大学附属中学	高二
湖南	湛江鸥	湖南省长沙市长郡中学	高二	湖南	肖逸凡	衡阳市第八中学	高一
湖南	廖仁浩	湖南省长沙市长郡中学	高二	湖南	谢雅真	长沙市雅礼中学	高一
湖南	沈奥成	长沙麓山国际实验学校	高二	湖南	杨承翰	长沙市长郡梅溪湖中学	初三
湖南	燕亮	湖南省长沙市长郡中学	高一	湖南	周禹	长沙市雅礼中学	高一
湖南	刘倞	湖南省长沙市长郡中学	高二	湖南	秦豪远	衡阳市第八中学	高二
湖南	宋聿辰	湖南省长沙市长郡中学	高一	湖南	殷彦博	湖南省长沙市长郡中学	高一

续 表

省份	姓名	学校	年级	省份	姓名	学校	年级
湖南	郑志棱	湖南省长沙市长郡中学	高二	湖南	邹子聪	长沙市第一中学	高二
湖南	李天平	湖南省长沙市长郡中学	高一	湖南	刘浩松	长沙市雅礼中学	高二
湖南	廖心瑶	长沙麓山国际实验学校	高二	湖南	王钊文	长沙市雅礼中学	高二
湖南	宁宇恒	湘一芙蓉中学	初三	湖南	李宗儒	长沙市雅礼中学	高一
湖南	吴雨伦	湖南师范大学附属中学	高三	湖南	莫泽峰	衡阳市第八中学	高一
湖南	曾一航	长沙市雅礼中学	高二	湖南	彭力	长沙市第一中学	高二
湖南	成就	湖南省长沙市长郡中学	高二	湖南	卿云鹏	湖南省长沙市长郡中学	高二
湖南	刘成之	长沙市南雅中学	高二	湖南	邱毓淞	长沙市第一中学	高二
湖南	杨运城	长沙市雅礼中学	高二	湖南	袁萌宇	长沙市雅礼中学	高一
湖南	袁承博	湖南省长沙市长郡中学	高一	湖南	贺孜卓	长沙市明德中学	高一
湖南	冯浩然	湖南省长沙市长郡中学	高二	湖南	梁亮	湖南省株洲市第二中学	高一
湖南	黄恺瑞	长沙市长郡梅溪湖中学	高二	湖南	刘可凡	湖南师范大学附属中学	高一
湖南	刘才煜	长沙市第一中学	高二	湖南	汤弘郗	湖南省长沙市长郡中学	高二
湖南	刘思睿	长沙市雅礼中学	高二	湖南	肖皓	长沙市雅礼中学	高二
湖南	唐熙程	长沙市第一中学	高一	湖南	熊程远	长沙市中雅培粹学校	初三
湖南	唐煜勋	长沙市雅礼中学	高二	湖南	韩一	长沙市雅礼中学	高一
湖南	薛振梁	湖南师范大学附属中学	高三	湖南	雷震宇	长沙市雅礼中学	高一
湖南	尹鹏哲	湖南省长沙市长郡中学	高二	湖南	刘恒宇	株洲市南方中学	高二
湖南	周熙言	衡阳市第八中学	高一	湖南	欧阳宇霏	长沙市明德中学	高二
湖南	陈思宇	湖南省长沙市长郡中学	高二	湖南	彭帅康	长沙市雅礼中学	高一
湖南	徐舟子	湖南省长沙市长郡双语实验中学	初三	湖南	荣思齐	浏阳市田家炳实验中学	高三
				湖南	徐致远	湖南省长沙市长郡中学	高一
湖南	郭城志	长沙麓山国际实验学校	初三	湖南	刘简为	长沙市雅礼中学	高一
湖南	洪熠佳	长沙市雅礼中学	高一	湖南	王宇龙	长沙青竹湖湘一外国语学校	初三
湖南	黄天宁	长沙市雅礼中学	高三	湖南	张令轩	长沙市明德中学	高一
湖南	刘帅	长沙市雅礼中学	高一	湖南	周子未	长沙市雅礼中学	高一
湖南	张嘉威	长沙市南雅中学	高二	湖南	蒋裕成	长沙麓山国际实验学校	高一
湖南	张裕	长沙市长郡梅溪湖中学	高二	湖南	万天航	长沙市一中雨花新华都学校	初三
湖南	郑原	湖南师范大学附属中学	高二	湖南	伍惟正	长沙市雅礼中学	高一
湖南	周一凡	长沙市第一中学	高一	湖南	杨仁仪	长沙麓山国际实验学校	高二
湖南	曹宇涵	长沙市南雅中学	高一	湖南	周杰明	长沙市雅礼实验中学	初三
湖南	陈诺	长沙市雅礼中学	高二	湖南	邹通成	湖南省娄底市第一中学	高二
湖南	邓汉铭	长沙市南雅中学	高一	湖南	陈胤戬	长沙青竹湖湘一外国语学校	初三
湖南	黄嘉文	长沙麓山国际实验学校	高二	湖南	冯迪夫	湖南省长沙市长郡中学	高一
湖南	李沐霖	长沙市明德中学	高二	湖南	韩雅慧	长沙市南雅中学	初二
湖南	余泽坤	长沙麓山国际实验学校	高一	湖南	金鑫宇	长沙高新技术产业开发区明德麓谷学校	初三
湖南	胡锦添	湖南省长沙市长郡中学	高一				
湖南	黄子益	长沙市中雅培粹学校	初二	湖南	李斯特	长沙市雅礼中学	高一
湖南	刘盛婷	长沙市第一中学	高二	湖南	李思婷	湖南省长沙市长郡中学	高二
湖南	刘轩豪	湖南师范大学附属中学	高三	湖南	廖子牧	长沙市雅礼中学	高一
湖南	罗旅洲	长沙市雅礼中学	高二	湖南	娄峥	浏阳市第一中学	高二
湖南	谭思成	长沙麓山国际实验学校	高二	湖南	罗潇阳	长沙市一中岳麓中学	初三
湖南	曾凡磊	浏阳市第一中学	高二	湖南	肖岳枫	长沙市长郡梅溪湖中学	高二

续 表

省份	姓名	学校	年级
湖南	袁桢湜	长沙市第一中学	高一
湖南	张植翔	长沙市湘郡培粹实验中学	初二
湖南	范卓俊	长沙市第一中学	高一
湖南	郭劲豪	湖南省长沙市长郡双语实验中学	初二
湖南	李俊杰	长沙市南雅中学	初三
湖南	熊昕洋	长沙市明德中学	高二
湖南	谌星宇	长沙市南雅中学	初三
湖南	黄少霖	长沙青竹湖湘一外国语学校	初三
湖南	鲁叶木	长沙市南雅中学	高二
湖南	田野	长沙市长郡梅溪湖中学	高一
湖南	魏天行	长沙市第一中学	高一
湖南	向震远	长沙市第一中学	高一
湖南	章宗昱	湖南省澧县第一中学	高二
湖南	寻真	长沙市雅礼实验中学	初三
湖南	曹云舒	长沙市长郡梅溪湖中学	高二
湖南	陈冠州	长沙市第一中学	高一
湖南	仇文彬	长沙麓山国际实验学校	高二
湖南	葛钧之	湖南省娄底市第一中学	高二
湖南	黄骙	长沙市雅礼实验中学	初三
湖南	谭思博	长沙市南雅中学	高一
湖南	易晨竹	衡阳市第八中学	高一
湖南	张嘉鹏	长沙市雅礼中学	高一
湖南	吴锦仪	长沙市南雅中学	高二
湖南	肖鸿	长沙市雅礼中学	高一
湖南	赵晨汐	长沙市第一中学	高二
湖南	周雪妍	长沙市明德中学	高二
吉林	李佳实	东北师范大学附属中学	高三
吉林	宋泽宇	长春吉大附中实验学校	高三
吉林	郭星灼	长春吉大附中实验学校	高二
吉林	李天晓	东北师范大学附属中学	高一
吉林	常珂华	长春吉大附中实验学校	高二
吉林	王逸轩	长春吉大附中实验学校	高三
吉林	赵晨琪	长春吉大附中实验学校	初二
吉林	聂恺辰	东北师范大学附属中学	高三
吉林	李晋	长春吉大附中实验学校	高二
吉林	吕昆航	东北师范大学附属中学	高二
吉林	常容熇	长春吉大附中实验学校	高三
吉林	赵广泽	东北师范大学附属中学	高二
吉林	赵天韵	长春吉大附中实验学校	高二
吉林	尹涵	东北师范大学附属中学	高三
吉林	于倚岑	四平市第一高级中学	高二
吉林	汤云开	东北师范大学附属中学	高一

省份	姓名	学校	年级
吉林	唐熙霖	东北师范大学附属中学	高二
吉林	张翔睿	东北师范大学附属中学	高二
吉林	梁博元	吉林市第一中学	高二
吉林	孙鸣泽	吉林市第一中学	高二
吉林	张轶博	长春吉大附中实验学校	高二
吉林	高鸣宇	东北师大附中明珠学校	初三
吉林	徐汉林	四平市第一高级中学	高二
吉林	王贺	长春吉大附中实验学校	高二
吉林	关凯文	东北师范大学附属中学	高二
吉林	钱宇航	长春市十一高中	高二
吉林	姜淳誉	东北师范大学附属中学	高三
吉林	赵熠远	长春市十一高中	高二
吉林	艾江山	东北师大附中明珠学校	初三
吉林	吕泓源	长春吉大附中实验学校	高三
吉林	王奕然	东北师范大学附属实验学校	高一
吉林	尹纪尧	吉林市第一中学	高二
吉林	赵昱	通化市第一中学	高三
吉林	白凤杨	吉林市第一中学	高三
吉林	程傲	东北师范大学附属中学	高三
吉林	周慧龙	吉林市第一中学	高三
吉林	陈枫	长春吉大附中实验学校	高一
江苏	陈孙立	南京外国语学校	高一
江苏	吴思扬	南京外国语学校	高二
江苏	徐翊轩	江苏省常州高级中学	高一
江苏	杨天祺	南京师范大学附属中学	高二
江苏	唐彬峪	南京市金陵中学河西分校	高二
江苏	杨骏昭	南京外国语学校	高一
江苏	杨乾澜	江苏省淮阴中学	高三
江苏	堵君懿	江苏省常州高级中学	高三
江苏	李骥	江苏省常州高级中学	高一
江苏	谭竣文	南京师范大学附属中学	高二
江苏	何乐晗	江苏省常州高级中学	高一
江苏	孔瑞阳	常州市第一中学	高二
江苏	宦皓然	扬州中学教育集团树人学校	初三
江苏	陈曦	江苏省天一中学	高三
江苏	余泰来	南京外国语学校	高二
江苏	戴言	南京外国语学校	高一
江苏	沃彦峰	南京外国语学校	高一
江苏	王英豪	江苏省苏州中学校	高三
江苏	张一玎	南京师范大学附属中学	高二
江苏	杜伟桦	江苏省常州高级中学	高一
江苏	杨浩宇	江苏省丹阳高级中学	高二
江苏	陈以信	南京师范大学附属中学	高一

续　表

省份	姓名	学校	年级	省份	姓名	学校	年级
江苏	王品欢	江苏省淮阴中学	高一	江苏	孙迅	江苏省天一中学	高二
江苏	王一权	常州市第一中学	高一	江苏	张弘弢	江苏省常州高级中学	高一
江苏	卞浏予	江苏省常州高级中学	高一	江苏	黄兴睿	南京外国语学校	高二
江苏	韩乐桐	南京师范大学附属中学树人学校	初三	江苏	潘静远	常州市北郊高级中学	高三
				江苏	盛晟	江苏省淮阴中学	高二
江苏	刘泓铁	江苏省常州高级中学	高二	江苏	孙诺舟	常州外国语学校	初三
江苏	袁浩天	南京外国语学校	初二	江苏	王宇骥	江苏省常州高级中学	高一
江苏	戴宇同	南京外国语学校	初三	江苏	张皓然	江苏省常州高级中学	高一
江苏	冯天澍	南京外国语学校	高一	江苏	何宇涛	江苏省常州高级中学	高一
江苏	杨予宸	南京市金陵中学	高二	江苏	吕秋实	南京外国语学校	初三
江苏	张好风	江苏省苏州中学校	高一	江苏	张龙文	南京师范大学附属中学	高三
江苏	徐子焓	南京师范大学附属中学	高二	江苏	朱羽嘉	江苏省常州高级中学	高二
江苏	李至丹	江苏省丹阳高级中学	高二	江苏	黄鹤飞	江苏省苏州中学校	高三
江苏	王浩源	常州市第一中学	高二	江苏	潘东逸杰	江苏省盐城中学	高二
江苏	薛成峰	南京外国语学校	初三	江苏	王嘉禾	南京师范大学附属中学	高二
江苏	殷九思	南京外国语学校	高一	江苏	徐源	南京外国语学校	初三
江苏	胡沐彦	江苏省常州高级中学	高二	江苏	简嘉瑶	常州市正衡中学	初三
江苏	徐若凡	江苏省常州高级中学	高二	江苏	陈元旻	江苏省常州高级中学	高二
江苏	许澔天	江苏省苏州中学校	高二	江苏	葛中正	江苏省大丰高级中学	高一
江苏	张翀	江苏省苏州中学校	高二	江苏	黄北辰	南京师范大学附属中学江宁分校	高二
江苏	佟海轩	江苏省淮阴中学	高一				
江苏	王子涵	江苏省常州高级中学	高二	江苏	刘响	江苏省常州高级中学	高一
江苏	李泽清	常州市正衡中学	初三	江苏	罗丽薇	江苏省苏州中学校	高二
江苏	程鹏志	江苏省扬州中学	高二	江苏	朱昊天	常州市第一中学	高二
江苏	陆明琪	江苏省常州高级中学	高一	江苏	蔡柠远	南京玄武外国语学校	初三
江苏	吴梦迪	江苏省丹阳高级中学	高二	江苏	颜泽禹	南京市金陵中学	高三
江苏	刘书玮	江苏省新海高级中学	高二	江苏	郁青陟	盐城市大丰区新丰中学	高一
江苏	陶重年	南京外国语学校	高二	江苏	张庭瑞	南京外国语学校	初二
江苏	王宇峣	南京外国语学校	高一	江苏	陈政弛	江苏省常州高级中学	高一
江苏	王泽远	南京师范大学附属中学江宁分校	初三	江苏	杜垠璇	南京外国语学校	高二
				江苏	汤乐天	常州外国语学校	初三
江苏	罗碚	南京师范大学附属中学	高二	江苏	徐蒙源	江苏省常州高级中学	高一
江苏	王之坤	江苏省苏州中学园区校	高一	江苏	赵放之	南京师范大学附属中学	高二
江苏	魏祎隽	常州外国语学校	初三	江苏	左鸿宇	江苏省大丰高级中学	高三
江苏	周泳晨	江苏省常州高级中学	高二	江苏	江姜	江苏省淮阴中学	高一
江苏	沈照睿	南京外国语学校	高一	江苏	施彧	江苏省天一中学	高三
江苏	夏海淞	江苏省宜兴中学	高三	江苏	吴之琛	常州市武进区湖塘实验中学	初二
江苏	杨天晨	常州市第一中学	高三	江苏	肖宇涵	江苏省常州高级中学	高二
江苏	何泽林	江苏省常州高级中学	高二	江苏	陈柘宇	常州市第二十四中学	初二
江苏	朱瑞恺	江苏省大丰高级中学	高一	江苏	蒋承欢	南京市金陵中学	高一
江苏	黄海烽	常州市第一中学	高三	江苏	戚珂	常州市第一中学	高一
江苏	邱天异	江苏省天一中学	初二	江苏	王宇辰	南京市金陵中学	高三
江苏	沈逸凡	江苏省苏州中学校	高三	江苏	张子彦	常州市第一中学	高一

续 表

省份	姓名	学校	年级	省份	姓名	学校	年级
江苏	钱品亦	江苏省如皋中学	高二	江苏	戚雨林	常州市第二十四中学	初三
江苏	张弛	常州外国语学校	初三	江苏	王智琪	江苏省天一中学	高三
江苏	周鹤洋	江苏省南通中学	高三	江苏	卞曜洋	泰州市第二中学附属初中	初三
江苏	蔡珂呈	江苏省扬中高级中学	高二	江苏	顾红卫	江苏省大丰高级中学	高一
江苏	刁煜凡	无锡市第一中学	高三	江苏	刘易林	南京外国语学校	高一
江苏	施炎妍	江苏省大丰高级中学	高一	江苏	潘云开	常州外国语学校	高一
江苏	王星越	江苏省常州高级中学	高一	江苏	乔展荣	南京外国语学校	初三
江苏	袁天骏	江苏省苏州中学伟长实验部	初三	江苏	袁钰杰	江苏省淮阴中学	高一
江苏	张汝嘉	江苏省滨海中学	高二	江苏	柏广凡	江苏省金湖中学	高三
江苏	张一驰	南京外国语学校	高一	江苏	蔡方亮	江苏省大丰高级中学	高一
江苏	张屹霄	南京外国语学校	初二	江苏	曹原	南京外国语学校	初三
江苏	郑祎凡	南京外国语学校	高二	江苏	顾哲涵	江苏省宜兴中学	高三
江苏	蒋一歌	常州外国语学校	初三	江苏	季昕泽	江苏省常州高级中学	高二
江苏	蒋潇鹏	江苏省常州高级中学	高一	江苏	杨鼎	江苏省如皋中学	高二
江苏	李滕昊	南京外国语学校	高一	江苏	丁彦杰	常州市第一中学	高三
江苏	颜树	常州外国语学校	初三	江苏	方铭宇	南京市金陵中学	高一
江苏	张凯翼	江苏省常州高级中学	高一	江苏	蒋浩枫	常州市第一中学	高二
江苏	赵一舟	南京外国语学校	高一	江苏	金鑫辰	南京外国语学校	高一
江苏	包龙昊	江苏省华罗庚中学	高三	江苏	唐煜昊	江苏省淮阴中学	高二
江苏	冯一帆	南京市金陵中学河西分校	高一	江苏	周皓晨	江苏省常州高级中学	高一
江苏	蒋楷文	江苏省扬州中学	高二	江西	彭轩宇	江西师范大学附属中学	高二
江苏	李世衡	江苏省扬州中学	高二	江西	宋沛荻	江西省赣州三中	高三
江苏	张少弘	江苏省常州高级中学	高二	江西	林海波	赣州市第一中学	高二
江苏	刘梓涵	江苏省淮阴中学	高一	江西	夏文羿	江西省上饶中学	高三
江苏	陶俊天	江苏省南菁高级中学	高二	江西	颜嘉伟	江西科技学院附属中学	高二
江苏	吴佳熹	苏州工业园区星海实验中学	高二	江西	王忠涛	赣州中学	高二
江苏	吴知远	江苏省华罗庚中学	高三	江西	谢沅甫	江西省赣州三中	高二
江苏	谢榛	常州外国语学校	初二	江西	匡汇森	江西省赣州三中	高二
江苏	杨逸鹏	南京外国语学校	高二	江西	黄宇廷	江西师范大学附属中学	高一
江苏	戴一帆	江苏省天一中学	高二	江西	谢宇轩	江西师范大学附属中学	高二
江苏	范森然	江苏省扬州中学	高一	江西	刁培杰	江西省宜春中学	高二
江苏	黄文浩	常州市第一中学	高二	江西	黄文翀	赣州中学	高一
江苏	李衍君	江苏省丹阳高级中学	高一	江西	龙高睿殊	江西省宜春中学	高二
江苏	李宗泰	南京外国语学校	高一	江西	孙宇晨	赣州中学	高二
江苏	冉洋博	江苏省常州高级中学	高二	江西	黄堂飞	江西省上饶中学	高二
江苏	汤修齐	常州外国语学校	初二	江西	朱卓远	赣州市第一中学	高一
江苏	赵源捷	南京外国语学校	高二	江西	陈晓诗	江西省宜春中学	高二
江苏	宋俊澔	江苏省天一中学	高二	江西	文征宇	江西省萍乡中学	高二
江苏	汪洵	江苏省淮阴中学	高一	江西	姚佳薪	赣州中学	高一
江苏	王韦淇	江苏省海州高级中学	高三	江西	钟瑨霖	赣州市赣县中学	高三
江苏	陈天	南京师范大学附属中学	高一	江西	兰佳晨	南昌市第五中学	高一
江苏	翟浩瑞	江苏省新海高级中学	高三	江西	陈厚锦	江西省九江第一中学	初三
江苏	廖天一	江苏省泰州中学	高一	江西	严航	江西省上饶市玉山县玉山一中	高二

续 表

省份	姓名	学校	年级	省份	姓名	学校	年级
江西	余逸	萍乡市上栗中学	高二	辽宁	张思瀚	辽宁省实验中学	高二
江西	魏和晗	赣州中学	高二	辽宁	李增基	东北育才学校	高一
江西	钟菡树	赣州中学	初三	辽宁	毕嘉文	东北育才学校	高二
江西	董宏基	江西科技学院附属中学	高一	辽宁	山琦	东北育才学校	高一
江西	彭乐威	江西省宜春中学	高二	辽宁	张艺川	东北育才学校	高二
江西	邱烨卿	江西师范大学附属中学	高二	辽宁	于子涵	大连育明高级中学	高二
江西	王姜飞扬	江西省上饶中学	高二	辽宁	傅彦璋	大连育明高级中学	高二
江西	温宇	江西省九江第一中学	初三	辽宁	王家栋	大连市第二十四中学	高三
江西	金健翔	九江外国语学校	初三	辽宁	王业捷	大连市第二十四中学	高二
江西	汪从彪	会昌中学	高三	辽宁	杜中行	大连育明高级中学	高二
江西	谢祥瑅	赣州中学	初三	辽宁	闵家旭	东北育才学校	高二
江西	戴其乐	江西省万年中学	高二	辽宁	曹宇晨	大连育明高级中学	高二
江西	吴尧天	江西省九江第一中学	初三	辽宁	石瀚程	辽宁省实验中学	高二
江西	张鹏飞	江西省赣州三中	高一	辽宁	张恩宁	东北育才学校	高一
江西	郑雄	江西省上饶市玉山县玉山一中	高三	辽宁	刘临溪	辽宁省实验中学	高二
辽宁	高庆麾	东北育才学校	高二	辽宁	戴钦润	沈阳市第二十中学	高二
辽宁	肖宇朔	大连市第二十四中学	高三	内蒙古	赵伊书杰	赤峰红旗中学	高三
辽宁	袁小迪	大连市第二十四中学	高二	内蒙古	黄易	通辽第五中学	高二
辽宁	邱元辰	大连市第二十四中学	高三	内蒙古	秦子昂	包头市第九中学	高二
辽宁	薛欣	东北育才学校	高二	内蒙古	张浩然	包头市第九中学	高三
辽宁	樊睿	大连育明高级中学	高一	内蒙古	杨朔尧	呼和浩特市第二中学	高二
辽宁	徐正博	东北育才学校	高二	内蒙古	邢世纪	呼和浩特市第二中学	高二
辽宁	郭冠男	东北育才学校	高一	宁夏	景文冲	宁夏银川一中	高二
辽宁	司嘉祺	大连市第二十四中学	高一	宁夏	买志斌	宁夏六盘山高级中学	高三
辽宁	曹依林	大连市第二十四中学	高二	宁夏	朱盛盛	宁夏六盘山高级中学	高三
辽宁	胡晋侨	东北育才学校	高一	宁夏	张嘉翔	宁夏银川一中	高二
辽宁	杨静远	大连市第二十四中学	高二	四川	杜振宇	成都市石室中学	高二
辽宁	江宇宸	辽师大附中	高二	四川	王思齐	成都市第七中学	高二
辽宁	张倚凡	本溪市高级中学	高二	四川	吴凯路	成都市石室中学	高三
辽宁	孙启宁	大连育明高级中学	高二	四川	杨宗翰	成都外国语学校	高三
辽宁	卢品仁	大连市第二十四中学	高三	四川	郑皓天	成都市第七中学	高二
辽宁	张昕海	东北育才学校	高三	四川	荀泽梁	成都树德中学	高二
辽宁	王子恒	大连市第二十四中学	高二	四川	王修涵	成都市第七中学	高二
辽宁	杨思杰	大连育明高级中学	高一	四川	袁方舟	成都市第七中学	高二
辽宁	徐小权	大连育明高级中学	高二	四川	曾晓龙	四川省绵阳南山中学	高二
辽宁	高杨宸严	东北育才学校	高三	四川	张申宇	成都市第七中学	高二
辽宁	姚澜	大连市第二十四中学	高二	四川	汪元森	成都七中高新校区	高二
辽宁	张宬思	东北育才学校	高二	四川	袁一滔	四川省绵阳中学	高二
辽宁	李松原	东北育才学校	高二	四川	李云飞	成都市第七中学	高二
辽宁	武亦凡	大连育明高级中学	高二	四川	邓朝一	成都市第七中学	高二
辽宁	洪艺中	东北育才学校	高二	四川	李纪甫	四川省绵阳南山中学	高二
辽宁	彭熙然	大连市第二十四中学	高二	四川	李斯威	成都外国语学校	高二
辽宁	丁博文	东北育才学校	高二	四川	高宇睿	成都市石室中学	高二

续 表

省份	姓名	学校	年级	省份	姓名	学校	年级
四川	古源楷	成都七中高新校区	高二	四川	段飞宇	成都市第七中学	高三
四川	刘雨薇	成都市石室中学	高二	四川	王烨	四川省绵阳南山中学	高二
四川	张家杰	成都市石室中学	高二	四川	吴亦晨	成都树德中学	高二
四川	胡一淳	成都树德中学	高二	四川	徐西岭	成都市第七中学	高二
四川	张甲	四川省绵阳中学	高二	四川	党星宇	成都市第七中学	高一
四川	卿盈盈	四川省绵阳南山中学	高二	四川	段鸥航	四川省绵阳中学	高二
四川	王崧乔	成都市第七中学	高二	四川	苟嘉铭	成都七中高新校区	高二
四川	伍思亦	成都市第七中学	高一	四川	李明洋	成都七中高新校区	高二
四川	曾哲豪	绵阳南山中学实验学校	高二	四川	刘彧麟	成都市第七中学	高二
四川	张耘潮	成都七中高新校区	高二	四川	王凌灏	成都市石室中学	高二
四川	房励行	成都市第七中学	高一	四川	严明豪	绵阳南山中学实验学校	高一
四川	牟语嫣	成都树德中学	高三	四川	钟自厚	成都嘉祥外国语学校	小学
四川	温铠瑞	成都外国语学校	初三	四川	刘鎏	成都外国语学校	高二
四川	郑涵文	四川省南充高级中学	高二	四川	屈靖恩	成都树德中学	高二
四川	廖弘毅	成都市石室中学	高二	四川	裘嘉欣	成都七中高新校区	高二
四川	蒋明润	成都七中高新校区	初三	四川	高一鸣	成都市石室中学	高二
四川	李林豇	绵阳东辰国际学校	高二	四川	郑皓瑞	四川省绵阳南山中学	高二
四川	廖浩深	成都外国语学校	高二	四川	程豪	成都市石室中学	高二
四川	梁宇航	成都市石室中学	高三	四川	刘凯文	成都市石室中学	高一
四川	吴思承	绵阳东辰国际学校	高二	四川	谢天驰	成都市第七中学	高一
四川	何宇杰	成都市石室中学	高二	四川	赵晓迪	四川省南充高级中学	高二
四川	吴梓柯	成都树德中学	高三	四川	黄炜杰	成都市实验外国语学校	高三
四川	王静萱	绵阳东辰国际学校	高二	四川	姚登宇	成都市石室中学	高二
四川	谢知然	成都七中高新校区	高二	四川	樊思劼	成都市石室中学	高二
四川	叶余非	成都七中高新校区	初三	四川	胡瑞	成都市石室中学	高二
四川	易健驰	成都市第七中学	高一	四川	李正耀	成都市第七中学	高一
四川	张杰尘	成都七中高新校区	高二	四川	梁珊	成都市石室中学	高一
四川	王绍宇	四川省绵阳中学	高二	四川	庞鹏瞩	绵阳东辰国际学校	高二
四川	雍政祺	成都市石室中学	高三	四川	舒天	成都市第七中学	高一
四川	董海辰	成都外国语学校	高三	四川	谭垒鑫	成都七中嘉祥外国语学校	高二
四川	王涛	四川省绵阳南山中学	高二	四川	魏精	成都市第七中学	高一
四川	石昕怡	绵阳东辰国际学校	高二	四川	杨骐岗	四川省绵阳南山中学	高一
四川	衡阳	四川省绵阳南山中学	高二	四川	张珂豪	四川省绵阳中学	高三
四川	向东	四川省广元外国语学校	高二	四川	陈泽祺	成都市第七中学	高二
四川	钟凌道	成都外国语学校	高一	四川	金子琪	成都市第七中学	高二
四川	弋竞为	四川省南充高级中学	高二	四川	周鑫	四川省绵阳南山中学	高二
四川	陈洋	绵阳南山中学实验学校	高三	四川	陈鹏起	成都树德中学	高一
四川	代宸瑞	四川省绵阳南山中学	高二	四川	陈星宇	成都七中高新校区	高二
四川	刘子扬	成都树德中学	高一	四川	黄文昊	成都市石室中学	高二
四川	汪志斌	成都市石室中学	高三	四川	刘凯淇	成都七中高新校区	高二
四川	杨婉倩	成都七中高新校区	高二	四川	刘奕江	成都外国语学校	高二
四川	张隽恺	成都外国语学校	初二	四川	欧元	成都外国语学校	高一
四川	陈柏羽	成都市第七中学	高二	四川	彭博濠	四川省绵阳中学	高三

续 表

省份	姓名	学校	年级	省份	姓名	学校	年级
四川	杨溢鑫	四川省绵阳南山中学	高三	四川	唐浩云	成都外国语学校	高二
四川	张文凯	成都市石室中学	高二	四川	肖涵冰	绵阳东辰国际学校	高二
四川	李思杰	成都外国语学校	初二	四川	许思源	成都七中高新校区	高二
四川	何一	绵阳南山中学实验学校	高二	四川	张敬尧	四川省绵阳南山中学	高一
四川	侯卓含	电子科技大学实验中学	高二	四川	杜康睿	成都市石室中学	高一
四川	雷骧逸	成都市石室中学	高一	四川	李品昭	成都外国语学校	初三
四川	廖芰获	成都七中高新校区	高二	四川	宁子杰	成都市第七中学	高二
四川	林蒙	绵阳中学实验学校	高二	四川	曾铭	绵阳南山中学实验学校	高二
四川	刘文鼎	成都七中高新校区	高二	四川	张森	成都七中嘉祥外国语学校	高一
四川	彭宁一	成都外国语学校	高一	四川	闵海	绵阳中学实验学校	高二
四川	任陈龙	四川省绵阳中学	高二	四川	陈子懿	成都市石室中学	高二
四川	王恺予	成都市石室中学	高一	四川	黄幸	成都树德中学	高二
四川	邹定洋	成都石室天府中学	高二	四川	李正尧	四川省绵阳南山中学	高三
四川	邓子立	四川省绵阳中学	高二	四川	刘洺琛	成都市盐道街中学	高三
四川	刘遇时	成都市第七中学	高三	四川	潘景瑞	成都市第七中学	高二
四川	聂绍珩	成都树德中学	高二	四川	邱天	四川省南充高级中学	高二
四川	徐鸿图	成都市石室中学	高二	四川	伍留奇	绵阳东辰国际学校	高三
四川	何相龙	四川省南充高级中学	高二	四川	杨恺	成都市树德实验中学	初三
四川	黄俊凯	成都市树德实验中学	初三	四川	张涵阳	绵阳中学实验学校	高二
四川	秦文杰	电子科技大学实验中学	高一	四川	周子杰	成都市第七中学	高二
四川	吴昊洋	成都七中高新校区	高二	山东	唐梓天	淄博实验中学	高二
四川	熊远	成都市石室中学	高二	山东	田宇辰	山东省青岛第二中学	高二
四川	徐聪	四川省绵阳南山中学	高一	山东	任清宇	济南市历城第二中学	高一
四川	杨威	成都七中高新校区	高二	山东	陈醉	山东省青岛第二中学	高二
四川	陈恺丰	成都七中高新校区	高二	山东	谢帆	山东省泰安第一中学	高二
四川	文平	绵阳中学实验学校	高二	山东	刘涛	山东省诸城第一中学	高三
四川	周恩吉	绵阳中学实验学校	高二	山东	邓朝萌	莒县第一中学	高二
四川	郭欣瑞	绵阳南山中学实验学校	高二	山东	赵和旭	淄博实验中学	高二
四川	梁恒宇	成都棠湖外国语学校	高二	山东	华立业	山东省泰安第一中学	高二
四川	吕岱	成都市石室中学	高一	山东	颜鸿宇	山东省青岛第二中学	高二
四川	谭世炜	成都外国语学校	高三	山东	湛忠胜	山东省烟台第二中学	高一
四川	杨林翰	成都市第七中学	高一	山东	马英杰	山东省广饶县第一中学	高二
四川	杨文昊	成都外国语学校	初三	山东	舒文桐	东营市胜利第一中学	高二
四川	朱奕杰	成都市树德实验中学	初三	山东	谭海川	山东省青岛第二中学	高二
四川	李鑫鹏	四川省绵阳中学	高一	山东	寻之扬	山东省实验中学	高三
四川	王嘉俊	成都七中高新校区	高二	山东	张艺缤	山东省青岛第二中学	高一
四川	陈锦涛	成都市第七中学	高二	山东	郝哲文	山东省潍坊第一中学	高二
四川	陈子木	成都外国语学校	高一	山东	唐雯豪	山东省平度第一中学	高三
四川	冯易杰	绵阳东辰国际学校	高三	山东	郑浩天	济南市历城第二中学	高二
四川	何劲舟	四川省绵阳南山中学	高二	山东	路已人	山东省日照第一中学	高三
四川	黄培耕	成都七中嘉祥外国语学校	高三	山东	黑乃磊	临清市第一中学	高三
四川	敬谨皓	四川省绵阳南山中学	高二	山东	马一凌	山东省广饶县第一中学	高二
四川	龙潇	四川省南充高级中学	高二	山东	王际豪	山东省实验中学	高三

续 表

省份	姓名	学校	年级	省份	姓名	学校	年级
山东	邱一凡	济南市历城第二中学	高二	山东	黄浩睿	山东省临沂第一中学	高三
山东	于逸潇	山东省泰安第一中学	高二	山东	秦睿康	山东省日照第一中学	高三
山东	纪盛谦	山东省聊城第一中学	高三	山东	孙开轩	山东省青岛第二中学	高一
山东	褚瑞凡	东营市胜利第一中学	高一	山东	薛宇涵	山东省聊城第一中学	高三
山东	陈建帅	山大华特卧龙学校	高三	山东	郑元昊	山东省北镇中学	高三
山东	马金韬	山东省潍坊第一中学	高二	山东	郑志坚	山东省章丘第四中学	高二
山东	尹浩飞	山东省泰安第一中学	高三	山东	程一同	山东省济宁市第一中学	高二
山东	张森	山东省诸城第一中学	高二	山东	亢世嘉	山东省青岛第二中学	高一
山东	赵一帆	山东省烟台第一中学	高二	山东	刘家铭	山东省北镇中学	高二
山东	金皓宇	山东省烟台第二中学	高二	山东	宋骏凯	山东省青岛第二中学	高一
山东	李亦非	山东省青岛第二中学	高一	山东	孙从博	山东省青岛实验初级中学	初二
山东	刘静明	山东省潍坊第一中学	高二	山东	崔冬航	莘县实验高级中学	高三
山东	张仡昊	东营市胜利第一中学	高二	山东	付希文	德州市陵城区第一中学	高二
山东	曲忠航	东营市胜利第一中学	高二	山东	韩豫葳	青岛大学附属中学	初二
山东	林春茹	东营市第一中学	高二	山东	刘洋	山东省日照第一中学	高二
山东	柳畅	山东省莱芜市第一中学	高三	山东	吕子涵	山东省莱西市实验学校	高一
山东	孙治弘	山东省青岛第二中学	高一	山东	任天宇	东营市胜利第一中学	高二
山东	刘广凯	山东省临沂第一中学	高三	山东	孙龙飞	山东省泰安第一中学	高二
山东	王海铮	胶州市实验中学	高二	山东	王北辰	山东省实验中学	高二
山东	邹增禹	昌邑市第一中学	高二	山东	綦磊	莱州市第一中学	高二
山东	姜一凡	胶州市实验中学	高二	山东	刘冬煜	淄博实验中学	高三
山东	何凯琦	山东省青岛第二中学	高二	山东	刘金	山东省临沂第一中学	高三
山东	李泉志	山东省广饶县第一中学	高二	山东	王智远	山东省泰安第一中学	高三
山东	苗箬桐	山东省聊城第一中学	高一	山东	吴桐	东营市胜利第一中学	高二
山东	宋祺	东营市胜利第一中学	高二	山东	余澍莘	东营市胜利第一中学	高二
山东	王丁子睿	山东省潍坊第一中学	高三	山东	赵成	山东省临沂第一中学	高二
山东	王宇轩	山东省日照第一中学	高二	山东	黄承宇	东营市第一中学	高一
山东	李星垣	山东省日照第一中学	高二	山东	梁家乐	山东省济宁市第一中学	高二
山东	杨熠辰	山东省临沂第一中学	高二	山东	杨泽群	山东省实验中学	高三
山东	赵桓	山东省青岛第二中学	高二	山东	张楚炎	山东省实验中学	高二
山东	鞠祥永	山东省广饶县第一中学	高二	山东	钟仁冲	东营市第一中学	高一
山东	马春华	山东省诸城第一中学	高三	山东	齐大成	济南市历城第二中学	高二
山东	孟繁辰	山东省莱芜市第一中学	高三	山东	柏羽	山东省胶州市第一中学	高二
山东	吴世广	德州市陵城区第一中学	高二	山东	曹宇	山东省诸城第一中学	高二
山东	徐易	山东省齐河县第一中学	高二	山东	郝继泰	山东省聊城第一中学	高三
山东	丛宇宁	山东省烟台第二中学	高二	山东	刘新一	山东省青岛第二中学	高二
山东	范珈诚	肥城市第一高级中学	高三	山东	刘铠诚	山东省日照第一中学	高二
山东	韩林君	山东省五莲县第一中学	高二	山东	庞天祥	山东省青岛第二中学	高一
山东	孙玉泰	山东省聊城第一中学	高三	山东	商潇腾	山东省北镇中学	高二
山东	王硕	山东省青岛第二中学	高一	山东	于世华	山东省五莲中学	高二
山东	王肇汉	山东省日照第一中学	高二	山东	张雨	山东省平邑第一中学	高三
山东	魏子晨	东营市胜利第一中学	高二	山东	逄博	山东省诸城第一中学	高二
山东	杜志远	济南市历城第二中学	高一	山东	杜盛全	东营市胜利第一中学	初二

续 表

省份	姓名	学校	年级	省份	姓名	学校	年级
山东	高霁聪	山东省烟台第二中学	高二	山东	于昊	山东省邹平县第一中学	高三
山东	何宇川	山东省齐河县第一中学	高二	山东	郑佳辰	山东师范大学附属中学	高三
山东	门建彤	山东省广饶县第一中学	高一	山东	黄伯恒	山东省滕州市第一中学	高二
山东	邱纯硕	山东省高密市第一中学	高三	山东	程伊凡	山东省齐河县第一中学	高二
山东	武昊	山东省诸城繁华中学	高三	山东	迟凯文	山东省青岛第二中学	高一
山东	姚传洲	山东省聊城第一中学	高三	山东	黄宇龙	山东师范大学附属中学	高三
山东	邓翔	莱州市第一中学	高二	山东	李书家	临清市第一中学	高二
山东	郭晓博	山东省广饶县第一中学	高一	山东	廖奕凡	山东省滕州市第一中学新校	高二
山东	侯仁凯	莘县实验高级中学	高三	山东	孙睿谦	山东省青岛第二中学	高二
山东	李浩达	山大华特卧龙学校	高三	山东	张逸凡	山东省聊城第一中学	高三
山东	李心雨	东营市胜利第一中学	高二	山东	单曦增	莒县文心高级中学	高一
山东	刘畅	德州市陵城区第一中学	高三	山东	段锦宇	东营市胜利第一中学	高二
山东	刘高吉	山东省广饶县第一中学	高一	山东	贾文婷	东营市第一中学	高一
山东	任腾龙	山东师范大学附属中学	高三	山东	马湛东	山东省泰安第一中学	高二
山东	张炳琪	山东省广饶县第一中学	高一	山东	王珺	山东省五莲县第一中学	高二
山东	周沛良	莱州市第一中学	高一	山东	杨昊天	山东省实验中学	高一
山东	庄小帅	山东省临沂第一中学	高三	山东	尹永琪	山东省临沂第一中学	高三
山东	邱鸿宇	山东省潍坊第一中学	高三	山东	崔展豪	山东省济宁市第一中学	高二
山东	魏安然	山东省聊城第一中学	高三	山东	李新昀	山东省日照第一中学	高一
山东	张英皓	山东省青岛第二中学	高一	山东	刘弘毅	山东省青岛第二中学	高一
山东	张远泽	东营市胜利第一中学	高二	山东	邱江坤	潍坊（上海）新纪元学校	高一
山东	毕宝龙	山东省日照第一中学	高二	山东	邵子建	山东省潍坊第一中学	高一
山东	董文冲	山东省枣庄市第三中学	高二	山东	王奉航	山东省五莲中学	高二
山东	耿晨	济南市历城第二中学	高二	山东	王家梁	东营市胜利第一中学	高一
山东	黄敬成	山东省潍坊第一中学	高二	山东	王竞宇	山东省高密市第一中学	高二
山东	李子晗	山东省聊城第一中学	高三	山东	星宇	山东省实验中学	高三
山东	马铭昊	东营市第一中学	高二	山东	徐晨曦	平原县第一中学	高二
山东	孙佳豪	东营市胜利第三中学	高三	山东	袁悦茗	山东省青岛第二中学	高一
山东	孙昊	山东省五莲县第一中学	高三	山东	张嘉轩	山东省临沂第一中学	高二
山东	田靖琦	山东省济宁市第一中学	高二	山东	周鹏飞	山东省聊城第一中学	高三
山东	王国润	山东省青岛第二中学	高二	山东	陈生坤	莘县实验高级中学	高三
山东	王鹏程	山东省青岛第二中学	高一	山东	韩凯栋	山东省广饶县第一中学	高二
山东	魏文卿	山东省莱芜市第一中学	高二	山东	李嘉林	山东省北镇中学	高一
山东	袁茂恒	山东省青岛第二中学	高一	山东	李泽楷	山东省广饶县第一中学	高二
山东	袁子雯	山东省日照第一中学	高三	山东	孙雨佳	山东省日照第一中学	高二
山东	张益铭	山东省诸城繁华中学	高一	山东	王冀鲁	山东省北镇中学	高一
山东	周雪瑶	山东省五莲县第一中学	高二	山东	曹松晖	山东师范大学附属中学	高三
山东	蔡宇飞	东营市胜利第一中学	高二	山东	陈承曦	山东省实验中学	高二
山东	巩俊豪	山东省莱芜市第一中学	高一	山东	陈胤儒	山东省临沂第一中学	高三
山东	姜正宇	山东省实验中学	高一	山东	顾子涵	淄博实验中学	高一
山东	金凝	山东省日照第一中学	高三	山东	韩笑	山东省滕州市第一中学	高三
山东	李文重	山东省泰安第一中学	高二	山东	姜箫睿	山东省广饶县第一中学	高一
山东	马金鹏	山东师范大学附属中学	高二	山东	焦点	山东省日照第一中学	高二

续 表

省份	姓名	学校	年级	省份	姓名	学校	年级
山东	刘志丹	德州市陵城区第一中学	高二	山东	刘恒	昌邑市第一中学	高二
山东	鹿琦	山东省高密市第一中学	高二	山东	刘希越	山东省莱芜市第一中学	高二
山东	吕东明	山东省淄博第四中学	高三	山东	罗天宇	山东省泰安第一中学	高二
山东	汪子霄	山东省广饶县第一中学	高二	山东	王赛宇	山东师范大学附属中学	高三
山东	魏庚辰	山东省聊城第一中学	高三	山东	魏庆彬	巨野县第一中学	高三
山东	徐天舒	山东省实验中学	高三	山东	温智凯	山东省青岛第二中学	高一
山东	徐心雨	山东省广饶县第一中学	高二	山东	杨雨林	山东省临沂第一中学	高二
山东	杨汶昊	昌邑市第一中学	高二	山东	赵云霄	山东省泰安第一中学	高二
山东	赵雨晗	山东省胶州市第一中学	高三	山东	周宇翔	东营市胜利第一中学	高二
山东	周泽昆	山东省莱芜市第一中学	高三	山东	亓儒琛	山东省莱芜市第一中学	高二
山东	杜皓	东营市第一中学	高二	上海	何文阳	华东师范大学第二附属中学	高一
山东	李群	山东省临邑第一中学	高二	上海	吕时清	华东师范大学第二附属中学	高三
山东	李昊	山东省泰安第一中学	高二	上海	左骏驰	上海市实验学校东校	初三
山东	刘孟臻	山东省实验中学	高三	上海	汤一泽	上海市上海中学	高一
山东	马圣杰	山东省济宁市第一中学	高二	上海	顾逸	上海市上海中学	高三
山东	王培旭	山东师范大学附属中学	高一	上海	王润泽	上海外国语大学附属外国语学校	高三
山东	王子龙	山东省实验中学	高二				
山东	吴东昊	东营市胜利第一中学	高一	上海	朱玮昊	上海市上海中学	高二
山东	杨嘉骐	山东省新泰市第一中学	高一	上海	高麟翔	上海民办兰生复旦中学	小学
山东	庄世元	东营市胜利第十中学	高二	上海	力维辰	华东师范大学第二附属中学	高三
山东	綦文彬	山东省青岛第二中学	高二	上海	倪文韬	上海外国语大学附属外国语学校	高一
山东	陈程	山东省莒南县第一中学	高三				
山东	丁一鹏	山东省潍坊第一中学	高二	上海	肖琪霖	华东师范大学第二附属中学	高三
山东	范英俊	山东省泰安第一中学	高三	上海	姜兆祥	华东师范大学第二附属中学	高一
山东	耿浩天	山东省青岛第二中学	高一	上海	张博为	上海市新竹园中学	初三
山东	龚傲林	山东省泰安第一中学	高二	上海	庄轶哲	上海市七宝中学	高三
山东	郭子扬	莱阳市第一中学	高三	上海	陈泓仰	华东师范大学第二附属中学	高二
山东	胡兆坤	山东省五莲县第一中学	高二	上海	谷泽丰	上海交通大学附属中学	高一
山东	刘善稷	山东省烟台第二中学	高二	上海	陆润炜	华东师范大学第二附属中学	高三
山东	刘玉奇	山东省烟台第二中学	高二	上海	夏鸿康	上海市实验学校	高二
山东	刘奕萱	山东省临沂第一中学	高二	上海	周晓凡	华东师范大学第二附属中学	高三
山东	邱士煜	山东省济宁市第一中学	高二	上海	韩家乐	华东师范大学第二附属中学	高三
山东	孙振皓	山东省青岛第二中学	高一	上海	林嘉洲	华东师范大学第二附属中学	高一
山东	童路勤	山东省平度第一中学	高三	上海	张宇昂	上海市控江中学	高三
山东	许珑女	山东省烟台第二中学	高二	上海	陈盛恺	上海市敬业中学	高三
山东	尹卓然	山东省日照第一中学	高一	上海	陈哲	上海市世界外国语中学	初二
山东	高涵	山东省临沂第一中学	高二	上海	黄亦霏	复旦大学附属中学	高二
山东	李晓彤	山东省莱芜市第一中学	高二	上海	周祎晨	上海市民办华二初级中学	初三
山东	李予良	东营市第一中学	高二	上海	顾奕成	上海市实验学校	初二
山东	张博宁	淄博实验中学	高一	上海	方书成	上海外国语大学附属外国语学校	高一
山东	张景瑞	山东省广饶县第一中学	高二				
山东	侯皓斐	山东省北镇中学	高一	上海	高逸凡	上海市民办华育中学	初三
山东	姜万里	山东省实验中学	高三	上海	高之檬	复旦大学附属中学	高一

续 表

省份	姓名	学校	年级	省份	姓名	学校	年级
上海	杭业晟	上海市格致中学	高一	上海	唐欣阳	上海市闵行中学	高三
上海	王崇华	华东师范大学第二附属中学（紫竹校区）	高一	上海	王慧	上海外国语大学附属外国语学校	高一
上海	王天行	华东师范大学第二附属中学	高一	上海	周昊昀	上海交通大学附属中学	高一
上海	胡扬	复旦大学附属中学	高三	上海	邹东辰	上海外国语大学附属外国语学校	高三
上海	马骋远	上海外国语大学附属外国语学校	初三	上海	陈哲野	上海市交通大学附属中学	高二
上海	魏正	上海市民办华育中学	初三	上海	黄喆敏	上海市上海中学	高二
上海	葛煦旸	华东师范大学第二附属中学	高一	上海	林羿海	上海市位育中学	高二
上海	尚存远	上海市卢湾中学	初三	上海	汤历欧	上海市实验学校	高三
上海	张淼	上海市曹杨第二中学	高二	上海	辛统	上海市实验学校	初三
上海	杨骏杰	上海市上海中学	高二	上海	袁翊天	上海市静安区教育学院附属学校	初三
上海	陈格非	上海市延安初级中学	初三				
上海	吴启凡	上海市民办华育中学	初三	上海	赵鹏宏	上海市市西初级中学	初二
上海	韩非	华东师范大学第二附属中学	高二	上海	赵云翔	上海市宜川中学	高三
上海	梁羿	上海市建平中学	高一	上海	施焱	上海市格致中学	高三
上海	时若曦	上海市上海中学	高二	上海	杨博文	上海市中国中学	高三
上海	孙雪琳	上海市上海中学	高三	上海	陈希捷	上海市民办华育中学	初三
上海	孙梁梁	上海市建平中学	高一	上海	陈泽淏	上海外国语大学附属外国语学校东校	初三
上海	程易铭	上海市七宝中学	高三				
上海	仇天元	上海市复兴高级中学	高一	上海	李雨芯	上海外国语大学附属外国语学校	高二
上海	王湛	华东师范大学第二附属中学	高二				
上海	张志成	上海外国语大学附属外国语学校	高三	上海	陆宇彦	华东师范大学第二附属中学（紫竹校区）	高三
上海	周佳麒	上海市格致中学	高一	上海	徐之秋	上海外国语大学附属外国语学校	高二
上海	李云帆	上海市西南位育中学	高二				
上海	孙济宸	上海市曹杨第二中学	高一	上海	章之然	华东师范大学第二附属中学（紫竹校区）	高一
上海	魏奕晨	复旦大学附属中学	高一				
上海	范能	华东师范大学第二附属中学	高二	上海	芮子航	上海市民办华育中学	初二
上海	施安然	上海市西南位育中学	初三	上海	姚迪熙	上海市上海中学	高三
上海	俞跃江	华东师范大学第二附属中学	高二	上海	狄海川	华东师范大学第二附属中学	高一
上海	李旻璟	华东师范大学第二附属中学（紫竹校区）	高二	上海	夏李锦暄	上海市实验学校东校	初三
				上海	薛润泽	华东师范大学第二附属中学	高一
上海	魏九德	上海市卢湾中学	初三	上海	张立凡	华东师范大学第二附属中学	高一
上海	阎子扬	上海市曹杨第二中学	高一	上海	程彦彬	上海市市北初级中学	初三
上海	管晏如	上海市延安初级中学	初一	上海	段令博	上海市民办新复兴初级中学	初三
上海	贺子仪	华东师范大学第二附属中学	高二	上海	费亦文	上海市曹杨第二中学	高二
上海	王一川	上海市民办华育中学	初三	上海	冯临溪	上海市建平中学	高一
上海	姚逸然	上海交通大学附属中学嘉定分校	高三	上海	刘宙宜	上海市民办华育中学	初三
				上海	史嘉成	上海市实验学校	高三
上海	张祝悦	上海市南洋模范初级中学	初三	上海	吴楷彦	上海市建平中学	高一
上海	李秋奇	上海市实验学校东校	初二	上海	徐晟凯	上海市实验学校	高三
				上海	杨一宁	华东师范大学第二附属中学	高一

续 表

省份	姓名	学校	年级	省份	姓名	学校	年级
上海	周靖	上海外国语大学附属外国语学校	高二	陕西	张卓萌	西北工业大学附属中学	高二
				陕西	张宗泽	西安市铁一中学	高二
上海	周哲铭	上海市世界外国语中学	初三	陕西	杨凌霄	西北工业大学附属中学	高二
陕西	刘承奥	西北工业大学附属中学	高二	陕西	王子恒	西安交通大学附属中学	高一
陕西	和嘉晅	西北工业大学附属中学	高二	陕西	陈嘉铭	西安市第八十三中学	高二
陕西	乔袁飞龙	西安市铁一中学	高三	陕西	冯成洁	西安高新第一中学	高二
陕西	李思哲	西北工业大学附属中学	高三	陕西	刘珅池	西安市第八十三中学	高二
陕西	冉盛文	西安市铁一中学	高一	陕西	王凌岳	西安交通大学附属中学	高二
陕西	万和润	西安交通大学附属中学	高一	陕西	郑云天	西安市铁一中学	高二
陕西	张瑞星	西安市铁一中学	高二	陕西	黄靖远	西安铁一中分校	初二
陕西	马嘉琦	西安市铁一中学	高二	陕西	李泽睿	西安铁一中分校	初二
陕西	黄锦松	西北工业大学附属中学	高三	陕西	李奕凡	陕西省丹凤中学	高二
陕西	李佳衡	西北工业大学附属中学	高一	陕西	张力云	陕西省宝鸡中学	高二
陕西	宋子辰	西安市铁一中学	高三	陕西	张润泽	咸阳彩虹学校	高二
陕西	段永熙	西北工业大学附属中学	高二	陕西	刘登元	西北工业大学附属中学	高三
陕西	陈开宇	西安铁一中分校	初三	陕西	罗毅锐	西北工业大学附属中学	高一
陕西	刘腾	西北工业大学附属中学	高二	陕西	卫家桑	西安铁一中分校	初二
陕西	王成瑞	西北工业大学附属中学	高二	陕西	徐一豪	西安交通大学附属中学	高二
陕西	李佳穆	西安市铁一中学	高一	山西	李嘉图	太原市第五中学校	高二
陕西	孙亮亮	西安市第六中学分校	高三	山西	陈弘毅	山西大学附属中学	高二
陕西	尚锦奥	西安高新第一中学	高二	山西	陈奕骁	临汾第一中学校	高二
陕西	樊景琪	西北工业大学附属中学	高二	山西	付瑞丰	山西大学附属中学	高二
陕西	贺继尧	西安高新第一中学	高二	山西	黄云依	太原市第五中学校	高三
陕西	康颢	西安市铁一中学	高二	山西	姚雨翔	山西大学附属中学	高二
陕西	邹悦天	西工大附中分校	初三	山西	郝卓敏	太原市五育中学校	高二
陕西	刘嘉辰	西北工业大学附属中学	高二	山西	丁子尧	晋城市第二中学校	高一
陕西	刘宇博	陕西省宝鸡中学	高三	山西	吴博轩	山西省运城市康杰中学	高二
陕西	徐浩博	西北工业大学附属中学	高二	山西	甄子豪	晋城市第一中学校	高一
陕西	艾继涛	西北工业大学附属中学	高三	山西	代宇涛	太原市第五中学校	高二
陕西	冯杰康	西安交通大学附属中学	高三	山西	栗明磊	晋城市第一中学校	高三
陕西	李加特	西安市铁一中学	高三	山西	邵超博	山西省运城市康杰中学	高二
陕西	倪锦涵	西工大附中分校	高二	山西	张晏宁	山西省运城市康杰中学	高二
陕西	张颢继	西安交通大学附属中学	高一	山西	董凯文	晋城市第一中学校	高一
陕西	宋书涵	西安铁一中分校	初二	山西	米哲灏	太原市五育中学校	高二
陕西	解雲暄	西北工业大学附属中学	高二	山西	宋一恒	山西大学附属中学	高二
陕西	刘佳睿	西安交通大学附属中学	高二	山西	王振阳	临汾第一中学校	高二
陕西	方文昊	西安市铁一中学	高一	山西	吴祉昂	山西大学附属中学	高二
陕西	李云巍	西安市铁一中学	高二	山西	李昊东	太原市第五中学校	高三
陕西	车明远	西安市铁一中学	高二	山西	段祎然	阳泉市第一中学校	高三
陕西	张嘉淇	西安交通大学附属中学	高二	天津	刘昀	天津市南开中学	高三
陕西	冯畅	西安思源中学	高一	天津	吕之豪	天津市第一中学	高三
陕西	朱煜章	西安铁一中分校	初三	天津	戚一嘉顺	天津市第一中学	高二
陕西	张亦驰	西北工业大学附属中学	高三	天津	苏博文	天津市南开中学	高一

续 表

省份	姓名	学校	年级
天津	张洪鑫	天津市第一中学	高二
天津	王海昱	天津市耀华中学	高三
天津	王若譞	天津市南开中学	高一
天津	李孟泽	天津市耀华中学	高二
天津	张金鑫	天津市南开中学	高三
天津	范仲然	天津市耀华中学	高三
天津	马子健	天津市南开中学	高一
天津	宋秭睿	天津市南开中学	高一
天津	肖雅同	天津市耀华中学	高二
天津	姜菲洋	天津市耀华中学	高二
天津	焦鹏屹	天津市南开中学	高二
天津	王天祺	天津市南开中学	高二
天津	彭百川	天津市耀华中学	高二
天津	吉玥	天津市第一中学	高二
天津	郭子正	天津市南开中学	高二
天津	边少博	天津市实验中学	高三
天津	张翔宇	天津市南开中学	高二
天津	方玺皓	天津市实验中学	高二
天津	于子禾	天津市南开中学	高一
新疆	王浩森	新疆维吾尔自治区巴音郭楞蒙古自治州第二中学	高二
新疆	毛子恒	新疆维吾尔自治区乌鲁木齐市第一中学	高二
新疆	李明泽	新疆维吾尔自治区乌鲁木齐市第七十中学	高一
新疆	王彦淞	新疆维吾尔自治区乌鲁木齐市第一中学	高二
新疆	周琪东	新疆生产建设兵团第二中学	高二
新疆	兴淑鹏	新疆维吾尔自治区乌鲁木齐市第一中学	高三
新疆	冯治宇	新疆维吾尔自治区乌鲁木齐市第一中学	高一
新疆	陈嘉钰	新疆维吾尔自治区乌鲁木齐市第一中学	高一
新疆	韩佳汝	新疆生产建设兵团第二中学	高一
新疆	周适辰	新疆维吾尔自治区乌鲁木齐市第一中学	高二
新疆	梁笑尘	新疆维吾尔自治区克拉玛依市第一中学	高二
新疆	李潇楠	新疆维吾尔自治区乌鲁木齐市第一中学	高二
新疆	马郅皓	新疆维吾尔自治区乌鲁木齐市第一中学	高二
新疆	闫鑫	新疆维吾尔自治区乌鲁木齐市第一中学	高二
新疆	张致豪	新疆维吾尔自治区乌鲁木齐市第一中学	高一
新疆	卢翼	新疆维吾尔自治区乌鲁木齐市第一中学	高二
新疆	孙振元	新疆维吾尔自治区乌鲁木齐市第 126 中学	初三
新疆	谢志兴	新疆生产建设兵团第二中学	高三
云南	杨碧茹	云南师范大学附属中学	高二
云南	郭镕玮	云南师范大学附属中学	高一
广东	董炜隽	广州市第六中学	高三
广东	高嘉煊	中山市中山纪念中学	高二
广东	马耀华	广州市第二中学	初三
广东	蔡承泽	汕头市金山中学	高三
广东	陈子陵	汕头市金山中学	高三
广东	袁无为	广州市第二中学	高一
广东	杨耀良	汕头市金山中学	高三
广东	梁正昊	中山市中山纪念中学	高三
广东	王之栋	中山市中山纪念中学	高二
广东	沈晓腾	汕头市金山中学	高三
广东	赵威霖	广州市第二中学	高二
广东	颜杰龙	中山市中山纪念中学	高三
广东	杨明炜	东莞市东莞中学松山湖学校	高二
广东	郑钧天	广州市第二中学	高一
广东	曹天佑	中山市中山纪念中学	高一
广东	郭佳胜	广州市第二中学	高三
广东	邓浩然	广州大学附属中学	高三
广东	何泓豪	中山市中山纪念中学	高二
广东	黄舒炜	中山市中山纪念中学	高三
广东	张俊逸	中山市中山纪念中学	高二
广东	罗梓璋	佛山市南海区石门中学	高三
广东	王怀颉	华南师范大学附属中学	高二
广东	张重	中山市中山纪念中学	高一
广东	何广荣	广州市第二中学	高三
广东	苏凯	广州市第二中学	高二
广东	杨启欣	广州市第六中学	高三
广东	李昌栋	中山市第一中学	高二
广东	林凯风	中山市中山纪念中学	初三
广东	谭嘉伟	广州市铁一中学	高三
广东	刘乙丁	中山市中山纪念中学	高一

续 表

省份	姓名	学校	年级	省份	姓名	学校	年级
广东	谢典霖	中山市中山纪念中学	高二	广东	杨沛霖	广州市第二中学	高二
广东	鲍政衡	华南师范大学附属中学	高三	广东	黄泽华	佛山市南海区石门中学	高二
广东	代晨昕	广州市第二中学	初三	广东	覃浩芸	东莞市东莞中学	高一
广东	刘明旸	深圳中学	高二	广东	林哲浩	广东实验中学	高二
广东	刘智杰	中山市第一中学	高二	广东	吴董超	中山市中山纪念中学	高二
广东	姚焜茗	佛山市南海区石门中学	高二	广东	谢文拯	广东肇庆中学	高二
广东	陈少皇	佛山市南海区桂城中学	高二	广东	周楷文	深圳中学	高一
广东	陈翊聪	汕头市金山中学	高二	广东	陈漫璟	中山市第一中学	高二
广东	刘俊杰	中山市中山纪念中学	高二	广东	范城豪	中山市中山纪念中学	高二
广东	谢丰泽	广州市第二中学	高一	广东	凌子恒	广东实验中学	高一
广东	陈雨硕	中山市第一中学	高二	广东	刘曾可	广州大学附属中学	高二
广东	何盛哲	广州大学附属中学	高二	广东	吴永彤	中山市中山纪念中学	初三
广东	胡睿	汕头市金山中学	高一	广东	张思诺	汕头市金山中学	高二
广东	黄兆鋆	中山市中山纪念中学	高一	广东	邓明昱	广州大学附属中学	高三
广东	林岚清	汕头市金山中学	高二	广东	洪浩林	中山市中山纪念中学	初三
广东	麦骏	广州市第六中学	高一	广东	李雨熹	广东实验中学	高二
广东	周魏	广州大学附属中学	高二	广东	刘彦莹	东莞市东莞中学松山湖学校	高二
广东	冯烨聪	中山市第一中学	高一	广东	吴秉宪	中山市中山纪念中学	初三
广东	杨振炜	华南师范大学附属中学	高一	广东	杨沁伟	东莞市东莞中学松山湖学校	高一
广东	张木子	华南师范大学附属中学	高一	广东	杨天行	广州大学附属中学	高一
广东	朱家信	佛山市南海区石门中学	高三	广东	李奕致	中山市中山纪念中学	高一
广东	李奥	中山市第一中学	高三	广东	肖毅帆	佛山市南海区石门中学	高一
广东	林立	中山市中山纪念中学	初三	广东	方彦皓	广州市第六中学	高二
广东	冼昊明	中山市中山纪念中学	高一	广东	侯哲	广州大学附属中学	高一
广东	邝启鹏	中山市中山纪念中学	高三	广东	黄乐洋	中山市中山纪念中学	初三
广东	刘家晖	广州大学附属中学	高二	广东	柯新宇	佛山市南海区石门中学	高二
广东	唐楷杰	中山市第一中学	高一	广东	梁佩琪	佛山市南海区石门中学	高一
广东	谢立辉	四会市四会中学	高三	广东	刘宇林	中山市中山纪念中学	初二
广东	尹鉴鹏	佛山市南海区石门中学	高二	广东	刘皓瑜	中山市中山纪念中学	高二
广东	蔡祺峰	中山市中山纪念中学	高一	广东	谭胜文	佛山市南海区石门中学	高三
广东	陈泽政	中山市中山纪念中学	高三	广东	严文谦	佛山市南海区石门实验学校	初三
广东	李峻枫	中山市中山纪念中学	高一	广东	陈致远	东莞市东莞中学	高三
广东	梁梓豪	东莞市东莞中学松山湖学校	高一	广东	黎恺毅	东莞市东华高级中学	高二
广东	邓晗	中山市中山纪念中学	初三	广东	吴景图	佛山市南海区石门中学	高二
广东	洪云	广州市第二中学	高一	广东	郑嘉铭	佛山市南海区石门中学	高三
广东	梁家铭	中山市第一中学	高三	广东	邹知秋	广州市第六中学	高一
广东	梁文杰	佛山市南海区石门中学	高三	广东	黎伟诺	广州大学附属中学	高二
广东	欧梓洋	中山市第一中学	高一	广东	李杭	中山市中山纪念中学	初三
广东	吴宇恒	华南师范大学附属中学	高三	广东	李泽刚	中山市第一中学	初三
广东	杨鸿飞	佛山市南海区石门实验学校	初三	广东	李珲	中山市中山纪念中学	高一
广东	曾相如	广州大学附属中学	高一	广东	罗以彬	华南师范大学附属中学	初三
广东	古鸣浩	中山市中山纪念中学	初二	广东	欧幸绮	中山市第一中学	高三
广东	谢俊	广州市第二中学	高二	广东	区庆亮	佛山市南海区南海实验中学	初三

续 表

省份	姓名	学校	年级	省份	姓名	学校	年级
广东	祝国隽	广州市第六中学	高二	广东	章兆萌	广东北江中学	高二
广东	邓奕鹏	中山市纪中雅居乐凯茵学校	初二	广东	梁浩奋	佛山市南海区桂城街道桂江第一初级中学	初三
广东	李乐灏	汕头市金山中学	高一				
广东	刘元昊	中山市中山纪念中学	初三	广东	苏悦	深圳中学	初三
广东	刘昊洋	中山市第一中学	高一	广东	汤子轩	中山市中山纪念中学	初三
广东	邱心荷	广州大学附属中学	高二	广东	张泰来	广州大学附属中学	高二
广东	王定坤	佛山市南海区石门中学	高二	广东	陈冠宏	中山市第一中学	高二
广东	邓钰山	东莞市东华高级中学	高二	广东	方展鸿	佛山市南海区石门中学	高二
广东	高灏	广州大学附属中学	高二	广东	何俊辉	广州市第二中学	高二
广东	李坚辉	佛山市南海区石门中学	高一	广东	黄铭昊	广东实验中学	高二
广东	梁敬聪	华南师范大学附属中学	高三	广东	黎旸	中山市第一中学	初三
广东	梁蕴誉	广州市第二中学	高一	广东	王锦朋	东莞市东莞中学松山湖学校	高一
广东	彭泽铭	中山市中山纪念中学	初二	广东	吴狄	中山市中山纪念中学	初二
广东	唐怡浜	中山市第一中学	高一	广东	詹哲轩	中山市中山纪念中学	初二
广东	詹方榕	华南师范大学附属中学	高二	广东	张瑜隽	中山市第一中学	初三
广东	郑海俊	中山市中山纪念中学	初二	广东	周煜凯	华南师范大学附属中学	初二
广东	刘振宇	中山市中山纪念中学	高三	广东	朱晨曦	广东北江中学	高二
广东	孙思南	广州大学附属中学	高一	广东	范祥烨	佛山市南海区石门中学	高三
广东	余彦可	中山市中山纪念中学	高一	广东	苏世睿	广州市第二中学	高二
广东	钟俊权	中山市中山纪念中学	初三	广东	招俊锋	佛山市南海区石门中学	高三
广东	陈毅骏	深圳中学	高一	广东	陈思	广州大学附属中学	高二
广东	邓翔玮	中山市中山纪念中学	高二	广东	董廷臻	广州市第二中学	高一
广东	黄靖元	中山市中山纪念中学	高一	广东	关港宁	佛山市南海区石门中学	高三
广东	刘喆	广州市岭南画派纪念中学	高三	广东	黄正	中山市第一中学	初三
广东	沈浩淇	广东实验中学	高一	广东	林新元	广州市第六中学	高二
广东	颜府	广东实验中学	高三	广东	杨熙全	广州市第二中学	高一
广东	余奥洋	广州市第二中学	高二	广东	张展邦	佛山市南海区石门中学	高三
广东	张宇燊	中山市中山纪念中学	初二	广东	朱泽凯	广州大学附属中学	高一
广东	冯飞扬	中山市中山纪念中学	初三	广东	蔡子逸	中山市中山纪念中学	高二
广东	韩凯儒	中山市中山纪念中学	初三	广东	丁雨晗	广州市第二中学	初三
广东	胡若涵	深圳中学	高一	广东	刘曦枫	东莞市东莞中学松山湖学校	高一
广东	江昊翰	深圳中学	高三	广东	王逸伦	佛山市南海区石门中学	高一
广东	刘梓灏	中山市中山纪念中学	高一	广东	庄铭淳	汕头市金山中学	高一
广东	谢坤成	中山市华侨中学	高二	广东	杜鼎勋	中山市中山纪念中学	高一
广东	杨元昊	广州市第六中学	高二	广东	管健君	中山市中山纪念中学	高一
广东	蔡粤	中山市中山纪念中学	高二	广东	黄晓蓝	中山市中山纪念中学	初三
广东	程子奇	中山市中山纪念中学	高二	广东	黄韵澄	中山市第一中学	高三
广东	李晗	东莞市东华高级中学	高二	广东	黎奕欣	中山市中山纪念中学	初二
广东	罗富文	广东广雅中学	高二	广东	梁嘉琳	佛山市南海区南海中学	高一
广东	莫培钊	中山市中山纪念中学	高三	广东	刘澈	华南师范大学附属中学	高二
广东	谢岳良	广州大学附属中学	高一	广东	潘昊翔	中山市中山纪念中学	初二
广东	杨煜	汕头市金山中学	高二	广东	谢昊轩	东莞市东莞中学	高二
广东	游培鑫	东莞市东莞中学松山湖学校	高二	广东	徐兆彬	广东实验中学	高二

续 表

省份	姓名	学校	年级	省份	姓名	学校	年级
广东	叶磊	佛山市南海区南海中学	高一	浙江	陆宇暄	杭州第二中学	高三
广东	赵彦光	东莞市东莞中学	高一	浙江	吴越	杭州第二中学	高二
广东	郑少怀	中山市中山纪念中学	初二	浙江	张哲宇	浙江省杭州学军中学	高一
广东	邹海田	佛山市南海区石门中学	高一	浙江	周任飞	浙江省杭州学军中学	高一
广东	白昊天	广东北江中学	高三	浙江	祝天然	浙江省江山中学	高二
广东	邓毅轩	东莞市东华高级中学	高一	浙江	陈嘉乐	杭州第二中学	高三
广东	黄涛	广东北江中学	高三	浙江	范致远	浙江省杭州学军中学	高二
广东	卢凯宾	佛山市南海区石门实验中学	初三	浙江	徐泽涛	浙江省余姚中学	高二
广东	王志远	佛山市南海区石门中学	高一	浙江	许逸培	绍兴市第一中学	高三
广东	陈叶嘉	广州大学附属中学	高二	浙江	张乐行	绍兴市第一中学	高二
广东	冯英杰	中山市中山纪念中学	初二	浙江	周雨扬	绍兴市第一中学	高一
广东	高诗豪	佛山市南海区南海实验中学	初二	浙江	李宁远	杭州第二中学	高二
广东	古智锋	中山市中山纪念中学	高二	浙江	陈洪侃	苍南县嘉禾中学	高二
广东	胡浩文	广州大学附属中学	高二	浙江	陈齐治	绍兴市第一中学	高二
广东	李轩	东莞市东莞中学松山湖学校	高二	浙江	费凡	绍兴市第一中学	高三
广东	梁锐熹	东莞市东莞中学	高一	浙江	孙沛瑜	乐成寄宿中学	高二
广东	刘森元	中山市中山纪念中学	初三	浙江	杨帆	杭州第二中学	高二
广东	彭泳谦	中山市中山纪念中学	初三	浙江	陈威宇	杭州第二中学	高一
广东	苏振漩	广州大学附属中学	高二	浙江	季雨田	绍兴市第一中学	高三
广东	唐志远	珠海市第一中学	高二	浙江	吴瑾昭	杭州第二中学	高三
广东	颜星汉	中山市中山纪念中学	初三	浙江	何贯中	浙江省余姚市姚中书院	高一
广东	尹一涵	广州市第六中学	高二	浙江	黄臻祺	绍兴市第一中学	高三
广东	尹盱远	广州大学附属中学	高一	浙江	王哲凡	宁波市镇海中学	高二
广东	张瀚森	揭阳第一中学	高二	浙江	周驿东	浙江省余姚中学	高二
广东	覃天	佛山市南海区石门中学	高一	浙江	姜迅驰	浙江省杭州学军中学	高一
广东	何声浩	东莞市东华初级中学	初三	浙江	朱江宁	浙江省杭州学军中学	高二
广东	何泽宇	佛山市顺德区郑裕彤中学	高三	浙江	毛一琛	杭州第二中学	高二
广东	李昊轩	深圳中学	初三	浙江	王展鹏	绍兴市文澜中学	初三
广东	邱煜炜	四会市四会中学	高二	浙江	张齐颢	乐成寄宿中学	高二
广东	钟思哲	华南师范大学附属中学	高二	浙江	黄小龙	温州中学	高三
广东	方得丞	华南师范大学附属中学	高二	浙江	岑周涛	浙江省杭州学军中学	高三
广东	何少渝	佛山市南海区石门中学	高三	浙江	陈雯丽	杭州第二中学	高一
广东	雷浩云	华南师范大学附属中学	高一	浙江	黄骏齐	余姚市实验学校	初三
广东	黎敏升	广州市第六中学	高一	浙江	郎思轲	浙江省杭州学军中学	高一
广东	曲恒毅	东莞市东华高级中学	高一	浙江	罗煜翔	宁波市镇海蛟川书院	初三
广东	尚崇轩	佛山市南海区石门中学	高一	浙江	宋航洋	浙江省余姚中学	高三
广东	徐国琛	中山市第一中学	初三	浙江	吴佳龙	衢州第二中学	高三
广东	杨栩正	东莞市东莞中学	高三	浙江	余知航	浙江省余姚中学	高二
广东	张明达	四会市四会中学	高二	浙江	吴成彰	浙江省杭州学军中学	高二
广东	万珩	东莞市东华初级中学	初三	浙江	杨铭基	乐成寄宿中学	高三
浙江	孔朝哲	温州中学	高二	浙江	陈载元	余姚市实验学校	初三
浙江	梁晏成	宁波市镇海中学	高二	浙江	沈哲贝	绍兴市第一中学	高一
浙江	任轩笛	绍兴市第一中学	高三	浙江	王照梓	浙江省杭州学军中学	高一

续 表

省份	姓名	学校	年级	省份	姓名	学校	年级
浙江	叶佳昂	乐成寄宿中学	高一	浙江	王天乐	绍兴市第一中学	高二
浙江	詹致豪	绍兴市第一中学	高二	浙江	夏景涛	杭州第二中学	高三
浙江	黄枭威	杭州第二中学	高一	浙江	夏天	浙江省余姚中学	高一
浙江	张逸凡	绍兴市第一中学	高二	浙江	谢嘉东	慈溪中学	高三
浙江	周雨星	浙江省江山中学	高二	浙江	杨鑫	杭州江南实验学校	初三
浙江	陈博涵	浙江省杭州学军中学	高三	浙江	冯志远	浙江省余姚市姚中书院	高一
浙江	陈涵	浙江省杭州学军中学	高二	浙江	杨弘	乐成寄宿中学	高二
浙江	陈思睿	浙江省杭州学军中学	高二	浙江	陈雍之	浙江省杭州学军中学	高二
浙江	刘柏成	绍兴市第一中学	高一	浙江	方汤骐	杭州第二中学	高一
浙江	罗弈桢	浙江省余姚中学	高三	浙江	姜一洲	衢州第二中学	高一
浙江	叶昊星	浙江省温岭中学	高一	浙江	金炼凯	乐成寄宿中学	高一
浙江	褚写庭	浙江省杭州学军中学	高一	浙江	戚龙杰	宁波市镇海蛟川书院	高三
浙江	姜佳禾	乐成寄宿中学	高一	浙江	汤丰瑜	苍南县嘉禾中学	高二
浙江	潘恩皓	浙江省杭州学军中学	高二	浙江	王时杰	浙江省余姚市姚中书院	高二
浙江	潘骏跃	杭州第二中学	高一	浙江	夏天翔	浙江省杭州学军中学紫金港校区	高一
浙江	董晨	浙江省余姚中学	高三				
浙江	方家昊	余姚市实验学校	初三	浙江	徐琪杰	浙江省余姚中学	高一
浙江	黄途亮	乐成寄宿中学	高三	浙江	张亦弛	温州中学	高一
浙江	姜正	衢州第二中学	高一	浙江	赵章恺	衢州第二中学	高一
浙江	金凌啸	乐成寄宿中学	高二	浙江	周松涛	乐成寄宿中学	高二
浙江	楼家宁	衢州第二中学	高二	浙江	朱睿诚	杭州第二中学	高二
浙江	朱铖昊	绍兴市第一中学	高一	浙江	贺嘉楠	杭州市萧山区高桥初中	初三
浙江	缪卓辰	宁波市镇海中学	高二	浙江	吕治衡	绍兴市第一中学	高一
浙江	何开	浙江省余姚中学	高一	浙江	沈凡程	慈溪中学	高一
浙江	胡舟径	温州中学	高三	浙江	史添能	杭州第二中学	高二
浙江	钱昊洲	杭州第二中学	高二	浙江	徐子涵	乐成寄宿中学	高一
浙江	汤丰玮	苍南县嘉禾中学	高二	浙江	叶卓睿	杭州文澜中学	初三
浙江	汪逊杰	衢州第二中学	高二	浙江	张骋楷	杭州二中白马湖学校	初三
浙江	鲍东方	绍兴市第一中学	高二	浙江	张帆	苍南县嘉禾中学	高二
浙江	陈力炯	绍兴市柯桥区实验中学	初三	浙江	周欣	杭州二中白马湖学校	初三
浙江	屠学畅	诸暨市店口镇第二初级中学	初三	浙江	周屹霄	杭州第二中学	高二
浙江	王晟哲	衢州第二中学	高二	浙江	朱嘉梁	苍南县嘉禾中学	高二
浙江	徐希彦	绍兴市第一中学	高二	浙江	丁一	慈溪中学	高三
浙江	严涵	浙江省余姚中学	高一	浙江	徐炜	浙江省杭州学军中学	高三
浙江	沈溯	乐成寄宿中学	高三	浙江	张直航	浙江省瑞安中学	高二
浙江	孙弘毅	乐成寄宿中学	高二	浙江	郑良宇	嵊州中学	高二
浙江	徐锦洋	杭州第二中学	高一	浙江	陈彦博	温州中学	高二
浙江	徐哲安	绍兴市柯桥区鲁迅外国语学校	初三	浙江	方尤乐	杭州第二中学	高一
浙江	杨烨程	杭州第二中学	高二	浙江	黄彦豪	乐成寄宿中学	高二
浙江	张清扬	杭州第二中学	高二	浙江	蒋昊迪	浙江省杭州学军中学	高一
浙江	李维钧	乐成寄宿中学	高三	浙江	李宁健	绍兴市第一中学	高三
浙江	林思仪	苍南县嘉禾中学	高三	浙江	林士涵	杭州文澜中学	初三
浙江	孙睿泽	宁波市镇海蛟川书院	初一	浙江	叶炜宁	浙江省余姚中学	高三

续 表

省份	姓名	学校	年级	省份	姓名	学校	年级
浙江	章峥	绍兴市第一中学	高一	浙江	孙臻烨	浙江省余姚中学	高二
浙江	蔡超凡	乐成寄宿中学	高二	浙江	孙淇淇	余姚市实验学校	初二
浙江	毛彦凯	宁波市镇海蛟川书院	高三	浙江	汤贤林	温州中学	高二
浙江	倪家驹	杭州第二中学	高一	浙江	王晨宇	浙江省杭州学军中学	高三
浙江	汪立超	宁波市镇海中学	高二	浙江	王泽源	浙江省余姚中学	高一
浙江	王海纳	浙江省杭州学军中学紫金港校区	高二	浙江	吴立文	衢州市兴华中学	初三
				浙江	夏天睿	浙江省杭州学军中学	高一
浙江	王子习	绍兴市第一中学	高二	浙江	宣毅鸣	绍兴市建功中学	初一
浙江	徐凯亮	杭州第二中学	高二	浙江	周骏东	宁波市镇海中学	高一
浙江	金之谦	绍兴市第一中学	高一	浙江	龚学谦	乐成寄宿中学	高一
浙江	陆宇峰	衢州第二中学	高一	浙江	郭楠	绍兴市第一中学	高二
浙江	邵铖希	宁波市镇海蛟川书院	初三	浙江	金浩男	绍兴市第一中学	高三
浙江	寿家跃	绍兴市第一中学	高二	浙江	梁鹿嘉	杭州第二中学	高一
浙江	孙杨赫	慈溪中学	高一	浙江	陆浩旗	浙江省余姚中学	高一
浙江	翁茹芸	衢州第二中学	高二	浙江	忙秋阳	杭州江南实验学校	初三
浙江	吴前辉	浙江省余姚市姚中书院	高一	浙江	潘佳奇	宁波市镇海蛟川书院	初二
浙江	许一多	杭州第二中学	高二	浙江	陈官厅	浙江省余姚中学	高三
浙江	张念祖	宁波市镇海中学	高三	浙江	陈立言	瑞安市安阳实验中学	初三
浙江	周宇恒	杭州二中白马湖学校	初三	浙江	陈立约	温州中学	高一
浙江	周珈伊	乐成寄宿中学	高一	浙江	陈昊旸	慈溪市上林初级中学教育集团	初三
浙江	陈冲	浙江省余姚中学	高三	浙江	冯缘	绍兴市第一初级中学教育集团龙山校区	初三
浙江	陈挚信	浙江省杭州学军中学	高一				
浙江	方涵斌	慈溪中学	高一	浙江	金朝哲	乐成寄宿中学	高一
浙江	周镇东	绍兴市柯桥区实验中学	初三	浙江	李丰	温州中学	高一
浙江	陈淇棋	杭州第二中学	高二	浙江	李志民	乐成寄宿中学	高一
浙江	方科晨	余姚市实验学校	初三	浙江	刘志伟	浙江省余姚市姚中书院	高一
浙江	龙静毅	杭州第二中学	高二	浙江	龙天翼	杭州江南实验学校	初二
浙江	祁展华	浙江省杭州学军中学	高一	浙江	罗江楠	绍兴市第一中学	高一
浙江	王宇鑫	绍兴市第一中学	高三	浙江	潘开森	温州中学	高一
浙江	翁伟捷	宁波市镇海蛟川书院	初二	浙江	史记	温州中学	高三
浙江	徐放	乐成寄宿中学	高二	浙江	夏天鑫	浙江省杭州第十四中学	高三
浙江	徐趱鹏	浙江省余姚中学	高一	浙江	邢竞择	浙江省杭州学军中学	高一
浙江	许羿	嵊州中学	高二	浙江	杨晶城	杭州市十三中教育集团(总校)	初三
浙江	张子苏	宁波市镇海蛟川书院	初三	浙江	叶泽凯	乐成寄宿中学	高一
浙江	杜皓楠	浙江省瑞安中学	高二	浙江	余畅	衢州第二中学	高二
浙江	钱韦克	杭州二中白马湖学校	初三	浙江	章轩韬	浙江省杭州学军中学	高二
浙江	俞仲遥	浙江省杭州学军中学	高一	浙江	赵凌寒	温州中学	高二
浙江	陈奇之	绍兴市柯桥区实验中学	初三	浙江	褚步霄	绍兴市第一中学	高二
浙江	丁一桐	衢州市实验学校	初三	浙江	李威奇	浙江省余姚中学	高二
浙江	高伟渊	浙江省温岭中学	高二	浙江	陆嘉馨	宁波市镇海中学	高三
浙江	过思齐	杭州第二中学	高二	浙江	徐牧辰	宁波市镇海中学	高三
浙江	李怀谷	乐成寄宿中学	高三	浙江	杨明天	宁波市镇海蛟川书院	初三
浙江	宋廉鸿	慈溪中学	高二	浙江	叶瑶琦	浙江省杭州学军中学	高一

续　表

省份	姓名	学校	年级	省份	姓名	学校	年级
浙江	余快	绍兴市建功中学	初三	浙江	朱嘉楠	宁波市效实中学	高一
浙江	余能	海亮高级中学	高一	浙江	褚朱钇恒	浙江省杭州学军中学	高一
浙江	张晨阳	浙江省义乌中学	高二	浙江	陈威志	温州中学	高二
浙江	张静圳	宁波市镇海中学	高二	浙江	丁杭亮	瑞安市安阳实验中学	初三
浙江	周楷程	浙江省杭州学军中学	高一	浙江	范寒威	绍兴市第一中学	高三
浙江	周栩航	绍兴市第一中学	高一	浙江	罗成	浙江省温岭中学	高三
浙江	朱晨睿	浙江省余姚中学	高一	浙江	钱郑捷	余姚市实验学校	初三
浙江	陈方彬	绍兴市第一中学	高一	浙江	田野	浙江省余姚市姚中书院	高一
浙江	陈科睿	宁波市镇海蛟川书院	初三	浙江	徐畅	浙江省杭州学军中学	高二
浙江	董文韬	宁波市镇海中学	高一	浙江	徐磊	慈溪中学	高三
浙江	冯骁	浙江省杭州学军中学	高一	浙江	钟林昊	苍南县灵溪镇第十中学	初三
浙江	南樟	温州中学	高三	浙江	胡思远	慈溪市上林初级中学教育集团	初二
浙江	寿科益	慈溪中学	高三	浙江	刘天	衢州第二中学	高三
浙江	宋炣	浙江省余姚中学	高二	浙江	彭程	宁波市镇海蛟川书院	初三
浙江	宋子健	绍兴市第一中学	高三	浙江	戚洋	慈溪市上林初级中学教育集团	初二
浙江	孙乾程	绍兴市第一中学	高二	浙江	沈擎舟	余姚市实验学校	初三
浙江	屠末一	浙江省余姚市姚中书院	高二	浙江	田海弘	慈溪中学	高二
浙江	王嘉男	衢州第二中学	高一	浙江	王新磊	浙江省义乌中学	高二
浙江	尹吴潇	浙江省湖州中学	高一	浙江	王驿彤	杭州第二中学	高一
浙江	詹哲远	杭州第二中学	高二	浙江	俞天骋	杭州第二中学	高一
浙江	曹杨	浙江省杭州学军中学	高一	浙江	赵甫青	杭州第二中学	高一
浙江	翟明舒	浙江省杭州学军中学	高一	浙江	郑力宁	浙江省江山中学	高二
浙江	梁孜祺	绍兴市第一中学	高一	浙江	周柯翰	浙江省余姚市姚中书院	高二
浙江	唐寅	浙江省余姚中学	高二	浙江	封昊杰	衢州第二中学	高一
浙江	王天	台州市黄岩中学	高三	浙江	何劲范	余姚市实验学校	初二
浙江	王一	温州中学	高三	浙江	梁林楠	浙江省余姚中学	高一
浙江	吴子健	杭州外国语学校	高一	浙江	楼持恒	衢州第二中学	高二
浙江	周骁雷	衢州第二中学	高一	浙江	南涵	乐成寄宿中学	高二
浙江	蔡力	宁波市镇海中学	高二	浙江	钱易	宁波市镇海蛟川书院	初二
浙江	龚海天	浙江省杭州学军中学	高二	浙江	邵可乐	余姚市实验学校	初三
浙江	胡家齐	宁波市镇海蛟川书院	初三	浙江	宋晨东	余姚市实验学校	初三
浙江	蒋润浩	乐成寄宿中学	高一	浙江	王宇轩	衢州华茂外国语学校（高中部）	高一
浙江	林峻宇	温州中学	高三	浙江	吴旭东	衢州第二中学	高二
浙江	楼傅亦成	浙江省义乌中学	高二	浙江	叶懿芯	温州中学	高一
浙江	陆宇洋	余姚市实验学校	初三	浙江	陈姿颖	慈溪实验中学	初二
浙江	毛一枭	浙江省余姚中学	高三	浙江	陈奕铭	绍兴市第一中学	高一
浙江	孟戴浓达	绍兴市第一中学	高一	浙江	乔云帆	浙江省杭州学军中学	高二
浙江	钱行健	浙江省杭州学军中学	高一	浙江	沈亦东	宁波市镇海蛟川书院	初二
浙江	邵煜	慈溪中学	高三	浙江	石晋	浙江省杭州高级中学	高二
浙江	汤硕	温州中学	高一	浙江	舒婧	海亮高级中学	高一
浙江	张晨阳	蓝青学校	初三	浙江	应江羽	浙江金华第一中学	高三
浙江	张佳艺	宁波外国语学校	初二	浙江	虞枫毅	宁波市鄞州中学	高三
浙江	周屹赫	浙江省江山中学	高三	浙江	俞鑫颜	浙江省余姚中学	高一

续 表

省份	姓名	学校	年级	省份	姓名	学校	年级
浙江	张正非	浙江省杭州学军中学	高一	黑龙江	李泽仁	佳木斯市第一中学	高二
浙江	赵文轩	乐成寄宿中学	高三	黑龙江	赵康然	齐齐哈尔市实验中学	高三
浙江	岑滨斌	慈溪中学	高一	黑龙江	曲喆平	佳木斯市第一中学	高二
浙江	岑奇航	慈溪中学	高一	黑龙江	欧睿泽	哈尔滨师范大学附属中学	高二
香港	葉景輝	喇沙書院	高一	黑龙江	江雨泽	大庆实验中学	高二
香港	陳朗烜	聖言中學	高三	黑龙江	蒋穆凡	哈尔滨市第三中学校	高二
香港	李炯熙	拔萃男書院	高二	黑龙江	段木多	哈尔滨师范大学附属中学	高二
香港	衛家熙	香港培正中學	高一	黑龙江	鲁智昊	佳木斯市第一中学	高二
香港	蔡俊銘	聖言中學	高二	黑龙江	朱景舟	齐齐哈尔市实验中学	高三
香港	李呈禧	喇沙書院	高二	黑龙江	陈思睿	哈尔滨市第三中学校	高一
香港	陳敬楷	聖言中學	高二	黑龙江	崔玉坤	佳木斯市第一中学	高二
香港	林健朗	香港培正中學	高三	黑龙江	孙博文	哈尔滨市第三中学校	高三
香港	談知衡	香港培正中學	高二	黑龙江	侯锐	哈尔滨市第三中学校	高二
香港	李德謙	香港培正中學	高一	黑龙江	曲殊同	大庆第一中学	高二
香港	李雲	喇沙書院	高一	黑龙江	朱敬涵	佳木斯市第一中学	高二
黑龙江	李宗佳	佳木斯市第一中学	高三	黑龙江	陈天宇	黑龙江省实验中学	高二
黑龙江	王逸安	哈尔滨师范大学附属中学	高二	黑龙江	宋福海	哈尔滨市第三中学校	高二
黑龙江	王玺澎	哈尔滨市第三中学校	高二	黑龙江	孙士博	哈尔滨市第三中学校	高二
黑龙江	孙志博	哈尔滨师范大学附属中学	高三	黑龙江	李尚泽	哈尔滨市松雷中学	初一
黑龙江	张开	哈尔滨师范大学附属中学	高三	黑龙江	孟祥烨	哈尔滨市第三中学校	高一
黑龙江	段明非	佳木斯市第一中学	高一	黑龙江	刘子政	齐齐哈尔市实验中学	高一
黑龙江	王本宇	哈尔滨市第三中学校	高二	黑龙江	杨佳霖	哈尔滨师范大学附属中学	高二
黑龙江	高赫然	哈尔滨师范大学附属中学	高二	黑龙江	张子瑞	哈尔滨市第三中学校	高一
黑龙江	满勇慷	哈尔滨市第三中学校	高一	黑龙江	张锫麒	大庆实验中学	高二
黑龙江	史丰萁	佳木斯市第一中学	高二	黑龙江	周义涵	七台河市第一中学	高三
黑龙江	杨思宇	大庆实验中学	高二	黑龙江	刘宇哲	哈尔滨市第三中学校	高一
黑龙江	胡海川	黑龙江省实验中学	高二	澳门	林福煜	澳門勞工子弟學校	高三
黑龙江	支卓	哈尔滨市第三中学校	高一	澳门	容逸朗	濠江中學	高一
黑龙江	管浩博	哈尔滨师范大学附属中学	高三	澳门	袁浩軒	濠江中學	高一
黑龙江	康子健	哈尔滨师范大学附属中学	高二	澳门	高偉傑	濠江中學	高三
黑龙江	刘东岫	佳木斯市第一中学	高二	澳门	李俊傑	濠江中學	高二

CCF NOIP 2017 复赛提高组二等奖名单

省份	姓名	学校	年级	省份	姓名	学校	年级
安徽	王致远	安徽省淮南第二中学	高一	安徽	吴绪禹	安徽省芜湖市第一中学	高三
安徽	王昊	合肥市第六中学	高一	安徽	李达宇	合肥市第一中学	高一
安徽	夏禹扬	芜湖荟萃中学	初三	安徽	张心琦	安徽省安庆市第一中学	高一
安徽	吴心远	合肥市第四十五中学	初三	安徽	程子恒	马鞍山市第二中学	高一
安徽	程佳志	阜阳市第三中学	高三	安徽	余辰昕	合肥市第五十中学东校	初三
安徽	黄馨悦	安徽师范大学附属中学	高二	安徽	吴一非	合肥市第一中学	高二

续 表

省份	姓名	学校	年级	省份	姓名	学校	年级
安徽	苏睿	合肥市第四十五中学	初三	安徽	王若楠	蚌埠第二中学	高三
安徽	瞿冠中	合肥市第一中学	高二	安徽	李泽涵	安徽省安庆市第一中学	高一
安徽	张子洋	蚌埠第二中学	高一	安徽	潘际东	安徽省芜湖市第一中学	高一
安徽	汪宇峰	安徽省芜湖市第一中学	高二	安徽	王子涵	合肥市第六中学	高三
安徽	唐正举	合肥市第一中学	高一	安徽	张佳华	安徽省芜湖市第一中学	高二
安徽	桑浩翔	合肥市第四十五中学	初三	安徽	张瀚文	马鞍山市第二中学	高二
安徽	胡叶烨	合肥市第四十五中学	初二	安徽	郭启帆	安徽省芜湖市第一中学	高二
安徽	刘洋	安徽省宿州市第二中学	高二	安徽	何泽华	安徽省安庆市第一中学	高一
安徽	许振宇	安徽省六安第一中学	高二	安徽	孟凡石	合肥市第六中学	高二
安徽	王宁轩	合肥市第一中学	高一	安徽	赵子健	安徽师范大学附属中学	高二
安徽	张时钊	安徽省芜湖市第一中学	高一	安徽	吴天宇	安徽省安庆市第一中学	高一
安徽	朱启孟	合肥市第一中学	高一	安徽	孙皓宇	合肥市第四十五中学	初三
安徽	操铄	安徽省安庆市第一中学	高二	安徽	李志伟	安徽省宿州市第二中学	高二
安徽	刘知源	安徽省淮北市第一中学	高二	安徽	陈俊一	安徽省阜阳第一中学	高一
安徽	何天浚	合肥市第四十五中学	初三	安徽	毕翼飞	安徽省芜湖市第一中学	高二
安徽	胡博涵	宁国中学	高一	安徽	刘元彻	马鞍山市成功学校	初三
安徽	黄韵桐	芜湖市第二十七中学	初三	安徽	姜凡希	合肥市第一中学	高一
安徽	惠浩	安徽省宿州市第二中学	高二	安徽	金远卓	合肥市第一中学	高一
安徽	张天陵	合肥市第一中学	高三	安徽	刘天	安徽省淮南第二中学	高二
安徽	王淞雷	蚌埠第二中学	高二	安徽	曹旭	安徽省阜阳第一中学	高三
安徽	卢明	马鞍山市第二中学郑蒲港分校	高二	安徽	周家亮	阜阳市第三中学	高三
安徽	高梦洁	马鞍山市第二中学	高三	安徽	沈康宁	安徽省六安第一中学	高一
安徽	陆泽宇	安徽省芜湖市第一中学	高二	安徽	谢滨竹	马鞍山市第二中学	高一
安徽	何朝旭	安徽师范大学附属中学	高一	安徽	杨毅	安徽省宿州市宿城第一中学	高二
安徽	吴思航	安徽师范大学附属中学	高一	安徽	徐加宝	安徽省宿州市宿城第一中学	高二
安徽	赵思航	合肥市第一中学	高一	安徽	吕天成	合肥市第一中学	高一
安徽	陈子安	铜陵市第一中学	高一	安徽	徐震昊	安徽省安庆市第一中学	高一
安徽	韩金铂	安徽省淮南第二中学	高一	安徽	李宸	安徽师范大学附属中学	高三
安徽	黄全鑫	安徽省铜陵市第十五中学	初三	安徽	张一鸣	淮南实验中学	初三
安徽	马志成	安徽师范大学附属中学	高一	安徽	徐灏然	安徽省芜湖市第一中学	高三
安徽	任奕凡	安徽省安庆市第一中学	高二	安徽	周子涵	合肥市第一中学	高一
安徽	赵敏达	安徽省合肥市第八中学	高一	安徽	徐李昊	合肥一六八中学	高一
安徽	朱广恩	安徽省宿州市第二中学	高三	安徽	袁子辰	安徽省淮北市第一中学	高三
安徽	姜玉喜	安徽省宿州市第二中学	高三	安徽	张智伟	安徽省安庆市第一中学	高一
安徽	兰天	马鞍山市红星中学	高二	安徽	孟鑫	安徽省淮北市第一中学	高二
安徽	陆天宇	安徽省宣城中学	高二	安徽	朱成儒	安庆市石化第一中学	初三
安徽	王子悦	安徽师范大学附属中学	高二	安徽	林伊俊	阜阳市第三中学	高二
安徽	王又禾	安徽师范大学附属中学	高二	安徽	何天承	合肥一六八中学	高二
安徽	曹致远	安徽省马鞍山市花园初级中学	初三	安徽	秦朗	淮南实验中学	初三
安徽	范天予	马鞍山市第二中学	高一	安徽	盛海洋	淮南实验中学	初三
安徽	王晶晶	安徽省安庆市第四中学	初三	安徽	章文澜	合肥市第四十五中学	初三
安徽	戴骥	安徽师范大学附属中学	高一	安徽	李紫浩	蚌埠第二中学	高二
安徽	杨季敬汝	合肥市第六中学	高一	安徽	白亦璠	安徽省安庆市第四中学	初二

续 表

省份	姓名	学校	年级	省份	姓名	学校	年级
安徽	凌琛	安徽省安庆市第一中学	高二	安徽	王修远	安徽省安庆市第一中学	高一
安徽	谢润菁	安徽师范大学附属中学	高一	安徽	戴雨欣	安徽省宣城市第二中学	高三
安徽	郑睿	安徽省无为中学	高二	安徽	耿心旷	阜阳市颍上县第一中学	高三
安徽	苏弋炜	安徽师范大学附属中学	高一	安徽	李若辰	合肥市第一中学	高一
安徽	徐天泽	马鞍山二中实验学校	初三	安徽	钱晓临	马鞍山市第二中学	高二
安徽	王冠玺	安徽省淮北市第一中学	高二	安徽	李孝德	合肥市第六中学	高二
安徽	徐苏洋	芜湖市第二十七中学	初三	安徽	潘卓成	合肥市第一中学	高一
安徽	高梓又	安徽省宿州市第二中学	高一	安徽	黄一展	合肥市第六中学	高三
安徽	程龙廷	淮南新思维学校	初一	安徽	沈佥	马鞍山市第二中学	高二
安徽	汪坤灿	合肥一六八中学	高一	安徽	谭宇辰	安徽省安庆市第一中学	高三
安徽	薛敬扬	安徽省六安第一中学	高二	安徽	宗晓煜	安徽师范大学附属中学	高一
安徽	叶苏廷	阜阳市第三中学	高二	安徽	钱芃昕	安徽师范大学附属中学	高二
安徽	韩昊君	阜阳市第三中学	高二	安徽	周子涵	合肥一六八中学	高二
安徽	高鑫瑞	淮南实验中学	初三	安徽	施益凡	安徽省淮南第二中学	高一
安徽	马燕妮	马鞍山市成功学校	初二	安徽	徐承熙	合肥市第一中学	高二
安徽	秦逸凡	安徽省合肥市第八中学	高三	安徽	孟昊宸	马鞍山市第二中学	高一
安徽	岳晓颖	安徽省六安第一中学	高二	安徽	郝跃生	安徽省合肥市第八中学	高一
安徽	张智洋	安徽省淮南第二中学	高二	安徽	俞子睿	淮南实验中学	初三
安徽	郑奕	安徽省芜湖市第一中学	高一	安徽	职浩然	淮南实验中学	初三
安徽	王超樊	合肥市第一中学	高一	安徽	刘鑫	淮南实验中学	初三
安徽	郑瑞	安徽省淮北市第一中学	高二	安徽	刘正阳	铜陵市第一中学	高二
安徽	江睿翔	合肥市第四十五中学	初三	安徽	李贤海	安徽省宿州市第二中学	高二
安徽	郭子笑	铜陵市第一中学	高二	安徽	刘宏晖	安徽省无为中学	高一
安徽	朱浩宇	安徽省宿州市第二中学	高二	安徽	蒋文哲	安徽省无为中学	高二
安徽	柏景琪	安徽省宿州市第二中学	高二	安徽	汪煜凯	安徽师范大学附属中学	高二
安徽	窦天阳	安徽省淮南第二中学	高一	安徽	李浩南	阜阳市第三中学	高三
安徽	钱其轩	安徽师范大学附属中学	高二	安徽	袁伟豪	阜阳市第三中学	高一
安徽	穆展鸿	安徽省宿州市宿城第一中学	高三	安徽	冯效贤	合肥市第一中学	高二
安徽	陶应智	合肥市第四十五中学	初三	安徽	曹梓健	合肥市第一中学	高一
安徽	周怡然	安徽师范大学附属中学	高二	安徽	张宜宁	安徽省安庆市第一中学	高一
安徽	陈启航	合肥市第一中学	高一	安徽	吴航霄	安徽省歙县中学	高一
安徽	张晨龙	安徽省宿州市第二中学	高二	安徽	陈硕	安徽省安庆市第四中学	初三
安徽	张金涛	合肥市第六中学	高一	安徽	李文博	淮南新思维学校	初二
安徽	董坤	安徽省六安第一中学	高一	安徽	张正诚	合肥市第六中学	高一
安徽	汤子唯	马鞍山市第二中学	高一	安徽	马南禹	安徽省合肥市第八中学	高一
安徽	陶晨蕊	淮南实验中学	初二	安徽	刘奉明	合肥一六八中学	高一
安徽	刘易成	合肥市第四十五中学	初三	安徽	常天择	安徽省六安第一中学	高一
安徽	杨思锐	安徽省合肥市第八中学	高二	安徽	余学锋	合肥市第六中学	高一
安徽	李豪	阜阳市第三中学	高二	安徽	蔡正坤	安徽省芜湖市第一中学	高二
安徽	朱知非	安徽省淮北市第一中学	高三	安徽	汤曜坤	铜陵市第一中学	高二
安徽	占金涛	安徽省无为中学	高二	安徽	孔令宇	合肥市第六中学	高一
安徽	张子希	安徽师范大学附属中学	高二	安徽	孔子睿	淮南实验中学山南校区	初二
安徽	疏智磊	合肥市第六中学	高一	安徽	裴丹琳	马鞍山市成功学校	初三

续 表

省份	姓名	学校	年级
安徽	黄丽丽	安徽省六安第一中学	高一
安徽	李哲宇	安徽省淮南第二中学	高一
安徽	徐杭	安庆市第二中学	高一
安徽	陈实	马鞍山市第二中学	高一
安徽	王兴泽	合肥市第一中学	高一
安徽	傅广文	合肥市第七中学	高一
北京	黄嘉萌	北京市第一零一中学	初三
北京	姜冠铭	中国人民大学附属中学	高一
北京	刘涵冰	北京市第四中学	高一
北京	郭若麒	北京师范大学附属实验中学	高一
北京	刘嘉熙	北京师范大学附属实验中学	高一
北京	卢雨轩	北京十一学校	高二
北京	叶舟桐	清华大学附属中学	高一
北京	张天逸	北京市第四中学	高二
北京	张一航	中国人民大学附属中学	高一
北京	周晟颐	北京十一学校	高二
北京	朱芃蔓	北大附中	高一
北京	胡智晟	北京师范大学附属实验中学	高三
北京	孙嘉珺	中国人民大学附属中学	高二
北京	周宜晖	北京市第一零一中学	高二
北京	郭映阳	北京师范大学附属实验中学分校	初三
北京	郭昊宇	北京十一学校	高二
北京	韩天新	北京市八一学校	初二
北京	刘先迟	北京师范大学附属实验中学	高一
北京	刘子扬	北京市第八十中学	高二
北京	王宇辰	北京市第四中学	高三
北京	王聆涛	北京景山学校	高二
北京	谢行健	首都师范大学附属中学	初三
北京	胡宇航	北京市第八十中学	高一
北京	江康平	中国人民大学附属中学	高一
北京	刘孟乔	北京十一学校	高一
北京	朱穆清	北京市第五中学	高三
北京	张昌昊	北京市第十二中学	初三
北京	张家梁	北大附中	初三
北京	薛晚亭	北京十一学校	高一
北京	张皓洲	北京市第四中学	高二
北京	陈启乾	中国人民大学附属中学	高一
北京	崔芳洲	北京市第八十中学	高一
北京	吕敬一	中国人民大学附属中学	初二
北京	欧阳宇鹏	首都师范大学附属中学	初三
北京	苏阳	中国人民大学附属中学	初三
北京	何卓然	北京市京源学校	高二

省份	姓名	学校	年级
北京	滕笑非	中国人民大学附属中学	高二
北京	安昱达	首都师范大学附属中学	高一
北京	高飞扬	北京十一学校	高一
北京	寇海文	北京师范大学第二附属中学	高二
北京	刘云川	中国人民大学附属中学	高一
北京	彭程	北京市第四中学	高一
北京	王英丞	北京市中关村中学	初三
北京	杨钧天	中国人民大学附属中学	初一
北京	荆睿涛	中国人民大学附属中学	高一
北京	李叔禄	中国人民大学附属中学	高一
北京	宋政毅	北京市第一零一中学	高二
北京	汤恺宸	北京师范大学附属实验中学	高二
北京	汪梁森	首都师范大学附属中学	高一
北京	张峰搏	清华大学附属中学	高一
北京	赵泓翔	北京景山学校	高二
北京	李俊豪	北京市第八十中学	初二
北京	李睿宁	北京市第四中学	高一
北京	徐弈阳	中国人民大学附属中学	初二
北京	养罡智	北京市八一学校	高二
北京	纳莹	北京市第五中学	高三
北京	任骥恺	通州区潞河中学	高三
北京	韦宇轩	首都师范大学附属中学	高二
北京	董天泽	北京市第十二中学	高二
北京	程悦儿	北大附中	高一
北京	何昕雨	北京市第一零一中学	高三
北京	蒙天正	北大附中	高二
北京	谢昊辰	北京师范大学附属中学	高二
北京	赵一辰	北京师范大学附属实验中学分校	初二
北京	常浩轩	北京市第十二中学	高二
北京	汪迟克雷	中国人民大学附属中学	高一
北京	王天泽	中国人民大学附属中学	高一
北京	肖东序	北京市八一学校	高二
北京	严子轶	北京市第四中学	高一
北京	段承祺	北大附中	高一
北京	胡正航	北大附中	高三
北京	李宇鹏	北京市第四中学	高一
北京	刘蔼宁	北大附中	高一
北京	彭江祎	北京市第十二中学	高三
北京	苏玥宁	北大附中	高一
北京	王淏天	首都师范大学附属中学	初二
北京	王昱婕	北京市第八十中学	初三
北京	夏宇	北京市第四中学	高二

续 表

省份	姓名	学校	年级
北京	姚欣怡	首都师范大学附属中学	高一
北京	占梓桐	北大附中	高三
北京	霍岱宣	中国人民大学附属中学	初三
北京	贾启珑	北京师范大学第二附属中学	高二
北京	焦楚原	中国人民大学附属中学	初二
北京	魏星	北京市第五中学	高三
北京	姚歆宁	北京十一学校	高一
北京	张贤	北京市第八十中学	初一
北京	周尚	北京师范大学附属实验中学分校	初三
北京	曹越	北京市第八十中学	初二
北京	冯昱宁	北京十一学校	高二
北京	刘锦钰	北京市第八十中学	初一
北京	娄司宇	北京师范大学附属实验中学	高二
北京	马钰淇	北京十一学校	高一
北京	孟子安	首都师范大学附属中学	初二
北京	汪永嘉	北京师范大学附属实验中学	高一
北京	周程远	北京市第四中学	高二
北京	单晓晗	北大附中	高二
北京	易思铭	首都师范大学附属中学	初三
北京	龚峻涵	中国人民大学附属中学	初三
北京	韩涵	北京市顺义牛栏山第一中学	高二
北京	李宗泽	北京师范大学附属中学	高二
北京	刘海天	北京市第一零一中学	高一
北京	刘廷均	首都师范大学附属中学	初二
北京	苏政渊	中国人民大学附属中学	初三
北京	王涵之	北大附中	高二
北京	王敬香	北大附中	高一
北京	温雅	北大附中	高一
北京	徐之皓	北京市第一零一中学	高一
北京	冯宇凡	北大附中	高二
北京	李一和	北京八中	高二
北京	谢尚文	北京市第十二中学	高一
北京	朱浩然	北京市八一学校	高二
北京	朱子甲	北京市第一七一中学	初三
北京	付翰达	北京市第四中学	高二
北京	李筱	北京市第一零一中学	高一
北京	欧阳可名	中国人民大学附属中学	高二
北京	彭柯岚	北京市第八十中学	初三
北京	曲涵石	北京市第一零一中学	高二
北京	王则清	北京交通大学附属中学	初三
北京	钟昊翔	北京市第四中学	初三
北京	李雨衡	北京市第四中学	高一

省份	姓名	学校	年级
北京	权尚浩然	北京市第一零一中学	初三
北京	魏川	北京师范大学附属实验中学分校	初三
北京	赵天旭	北京十一学校	高一
北京	单乐与	北京景山学校	高一
北京	郭衍培	中国人民大学附属中学	高二
北京	胡人鹏	中国人民大学附属中学	初三
北京	刘怿睿	北京汇文中学	高二
北京	马成	北京市第一零一中学	高二
北京	吴林泽	北京十一学校	高一
北京	俞逸洋	北京市第八中学	高一
北京	郑子帆	北京市第八十中学	高一
北京	白羽超	中国人民大学附属中学	高一
北京	李昊洋	北京市第一零一中学	高一
北京	马海洋	北京市第一零一中学	高二
北京	汪卓商	北大附中	高二
北京	王雨婷	北大附中	高一
北京	王与帅	桦树湾教育	高二
北京	雍梓奇	北京十一学校	高一
北京	陈梓铭	北京十一学校	高一
北京	顾茗瑞	北京市八一学校	高一
北京	胡瑞楠	北京市八一学校	高二
北京	金平宇	北京市第一零一中学	高二
北京	鞠紫盈	北京市第四中学	高三
北京	李沐恩	中国人民大学附属中学	初二
北京	刘润洲	北大附中	高一
北京	唐佐夫	北京市东直门中学	高二
北京	王楚峰	中国人民大学附属中学	高二
北京	王希谨	北京市第十二中学	初三
北京	王雨轩	北京师范大学附属实验中学	高一
北京	武晓宇	首都师范大学附属中学	初三
北京	张汶瑄	北京市第四中学	高二
北京	狄思含	北京汇文中学	高三
北京	李牧涵	北京市第四中学	高二
北京	王逸飞	北大附中	高二
北京	许洲同	北京市第五中学	高二
北京	张浩源	北京十一学校	高二
北京	张家齐	北大附中	高一
北京	高保隆	清华大学附属中学	高一
北京	韩潇	首都师范大学附属中学	高一
北京	柳均泽	北京市顺义牛栏山第一中学	高二
北京	王逸飞	北京师范大学附属实验中学	高二
北京	王岳珩	北京景山学校	高二

续 表

省份	姓名	学校	年级	省份	姓名	学校	年级
北京	张景昱	北京师范大学第二附属中学	高二	重庆	何宇恒	重庆市树人中学校	高二
北京	张少彤	北大附中	高一	重庆	季小轶	重庆市南开中学校	高一
北京	赵俊宁	中国人民大学附属中学	高二	重庆	苏新宇	西南大学附属中学校	高一
北京	江雨浓	清华大学附属中学	高二	重庆	王宸玺	重庆市巴蜀中学校	高二
北京	陆桐宇	中国人民大学附属中学	初二	重庆	张奇夫	西南大学附属中学校	高二
北京	孙天贺	北大附中	高一	重庆	张馨月	重庆市第八中学校	高二
北京	吴政隆	首都师范大学附属中学	高一	重庆	张茗滔	重庆市第一中学校	高一
北京	杨灿	北大附中	高一	重庆	何陈泓	重庆市巴蜀中学校	高一
北京	戴思然	北京市第五中学	高三	重庆	胡诗杰	重庆市鲁能巴蜀中学校	初三
北京	雷瑷嘉	北大附中	高一	重庆	田仁睿	重庆市巴蜀中学校	高一
北京	梁松雪	北京市第一零一中学	高二	重庆	黄琬景	重庆市第十八中学	高二
北京	王雨洲	中国人民大学附属中学	高一	重庆	黄薄豪	重庆皇冠实验中学	初三
北京	吴其非	首都师范大学附属中学	高二	重庆	莫安柯	西南大学附属中学校	高一
北京	曾弘毅	中国人民大学附属中学	高一	重庆	袁愉清	重庆八中宏帆初级中学校	初三
重庆	李润峰	西南大学附属中学校	高二	重庆	赵晨川雅	重庆市南开中学校	高二
重庆	徐振钊	重庆市第八中学校	高三	重庆	陈倚云	重庆市第十一中学校	高三
重庆	何志凌	西南大学附属中学校	高二	重庆	蓝晨溪	重庆市第一中学校	高二
重庆	谈文竹	四川外语学院重庆第二外国语学校	高二	重庆	王焓骁	重庆市巴蜀中学校	高二
				重庆	彭俊豪	重庆市育才中学校	高三
重庆	席跃	重庆市鲁能巴蜀中学校	初二	重庆	谢佳辰	重庆市第八中学校	高二
重庆	郑俊烽	重庆八中宏帆初级中学校	初三	重庆	赵浚灵	重庆市第一中学校	高二
重庆	郑琪椿	四川外语学院重庆第二外国语学校	高二	重庆	刘洋岑	重庆市育才中学校	高二
				重庆	杜林哲	重庆市巴蜀中学校	高一
重庆	周浩然	重庆市第一中学校	高二	重庆	杜沛键	重庆市鲁能巴蜀中学校	初二
重庆	辜飞云	重庆市南开中学校	高一	重庆	文简	重庆市第八中学校	高二
重庆	李锴	重庆市鲁能巴蜀中学校	初三	重庆	杨毅	重庆市育才中学校	高二
重庆	钟星宇	重庆市鲁能巴蜀中学校	初二	重庆	张志睿	重庆市第一中学校	高一
重庆	雷雨田	重庆市巴蜀中学校	高一	重庆	艾羿	重庆八中宏帆初级中学校	初三
重庆	汤淳熙	重庆市第十一中学校	高二	重庆	陈俊哲	重庆一中寄宿学校	高二
重庆	蒋知睿	重庆市江津中学校	初三	重庆	杜立丞	重庆市南开中学校	高二
重庆	陈霆风	重庆市第一中学校	高二	重庆	罗思远	重庆巴蜀常春藤学校	初一
重庆	丁真爱	重庆市第八中学校	高一	重庆	肖慈允	重庆市巴蜀中学校	高二
重庆	黄腾昊	西南大学附属中学校	高二	重庆	喻琢淳	重庆市南开中学校	高二
重庆	卢泽仁	西南大学附属中学校	高二	重庆	刘俊	重庆市巴川国际高级中学校	高三
重庆	彭靖超	重庆市第一中学校	高二	重庆	冉叶桢	重庆市第八中学校	高一
重庆	辛洲	重庆市第一中学校	高二	重庆	严澍宜	重庆市南开中学校	高二
重庆	陈枕戈	重庆市第一中学校	高二	重庆	傅俊林	重庆市鲁能巴蜀中学校	初二
重庆	傅冰雪	重庆市南开中学校	高二	重庆	黄韦杰	重庆市南开中学校	高二
重庆	郭延西	西南大学附属中学校	高一	重庆	刘浩	重庆市巴蜀中学校	高一
重庆	胡静波	重庆市第八中学校	高一	重庆	徐一丹	重庆市南开中学校	高二
重庆	游齐宇	西南大学附属中学校	高二	重庆	郑熠焓	重庆市南川中学校	高三
重庆	余思龙	重庆市鲁能巴蜀中学校	高二	重庆	余远航	四川外语学院重庆第二外国语学校	高二
重庆	何国政	重庆市第一中学校	高二				

续 表

省份	姓名	学校	年级	省份	姓名	学校	年级
重庆	陈俊成	重庆市南开中学校	高二	福建	刘小康	厦门大学附属实验中学	高一
重庆	陆胤松	重庆市南开中学校	高二	福建	刘泽森	福建省泉州第五中学	高二
重庆	刘湘	重庆市第八中学校	高一	福建	吕泓畅	福建省三明市第二中学	高二
重庆	卢郡然	重庆市巴蜀中学校	高一	福建	王廷	福建省厦门第一中学	高一
重庆	黄思源	重庆市巴蜀中学校	高一	福建	张杰易	福建省三明市第二中学	高二
重庆	娄奚文炀	重庆市育才中学校	高二	福建	赵育恒	厦门大学附属实验中学	高一
重庆	张程	重庆市巴蜀中学校	高一	福建	黄奕	福建省福州第一中学	高一
重庆	贺敏	重庆市育才中学校	高二	福建	林芳冰	福建省泉州第五中学	高二
重庆	彭志朋	重庆市第一中学校	高一	福建	张城菡	福建省福州第一中学	高一
重庆	魏子淇	重庆市第一中学校	高一	福建	陈彦伯	福建省泉州市第七中学	高三
重庆	昝智壬	四川外国语大学附属外国语学校	高二	福建	李硕	福建省福州第一中学	高一
				福建	林哲宇	福建师范大学附属中学	高一
重庆	黄彦达	重庆市第一中学校	高一	福建	杨镇	福建省福州第二中学	高二
重庆	刘天瑞	重庆市育才中学校	高一	福建	郑嵩圣	福建省福州第一中学	高二
重庆	赵艺涵	西南大学附属中学校	高一	福建	黄宇霖	福建省南安第一中学	高二
重庆	黄益柯	四川外国语大学附属外国语学校	高二	福建	施晟	福建省晋江市养正中学	高二
				福建	邓鹏辉	福建省同安第一中学	高三
重庆	罗迩瀚	重庆市南开中学校	高二	福建	陈哲源	福建省惠安第一中学	高三
重庆	田雨阳	重庆市第一中学校	高二	福建	方紫雯	福建省南安第一中学	高三
重庆	王薪恺	重庆市巴蜀中学校	高二	福建	何家骏	福建省福州第三中学	高一
重庆	翁英杰	重庆市第一中学校	高一	福建	黄加欣	厦门外国语学校	高三
重庆	丁彦添	重庆市南开中学校	高二	福建	李旭辉	福建省福州第一中学	高一
重庆	张成玺	西南大学附属中学校	高一	福建	林灿坤	福建省泉州市第七中学	高一
重庆	周子为	重庆巴蜀常春藤学校	初一	福建	林靖贤	福建省惠安第一中学	高一
重庆	王宇琛	重庆市南开中学校	高一	福建	朱俊鑫	福建师范大学附属中学	高二
重庆	丁家玮	重庆市巴蜀中学校	高一	福建	陈永城	福建省安溪第一中学	高二
重庆	郭宇璨	重庆市南开中学校	高二	福建	黎俊宇	福建省长汀县第一中学	高一
重庆	李文涵	重庆市南开中学校	高一	福建	林兆祥	厦门双十中学	高二
重庆	颜韫韬	重庆市南开中学校	高一	福建	刘志君	福建省晋江市第一中学	高二
重庆	伍垟圳	重庆南开（融侨）中学校	初三	福建	童哲玮	福建省厦门第一中学	高二
重庆	何非凡	重庆市第十八中学	高二	福建	颜益民	福建省福州第三中学	高二
重庆	唐睿可	重庆市求精中学校	高一	福建	郑一凡	莆田第一中学	高二
重庆	张新皓	西南大学附属中学校	高一	福建	陈伟灿	晋江市第二中学	高三
重庆	黄施捷	铜梁中学校	高二	福建	管政律	厦门双十中学	高三
重庆	黄文	重庆市第十一中学校	高一	福建	涂源中	福建省厦门第一中学	高二
重庆	陈耿宇	重庆市求精中学校	高一	福建	郑量	福建省泉州第一中学	高一
重庆	傅秋雨	重庆市田家炳中学	高二	福建	陈林	福建省福州第一中学	高一
重庆	李志浩	重庆市第一中学校	高一	福建	黄永祺	福建省泉州市第七中学	高一
重庆	罗劲豪	重庆市南开中学校	高一	福建	林能健	福建省福州第三中学	高一
重庆	彭希玥	西南大学附属中学校	高一	福建	林艺峰	福建省安溪第一中学	高二
重庆	张文繁	重庆市南川中学校	高二	福建	潘炫升	福建省福州第一中学	高二
重庆	周子文彦	重庆八中宏帆初级中学校	初三	福建	苏展	福建省福州第三中学	高三
福建	何伊亮	福建省泉州第五中学	高二	福建	王林川	福建省厦门第一中学	高一

续 表

省份	姓名	学校	年级	省份	姓名	学校	年级
福建	徐励之	福建省福州第一中学	高一	福建	骆昕颖	福建省泉州市第七中学	高一
福建	郑皓文	福建省三明市第二中学	高二	福建	舒柊源	厦门双十中学	高二
福建	朱熠	福建省泉州市第七中学	高一	福建	王婧	福建省厦门双十中学漳州校区	高一
福建	陈瀚嵩	福建师范大学附属中学	高三	福建	高清正	福建省同安第一中学	高一
福建	洪志峰	福建省南安第一中学	高二	福建	胡福平	福建省长汀县第一中学	高一
福建	林润博	福建师范大学附属中学	高三	福建	林雅晴	福建省三明第一中学	高二
福建	柳智烨	福建省泉州第五中学	高三	福建	林宇鸿	福建省泉州市第七中学	高一
福建	吴锦奇	福建省长汀县第一中学	高一	福建	邱宇航	福建省漳州第一中学	高三
福建	张旭琛	福建省泉州市第七中学	高二	福建	唐飞	晋江市第二中学	高三
福建	陈劲鸿	福建师范大学附属中学	高二	福建	赵和沐	福建省泉州第五中学	高一
福建	黄皓雨	福建师范大学附属中学	高三	福建	李志辉	福建省晋江市养正中学	高二
福建	李超翔	福建省长乐第一中学	高一	福建	林靖	武平县第一中学	高二
福建	李松一	福建省长汀县第一中学	高一	福建	林世奕	福州第八中学	高一
福建	刘杰铭	福建师范大学附属中学	高一	福建	林思伟	福建省福州第三中学	高二
福建	刘苗松	福建省福州第一中学	高一	福建	吕毅豪	福建省南安第一中学	高三
福建	吴憬骐	福建省福州第一中学	高一	福建	庞培浩	晋江市侨声中学	高二
福建	姚元祺	福建省厦门第一中学	高一	福建	王世斌	福建省泉州市第七中学	高二
福建	叶宇恒	福建师范大学附属中学	高三	福建	陈旭海	福建省福州第一中学	高二
福建	郑扬帆	漳州立人学校	高三	福建	黄沛遥	福建省福州第三中学	高二
福建	陈祥艺	福建省厦门第一中学	高二	福建	黄梓涵	福建省福州第一中学	高一
福建	潘佳怡	福建省福州第三中学	高一	福建	李延嗣	福建省泉州第一中学	高二
福建	吴同	福建省龙岩第一中学	高一	福建	林航	福建省福州第三中学	高一
福建	张凯东	福建省泉州市第七中学	高一	福建	林路光	福建师范大学附属中学	高一
福建	陈彬海	福建省晋江市第一中学	高二	福建	林逸凡	福建省泉州第五中学	高二
福建	陈梓隽	福建省福州第三中学	高一	福建	叶人杰	福建省同安第一中学	高二
福建	郭峰霖	上杭县第一中学	高二	福建	郭泽邦	福建省晋江市第一中学	高一
福建	林帅	福建省福州第一中学	高一	福建	鞠翔宇	福建省晋江市养正中学	高二
福建	卢星呈	福建省龙岩第一中学	高二	福建	刘耿希	福建省泉州市第七中学	高二
福建	饶健坤	福建省三明第一中学	高二	福建	邱日宏	福建省龙岩第一中学	高一
福建	汪隆森	福建省泉州市第七中学	高一	福建	夏星晨	福建省福州第三中学	高一
福建	翁博洪	福建省福州第一中学	高一	福建	曾昊	福建省安溪第一中学	高三
福建	陈珺骜	厦门双十中学	高二	福建	江其洋	福建省厦门第一中学	高一
福建	王煌基	福建省晋江市养正中学	高二	福建	李嘉伦	石狮石光中学	高二
福建	吴泽峰	福建省泉州第一中学	高二	福建	林玮泓	福建省漳州第一中学	高一
福建	陈建文	福建省厦门第一中学	高一	福建	邱潇洋	福建省三明市第二中学	高三
福建	陈子涵	福建省三明市第二中学	高一	福建	郑金亮	莆田第一中学	高二
福建	李温龙	晋江市第二中学	高三	福建	蔡佳铭	福建省泉州第五中学	高一
福建	林鑫	福建省福州第三中学	高三	福建	何浩源	福建省福州第三中学	高二
福建	邱奇琛	福建省泉州第五中学	高二	福建	林浩伟	福建省漳州第一中学	高二
福建	徐铭逸	福建省龙海第一中学	高一	福建	翁有建	莆田第一中学	高一
福建	张福旭	福州第八中学	高二	福建	张飞钒	漳平第一中学	高一
福建	庄纯滢	福建省泉州第五中学	高一	福建	陈凯	福建省厦门双十中学漳州校区	高一
福建	林金钊	晋江市第二中学	高二	福建	陈哲楷	福建省福州第三中学	高一

续 表

省份	姓名	学校	年级	省份	姓名	学校	年级
福建	冯军荣	福建省泉州市第七中学	高一	广西	刘恒燚华	广西师范大学附属外国语学校	高三
福建	侯旭东	福建省泉州第五中学	高二	广西	谭丰伟	南宁市第三中学五象校区	高二
福建	黄柄顺	福建省福州第一中学	高一	广西	陆彦廷	柳州市第十五中学	初三
福建	林峻涛	福建省泉州第五中学	高二	广西	程新晟	柳州铁一中学	高二
福建	林培源	福建省福州第一中学	高二	广西	何皆庆	广西梧州高级中学	高三
福建	温耀林	厦门双十中学	高二	广西	陆迪	柳州市第十五中学	初三
福建	洪盛渊	福建省南安第一中学	高二	广西	谢子轩	柳州高级中学	高二
福建	李弘斌	福建省安溪第一中学	高一	广西	顾同舟	柳州铁一中学	高三
福建	刘璇	福建省长汀县第一中学	高一	广西	刘彦铭	南宁市第二中学	高二
福建	苏坤鹏	福建省泉州市第七中学	高二	广西	何宇杭	南宁市第二中学	高一
福建	张晓宇	福建省福州第一中学	高一	广西	黎宇杰	南宁市第二中学	高一
福建	程泓涛	福建省惠安第一中学	高二	广西	李浩然	南宁市第三中学五象校区	高二
福建	林超凡	福建省福州第一中学	高一	广西	李柏鸿	南宁市第三中学五象校区	高二
福建	王骥远	福建省福州第一中学	高一	广西	刘海粟	南宁市第三中学五象校区	高一
福建	王源桢	晋江市第二中学	高二	广西	薛奇星	柳州市第十五中学	初三
福建	杨泓	福建省泉州市第七中学	高三	广西	周旻昊	柳州铁一中学	高二
福建	朱子林	福建省三明市第二中学	高一	广西	黄骏天	广西师范大学附属外国语学校	高一
福建	廖陈阳	福建省福州第一中学	高一	广西	苏子梁	广西钦州市第二中学	高三
福建	刘杰文	福建省福州第三中学	高一	广西	蔡鸿骏	广西师范大学附属外国语学校	高二
福建	刘睿哲	福建省福州第三中学	高一	广西	许洺溪	柳州高级中学	高二
福建	田剑心	莆田第一中学	高二	贵州	徐冬阳	盘州市第二中学	高一
福建	张霆铭	石狮石光中学	高二	贵州	李虹颐	贵阳市第一中学	高二
福建	曾群鸿	福建省惠安第一中学	高二	贵州	刘家聪	盘州市第二中学	高三
福建	陈嘉昕	厦门实验中学	高一	贵州	刘霖	兴义市阳光书院	初三
福建	陈明楷	福建省漳州第一中学	高三	贵州	王元梦	贵州省兴义市第八中学	高一
福建	何宇辰	漳州立人学校	高一	贵州	葛晓晓	盘州市第二中学	高一
福建	黄茂伟	莆田第一中学	高三	贵州	赵治华	六盘水市第三中学	初三
福建	黄怡琳	福建省南安第一中学	高一	贵州	周智	毕节市第一中学	高二
福建	郑耿涛	福建省厦门第六中学	高二	贵州	张清雅	贵州省兴义市第八中学	高一
甘肃	李乐天	甘肃省平凉市第一中学	高二	贵州	刘华	毕节市第一中学	高三
甘肃	曹宇恒	甘肃省文县第一中学	高三	贵州	陈浩	贵州省铜仁第一中学	高三
甘肃	李哲鹏	白银市第一中学	高二	贵州	崔庆含	盘州市第一中学	高三
广西	蒙瑞俊	广西大学附属中学	初三	贵州	何坤富	盘州市第二中学	高三
广西	莫柠源	南宁市第三中学	高二	贵州	毛凌峰	盘州市第一中学	高一
广西	黄泓喆	广西师范大学附属外国语学校	高二	贵州	张永康	安顺市第二高级中学	高二
广西	韦若皓	柳州铁一中学	高一	贵州	张玉东	遵义市第四中学	高二
广西	梁辉来	南宁市第二中学	高二	贵州	钟雪菲	贵州省安顺市第一高级中学	高二
广西	卢秋阳	南宁市第三中学	高二	贵州	蒋季初	贵阳市第一中学	高一
广西	黄冠达	南宁市第三中学五象校区	高二	贵州	文国睿	贵阳市第一中学	高一
广西	卢晟熙	南宁市第三中学五象校区	高一	贵州	杨礼乐	六盘水市第三中学	高二
广西	黎川	贵港市高级中学	高二	河南	李飞扬	焦作市第一中学	高二
广西	粟亦佳	柳州高级中学	高一	河南	刘世纪	焦作市第一中学	高二
广西	罗文泽	柳州高级中学	高一	河南	彭大海	郑州外国语学校	高二

续 表

省份	姓名	学校	年级	省份	姓名	学校	年级
河南	云源翔	焦作市第一中学	高二	河南	戚宇翔	郑州市实验高级中学	高二
河南	张抒语	河南省驻马店高级中学	高三	河南	石文慧	郑州外国语学校	高二
河南	杜景旭	郑州外国语学校	高二	河南	宋奕欣	河南省济源第一中学	高三
河南	贾文哲	河南师范大学附属中学	高三	河南	王世琪	郑州市第十一中学	高二
河南	朱峰	河南省实验中学	高二	河南	王文博	郑州外国语新枫杨学校	高二
河南	崔瀚文	郑州市实验高级中学	高三	河南	曹越	河南师范大学附属中学	高三
河南	王湛翔	郑州外国语学校	高二	河南	周志颖	焦作市外国语中学	高二
河南	赵赛龙	濮阳市第一高级中学	高二	河南	崔嘉中	河南省实验中学	高一
河南	焦晓宇	濮阳市第一高级中学	高二	河南	董创元	河南大学附属中学	高一
河南	周航	安阳市第一中学	高三	河南	贺彦九	安阳市第一中学	高二
河南	何子勖	河南省实验文博学校	高一	河南	杨宇航	焦作市第一中学	高二
河南	李昭翰	河南省实验文博学校	高二	河南	郭辉	焦作市第一中学	高二
河南	廖晨宇	焦作市第一中学	高二	河南	李羽佳	安阳市第七中学	初三
河南	杨普	河南省实验中学	高二	河南	王楷文	焦作市第一中学	高二
河南	崔洪华	河南省实验中学	高二	河南	聂铁铮	河南省实验英才学校	初三
河南	郭悦凯	郑州外国语学校	高二	河南	乔梁	焦作市外国语中学	高二
河南	孟晗	焦作市第一中学	高二	河南	赵泰祺	河南大学附属中学	高三
河南	牛巨鑫	焦作市第一中学	高二	河南	朱志杰	濮阳市第一高级中学	高三
河南	王浩川	焦作市宇华实验学校	高三	河南	安迪	郑州市第十一中学	高一
河南	陈亦凡	河南省实验中学	高一	河南	韩双谦	安阳市第一中学	高三
河南	高浩轩	安阳市第一中学	高二	河南	黄燊	郑州外国语新枫杨学校	高二
河南	吕国傲	安阳市第一中学	高二	河南	李明达	郑州外国语学校	高一
河南	秦茂深	郑州市第一中学	高二	河南	李盛开	濮阳市第一高级中学	高二
河南	王景祎	郑州市第一中学	高二	河南	吕泽政	郑州外国语新枫杨学校	高二
河南	王一鸣	安阳市第一中学	高二	河南	秦凯鑫	河南省实验中学	高三
河南	吴波	郑州市第十一中学	高二	河南	王振洋	安阳市第一中学	高三
河南	王赟昊	河南大学附属中学	高三	河南	张瀚	河南省实验文博学校	高三
河南	傅志成	河南师范大学附属中学	高三	河南	郝子康	安阳市第一中学	高二
河南	贾子琪	郑州外国语学校	高二	河南	李俊逸	郑州外国语新枫杨学校	高一
河南	李昀钊	焦作市第一中学	高一	河南	孙泽凯	洛阳市第一高级中学	高二
河南	马鑫洋	郑州外国语学校	高三	湖北	钱鹏宇	华中师范大学第一附属中学	高二
河南	袁竟程	郑州市第一中学	高二	湖北	熊安杰	华中师范大学第一附属中学	高二
河南	郑道	河南省实验中学	高二	湖北	詹禹	宜昌市夷陵中学	高三
河南	董学聪	濮阳市第一高级中学	高三	湖北	毛鸿渝	宜昌市第一中学	高二
河南	郭滨豪	郑州外国语新枫杨学校	高二	湖北	汪鸿宇	宜昌市夷陵中学	高二
河南	田永劭	郑州市第十一中学	高三	湖北	张晨潇	湖北省黄石市第二中学	高一
河南	王子骏	郑州外国语学校	高一	湖北	甘天淳	宜昌市夷陵中学	高三
河南	许铎	郑州枫杨外国语学校	初三	湖北	魏子豪	宜昌市第一中学	高三
河南	杨树辰	焦作市第一中学	高二	湖北	杜思涵	宜昌市夷陵中学	高二
河南	葛厚钰	郑州市实验高级中学	高二	湖北	周博睿	武汉市第二中学国际部	高二
河南	郭子凡	安阳市第一中学	高二	湖北	周政学	武汉市汉铁高级中学	高三
河南	李东阳	郑州市第十一中学	高一	湖北	鄢盛阳	华中师范大学第一附属中学	高三
河南	李帅超	河南省实验中学	高一	湖北	陈孜杰	武汉外国语学校	高一

续 表

省份	姓名	学校	年级	省份	姓名	学校	年级
湖北	王骏峣	湖北省襄阳市第四中学	高一	湖北	吴宇玥	武汉市武钢三中	高一
湖北	袁祉祯	武汉市武钢三中	高一	湖北	曾宪希	武汉外国语学校	高一
湖北	张城睿	湖北省十堰市郧阳中学	高二	湖北	曹天骄	湖北省黄石市第二中学	高二
湖北	张嘉怡	武汉市第二中学	高二	湖北	李文超	武汉市武钢三中	高一
湖北	张莘	武汉外国语学校	高二	湖北	郑宇航	湖北省枝江市第一高级中学	高三
湖北	代兆宇	武汉外国语学校	高三	湖北	周牧言	宜昌市夷陵中学	高二
湖北	刘颖	湖北省黄石市第二中学	高二	湖北	付柏霖	湖北省黄石市第二中学	高二
湖北	翁锦瑞	湖北省黄石市第二中学	高一	湖北	万祚全	宜昌市夷陵中学	高三
湖北	徐天骁	华中师范大学第一附属中学	高一	湖北	向逸飞	宜昌市第一中学	高二
湖北	蔡林园	湖北省黄石市第二中学	高三	湖北	易淮笠	宜昌市第一中学	高二
湖北	涂奕腾	华中师范大学第一附属中学	高一	湖北	蒋礼为	武汉市武钢三中	高一
湖北	王成宇	湖北省黄石市第二中学	高二	湖北	李赫	湖北省黄石市第二中学	高一
湖北	王乐天	宜昌市夷陵中学	高二	湖北	刘子石	宜昌市夷陵中学	高一
湖北	徐晗宸	华中师范大学第一附属中学	高一	湖北	万宇恒	武汉市武钢三中	高一
湖北	杨正元	华中师范大学第一附属中学	高二	湖北	汪九旭	湖北省黄石市第二中学	高二
湖北	应一鸣	武汉外国语学校	高一	湖北	吴天阳	武汉市武钢三中	高一
湖北	章远卓	武汉外国语学校	高二	湖北	吴宇霄	宜昌市第一中学	高二
湖北	钟祎诚	武汉市武钢三中	高一	湖北	佘可	咸宁市高级中学	高二
湖北	高恩泽	湖北省襄阳市第四中学	高二	湖北	韩飘过	宜昌市夷陵中学	高二
湖北	刘陈岚琳	华中师范大学第一附属中学	高三	湖北	刘策天	武汉外国语学校	高一
湖北	王文显	华中师范大学第一附属中学	高一	湖北	闫卢昊	武汉外国语学校	初二
湖北	沈文轩	武汉市武钢三中	高二	湖北	冯旭	湖北省黄石市第二中学	高二
湖北	唐鼎	湖北省黄冈中学	高二	湖北	何雨林	湖北省黄冈中学	高二
湖北	程乐天	武汉市第二中学	高一	湖北	金成	湖北省黄石市第二中学	高二
湖北	程泽轩	湖北省武昌实验中学	高二	湖北	刘陈岭	华中师范大学第一附属中学	高三
湖北	胡靖佳	华中师范大学第一附属中学	高一	湖北	王心宇	武汉市武钢三中	高三
湖北	陈泊锦	武汉二中广雅中学	初一	湖北	杨宇轩	湖北省襄阳市第四中学	高一
湖北	戴天泽	武汉市武钢三中	高一	湖北	易晋成	湖北省黄石市第二中学	高二
湖北	罗博文	华中师范大学第一附属中学	高一	湖北	张智超	湖北省黄石市第二中学	高二
湖北	游宇凡	武汉外国语学校	初三	湖北	仲彦冰	武汉外国语学校	高一
湖北	张博城	湖北省武昌实验中学	高一	河北	侯人靖	石家庄二中实验学校	高二
湖北	邹清朗	宜昌市第一中学	高二	河北	任秦江	衡水志臻中学	高一
湖北	廖震元	宜昌市第一中学	高二	河北	张浩浩	邯郸市第一中学	高二
湖北	芦俊煜	湖北省襄阳市第四中学	高二	河北	张子旋	邯郸市第一中学	高三
湖北	张哲	湖北省黄冈中学	高二	河北	李昀镀	石家庄二中实验学校	高二
湖北	毛彦霖	武汉外国语学校	高二	河北	刘睿	沧州市第一中学	高二
湖北	王文韬	宜昌市夷陵中学	高二	河北	武家辉	邯郸市第一中学	高二
湖北	叶沛文	宜昌市夷陵中学	高二	河北	祁田宇	衡水第一中学	高二
湖北	郑紫阳	宜昌市第一中学	高二	河北	代志华	石家庄二中实验学校	高二
湖北	胡子衡	华中科技大学附属中学	高二	河北	黄卓凡	唐山市第一中学	高二
湖北	李棽丽	湖北省武昌实验中学	高二	河北	邢泽宇	石家庄市第二中学	高二
湖北	欧阳涵宇	华中师范大学第一附属中学	高三	河北	朱睿琛	石家庄市第二中学	高二
湖北	王司恺	武汉市武钢三中	高三	河北	刘宁	衡水第一中学	高二

续 表

省份	姓名	学校	年级	省份	姓名	学校	年级
河北	张笑嫣	衡水市第二中学	高三	河北	杨天鸥	石家庄二中实验学校	高二
河北	徐亚萌	石家庄一中实验学校	高一	河北	于北溟	唐山市第一中学	高二
河北	刘天宇	邯郸市第一中学	高二	河北	雷宇杰	邯郸市第一中学	高二
河北	郭佳睿	衡水志臻中学	高二	河北	李一哲	邯郸市第一中学	高二
河北	黄彦淞	石家庄二中实验学校	高二	河北	李一韬	石家庄市第一中学	高二
河北	康耀辉	邯郸市第一中学	高二	河北	杨佳琪	石家庄市第一中学	高二
河北	安健硕	保定市第二中学	高三	河北	周子扬	石家庄市第一中学	高二
河北	安景昊	石家庄二中实验学校	高二	河北	姜涵	石家庄市第一中学	高二
河北	马荣凯	石家庄市第一中学	高二	河北	王硕	邢台市第一中学	高三
河北	李岱璇	石家庄市第一中学	高二	河北	刘振兴	沧州市第一中学	高一
河北	温佳昊	石家庄二中实验学校	高一	河北	杨润凝	石家庄市第一中学	高三
河北	马凯	衡水第一中学	高二	河北	沈云天	邯郸市第一中学	高二
河北	王丁	石家庄二中实验学校	高二	河北	张世豪	河北定州中学	高二
河北	冬晨旭	唐山市第一中学	高二	河北	马骏涛	石家庄二中实验学校	高二
河北	张潇悦	衡水志臻中学	高三	河北	侯永康	石家庄市第一中学	高一
河北	李曲铭	邯郸市第一中学	高二	河北	骆炳瑞	衡水第一中学	高一
河北	吕昂	唐山市第一中学	高一	河北	姜秉健	石家庄市第一中学	高二
河北	郭一贤	邯郸市第一中学	高三	河北	曹天元	沧州市第一中学	高二
河北	张鑫洁	衡水市第二中学	高三	河北	丁世诚	邯郸市第一中学	高二
河北	程逸飞	唐山市第一中学	高二	河北	李航	邯郸市第一中学	高三
河北	李茂嵩	唐山市第一中学	高二	河北	王韩	衡水志臻中学	高二
河北	么佳鑫	唐山市第一中学	高二	河北	丁葆盈	唐山市第一中学	高一
河北	柴艺函	唐山市第一中学	高二	河北	赵子琦	邢台市第二中学	高三
河北	曹颂	唐山市第一中学	高二	河北	刘宸曦	沧州市第一中学	高二
河北	马毅非	石家庄市第一中学	高二	河北	王濡瑶	邯郸市第一中学	高二
河北	李佳彤	石家庄二中实验学校	高二	河北	郝嘉铖	唐山市第一中学	高二
河北	金开	唐山市第一中学	高二	河北	袁兴业	衡水第一中学	高一
河北	王晨昊	邯郸市第一中学	高二	河北	吴泽华	保定市第一中学	高三
河北	苗宪楷	邯郸市第一中学	高一	河北	杨世蛟	保定市第一中学	高二
河北	倪士元	邢台市第一中学	高三	河北	彭鹤卿	石家庄市第一中学	高二
河北	司唯佳	石家庄二中实验学校	高二	河北	朱方舟	保定市第一中学	高三
河北	律霁原	沧州市第一中学	高二	河北	田旭泽	石家庄市第二中学	高二
河北	单建宇	衡水志臻中学	高三	河北	檀帅兵	石家庄市第一中学	高三
河北	刘旭阳	河北衡水中学	高二	河北	凌子童	唐山市第一中学	高一
河北	田佳乐	河北正定中学	高二	河北	司博文	邯郸市第一中学	高二
河北	崔镇东	石家庄二中实验学校	高二	河北	陈荣波	邯郸市第一中学	高二
河北	田子逸	河北安国中学	高二	河北	赵溢	河北安国中学	高二
河北	颜伟业	石家庄市第二中学	高一	河北	赵予茁	石家庄市第二中学	高一
河北	郜鹏	沧州市第一中学	高二	河北	程泓瑞	唐山市第一中学	高一
河北	王凯伦	石家庄二中实验学校	高三	河北	杨骥遥	石家庄市第一中学	高一
河北	杜代莲	衡水市第二中学	高二	河北	郭霖辉	邢台市第一中学	高三
河北	周运沛	衡水市第二中学	高二	河北	李凯飞	邯郸市第一中学	高二
河北	郭晨	衡水志臻中学	高二	河北	孙杨洋	邯郸市第一中学	高二

续 表

省份	姓名	学校	年级	省份	姓名	学校	年级
河北	马晓丹	衡水志臻中学	高二	湖南	邓菁颖	湖南师范大学附属中学	高一
河北	赵洛嘉	石家庄二中实验学校	高二	湖南	匡智颉	长沙麓山国际实验学校	高一
河北	王小溪	石家庄市第二中学	高一	湖南	彭思进	湖南省长沙市长郡双语实验中学	初三
海南	郑翔天	海南师范大学附属中学	高二				
湖南	李亦虎	长沙市中雅培粹学校	初一	湖南	沈畅	湖南省常德芷兰实验学校	初三
湖南	刘骏霖	湖南省长沙市长郡中学	高一	湖南	姚有健	长沙麓山国际实验学校	高一
湖南	刘思辰	长沙市雅礼中学	高一	湖南	谭皓文	长沙市雅礼实验中学	初二
湖南	刘威	长沙市南雅中学	高二	湖南	魏沐涵	湖南省常德芷兰实验学校	高一
湖南	柳馨杰	长沙市雅礼中学	高一	湖南	伍映潮	长沙市明德中学	高一
湖南	鲁劲帆	长沙市雅礼实验中学	初二	湖南	李义申	长沙市第一中学	高一
湖南	周林锋	长沙市周南中学	高一	湖南	刘慎诚	湖南省澧县第一中学	高二
湖南	秦天	湖南省长沙市长郡中学	高二	湖南	欧瀚骏	湖南师范大学附属中学	高二
湖南	曾颖超	湖南省娄底市第一中学	高二	湖南	彭禹腾	湖南省常德芷兰实验学校	高二
湖南	周灿	长沙市雅礼中学	高一	湖南	石璨玮	长沙市中雅培粹学校	初二
湖南	左俊伟	株洲市南方中学	高二	湖南	谢子越	长沙市明德中学	高二
湖南	高湘一	湖南省长沙市长郡中学	高一	湖南	杨昕雨	长沙市雅礼中学	高一
湖南	黎原朝	湖南省株洲市第二中学	高三	湖南	曹哲振	长沙青竹湖湘一外国语学校	初三
湖南	李浩桢	长沙市雅礼中学	高一	湖南	陈乐	长沙麓山国际实验学校	高一
湖南	李逸轩	湖南省株洲市第二中学	高二	湖南	何俞均	长沙市岳麓区郡维学校	初二
湖南	彭彦铭	长沙市雅礼中学	高一	湖南	李昊泽	长沙市中雅培粹学校	初二
湖南	申扬	湖南省长沙市长郡中学	高二	湖南	刘远铭	株洲市南方中学	高二
湖南	武汉	长沙市湘郡培粹实验中学	初二	湖南	易颖杰	湖南省娄底市第一中学	高二
湖南	胡碧千	浏阳市田家炳实验中学	高三	湖南	曾伟旺	湖南省娄底市第一中学	高二
湖南	刘其灵	湖南师范大学附属中学	高三	湖南	朱悦宁	长沙青竹湖湘一外国语学校	初三
湖南	鲁诗雨	长沙市中雅培粹学校	初二	湖南	胡文波	湖南省常德芷兰嘉树学校	初三
湖南	汤潇	浏阳市第一中学	高三	湖南	魏文贝羽	湖南省长沙市长郡中学	高一
湖南	阳浩	长沙麓山国际实验学校	高三	湖南	陈舟航	长沙市长郡梅溪湖中学	高二
湖南	张仪	长沙市雅礼中学	高二	湖南	费才轩	长沙市南雅中学	高一
湖南	陈涵	长沙麓山国际实验学校	高一	湖南	梁宇昊	湖南师大附中博才实验中学	初三
湖南	陈宇昂	长沙麓山国际实验学校	高一	湖南	彭书博	长沙市第一中学	高一
湖南	陈紫阳	长沙市中雅培粹学校	初二	湖南	叶则杨	长沙市第一中学	高二
湖南	邓卫青	湖南省长沙市长郡中学	高一	湖南	赵佳豪	湖南省长沙市长郡中学	高一
湖南	江亮成	湖南省长沙市长郡中学	高一	湖南	朱厚源	长沙市南雅中学	初一
湖南	蒋知达	长沙市雅礼中学	高二	湖南	华凌潇	湖南省长沙市长郡中学	高二
湖南	祁盛文	湖南省常德芷兰实验学校	高二	湖南	李骏	长沙麓山国际实验学校	高一
湖南	涂力伟	长沙市一中岳麓中学	初三	湖南	韦箫	长沙市第一中学	高一
湖南	王炫翔	湖南省株洲市第二中学	高三	湖南	阳勇权	湖南省娄底市第一中学	高一
湖南	肖扬航	衡阳市第八中学	高一	湖南	邹忠奇	湖南省长沙市长郡中学	高一
湖南	尹良升	长沙市雅礼中学	高一	湖南	曹泓庆	长沙市南雅中学	高三
湖南	陈永志	湖南师大附中梅溪湖中学	初二	湖南	何梓睿	长沙麓山国际实验学校	高二
湖南	黄邵杰	长沙市南雅中学	高二	湖南	胡旭林	长沙市第一中学	高二
湖南	刘泽仁	长沙市中雅培粹学校	初二	湖南	金开宇	湖南省株洲市第二中学	高三
湖南	欧丰宁	湖南师范大学附属中学	高一	湖南	罗宇扬	湘一芙蓉中学	初三

续 表

省份	姓名	学校	年级
湖南	聂卓然	长沙市湘郡培粹实验中学	初二
湖南	肖佳辰	长沙市长郡梅溪湖中学	初三
湖南	钟瑞峥	长沙青竹湖湘一外国语学校	初三
湖南	陈远阳	长沙市雅礼中学	高一
湖南	杜少龙	湖南省长沙市长郡双语实验中学	初三
湖南	黄嘉威	长沙市雅礼中学	高一
湖南	黄浚源	长沙青竹湖湘一外国语学校	初三
湖南	蒋步宇	长沙市北雅中学	初三
湖南	王一翔	湖南省娄底市第一中学	高一
湖南	燕山楠	湖南省长沙市长郡中学	高一
湖南	周博翰	长沙市南雅中学	高一
湖南	曹振源	长沙市长郡梅溪湖中学	高二
湖南	谷昀蓁	长沙青竹湖湘一外国语学校	初三
湖南	罗庭辉	湖南省株洲市第二中学	高二
湖南	王超	湖南省长沙市长郡中学	高一
湖南	张能	长沙市明德中学	高一
湖南	郑文博	湖南省澧县第一中学	高一
湖南	周楷竣	湖南省长沙市长郡中学	高一
湖南	曹宏墚	长沙市第一中学	高一
湖南	陈润泽	湖南省株洲市第二中学	高三
湖南	陈泓宇	长沙市南雅中学	高二
湖南	贺诗义	长沙麓山国际实验学校	初三
湖南	李家俊	湖南省长沙市长郡中学	高一
湖南	罗靖宇	长沙市中雅培粹学校	初一
湖南	彭昊天	长沙麓山国际实验学校	高一
湖南	唐子川	长沙市南雅中学	高一
湖南	夏雨涵	长沙市雅礼中学	高二
湖南	熊涵哲	长沙市雅礼中学	高一
湖南	薛宇翔	湖南省株洲市第二中学	高二
湖南	易云齐	浏阳市第一中学	高三
湖南	钟佳豪	长沙麓山国际实验学校	高一
湖南	胡景翊	长沙麓山国际实验学校	高二
湖南	吕俊琪	湖南省长沙市长郡中学	高一
湖南	潘歌	浏阳市第一中学	高二
湖南	伍菁鑫	长沙市雅礼中学	高一
湖南	郑寒友	湖南省常德芷兰实验学校	初三
湖南	康佳程	湖南师范大学附属中学	高一
湖南	王冬阳	长沙市南雅中学	高一
湖南	王刘剑夫	长沙麓山国际实验学校	高一
湖南	吴兆昕	湖南省长沙市长郡双语实验中学	初三
湖南	张依晨	长沙市南雅中学	高三
湖南	蔡润东	长沙市南雅中学	高一
湖南	曹思宇	长沙县泉塘中学	初三
湖南	戴骏豪	长沙市南雅中学	高一
湖南	邓睿涵	长沙市中雅培粹学校	初一
湖南	郭佳樊	湖南省醴陵第一中学	高一
湖南	黄鹄	长沙市南雅中学	高二
湖南	刘李蒙	长沙市雅礼中学	高一
湖南	彭显涵	长沙市雅礼中学	高一
湖南	谭宇豪	浏阳市第一中学	高一
湖南	汪一灿	株洲市南方中学	高二
湖南	胡雍竹	长沙市第一中学	高二
湖南	黄子乐	湖南省长沙市长郡双语实验中学	初一
湖南	王雯婧	长沙市明德中学	高二
湖南	夏强	湖南省常德芷兰实验学校	高一
湖南	邹梦溪	长沙市雅礼中学	高二
湖南	郭子涵	长沙市雅礼中学	高一
湖南	何忱	长沙市雅礼中学	高一
湖南	胡博潇	长沙市湘郡培粹实验中学	初二
湖南	胡景文	长沙市一中岳麓中学	初三
湖南	梁骆城	长沙市岳麓区郡维学校	初二
湖南	王俊浩	湖南师大第二附属中学	高二
湖南	王琨淼	长沙市明德中学	高二
湖南	吉相寰	湘一芙蓉中学	初三
湖南	姜傲	长沙市雅礼中学	高一
湖南	蒋文博	长沙市雅礼实验中学	初三
湖南	刘伟浩	湖南省长沙市长郡中学	高一
湖南	彭维	长沙市雅礼中学	高一
湖南	夏小洲	长沙市岳麓区郡维学校	初二
湖南	易柱	长沙市雅礼中学	高一
湖南	曾勤毅	长沙市雅礼中学	高一
湖南	赵清澄	长沙青竹湖湘一外国语学校	初三
湖南	李行健	长沙市一中雨花新华都学校	初三
湖南	刘朴言	湖南省地质中学	高二
湖南	刘煜彬	湖南省株洲市第二中学	高二
湖南	彭警	长沙市第一中学	高一
湖南	肖帆	沅江市第一中学	高二
湖南	颜奕舟	湖南师范大学附属中学	高一
湖南	曾贤	长沙市南雅中学	初三
湖南	张雅瑶	湖南省醴陵第一中学	高二
湖南	郭欣澜	湖南省长沙市长郡中学	高一
湖南	黄可唯	长沙市长郡梅溪湖中学	初二
湖南	蒋雨轩	长沙青竹湖湘一外国语学校	初三

续 表

省份	姓名	学校	年级	省份	姓名	学校	年级
湖南	李嘉豪	浏阳市第一中学	高三	湖南	张奕静	长沙市第一中学	高一
湖南	裴鸿婧	长沙市雅礼中学	高二	湖南	赵鑫萍	长沙市雅礼中学	高一
湖南	唐志德	长沙市明德中学	高二	湖南	祝嘉诺	湖南师大附中梅溪湖中学	初二
湖南	唐桢骅	长沙市第一中学	高一	湖南	邹行健	长沙市第一中学	高一
湖南	庄宇寒	长沙市雅礼中学	高一	湖南	方禹文	湖南省常德芷兰实验学校	高一
湖南	陈晓	湖南省长沙市长郡中学	高一	湖南	刘楚杰	长沙县实验中学	高二
湖南	郭宁懿	长沙市中雅培粹学校	初一	湖南	宋泽坤	湖南省娄底市第一中学	高一
湖南	李舒欣	湖南师范大学附属中学	高一	湖南	孙俊杰	湖南省澧县第一中学	高二
湖南	吴岸霖	长沙麓山国际实验学校	高一	湖南	谢迷	长沙市南雅中学	高二
湖南	向海川	湖南省长沙市长郡中学	高一	湖南	姚智杰	湘一芙蓉中学	初三
湖南	杨博	长沙市第一中学	高一	湖南	付有	长沙市第二十一中学	高二
湖南	张宸笛号	长沙市湘郡培粹实验中学	初一	湖南	郭展宏	长沙市雅礼实验中学	初一
湖南	周雨	长沙市实验中学	高二	湖南	何沛祺	长沙市明德中学	高一
湖南	陈则霖	湖南省长沙市长郡双语实验中学	初二	湖南	黄琚	长沙市雅礼中学	高一
				湖南	康博意	长沙麓山国际实验学校	高一
湖南	陈驿筱	湖南省长沙市长郡中学	高一	湖南	李慕沙	长沙麓山国际实验学校	初三
湖南	陈睿轩	长沙市第一中学	高一	湖南	刘健坤	长沙麓山国际实验学校	初三
湖南	刘康杰	湖南省长沙市长郡中学	高一	湖南	刘桁铭	衡阳市第八中学	高一
湖南	罗伊琳	湖南省长沙市长郡中学	高一	湖南	龙之博	湖南省长沙市长郡中学	高一
湖南	伍淑云	长沙市第一中学	高一	湖南	彭梓恒	长沙市一中雨花新华都学校	初二
湖南	赵子悦	长沙市湘郡培粹实验中学	初二	湖南	谭宇宏	湖南省长沙市长郡中学	高一
湖南	周维志	浏阳市第一中学	高一	湖南	尹俊杰	湖南省株洲市第二中学	高一
湖南	陈润新	湖南师大附中梅溪湖中学	高一	湖南	章蔚然	湖南省长沙市长郡中学	高一
湖南	陈斯宇	湖南省娄底市第一中学	高二	湖南	朱佳达	湘乡市东山学校	高二
湖南	陈一凡	湖南省长沙市长郡中学	高一	湖南	臧诗宇	长沙市明德中学	高一
湖南	陈禹昕	长沙青竹湖湘一外国语学校	初三	湖南	杜文聪	浏阳市第一中学	高二
湖南	黄云瀚	长沙市第一中学	高一	湖南	费麟轩	长沙市湘郡培粹实验中学	初二
湖南	李秉翰	长沙市中雅培粹学校	初二	湖南	姬周	湖南师大附中梅溪湖中学	初二
湖南	李芸	长沙市雅礼中学	高一	湖南	刘宇鹏	湖南省株洲市第二中学	高二
湖南	刘嘉诚	长沙麓山国际实验学校	高二	湖南	罗嘉玲	浏阳市田家炳实验中学	高二
湖南	杨孙毅	湖南省常德芷兰嘉树学校	初三	湖南	欧磊	长沙青竹湖湘一外国语学校	初三
湖南	易健熙	长沙市一中岳麓中学	初二	湖南	钱贤哲	湖南省长沙市长郡双语实验中学	初三
湖南	王子韬	湖南省长沙市长郡双语实验中学	初三	湖南	杨镇熙	长沙市湘郡培粹实验中学	初一
湖南	夏雨杨	长沙市第一中学	高一	湖南	晏雨田	长沙市雅礼中学	高一
湖南	张一帆	长沙市长郡梅溪湖中学	高一	湖南	李芷扬	长沙市雅礼中学	高一
湖南	周远哲	长沙麓山国际实验学校	初三	湖南	廖耀琦	长沙市第一中学	高一
湖南	蔡卓轩	衡阳市第八中学	高一	湖南	彭梦龙	湖南省常德芷兰实验学校	初三
湖南	丁毅凡	湖南省醴陵第一中学	高二	湖南	彭若愚	株洲市南方中学	高三
湖南	黄子昂	株洲市南方中学	高二	湖南	谭锴铁	长沙麓山国际实验学校	高一
湖南	刘振宇	湖南省长沙市长郡中学	高一	湖南	唐嘉骏	长沙市第一中学	高一
湖南	王荣航	长沙青竹湖湘一外国语学校	初三	湖南	唐炜堤	长沙市长郡梅溪湖中学	初二
湖南	文语乐	长沙青竹湖湘一外国语学校	初二	湖南	吴禹轩	株洲市南方中学	高二

续 表

省份	姓名	学校	年级	省份	姓名	学校	年级
湖南	朱珉萱	长沙麓山国际实验学校	高一	吉林	惠子轩	东北师范大学附属中学	高二
湖南	朱梓铭	长沙市中雅培粹学校	初一	吉林	孟繁鹏	东北师范大学附属中学	高二
湖南	陈俊贤	长沙市南雅中学	高一	吉林	周泊宇	长春市十一高中	高二
湖南	邓柏涵	长沙市中雅培粹学校	初一	吉林	李祯浩	长春吉大附中实验学校	高一
湖南	胡栋	长沙麓山国际实验学校	初三	吉林	张瑞暄	长春市十一高中	高二
湖南	林城凯	长沙市明德中学	高一	吉林	祝永祺	长春吉大附中实验学校	初三
湖南	曹嘉鑫	长沙市明德华兴中学	初三	吉林	关凯铭	吉林毓文中学	高二
湖南	邓雅文	长沙麓山国际实验学校	高一	吉林	杜天睿	东北师范大学附属实验学校	高一
湖南	齐珂浒	湖南省长沙市长郡中学	高一	吉林	金昊邦	长春市实验中学	高三
湖南	易文浩	湖南省醴陵第一中学	高二	吉林	杨禹含	吉林市第一中学	高二
湖南	张隽宇	湖南省长沙市长郡中学	高一	吉林	徐振博	吉林市第一中学	高三
湖南	周松茂	长沙市明德中学	高一	吉林	刘冠廷	吉林毓文中学	高二
湖南	傅琰	长沙麓山国际实验学校	高一	吉林	李光赫	吉林大学附属中学高新慧谷学校	初三
湖南	雷阳	长沙市明德中学	高一				
湖南	刘力	湖南省长沙市长郡中学	高二	吉林	王钟谊	吉林市第一中学	高二
湖南	曾如蔓	长沙麓山国际实验学校	高一	吉林	李一錡	东北师范大学附属中学	高一
湖南	张子睿	长沙市第一中学	高一	江苏	胡清阳	南京外国语学校	高二
湖南	朱益言	湖南省长沙市长郡中学	高一	江苏	李懋良	江苏省扬州中学	高一
湖南	陈显裕	长沙市实验中学	高二	江苏	卢炜文	苏州外国语学校	高三
湖南	陈泽楷	长沙市中雅培粹学校	初二	江苏	裔家祺	常州外国语学校	初三
湖南	胡晋恺	长沙市明德中学	高一	江苏	张成禹	常州外国语学校	初三
湖南	胡宇涵	长沙市明德中学	高二	江苏	陈铸豪	江苏省大丰高级中学	高一
湖南	李俊松	长沙麓山国际实验学校	高一	江苏	黄睿智	江苏省泰州市姜堰区励才实验学校	初三
湖南	李玫	长沙县实验中学	高二				
湖南	廖知临	湖南师范大学附属中学	高一	江苏	李涵	江苏省宜兴中学	高二
湖南	刘翔宇	沅江市第一中学	高二	江苏	林佳易	常州市第一中学	高二
湖南	唐崇柏	长沙麓山国际实验学校	高一	江苏	宋笑宇	江苏省泰州中学	高一
湖南	向俊成	长沙市明德中学	高一	江苏	杨镇	江苏省金湖中学	高三
湖南	熊棋	长沙市明德中学	高二	江苏	诸人豪	江苏省锡山高级中学	高一
湖南	严汝豪	长沙市明德华兴中学	初三	江苏	陈赫南	江苏省大港中学	高二
湖南	周定楷	长沙市第一中学	高一	江苏	成华睿	常州外国语学校	初二
吉林	马鹤立	东北师范大学附属中学	高二	江苏	李成蹊	江苏省淮阴中学	高二
吉林	许洲宁	四平市第一高级中学	高一	江苏	施钧瀚	江苏省海门中学	高二
吉林	栾博智	长春吉大附中实验学校	高二	江苏	苏博南	南京师范大学附属中学	高一
吉林	范城玮	长春吉大附中实验学校	高一	江苏	王是骁	江苏省海安高级中学	高一
吉林	赵春源	东北师范大学附属中学	高一	江苏	吴逸帆	江苏省常州高级中学	高二
吉林	孙嘉伟	东北师大附中明珠学校	初二	江苏	陈辰	江苏省大丰高级中学	高三
吉林	陈照源	东北师范大学附属中学	高二	江苏	陈柯莹	常州市第一中学	高一
吉林	杨松燚	长春吉大附中实验学校	初三	江苏	丁笑宇	江苏省锡山高级中学	高二
吉林	赵柏任	吉林市第一中学	高二	江苏	黄彦玮	江苏省天一中学	高三
吉林	王知非	东北师范大学附属实验学校	高二	江苏	刘仁泉	江苏省淮阴中学	高一
吉林	付迪帆	四平市第一高级中学	高二	江苏	刘霄宇	南京市第一中学	高三
吉林	胡景元	东北师范大学附属中学	高二	江苏	刘珩歆	南京市金陵中学	高一

续 表

省份	姓名	学校	年级	省份	姓名	学校	年级
江苏	潘浩	南京外国语学校	高二	江苏	刘奕辰	江苏省常州高级中学	高一
江苏	徐君阳	江苏省丹阳高级中学	高二	江苏	陶禹成	江苏省镇江第一中学	高一
江苏	路修远	江苏省江都中学	高一	江苏	胡阳	常州市北郊高级中学	高一
江苏	夏凡越	南京外国语学校	高一	江苏	李龙	江苏省扬州中学	高三
江苏	朱吉羽	无锡市大桥实验学校	高三	江苏	明嘉浩	南京外国语学校	高一
江苏	胡若凡	江苏省丹阳高级中学	高一	江苏	杨雨怡	江苏省华罗庚中学	高三
江苏	蒋云豪	南京市第二十九中学	高三	江苏	朱舟	常州市第一中学	高一
江苏	谢辰杨	常州市第一中学	高一	江苏	方禹舜	江苏省丹阳高级中学	高二
江苏	殷天逸	江苏省丹阳高级中学	高一	江苏	刘瀚文	南京市第一中学	高一
江苏	张轩豪	江苏省大丰高级中学	高二	江苏	杨天钰	江苏省锡山高级中学	高二
江苏	朱楠	江苏省如皋中学	高三	江苏	杨泽华	江苏省泰州中学	高二
江苏	李颖	江苏省如皋中学	高三	江苏	于轩浩	江苏省新海高级中学	高二
江苏	刘天畅	南京市第一中学	高二	江苏	周轶凡	南京外国语学校	高一
江苏	刘雨炳	江苏省常州高级中学	高二	江苏	方笑添	江苏省如皋中学	高二
江苏	张韬	西安交通大学苏州附属中学	高二	江苏	王子琛	南京外国语学校	高一
江苏	卞宇雯	盐城市大丰区实验初级中学	初三	江苏	姚竹风	江苏省锡山高级中学	高二
江苏	丁优龙	江苏省宜兴中学	高二	江苏	虞泽宽	江苏省扬州中学	高三
江苏	范泽玥	南京外国语学校	高一	江苏	俞霁阳	江苏省天一中学	高二
江苏	冯绪杰	江苏省常州高级中学	高三	江苏	朱家辰	扬州市江都区实验初级中学	初三
江苏	李明止	南京市第一中学	高三	江苏	陈旭阳	江苏省锡山高级中学	高二
江苏	李钦	南京师范大学附属中学	高一	江苏	陈昱辰	江苏省扬中高级中学	高二
江苏	沈亚洲	江苏省海门中学	高二	江苏	金宸	江苏省海安高级中学	高二
江苏	时鹏扬	江苏省天一中学	高一	江苏	张皓	常州外国语学校	初三
江苏	赵伯阳	江苏省淮阴中学	高一	江苏	陈雨昂	南京外国语学校	高一
江苏	赵翔宇	江苏省新海高级中学	高三	江苏	丁雁龙	扬州大学附属中学	高三
江苏	赵奕达	江苏省常州高级中学	高二	江苏	陆家诚	江苏省苏州中学校	高二
江苏	程天纬	江苏省锡山高级中学	高二	江苏	马文洁	江苏省泗洪中学	高二
江苏	高文皓	常州市第一中学	高一	江苏	彭章荣	南京师范大学附属中学	高一
江苏	胡致尧	江苏省常州高级中学	高一	江苏	田力	南京市金陵中学	高二
江苏	李逸晨	南京师范大学附属中学	高一	江苏	夏博杰	江苏省泗洪中学	高二
江苏	张天乙	江苏省盐城中学	高二	江苏	张绍易	南京市金陵中学	高一
江苏	陈楚恒	江苏省新海高级中学	高二	江苏	张永康	江苏省镇江第一中学	高二
江苏	顾晛一	江苏省华罗庚中学	高三	江苏	丁骁	江苏省金湖中学	高三
江苏	黄晓涵	南京市金陵中学	高二	江苏	刘佳睿	南京市金陵中学	高一
江苏	黄信臻	江苏省常熟中学	高一	江苏	沈俊儒	常州市第一中学	高二
江苏	姜宁	江苏省泗洪中学	高二	江苏	宋博文	常州市第一中学	高一
江苏	江婉婷	南京外国语学校	高一	江苏	肖臻鸿	江苏省锡山高级中学	高二
江苏	蒋永溢	常州市第一中学	高一	江苏	张乃仁	江苏省新海高级中学	高一
江苏	李开锴	南京师范大学附属中学	高一	江苏	周辰宇	江苏省淮阴中学	高二
江苏	刘宇扬	常州市第一中学	高一	江苏	李沛泽	江苏省丹阳高级中学	初三
江苏	吕子楠	常州市第一中学	高一	江苏	裴天一	江苏省泗洪中学	高二
江苏	张天翼	江苏省淮阴中学	高一	江苏	王文韬	江苏省锡山高级中学	高一
江苏	周晓玥	南京外国语学校	高一	江苏	项小龙	江苏省大港中学	高三

续 表

省份	姓名	学校	年级	省份	姓名	学校	年级
江苏	徐笑阳	南京外国语学校	初三	江西	刘通	江西省安远县第一中学	高二
江西	谢骏维	江西科技学院附属中学	高一	江西	吕佳树	南昌市第二中学	高一
江西	熊斯亮	赣州中学	高一	江西	巫晓	江西省萍乡中学	高二
江西	赵渤曦	江西省九江第一中学	高三	江西	熊勇杰	南昌市第二中学	高一
江西	周子锐	九江外国语学校	初三	江西	周正宇	江西省丰城中学	高三
江西	金鹏	江西省上饶市玉山县玉山一中	高三	江西	何煦恬	江西省萍乡中学	高二
江西	李政隆	婺源县紫阳中学	高二	江西	吕骁腾	江西科技学院附属中学	高一
江西	刘君豪	江西省萍乡中学	高二	江西	舒江明	弋阳县第一中学	高一
江西	刘皓杰	江西师范大学附属中学	高二	江西	汤彦哲	江西科技学院附属中学	高一
江西	任宏飞	江西省九江市同文中学	高二	江西	袁浩明	南昌市外国语学校	高二
江西	黄旭东	江西省广丰贞白中学	高二	江西	邓昱琦	赣州中学	高一
江西	柳铭财	萍乡市上栗中学	高二	江西	李权洲	赣州中学	高二
江西	童伊伶	赣州中学	高二	江西	王帆	江西省吉安市第一中学	高三
江西	王陈龙	南昌市第二中学	高一	江西	曹洋	南昌市第二中学	高一
江西	熊子言	江西科技学院附属中学	高一	江西	杜奕成	赣州市第一中学	初三
江西	张吉乾	九江市第三中学	高二	江西	黄星明	赣州市第一中学	高二
江西	周瑞桦	江西省九江市同文中学	高一	江西	刘雨欣	江西省萍乡中学	高三
江西	罗忺忺	上犹县上犹中学	高一	江西	唐梓涵	赣州中学	高二
江西	沈光鑫	江西省九江市同文中学	高一	江西	翁勇辉	弋阳县第一中学	高一
江西	刘贵宾	赣州市赣县中学	高三	江西	肖旺	赣州市第一中学	高三
江西	熊国誉	江西省宜春中学	高二	江西	瞿妍	江西省上饶中学	高三
江西	周逸祥	江西师范大学附属中学	高一	江西	陈逸飞	赣州市赣县中学	高二
江西	程一航	赣州中学	高二	江西	丁鹤霄	江西科技学院附属中学	高一
江西	廖子翔	赣州市赣县中学	高三	江西	黄宇轩	江西省九江市同文中学	高二
江西	梅一樊	江西省九江第一中学	高一	江西	林卓尔	江西省广丰贞白中学	高二
江西	彭昊辉	江西省萍乡中学	高二	江西	毛子航	江西省上饶中学	高二
江西	陈郑理	江西省萍乡中学	高二	江西	孙硕人	江西省吉安市第一中学	高三
江西	范佳欣	新余市第四中学	初三	江西	王海龙	江西省赣州三中	高三
江西	何易	江西省九江市同文中学	初三	江西	谢海健	赣县中学北校区	高三
江西	王炳海	会昌中学	高三	江西	许晟元	新余市第四中学	高一
江西	江南	江西师范大学附属中学	高二	江西	叶桂琛	江西省九江市同文中学	高一
江西	曾庆彬	赣县中学北校区	高一	江西	叶开	赣州市南康区第三中学	高三
江西	黄子宬	江西省南康中学	高三	江西	曾建凯	赣州市第一中学	高一
江西	刘晟淇	赣州中学	高一	江西	周昕雨	江西师范大学附属中学	高二
江西	陈昕	江西省上饶中学	高三	辽宁	吉旭	辽宁省实验中学	高二
江西	黄佳颖	江西省九江第一中学	高一	辽宁	鹿育齐	大连市第二十四中学	高三
江西	纪宇豪	江西科技学院附属中学	高一	辽宁	徐天航	东北育才学校	高二
江西	李长乐	江西省赣州三中	高一	辽宁	历子航	本溪市高级中学	高二
江西	林致远	江西师范大学附属中学	高二	辽宁	陈鹏宇	本溪市高级中学	高二
江西	史梦成	江西省吉安市第一中学	高二	辽宁	王珩镔	辽宁省实验中学	高三
江西	谢诗桦	赣县中学北校区	高一	辽宁	姜昕澎	东北育才学校	高二
江西	张红江	江西省萍乡市湘东中学	高三	辽宁	盛一男	东北育才学校	高三
江西	李加豪	江西省上饶中学	高二	辽宁	刘丙荣	本溪市高级中学	高二

续 表

省份	姓名	学校	年级	省份	姓名	学校	年级
辽宁	常程	沈阳市第一二〇中学	高二	辽宁	任美博	东北育才学校	高一
辽宁	冯彦淇	本溪市高级中学	高二	辽宁	许嘉扬	东北育才学校	高一
辽宁	李天浩	沈阳市第二中学	高一	内蒙古	王鑫杰	包头市第九中学	高二
辽宁	刘禹涵	东北育才双语学校	高一	内蒙古	徐凡	通辽第五中学	高二
辽宁	岳浩森	东北育才双语学校	高二	内蒙古	陈曦	通辽第五中学	高二
辽宁	张闻朔	东北育才学校	初三	内蒙古	鲍桉畅	开鲁县第一中学	高一
辽宁	井然	辽宁省实验中学	高一	内蒙古	陈政烨	鄂尔多斯市第一中学	高二
辽宁	王骁	本溪市高级中学	高二	内蒙古	李智乐	鄂尔多斯市第一中学	高二
辽宁	刘胜与	大连市实验中学	初三	内蒙古	张飓洲	鄂尔多斯市第一中学	高二
辽宁	戚佾嘉	大连市第二十四中学	高二	内蒙古	杜猛	包头市第九中学	高三
辽宁	钱贵宁	大连育明高级中学	高二	内蒙古	张皓东	北京师范大学鄂尔多斯附属学校	初三
辽宁	李忠阳	东北育才学校	高二				
辽宁	张少维	大连市第二十四中学	高二	内蒙古	赵鹏鸿	鄂尔多斯市第一中学	高二
辽宁	初畅	大连育明高级中学	高二	内蒙古	杨有义	包头市第九中学	高二
辽宁	阎重伯	东北育才双语学校	高二	内蒙古	杨振昆	鄂尔多斯市第一中学	高二
辽宁	索大川	东北育才学校	高二	内蒙古	姚远航	内蒙古北方重工业集团有限公司第一中学	初三
辽宁	顾斯程	本溪市高级中学	初三				
辽宁	辛梦天	沈阳市第一中学	高二	内蒙古	冯奕晨	内蒙古第一机械集团有限公司第一中学	高二
辽宁	李新锐	大连市第二十三中学	高二				
辽宁	杨佳澎	东北育才学校	高二	内蒙古	杨嘉豪	内蒙古杭锦后旗奋斗中学	高三
辽宁	孟佳辉	本溪市高级中学	高二	宁夏	邵建兵	宁夏六盘山高级中学	高一
辽宁	高嘉隆	大连育明高级中学	高二	宁夏	廖智钊	宁夏银川一中	高三
辽宁	王宇鸣	东北育才学校	高一	宁夏	王宽	吴忠市吴忠中学	高三
辽宁	陈嘉中	大连市第八中学	高一	宁夏	任泓宇	银川二中	高二
辽宁	杨宇晨	本溪市第一中学	高二	宁夏	潘世豪	宁夏银川一中	高三
辽宁	初文雨	丹东市第二中学	高三	宁夏	田张昊	银川二中	高三
辽宁	刘曜宁	大连市第九中学	初三	四川	付欣宇	四川省绵阳中学	高一
辽宁	林新智	东北育才学校	高三	四川	何卓霖	四川省南充高级中学	高二
辽宁	王凯哲	大连市第二十四中学	高二	四川	纪宇舟	成都外国语学校	初三
辽宁	李博翱	大连市第二十四中学	高一	四川	孙语佳	绵阳东辰国际学校	高二
辽宁	宋寒	辽宁省实验中学	高二	四川	唐高翔	成都外国语学校	高一
辽宁	赵艺	东北育才学校	高二	四川	万天洋	成都石室中学北湖校区	高二
辽宁	钟双阳	东北育才学校	初三	四川	张宇航	绵阳东辰国际学校	高二
辽宁	郑中岳	大连育明高级中学	高二	四川	张越	七中育才汇源校区	初三
辽宁	冯乙洋	大连市第二十四中学	高三	四川	赵辰	成都市石室中学	高二
辽宁	黄舒鸿	辽师大附中	高三	四川	赵羚渲	成都外国语学校	初三
辽宁	吕泰延	东北育才学校	高二	四川	肖森文	绵阳中学实验学校	高二
辽宁	龚科成	辽师大附中	高二	四川	包航	成都外国语学校	初三
辽宁	赵梓博	大连第二十四中学	高一	四川	李殊奇	成都市石室中学	高二
辽宁	战绪丰	东北育才学校	高一	四川	刘宇浩	四川省绵阳南山中学	高一
辽宁	金子程	辽师大附中	高二	四川	王浩舟	四川省南充高级中学	高二
辽宁	邢城祎	沈阳市第二中学	高二	四川	王若瑄	成都七中嘉祥外国语学校	高一
辽宁	杨元钊	大连育明高级中学	高一	四川	王驭洋	成都七中高新校区	高二

续 表

省份	姓名	学校	年级	省份	姓名	学校	年级
四川	伍晚樵	成都市石室中学	高一	四川	刘特序	成都市石室中学	高一
四川	向耀鑫	遂宁市安居育才中学校	高一	四川	陆思沅	成都市第七中学	高二
四川	许鸣辰	成都外国语学校	高二	四川	田康毅	四川省绵阳中学	高一
四川	杨一川	成都树德中学	高一	四川	王启源	成都市第七中学	高二
四川	陈旭灏	绵阳南山中学实验学校	高二	四川	辛佳航	四川省绵阳南山中学	高二
四川	蒋宇	绵阳中学实验学校	高三	四川	曾豪	绵阳中学实验学校	高二
四川	罗国桓	四川省绵阳中学	高二	四川	张航瑞	绵阳中学实验学校	高二
四川	马英梓	成都市石室中学	高二	四川	程曦	成都七中高新校区	高三
四川	谭茜匀	四川省南充高级中学	高一	四川	邓雅妍	成都外国语学校	高二
四川	赵胡洁	成都七中高新校区	高二	四川	杜品豪	成都树德中学	高二
四川	包涵	四川省泸县第二中学	高三	四川	黄逸	成都市石室中学	高一
四川	陈皓文	四川省绵阳中学	高三	四川	李铠祺	成都市第七中学	高一
四川	蒋致欧	成都市石室中学	高一	四川	吕佩昂	成都市石室中学	高一
四川	罗真尧	绵阳南山中学实验学校	高三	四川	罗宏凯	绵阳中学实验学校	高二
四川	杨乐	成都市石室中学	高二	四川	孙熙月	四川省南充高级中学	高二
四川	张梅宏	四川省绵阳南山中学	高一	四川	王赵安	四川省泸州高级中学校	高二
四川	张铁怀	绵阳东辰国际学校	高二	四川	文翔平	成都外国语学校	高二
四川	刘禹宏	成都市第七中学	高二	四川	杨璐歌	绵阳东辰国际学校	高二
四川	潘景祥	成都市第七中学	高二	四川	张新	四川省南充高级中学	高二
四川	吴咏蔚	成都石室天府中学	高二	四川	周语程	成都外国语学校	初三
四川	邓祺麟	成都七中高新校区	高三	四川	陈信	成都七中嘉祥外国语学校	高二
四川	邓云迪	成都市第七中学	高二	四川	胡鸿捷	四川省绵阳南山中学	高一
四川	郭双奕	四川省泸州高级中学校	高二	四川	李冬旭	成都市树德实验中学	初三
四川	何奕衡	四川省南充高级中学	高二	四川	宿正蒙	成都石室天府中学	高二
四川	李家童	成都七中高新校区	高二	四川	田明瑄	绵阳中学实验学校	高二
四川	莫宸博	绵阳南山中学实验学校	高二	四川	文廷科	绵阳中学实验学校	高三
四川	唐晓航	四川省南充高级中学	高二	四川	夏昊澜	绵阳东辰国际学校	高二
四川	廖润龙	成都外国语学校	初三	四川	曾科源	四川省绵阳南山中学	高二
四川	曾子航	成都市石室中学	高一	四川	蔡洪涛	绵阳中学实验学校	高二
四川	周宇晨	成都外国语学校	高一	四川	黄海文	成都七中高新校区	高二
四川	周哲宇	四川省绵阳南山中学	高一	四川	李欣宇	成都七中高新校区	高二
四川	蔡雨良	成都七中嘉祥外国语学校	高二	四川	廖承相	绵阳中学实验学校	高三
四川	李怡飞	成都外国语学校	高一	四川	罗丹宇	成都市第七中学	高一
四川	李鑫	四川省泸县第二中学	高三	四川	邱能	成都嘉祥外国语学校	初三
四川	卢加洲	成都外国语学校	初三	四川	魏心海	成都树德中学	高三
四川	潘媛	四川省绵阳中学	高二	四川	徐逸峰	成都市第七中学	高二
四川	邵锐祥	四川省乐山第一中学校	高二	四川	钟梁骏	成都市第七中学	高一
四川	曾伟	四川省绵阳中学	高三	四川	成铸希	成都外国语学校	高一
四川	张若隐	成都外国语学校	高二	四川	冯易	成都市第七中学	高二
四川	曹龙豪	成都市第七中学	高二	四川	廖治平	成都外国语学校	高二
四川	程智涛	四川省绵阳南山中学	高一	四川	谢沅伯	四川省绵阳中学	高三
四川	冯云龙	绵阳中学实验学校	高二	四川	周书豪	四川省绵阳中学	高二
四川	李昊儒	成都市石室中学	高一	四川	黄澄熙	成都树德中学	高二

续 表

省份	姓名	学校	年级	省份	姓名	学校	年级
四川	蒋明昊	绵阳中学实验学校	高三	四川	刘畅	成都市第七中学	高三
四川	吕航	成都市第七中学	高一	四川	苏星玮	四川省南充高级中学	高二
四川	欧阳译霖	成都七中高新校区	高二	四川	邓成	电子科技大学实验中学	初三
四川	余力	成都七中高新校区	高一	四川	刘幽远	成都树德中学	高二
四川	车忠阳	四川省绵阳中学	高二	四川	何永鑫	四川省泸州高级中学校	高一
四川	蒋麟洲	成都七中育才学校	初三	四川	王秋月	四川省邻水实验学校	高三
四川	李程旭	四川省广元外国语学校	高二	四川	王义夫	成都市石室中学	高一
四川	马浩铭	成都外国语学校	高一	四川	王远航	四川省南充高级中学	高一
四川	彭宇奥	成都外国语学校	高二	四川	魏衍芃	成都七中初中学校	初三
四川	王欣怡	成都市石室中学	高二	四川	文濛渠	成都七中嘉祥外国语学校	高[illegible]
四川	朱闻笛	成都七中高新校区	高二	四川	杨芫镔	成都外国语学校	高一
四川	邹佳宏	绵阳东辰国际学校	高一	四川	姚治国	四川省射洪中学	高一
四川	蒋镇涛	遂宁市安居育才中学校	高一	四川	詹国巍	四川省广元外国语学校	高一
四川	李欣朋	绵阳南山中学实验学校	高二	四川	丁彦衡	成都市实验外国语学校	高二
四川	李愚	成都石室中学北湖校区	高二	四川	李贞亿	四川省泸州高级中学校	高一
四川	李奕聪	绵阳东辰国际学校	高一	四川	钱逸凡	成都棠湖外国语学校	高二
四川	岳清州	四川省广元外国语学校	高二	四川	熊雷	四川省泸县第二中学	高二
四川	张佳诚	四川省广元外国语学校	高三	四川	张可奕	成都树德中学	高二
四川	蔡鑫榆	成都市树德实验中学	初三	四川	陈俊宏	成都市第七中学	高一
四川	陈俊儒	电子科技大学实验中学	初三	四川	干哲宇	成都外国语学校	初三
四川	付余	成都外国语学校	初三	四川	姜路旸	成都市石室中学	高二
四川	李放	绵阳南山中学实验学校	高二	四川	蒋翰涛	成都树德中学	高二
四川	廖宇	绵阳南山中学实验学校	高二	四川	李紫嫣	成都七中高新校区	高三
四川	刘斌然	成都外国语学校	初三	四川	刘小源	四川省泸县第二中学	高三
四川	罗鸿潇	四川省绵阳中学	高一	四川	彭琳峰	四川省泸县第二中学	高二
四川	丁致远	绵阳东辰国际学校	高一	四川	饶于杭	四川省南充高级中学	高二
四川	何杨	四川省泸县第二中学	高三	四川	田若载	七中育才汇源校区	初三
四川	李飞	绵阳东辰国际学校	高二	四川	王彦予	四川省绵阳南山中学	高二
四川	梁正扬	成都外国语学校	高三	四川	向昱行	成都市第七中学	高一
四川	廖佳怡	成都市第七中学	高二	四川	杨杰睿	成都市第七中学	高一
四川	任乙濠	四川省南充高级中学	高二	四川	杨远舟	成都外国语学校	高二
四川	杨昕凌	成都市第七中学	高二	四川	袁一恒	四川省泸州高级中学校	高一
四川	叶可	绵阳东辰国际学校	高二	四川	朱凯乐	绵阳中学实验学校	高二
四川	邓孟萱	成都石室中学北湖校区	高二	四川	黄靖雯	成都市石室中学	高二
四川	黄浩伦	成都七中高新校区	高二	四川	蒋添爱	成都市石室中学	高一
四川	吉子尔博	四川省绵阳南山中学	高二	四川	赖仁骏	遂宁市安居育才中学校	高一
四川	陶奕衡	四川省南充高级中学	高一	四川	梁思奇	成都七中嘉祥外国语学校	高二
四川	余浩天	成都外国语学校	高一	四川	任俍栋	绵阳东辰国际学校	高一
四川	张艾阳	成都市石室中学	高二	四川	吴沂隆	成都外国语学校	高三
四川	崔怿恺	成都市第七中学	高一	四川	袁震宇	四川省绵阳南山中学	高一
四川	黄锐	四川师范大学附属中学	高一	四川	左涵睿	四川省绵阳中学	高一
四川	冷春霖	成都树德中学	高二	四川	陈东旭	绵阳南山中学实验学校	高二
四川	李逸凡	四川省绵阳南山中学	高一	四川	程向	绵阳中学实验学校	高二

续 表

省份	姓名	学校	年级	省份	姓名	学校	年级
四川	何雨盈	成都树德中学	高二	四川	舒适	四川省绵阳中学	高一
四川	洪巍骏	成都市实验外国语学校	高一	四川	陈敬之	成都树德中学	高二
四川	黄首成	绵阳中学实验学校	高二	四川	范禹君	四川省南充高级中学	高一
四川	李豪	绵阳实验高级中学	高三	四川	甘沛	四川省邻水实验学校	高二
四川	刘丁瑜	成都市第七中学	高一	四川	洪亦	成都七中高新校区	高一
四川	彭奕博	绵阳东辰国际学校	高一	四川	罗梓桐	宜宾市翠屏区天立学校	高二
四川	邱昊炜	成都外国语学校	初三	四川	蒲柏宇	成都七中嘉祥外国语学校	高一
四川	王勉力	成都外国语学校	初三	四川	唐铁力	成都市石室中学	高一
四川	吴艺菲	四川省泸县第二中学	高三	四川	王潞瑶	四川省宜宾市第三中学校	高二
四川	吴羿霖	成都七中嘉祥外国语学校	高二	四川	许豪	四川省泸县第二中学	高二
四川	曾锦吉	成都七中高新校区	高一	四川	姚科汶	遂宁市安居育才中学校	高一
四川	张芸峰	四川省绵阳南山中学	高一	四川	余沁益	绵阳南山中学实验学校	高一
四川	顾书齐	成都市石室中学	高一	四川	曾予来	成都七中高新校区	高一
四川	鞠泉玺	成都市石室中学	高一	四川	张城	成都七中高新校区	高一
四川	姚颖茜	绵阳南山中学实验学校	高一	四川	张芷玮	成都外国语学校	高一
四川	陈嘉骏	成都外国语学校	高二	四川	刘霖一	四川省泸县第二中学	高二
四川	程博文	成都七中万达学校	高一	四川	宋海瑜	成都市第七中学	高一
四川	高文杰	绵阳中学实验学校	高二	四川	谢钦琳	四川省南充高级中学	高一
四川	黄晓轩	绵阳中学实验学校	高一	四川	杨文汉夫	成都七中嘉祥外国语学校	高二
四川	黄云垄	四川省绵阳中学	高一	四川	邓劭章	成都七中嘉祥外国语学校	高一
四川	谭雄川	四川省泸州高级中学校	高一	四川	胡喆韬	四川省南充高级中学	高一
四川	王涵	四川省邻水实验学校	高三	四川	李勃衡	成都外国语学校	高一
四川	杨博文	成都市石室中学	高一	四川	李欣珂	成都外国语学校	高二
四川	杨帆	成都市第七中学	高一	四川	廖艺	成都市石室中学	高二
四川	李欣凌	成都外国语学校	高二	四川	林峻辉	绵阳东辰国际学校	高一
四川	林雨桐	成都市第七中学	高二	四川	邱雨来	四川省泸县第二中学	高三
四川	罗嘉航	树德中学外国语校区	高二	四川	温家峻	绵阳东辰国际学校	高一
四川	毛博书	四川省乐山第一中学校	高二	四川	吴驯未	成都树德中学	高二
四川	文舜之	成都七中嘉祥外国语学校	高一	四川	杨子力	三台中学实验学校	高一
四川	肖文力	成都七中高新校区	高二	四川	尹海航	四川省广汉中学	高三
四川	熊晨霖	四川省绵阳南山中学	高一	四川	袁歆雨	四川省泸州高级中学校	高二
四川	邹润	成都棠湖外国语学校	高二	四川	陈家强	成都市棠湖中学	高二
四川	闫瑞	成都市实验外国语学校	高一	四川	胡纹珲	成都外国语学校	高一
四川	崔于尧	四川省泸县第二中学	高三	四川	李林霏	成都嘉祥外国语学校	初三
四川	胡博立	四川省广元外国语学校	高三	四川	李耀文	成都市石室中学	高一
四川	黄奕举	四川省南充高级中学	高一	四川	刘香杉	绵阳南山中学实验学校	高一
四川	刘若愚	成都市石室中学	高一	四川	蒲彦西	四川省内江市第六中学	高二
四川	刘辛贝	四川省泸县第二中学	高二	四川	张旸吴庸	成都树德中学	高一
四川	肖雨欣	成都树德中学	高二	四川	张若寒	成都七中高新校区	高一
四川	曾泳嘉	四川省泸州高级中学校	高一	四川	张艺译	绵阳东辰国际学校	高一
四川	邓清文	七中育才汇源校区	初三	四川	郭一岑	成都七中万达学校	高一
四川	李昌骏	成都市石室中学	高三	四川	季世宇	成都市石室中学	高一
四川	刘宇辰	成都七中嘉祥外国语学校	高二	四川	蒋童林	成都棠湖外国语学校	高二

续 表

省份	姓名	学校	年级	省份	姓名	学校	年级
四川	雷宇辰	四川省广元外国语学校	高三	山东	王泽宇	山东省章丘第四中学	高二
四川	黎芸芸	四川省绵阳南山中学	高一	山东	杨宇鹏	东营市胜利第十中学	高二
四川	林书逸	成都市成飞中学	高一	山东	于桐	烟台青华中学	高二
四川	刘靖宇	绵阳东辰国际学校	高一	山东	陈麒合	山东省青岛第二中学	高一
四川	罗长风	四川省宜宾市第三中学校	高三	山东	官毅	山东师范大学附属中学	高二
四川	罗鑫磊	成都市第七中学	高二	山东	郝思成	山东省烟台第一中学	高二
四川	司经纬	成都石室中学北湖校区	高二	山东	贾宗卫	莱阳市第一中学	高三
四川	汪艾玲	四川省南充高级中学	高一	山东	李甲泰	山东省实验中学	高三
四川	夏国滔	四川省绵阳中学	高三	山东	李金阁	山东省北镇中学	高二
四川	萧颜	成都外国语学校	初三	山东	李昭龙	济南市历城第二中学	高二
四川	徐敏棋	成都树德中学	高二	山东	凌梓超	山东省临沂第一中学	高二
四川	杨蕊嘉	成都七中高新校区	高一	山东	刘鹏云	山东省广饶县第一中学	高二
四川	张乃云	四川省广元外国语学校	高二	山东	马浩然	东营市胜利第一中学	高一
四川	张笑晗	绵阳东辰国际学校	高一	山东	王成昊	肥城市第一高级中学	高三
四川	张宇昊	成都树德中学	高一	山东	张帅青	夏津第一中学	高二
四川	黄鹏宇	成都外国语学校	高一	山东	安泓郡	山东省潍坊第一中学	高一
四川	俞跃	成都七中初中学校	初二	山东	陈德坤	山东省青岛第二中学	高一
四川	赵铭睿	成都市石室中学	高一	山东	翟远慧	泰安市东平高级中学	高二
四川	翟川皓	四川省绵阳中学	高二	山东	冯沛远	昌邑市第一中学	高二
四川	胡岳鸣	成都市第七中学	高二	山东	高天宸	山东省淄博第一中学	高二
四川	李维杰	四川省绵阳中学	高一	山东	龚逸之	山东省实验中学	高二
四川	李文颢	四川省德阳中学校	高二	山东	郭家豪	巨野县第一中学	高二
四川	任薪宇	四川省南充高级中学	高一	山东	姜中为	山东省烟台第二中学	高二
四川	苏周豪	四川省绵阳中学	高一	山东	康哲雨	山东省青岛第二中学	高二
四川	王家伊妹	成都树德中学	高一	山东	李锦原	山东省临沂第一中学	高二
四川	王文涛	成都树德中学	高一	山东	李玖江	山东省广饶县第一中学	高一
四川	严康正	成都棠湖外国语学校	高二	山东	李晓彤	山东省莱芜市第一中学	高二
四川	张芸祥	绵阳东辰国际学校	高一	山东	李泽昊	山东师范大学附属中学	高三
四川	朱思霖	成都七中嘉祥外国语学校	高二	山东	刘沐坤	山东省青岛第二中学	高一
山东	林思旭	山东省青岛第二十六中学	初二	山东	孙明志	山东省日照第一中学	高三
山东	柳俊翔	山东省莱芜市第一中学	高三	山东	王敬锴	山东省潍坊第一中学	高二
山东	王宇轩	山东省莱芜市第一中学	高二	山东	王天宇	济南市历城第二中学	高二
山东	徐礼祯	山东省平度第一中学	高二	山东	位振林	东营市胜利第一中学	高一
山东	陈龙飞	山东省实验中学	高二	山东	于程	莱州市第一中学	高一
山东	龚瑞韬	山东省青岛第二中学	高二	山东	张业鹏	肥城市第一高级中学	高三
山东	胡滨	山东省五莲中学	高二	山东	周锡睿	东营市胜利第一中学	高二
山东	李响	山东省邹平县第一中学	高三	山东	朱逸凡	东营市胜利第一中学	高一
山东	林子凯	山东省临沂第一中学	高二	山东	丁萧涵	泰安市东平高级中学	高三
山东	刘鹏辉	山东省济宁市第一中学	高二	山东	高志涌	昌邑市第一中学	高二
山东	刘世泽	山东省邹平县第一中学	高二	山东	江山	济南市历城第二中学	高二
山东	孙震寰	山东师范大学附属中学	高三	山东	李一辰	山东省泰安第一中学	高二
山东	王承淳	山东师范大学附属中学	高三	山东	李宇恒	山东省日照第一中学	高一
山东	王科睿	山东省五莲县第一中学	高二	山东	王永昊	山东省莱芜市第一中学	高二

续 表

省份	姓名	学校	年级	省份	姓名	学校	年级
山东	王子恺	昌邑市第一中学	高一	山东	肖明子龙	东营市胜利第一中学	高一
山东	孔祥浩	山东省济宁市第一中学	高三	山东	赵晟浩	东营市胜利第一中学	高一
山东	李冬雪	山东省广饶县第一中学	高二	山东	闫立滨	山东省聊城第一中学	高三
山东	李子杰	德州市陵城区第一中学	高二	山东	段崇晖	山东省莱芜市第一中学	高二
山东	梁纪俊	山东师范大学附属中学	高三	山东	和树繁	山东省新泰市第一中学	高二
山东	刘宇豪	莱芜市花园学校	初三	山东	黄淳	山东省临沂第一中学	高二
山东	刘轶轩	山东省新泰市第一中学	高二	山东	苗硕	山东省莱芜市第一中学	高三
山东	孙翔宇	山东省北镇中学	高二	山东	魏杰伦	山东省青岛第二中学	高一
山东	王海伟	山东省广饶县第一中学	高三	山东	杨业昶	山东省实验中学	高一
山东	徐润泽	山东省实验中学	高二	山东	杨雯凯	东营市第一中学	高三
山东	徐颖	山东省实验中学	高二	山东	陈龙	山东省齐河县第一中学	高二
山东	徐蕴函	山东省日照第一中学	高二	山东	迟云帆	山东省烟台第二中学	高一
山东	姚衡	巨野县第一中学	高三	山东	翟绪尧	山东省平度第一中学	高二
山东	张希如	山东省诸城繁华中学	高三	山东	黄凤桐	山东省宁阳第一中学	高三
山东	李晨飞	山东省平度第一中学	高三	山东	林志杰	山东省平邑第一中学	高三
山东	李洪睿	东营市胜利第一中学	高二	山东	王浩宇	山东省潍坊第一中学	高二
山东	刘维承	邹城市第一中学	高二	山东	王子涵	山东师范大学附属中学	高二
山东	阮文哲	山东省北镇中学	高二	山东	杨玉文	泰安市东平高级中学	高二
山东	孙一丹	山东省实验中学	高三	山东	逄白	山东省青岛第二中学	高三
山东	王澳	山东省实验中学	高三	山东	陈子豪	山东省胶州市第一中学	高二
山东	王文佳	山东省青岛第二中学	高一	山东	代杰	山东省平度第一中学	高二
山东	王振东	山东省莱芜市第一中学	高二	山东	董亚洲	东营市胜利第一中学	高一
山东	张佳	济南市历城第二中学	高一	山东	高鹏宇	山东省泰安英雄山中学	高三
山东	张李鹤	东营市胜利第一中学	高二	山东	贺天琦	山东省济宁市第一中学	高三
山东	逯天毅	东营市胜利第十中学	高二	山东	李浩然	山东省临沂第一中学	高三
山东	陈严宽	东营市胜利第一中学	高一	山东	李庆喆	莒县第一中学	高三
山东	端木行知	山东省烟台第一中学	高二	山东	李鑫涛	山东省广饶县第一中学	高一
山东	付文昊	莘县实验高级中学	高二	山东	刘海天	东营市第一中学	高一
山东	霍雨佳	邹平双语学校	高三	山东	刘之昀	莱州市第一中学	高二
山东	康小我	东营市胜利第一中学	高一	山东	马雪莹	寿光市第一中学	高一
山东	卢立栋	莒县文心高级中学	高三	山东	齐山东	淄博市沂源县第一中学	高三
山东	马遂之	山东省青岛第二中学	高一	山东	邵德志	山东省宁阳第一中学	高三
山东	任俊杰	山东省莱芜市第一中学	高二	山东	王晨恺	山东省招远第一中学	高二
山东	尹涵燕	肥城市第一高级中学	高二	山东	王浩名	东营市第一中学	高一
山东	张梦玥	山东师范大学附属中学	高二	山东	吴雨晴	山东省莱芜市第一中学	高二
山东	赵志宇	山东省泰安第一中学	高二	山东	杨晨冉	寿光渤海实验学校	高一
山东	周中琰	山东省莱芜市第一中学	高二	山东	杨嘉路	山东省烟台第二中学	高二
山东	李佳浩	东营市第一中学	高一	山东	张秋迎	山东省寿光现代中学	高二
山东	李景舒	山东省济宁市第一中学	高三	山东	张骥宇	山东省寿光现代中学	高一
山东	陆晨昊	山东省青岛第二中学	高二	山东	张曜玺	山东省高密市第一中学	高二
山东	孟子健	山东省实验中学	高二	山东	赵子凡	山东师范大学附属中学	高一
山东	欧学桐	莘县实验高级中学	高二	山东	亓立宇	山东省莱芜市第一中学	高二
山东	田宇	山东省日照第一中学	高二	山东	闫方昭	山东省邹平县第一中学	高二

续 表

省份	姓名	学校	年级	省份	姓名	学校	年级
山东	翟昱淇	淄博实验中学	高二	山东	裴倩倩	泰安市东平高级中学	高二
山东	高俊杰	山东省齐河县第一中学	高一	山东	秦伟	山东省五莲中学	高二
山东	李朝阳	东营市胜利第二中学	高二	山东	苏飞亚	山东省沂南第一中学	高二
山东	李名昊	山东省青岛第二中学	高二	山东	孙心玥	山东师范大学附属中学	高一
山东	刘凯鑫	山东省日照第一中学	高二	山东	王克	山东省邹平县第一中学	高二
山东	孟卓玥	山东省诸城第一中学	高一	山东	尹逸晨	山东省淄博第一中学	高三
山东	曲哲言	莱阳市第一中学	高三	山东	张赓鑫	山东省济南稼轩学校	高三
山东	杨淑乔	莱州市第一中学	高一	山东	赵天成	山东省实验中学	高二
山东	白洪政	山东省北镇中学	高三	山东	邸昊平	山东省五莲中学	高二
山东	陈芗萧	东营市胜利第一中学	高一	山东	李昕亚	山东省莱芜市第一中学	高一
山东	董福钰	山东省青岛第二中学	高一	山东	崔祥雨	东营市第一中学	高二
山东	纪怀梓	山东省莱芜市第一中学	高三	山东	单佳波	潍坊（上海）新纪元学校	高二
山东	李坪聪	山东省青岛第二中学	高一	山东	李璨	山东省莱芜市第一中学	高一
山东	李奇轩	山东省临沂第一中学	高三	山东	李昀衡	山东省青岛第二中学	高二
山东	李容博	淄博实验中学	高二	山东	宋开元	山东省胶州市第一中学	高三
山东	李雨寒	山东省宁阳第四中学	高三	山东	孙启林	淄博市沂源县第一中学	高二
山东	卢宪栋	山东省莱芜市第一中学	高二	山东	孙若雨	山东师范大学附属中学	高三
山东	卢延昌	山东省邹平县第一中学	高三	山东	孙文烁	泗水县第一中学	高三
山东	莫非	山东省五莲县第一中学	高二	山东	王泓瑞	济南市历城第二中学	高三
山东	苏永鑫	山东省临沂第一中学	高二	山东	于梓涵	山东省泰安第一中学	高二
山东	孙英皓	山东省五莲县第一中学	高一	山东	张家和	山东省青岛第五十八中学	高二
山东	王俊沣	莱州市第一中学	高二	山东	张云开	淄博实验中学	高二
山东	蔡宇洋	山东省潍坊第一中学	高三	山东	赵静伟	泰安市东平高级中学	高二
山东	陈之浩	山东省诸城第一中学	高一	山东	杜晨雪	山东省莱芜市第一中学	高二
山东	郭书宇	山东省临沂第一中学	高三	山东	付新航	巨野县第一中学	高三
山东	贾淙	山东省莱芜市第一中学	高三	山东	耿豪	济南市历城第二中学	高二
山东	刘涵之	山东省宁阳第一中学	高三	山东	洪吉祥	山东省齐河县第一中学	高二
山东	田京润	东营市第一中学	高二	山东	李博远	临清市第一中学	高三
山东	王雪竹	山东省青岛第二中学	高一	山东	刘子成	淄博实验中学	高一
山东	王子涵	山东省五莲中学	高二	山东	史为成	枣庄市第八中学北校	高二
山东	于瀚翔	烟台青华中学	高二	山东	隋龙宇	山东省实验中学	高二
山东	张志伟	临清市第一中学	高二	山东	王蕾蕾	山东省临沂第一中学	高三
山东	周林翰	山东省济宁市第一中学	高二	山东	王盛泽	山东省实验中学	高二
山东	部文潇	山东省章丘第四中学	高二	山东	吴清月	山大华特卧龙学校	高一
山东	曹彦宁	山东省青岛第五十八中学	高二	山东	杨宇轩	山东省实验中学	高三
山东	常少哲	山东省实验中学	高三	山东	张映辰	山东师范大学附属中学	高二
山东	姜喜友	莘县实验高级中学	高三	山东	郑智勋	山东省青岛第五十八中学	高三
山东	李嘉晔	山东省邹平县第一中学	高三	山东	周若淼	东营市第一中学	高二
山东	刘润东	山东省青岛第二中学	高一	山东	闫奕帆	山东省广饶县第一中学	高一
山东	刘岩	济南市历城第二中学	高二	山东	刁俊程	山东省烟台第二中学	高一
山东	刘一璇	山东省招远第一中学	高二	山东	段宇飞	山东省菏泽第一中学	高二
山东	马宏宇	山东省青岛第二中学	高一	山东	冯硕	济南市历城第二中学	高一
山东	满子琦	济南市历城第二中学	高一	山东	李彦君	山东省莱西市实验学校	高一

续 表

省份	姓名	学校	年级	省份	姓名	学校	年级
山东	刘浩然	东营市第一中学	高一	山东	何江川	山东省青岛第二中学	高一
山东	刘凯	山东省泰安英雄山中学	高三	山东	姜业鑫	山东省实验中学	高三
山东	刘泽昊	东营市第一中学	高二	山东	景致凡	山东省青岛第五十三中学	初二
山东	刘昊文	山东省北镇中学	高一	山东	康克	山东省日照第一中学	高二
山东	张熹	山东省邹平县第一中学	高二	山东	李昊成	山东师范大学附属中学	高一
山东	甄若暄	山东省日照第一中学	高一	山东	刘珏怡	东营市胜利第一中学	高一
山东	陈硕	即墨市萃英中学	高二	山东	聂成海	潍坊（上海）新纪元学校	高二
山东	陈英森	山东省广饶县第一中学	高二	山东	沈钰鹏	山东省齐河县第一中学	高二
山东	何绍斌	莒县文心高级中学	高二	山东	孙少洁	山东省牟平第一中学	高三
山东	姜家富	胶州市实验中学	高二	山东	田宁丰	青岛经济技术开发区第六中学	初二
山东	李儒昊	山东省广饶县第一中学	高二	山东	王惟滨	山东省实验中学	高二
山东	李一龙	泰安市东平高级中学	高三	山东	王旭	山东省济南稼轩学校	初三
山东	刘晓严	山东省北镇中学	高一	山东	王子涵	东营市胜利第一中学	高一
山东	任信宇	山东省龙口第一中学	高一	山东	王熠闻	山东省青岛第二中学	高一
山东	史辰威	巨野县第一中学	高三	山东	邢家成	山东省青岛第二中学	高一
山东	陶震	昌邑市第一中学	高二	山东	张赢心	东营市第一中学	高一
山东	杨钧凯	莱州市第一中学	高一	山东	张园惠	山东省广饶县第一中学	高二
山东	杨泽超	东营市胜利第一中学	高二	山东	崔昊	山东省青岛第五十八中学	高三
山东	张博洋	山东省章丘第四中学	高二	山东	李乾	莱州市第一中学	高一
山东	张启宸	山东省邹平县第一中学	高三	山东	刘昕哲	山东省招远第一中学	高二
山东	张玉宁	山东省聊城第一中学	高三	山东	吕嘉轩	山东省青岛第二中学	高一
山东	郑旭	山东省青岛第二中学	高一	山东	孟祥瑞	山东省平邑第一中学	高二
山东	周榆忱	山东省泰安第一中学	高一	山东	王自西	山东省泰安第二中学	高二
山东	陈雨濛	山东省济南稼轩学校	初三	山东	王睿	莱州市第一中学	高一
山东	高承	山东省胶州市第一中学	高二	山东	夏旭辉	滨州实验中学	高二
山东	高浩飞	山东省实验中学	高二	山东	张智博	山东省诸城第一中学	高一
山东	黄靖杰	山东省实验中学	高二	山东	张翕	山东省日照第一中学	高二
山东	刘梓涵	巨野县第一中学	高三	山东	郑执	山东省实验中学	高一
山东	宋雨轩	山东省齐河县第一中学	高三	山东	陈保润	山东省烟台第一中学	高二
山东	吴涵之	山东省青岛第五十八中学	高三	山东	冯关畅	山东省青岛第十五中学	高二
山东	杨晨	莱芜市凤城高级中学	高三	山东	冯瑞森	山东省实验中学	高二
山东	姚树基	巨野县第一中学	高三	山东	贺庆浩	山东省聊城第一中学	高三
山东	赵红欣	莒县文心高级中学	高二	山东	黄铭祺	山东省广饶县第一中学	高一
山东	朱则霖	莱州市第一中学	高一	山东	黄灏宇	山东省实验中学	高二
山东	宗烨键	山东省实验中学	高二	山东	焦翔宇	山东省泰安英雄山中学	高二
山东	陈龙泽	山东省莱芜市第一中学	高二	山东	李嘉珣	东营市胜利第一中学	高一
山东	陈昊洋	山东省青岛第二中学	高二	山东	李宗凯	山东省青岛第九中学	高三
山东	崔子龙	山东省临邑第一中学	高一	山东	林峰玉	山东省昌乐第一中学	高二
山东	单志远	山东省高密市第一中学	高二	山东	刘格磊	山东省禹城市第一中学	高二
山东	党兆帅	山东省实验中学	高三	山东	刘林昊	山东省北镇中学	高一
山东	杜怡凝	山东省潍坊第一中学	高一	山东	马立博	莘县实验高级中学	高二
山东	高千喜	山东省实验中学	高二	山东	孙宗耀	泰安市东平高级中学	高一
山东	郭登昊	高唐县第一中学	高一	山东	唐凯元	泰安市东平高级中学	高二

续 表

省份	姓名	学校	年级	省份	姓名	学校	年级
山东	唐莉莹	山东省青岛第二中学	高一	山东	李想	山东省泰安第一中学	高二
山东	王浩宇	昌邑市第一中学	高一	山东	李钰岩	山东省北镇中学	高二
山东	王欣	山东省诸城第一中学	高三	山东	马士程	山东省实验中学	高三
山东	尉文涵	莱阳市第一中学	高二	山东	隋光远	山东省青岛第一中学	高三
山东	张昊雨	莒县文心高级中学	高一	山东	王悦霖	山东省青岛第五十八中学	高二
山东	赵恒心	山东省五莲中学	高一	山东	辛春雨	山东省烟台第三中学	高三
山东	赵友寒	山东省泰安第一中学	高三	山东	杨季恺	莒县文心高级中学	高一
山东	周文涵	山东大学附属中学	初三	山东	张超	胶州市实验中学	高三
山东	朱明航	巨野县第一中学	高二	山东	陈千	山东师范大学附属中学	高三
山东	曹震	山东省泰安第一中学	高一	山东	陈征齐	山东省临沂第一中学	高二
山东	范一鸣	东营市胜利第一中学	高一	山东	顿凯	山东省枣庄市第三中学	高二
山东	付泰蒙	山东省潍坊第一中学	高二	山东	韩明睿	济南市历城第二中学	高一
山东	郭清鋆	山东省烟台第一中学	高二	山东	何月皓	东营市胜利第二中学	高二
山东	何龙飞	山东省日照第一中学	高二	山东	吉浩然	潍坊圣源高级中学	高二
山东	焦旸	淄博实验中学	高三	山东	蒋晓滢	山东省潍坊第一中学	高二
山东	李令宇	莒县第一中学	高二	山东	李冰琪	寿光市第一中学	高一
山东	田一菲	山东省诸城繁华中学	高一	山东	李佳容	东营市胜利第一中学	高一
山东	王浩宇	山东省烟台第二中学	高二	山东	李静峰	山东省实验中学	高二
山东	魏建敬	山东省招远第一中学	高二	山东	李治纬	山东省实验中学	高二
山东	于文鹏	山东省招远第一中学	高二	山东	刘锦程	山东省泰安第一中学	高一
山东	于子钧	山东省烟台第一中学	高一	山东	邱绍恩	淄博实验中学	高一
山东	赵丽华	临清市第一中学	高三	山东	邵宇辰	山东省莱芜市第一中学	高一
山东	钟泽旭	山东省广饶县第一中学	高一	山东	孙越	山东省邹平县第一中学	高三
山东	朱弘政	烟台经济技术开发区高级中学	高二	山东	汪晓倩	山东省招远第一中学	高二
山东	朱子睿	山东省烟台第一中学	高一	山东	薛湛童	山东省牟平第一中学	高一
山东	安霖久泰	淄博市沂源县第一中学	高二	山东	张北辰	山东省实验中学	高三
山东	郭明辉	邹平双语学校	高三	山东	张扬清	东营市胜利第一中学	高二
山东	郭玉伟	山东省诸城繁华中学	高一	山东	张亦宁	山东省实验中学	高一
山东	胡致远	山东省平邑第一中学	高三	山东	张毅航	山东省烟台第三中学	高三
山东	李永琪	山东省广饶县第一中学	高一	山东	张珂宇	山东省烟台第一中学	高二
山东	刘桂林	泰安市东平高级中学	高二	山东	周圣程	东营市胜利第一中学	高一
山东	刘景越	临清市第一中学	高三	山东	周子淳	淄博市沂源县第一中学	高二
山东	刘晓晗	山东省新泰市第一中学	高二	山东	訾文浩	山东省新泰市第一中学	高三
山东	马辰旭	淄博市沂源县第一中学	高三	上海	李欣杨	上海市实验学校	高二
山东	牛庆洋	山东省泰安英雄山中学	高二	上海	倪楚劼	上海市建平中学	高三
山东	孙广泽	肥城市泰西中学	高二	上海	邱一航	华东师范大学第二附属中学	高一
山东	田宇宸	东营市胜利第一中学	高三	上海	魏子淏	上海交通大学附属中学	高二
山东	杨洛	山东省北镇中学	高一	上海	吴沁航	上海市七宝中学	高三
山东	袁霁笑	山东省青岛第二中学	高一	上海	张云灏	华东师范大学第二附属中学	高一
山东	苑骏康	山东省济南稼轩学校	初三	上海	蒋锦豪	上海市奉贤中学	高二
山东	朱靖潇	山东师范大学附属中学	高三	上海	黄奕东	华东师范大学第二附属中学	高二
山东	曹源	山东省临沂第一中学	高三	上海	刘思喆	上海外国语大学附属外国语学校	高二

续 表

省份	姓名	学校	年级
上海	陆言	华东师范大学第二附属中学（紫竹校区）	高二
上海	钱宸	上海师范大学附属中学	高一
上海	王昊	上海市七宝中学	高一
上海	翁子敬	上海外国语大学附属浦东外国语学校	高一
上海	吴雨飞	上海市南洋模范中学	高一
上海	徐冬灵	上海市向明中学	高一
上海	叶俊佶	华东师范大学第二附属中学（紫竹校区）	高二
上海	蔡清远	上海市上海中学	高一
上海	范毅	上海市曹杨第二中学	高三
上海	胡铭程	上海市曹杨第二中学	高二
上海	徐欣	上海市松江二中	高三
上海	鲍辰	上海市向明中学	高二
上海	曹思诺	上海市西南位育中学	初三
上海	曹以弘	上海市曹杨第二中学	高三
上海	胡奕中	上海市民办位育中学	高一
上海	李百川	上海市洋泾中学	高二
上海	刘心远	上海市市北初级中学	小学
上海	李轶凡	上海市世界外国语中学	初三
上海	李懋元	华东师范大学第二附属中学	高二
上海	鲁翔辰	上海市控江中学	高二
上海	陈天予	上海市大同中学	高二
上海	冯逸韬	上海市民办华育中学	初二
上海	李旻昊	上海市建平中学	高三
上海	潘新怡	复旦大学附属中学	高二
上海	吴增青	上海市延安中学	高二
上海	邢天一	上海市曹杨第二中学	高二
上海	宣昊毅	上海外国语大学附属外国语学校	高二
上海	周光延	华东师范大学第二附属中学	高一
上海	丁煦晨	上海市西南位育中学	高三
上海	胡宇驰	上海交通大学附属中学	高二
上海	李星汉	上海市民办华育中学	初二
上海	刘宙达	上海市民办华育中学	初三
上海	陈仁杰	上海市曹杨第二中学	高三
上海	李航成	上海市延安初级中学	初二
上海	孙晨曦	上海市实验学校	高二
上海	吴逸磊	上海市控江中学	高二
上海	吴优然	上海外国语大学附属外国语学校	初一
上海	赵思诚	上海市实验学校	初三
上海	张迅	上海市民办华育中学	初一
上海	曹家骐	华东师范大学第二附属中学	高一
上海	戴麟懿	上海外国语大学附属外国语学校	初三
上海	韩嘉恒	上海市建平中学	高二
上海	秦彬	上海市民办华育中学	初三
上海	袁新凯	上海市青浦高级中学	高三
上海	裘自立	华东师范大学第二附属中学（紫竹校区）	高二
上海	韩易蓓	华东师范大学第二附属中学	高二
上海	胡子轩	上海市市北中学	高三
上海	陆嘉浩	上海市格致中学	高三
上海	周亦奇	上海市徐汇中学	高一
上海	顾理	上海外国语大学附属外国语学校	初三
上海	江恩舟	上海交通大学附属中学	高一
上海	江若泓	上海市民办华育中学	初三
上海	李润基	上海市西南位育中学	高二
上海	唐昊旸	上海市位育中学	高一
上海	许天励	上海市南洋中学	高三
上海	赵宇翔	复旦大学附属中学	高二
上海	朱安祺	上海市曹杨第二中学	高二
上海	陈昊	上海市曹杨第二中学	高三
上海	何东闻	上海市上海中学	高一
上海	沈世珺	上海市建平中学	高三
上海	沈茜	上海市建平中学	高二
上海	苏亦达	上海市杨浦高级中学	高三
上海	郁浩元	上海市西南位育中学	高一
上海	张佳祺	上海市市西初级中学	高二
上海	李立捷	华东师范大学第二附属中学附属初级中学	初三
上海	陆衍帆	上海市市西初级中学	初三
上海	倪胤枫	上海市市西初级中学	高二
上海	徐乾峻	上海市宜川中学	高二
上海	薛清元	华东师范大学第二附属中学	高一
上海	杨立松	华东师范大学第二附属中学	高二
上海	杨毅文	上海市上海中学	高二
上海	杨煜宸	上海外国语大学附属外国语学校	初二
上海	邹知言	复旦大学附属中学	高二
上海	任逍遥	上海市七宝中学	高一
上海	吴家杰	上海外国语大学附属外国语学校	高三

续 表

省份	姓名	学校	年级
上海	张扬	上海市曹杨第二中学	高二
上海	韩易昆	上海外国语大学附属外国语学校	高二
上海	李顺	复旦大学附属中学青浦分校	高二
上海	马行健	上海市文来中学初中部	初三
上海	杨晟超	上海外国语大学附属外国语学校	高一
上海	郑佳睿	上海市民办华育中学	小学
上海	陈旭帆	上海市世界外国语中学	初二
上海	杜楚恒	上海市市北初级中学	初二
上海	何雅萱	华东师范大学第二附属中学（紫竹校区）	高三
上海	刘一芃	上海市实验学校	高三
上海	邱煜程	上海交通大学附属中学	高二
上海	薛英好	复旦大学附属中学	高一
上海	张璐婧	复旦大学附属中学	高一
上海	周泓宇	上海市洋泾—菊园实验学校	初二
上海	陈镕	上海市宜川中学	高二
上海	顾潇予	上海市世界外国语中学	初一
上海	何天深	上海市上海中学	高二
上海	胡一凡	上海市七宝中学	高二
上海	李宜澍	上海市实验学校	高二
上海	陶然	上海市曹杨第二中学	高二
上海	田序申	上海市华东师范大学第一附属中学	高二
上海	王宇骥	上海市兰生复旦中学	小学
上海	王蕴睿	上海外国语大学附属外国语学校	高二
上海	谢安琪	上海市金山中学	高三
上海	严洪钧	华东师范大学第二附属中学（紫竹校区）	高一
上海	杨淇文	上海市向明中学	高三
上海	鲍奕凡	上海市西南位育中学	高二
上海	陈融	上海市西南位育中学	高二
上海	丁昊楠	上海市吴淞中学	高二
上海	杨仕初	上海大学附属中学	高二
上海	黄呈松	复旦大学附属中学	高二
上海	李锡瑞	华东师范大学第二附属中学	高三
上海	林易理	上海市实验学校	高一
上海	楼哲雯	华东师范大学第二附属中学	高二
上海	张缘也	上海市大同中学	高三
上海	赵元琛	上海民办兰生复旦中学	初二
上海	朱成轩	复旦大学附属中学	高二

省份	姓名	学校	年级
上海	胡宇辰	华东师范大学第二附属中学（紫竹校区）	高二
上海	施振文	上海市世界外国语中学	高一
上海	李天翼	上海市南洋模范中学	高三
上海	刘涵之	上海市向明中学	高二
上海	陆伊敏	上海市奉贤中学	高二
上海	孙汝佳	上海交通大学附属中学	高二
上海	孙宇飞	上海市松江二中	高三
上海	汪志阳	上海市进才中学	高一
上海	王泽华	上海交通大学附属中学	高一
上海	徐跃	华东师范大学第二附属中学（紫竹校区）	高二
上海	徐照天	复旦大学附属中学青浦分校	高三
上海	张韵琪	上海市建平中学	高三
上海	朱天翼	上海市世界外国语中学	高一
上海	刘海滨	上海市洋泾中学	高三
上海	刘炅	上海市曹杨第二中学	高二
上海	裴嘉政	华东师范大学第二附属中学	高二
上海	王天泽	上海市民办华育中学	初三
上海	严喆	上海市民办新竹园中学	初三
上海	张雨奇	上海市曹杨第二中学	高二
上海	陈恺良	上海市建平中学	高二
上海	潘其平	上海交通大学附属中学嘉定分校	高三
上海	施远	上海市实验学校东校	初二
上海	王钧涛	上海交通大学附属中学	高一
上海	王思杰	华东师范大学第二附属中学（紫竹校区）	高二
上海	杨涵宇	上海市民办位育中学	高三
上海	袁骁斐	上海市第五十四中学	高三
上海	张晓叶	上海市奉贤中学	高二
陕西	蔡绘霓	西安铁一中分校	初二
陕西	郭钰鹏	西安市第一中学	高二
陕西	何璠	西安市第八十三中学	高二
陕西	郑凯洋	西安市铁一中学	高二
陕西	周益全	陕西师范大学附属中学	高三
陕西	段应辰	西安交通大学附属中学分校	高二
陕西	刘嘉乐	陕西省宝鸡中学	高二
陕西	宋宇轩	西安交通大学附属中学	高二
陕西	薛阳凯	陕西师范大学附属中学	高三
陕西	魏辰龙	西工大附中分校	高二
陕西	贾卓飞	西安交通大学附属中学分校	高二
陕西	潘俊生	西安市铁一中学	高二

续 表

省份	姓名	学校	年级	省份	姓名	学校	年级
陕西	唐懿宸	西工大附中分校	初三	陕西	郭浩杰	陕西省商洛中学	高二
陕西	贠启豪	西安高新第一中学	高二	陕西	姜智腾	西安交通大学附属中学分校	高二
陕西	李延	西安交通大学附属中学	高三	陕西	马超瑞	西北工业大学附属中学	高三
陕西	王睿宽	西北工业大学附属中学	高三	陕西	王思远	西安市铁一中学	高一
陕西	韩槟阳	西安高新第一中学	高三	陕西	张朝阳	西安市第八十三中学	高二
陕西	井皓天	西安铁一中滨河学校	高三	陕西	付镇恺	陕西师范大学附属中学	高一
陕西	曹合欢	西安高新第一中学	高二	陕西	谷金龙	陕西省商洛中学	高二
陕西	邓子玄	西安市第八十三中学	高二	陕西	韩雨阳	陕西师范大学附属中学	高二
陕西	李云帆	西安高新第一中学	高二	陕西	李紫陌	西北工业大学附属中学	高一
陕西	庞仕泽	西安市铁一中学	高二	陕西	刘子昊	西安市第一中学	高二
陕西	王朴珩	西安交通大学附属中学	高二	陕西	田靖译	西安市第八十三中学	高二
陕西	查润德	西安市铁一中学	高二	陕西	陈悦鑫	西安市第八十三中学	高二
陕西	吕自坚	西安市铁一中学	高二	陕西	李卓玥	西工大附中分校	高二
陕西	卫宇鹏	西安高新第一中学	高三	陕西	李菁菁	西安交通大学附属中学	高一
陕西	谢泽钰	西安市铁一中学	高一	陕西	郑九阳	陕西省宝鸡中学	高三
陕西	张宇轩	西安铁一中分校	初三	陕西	陈思成	西安交通大学附属中学	高二
陕西	邹泽光	西安市第八十三中学	高二	陕西	李乐骁	西安铁一中滨河学校	高二
陕西	曹茳添	西安市铁一中学	高二	陕西	刘镕玮	西安市铁一中学	高一
陕西	储子渊	西北工业大学附属中学	高二	陕西	严浩文	陕西师范大学附属中学	初二
陕西	董宇骏	西安铁一中分校	初三	陕西	唐梓航	西北工业大学附属中学	高一
陕西	杨锐林	陕西省西咸新区秦汉中学	高二	陕西	张任尔	西安铁一中分校	初二
陕西	焦笑然	西北工业大学附属中学	高三	陕西	曹家瑞	西安市第八十三中学	高二
陕西	牛培智	西安交通大学附属中学	高一	陕西	段铭恺	西安市第八十三中学	高二
陕西	丁浩然	西安交通大学附属中学	高二	陕西	黄胤翔	西安铁一中分校	初三
陕西	侯黄博林	西安交通大学附属中学	高一	陕西	景小康	陕西师范大学附属中学	初三
陕西	刘奕博	西北工业大学附属中学	高三	陕西	倪苗	西工大附中分校	高一
陕西	别鑫	西安交通大学附属中学	高一	陕西	屈展	西安市铁一中学	高一
陕西	刘金麟	西安市第一中学	高三	陕西	王江奎	陕西省商洛中学	高三
陕西	杨启帆	西安市第一中学	高三	陕西	王一凡	西安交通大学附属中学	高一
陕西	高盛轩	西安市铁一中学	高一	陕西	赵仲海	西安市第八十三中学	高二
陕西	张明远	陕西省西咸新区秦汉中学	高二	陕西	陈建杰	西安铁一中滨河学校	高二
陕西	白袭明	西安交通大学附属中学	高一	陕西	刘柘	西安铁一中滨河学校	高二
陕西	韩钟辉	陕西省宝鸡中学	高二	陕西	王子杰	西安铁一中滨河学校	高一
陕西	王辰扬	陕西省西安中学	高三	陕西	徐士杰	西安市铁一中学	高二
陕西	李海疆	西安铁一中分校	初二	陕西	陈佳玥	陕西省西安中学	高一
陕西	刘姝仪	西安交通大学附属中学	高二	陕西	冯一波	西安市浐灞欧亚中学	初二
陕西	潘孟祺	陕西省商洛中学	高二	陕西	贺诗文	西工大附中分校	初二
陕西	李天溦	西北工业大学附属中学	高三	陕西	贺一凡	西北工业大学附属中学	高一
陕西	荀博宇	西安交通大学附属中学	高二	陕西	胡皓程	西安高新第一中学	高二
陕西	税家晖	西安市第一中学	高二	陕西	梁佧楠	西安市第八十三中学	高二
陕西	王昊择	西安市第八十三中学	高二	陕西	南洋	西安市铁一中学	高一
陕西	李祎辰	西安市第八十三中学	高三	陕西	庞博适	西工大附中分校	高一
陕西	李奕臻	西安交通大学附属中学	高一	陕西	杨礼帆	西北工业大学附属中学	高一

续 表

省份	姓名	学校	年级
陕西	杨雨佳	西北工业大学附属中学	高一
陕西	赵嘉亮	西安交通大学附属中学	高一
山西	王梓涵	山西大学附属中学	高一
山西	高思淼	山西大学附属中学	高二
山西	高瑜珂	山西省运城市康杰中学	高一
山西	续乾雍	太原市第五中学校	高二
山西	张博文	晋城市第一中学校	高一
山西	闫国琛	太原市第五中学校	高二
山西	狄一卓	山西大学附属中学	高二
山西	问永琦	忻州市第一中学校	高三
山西	杨江榕	山西省运城市康杰中学	高二
山西	杨宇豪	太原市第五中学校	高三
山西	张明琪	山西省运城市康杰中学	高二
山西	张宇杰	山西省运城市康杰中学	高二
山西	郝泽钰	晋城市第一中学校	高二
山西	王梓源	山西大学附属中学	高一
山西	黄思喆	山西大学附属中学	高一
山西	刘旭坤	山西大学附属中学	高二
山西	郭士鼎	山西省运城市康杰中学	高二
山西	张登科	太原市第五中学校	高二
山西	刘鹏宇	太原市第五中学校	高二
山西	邵怡阳	山西省运城市康杰中学	高三
山西	高胜寒	山西大学附属中学	高一
山西	王瑞奇	晋城市第一中学校	高二
山西	姬嘉豪	山西省运城市康杰中学	高二
山西	王文婷	晋城市第一中学校	高一
山西	常世隆	太原市五育中学校	高二
山西	王文伯	山西大学附属中学	高一
山西	原晨飞	山西省运城市康杰中学	高二
山西	蔡润业	山西省运城市康杰中学	高二
山西	郭夏辉	晋城市第一中学校	高一
山西	李炎洐	晋城市第一中学校	高一
山西	宋磊	临汾第一中学校	高三
山西	杨坤	山西省运城市康杰中学	高二
山西	肖佳妮	临汾第一中学校	高二
山西	陈一帆	太原市第五中学校	高二
天津	霍子龙	天津外国语大学附属外国语学校	高二
天津	张济麟	天津市耀华嘉诚国际中学	初三
天津	赵灏宇	天津市南开中学	高二
天津	连士熙	天津市南开中学	高三
天津	赵家辉	天津市第一中学	高二
天津	戚涵	天津市南开中学	高二
天津	张骏扬	天津市南开中学	高一
天津	丁凌烁	天津市宝坻区第四中学	高一
天津	李冠臻	天津市耀华中学	高二
天津	许怿芃	天津市南开中学	高二
天津	张伯凯	天津市南开中学	高一
天津	徐百朋	天津市新华中学	高一
天津	赵坤	天津市武清区杨村第一中学	高三
天津	董霄然	天津市南开中学	高三
天津	冷滟泽	南开大学附属中学	初二
天津	邢昱	天津市耀华嘉诚国际中学	高二
天津	杨连洲	天津外国语大学附属外国语学校	高一
天津	田嘉铭	天津市南开中学	高一
天津	颜秉润	天津市南开中学	高二
天津	李成奥	天津市武清区天和城实验中学	高二
天津	姜雨竺	天津市新华中学	高一
新疆	周彧	新疆维吾尔自治区乌鲁木齐市第一中学	高一
新疆	肖亦乔	新疆维吾尔自治区乌鲁木齐市第七十中学	高二
新疆	傅远植	新疆维吾尔自治区乌鲁木齐市第一中学	高二
新疆	水游龙	新疆生产建设兵团第二中学	高三
新疆	孙昊	新疆生产建设兵团第二中学	高二
新疆	王登宇	新疆维吾尔自治区乌鲁木齐市第一中学	高二
新疆	黄智琛	新疆生产建设兵团第二中学	高二
新疆	罗兴坤	新疆维吾尔自治区乌鲁木齐市第一中学	高二
新疆	叶星辰	新疆维吾尔自治区乌鲁木齐市第一中学	高一
新疆	苏威太	新疆维吾尔自治区乌鲁木齐市第十三中学	初三
新疆	蔡辛泽	新疆维吾尔自治区乌鲁木齐市第一中学	高二
新疆	蒋涛	新疆维吾尔自治区乌鲁木齐市第一中学	高一
新疆	秦傲杰	新疆维吾尔自治区乌鲁木齐市第一中学	高二
新疆	王福宇	新疆维吾尔自治区乌鲁木齐市第七十中学	高一
新疆	赵瀚文	新疆生产建设兵团第二中学	高一

续　表

省份	姓名	学校	年级	省份	姓名	学校	年级
新疆	孙敏慧	新疆维吾尔自治区乌鲁木齐市第七十中学	高一	广东	邱衍衡	广东实验中学	高三
				广东	邓贤杰	广州市第六中学	高二
新疆	张轩豪	新疆维吾尔自治区乌鲁木齐市华兵实验中学	初三	广东	冯彦彰	佛山市南海区石门中学	高二
				广东	刘一啸	东莞市东华初级中学	初三
云南	马继诚	云南师范大学附属中学	高二	广东	麦俊宇	广州市第三中学	高二
云南	王陈唯一	云南省楚雄第一中学	高三	广东	熊腾浩	广州大学附属中学	高二
云南	李振宇	云南师范大学附属中学	高二	广东	张子越	广东实验中学	高一
云南	祁云嵩	云南师范大学附属中学	高一	广东	蔡金潮	汕头市金山中学	高二
云南	徐浩洲	云南师范大学附属中学	高一	广东	龙瀚哲	华南师范大学附属中学	高二
广东	常雨凡	深圳中学	高二	广东	田胤	珠海市第一中学	高三
广东	池彦宽	中山市纪中雅居乐凯茵学校	初二	广东	张沛博	东莞市东莞中学	高三
广东	黄浩良	东莞市东莞中学	高一	广东	邹俊豪	中山市中山纪念中学	初二
广东	黄京石	佛山市南海区南海中学	高一	广东	杜泽隆	汕头市金山中学	高二
广东	李思博	广州大学附属中学	高一	广东	何嘉林	佛山市南海区南海中学	高二
广东	梁励	东莞市东华高级中学	高二	广东	黎俊乐	东莞市东莞中学	高三
广东	王维谆	广州市真光中学	高一	广东	刘浩鸣	佛山市南海区石门中学	高二
广东	尹靖凯	东莞市东莞中学	高二	广东	邱嘉浩	佛山市南海区南海中学	高二
广东	陈皓	中山市中山纪念中学	高一	广东	魏久壹	广东肇庆中学	初三
广东	徐振戈	广州大学附属中学	高三	广东	肖舒凡	广东实验中学	高一
广东	杨鹭鸣	广州市第二中学	高一	广东	陈焕东	东莞市东莞中学	高二
广东	曾烨昊	广州大学附属中学	高二	广东	杜天元	深圳中学	高一
广东	赵肖睿	中山市第一中学	初二	广东	何承哲	佛山市第二中学	高二
广东	关雅雯	中山市第一中学	高三	广东	何珈玮	广州市第二中学	初三
广东	李俊佳	深圳中学	高一	广东	李天祺	佛山市南海区南海中学	高一
广东	梁德麒	广州市第三中学	高二	广东	林呈庆	东莞市东华初级中学	初三
广东	梁敬笙	中山市中山纪念中学	初二	广东	林佳铠	汕头市金山中学	高二
广东	彭思泽	广州大学附属中学	高二	广东	林熙	东莞市东华初级中学	初三
广东	苏畅	佛山市南海区石门中学	高一	广东	文楷昂	佛山市南海区石门中学	高二
广东	苏静琦	中山市第一中学	初三	广东	翁溥珩	中山市第一中学	高二
广东	唐嘉铭	汕头市金山中学	高一	广东	许倪玮	深圳中学	初三
广东	温键伟	华南师范大学附属中学	高一	广东	叶汇亘	广东北江中学	高二
广东	周溪赢	东莞市东莞中学	高一	广东	郑亮涛	中山市中山纪念中学	高二
广东	冼家进	四会市四会中学	高三	广东	朱博凯	广州大学附属中学	高一
广东	贺卓宇	东莞市东华初级中学	初三	广东	邹泽	广州大学附属中学	高二
广东	黄康恩	华南师范大学附属中学	高三	广东	房颂霖	东莞市东莞中学	高一
广东	梁光飞	佛山市南海区南海中学	高三	广东	贺刘丁	广东实验中学	高三
广东	廖浩平	中山市第一中学	初三	广东	胡本然	广东实验中学	高二
广东	潘屹	佛山市南海区南海实验中学	初二	广东	李健扬	汕头市金山中学	高一
广东	张海庭	四会市四会中学	高二	广东	李俊彦	佛山市南海区石门中学	高二
广东	邓炯昊	佛山市南海区南海中学	高一	广东	吴汝钊	佛山市南海区南海中学	高一
广东	黄唯涛	东莞市东莞中学松山湖学校	高二	广东	张志鸿	珠海市第一中学	高三
广东	黄岳峰	汕头市金山中学	高二	广东	陈诗敏	东莞市东莞中学	高三
广东	卢沂康	东莞市东莞中学松山湖学校	高二	广东	梁岚清	广东实验中学	高一

续 表

省份	姓名	学校	年级	省份	姓名	学校	年级
广东	宋子洋	广东实验中学	高二	广东	屈子铭	广东广雅中学	高一
广东	张洋	广州市第二中学	高三	广东	苏建嘉	中山市中山纪念中学	高一
广东	张庄衢	珠海市第一中学	高三	广东	唐朝	佛山市南海区南海中学	高一
广东	陈子聪	中山市中山纪念中学	初二	广东	徐子博	中山市中山纪念中学	初二
广东	胡泳欢	深圳中学	高三	广东	余梓灏	中山市第一中学	初三
广东	李牧野	中山市第一中学	初三	广东	张航萁	汕头市金山中学	高二
广东	李征辉	东莞市东莞外国语学校	高三	广东	郑东	广州大学附属中学	高二
广东	张子扬	汕头市金山中学	高一	广东	贺睿杰	华南师范大学附属中学	初三
广东	陈和达	汕头市金山中学	高一	广东	柯希平	中山市中山纪念中学	高一
广东	陈载宇	东莞市东莞中学松山湖学校	高三	广东	赖韵骐	东莞市东莞中学	高二
广东	陈梓俊	广东实验中学	高二	广东	梁烨荣	佛山市南海区南海中学	高三
广东	洪浚栋	东莞市东莞中学	高一	广东	吴君成	东莞市东华高级中学	高二
广东	黄梓轩	广东实验中学	高二	广东	朱元销	东莞市新世纪英才学校	高一
广东	彭鋆	东莞市东莞中学	高二	广东	程煜	四会市四会中学	高二
广东	苏煜庭	广东广雅中学	高一	广东	邓铭辉	广东肇庆中学	初三
广东	许晓彤	广东实验中学	高三	广东	黄梓浩	东莞市东华高级中学	高二
广东	杨佳杰	佛山市南海区石门中学	高一	浙江	季利恒	宁波市镇海蛟川书院	高二
广东	周家骏	佛山市南海区石门中学	高一	浙江	林政	温州中学	高二
广东	周行健	华南师范大学附属中学	初三	浙江	沈子闻	浙江省杭州学军中学	高二
广东	邓紫龙	江门市新会第一中学	高三	浙江	孙佳骏	慈溪中学	高一
广东	李金东	广州市天河外国语学校	高三	浙江	童春瑜	温州中学	高二
广东	吴鸿铭	四会市四会中学	高三	浙江	王熠	余姚市实验学校	初三
广东	吴雨恒	广东北江中学	高一	浙江	吴嘉辰	杭州外国语学校	高三
广东	严若涵	广东碧桂园学校	高二	浙江	陈宇超	金华市外国语学校	高一
广东	杨靖坤	中山市中山纪念中学	高二	浙江	何澄	浙江省义乌中学	高二
广东	朱健燊	华南师范大学中山附属中学	高二	浙江	黄旭东	浙江省余姚中学	高三
广东	陈卓文	华南师范大学附属中学南海实验高级中学	高二	浙江	黄彦瑜	浙江省余姚中学	高二
				浙江	李企峥	绍兴市第一中学	高一
广东	黄海涛	汕头市金山中学	高一	浙江	励镇泽	宁波市镇海蛟川书院	初二
广东	李维哲	珠海市第一中学	高一	浙江	戚倬豪	慈溪中学	高一
广东	刘俊杰	广州大学附属中学	高一	浙江	沈亦鱼	绍兴市柯桥区实验中学	初三
广东	卢紫垣	中山市中山纪念中学	高三	浙江	吴家焱	浙江省诸暨中学	高二
广东	莫琪杰	广东实验中学	高二	浙江	杨予晟	浙江省江山中学	高一
广东	孙文韬	中山市中山纪念中学	高一	浙江	虞皓翔	宁波市镇海蛟川书院	初三
广东	姚鉴航	广东北江中学	高二	浙江	张何畏	浙江省萧山中学	高三
广东	张定暄	深圳市龙城高级中学	高二	浙江	张师伟	浙江省杭州第十四中学	高一
广东	周正华	佛山市南海区石门中学	高一	浙江	郑以勒	瑞安市安阳实验中学	初三
广东	刘源	东莞市东莞中学松山湖学校	高一	浙江	周浩天	宁波市镇海中学	高一
广东	苗沂坤	广东实验中学	高一	浙江	朱傲天	浙江金华第一中学	高一
广东	佘俊达	汕头市金山中学	高二	浙江	陈嘉睿	浙江省杭州学军中学	高二
广东	陈元骏	汕头市金山中学	高一	浙江	陈康冰	浙江金华第一中学	高三
广东	陈竹	东莞市东华高级中学	高一	浙江	陈龙翀	绍兴市第一中学	高二
广东	李熠裕	东莞市东莞中学	高二	浙江	陈易	杭州第二中学	高二

续　表

省份	姓名	学校	年级	省份	姓名	学校	年级
浙江	高泽棵	慈溪中学	高一	浙江	张桢怡	浙江省余姚中学	高二
浙江	王凯乐	慈溪中学	高二	浙江	费浩祥	杭州第二中学	高二
浙江	王尊玉	宁波市镇海蛟川书院	初三	浙江	何奇璋	乐成寄宿中学	高一
浙江	陈逸	乐成寄宿中学	高一	浙江	侯津涛	宁波外国语学校	高二
浙江	董英杰	杭州第二中学	高二	浙江	雷骆	温州中学	高三
浙江	郭俊晗	浙江省瑞安中学	高三	浙江	吕锦泽	绍兴市第一中学	高一
浙江	柯竟俞	温州中学	高一	浙江	汪子扬	嵊州中学	高一
浙江	戎嵘	慈溪中学	高一	浙江	王昊川	江山市第二中学	初三
浙江	王徐笙	浙江省杭州学军中学	高一	浙江	吴君豪	宁波市镇海中学	高一
浙江	夏逸帆	浙江省余姚中学	高	浙江	张岱铭	杭州第二中学	高一
浙江	余翱	衢州华茂外国语学校	初三	浙江	陈文浩	浙江省东阳中学	高二
浙江	陈川	温州中学	高一	浙江	方屹	衢州第二中学	高一
浙江	董佳成	浙江省萧山中学	高二	浙江	徐泽宇	浙江金华第一中学	高一
浙江	方邱旸	衢州第二中学	高一	浙江	张航铭	慈溪中学	高二
浙江	费承昱	浙江省杭州学军中学	高一	浙江	陈佳杰	慈溪中学	高三
浙江	叶隽希	宁波市镇海蛟川书院	初二	浙江	成博炜	浙江省余姚市舜水中学	初三
浙江	章钧豪	温州中学	高一	浙江	傅祺伟	浙江省余姚市姚中书院	高二
浙江	张异凡	衢州第二中学	高二	浙江	陆佳艺	浙江省余姚中学	高二
浙江	张晗翀	衢州第二中学	高三	浙江	孙宇飞	宁波外国语学校	初二
浙江	祝润天	海宁市高级中学	高二	浙江	王楠	慈溪中学	高二
浙江	邹宇涵	宁波市镇海蛟川书院	初二	浙江	李家成	绍兴市第一中学	高二
浙江	江惠珍	浙江省浦江中学	高二	浙江	倪晗楚	浙江金华第一中学	高一
浙江	李藤	宁波市镇海中学	高二	浙江	王路	绍兴市第一中学	高一
浙江	毛嘉怡	浙江省杭州学军中学	高三	浙江	郑凯	浙江省江山中学	高一
浙江	颜弋凯	瑞安市集云实验学校	初三	浙江	郑皓蔚	乐成寄宿中学	高一
浙江	余可	宁波市镇海中学	高二	浙江	方博	绍兴市第一中学	高一
浙江	詹莅彬	温州中学	高二	浙江	方宇	浙江省诸暨市浣江教育集团浣江初中	初三
浙江	张锦哲	余姚市实验学校	初三				
浙江	马骏	绍兴市建功中学	初三	浙江	林泽	苍南县嘉禾中学	高三
浙江	邱比特	慈溪中学	高一	浙江	杨明杰	乐成寄宿中学	高三
浙江	施楚峰	浙江金华第一中学	高三	浙江	倪萍	杭州第二中学	高一
浙江	严智骏	浙江省江山中学	高一	浙江	杨崇烨	海亮高级中学	高一
浙江	张博越	浙江省杭州学军中学	高二	浙江	郑思齐	衢州华茂外国语学校	初三
浙江	郑翰	衢州第二中学	高一	浙江	戴昱铃	绍兴鲁迅中学	高一
浙江	陈佳楹	余姚市实验学校	初三	浙江	甘文迪	浙江省海盐元济高级中学	高二
浙江	陈彦臻	温州中学	高一	浙江	邱家和	浙江省杭州第十四中学	高二
浙江	戴志炜	温州中学	高一	浙江	邵逸	宁波市镇海中学	高二
浙江	傅乐天	绍兴市第一中学	高二	浙江	唐海韬	浙江省余姚中学	高三
浙江	林逢源	浙江省玉环中学	高三	浙江	王炫涵	浙江省温岭中学	高三
浙江	吴骏达	衢州第二中学	高一	浙江	吴雨泽	浙江省海盐元济高级中学	高三
浙江	余杭	宁波市镇海中学	高二	浙江	郑心浩	浙江省瑞安中学	高二
浙江	张家荣	宁波市镇海中学	高一	浙江	陈益磊	余姚市实验学校	初二
浙江	张宇杰	浙江省余姚中学	高二	浙江	成佳悦	浙江省余姚市姚中书院	高一

续 表

省份	姓名	学校	年级	省份	姓名	学校	年级
浙江	范宏骏	衢州第二中学	高一	浙江	谢天晰	温州中学	高二
浙江	何旭	浙江省江山中学	高一	浙江	周晟杰	浙江省江山中学	高一
浙江	周炜	余姚市实验学校	初二	浙江	陈新宇	浙江省温岭中学	高二
浙江	陈家楠	温州中学	高一	浙江	黄梓颐	宁波市鄞州中学	高一
浙江	董一源	浙江省海盐元济高级中学	高三	浙江	李知阳	浙江省温岭中学	高三
浙江	胡家鹏	杭州第二中学	高二	浙江	潘敖	蓝青学校	初二
浙江	胡错宁	慈溪中学	高一	浙江	许常玮	浙江省余姚中学	高二
浙江	潘圣沂	杭州第二中学	高三	浙江	虞逸帆	慈溪中学	高一
浙江	沈序戎	绍兴市第一中学	高二	浙江	陈上瑞	苍南县嘉禾中学	高一
浙江	沈扬	浙江省余姚中学	高一	浙江	陈徐乐	浙江金华第一中学	高二
浙江	王泽宇	慈溪实验中学	初三	浙江	施卓沄	慈溪中学	高二
浙江	吴叶鑫	浙江省春晖中学	高一	浙江	王锐	丽水中学	高二
浙江	徐博涵	衢州第二中学	高三	浙江	叶穗滔	浙江省杭州第十四中学	高一
浙江	陈扩文	余姚市实验学校	初二	浙江	尹凯乐	浙江省诸暨中学	高一
浙江	韩东晟	浙江省余姚中学	高三	浙江	张浩哲	浙江省余姚市姚中书院	高一
浙江	黄雪航	宁波中学	高一	浙江	李一川	杭州江南实验学校	初三
浙江	李健	台州市第一中学	高三	浙江	龚博帆	嵊州中学	高二
浙江	鲁继翔	温州中学	高三	浙江	黄涵	海亮高级中学	高一
浙江	吴佳伟	绍兴鲁迅中学	高二	浙江	戎科泽	慈溪中学	高三
浙江	吴治璋	浙江省杭州学军中学	高二	浙江	宣阳洋	浙江省余姚中学	高一
浙江	徐凌峰	浙江省余姚中学	高一	浙江	张天下	杭州第四中学	高二
浙江	杨子晗	温州中学	高二	浙江	蒋正轩	杭州第二中学	高二
浙江	叶文涛	浙江省杭州学军中学	高二	浙江	柯瑞阳	衢州第二中学	高二
浙江	杜逸杰	杭州第四中学	高二	浙江	潘政哲	浙江省温岭中学	高一
浙江	傅可树	绍兴市第一中学	高一	浙江	何晨泽	绍兴市第一中学	高二
浙江	黄泱邦	慈溪中学	高一	浙江	何东箭	浙江省义乌中学	高一
浙江	宋思怡	浙江省义乌中学	高二	浙江	王磊	浙江省萧山中学	高二
浙江	钟辰涛	浙江省诸暨中学	高二	浙江	夏乾峰	浙江省江山中学	高一
浙江	顾易炜	浙江省杭州学军中学	高三	浙江	许天淇	杭州第四中学	高二
浙江	倪舒啸	浙江金华第一中学	高二	香港	湯諾陶	香港培正中學	高二
浙江	王宣煊	浙江省余姚中学	高三	香港	陳建洋	宣道會陳瑞芝紀念中學	高二
浙江	马晨航	蓝青学校	初一	香港	鍾懷哲	香港培正中學	高一
浙江	张典硕	宁波市镇海中学	高二	香港	魏子奇	香港培正中學	高三
浙江	何豪杰	台州市第一中学	高三	香港	鄭希哲	香港培正中學	高一
浙江	林泽阳	海亮高级中学	高一	香港	黄子峯	喇沙書院	高二
浙江	王威	浙江省江山中学	高二	香港	張沛笙	香港培正中學	高一
浙江	徐艺轩	宁波市镇海蛟川书院	初二	香港	鍾宏昊	喇沙書院	高二
浙江	祝君超	浙江省江山中学	高二	香港	李家榮	聖公會林護紀念中學	高二
浙江	季正阳	浙江省杭州第十四中学	高二	香港	劉汶楷	聖言中學	高二
浙江	李大川	浙江省东阳中学	高二	香港	余康庭	宣道會陳瑞芝紀念中學	高二
浙江	卢浩峰	温州中学	高一	香港	李清嵐	英華女學校	高二
浙江	吴泽涛	绍兴市第一中学	高一	香港	古雅量	拔萃男書院	高三
浙江	谢强	浙江省瑞安中学	高三	香港	莊子穎	香港培正中學	高一

续 表

省份	姓名	学校	年级	省份	姓名	学校	年级
香港	區瑞瑜	英華女學校	高二	黑龙江	凌铭志	齐齐哈尔市实验中学	高一
香港	袁樂勤	香港培正中學	高一	黑龙江	王润翔	哈尔滨市第三中学校	高二
香港	楊善行	宣道會陳瑞芝紀念中學	高一	黑龙江	徐诚远	大庆第一中学	高二
香港	黎永然	中華基金中學	高二	黑龙江	潘正	齐齐哈尔市实验中学	高三
黑龙江	侯冰俏	哈尔滨市第三中学校	高二	黑龙江	于雪吟	哈尔滨师范大学附属中学	高二
黑龙江	修泽	哈尔滨市第三中学校	高二	黑龙江	董易昕	哈尔滨市第三中学校	高一
黑龙江	尹伊君	牡丹江市第一高级中学	高三	黑龙江	高钲淳	齐齐哈尔市实验中学	高三
黑龙江	郭禹淳	牡丹江市第一高级中学	高三	黑龙江	关宇轩	牡丹江市第一高级中学	高二
黑龙江	周逸群	佳木斯市第一中学	高二	黑龙江	刘思远	齐齐哈尔市实验中学	高一
黑龙江	于子轩	哈尔滨市第三中学校	高二	黑龙江	隋步云	哈尔滨工业大学附属中学	高一
黑龙江	周昱彤	佳木斯市第一中学	高二	黑龙江	孙雪健	哈尔滨市第三中学校	高一
黑龙江	司马靖	齐齐哈尔市实验中学	高三	黑龙江	张恒瑞	哈尔滨师范大学附属中学	高一
黑龙江	杨贺然	哈尔滨师范大学附属中学	高三	黑龙江	张振文	大庆第一中学	高二
黑龙江	于鸿宇	黑龙江省实验中学	高二	黑龙江	曾嘉豪	大庆实验中学	高二
黑龙江	郭箫	齐齐哈尔市实验中学	高二	黑龙江	高航	黑龙江省实验中学	高二
黑龙江	牛晓磊	齐齐哈尔市实验中学	高三	黑龙江	尚俊霖	佳木斯市第一中学	高一
黑龙江	李瑞成	哈尔滨市阿城区第一中学校	高三	黑龙江	赵云浩	哈尔滨市第三中学校	高二
黑龙江	刘士弘	哈尔滨市第三中学校	高二	黑龙江	韩旭	大庆实验中学	高三
黑龙江	李恩宇	齐齐哈尔市实验中学	高二	黑龙江	于晓泽	佳木斯市第五中学	初三
黑龙江	李漪桐	哈尔滨市第三中学校	高一	黑龙江	赵升辉	大庆外国语学校	高二
黑龙江	吕诚鑫	齐齐哈尔市实验中学	高一	黑龙江	李承斌	黑龙江省实验中学	高一
黑龙江	陈炳焱	佳木斯市第一中学	高二	黑龙江	刘秩源	齐齐哈尔市实验中学	高一
黑龙江	王梓尧	哈尔滨市第三中学校	高一	黑龙江	吴彤	大庆外国语学校	高二
黑龙江	黄欣然	佳木斯市第一中学	高一	黑龙江	杨笑迎	黑龙江省实验中学	高二
黑龙江	姜鸿博	大庆第一中学	高二	黑龙江	曹可涵	佳木斯市第一中学	高一
黑龙江	林子涵	齐齐哈尔市实验中学	高一	黑龙江	王禹潮	佳木斯市第一中学	高二
黑龙江	刘文赫	大庆第一中学	高三	黑龙江	张驰浩	哈尔滨市第三中学校	高一
黑龙江	李泓霖	哈尔滨师范大学附属中学	高一	黑龙江	白天朗	哈尔滨市第三中学校	高一
黑龙江	杨智超	佳木斯市第一中学	高一	黑龙江	戴姜成璧	大庆外国语学校	高三
黑龙江	张星宇	哈尔滨市第三中学校	高一	黑龙江	鲁宇	黑龙江省实验中学	高二
黑龙江	张皓南	佳木斯市第一中学	高二	黑龙江	吕沛铎	黑龙江省实验中学	高一
黑龙江	邓旭航	大庆实验中学	高二	黑龙江	祝子涵	齐齐哈尔市实验中学	高二
黑龙江	邓逸伦	佳木斯市第一中学	高一	澳门	杨浩	濠江中學	高三
黑龙江	郭凡漪	哈尔滨市第三中学校	高二	澳门	孔繁銘	澳門勞工子弟學校	高一
黑龙江	韩慧珊	哈尔滨工程大学 A Level 国际课程中心	高一	澳门	莫康礼	澳門勞工子弟學校	高三
				澳门	高伟盛	濠江中學	高一
黑龙江	庞凯宁	佳木斯市第一中学	高二	澳门	区国豪	濠江中學	高三
黑龙江	王禹铖	哈尔滨市第三中学校	高一	澳门	余文焯	澳門勞工子弟學校	高二
黑龙江	赵硕	齐齐哈尔市实验中学	高一	澳门	戴詠雅	濠江中學	高三
黑龙江	李津舟	哈尔滨市第三中学校	高二	澳门	何启成	澳門勞工子弟學校	高一
黑龙江	马子涵	哈尔滨师范大学附属中学	高一	澳门	毛語寧	澳門勞工子弟學校	高二
黑龙江	曹一豪	哈尔滨师范大学附属中学	高一				

CCF NOIP 2017 复赛提高组三等奖名单

省份	姓名	学校	年级	省份	姓名	学校	年级
安徽	任栗晗	合肥一六八中学	高三	安徽	魏一鸣	合肥一六八中学	高二
安徽	黄铁昕	蚌埠第二中学	高一	安徽	徐晏辰	安徽省芜湖市第一中学	高三
安徽	汪子骏	安徽省安庆市第一中学	高一	安徽	鲍元昆	铜陵市第一中学	高三
安徽	徐奕明	安徽省淮北市第一中学	高二	安徽	胡婕	安徽省无为中学	高一
安徽	陈嘉琪	安徽省芜湖市第一中学	高二	安徽	朱宇	安徽省无为中学	高一
安徽	罗逸恒	安徽省安庆市第一中学	高一	安徽	王腾	安徽省无为中学	高一
安徽	齐晟慰	安徽省宿州市第二中学	高二	安徽	盛存玉	蚌埠第二中学	高一
安徽	熊凯歌	安徽省宿州市第二中学	高二	安徽	郑天	合肥一六八中学	高二
安徽	盛紫阳	安徽省淮南第二中学	高二	安徽	陈一诺	合肥市第一中学	高一
安徽	张笑阳	淮南新思维学校	初二	安徽	陈中达	安徽省安庆市第四中学	初二
安徽	江芬	安徽省安庆市第一中学	高二	安徽	胡子健	合肥市第一中学	高二
安徽	许思远	淮南实验中学	初一	安徽	王康安	马鞍山市第二中学	高一
安徽	张宏鑫	合肥市第四十五中学	初三	安徽	袁栎宬	安徽省芜湖市第一中学	高二
安徽	李姝彤	马鞍山市红星中学	高三	安徽	黄喆	安徽省淮南第一中学	高一
安徽	史嘉豪	合肥一六八中学	高一	安徽	陈智鹏	淮南实验中学	初二
安徽	王叶会	安徽省芜湖市第一中学	高三	安徽	路宇翔	安徽省阜阳第一中学	高一
安徽	姜若蓉	合肥市第一中学	高二	安徽	潘恩楦	安徽省安庆市第一中学	高二
安徽	周涛	安徽省芜湖市第一中学	高一	安徽	张宇桐	淮南实验中学	初三
安徽	蔡宗健	淮南实验中学	初二	安徽	冯易	淮南实验中学	初一
安徽	尹天乐	淮南实验中学	初三	安徽	廖睿欣	合肥市第四十五中学	初三
安徽	武孝元	淮南实验中学	初三	安徽	房原嵩	合肥一六八中学	高二
安徽	胡睿睿	淮南实验中学	初二	安徽	林振	安徽省阜阳第一中学	高三
安徽	贾宇航	淮南实验中学	初三	安徽	王成文	安徽省淮北市第一中学	高三
安徽	王奕璇	合肥市第六中学	高二	安徽	解家祥	阜阳市第三中学	高二
安徽	赵涵	马鞍山市成功学校	初三	安徽	朱锴宏	安徽师范大学附属中学	高一
安徽	高琮	安徽省宿州市第二中学	高二	安徽	王子权	淮北市天一中学	高二
安徽	崔婉彤	蚌埠第二中学	高一	安徽	刘浩文	安徽省阜阳第一中学	高二
安徽	吴昊达	安徽省灵璧中学	高一	北京	李赫桐	北京十一学校	高二
安徽	李浩洋	安徽省淮南第二中学	高一	北京	李顺	北京师范大学第二附属中学	高三
安徽	宋家辉	安徽省宿州市宿城第一中学	高二	北京	吴一如	桦树湾教育	初三
安徽	贾志宇	安徽师范大学附属中学	高一	北京	杨健明	北京交通大学附属中学	初二
安徽	孔方宇	安徽省芜湖市第一中学	高三	北京	邬绍宸	中国人民大学附属中学	高二
安徽	朱璨	安徽省六安第一中学	高一	北京	陈柏萱	北京师范大学实验二龙路中学	初三
安徽	刘柄政	合肥市第一中学	高一	北京	龚天遥	北京师范大学第二附属中学	高一
安徽	丁一凡	合肥市第一中学	高一	北京	黄嘉骐	中国人民大学附属中学	初三
安徽	魏冰青	合肥市第一中学	高一	北京	柯弘毅	北京市第十九中学	高二
安徽	江景文	安徽省安庆市第一中学	高二	北京	刘宇萌	首都师范大学附属中学	初三
安徽	李坦	安徽省安庆市第一中学	高二	北京	付家齐	北京市第四中学	初三
安徽	何家乐	安徽省歙县中学	高一	北京	贾博涵	北京市顺义牛栏山第一中学	高二
安徽	杨佳木	安徽省阜阳第一中学	高一	北京	刘佳琪	北京十一学校	初三
安徽	李智昊	合肥市第六中学	高一	北京	孟凡君	北京十一学校	高一

续 表

省份	姓名	学校	年级	省份	姓名	学校	年级
北京	杨冠山	首都师范大学附属中学	高一	北京	毛骏奇	中国人民大学附属中学	高一
北京	张晓雅	北京市第一零一中学	高三	北京	秦嘉辰	北京市第五中学	高二
北京	陈庭凯	北京市第四中学	高一	北京	王宇轩	中国人民大学附属中学	初二
北京	高乃珺	北京市第十二中学	高一	北京	王琬婧	北京市第四中学	高二
北京	关天昊	北京景山学校	高三	北京	熊浩男	北京市八一学校	高一
北京	韩沛煊	桦树湾教育	高一	北京	徐元竹	北京师范大学附属实验中学分校	初三
北京	姜子轩	清华大学附属中学	高一				
北京	雷鸣	北京师范大学第二附属中学	高二	北京	张博源	北京师范大学附属实验中学	高一
北京	陆云天	北京市第八十中学	高一	北京	张行远	北京市第二十中学	高一
北京	沈佳怡	首都师范大学附属中学	初二	重庆	陈思阳	重庆八中宏帆初级中学校	初三
北京	唐嘉成	北京市八一学校	高二	重庆	柯萨蔓	重庆市育才中学校	高一
北京	温馨	北京市八一学校	高二	重庆	罗琦宣	重庆市南开中学校	高一
北京	张庭恺	北京十一学校	高二	重庆	唐恬甜	重庆市育才中学校	高一
北京	张一凡	北京师范大学附属实验中学	高一	重庆	王怡丹	重庆市求精中学校	高一
北京	张濡芃	北京市第四中学	高二	重庆	叶子	重庆市育才中学校	高一
北京	赵云天	北大附中	高一	重庆	邹雨欣	重庆市铁路中学校	高二
北京	文美惠	中央民族大学附属中学	高二	重庆	朱河英	重庆市育才中学校	高一
北京	陈修齐	中国人民大学附属中学	初三	重庆	邓韦	重庆市南川中学校	高三
北京	梁兴昊	北京师范大学第二附属中学	高三	重庆	李佳弦	重庆市实验中学	高二
北京	刘泽禹	中国人民大学附属中学	高一	福建	邓谢喆	莆田第一中学	高一
北京	刘子君	北京师范大学附属实验中学	高一	福建	林锦平	平和正兴学校	高三
北京	王同洲	北大附中	高一	福建	林昕辰	厦门双十中学	高一
北京	武子睿	北京理工大学附属中学	高二	福建	苏宇鹏	福建省泉州市第七中学	高一
北京	安庭毅	北京师范大学附属实验中学分校	初三	福建	王泽渠	福建省泉州第五中学	高三
				福建	吴佳阳	福建省晋江市第一中学	高一
北京	李嘉冀	中国人民大学附属中学	高二	福建	张沈鹭	福建省泉州市第七中学	高一
北京	刘逸群	北京市第十二中学	初三	福建	陈鸿飞	福建省泉州第五中学	高二
北京	魏梓霖	北京师范大学附属实验中学	高一	福建	陈佳锐	福建省惠安第一中学	高一
北京	席安	北大附中	高一	福建	傅一豪	福建省泉州第五中学	高一
北京	赵鸣杰	北大附中	高三	福建	洪睿琦	福建省龙岩第一中学	高一
北京	郑童	中国人民大学附属中学	初二	福建	刘权梁	福建省泉州市第七中学	高一
北京	杜煜	北京市顺义牛栏山第一中学	高二	福建	施炜辰	福州第八中学	高二
北京	葛明威	北京汇文中学	高二	福建	苏伟杭	福建省泉州市第七中学	高一
北京	金志扬	北京市第八中学	高一	福建	吴舟	福建省泉州第五中学	高一
北京	明昊泽	北京师范大学附属实验中学	高二	福建	肖皓文	福建省长汀县第一中学	高一
北京	裴昱行	北京十一学校	高一	福建	蔡卓江	漳州实验中学	高三
北京	汪宇轩	中央民族大学附属中学	高三	福建	赖彦豪	福建省漳州第一中学	高二
北京	王大任	北京市第一零一中学	高二	福建	林梓涵	福建省福州第一中学	高一
北京	郑乃琪	北京师范大学附属实验中学分校	初三	福建	钟著晖	福建省厦门第六中学	高一
北京	陈天润	中国人民大学附属中学	高一	福建	周骏	福州第八中学	高二
北京	杜雨桐	北京市第二十中学	高二	福建	陈梓榕	福建省福州第三中学	高一
北京	刘丞毓	北京师范大学附属实验中学分校	初三	福建	程玮斌	莆田第一中学	高二

续 表

省份	姓名	学校	年级	省份	姓名	学校	年级
福建	郭昕炜	福建省南安第一中学	高二	福建	尤儒彦	福建省福州第三中学	高一
福建	黄凯鹏	福建省南安第一中学	高一	福建	邹海丹	厦门实验中学	高一
福建	吕吉坤	福建省南安第一中学	高二	福建	黄瑜	福建省福州第一中学	高一
福建	徐睿	厦门双十中学	高二	福建	吴健赟	福建省泉州第五中学	高二
福建	郑咏津	漳州立人学校	高二	福建	俞泳泽	莆田第一中学	高二
福建	陈荣灿	晋江市第二中学	高二	福建	汪敏豪	福建省福州第三中学	高一
福建	黄柯	漳州立人学校	高一	福建	吴志榕	福建省泉州第五中学	高一
福建	黄逸君	福建师范大学附属中学	高二	福建	张林羽觐	福建省福州高级中学	高三
福建	林钰琳	福建省泉州第五中学	高一	福建	陈志鸿	漳州立人学校	高二
福建	林子豪	福建省泉州第五中学	高二	福建	何熹文	福建省泉州市第七中学	高一
福建	秦海江	福州第八中学	高二	福建	洪鸿铭	福建省泉州第一中学	高一
福建	苏晗	福建省泉州市第七中学	高一	福建	廖帅宇	福建省厦门双十中学漳州校区	高一
福建	吴云龙	福建省福州第一中学	高一	福建	倪思辰	厦门双十中学	高二
福建	杜铮	福建省惠安第一中学	高一	福建	苏烨	福建省泉州第五中学	高二
福建	黄淇奥	福建省福州第三中学	高一	福建	温凌海	武平县第一中学	高二
福建	李安	福建省龙岩市连城县第一中学	高二	福建	吴以杰	福建省福州第一中学	高一
福建	游铭桢	福建省福州第一中学	高一	福建	钟煜阳	福建省安溪第一中学	高三
福建	林贝宁	福建省泉州市第七中学	高一	广西	黄兴龙	南宁市第三中学	高二
福建	林泽源	漳州立人学校	高一	广西	吴天昊	柳州市第十二中学	初三
福建	欧书畅	福建省福州第一中学	高一	广西	张钰琰	广西师范大学附属外国语学校	高三
福建	余朝杭	福州第八中学	高二	广西	龚子睿	南宁市第三中学	高二
福建	张炀杰	福建省南平第一中学	高一	广西	张俊元	南宁市第三中学	高二
福建	朱灿	福建省泉州第五中学	高二	广西	周煦	南宁市第二中学	高二
福建	陈宇堃	福建省惠安第一中学	高一	广西	黄延滨	柳州高级中学	高二
福建	陈岳	福建省福州第一中学	高一	广西	李潇琦	南宁市第三中学	高二
福建	林宇琪	福建省福州第一中学	高一	广西	零宗谕	柳州高级中学	高二
福建	林铮翔	厦门双十中学	高一	广西	刘健辰	柳州铁一中学	高二
福建	孙俊斌	漳州立人学校	高二	广西	魏嘉辰	柳州铁一中学	高二
福建	严世杰	莆田第一中学	高三	广西	何唯峥	广西师范大学附属外国语学校	高二
福建	曾华溢	福建省晋江市第一中学	高二	广西	黄彩珺	广西师范大学附属外国语学校	初一
福建	陈立超	福建省漳州第一中学	高二	广西	黄思晨	南宁市第二中学	高一
福建	傅泽薪	福建省泉州第五中学	高二	广西	张泽萱	柳州铁一中学	高二
福建	黄晨	福建省厦门第一中学	高二	广西	周杜源	南宁市第三中学五象校区	高一
福建	林奕鑫	莆田第一中学	高一	广西	朱柯宇	南宁市第三中学	高一
福建	王晓凯	厦门实验中学	高一	广西	李沛成	南宁市第三中学五象校区	高二
福建	王子安	福建省福州第三中学	高一	广西	梁潮启	南宁市第二中学	高三
福建	郑上锟	福建省厦门第一中学	高一	广西	农润南	南宁市第三中学五象校区	高二
福建	周佳贤	福建省厦门第六中学	高一	广西	程沛鹏	柳州高级中学	高二
福建	陈行之	福建省福州第一中学	高二	广西	蒋建骁	广西师范大学附属外国语学校	高二
福建	邓思宇	晋江市侨声中学	高三	广西	康浩阳	柳州市第四十五中学	初二
福建	侯德亮	福建省南安第一中学	高一	广西	李伟嘉	柳州高级中学	高一
福建	李嘉明	福建省漳州第一中学	高一	广西	凌鑫	南宁市第三中学五象校区	高二
福建	苏海玲	福建省三明第一中学	高二	广西	黄建学	柳州高级中学	高二

续 表

省份	姓名	学校	年级	省份	姓名	学校	年级
广西	黄弋骞	南宁市第三中学五象校区	高一	湖北	南凌风	武汉外国语学校	高二
河南	李世杰	安阳市第一中学	高二	湖北	叶才发	湖北省黄石市第二中学	高二
河南	潘韵同	焦作市第一中学	高二	湖北	曾凡宇	宜昌市夷陵中学	高二
河南	朱浩然	郑州市第四中学	高二	湖北	曹宇	湖北省黄石市第二中学	高二
河南	陈卓	焦作市第一中学	高一	湖北	陈科	湖北省黄石市第二中学	高二
河南	冯春霖	河南省驻马店高级中学	高三	湖北	陈龙启瑞	武汉外国语学校	初二
河南	李昕泽	焦作市第一中学	高一	湖北	黎正	宜昌市夷陵中学	高一
河南	廉松傲	郑州外国语新枫杨学校	高二	湖北	孙雨奇	华中师范大学第一附属中学	高二
河南	刘一木	郑州市第十一中学	高二	湖北	伍新琛	阳新县第一中学	高三
河南	徐方舟	郑州外国语学校	高	湖北	谢万城	宜昌市第一中学	高二
河南	张亚琛	河南省实验文博学校	高二	湖北	杨思玺	宜昌市第一中学	高二
河南	谷艺豪	河南省实验中学	高一	湖北	袁嘉豪	宜昌市夷陵中学	高二
河南	米昂	郑州星源外国语学校	高一	湖北	郭文轩	宜昌市夷陵中学	高二
河南	张隆源	郑州市第一中学	高一	湖北	包晗	湖北省武昌实验中学	高一
河南	鲁舒源	河南省驻马店高级中学	高三	湖北	陈博	湖北省武昌实验中学	高一
河南	孙启皓	郑州外国语新枫杨学校	高一	湖北	陈宇轩	宜昌市第一中学	高一
河南	杨俊骋	郑州市第十一中学	高一	湖北	刘振宇	湖北省武昌实验中学	高二
河南	岳琤昊	郑州实验外国语中学	初二	湖北	辛伟韬	湖北省水果湖高级中学	高二
河南	袁熙禾	安阳正一中学	高一	湖北	余思越	华中师范大学第一附属中学	高三
河南	张庆翥	郑州市第一中学	高一	湖北	周琳琳	湖北省武昌实验中学	高二
河南	张栩睿	郑州市实验高级中学	高二	湖北	张志立	武汉市武珞路实验初级中学	初二
河南	梁驭博	郑州市第十一中学	高二	湖北	赵国豪	华中师范大学第一附属中学	高一
河南	左世龙	郑州外国语新枫杨学校	高二	湖北	陈哲涵	宜昌市夷陵中学	高二
河南	宋卓轩	焦作市第一中学	高一	湖北	房梦琦	武汉外国语学校	高一
河南	王艺润	焦作市第二十中学	初二	湖北	黄怡佳	武汉武珞路实验初级中学	初二
河南	王泽浩	郑州外国语新枫杨学校	高二	湖北	李佳坤	赤壁市第一中学	高一
河南	张德炜	焦作市第一中学	高二	湖北	杨子康	武汉二中广雅中学	初三
河南	周金珂	安阳市第一中学	高二	河北	高德龙	保定市第一中学	高三
河南	高方言	郑州外国语学校	高二	河北	纪高远	石家庄二中实验学校	高一
河南	康高熙	焦作市第一中学	高一	河北	张贺然	石家庄市第二中学	高一
河南	廖若晨	河南大学附属中学	高二	河北	董岱泽	唐山市第一中学	高二
河南	邓晨昊	郑州市第十一中学	高三	河北	臧江楠	河北衡水中学	高一
河南	王科栋	郑州市第七中学	高一	河北	王恒	河北正定中学	高二
河南	王悦玥	郑州市第四中学	高二	河北	郭俊豪	石家庄市第一中学	高二
河南	魏一豪	漯河市宇华实验学校	高一	河北	张翼飞	石家庄市第二中学	高二
河南	张雅雯	安阳市第一中学	高二	河北	司宛玉	石家庄市第二中学	高一
河南	张亚豪	安阳市第一中学	高一	河北	容易圣	石家庄市第二中学	高一
湖北	司一凡	湖北省十堰市郧阳中学	高二	河北	赵政和	石家庄二中实验学校	高一
湖北	王冠	华中师范大学第一附属中学	高二	河北	王文泽	石家庄二中实验学校	高二
湖北	王银松	湖北省襄阳市第四中学	高二	河北	黄昭轶	唐山市第一中学	高一
湖北	张丛茂	湖北省黄冈中学	高二	河北	李少龙	邢台市第一中学	高三
湖北	林俊臣	宜昌市夷陵中学	高二	河北	张春立	衡水第一中学	高一
湖北	陆卓祎	湖北省十堰市郧阳中学	高二	河北	孟小芃	唐山市第一中学	高一

续 表

省份	姓名	学校	年级	省份	姓名	学校	年级
河北	郭鑫泽	沧州市第一中学	高二	湖南	向宇豪	长沙县第一中学	高二
河北	施树翔	邯郸市第一中学	高一	吉林	陈鹏宇	长春市新朝阳实验学校	初三
河北	刘方迪	秦皇岛市第一中学	高三	吉林	吕浩然	吉林市第一中学	高二
河北	韩泰宣	石家庄二中实验学校	高二	吉林	王之正	长春吉大附中实验学校	高一
河北	杨子航	石家庄市第二中学	高一	吉林	白孙赫	东北师范大学附属中学	高一
河北	王伟旭	唐山市第一中学	高一	吉林	战东阳	吉林市第一中学	高二
河北	李龙腾	沧州市第一中学	高一	吉林	李凡丁	东北师范大学附属中学	高一
河北	焦静颐	保定市第一中学	高三	吉林	马湛清	东北师范大学附属中学	高二
河北	齐芷青	石家庄市第一中学	高二	吉林	徐鑫	东北师范大学附属实验学校	高一
河北	王子谦	石家庄市第二中学	高一	吉林	刘家维	四平市第一高级中学	高一
河北	班欣昊	唐山市第一中学	高二	吉林	赵元铭	吉林市第一中学	高二
河北	张开元	石家庄市第二中学	高一	吉林	谭添忆	吉林市第一中学	高二
河北	张中辉	石家庄市第二中学	高一	吉林	郭禹孝	吉林市第一中学	高一
河北	王田雨	河北衡水中学	高一	吉林	刘奕麟	长春吉大附中实验学校	高一
河北	许纹赫	沧州市第一中学	高三	江苏	曹云帆	江苏省镇江中学	高一
湖南	胡佳毅	湖南省长沙市长郡中学	高一	江苏	曹奕阳	南京外国语学校	高一
湖南	黄博言	长沙市中雅培粹学校	初二	江苏	陈昱同	南京外国语学校	初三
湖南	李奕璇	湖南省株洲市第二中学	高二	江苏	王馨	江苏省赣榆高级中学	高二
湖南	刘衍志	长沙市南雅中学	高一	江苏	朱轶伦	江苏省盐城中学	高一
湖南	万宇峰	湖南省醴陵第一中学	高二	江苏	陈添豪	江苏省天一中学	高二
湖南	邓鹏	湖南省平江县第二中学	高三	江苏	陈逸彤	江苏省邗江中学	高二
湖南	姜广	长沙市雅礼中学	高一	江苏	戴思阳	南京外国语学校	高一
湖南	梁晋瑜	长沙市明德中学	高一	江苏	方诚	江苏省淮阴中学	高一
湖南	谭欣	株洲市南方中学	高二	江苏	冯子烨	南京师范大学附属中学	高一
湖南	唐晖雅	长沙市第一中学	高一	江苏	顾枢衡	南京师范大学附属中学	高一
湖南	夏唯原	湖南师范大学附属中学	高一	江苏	韩钧超	江苏省常州高级中学	高一
湖南	徐凌峰	湖南广益实验中学	高二	江苏	夏绍然	江苏省靖江高级中学	高一
湖南	曾子轩	湖南省长沙市长郡双语实验中学	初三	江苏	瞿文卿	江苏省常州高级中学	高二
				江苏	曹家齐	南京外国语学校	高一
湖南	张杨	湘乡市东山学校	高一	江苏	孔典	江苏省丹阳高级中学	高一
湖南	张洋溶	湖南省株洲市第二中学	高二	江苏	李尧	江苏省淮阴中学	高一
湖南	周凯	湖南师大附中梅溪湖中学	初二	江苏	吴亦梵	江苏省常州高级中学	高一
湖南	邓晨	长沙市湘郡培粹实验中学	初一	江苏	谢志恒	江苏省泗洪中学	高二
湖南	刘静	长沙县实验中学	高二	江苏	叶顺龙	南京市金陵中学	高三
湖南	刘艺彬	湖南省娄底市第一中学	高一	江苏	蔡金航	新沂市第一中学	高三
湖南	谢雪逸	湖南省娄底市第一中学	高一	江苏	蔡学志	江苏省海安高级中学	高二
湖南	易楷为	长沙市南雅中学	初二	江苏	陈雨航	江苏省梁丰高级中学	高二
湖南	周璞	浏阳市第一中学	高二	江苏	华文翰	江苏省海安高级中学	高一
湖南	陈怡天	长沙市中雅培粹学校	初二	江苏	黄旭	江苏省扬中高级中学	高三
湖南	黄嘉盛	长沙青竹湖湘一外国语学校	初三	江苏	陆嘉棋	江苏省丹阳高级中学	高一
湖南	李碧辉	湖南省娄底市第一中学	高一	江苏	王晨阳	江苏省东台中学	高二
湖南	饶子歆	湖南省长沙市长郡双语实验中学	初三	江苏	王璐瑶	江苏省震泽中学	高二
				江苏	许轩诚	江苏省常州高级中学	高一

续 表

省份	姓名	学校	年级	省份	姓名	学校	年级
江苏	卞成旭	江苏省盐城中学	高二	江苏	李明嘉	江苏省天一中学	高三
江苏	顾宇新	江苏省泗洪中学	高二	江苏	马翰飞	南京市金陵中学	高一
江苏	金学诚	江苏省常州高级中学	高二	江苏	涂竞一	江苏省扬州中学	高二
江苏	潘飞宇	江苏省常州高级中学	高一	江苏	王宸绪	江苏省宜兴中学	高二
江苏	施玥	常州市第一中学	高二	江苏	相宇	江苏省金湖中学	高二
江苏	孙田同	无锡市第一中学	高一	江苏	谢岱佑	江苏省天一中学	高二
江苏	吴水木	江苏省如皋中学	高一	江苏	张惠泉	无锡市大桥实验学校	高一
江苏	吴宇骐	江苏省赣榆高级中学	高二	江苏	张聿辰	江苏省天一中学	高二
江苏	徐逸辰	江苏省梅村高级中学	高三	江苏	金苏玥	南京外国语学校	高二
江苏	郑舜禹	江苏省苏州中学园区校	高二	江苏	梁致远	江苏省金湖中学	高三
江苏	范书嘉	江苏省金湖中学	高二	江苏	朱宇阳	南京市金陵中学	高二
江苏	何天舒	南京外国语学校	高一	江苏	陈雷鸣	江苏省灌云高级中学	高三
江苏	李骏豪	南京市第十三中学	高二	江苏	陈芊	南京外国语学校	高三
江苏	陆昱翀	南京市金陵中学河西分校	高二	江苏	戴丞盛	江苏省天一中学	高二
江苏	吴昌鲡	江苏省镇江中学	高三	江苏	吕泓涛	南京师范大学附属中学	高一
江苏	周凌松	江苏省天一中学	高二	江苏	陶彦博	无锡市第一中学	高二
江苏	周子涵	西安交通大学苏州附属中学	高二	江苏	夏子煜	江苏省扬州中学	高三
江苏	陈青云	江苏省宜兴中学	高二	江苏	余玥霖	无锡市第一中学	高一
江苏	崔泽昂	南京市中华中学	高三	江苏	朱泽中	江苏省镇江第一中学	高二
江苏	龚可	无锡市大桥实验学校	高一	江苏	陈楚燚	江苏省如皋中学	高三
江苏	钱玥竹	徐州市第三十六中学	高一	江苏	陈雪阳	江苏省盐城中学	高一
江苏	秦琪森	江苏省淮阴中学	高一	江苏	尚子皓	江苏省赣榆高级中学	高二
江苏	薛飞乐	江苏省黄埭中学	高三	江苏	王信元	江苏省淮阴中学	高一
江苏	张安驰	苏州工业园区星海实验中学	高二	江苏	韩一骏	江苏省常州高级中学	高一
江苏	赵若愚	江苏省华罗庚中学	高三	江苏	黄晴川	江苏省扬州中学	高三
江苏	靳琦清	昆山震川高级中学	高一	江苏	李清远	南京外国语学校	高一
江苏	谢晓阳	江苏省江阴高级中学	高三	江苏	刘思成	江苏省海门中学	高二
江苏	殷振翔	江苏省赣榆高级中学	高一	江苏	徐靖童	江苏省扬州中学	高二
江苏	朱骏卿	江苏省大丰高级中学	高一	江苏	刘浩宇	江苏省大丰高级中学	高一
江苏	黄仪	江苏省黄埭中学	高三	江苏	童尚	无锡市第一中学	高三
江苏	戎俊杰	江苏省句容高级中学	高二	江苏	许一凡	江苏省苏州实验中学	高二
江苏	赵梓尧	江苏省天一中学	高二	江苏	左敬鹏	江苏省淮阴中学	高一
江苏	陈业元	江苏省苏州中学园区校	高一	江苏	黄杰	江苏省泗洪中学	高一
江苏	陈亦何	常州市第一中学	高二	江苏	黄今	南京师范大学附属中学	高一
江苏	刘吴俊哲	江苏省锡山高级中学实验学校	高一	江苏	刘靖	江苏省宜兴中学	高二
江苏	马建华	江苏省大丰高级中学	高三	江苏	陆云天	江苏省大丰高级中学	高一
江苏	马宇轩	南京市金陵中学	高三	江苏	张景桐	江苏省天一中学	高二
江苏	薛雨婷	江苏省扬中高级中学	高二	江苏	朱凌峰	无锡市大桥实验学校	高二
江苏	顾竣凯	江苏省邗江中学	高一	江苏	白韬	江苏省靖江高级中学	高一
江苏	李洋	江苏省金湖中学	高二	江苏	姜厚瑞	江苏省赣榆高级中学	高二
江苏	陈博功	江苏省镇江中学	高三	江苏	江澳满	常州市第一中学	高一
江苏	陈杨	江苏省镇江中学	高二	江苏	江煜天	南京市建邺高级中学	高一
江苏	陈宇豪	江苏省盐城中学	高二	江苏	路一鸣	江苏省徐州高级中学	高二

续 表

省份	姓名	学校	年级	省份	姓名	学校	年级
江苏	薛皓予	江苏省海门中学	高二	江西	张煜璞	江西省萍乡市第三中学	高三
江苏	李奕潇	江苏省徐州市第一中学	高二	江西	邹轶轩	江西省赣州三中	高一
江苏	王宸宇	江苏省通州高级中学	高一	辽宁	陈帝博	东北育才学校	高二
江苏	吴桐树	江苏省泗洪中学	高一	辽宁	姜博文	大连市第二十四中学	高二
江苏	金益凡	常州市第二中学	高一	辽宁	姜天泽	丹东市第二中学	高二
江苏	李志远	苏州外国语学校	高三	辽宁	赵泽宇	东北育才学校	高一
江苏	刘晞昀	江苏省盐城中学	高一	辽宁	王声溢	鞍山市第八中学	高二
江苏	田嘉禾	江苏省扬州中学	高一	辽宁	任竞泽	东北育才学校	高二
江苏	王锐臻	江苏省靖江高级中学	高一	辽宁	贾维言	沈阳市第二十七中学	高三
江苏	杨涵	江苏省宜兴中学	高二	辽宁	张航瑞	东北育才双语学校	高二
江苏	杨哲睿	南京市第二十九中学	高二	辽宁	姜文韬	辽师大附中	高二
江苏	蔡馨遥	江苏省淮阴中学	高一	辽宁	杨昊澄	大连市第二十四中学	高一
江苏	鄂贝宁	江苏省扬中高级中学	高二	辽宁	江明翰	辽宁省实验中学	高二
江苏	荆顾伟	江苏省大港中学	高二	辽宁	董哲斌	东北育才双语学校	初二
江苏	钱可鸣	南京外国语学校	高一	辽宁	宋子青	大连市第八十中学	初二
江苏	何翼洋	江苏省镇江中学	高二	辽宁	徐荣俊	大连海湾高级中学	高二
江苏	黄思越	常州市第一中学	高二	辽宁	李南锡	东北育才学校	初一
江苏	马思博	南京外国语学校	高二	辽宁	温若琪	丹东市第二中学	高二
江苏	赵周晨	江苏省海安高级中学	高二	辽宁	厉秉桢	大连市第四十八中学	高一
江苏	杨一恒	江苏省句容高级中学	高二	辽宁	桑逸恺	东北育才学校	初三
江西	文震宇	南昌市第二中学	高二	辽宁	杜茂森	大连市第三十九中学	初一
江西	杨磊	弋阳县第一中学	高一	辽宁	张景弘	大连市第二十四中学	高二
江西	周民宇	江西省萍乡中学	高二	辽宁	黄艾琳	大连市第二十四中学	高二
江西	胡小勇	婺源县天佑中学	高二	辽宁	车兴宇	本溪市高级中学	初三
江西	廖浩蓁	赣州市赣县中学	高三	辽宁	白东杰	大连海湾高级中学	高二
江西	邱鑫	会昌中学	高三	辽宁	赫哲	丹东市第二中学	高三
江西	铁战逸	江西省广丰贞白中学	高一	辽宁	谭恩浩	丹东市第二中学	高二
江西	王竹莲	萍乡市芦溪中学	高三	辽宁	崔珉径	东北育才学校	高一
江西	叶佳	赣州中学	高一	辽宁	曲奕澎	东北育才双语学校	高一
江西	戴俊铖	江西科技学院附属中学	高一	辽宁	崔振越	本溪市第一中学	高二
江西	邓金荃	江西科技学院附属中学	高一	辽宁	刘祉序	东北育才学校	初三
江西	洪恺	婺源县天佑中学	高一	辽宁	朱祉建	沈阳市第二中学	高二
江西	潘心仪	南昌市第五中学	高一	辽宁	孙中正	大连市第八中学	高二
江西	唐文卓	江西师范大学附属中学	高一	辽宁	赵烜呈	东北育才学校	初三
江西	汪建行	江西省九江第一中学	初三	辽宁	薛宇超	大连市第二十四中学	高二
江西	吴方家	江西省宜春中学	高二	辽宁	金智宇	东北育才学校	高一
江西	杨书恒	江西省上饶市玉山县玉山一中	高三	辽宁	刘世超	大连市一〇三中学	高三
江西	杨舸	江西科技学院附属中学	初二	辽宁	张涵	大连市第三十六中学	高一
江西	朱俊豪	江西省广丰贞白中学	高三	内蒙古	孔令祺	呼和浩特市第二中学	高三
江西	何昀纾	江西省九江第一中学	初三	内蒙古	王艺蓉	鄂尔多斯市第一中学	高二
江西	邵麟	弋阳县第一中学	高一	内蒙古	魏来	海拉尔第二中学	高三
江西	汪华清	会昌中学	高三	内蒙古	尤杰	内蒙古北方重工业集团有限公司第三中学	高二
江西	俞旭宇	婺源县紫阳中学	高二				

续 表

省份	姓名	学校	年级	省份	姓名	学校	年级
内蒙古	张晟洋	呼和浩特市第二中学	高三	山东	秦一茗	山东省日照第一中学	高一
内蒙古	于卫宗	包头市第九中学	高二	山东	邱晓宇	山东省诸城第一中学	高一
内蒙古	张龙天	包头市第一中学	高二	山东	宋昊飞	山东师范大学附属中学	高二
内蒙古	张皓宇	赤峰红旗中学	高二	山东	宿夏禹	山东省平度第一中学	高二
内蒙古	易至	包头市第一中学	高二	山东	王喆	山东省烟台第一中学	高二
内蒙古	郭一凡	内蒙古北方重工业集团有限公司第三中学	高二	山东	王一一	山东省滨州市沾化区第一中学	高一
				山东	杨可	鄄城县第一中学	高二
内蒙古	王光祖	赤峰红旗中学	高二	山东	杨明宇	山东省诸城市实验中学	高一
内蒙古	郝宇欣	鄂尔多斯市第一中学	高三	山东	杨子棋	山东省邹平县第一中学	高二
内蒙古	赵澎涛	内蒙古第一机械集团有限公司第一中学	高二	山东	赵天真	东营市胜利第三中学	高二
				山东	亓云鹏	山东省莱芜市第一中学	高二
四川	余乐	四川省绵阳南山中学	高一	山东	邰思童	山东省临沂第一中学	高三
四川	袁加毅	四川师范大学附属中学	高一	山东	程湘钧	莱州市第一中学	高一
四川	陈哲芊昊	电子科技大学实验中学	高一	山东	丁旭宸	东营市胜利第一中学	高一
四川	方智麟	成都树德中学	高一	山东	高嘉	昌邑市第一中学	高一
四川	冯川芹	四川省邻水实验学校	高二	山东	耿业坤	肥城市第一高级中学	高三
四川	高言峰	四川省广汉中学	高二	山东	黄赫峻	山东省烟台第一中学	高二
四川	黄海韬	绵阳南山中学实验学校	高二	山东	蒋希健	肥城市第一高级中学	高二
四川	王惠民	四川省绵阳南山中学	高一	山东	刘俊生	山东省青岛第九中学	高三
四川	王润言	成都七中高新校区	高一	山东	刘明哲	山东师范大学附属中学	高三
四川	王耀霆	绵阳东辰国际学校	高一	山东	刘炫辰	山东省烟台第一中学	高二
四川	张乐天	四川师范大学附属中学	高一	山东	毛家兴	山东省实验中学	高三
四川	张永茂	四川省南充高级中学	高一	山东	潘修睿	邹城市第一中学	高三
山东	丁一哲	山东省济南稼轩学校	初三	山东	汪若曦	山东省泰安第一中学	高三
山东	丁皓杰	莱阳市第一中学	高三	山东	王鸣箫	山东师范大学附属中学	高三
山东	高雨夕	山东省日照第一中学	高二	山东	王殊	巨野县第一中学	高三
山东	何健平	山东省新泰市第一中学	高二	山东	王宴龙	山东省青岛第二中学	高一
山东	胡浩琨	山东师范大学附属中学	高三	山东	徐国璋	山东省聊城第一中学	高一
山东	李成龙	山东省实验中学	高二	山东	延书宇	山东省北镇中学	高一
山东	李恒昊	山东省实验中学	高二	山东	车丽君	肥城市第一高级中学	高三
山东	孙元林	山东省广饶县第一中学	高二	山东	程方昊	临清市第一中学	高三
山东	许帅	鄄城县第一中学	高二	山东	邓涵文	山东省临沂第一中学	高三
山东	赵航	山东省招远第一中学	高三	山东	丁智辰	东营市胜利第三中学	高三
山东	滕翡	山东省日照第一中学	高二	山东	范君平	山东省邹平县第一中学	高二
山东	高堃宇	山东省实验中学	高一	山东	冯永浩	临清市第一中学	高三
山东	高天昊	山东省五莲县第一中学	高一	山东	高昂	山东师范大学附属中学	高一
山东	高正阳	肥城市第一高级中学	高三	山东	高梦彤	山东省青岛超银中学（鞍山路校区）	初三
山东	郝子涵	山东省齐河县第一中学	高一				
山东	刘佳雨	山东省邹平县第一中学	高三	山东	葛昶	山东省临邑第一中学	高一
山东	刘思霖	山东省烟台第一中学	高二	山东	姜晓睿	昌邑市第一中学	高二
山东	刘宇轩	山东省泰安第一中学	高一	山东	李静涵	烟台经济技术开发区高级中学	高二
山东	门晓妤	莒县文心高级中学	高一	山东	刘芳冰	莱州市第一中学	高二
山东	彭鲲硕	山东省济南稼轩学校	初三	山东	刘文	泰安市东平高级中学	高一

续 表

省份	姓名	学校	年级	省份	姓名	学校	年级
山东	刘旭	山东省实验中学	高三	山东	王韬睿	烟台经济技术开发区高级中学	高二
山东	马国庆	肥城市第一高级中学	高三	山东	徐一末	山东省青岛第二中学	高二
山东	尚文博	肥城市第一高级中学	高二	山东	张恒轩	山东省烟台第一中学	高二
山东	舒鑫宇	邹平双语学校	高二	山东	赵克松	肥城市第一高级中学	高三
山东	宋怀智	山东省济宁市第一中学	高二	山东	朱克建	东营市胜利第一中学	高一
山东	宋智国	山东省烟台第三中学	高三	山东	祝翌晨	东营市胜利第一中学	高一
山东	孙浩然	莒县第一中学	高二	山东	迟择恩	山东省青岛第二中学	高一
山东	孙健力	山东省青岛第二中学	高一	山东	郭俊琪	新泰中学	高一
山东	孙铭晨	山东省潍坊第一中学	高一	山东	黄惟佳	山东省莱芜市第一中学	高一
山东	田启初	山东省沂南第二中学	高一	山东	姜鹏	莒县文心高级中学	高[illegible]
山东	王合宁	莘县实验高级中学	高二	山东	李涅钦	山东省邹平县第一中学	高二
山东	王腾	山东省烟台第二中学	高一	山东	刘怀卓	新泰中学	高二
山东	吴启旸	山东省实验中学	高二	山东	彭琳凯	山东省招远第一中学	高二
山东	吴宜荪	山东省烟台第二中学	高二	山东	孙圣欣	莒县文心高级中学	高一
山东	徐法政	山东省潍坊第一中学	高一	山东	王富凯	山东省寿光现代中学	高二
山东	张恒源	山东省烟台第三中学	高三	山东	王广策	肥城市第一高级中学	高二
山东	张佳一	泰安市东平高级中学	高一	山东	吴兆斌	莘县实验高级中学	高二
山东	张舒琪	山东省广饶县第一中学	高二	山东	吴璇	山东省泰安第一中学	高二
山东	张一麟	肥城市第一高级中学	高二	山东	武心昊	肥城市第一高级中学	高一
山东	赵彦霖	山东省烟台第三中学	高三	山东	徐星宇	山东省泰安第一中学	高一
山东	郑鲁州	临清市第一中学	高三	山东	杨硕	东营市胜利第二中学	高二
山东	郑致远	山东省北镇中学	高一	山东	张人杰	山东省平邑第一中学	高三
山东	闫琪	山东省诸城第一中学	高一	山东	张璇	山东省诸城繁华中学	高一
山东	冯元	山东省日照第一中学	高二	山东	褚恒洋	山东省烟台第一中学	高二
山东	郭云飞	山东省青州第一中学	高二	山东	曹展洪	山东省招远第一中学	高二
山东	刘嘉轩	山东省北镇中学	高一	山东	陈禹澎	山东省日照第一中学	高一
山东	齐昀飞	山东省广饶县第一中学	高一	山东	杜军龙	山东省宁阳复圣中学	高二
山东	王福全	莱州市第一中学	高一	山东	高鹿星	山东师范大学附属中学	高二
山东	武成志	山东省广饶县第一中学	高一	山东	韩星宇	山东省潍坊第一中学	高一
山东	辛成龙	肥城市第一高级中学	高三	山东	李敬洋	山东省邹平县第一中学	高三
山东	杨宝兴	山东省邹平县第一中学	高三	山东	李明璐	乳山市第二中学	高三
山东	闫庆康	山东省实验中学	高二	山东	李炫谊	山东省五莲县第一中学	高二
山东	曹子健	山东省潍坊第一中学	高二	山东	聂乐恒	山东省广饶县第一中学	高一
山东	崔文泽	山东省日照第一中学	高一	山东	宋皓晨	东营市第一中学	高一
山东	单良	山东省青岛第二中学	高二	山东	孙浩哲	山东省青州第一中学	高一
山东	侯欣欣	山东省莱芜市第一中学	高三	山东	孙羽佳	山东省烟台第二中学	高一
山东	李庚辰	济南市历城第二中学	高三	山东	田文杰	山大华特卧龙学校	高三
山东	李佳铭	东营市胜利第三中学	初二	山东	王博延	山东省广饶县第一中学	高一
山东	李宪益	肥城市第一高级中学	高一	山东	王金麟	东营市胜利第一中学	高一
山东	梁峰宁	山东省沂南第一中学	高三	山东	王星霖	山东省济南稼轩学校	初三
山东	秦庆龙	山东省禹城市第一中学	高二	山东	王远睿	山东师范大学附属中学	高三
山东	田其翔	山东省新泰市第一中学	高一	山东	魏昊辰	淄博实验中学	高二
山东	王倩文	临沂第十九中学	高三	山东	谢林瀚	山东省青岛第二中学	高一

续 表

省份	姓名	学校	年级	省份	姓名	学校	年级
山东	徐至	山东省烟台第二中学	高一	上海	郑玮	上海市民办华育中学	初三
山东	禹中元	山东省日照第一中学	高一	上海	周俊豪	上海市娄山中学	初三
山东	朱炳奇	山东省莱芜市第一中学	高二	上海	朱正平	华东师范大学第二附属中学	高三
山东	闫浩	山东省邹平县第一中学	高三	上海	黄海骅	上海市实验学校	高一
上海	华勇杰	上海交通大学附属中学嘉定分校	高二	上海	李骏成	华东师范大学第二附属中学	高一
				上海	王卫军	上海市建平中学	高二
上海	王子佶	上海外国语大学附属外国语学校	高二	上海	张厶元	复旦大学附属中学青浦分校	高二
				上海	周天缘	上海市格致初级中学	初二
上海	周济天	华东师范大学第二附属中学	高二	上海	费祺轩	上海市延安初级中学	初二
上海	单世元	上海外国语大学附属外国语学校	高二	上海	侯龙浩	上海市宜川中学	高二
				上海	金佳熠	上海市上海中学	高一
上海	陆欣怡	华东师范大学第二附属中学	高二	上海	林子宏	上海市金山中学	高二
上海	倪蓁	上海市格致中学	高二	上海	潘哲祎	上海市浦东复旦附中分校	高三
上海	苏慧哲	上海市大同中学	高一	上海	庞瑞洋	上海市曹杨第二中学	高二
上海	王嘉华	上海市晋元高级中学	高一	上海	祁璟玥	上海市民办华育中学	初一
上海	王毅杰	上海市曹杨第二中学	高二	上海	荣梓琪	上海市格致中学	高二
上海	薛仁捷	上海市实验学校	高一	上海	陶浥尘	上海市南洋模范中学	高二
上海	杨嘉昀	上海市七宝中学	高二	上海	王锦钊	上海市建平中学	高一
上海	钟英康	上海市曹杨第二中学	高二	上海	王翀	上海市建平中学西校	初三
上海	陈智骐	上海市建平中学	高二	上海	吴天骋	复旦大学附属中学	高一
上海	丁国真	上海市七宝中学	高二	上海	李天乐	上海市民办华育中学	初一
上海	贾逸麟	华东师范大学第二附属中学	高一	上海	沈冠儒	华东师范大学第二附属中学（紫竹校区）	高二
上海	李林翰	上海市曹杨第二中学	高一				
上海	李卓恒	上海市民办华育中学	初三	上海	唐元宸	上海市市北初级中学	初三
上海	沈鹤鸣	上海市实验学校	高二	上海	王海涛	上海市洋泾中学	高一
上海	王思远	上海市民办华二初级中学	初三	上海	陈濛	上海市华东师范大学第一附属中学	高三
上海	徐晓豪	上海市七宝中学	高三				
上海	陈昊	上海市华东师范大学第一附属中学	高三	上海	丁逸舟	上海市七宝中学	高二
上海	程天纵	上海市民办华育中学	初二	上海	龚敬洋	复旦大学附属中学青浦分校	高二
上海	傅以新	上海市曹杨第二中学	高二	上海	聂天骄	上海民办兰生复旦中学	初二
上海	侯若雨	华东师范大学第二附属中学	高一	上海	汤晨曦	复旦大学附属中学青浦分校	高一
上海	胡时平	上海兰田中学	初三	上海	许晋阳	上海市南洋模范中学	高一
上海	雷杨骏鹏	上海市民办华育中学	初三	上海	许灏辰	上海市建平中学	高二
上海	李朴恒	上海市上海中学	高二	上海	袁得葳	上海外国语大学附属外国语学校	初三
上海	刘可盈	上海市娄山中学	初三				
上海	沈韶华	复旦大学附属中学青浦分校	高三	陕西	董若朴	西安交通大学附属中学	高一
上海	孙祺家	上海市新复兴初级中学	初三	陕西	凌少鹏	陕西省宝鸡中学	高二
上海	吴一凡	复旦大学附属中学	高二	陕西	潘谟良	西安高新第一中学	高二
上海	吴振宇	上海市民办华育中学	初三	陕西	王舜尧	西安铁一中滨河学校	高三
上海	徐文琪	上海市西南位育中学	高二	陕西	王一锟	西安铁一中分校	初二
上海	杨家豪	上海市曹杨第二中学	高二	陕西	马腾腾	陕西省榆林中学	高二
上海	郑懿轩	上海外国语大学附属外国语学校	初三	陕西	苏汉霄	西北大学附属中学	高二

续 表

省份	姓名	学校	年级
陕西	赵浚清	西安市第八十三中学	高二
陕西	李国泽	西安市第八十三中学	高二
陕西	徐嘉浩	西安市铁一中学	高一
陕西	张波	西安市第八十三中学	高二
山西	陈宇轩	太原市五育中学校	高二
山西	李揽月	山西省运城市康杰中学	高二
山西	齐震罡	山西大学附属中学	高一
山西	曹靖宜	太原市五育中学校	高二
山西	张祎琳	太原市五育中学校	高二
山西	蔡子祺	山西大学附属中学	高一
山西	郝昕宇	山西大学附属中学	高一
山西	侯瀚茗	山西省实验中学	高二
山西	李尚洋	山西省运城市康杰中学	高一
山西	马文博	山西大学附属中学	高二
山西	王小栋	阳泉市第一中学校	高二
山西	武金涛	山西省运城市康杰中学	高二
山西	张思凡	山西大学附属中学	高二
山西	李晨浩	晋城市第一中学校	高一
山西	陈宪泽	山西省运城市康杰中学	高二
山西	郭雨帆	太原市五育中学校	高二
山西	石映奇	山西大学附属中学	高一
山西	陈一鸣	山西省运城市康杰中学	高一
山西	丁康杰	山西省运城市康杰中学	高二
山西	李博颖	山西大学附属中学	高一
山西	李若芾	山西大学附属中学	高一
山西	杨增泰	山西省运城市康杰中学	高二
山西	张彧铮	山西大学附属中学	高一
天津	高树昊	天津市第四十二中学	高二
天津	石泓正	天津市南开中学	高二
天津	段雅文	天津市南开中学	高一
天津	韩秀奇	天津益中学校	初二
天津	刘祎名	天津市南开中学	高一
天津	刘浩铭	天津市实验中学	高二
天津	张彤阳	天津市滨海新区塘沽第一中学	高二
天津	张文旭	天津市耀华中学	高一
天津	崔海勤	天津市南开中学	高一
天津	赵亦非	天津市耀华中学	高三
天津	赵蕴凯	天津市耀华中学	高二
天津	乔楷淳	天津外国语大学附属外国语学校	初二
天津	万方	华北油田第三中学	高一
新疆	毕然	新疆维吾尔自治区乌鲁木齐市第十三中学	初三
新疆	励皓轩	新疆生产建设兵团第二中学	高二
新疆	蓝堃玉	新疆生产建设兵团第一中学	初三
新疆	王珏	新疆维吾尔自治区巴音郭楞蒙古自治州第二中学	高三
新疆	何逸程	新疆维吾尔自治区乌鲁木齐市第一中学	高二
新疆	胡浩然	新疆维吾尔自治区乌鲁木齐市华兵实验中学	初三
新疆	唐韵嘉	新疆维吾尔自治区乌鲁木齐市第一中学	高二
新疆	李宇健	新疆维吾尔自治区乌鲁木齐市第一中学	高二
广东	曹泽宇	广东广雅中学	高二
广东	洪鹏培	广东实验中学	高二
广东	梁永岚	佛山市南海区南海中学	高三
广东	刘钦玺	华南师范大学附属中学	高一
广东	朱昭彰	中山市第一中学	初三
广东	陈思宇	东莞市东莞中学	高二
广东	陈学荣	东莞市东华高级中学	高二
广东	兰靖	广东广雅中学	高三
广东	刘逸飞	广东北江实验学校	初三
广东	罗建煜	东莞市东华高级中学	高一
广东	陈浩鹏	东莞市东莞中学松山湖学校	高一
广东	陈梓佳	汕头市金山中学	高一
广东	范倍豪	东莞市东莞中学	高一
广东	方楷	佛山市南海区南海中学	高一
广东	黄蔚鸿	华南师范大学附属中学	高二
广东	刘毅	广东实验中学	高一
广东	汪超	佛山市南海区南海中学	高一
广东	颜钰明	广东实验中学	高一
广东	叶文韬	东莞市东华高级中学	高一
广东	高泽豫	东莞市光明中学	高三
广东	郭泽森	东莞市东莞中学	高一
广东	罗增沛	佛山市南海区南海中学	高二
广东	马洛恒	深圳明德实验学校	高一
广东	孟钦辰	东莞市东华高级中学	高二
广东	彭泽怀	广东实验中学	高一
广东	杨烽	佛山市南海区石门中学	高一
广东	叶家蔚	中山市华侨中学	高一
广东	袁剑钦	东莞市东莞中学	高二
广东	周赞陈	华南师范大学附属中学	高一
广东	陈俊熹	广东实验中学	高三
广东	黄致博	广州大学附属中学	初三

续 表

省份	姓名	学校	年级	省份	姓名	学校	年级
广东	李国豪	中山市中山纪念中学	初三	广东	任浩然	佛山市顺德区第一中学	高二
广东	刘宇浩	东莞市东莞中学松山湖学校	高一	广东	宋金龙	蕉岭县蕉岭中学	高三
广东	吴明洲	中山市中山纪念中学	初二	广东	王春霖	中山市中山纪念中学	初三
广东	徐森茂	广东广雅中学	高一	广东	易可	广州大学附属中学	高二
广东	许希帆	汕头市金山中学	高二	广东	袁陈毅	东莞市第一中学	高一
广东	叶剑维	东莞市东莞中学松山湖学校	高二	广东	张浩贤	东莞市东莞中学松山湖学校	高一
广东	郑浩文	佛山市南海区石门中学	高三	广东	蔡诚杰	广州市培英中学	高三
广东	李东明	佛山市南海区南海中学	高二	广东	蓝锐臻	汕头市金山中学	高一
广东	林俊杰	佛山市顺德区第一中学	高二	广东	欧阳旻禧	佛山市顺德区第一中学	高二
广东	王子睿	华南师范大学附属中学	初三	广东	苏梓瀚	深圳市第二实验学校	高一
广东	尹浩朗	东莞市东莞中学松山湖学校	高二	广东	周毓	东莞市东华高级中学	高二
广东	陈保良	中山市第一中学	初三	广东	卓曜龙	广州中学	高二
广东	陈重言	中山市中山纪念中学	初三	广东	白锦海	佛山市南海区南海中学	高一
广东	邓靖岚	东莞市新世纪英才学校	高三	广东	陈凯星	华南师范大学中山附属中学	高三
广东	黄俊荣	广东肇庆中学	高一	广东	陈韬衡	广东实验中学	高一
广东	梁导懿	珠海市第一中学	高一	广东	陈栩泳	佛山市南海区桂城中学	高一
广东	赵冬青	广州中学	高一	广东	黄赞高	佛山市南海区南海中学	高三
广东	陈扬帆	汕头市金山中学	高二	广东	蓝咏芯	佛山市南海区石门中学	高一
广东	黄哲凯	东莞市东莞中学	高二	广东	连泽锋	广州市培英中学	高二
广东	李涛	惠州市第一中学	高一	广东	林沛隆	汕头市金山中学	高二
广东	李炜坚	湛江第一中学	高三	广东	罗嘉俊	深圳高级中学（集团）	高一
广东	林铉昊	东莞市东莞中学松山湖学校	高二	广东	冒泓希	华南师范大学附属中学	高二
广东	王睿林	江门市新会第一中学	高二	广东	齐希贤	广州市第六中学	高一
广东	叶家升	广州市第六中学	高二	广东	唐博一	华南师范大学附属中学	高三
广东	张呈昊	广州大学附属中学	高三	广东	王佳旭	东莞市东华高级中学	高一
广东	闫肃	东莞市东莞中学	高一	广东	文荫华	湛江第一中学	高一
广东	查竣然	东莞市东莞中学松山湖学校	高二	广东	黄超龙	佛山市南海区桂城中学	高二
广东	金实栋	深圳市第二实验学校	高二	广东	李昭睿	广东实验中学	高一
广东	罗梓成	东莞市东莞中学	高一	广东	涂欣桐	中山市第一中学	初三
广东	谢北辰	广州大学附属中学	高一	广东	卞睿冬	深圳市第二实验学校	高一
广东	郑子顺	广州市第三中学	高二	广东	陈奕林	中山市中山纪念中学	初三
广东	钟伟键	佛山市南海区南海中学	高一	广东	邓子烽	佛山市南海区石门中学	高三
广东	胡国宏	中山市中山纪念中学	初三	广东	高珏颐	中山市中山纪念中学	初二
广东	黄梦轩	华南师范大学附属中学	高三	广东	李子毅	广州市第七中学	高一
广东	彭嘉乐	东莞市东华高级中学	高二	广东	刘浩钊	东莞市东莞中学	高三
广东	段韬	广东北江中学	高二	广东	陆锦滔	广州市第三中学	高三
广东	葛昊	中山市中山纪念中学	初三	广东	肖淇升	广东北江中学	高二
广东	郭思凯	汕头市金山中学	高一	广东	辛宛阳	汕头市金山中学	高一
广东	黄昊楠	中山市第一中学	初三	广东	张峰铭	汕头市金山中学	高一
广东	梁嘉美	佛山市南海区石门中学	高一	广东	缪其隽	广东实验中学	高一
广东	梁昊翔	广东北江中学	高一	广东	陈泽森	汕头市金山中学	高二
广东	林锟扬	汕头市金山中学	高一	广东	李润泽	东莞市东莞中学	高一
广东	马延昕	广州大学附属中学	高一	广东	吴梓康	东莞市东华高级中学	高二

续 表

省份	姓名	学校	年级	省份	姓名	学校	年级
广东	徐可	深圳中学	高三	广东	林可轩	汕头市金山中学	高一
广东	陈启	广东碧桂园学校	高一	广东	叶宇键	广州市培英中学	高三
广东	黄乐之	广州中学	高一	广东	钟建明	广州市培英中学	高二
广东	刘臣轩	深圳实验学校高中部	高二	广东	蔡沛仕	东莞市石龙中学	高二
广东	刘宇晨	东莞市东华高级中学	高二	广东	刘英豪	东莞市新世纪英才学校	高三
广东	陆纪韩	潮州市金山中学	高二	广东	吴景焕	东莞市东华高级中学	高二
广东	莫迅	佛山市南海区石门中学	高一	广东	张童	广东北江中学	高一
广东	彭俊杰	佛山市南海区南海中学	高一	广东	钟智峰	东莞市第六高级中学	高三
广东	孙吴歌	深圳市第二实验学校	高三	浙江	顾梓宇	宁波市镇海中学	高一
广东	魏志飞	深圳市龙城高级中学	高二	浙江	郑恬欣	浙江省温岭中学	高一
广东	谢嘉昊	东莞市东莞中学松山湖学校	高一	浙江	陆宇鹏	嘉兴市第一中学	高二
广东	杜昊鸣	佛山市顺德区第一中学	高二	浙江	陆韬	浙江省新昌中学	高二
广东	柯智威	湛江第一中学	高二	浙江	马家俊	浙江省温岭中学	高一
广东	蔡壁	广东省汕头市澄海中学	高一	浙江	戴潇帅	温州中学	高二
广东	陈润珅	珠海市第一中学	高二	浙江	刘瀚文	浙江省杭州第十四中学	高二
广东	陈萱	汕头市金山中学	高一	浙江	宋冠儒	绍兴市第一中学	高一
广东	丁潇杰	东莞市东华高级中学	高二	浙江	汪琦	衢州第二中学	高二
广东	胡长荣	华南师范大学附属中学	高二	浙江	许光亚	浙江省天台中学	高二
广东	李嘉齐	广州市第七中学	高二	浙江	单昊	衢州第二中学	高二
广东	李永基	佛山市顺德区郑裕彤中学	高二	浙江	方天睿	浙江省浦江中学	高二
广东	李梓靖	江门市第一中学	高二	浙江	蒋浩然	宁波市效实中学	高一
广东	潘锦华	佛山市南海区南海中学	高一	浙江	毛博超	浙江省江山中学	高二
广东	彭浩然	深圳实验学校高中部	高二	浙江	冯哲宇	浙江省余姚中学	高一
广东	张梓瀚	汕头市金山中学	高一	浙江	姜浩驰	浙江省江山中学	高一
广东	黄宇坤	佛山市南海区南海中学	高二	浙江	陶子康	台州市黄岩中学	高三
广东	卢泽楠	广东碧桂园学校	高二	浙江	叶之凡	浙江省杭州学军中学	高一
广东	鲁凯文	东莞市东华高级中学	高一	浙江	周帆	浙江省诸暨中学	高一
广东	罗秋旻	广州市真光中学	高二	浙江	褚函辰	金华市外国语学校	初三
广东	王樾	潮州市金山中学	高一	浙江	彭超源	宁波市效实中学	高三
广东	萧子若	广东实验中学	高一	浙江	翁柔莹	浙江省余姚中学	高二
广东	陈东正	东莞市东莞中学	高一	浙江	徐泽宇	浙江金华第一中学	高一
广东	陈袁铭	华南师范大学中山附属中学	高二	浙江	张童晨	温州中学	高三
广东	邓翼宇	东莞市东华高级中学	高一	浙江	周靖涵	海亮高级中学	高一
广东	董桢	佛山市南海区石门中学	高一	浙江	周凌霄	嵊州中学	高二
广东	黄柄乔	珠海市第一中学	高一	浙江	周轶潇	浙江省江山中学	高一
广东	黄志轩	佛山市第一中学	高一	浙江	陈朝琛	绍兴鲁迅中学	高二
广东	黄子桉	深圳高级中学(集团)	高一	浙江	关铭扬	浙江省杭州学军中学	高一
广东	黄瑾浩	广东北江中学	高二	浙江	胡广靖	浙江省杭州第十四中学	高三
广东	赖雯萱	广东实验中学	高一	浙江	毛璇	衢州一中	高二
广东	李文涛	东莞市东华高级中学	高二	浙江	叶昊宇	浙江省瑞安中学	高二
广东	严圣培	佛山市南海区南海中学	高一	浙江	陈洁怡	杭州第四中学	高二
广东	周旭林	东莞市东莞中学	高二	浙江	管正	浙江省湖州中学	高一
广东	黄政波	佛山市南海区南海中学	高二	浙江	汤吉聆	浙江省余姚市姚中书院	高一

续 表

省份	姓名	学校	年级	省份	姓名	学校	年级
浙江	王凯翔	温州中学	高二	浙江	朱云沁	浙江省三门中学	高一
浙江	赵锴旋	嵊州中学	高一	香港	黄婉霖	英華女學校	高三
浙江	张腾霄	衢州华茂外国语学校(高中部)	高三	香港	郭文浩	喇沙書院	高一
浙江	郑伊凡	衢州第二中学	高一	香港	葉梓浩	香港培正中學	高二
浙江	楼旭辉	浙江省东阳中学	高三	香港	許丞祐	新生命教育協會呂郭碧鳳中學	高三
浙江	林骏伟	浙江省瓯海中学	高一	黑龙江	陈昭聿	大庆第一中学	高二
浙江	郑诤	浙江省杭州第十四中学	高一	黑龙江	李广润	佳木斯市第一中学	高二
浙江	黄沛然	宁波市镇海中学	高一	黑龙江	姚元鹏	大庆实验中学	高二
浙江	任浩	乐成寄宿中学	高一	黑龙江	尹轶	哈尔滨师范大学附属中学	高一
浙江	王梓鉴	浙江省余姚市姚中书院	高一	黑龙江	朱华毅	哈尔滨市第三中学校	高一
浙江	胡泽涛	浙江省余姚中学	高二	黑龙江	郭础萱	哈尔滨市第三中学校	高一
浙江	唐瑞	宁波中学	高二	黑龙江	李思政	佳木斯市第一中学	高一
浙江	吴浩铭	衢州华茂外国语学校(高中部)	高一	黑龙江	刘世新	牡丹江市第一高级中学	高二
浙江	闵博瀚	浙江省龙游中学	高三	黑龙江	秦艺丹	佳木斯市第一中学	高一
浙江	王泽昊	杭州第二中学	高一	黑龙江	王崇聪	牡丹江市第一高级中学	高二
浙江	吴政林	浙江省江山中学	高一	黑龙江	徐天泽	哈尔滨市第三中学校	高一
浙江	李晗	浙江省湖州中学	高一	黑龙江	张原赫	黑龙江省实验中学	高一
浙江	刘子鉴	浙江省杭州高级中学	高一	黑龙江	张琬歆	黑龙江省实验中学	高二
浙江	王豆豆	浙江省春晖中学	高一	黑龙江	蔡棋宇	哈尔滨师范大学附属中学	高一
浙江	周睿琦	浙江省江山中学	高二	黑龙江	曹沐阳	佳木斯市第一中学	高一
浙江	罗晶	慈溪中学	高二	黑龙江	纪浩翔	大庆第一中学	高二
浙江	邱永辉	衢州第二中学	高一	黑龙江	李骁	哈尔滨师范大学附属中学	高一
浙江	王烁宇	衢州华茂外国语学校(高中部)	高三	黑龙江	刘子嵩	齐齐哈尔市实验中学	高二
浙江	褚涛	浙江省余姚中学	高二	黑龙江	陈昊禹	大庆第一中学	高二
浙江	娄宏怿	温州中学	高一	黑龙江	于泓博	佳木斯市第一中学	高一
浙江	赵圣斌	浙江省柯桥中学	高一	黑龙江	闫英一	哈尔滨师范大学附属中学	高一
浙江	赵豫	衢州一中	高三	黑龙江	丁禹钦	哈尔滨市第三中学校	高一
浙江	万致远	嘉兴市秀州中学	高一	黑龙江	王子涵	哈尔滨市第十七中学	初三
浙江	李大宇	杭州第二中学	高二				

2017年NOI系列活动试题与解题报告

2017主要赛事题目与分类一览表

清华大学　王宏　张瑞喆

序号	赛事	英文题目	中文题目	类型	问题/主要方法/基本数据结构	命题或题解
1	IOI 2017	nowruz	诺鲁孜节	提交答案	Random-BFS，BFS+贪心	钟知闲
2		wiring	接线	交互	DP，贪心，前缀和优化，线性归并排序	毛啸
3		toy train	玩具火车	交互	有向图，根据博弈定义的BFS，迭代	徐明宽
4		prize	大奖	交互	二分查找，分块二分，区间分治	杨家齐
5		simurgh	西默夫	交互	无向连通图，生成树，二分查找	徐明宽
6		books	古书	交互	带有构造性的最优化问题，交错轮换排序	罗哲正
7	NOI 2017	integer	整数	传统	线段树	王逸松
8		queue	蚯蚓排队	传统	字符串维护，哈希，链表，Trie	于纪平
9		pool	泳池	传统	动态规划，笛卡儿树，矩阵乘法优化	吉如一
10		game	游戏	传统	搜索，2-SAT，字符串	黎才华
11		vegetables	蔬菜	传统	网络流，线段树，堆	张瑞喆
12		phantom	分身术	传统	计算几何，动态凸包维护，高级数据结构	余行江
13	CTSC 2017（选拔赛）	cipher	密钥	传统	图论，括号匹配	金恺
14		tree	网络	传统	图上最优化，单调队列	余行江
15		game	游戏	传统	概率，期望，倍增	茹逸中
16		gift	吉夫特	传统	Lucas定理，DP	毕克
17		lis	最长上升子序列	传统	网络流，二分查找，根号算法	金策
18		projection	投影	传统	网络流，启发式搜索，模拟退火	徐明宽/范浩强
19	APIO 2017	rainbow	斑斓之地	函数填充	数据结构，连通性，差分分析	陈宇
20		koala	考拉的游戏	函数填充	排序，数据分治，搜索	吕欣
21		merchant	商旅	传统	最短路，分数规划	张瑞喆

续 表

序号	赛事	英文题目	中文题目	类型	问题/主要方法/基本数据结构	命题或题解
22	2017 冬令营	chess	棋盘	传统	经典八数码问题，Schreier Sims算法	杜瑜皓/金策
23		challenge	挑战	传统	计算机系统结构优化，位运算，DP	王逸松
24		sort	排序	提交答案	并行计算，排序网络，分治构造，常数优化	吉如一
25	国家集训队 训练测试	tree	生成树计数	传统	Prufer序列，分治FFT	吕欣
26		infinityloop	无限之环	传统	图论，最小费用最大流	邢健开
27		helloworld	Hello World!	传统	分块，树	王聿中
28		metro	小Y和地铁	传统	平面拓扑问题，搜索和优化	王逸松
29		binary	小Y的二叉树	传统	树上贪心，树形DP	周笑鸥
30		patron	小Y和恐怖的奴隶主	传统	状态压缩动态规划，矩阵快速幂算法及其优化	徐明宽
31		dsa	简单数据结构	传统	DP，复杂度分析	翁家翌
32		frogs	福若格斯	传统	双人组合游戏博弈，前缀和	邹逍遥
33		hafen	避难所	传统	构造，贪心	毕克
34		game	我的生命已如风中残烛	传统	计算几何，极角排序，倍增	吉如一
35		core	榕树之心	传统	重心，树的遍历，DP	罗哲正
36		rmq	某位歌姬的故事	传统	计数问题，DP，容斥原理	任翰林

CCF NOI 2017冬令营试题与解题报告

CCF NOI 2017冬令营试题

棋 盘

【问题描述】

小Z在一块棋盘上玩游戏。这块棋盘是一个由n个顶点和m条边组成的无向连通图，图上的顶点编号为$[1, n]$中的正整数。游戏开始时，每个顶点上都放有一个棋子，每个棋子上有一个$[0, n-1]$中的整数，表示棋子的编号。不同棋子的编号互不相同。

每次操作时，小Z需要先选择棋盘上的一条边，这条边的一个顶点此时放有0号棋子。然后，小Z将这条边两个顶点上的棋子交换。

现在你已经知道棋盘的模样，以及初始状态下每个顶点上的棋子编号。小Z想请你回答q个询问。每个询问指定了棋盘的目标状态，你需要回答能否通过若干次操作，将棋盘由初始状态变为这个目标状态。

【输入格式】

从文件chess.in中读入数据。

第一行输入三个正整数n，m，q，分别表示图中的顶点数、边数、询问的个数。

接下来m行，每行两个整数u，v（$1 \leq u, v \leq n$），表示图中有一条连接u，v两顶点的无向边。保证$u \neq v$，即图中不存在自环。保证给出的图是连通图，即任意两个顶点都可以经过若干条边而相互到达。

接下来一行，有n个空格隔开的整数，其中，第i个整数表示初始状态下i号顶点上的棋子的编号，保证编号都为$[0, n-1]$中的整数，且两两不同。

接下来q行，每行有n个空格隔开的整数，表示一个询问，其中，第i个整数表示目标状态中第i号顶点上的棋子的编号，保证编号都为$[0, n-1]$中的整数，且两两不同。

【输出格式】

输出到文件chess.out中。

输出q行，每行一个字符串“Yes”或者“No”（不含引号）作为回答。“Yes”表示从棋子的初始状态可以经过若干次操作达到询问中所指定的目标状态，“No”表示不存在这样的操作步骤。注意：“Yes”和“No”的首字母都是大写。

【样例1输入】

```
5 6 3
2 1
4 5
```

```
3 5
3 4
2 3
1 3
1 2 3 4 0
0 1 2 3 4
2 1 0 4 3
4 3 0 1 2
```

【样例1输出】

```
Yes
Yes
No
```

【样例1说明】

棋盘如下图所示：

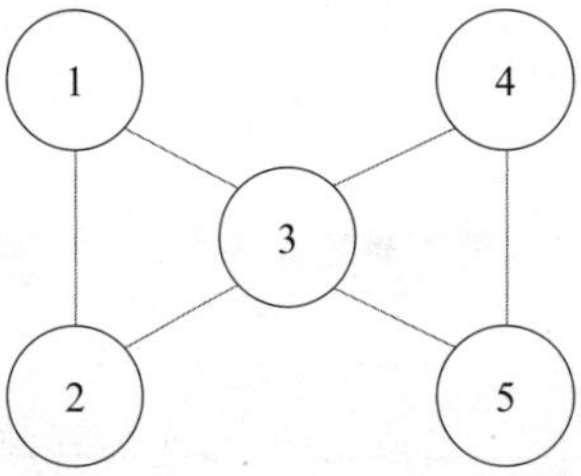

对于第一组询问，将0号点沿着5-4-3-2-1的路径移动；对于第二组询问，将0号点沿着5-3-1-2-3移动；对于第三组询问是无解的。

【样例2输入输出】

见选手目录下的chess/chess2.in与chess/chess2.ans。

【子任务】

本题共有20个测试点。

对于每个测试点，只有当你的输出与标准输出完全相同时，才能得到该测试点的满分。

下表为各个测试点的数据范围和约定。

<table>
<tr><th>测试点编号</th><th>n</th><th>m</th><th>数据特性</th></tr>
<tr><td>1</td><td rowspan="2">≤8</td><td rowspan="2">≤15</td><td rowspan="4">无</td></tr>
<tr><td>2</td></tr>
<tr><td>3</td><td rowspan="6">≤50</td><td rowspan="2">=n−1</td></tr>
<tr><td>4</td></tr>
<tr><td>5</td><td rowspan="4">=n</td><td rowspan="2">特性1</td></tr>
<tr><td>6</td></tr>
<tr><td>7</td><td rowspan="2">无</td></tr>
<tr><td>8</td></tr>
</table>

续　表

<table>
<tr><th>测试点编号</th><th>n</th><th>m</th><th>数据特性</th></tr>
<tr><td>9</td><td rowspan="12">≤50</td><td rowspan="12">≤100</td><td rowspan="2">特性2</td></tr>
<tr><td>10</td></tr>
<tr><td>11</td><td rowspan="3">特性3</td></tr>
<tr><td>12</td></tr>
<tr><td>13</td></tr>
<tr><td>14</td><td rowspan="7">无</td></tr>
<tr><td>15</td></tr>
<tr><td>16</td></tr>
<tr><td>17</td></tr>
<tr><td>18</td></tr>
<tr><td>19</td></tr>
<tr><td>20</td></tr>
</table>

挑　战

【问题描述】

你和同学们找了三道题目用来练习。

这次练习的目标是写出能在时间限制内通过尽量大规模数据的代码。

同学们纷纷写出了优秀的代码。现在，他们向你发起挑战，他们给每个问题都设置了若干个测试数据，这是他们能通过的最大规模的测试数据。现在，他们想看一看你写的代码究竟能超过多少同学的代码，通过多大规模的测试数据。

本题分为3个**任务**，每个任务对应一道题和相应的若干个测试数据，你需要对于每个任务，设计一个能通过尽量多测试数据的程序。

1．任务1

给定n个32位无符号整数，将它们从小到大排序。

2．任务2

有$2n$个人在玩“石头剪刀布”游戏。他们排成两排，每排n个人。

每个人在每一局游戏都使用固定策略，即对于第i（$i \in \{1, 2\}$）排的第j（$0 \leqslant j < n$）个人，用一个整数a_{ij}表示他的策略，其中0表示只出石头，1表示只出剪刀，2表示只出布。

现在有q个询问，每个询问给定三个整数x，y，l（$0 \leqslant x, y < n$，$1 \leqslant l \leqslant n-\max(x, y)$），问第一排的第$x \sim x+l-1$个人和第二排的第$y \sim y+l-1$个人比赛之后，第一排有多少个人会赢？

上文中“比赛”的意思是，对于所有整数i满足$0 \leqslant i < l$，让第一排的第$x+i$个人和第二排的第$y+i$个人进行“石头剪刀布”游戏。

3．任务3

我们称一个合法的括号串为：只由左括号和右括号构成，两种括号的数量相等，且任意一个前缀的左括号数量不少于右括号数量的串。

现在给定一个由“(”,“)”和“?”构成的串，问有多少种不同的方案，使得将每个“?”都替换成一个括号之后，该串变成一个合法的括号串。

两种方案不同，当且仅当至少有一个位置的“?”被替换成了不同的括号。

由于本题部分任务数据规模比较大，我们用一些特殊的方式进行输入输出。

先定义一些用于输入/输出的函数（以下代码中除法向下取整，数组下标从0开始，异或为按位异或，右移为逻辑右移）。

```
定义函数next_integer（32位无符号整数x）:
    将x赋值为x异或（x左移13位）;
    将x赋值为x异或（x右移17位）;
    将x赋值为x异或（x左移5位）;
    返回x。
定义函数 output_arr（指针a，32位无符号整数size）:
    如果（size模4）不等于0:
        输出-1
        返回 假
    令32位无符号整数count等于size除以4;
    令32位无符号整数指针b等于a强制转换为32位无符号整数指针;
    令32位无符号整数ret等于size;
    令32位无符号整数x等于23333333;
    令32位无符号整数i从0循环至count-1:
        将ret赋值为ret异或（b[i]加x）
        将x赋值为next_integer（x）
        输出ret;
        返回 真。
```

【输入格式】

从文件challenge.in中读入数据。

第一行一个整数task_id（$1 \leqslant \text{task\_id} \leqslant 3$），表示任务编号。

接下来是每个具体任务的输入内容。

在输入的同一行中，相邻的两个整数会被一个空格隔开。

1. 对于任务1

第一行两个整数n，s。

令$a_0 = \text{next_integer}(s)$，$a_i=\text{next\_integer}(a_{i-1})$，$1 \leqslant i < n$

则a_0，a_1，…，a_{n-1}即为需要排序的n个整数。

2. 对于任务2

第一行两个整数n，q。

第二行一个仅包含“0”,“1”,“2”的长度为n的字符串，第i个字符所代表的整数表示第一排第i个人的策略（即a_{1i}）。

第三行格式同第二行，表示第二排每个人的策略。

3. 对于任务3

第一行一个整数n，表示给定的串的长度。

第二行一个字符串，即为给定的串。

【输出格式】

输出到文件challenge.out中。

1. 对于任务1

令 b_0, b_1, …, b_{n-1} 为排好序的数组，调用output_arr（b，n*4）即可。

2. 对于任务2

将每个询问的答案依次存入**32位无符号整数**数组 b 中（即存入 b_0, b_1, …, b_{q-1} 中），然后调用output_arr（b，q*4）即可。

3. 对于任务3

输出一个整数，表示不同的方案数除以 2^{32} 得到的**余数**。

【数据范围及约定】

本题共有9个测试点，不同测试点的分值可能不同。

对于每个测试点，只有当你的输出与标准输出完全相同时，才能得到该测试点的满分。

下表为各个测试点的数据范围和约定。为了方便阅读，“测试点编号”一列被放到了表格的中间而不是左边。

任务编号	分　值	测试点编号	约　定
1	5	1	n=100000
	19	2	$n=10^8$
	11	3	$n=2\times10^8$
2	7	4	$n=q$=1000
	23	5	$n=q$=300000
3	9	6	n=1000
	5	7	n=120000
	7	8	n=225000
	14	9	n=266666

【提示和说明】

对于所有语言都打开-O2编译开关。

所有测试点的时间限制均为3s。所有测试点的空间限制均为2GB（对于32位计算机，该限制即为单个程序能使用的内存的上界）。

评测在本机进行。请注意，所有机器的配置与型号都是相同的。

对于每种编程语言，我们都提供了一个**只能实现输入输出功能的模板程序**，名为challenge_model.pas/c/cpp。

你可以在这个模板程序的基础上开始解题，也可以不使用这个模板程序，这与你的得分无关。

我们提供了一些**样例输入输出文件**，名为challenge1.in/ans~challenge9.in/ans，其中第 i 组样例输入的数据范围与第 i 个测试点的数据范围相同。各测试点的数据范围详见“**数据范围与约定**”。

请注意，根据NOI系列比赛的有关规定，你提交的代码长度**不能超过100KB**。

【任务详细说明】

我们在这里对某些任务中可能引起疑问的地方进行了较为详细的说明。

1. 对于任务1

32位无符号整数即占用内存空间32个二进制位（或4字节）的无符号整数类型，在C/C++语言中为unsigned int，在Pascal语言中为dword。

从小到大排序是指，将n个整数a_0，a_1，…，a_{n-1}**重新排列**，设排列后这些整数为b_0，b_1，…，b_{n-1}，则满足对于任意$1 \leqslant i < n$，都有$b_{i-1} \leqslant b_i$。

2. 对于任务2

“石头剪刀布”游戏的规则是石头赢剪刀，剪刀赢布，布赢石头，除这三种情况以外都不算赢。

输入数据和询问中，每一排人的下标都是从0开始，即“第x（$0 \leqslant x < n$）个人”表示的是这一排从左往右数的第$x+1$个人。

3. 对于任务3

我们给出一些括号串的例子：“(())()”是合法的，“((()()))”也是合法的；“((((”是不合法的，“())(”也是不合法的。

对于输入数据“(???”，答案为2，有“(())”和“()()”两种方案。

对于输入数据“)???”，答案为0，因为不可能有合法的括号串以右括号开头。

排 序

【问题描述】

牛牛最近学习了排序的相关知识，他对排序算法的运行效率产生了浓厚的兴趣，并对此展开了一系列的研究。为了优化排序的运行时间，牛牛找到了来参加冬令营的你，希望你帮助他设计一台计算机进行排序。

这台计算机的设计方法如下：

（1）需要进行排序的序列存储在大小为n的数组Q中。

（2）进行计算的最小单元是**比较器**，一个比较器可以用一个三元组（i，j，t）表示，其中，i，j，t均为**正整数**，i，j均在［1，n］内且$i<j$。它的功能是在时刻t比较Q_i与Q_j的大小，若$Q_i > Q_j$，就交换Q_i与Q_j中的值，否则什么也不做。

（3）若要让计算机正常运行，则需要任意两个比较器之间不能发生冲突。两个比较器（A，B，T_1）与（C，D，T_2）会发生冲突，**当且仅当**A、B、C、D中有两个相等的数且$T_1=T_2$。例如，比较器（1，3，1）和（2，4，1）不会发生冲突，而比较器（1，2，3）和比较器（2，3，3）会发生冲突。

在运行时，这台计算机中的每个比较器都会按照预先设定好的参数在指定的时间进行相应的操作。这台计算机运行时需要消耗的时间为所有比较器中参数t的最大值M，该值越小意味着运行时间越短。

牛牛发现，现实中的许多数据具有自己的特性。在设计计算机时往往需要考虑到这些特性，并有针对性地进行设计才能达到好的效果。

为了检验你设计的计算机，牛牛提供了8个**测试点**，共100组**测试数据**，每个测试数据包含K组测试数据，即K个长度为n的排列P。请你为每组**测试数据**设计一台运行时间不超过m的计算机，使得对于任意$i \in$［1，K］，这台计算机能对P_i排序。

【输入格式】

输入文件sort1.in~sort8.in已在选手目录下。

为了方便你区分不同的子任务，每个输入文件第一行为一个整数，表示当前测试点的编号。

第二行一个整数T（$1 \leqslant T \leqslant 100$）表示这个测试点中的测试数据组数，同时也表示这个测试点的分值。对于所有数据，$\sum T=100$。

每组数据第一行有三个整数K，n，m（$1 \leqslant n \leqslant 10^5$，$1 \leqslant K$，$m \leqslant 10^4$），意义在上文中已经说明。

接下来K行每行n个整数，描述一个1到n的排列。

数据保证有解。

【输出格式】

针对给定的8个输入文件sort1.in~sort8.in，你需要分别提交输出文件sort1.out~sort8.out。

对于每组测试数据，第一行输出一个整数num（$1 \leqslant num \leqslant 10^6$），表示你设计的计算机中比较器的个数。

接下来num行，每行3个整数u，v，t（$1 \leqslant u < v \leqslant n$，$1 \leqslant t \leqslant 150$），描述你的计算机的一个比较器（$u$，$v$，$t$）。

【样例1输入】

```
0
1
3 5 4
1 2 5 3 4
3 4 5 1 2
3 1 4 2 5
```

【样例1输出】

```
7
1 2 1
3 4 1
2 3 2
4 5 2
1 2 3
3 4 3
2 3 4
```

【评分方式】

每个测试点单独评分，同时每个测试点你还有可能获得部分分。

每一个测试点总分值为T分，每个测试点得分为其中所有测试数据的得分之和。

在每组测试数据中，若$M \leqslant m$，$num \leqslant 10^6$，比较器之间不会发生冲突且可以对这K个排列正确地排序，则该测试点得1分，否则得0分。

如果你输出了不足T个计算机，那么我们将默认你输出的第i个计算机对应第i组测试数据。

如果你的输出不符合格式要求，我们不保证你能得到该测试点的分数。

【如何测试你的输出】

我们提供checker工具来测试你的输出文件是否是可接受的。使用这个工具的方法是，在终端中运行./checkerer <input> <output>，测试sort1.out在以sort1.in为输入时是否可以接受。

在你调用这个程序后，checker将根据你给出的输出文件给出每一个测试数据的测试结果，其中包括（如果你输出的计算机同时出现了多种错误，将会返回其中一种）：

（1）非法退出：未知错误。

（2）输入文件错误：输入文件非法，在不修改输入文件的情况下不会触发。

（3）The number of the comparators is invalid!：输入的比较器个数不在［1，10^6］范围内，这时checker将会直接退出。

（4）Unexpected EOF：输出文件中给出的计算机不完整。

（5）The running time of the comparator should be in［1，150］：你给出的比较器的运行时间不在［1，150］范围内。

（6）Invalid sorting network!：排序网络不合法，包括$u \geqslant v$，$u<0$，比较器间产生冲突等。

（7）Invalid! m=a but M=b：计算机的运行时间超过限制。

（8）The answer is incorrect：排序网络合法，但是并没有将输入的排列正确排序。

（9）Correct! m=a and M=b：排序网络合法且对输入的排列正确排序，此时将得到该组测试数据的分数。

（10）Total points:a：如果 checker 正常运行到了最后，将会额外输出一行表示你的总得分。其中a是你在这组数据中得到的分数。

【部分数据特性】

这里给出部分数据的部分特性：

（1）测试点4中，对于输入的每一个排列P，它每一个循环的大小都互不相同。循环可以理解为，将一个长度为n的排列P看成一张n个点n条边的无向图，其中i和P_i之间有一条边，这张图中的每一个联通块都是一个循环。

（2）测试点7中，对于输入的每一个排列P，都存在若干个互不相交的区间［l_i，r_i］，使得在对每一个区间［l_i，r_i］循环左移一次后，数组有序。循环左移的例子为：（1，2，3，4）循环左移一步为（2，3，4，1）。同时，该测试点的前8组数据，满足对于输入的每一个排列P，都存在整数i，使得对区间［1，i］循环左移一次后，数组有序。

【提　示】

请妥善保存输入文件sort*.in和你的输出文件sort*.out，及时备份，以免误删。

通过自行修改输入文件获得的分是无效的。

CCF NOI 2017 冬令营试题解题报告

《棋盘》解题报告

清华大学 杜瑜皓 金 策

【概 述】

本题以生活中有趣的八数码问题为背景，设计了一个贴合实际生活又生动有趣的题目。本题的题目设计新颖有趣，贴近生活，将经典问题八数码和Schreier-Sims算法融合在一起，创造了这样一道新的题目。激发了选手的编程兴趣，引导选手通过编程解决实际生产生活中的各种问题，为选手未来的发展提供了正确的方向。

【题目大意】

给你一个图，在上面玩n数码。给一个初始状态和若干个终止状态，问是否可行。

【解题思路】

1. 解法1

从初始状态开始BFS，对于1，2点，状态数为$O(n!)$。对于3~8点，因为图是一棵树，所以状态数为$O(n^2)$。

2. 解法2

保证图是一个$n*n$的网格图，所以这个问题是n^2数码问题。我们只要将空位移到同一个位置，然后判定剩下的置换是否为偶置换即可。

3. 解法3

首先找出一棵生成树，不妨假设空位最后一定在根的位置。考虑空位移动的路径，一定是沿着树边或者非树边行走。一条路径可以看成从空位沿着树边走到非树边然后沿树边回到根节点这样若干段的和。所以一条非树边对应一些棋子的轮换。

在11~13点中，图是仙人掌，所以每个环之间是独立的。只需要求出每个环，每个环只能循环移位。

4. 解法4

我们有如下猜想：首先每个点双连通分量之间都是独立的。对于一个点双连通分量，如果是环，那么显然只有环上的置换合法。如果是二分图，那么一定是偶置换。于是猜想，如果是二分图，那么一定能生成所有的偶置换，否则能生成所有的置换。

可惜存在反例，能获得65~80的分数。

5. 解法5

对于任意图，循环之间彼此不独立，所以可以使用Schreier-Sims算法解决。即给定若干个置换，判定某个置换是否在这些置换所生成的群内。具体可参考岑若虚2014年集训队论文《时间复杂度$O(n^5+qn^2)$》。

6. 解法6

求出所有点双连通分量。对于足够大的点双连通分量前面的猜想是正确的，构造比较复杂，证明略。对于小的点可以暴力。

期望得分80~100分。

【总 结】

综上所述，本题选题良好，背景合适，考试效果符合预期，得分分布合理，适合设置在CCF NOI 2017冬令营的第一题。

《挑战》解题报告

清华大学 王逸松

【概 述】

本题是一个新型题目，包含了三道较为常见的传统题，要求对每道题分别进行实现和优化，按照在时间限制内能通过的最大数据范围给分。

本题所需要的知识不仅限于传统的算法知识，还包括计算机组成和系统结构的知识，这给选手带来了更多的思考。

【得分分析】

在50位集训队选手中，本题的最高得分为79分，40分和21分的人数分别有十几人，而其他得分的分布较为均匀；在非集训队选手中，最高得分为77分，40分的人数较少，21分的人数较多。可见本题在集训队选手中的区分效果较为明显。

【题目大意】

给出三道较为常见的传统题，每道题有若干组数据范围。要求分别实现每道题，并且针对本机评测进行一些优化，使得程序能通过尽量大的数据范围。

【解题思路】

1. 子任务1解法

给定n个32位无符号整数，要求从小到大排序。小数据$n=10^5$，大数据$n=10^8$，最大的数据$n=2\times 10^8$。

对于小数据，只需要使用任何一种时间复杂度低于$O(n^2)$的算法即可通过。

对于大数据，可以使用基数排序（Radix sort）。其核心思想是，将整数的32位分成若干段，然后对每一段分别进行稳定的计数排序。

直接实现分两段的基数排序可以通过大数据，但是不能通过最大的数据。这是CPU缓存的特性导致的。将分两段改为分四段，即可通过最大的数据。这是因为，分成四段时，查表和将整数写回原数组时所需要的缓存空间，从65536个块（每块为64字节）降到了256个块，因此CPU的一级缓存可以被用上，从而比分两段多了一倍的循环，但是运行得更快。

本任务考察了基数排序这一经典算法，以及基于CPU缓存大小和程序时间局部性的优化。

2. 子任务2解法

给定两个长度为n的三进制串。有q个询问，每次询问两个串各取出一段子串后有多少个对应的位相同。小数据$n=q=1000$，大数据$n=q=300000$。

对于小数据，我们可以直接通过遍历子串的每个位来实现。

对于大数据，我们尝试采用“压位”的策略。首先将三进制串转化成二进制串。具体来说，用“001”“010”“100”表示三进制的“0”“1”“2”。这样只需统计两个二进制子串的按位与（and）结果中“1”的个数。

我们通过位运算来实现按位与，再用查表法求出“1”的个数。注意此时查表法分两段和分三段均可。

本任务考察了位运算和查表统计“1”的个数这些经典知识。

3. 子任务3解法

给出一个只含有“?”“(”“)”的串，求有多少种方案将每个“?”分别换成一个括号，且替换完成后整个串为合法的括号串。要求输出答案对2^{32}取模的值。

设串长为n。小数据n=1000，大数据n=225000，最大的数据n=266666。

我们可以用$f[i][j]$来表示前i个字符，左括号比右括号多j个的方案数。对于“?”的情况，$f[i][j]=f[i-1][j-1]+f[i-1][j+1]$。其他情况只需在转移方程中只保留相应的一项。

直接实现该动态规划大约需要n^2次加法，可以通过小数据。

而如果精细地实现该算法，大约需要$n^2/8$次加法，可以通过大数据。

为了通过最大的数据，可以使用“循环展开”技术，如图所示：

```
void add(u32 *a, int m) {
    int j = 0;
    for (; j + 4 <= m; j += 4) {
        u32 s0 = a[j] + a[j + 1];
        u32 s1 = a[j + 1] + a[j + 2];
        u32 s2 = a[j + 2] + a[j + 3];
        u32 s3 = a[j + 3] + a[j + 4];
        a[j] = s0;
        a[j + 1] = s1;
        a[j + 2] = s2;
        a[j + 3] = s3;
    }
    for (; j < m; j++) {
        a[j] += a[j + 1];
    }
}
```

在进行这样的优化后，程序运行速度可以加快约20%，从而能通过最大的数据。

本任务考察了经典的动态规划，以及循环展开这一新知识。

【总　结】

综上所述，本题考察了一些经典问题基于计算机组成和结构的优化。这也是本次冬令营的课程内容。本题考试效果符合预期，得分分布合理，适合设置在CCF NOI 2017冬令营的第二题。

《排序》解题报告

北京大学　吉如一

【概　述】

本题以并行计算中重要的话题排序网络为出发点，设计了一道有趣又不失难度的提交答案题。同时本题的每一个测试数据都可以看成一个独立的问题，涉及多种算法与解题技巧，可以非常全面地考察选手的解题水平。

【得分分析】

编　号	测试点总分	集训队最高分	非集训队最高分	平均分
1	6	6	6	3.5
2	12	7	7	0.3
3	13	13	9	0.8
4	10	10	1	0.1
5	10	9	4	0.4
6	10	5	8	0.4
7	19	19	8	1.3
8	20	18	4	0.3

集训队选手中最高分为38分，平均分为17分。

非集训队选手中最高分为32分，平均分为7.2分。

从上述数据可以看出，集训队选手和非集训队选手的得分之间有较大的差距，可以较好地区分出实力高的选手。同时这道题的平均分并不是非常低，体现出这道题的数据设置有较为良好的梯度，各个水平段的选手都可以找到可以解决的子问题。

在冬令营的比赛中，10分的分数差距是非常显著的。本题很好地区分了各个水平段选手的实力，同时作为一道提交答案题，本题也起到了避免大量选手同分的作用，为冬令营的评奖划分起到了应有的作用。

【题目大意】

给出K个长度为n的排列，要求构造一个深度不超过m的排序网络。

数据保证有解。

【解题思路】

1. 子任务1解法

数据特点：m=1。

利用数据保证有解的条件，可以得到一定存在一个单层的排序网络将所有排列排序。而一层的排序网络只能是对换，即每一个位置只能和至多一个位置比较并交换。

因此只需要对每一个排列，找出每一个需要被移动的位置最后被移到了哪里，就能得到合法的排序网络。

举例来说，如果在一个排列中第x个位置的值是y，那么在排序网络中位置x必须和位置y进行一次比较。因此必须要有排序器（x，y，1）。

2. 子任务2解法

数据特点：$n \leqslant 10$，$m \leqslant 5$。

n=10时，每层排序网络的数量只有945种，因此暴力搜索网络的搜索量为945^m，只能通过一部分的测试数据。

结合子任务1的算法，在最后一层不用搜索，直接使用对换判断，搜索量降为945^{m-1}，这样期望得分为9分。在此基础上加上一些估价，例如，当前层所有排列的逆序对个数之和，等等，可以搜索出第10组和第11组数据。

第12组需要构造一个n=17、层数为5的排序网络，这是理论最优的，网络形态如下页图所示。

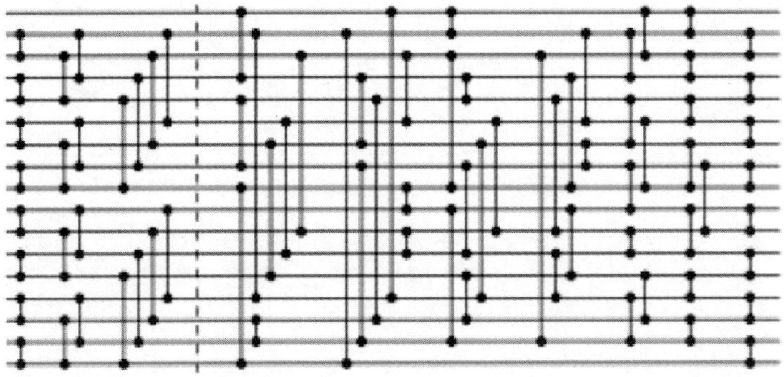

3. 子任务3解法

数据特点：K=1，m=O（loglog n）。

对于这个子任务，需要意识到我们只需要对一个串排序，于是我们可以有针对性地设计排序网络。

考虑这样一种分治排序方法：令f（1，r）为在区间［1，r］为［1，r］的一个排列的情况下，排序这个区间。为了递归到左半边和右半边，我们需要把左半边比中间值大的数换到右边，把右半边比中间值小的数换到左边，然后分别对左右变量调用f即可。

显然交换的过程都是对换，可以用一个单层的排序网络时限。上述排序方法的层数是O（log n）的，因此得到的排序网络深度也为O（log n），这样能得到9分。

更进一步地，可以发现数据是随机的。考虑排列中的一个循环，如果能找到循环上的一个逆序对并交换它们，那么循环会被断成两段。因为数据是随机的，循环上每O（log n）步就有大概率出现一个逆序对，因此在第一层排序网络中，我们贪心地寻找尽可能多的不相交的逆序对并两两交换，这样在进入第二层的时候，排列的每一个循环至多只有O（log n）个元素。

再使用分治构造方法，对每一个排列分别构造，这样层数就可以降到O（loglog n）了。

4. 子任务4解法

数据特点：K=1，m=2，同时排列中每一个循环的大小不同。

单层的排序网络只能是对换，因此在进入第二层的时候，我们必须把排列换成对换的形式。

令P［i］为i的前驱，N［j］为j的后继，如果交换了i，j，则第二轮必须要出现比较器（i，N［j］，2），因此第一轮必须要交换N［j］与P［i］。

因为循环大小两两不同，所以i和j必须要处在相同的循环内（如果处在不同的循环内，在小的循环绕一圈之后，会有两个不同的比较器同时涉及i这个位置）。

于是第一层的排序网络对每一个循环来说，一定存在一个对称轴，将所有对称的位置交换，因此对每一个循环枚举对称轴并检查是否合法即可。

5. 子任务5解法

数据特点：m=O（$\log^2 n$）。

因为输入串的数量有很多，所以之前针对输入进行构造的方法就行不通了。又因为在这个点中，层数限制很大，于是直接使用双调排序或者奇偶归并排序的排序网络，就能达到O（$\log^2 n$）的深度。

直接构造可以通过除了最后一个点以外的所有数据，期望得分9分。

在最后一个点中，双调排序和奇偶归并排序都只能达到105层，而限制是104层。在这种情况下，可以利用子任务2中搜索得到的最优网络进行优化。在分治的最后，待排序区间的长度变得很小，这时候把双调排序/奇偶归并排序的构造替换成最优的排序网络，就能优化一层。

6. 子任务6解法

数据特点：$m=O(\log^2 L)$，每个排列都满足$|P[i]-i|\leqslant L$。

在排序问题中，同样的考虑方法是把序列转化成$n+1$个01序列A_i，其中如果$P[j]\geqslant i$，那么$A_i[j]$的值为1，否则为0。不难发现，一个排序网络能把P排序当且仅当这个排序网络能把这$n+1$个01序列同时排好序。

在这个问题中，$|P[i]-i|\leqslant L$ 的条件等价于每一个01序列只有一个长度为$2L$的区间是乱序的。因此我们设计的排序网络只需要能将每一个长度为$2L$的区间排好序就可以了，更大的范围不用去考虑。

可以考虑分两步做，第一步把所有形如$[1, 4L]$, $[4L+1, 8L]$的区间排序，第二步把所有形如$[2L+1, 6L]$, $[6L+1, 10L]$的区间排序，这样任意长度为$2L$的区间一定被某一个排序区间包含。

排序用双调排序或者奇偶归并排序都可以，最后一个点可以做到72层，只能通过一部分的测试点。

实际上，可以证明上述方法如果把区间长度从$4L$调整到$2L$也是对的。考虑一个只有一个长度为$2L$区间乱序的01序列，在第一层排序结束后，如果还没有排好序，一定在某一个端点前有一段1，端点后有一段0。

因为每一个位置的偏移量只有L，所以左边右边的长度都不会超过L，因此第二步的排序区间肯定覆盖了这一段，能正确排序。

直接使用双调排序或者奇偶归并排序最后一个点能做到56层，期望得分9分。再用子任务5的方法进行优化，可以降到54层，能通过所有点。

7. 子任务7解法

数据特点：$m=O(\log n)$，所有排列都是通过把有序数列中若干个不相交的区间循环右移一位的方式得到。

当所有的循环右移区间都是前缀的时候，可以直接分治：令$f(1, r)$为在区间$[1, r]$一定是某一个前缀被循环右移的情况下，排序这个区间。取区间的中点m，并在这层排序网络中比较$(1, m)$。如果被循环右移的前缀包含m，那么比较器会进行交换，否则比较器不会进行交换。无论如何，在比较之后，区间的左半边和右半边都一定变成一个前缀被循环右移的形式，递归调用f即可。

上述构造的层数是$O(\log n)$，可以通过子任务中的前8个点。

考虑直接把子任务中一般的序列（即有多个任意的不相交的区间发生循环右移）放入上述结构中。我们可以把上述结构看成一棵线段树，那么区间$[1, r]$能被这个结构正确处理的充分必要条件是，存在一个左端点为1，右端点大于等于r的线段树节点。接下来我们把这样的区间称为好的区间。

根据之前的分析，如果我们把位置u, v $(u<v)$进行一次比较，那么它会把所有左端点为u，右端点大于等于v的循环右移区间$[u, r]$拆成$[u, v-1]$, $[v, r]$两个循环右移区间，而其他的区间不会发生变化。

因此一个自然的想法是利用这一点，先进行一次预处理，把区间拆成好的区间，然后再过一遍线段树结构就能排序了。

令函数$g(1, r)$的作用是把左端点在$[1, r]$的区间拆成$[1, r]$的好的子区间以及左端点为$r+1$的区间。首先进行分治，令m为区间的中点，递归$g(1, m)$和$g(m+1, r)$。递归结束后，唯一可能不满足条件的是，$g(1, m)$会把区间拆成左端点为$m+1$的区间，这些区间的右端点可能会超出r，于是我们在$g(1, m)$和$g(m+1, r)$的排序网络之后，再插入一个$(m+1, r+1)$的比较器就可以了。

这样我们先构造g再构造f，就可以在$O(\log n)$的层数内完成该子任务。可以通过除了最后一个点以外的所有测试点。

实际上，我们可以通过二进制分组的技巧来优化两层。排序一个长度为n的区间需要$\log n$上取整层。因此我们可以把n拆成若干个2的幂，分别构建f和g，这样可以把层数给降为$\log n$下取整。

加上这样的一个优化，就可以通过所有的测试点了。

8. 子任务8解法

数据特点：$m=O(\log K)$，所有循环都由i和n交换得到。

最终的构造和堆的结构非常相似，它分为两步：把n提到$n-1$的位置，以及把i压到对应的位置。

对于第一步，令$f(1,r)$为把$[1,r]$中的n提到r的位置的过程，m为$[1,r]$的中点。分治执行$f(1, m)$和$f(m+1, r)$之后，n的位置只可能为m或者r，于是在分治之后接一个(m, r)的比较器就可以了。

执行完$f(1, n-1)$之后，n的位置就被提到了$n-1$处，再加一个$(n-1, n)$的比较器，n就归位了。

在第二步中，令$g(1, r)$为把r这个位置的数沿着n上来的路径压回它应该在的位置的过程，m为$[1,r]$的中点。显然r的数有两种可能性：在$[1,m]$中和在$[m+1,r]$中。因此，在递归执行$g(1, m)$和$g(m+1, r)$时，要先添加比较器(m, r)。

这样我们可以在$O(\log n)$的层数内完成该子任务，能通过绝大部分的测试点。但是要通过完整的数据，还需要进行一些常数优化。优化的方式有很多，下面是其中几种：

（1）用子任务7中二进制分组的方法。

（2）采用多叉树的结构。

（3）因为输入串给定，可以先求出所有涉及的位置，然后只在这些位置中构建f和g，这样可以把$\log n$变成$\log K$。

【总 结】

这是一道难度较高，涉及面非常广的提交答案题。出题的目标是改变之前的提交答案题得分与花费时间成正比，与算法竞赛水平几乎无关的情况。实际上本题的得分分布表明，这道题与算法竞赛实力的关系还是非常大的：集训队的得分和非集训队的得分有非常大的差距。很好地完成了出题时的目标。

同时本题绝大部分点的解法思路非常巧妙，是一道非常优秀的题目。

APIO 2017试题与解题报告

APIO 2017试题

斑斓之地

【问题描述】

在很久以前的黄金时代，澳大利亚的土地是矩形的，可以被划分成R行C列的网格状，行的编号从北到南依次为1～R，列的编号从西到东依次为1～C，（r，c）表示第r行第c列的土地。一天，伟大的彩虹蛇从（s_r，s_c）出发在澳大利亚的土地上移动，彩虹蛇连续进行了M次移动，每次它会向正北（N）、正南（S）、正东（E）或正西（W）方向移动一格，其经过的所有格子（包括起点和终点）都会变成河流。

数百万年之后，你想购买一块矩形区域纪念伟大的彩虹蛇。你想给所购买矩形区域内每一块**不是河流**的格子都染上颜色，要求相邻的格子颜色**必须相同**，两个格子相邻当且仅当两个格子有一条**公共边**，你所购买区域之外的格子无须染色。

现在给出彩虹蛇M次移动的方向，你有Q个购买矩形区域的方案，问每个方案最多能够将土地染上多少种不同的颜色。

【任务描述】

你需要实现函数init和colours：

（1）init（R，C，sr，sc，M，S）：该函数会在开始时调用并且只会调用一次。

*R和C：表示网格的行数和列数。

*sr和sc：彩虹蛇的起点坐标。

*M：彩虹蛇移动的步数。

*S：一个长度为M的字符串，S［i］是N、S、E、W之一，分别表示彩虹蛇的第i次移动是向正北、正南、正东、正西移动一格，$0 \leqslant i \leqslant M-1$。保证彩虹蛇不会移动到网格外面。

（2）colours（ar，ac，br，bc）：在调用init函数一次之后，该函数会被调用Q次。

*（ar，ac）表示你所购买矩形区域的西北角格子的坐标，（br，bc）表示你所购买矩形区域的东南角格子的坐标，返回一个整数表示在这种购买方案下最多能够将土地染上多少种不同的颜色。

*$1 \leqslant ar \leqslant br \leqslant R$，$1 \leqslant ac \leqslant bc \leqslant C$。

请参考提供的模板文件以获取更多的细节。

【样例测试程序】

样例测试程序按照以下格式输入：

*第1行：四个整数R，C，M和Q。

*第2行：两个整数sr和sc。

*第3行：一个包含M个字符的字符串S，每个字符是N，S，E，W之一（如果M=0，则此行应留空）。

*第4行到Q+3行：每行四个整数ar，ac，br和bc。

【样例和解释】

函数调用	返回值	解　释
init（6，4，3，3，9，“NWESSWEWS”）		提供了网格的大小，彩虹蛇的起点和它的移动路径
colours（2，3，2，3）	0	只有（2，3）被矩形区域包含，但（2，3）是河，所以没有格子需要染色，颜色数为0
colours（3，2，4，4）	2	河将矩形区域分成了两部分，一部分包含（3，2），另一部分包含（3，4）和（4，4），因此最多染2种不同的颜色
colours（5，3，6，4）	1	矩形区域内不包含河，所有格点都是连通的，所以最多染1种颜色
colours（1，2，5，3）	3	河将矩形区域分成了三部分：第一部分包含（1，2）和（1，3），第二部分包含（3，2），第三部分包含（5，3），因此最多可以染3种不同的颜色

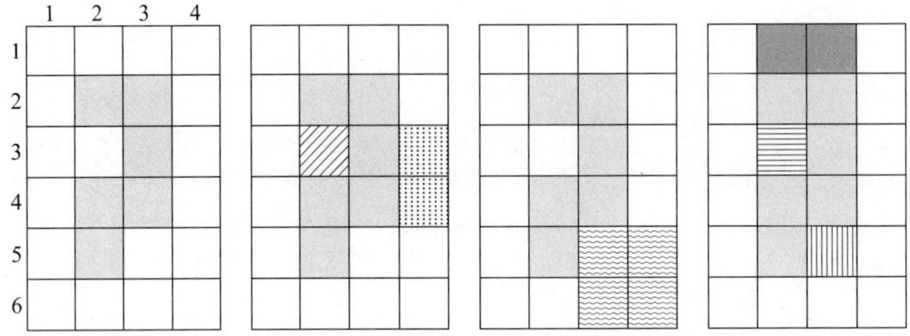

注：上图中的▒格子表示河流。

【样例输入】

```
6 4 9 4
3 3
NWESSWEWS
2 3 2 3
3 2 4 4
5 3 6 4
1 2 5 3
```

【样例输出】

```
0
2
1
3
```

【子任务】

对于全部任务，$0 \leq M \leq 100000$，R，C，$Q \geq 1$。

子任务	分 数	R	C	Q
1	11	$R \leqslant 50$	$C \leqslant 50$	$Q \leqslant 1000$
2	12	$R=2$	$C \leqslant 200000$	$Q \leqslant 100000$
3	24	$R=200000$	$C \leqslant 200000$	$Q=1$
4	27	$R=1000$	$C \leqslant 1000$	$Q=100000$
5	26	$R=200000$	$C \leqslant 200000$	$Q=100000$

考拉的游戏

【问题描述】

Koala 发明了一个新游戏，邀请你一起玩！游戏开始，她会在桌子上放N个物品，物品从 0 ~ N–1 标号。接着，她会秘密地给每个物品分配一个 1 ~ N的整数权值，且任意两个物品不会被分配到相同的权值。其中，第i个物品的权值为P_i。她请你来确定由这些权值构成的序列P=P_0，P_1…P_{N-1}的一些特征。

为了回答她的问题，你可以请Koala玩若干轮游戏。每一轮中，你会得到W个蓝色石子，Koala会得到W个红色石子。首先，你可以选择若干个物品，再把你的一些（或全部）石子放在这些物品的旁边。Koala会观察你的石子分配，然后类似地把她的一些（或全部）石子放在若干个物品旁边。如果一个物品旁边的红色石子数严格大于蓝色石子数，那么，Koala可以获得这个物品。Koala分配她的石子时，总会选择使她获得的物品的权值和最大的方案，如果有多种方案可以做到这一点，她会选择一种获得的物品数最多的方案，如果仍然有多种方案，她会选择其中任意一种。

Koala非常懒，如果你和她玩太多轮游戏，她就会睡着。你的任务是通过尽可能少轮数的游戏，确定Koala的序列P的相关特征。

【任务描述】

在这个任务中，你需要实现4个函数：minValue，maxValue，greaterValue 和 allValues。每个函数需要你确定序列P的不同特征。强烈推荐在我们提供的模版的基础上进行作答。注意，即使你只想获得部分子任务的分数，你也必须为四个函数都提供一个实现（尽管一些函数的内部可能为空）。你的程序禁止从标准输入读数据、向标准输出写数据或与任何文件交互。

在每个函数中，参数N表示游戏中物品的个数，参数W表示你和Koala在每一轮游戏中拥有的石子数。

（1）minValue（N，W）：这个函数需要返回权值最小的物品的标号i，即P_i=1。

（2）maxValue（N，W）：这个函数需要返回权值最大的物品的标号i，即P_i=N。

（3）greaterValue（N，W）：这个函数需要比较物品0和物品1的权值，返回权值较大的物品的标号。具体来说，若$P_0 > P_1$，它应该返回0，否则返回1。

（4）allValues（N，W，P）：这个函数需要确定整个排列，并将其存放在给定的数组中。具体来说，P［i］应该保存物品i的权值P_i（$0 \leqslant i \leqslant N-1$）。

在每个测试点中，交互库会一次或多次调用这些函数中的一个。每次函数调用代表不同的任务，哪个函数会被调用，以及最多被调用多少次取决于子任务（见下文）。你可以认为Koala在每次函数调用前确定了她的序列，并且序列不会在一次函数的调用过程中改变。一次调用结束后，她可以在下次函数调用之前改变她的序列。

你实现的四个函数可以通过调用函数playRound来获取Koala序列的相关信息。

playRound（B，R），请Koala和你玩一轮游戏。

数组B描述你在每个物品旁边放了多少蓝色石子。具体来说，对任意$0 \leqslant i \leqslant N-1$，B［$i$］个蓝色石子将会被放在物品$i$旁边。每个B［$i$］必须是一个非负整数，且B［0］+B［1］+…+B［$N-1$］不能超过W。

交互库会把Koala的回应存放在你提供的数组R中。具体来说，对任意$0 \leqslant i \leqslant N-1$，Koala会在物品$i$旁边放R［$i$］个红色石子。

每个子任务对你在每次游戏中调用函数playRound的次数有所限制。注意，调用次数越少你的得分可能会越高（具体限制和评分方式参见下文）。

【样例数据】（0分）

有5个“样例数据”测试点，每个测试点恰好调用一次上述四个函数中的某一个。请看下文的样例获取各测试点的详细信息。

N=6

P=5，3，2，1，6，4

每次游戏中，你可以调用函数playRound至多3200次。

【子任务】

1. 子任务1（4分）

在这个子任务中，交互库只会调用函数minValue，每个测试点中，这个函数最多会被调用100次。

N=100

W=100

每一次游戏中，你可以调用函数playRound至多2次。

2. 子任务2（15分）

在这个子任务中，交互库只会调用函数maxValue。每个测试点中，这个函数最多会被调用100次。

N=100

W=100

每一次游戏中，你可以调用函数playRound至多13次。

这个子任务中，一个测试点的分数取决于每一轮游戏中函数playRound被调用次数的最大值C_{max}，具体来说，你的得分为：

若$C_{max} \leqslant 4$，获得15分。

若$5 \leqslant C_{max} \leqslant 13$，获得7分。

3. 子任务3（15分）

在这个子任务中，交互库只会调用函数greaterValue。每个测试点中，这个函数最多会被调用1100次。

N=100

W=100

每一次游戏中，你可以调用函数playRound至多14次。

这个子任务中，一个测试点的分数取决于每一轮游戏中函数playRound被调用次数的最大值C_{max}，具体来说，你的得分为：

若 $C_{max} \leqslant 3$，获得 18 分。

若 $C_{max}=4$，获得 14 分。

若 $C_{max}=5$，获得 11 分。

若 $6 \leqslant C_{max} \leqslant 14$，获得 5 分。

4. 子任务 4（10 分）

在这个子任务中，交互库只会调用函数 allValues，每个测试点中，这个函数最多会被调用恰好一次。

$N=100$

$W=200$

你可以调用函数 playRound 至多 700 次。

5. 子任务 5（53 分）

在这个子任务中，交互库只会调用函数 allValues，每个测试点中，这个函数最多会被调用恰好一次。

$N=100$

$W=100$

你可以调用函数 playRound 至多 3200 次。

这个子任务中，一个测试点的分数取决于函数 playRound 被调用的次数，具体来说，你的得分为：

若 $C \leqslant 100$，获得 53 分。

若 $101 \leqslant C \leqslant 3200$，获得 $\left\lfloor 53 - 8\log_2\left(\frac{C}{100}\right)\right\rfloor$ 分。其中，$\lfloor x \rfloor$ 为不大于 x 的最大整数。举例来说，若 $C=3200$，那么你的解答将获得 13 分。

【评分方式】

在每个测试点，你的程序的时间和空间消耗不能超出题目的时空限制。其中包括交互库在初始化、结束、响应你调用的函数 playRound 所消耗的时间与空间。当你估算这一部分的时空消耗时，你可以认为，在评测时使用的交互库与我们提供的样例交互库有相同的函数和相似的实现。

在一个测试点中，若你在调用函数 playRound 时传入了非法的数组 B，或调用函数 playRound 的总次数超过了上限，那么整个测试点将被视为不正确，本测试点记 0 分。

在一个测试点的任意一次游戏中，若一个函数没有正确地回答所要求的 Koala 序列的特征，那么整个测试点将被视为不正确，本测试点记 0 分。

子任务 4 和子任务 5 均要求你实现函数 allValues，但在调用时传入了不同的 W。你可以利用两个子任务在这个参数上的不同，从而在你的实现中区分两个子任务。你可以参考你的语言的模板获取更详细的信息。

你可以提交本题目最多 60 次，连续两次提交至少间隔 2 分钟。

【样　例】

考虑如下的排列 P：

i	0	1	2	3	4	5
P_i	5	3	2	1	6	4

下表展示了几次调用函数 playRound 的例子，以及交互库对每个调用的有效反馈（注意，调用一次函数 playRound，可能会有多种可能的有效反馈）。

W	样例函数调用	可能的交互库反馈	解 释
6	playRound（[0，3，0，2，1，0]，R）	R=[1，1，1，0，2，1]	你在物品1、3、4旁分别放了3、2、1个蓝色石子，在物品0、2、5旁边没有蓝色石子。作为回应，Koala在物品0、1、2、5旁各放一个红色石子，在物品4旁放两个红色石子，在物品3旁边不放红色石子。她会获得物品0、2、4和5，总权值为5+2+6+4=17，这是一种可能的权值最大的方案
6	playRound（[1，2，3，1，2，0]，R）	不合法的函数调用，你的程序将被终止，并被认为不正确，在这个测试点得0分	你放了共计1+2+3+1+2=9个石子，超过W而非法
12	playRound（[1，2，3，1，2，0]，R）	R=[2，3，0，2，3，1]	你不需要用完你的全部W个蓝色石子，Koala也不需要用完她的全部W个红色石子
6	playRound（[0，1，0，0，1，0]，R）	R=[1，0，1，1，2，1]	若Koala有多种方案最大化她获得的物品权值和，她会选择一种获得物品最多的方案。因此，R=[1，2，0，0，2，1]不是一个合法的反馈

以上几个函数的返回结果可以在提交的“Sample Data”中查看。每个测试点中，你可以调用函数playRound至多3200次。

商 旅

【问题描述】

在广阔的澳大利亚内陆地区长途跋涉后，你孤身一人带着一个背包来到了科巴。你被这个城市发达而美丽的市场深深吸引，决定定居于此，做一个商人。科巴有N个集市，集市用从$1\sim N$的整数编号，集市之间通过M条**单向**道路连接，通过每条道路都需要消耗一定的时间。

在科巴的集市上，有K种不同商品，商品用从$1\sim K$的整数编号。每个集市对每种商品都有自己的定价，买入和卖出商品的价格可以是不同的。并非每个集市都可以买卖所有的商品，一个集市可能只提供部分商品的双向交易服务；对于一种商品，一个集市也可能只收购而不卖出该商品或只卖出而不收购该商品。如果一个集市收购一种商品，则它收购这种商品的数量是不限的；同样，一个集市如果卖出一种商品，则它卖出这种商品的数量也是不限的。

为了更快地获得收益，你决定寻找一条盈利效率最高的环路。环路是指带着空的背包从一个集市出发，沿着道路前进，经过若干个市场并最终回到出发点。在环路中，允许**多次**经过同一个集市或同一条道路。在经过集市时，你可以购买或者卖出商品，一旦你购买了一个商品，你需要把它装在背包里带走。由于你的背包非常小，任何时候你最多只能持有一个商品。在购买一个商品时，你不需要考虑是否有足够的金钱，但在卖出时，需要注意只能卖出你拥有的商品。

从环路中得到的收益为在环路中卖出商品得到的金钱减去购买商品花费的金钱，而一条环路上消耗的时间则是依次通过环路上所有道路所需要花费的时间的总和。环路的**盈利效率**是指从环路中得到的收益除以花费的时间。需要注意的是，一条没有任何交易的环路的盈利效率为0。

你需要求出所有**消耗时间为正数**的环路中，盈利效率**最高**的环路的盈利效率。答案**向下取整**保留到整数。如果没有任何一条环路可以盈利，则输出0。

【输入格式】

从标准输入中读入数据。

第一行包含 3 个正整数 N，M 和 K，分别表示集市数量、道路数量和商品种类数量。

接下来的 N 行，第 i 行中包含 $2K$ 个整数 $B_{i,1}, S_{i,1}, B_{i,2}, S_{i,2}, \cdots, B_{i,K}, S_{i,K}$ 描述一个集市。对于任意的 $1 \leqslant j \leqslant K$，整数 $B_{i,j}$，$S_{i,j}$ 分别表示在编号为 i 的集市上购买、卖出编号为 j 的商品时的交易价格。如果一个商品交易价格为 -1，则表示这个商品在这个集市上不能进行这种交易。

接下来 M 行，第 p 行包含 3 个整数 V_p，W_p，T_p，表示存在一条从编号为 V_p 的市场出发前往编号为 W_p 的市场的路径花费 T_p 分钟。

【输出格式】

输出到标准输出中。

输出包含一个整数，表示盈利效率最高的环路盈利效率，答案**向下取整**保留到整数。如果没有任何一条环路可以盈利，则输出 0。

【样例 1 输入】

```
4 5 2
10 9 5 2
6420 15
9 7 10 9
-1 -1 16 11
123
233
141
431
311
```

【样例 1 输出】

```
2
```

【样例 1 说明】

在样例中，我们考虑“1-2-3-1”和“1-4-3-1”两条环路。

（1）考虑环路“1-2-3-1”：这条环路消耗的总时间是 7 分钟（3+3+1）。在这条环路中，最佳的交易方式是：在编号为 1 的集市中购买编号为 2 的商品（花费的金钱为 5）；在编号为 2 的集市中卖出编号为 2 的商品（得到的金钱为 15），然后立即购买编号为 1 的商品（花费的金钱为 6）；带着编号为 1 的商品经过编号为 3 的集市，在回到编号为 1 的城市后卖出（得到的金钱为 9）。在这个环路中，总盈利为 $-5+15-6+9=13$。这个环路的盈利效率为 $\frac{13}{7}$，向下取整后为 1。

（2）考虑环路“1-4-3-1”：这条环路消耗的总时间是 3 分钟（1+1+1）。在这条环路中，最佳的交易方式是：在编号为 1 的集市中购买编号为 2 的商品（花费的金钱为 5）；在编号为 4 的集市中卖出编号为 2 的商品（得到的金钱为 11）；然后经过编号为 3 的集市回到编号为 1 的城市。在这个环路中，总盈利为 $-5+11=6$。这个环路的盈利效率为 $\frac{6}{3}$，向下取整后为 2。

综上所述，盈利效率最高的环路的盈利效率为 2。

【子任务】

在所有数据中，满足$1 \leqslant N \leqslant 100$，$1 \leqslant M \leqslant 9900$，$1 \leqslant K \leqslant 1000$，如果在编号为$i$（$1 \leqslant i \leqslant N$）的集市中，编号为$j$（$1 \leqslant j \leqslant K$）的商品既可以购买又可以卖出，则$0 \leqslant S_{i,j} \leqslant B_{i,j} \leqslant 10^9$。

对于编号为p（$1 \leqslant p \leqslant M$）的道路，保证$V_p \neq W_p$，且$1 \leqslant T_p \leqslant 10^7$。

不存在满足$1 \leqslant p \leqslant q \leqslant M$的$p$，$q$使得（$V_p$，$W_p$）=（$V_q$，$W_q$）。

子任务	分值	特殊性质	性质描述
1	12	对于所有的i（$2 \leqslant i \leqslant N$）和$j$（$1 \leqslant j \leqslant K$）保证$B_{i,j}=-1$	你只能在编号为1的集市购买商品
2	21	$N \leqslant 50$，$K \leqslant 50$，并且对于所有的$1 \leqslant p \leqslant M$，保证$T_p=1$	经过任意一条道路所要花费的时间都是1分钟
3	33	对于所有的i（$1 \leqslant i \leqslant N$）和$j$（$1 \leqslant j \leqslant K$），保证$B_{i,j}=S_{i,j} \neq -1$	每个集市都可以双向交易所有的商品，且在同一个集市中，相同商品的买入和卖出价格是相同的
4	34	无	无特殊性质

APIO 2017解题报告

《斑斓之地》解题报告

清华大学　陈宇

【题目大意】

这是一道交互题。

在$R*C$大小的网格图中，彩虹蛇会从（sr，sc）出发连续走M步，每一步彩虹蛇会移动到某一相邻格子，彩虹蛇经过的格子会变成河流。

有Q个询问，每个询问指定一个矩形区域，询问该矩形区域被河流分割成了多少个连通分量。

【数据范围】

对于全部任务，$0 \leqslant M \leqslant 100000$，$R$，$C$，$Q \geqslant 1$。

子任务	分　数	R	C	Q
1	11	$R \leqslant 50$	$C \leqslant 50$	$Q \leqslant 1000$
2	12	$R=2$	$C \leqslant 200000$	$Q \leqslant 100000$
3	24	$R \leqslant 200000$	$C \leqslant 200000$	$Q=1$
4	27	$R \leqslant 1000$	$C \leqslant 1000$	$Q \leqslant 100000$
5	26	$R \leqslant 200000$	$C \leqslant 200000$	$Q \leqslant 100000$

【解题思路】

1. 解法1

对于R和C都很小并且询问数量Q也不太大的情况，可以先标记出河流格子，对于每个询问都直接使用BFS统计连通块数量。

此解法可以通过子任务1。

2. 解法2

注意到子任务2中R=2，意味着每个询问的子矩阵只可能是以下三种情况之一：

（1）询问第一行。

（2）询问第二行。

（3）询问上下两行。

这三种情况均可以使用前缀和进行快速计算。

3. 解法3

在子任务3中，只有一个询问。

通过分析可以发现，我们按照彩虹蛇的轨迹进行模拟，只有以下两种情况会引起答案的变化：

（1）彩虹蛇将一个连通块切割成了两部分。

（2）彩虹蛇将一个连通块全部变成了河流。

对于情况一，可以在彩虹蛇移动的过程中维护与彩虹蛇相邻四个格子的连通情况；对于情况二，则只需在连通块最后一个格子变成河流的时候判断一下即可。

4. 解法4

对于子任务4，由于R和C均只有1000，所以可以处理地图的全部情况。我们先预处理限定矩阵的上下边界的情况下，分块维护不同列的情况，维护的方式可以参考CCF NOI 2005冬令营《双面棋盘》。

对于每个询问，我们只需要将若干个块合并，以及处理不在整块中的情况。

《考拉的游戏》解题报告

清华大学　吕欣

【概　述】

本题是2017 亚洲及太平洋信息学奥林匹克的交互题，题目以一个基于背包的动态规划为入手点，设计了一系列有趣的子任务，很好地考察了选手灵活应用所学算法设计策略，临场设计算法解决问题的能力。

【题目大意】

交互题，有一个长度为N的未知的排列p[ ]。你可以输入一个非负整数数组a[ ]，使得这个数组元素之和不超过W。交互库会根据你的输入，计算出一个非负整数数组b[ ]，满足这个数组元素之和也不超过W，且最大化以下式子：

$$\sum_{i=1}^{N} p_i \times [b_i > a_i]$$

交互库会返回给你排列b[ ]。

在给定的询问次数内，询问出关于这个排列的相关信息。

【解题思路】

对每个子任务设计不同的算法。

1. 子任务1解法

非常简单，随便令某个$a[i]=1$，其他$a[j]$为0，那么返回的数组里恰好有一项满足$b[k] \leqslant a[k]$，那就是答案。只需要一次询问。

2. 子任务2解法

采用减而治之的思想：首先令所有$a[i]=1$询问，必然能找到前50大元素；其次令所有前50大元素对应的$a[i]=2$，找到前25大元素；再次令所有前25大元素对应的$a[i]=4$，找到前9大元素；最后令前9大元素对应的$a[i]=11$，找到最大元素。

3. 子任务3解法

记前N个正整数的和为$S[N]$。不妨设待比较元素为$P[1]$，$P[2]$。

我们仅令$a[1]=a[2]=x$，做一次询问，则不难验证以下成立：

若$b[1] \leqslant a[1]$，$b[2] \leqslant a[2]$，那么$\min(P[1], P[2]) \leqslant S[x]$

若$b[1]>a[1]$，$b[2]>a[2]$，那么$\max(P[1], P[2])>S[2x]-S[x]$

除了以上两种情况，我们得出了$P[1]$，$P[2]$的大小关系。

不难发现一次询问相当于排除了一个区间（$S[x]$，$S[2x]-S[x]$），我们取出所有这样的区间，在它们上面做一个类似二分查找的过程即可。

4. 子任务4解法

显然，对给定的两个位置x，y，我们仅令$a[x]=a[y]=100$，可以在一次询问之后比较出它们的大小。注意到这一点，同时因为需要计算的是一个排列，使用一种$O(N\log N)$的算法进行排序即可。

5. 子任务5解法

考虑一种“区间划分”的方法：首先所有位置不可区分，记为[1，100]。我们令所有位置$a[i]=1$，区间被划分为[1，50]，[51，100]（这个记号的意思是，我们知道哪些位置的值在[1，50]之间，哪些位置在[51，100]之间）。接下来，我们每次只令其中某个区间所有位置的$a[i]$等于某个常数c，根据交互库返回的结果可以把区间划分得更细致（即原来值在$[1, r]$的每个位置均不可区分，经过这样一次询问之后，我们可以得到一个分界点k，使得$[1, k]$和$[k+1, r]$之间可以区分）。

我们猜想这样一种方法是可以的，因为如果采用这样一种方法，需要的询问次数为$N-1$，几乎卡着要求的次数上界。但是在每次区间划分时常数c的选取上，手构策略是不现实的，我们可以写一个程序暴力搜索一种策略，事实证明很快就能搜出一种合法的方法。

【总　结】

本题的每个子任务之间关联度不是很大，没有一个核心的解题要点或是核心的处理任务将它们串起来。相反，我们要在每个子任务中根据N、W、询问次数和所给任务的不同设计不同的解决方法，从这一点上看，这个问题和一些传统的NOIP十合一的提交答案题类似，或许我们也可以把这道题称为“交互题五合一”。

同时，解决这道题目的过程中处处体现着机器智慧和人类智慧相结合的方面。除了第一个送分点之外，几乎每个问题的解决方法都是我们无法直接手推的。我们只能先想清楚这个子任务所采用的策略的大方向和核心的处理手法，然后通过程序的暴力搜索计算来找到一种合理的询问策略，从而解决题目。这个处理问题的思路在最后一个子任务上体现得淋漓尽致。

我个人比较喜欢这样的命题风格，计算机的产生本就是为了帮助人类处理各种复杂的计算任务。作为信息学竞赛，我们和数学竞赛最大的不同就是有计算机这样一个强大的工具来帮助我们解决问题。我们应该意识到，计算机能做的不仅仅是运行我们实现的标准程序，帮助我们通过测试数据拿到分数。同时，我们可以在比赛的过程中尽可能地利用计算机的强大能力，帮助我们跑暴力程序找规律、对复杂的问题进行机器分类讨论，等等。

《商旅》解题报告

清华大学　张瑞喆

【概　述】

本题以全局优化为目标，结合图论的知识点，配合一个货运的背景，设计了一道贴近实际生活又生动有趣的题目。本题的题目设计新颖有趣，贴近生活，将两个知识点融合到一起，创造了这样一道新的题目。激发选手编程兴趣的同时，引导选手通过编程解决实际生产生活中的各种问题，为选手未来的发展提供了正确的方向。

【题目大意】

一个图有 N 个点 M 条单向边，每条边有其固定的长度（时间消耗）。

有 K 种物品，在每个点可以买或者卖某些物品，不同的点价格可能不同，同一时间只能保留一个物品在身上。

问盈利效率最高的环的效率是多少？

$1 \leqslant N \leqslant 100$

$1 \leqslant M \leqslant 9900$

$1 \leqslant K \leqslant 1000$

【解题思路】

1. 解法1

对于第一个子任务，我们注意到这个子任务中，只有1号点能买入物品，这其实就意味着两个非常有用的性质：

（1）最优的贸易路线一定是从1号点出发，经过若干个点后回到1号点。

（2）在这条路线上，每次经过1号点的时候购买商品，再在路径上价格最高的点上卖掉。

这样一来，我们只需要求出一个环，满足：

（1）这个环经过点1。

（2）下面这个表达式的结果最大：

$$\frac{\text{环上售价最大的点}}{\text{环的长度}}$$

通过进一步分析可知，如果我们确定了环上售价最大的点，那么从1到该点的路径以及从该点到1的路径都选取最短路径才可以保证上述表达式的结果最大（环长度最小）。

所以，我们可以先使用Dijkstra算法求出从1号点到其他点的最短路径，以及其他点到1号点的最短路径。

之后，枚举在哪个点卖出商品即可。

时间复杂度为$O(n \times k)$。

2. 解法2

对于这部分数据，数据范围较小（N、$K \leqslant 50$），且每条边消耗的时间均为1。

首先，经过分析不难得出，在最优方案中，每个点最多被经过1次。

证明：

若有一个点被经过了两次，则可以以这个点为分界点，将路径分割为两部分，均为完整的回路。设第一部分的收益和距离分别为x_1、y_1，第二部分的收益和距离分别为x_2、y_2，则两部分的总收益为：

$$\frac{x_1+x_2}{y_1+y_2}$$

因为所有参数均为正数，有

$$\frac{x_1+x_2}{y_1+y_2} \leqslant \max\left(\frac{x_1}{y_1}, \frac{x_2}{y_2}\right)$$

所以，选择其中值较大的一个部分必定不劣于选择整个回路。

因此需要找一个简单环，其长度必定不超过50。

我们先枚举起点s，定义状态dp[u][v][m]表示当前走到了节点u，已经走过的长度为w，当前背包中的物品编号为m（m=0表示没有物品）。

之后在图上进行dp即可，每个节点被更新的次数不会太多。

3. 解法3

基于上一种解法，考虑如何优化这个最大值，这是一个分数规划的经典问题。

首先，对答案在实数域上进行二分。下文中，k表示二分的答案。现在需要判断的是下面这个式子能否被满足：

$$\max\left\{\frac{\text{总收益}}{\text{总路程}}\right\} \geqslant k$$

即是否存在

$$\frac{\text{总收益}}{\text{总路程}} \geqslant k$$

因为各代数值均为正，得到

$$\text{总收益}-\text{总路程} \times k \geqslant 0$$

即是否能找到一条回路，使得总收益减去总路程的k倍大于等于0。

为了将情况一般化，我们可以假想有一个特殊的物品，该物品在每个点的售价都是0。这样，我们就可以认为在路途中任何时刻均至少有一个物品。

考虑最优情况，一定是从某个点出发，买了某个物品，然后走到另一个点卖出，再买新的物品，继续走，最后回到出发点。

即存在路径：$P_1 \to P_2 \to P_3 \to \cdots \to P_k \to P_1$。

在P_1买某个物品然后在P_2卖掉，在P_2买某个物品在P_3卖掉，以此类推，最终在P_1卖掉一个物品后结束。

所以，我们可以建一个新图G，在G中，任意两个点i到j之间有一条有向边，边权为在第i个点买一个物品，在j号点卖出物品，走这样一段路的最小值。

判断在新图上有没有权值非负的环即可。

实现时，在二分后，先预处理出w[i][j]，表示在第i个点买东西，然后在第j个点卖掉这个东西的最大获利。再预处理出d[i][j]，表示从第i个点出发，到第j个点所需要的最短时间。

然后，令 dis［i］［j］=w［i］［j］$-d$［i］［j］$*k$，通过Floyd算法即可判定出是否存在权值非负的环。

时间复杂度为$O(N^2 \times K+N^3 \times \log(\text{ans}))$。

可以通过全部测试数据获得满分。

【总　结】

综上所述，本题选题良好，背景合适，在套题中与其他题目配合良好，考试效果符合预期，适合设置在APIO。

IOI 2017中国代表队选拔赛暨全国信息学精英赛

CCF CTSC 2017第一试

密　钥

【问题描述】

一个密钥是一个长度为$n=2k+1$的字符串，它包含1个字母X、k个字母A和k个字母B。例如，$k=3$时，BAXABAB就是一个密钥。

如下图所示，可以按顺时针顺序把这$2k+1$个字母排成一个圈。

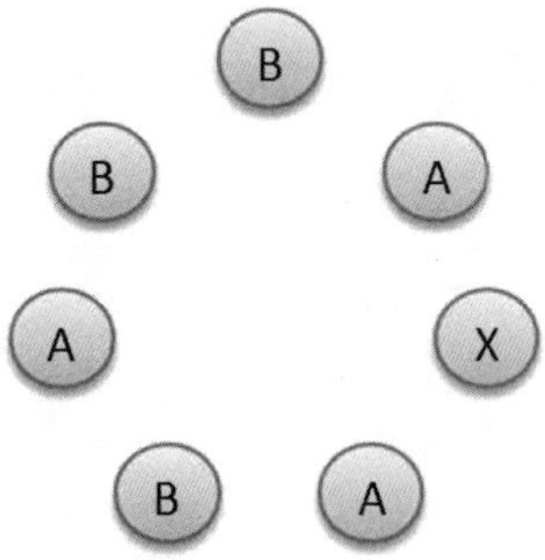

在k个字母A中，有一部分可以定义为**强的**。

具体来说，从X出发顺时针走到某个A时，如果途中A的数目**严格多于**B的数目，则称此字母A为强的。

对于上面的例子来说，顺时针方向从字母X数起，第1个和第2个字母A是强的，第3个字母A不是强的。

一个密钥的**特征值**就是其中包含的强的字母A的个数。

天才小朋友KT给出了一个结论：假设k个字母A所在的位置已经固定，但是剩下的k个字母B和1个字母X的位置是未知的（注意，满足这样要求的密钥一共有$k+1$个，因为字母X还剩下$k+1$个可能的位置）。

可以证明：全部$k+1$个可能的密钥的特征值是各不相同的，它们恰好为0，1，2，…，k。

下页的图是一个具体的示例，从左到右的四个子图中分别有3个，2个，1个，0个字母A是强的。

类似地，如果固定k个字母B的位置，那么满足条件的所有$k+1$个密钥的特征值也各不相同，恰好为0，1，…，k。

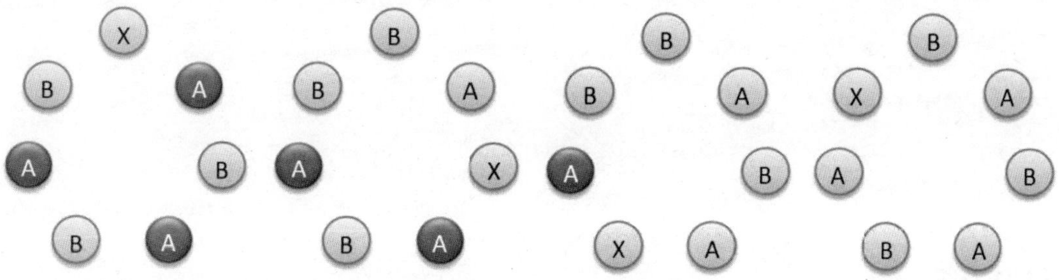

（a）　　（b）　　（c）　　（d）

现在你需要解决以下三个问题：

（1）给定密钥中所有A的位置，当密钥的特征值为0时，请问X在哪个位置？

（2）给定密钥中所有A的位置，当密钥的特征值为S时，请问X在哪个位置？

（3）给定密钥中所有B的位置，当密钥的特征值为S时，请问X在哪个位置？

注意：字符串的$2k+1$个字母的位置由$1\sim 2k+1$编号。

1. 例子1

假定$k=3$，$S=2$，那么：

当A的位置是{2，4，6}且特征值为0时，X的位置在7；

当A的位置是{2，4，6}且特征值为2时，X的位置在3；

当B的位置是{2，4，6}且特征值为2时，X的位置在5。

2. 例子2

假定$k=9$，$S=7$，那么：

当A的位置是{3，4，5，9，10，12，13，16，19}且特征值为0时，X的位置在14；

当A的位置是{3，4，5，9，10，12，13，16，19}且特征值为7时，X的位置在18；

当B的位置是{3，4，5，9，10，12，13，16，19}且特征值为7时，X的位置在17。

【输入格式】

从文件cipher.in中读入数据。

只包含一组测试数据：

第一行包含一个整数k，意义如题所述。

第二行包含一个整数$seed$，这个数将用于生成一个k元集合P。

第三行包含一个整数S，意义如题所述。

保证$0\leqslant S\leqslant k\leqslant 10^7$，$1\leqslant seed\leqslant 10000$。

在下发文件中，包含三个用于生成输入数据的文件cipher.cpp/c/pas。其中读入部分已经完成，在数组P[ ]中，若P[i]=0，表示i不属于集合P，否则，i属于集合P。

【输出格式】

输出到文件cipher.out中。

输出三行，每行一个数，依次对应问题描述中的三个子问题的答案：

（1）第一个数表示当k元集合P代表A的位置且特征值为0时X的位置。

（2）第二个数表示当k元集合P代表A的位置且特征值为S时X的位置。

（3）第三个数表示当k元集合P代表B的位置且特征值为S时X的位置。

【样例1输入】

5

```
3344
2
```

【样例1输出】

```
10
1
2
```

【样例2输入】

```
500000
4545
234567
```

【样例2输出】

```
999992
246922
753067
```

【子任务】

对于30%的数据，$k \leqslant 10^3$。

对于50%的数据，$k \leqslant 10^5$。

对于100%的数据，$k \leqslant 10^7$。

对于每个测试点，得分为以下三部分得分之和：

（1）如果第一问回答正确，你将获得3分。

（2）如果第二问回答正确，你将获得4分。

（3）如果第三问回答正确，你将获得3分。

如果你仅仅知道部分答案，也请务必按此格式要求输出三个数。否则你可能会因为格式错误无法得分。

网　络

【问题描述】

一个一般的网络系统可以被描述成一张无向连通图。图上的每个节点为一个服务器，连接服务器与服务器的数据线则看作图上的一条边，边权为该数据线的长度。两个服务器之间的通讯距离被定义为其对应节点之间最短路的长度。

现在，考虑一个当前图结构为树的网络系统。你作为该网络系统的管理员，被要求在这个系统中加入一条给定长度的数据线。数据线可以连在任意两个服务器上。

你的任务是，求出在所有合法的方案中，通讯距离最远的两个服务器之间的最小距离。

【输入格式】

从文件tree.in中读入数据。

输入包含多组数据。对于每组数据，输入的第一行包含N，L两个正整数，其中N表示服务器个数，L为新加入数据线的长度。

接下来$N-1$行，第i行有三个正整数a_i，b_i，l_i，表示有一条长度为l_i的数据线连接服务器a_i，b_i。服务器的编号为$1\sim N$。

输入的末尾以两个0作为结束。

【输出格式】

输出到文件tree.out中。

对于每组数据，输出一行一个整数，描述在所有合法的方案中，通讯距离最远的两个服务器之间的最小距离。

【样例1输入】

```
7 1
1 2 1
2 3 1
3 4 1
4 5 1
5 6 1
6 7 1
0 0
```

【样例1输出】

```
3
```

【样例2输入】

```
6 26
1 2 66
2 3 11
3 4 73
2 5 77
3 6 33
10 47
1 2 86
2 3 69
3 4 41
4 5 26
5 6 41
2 7 73
3 8 77
4 9 2
5 10 65
0 0
```

【样例2输出】

```
143
232
```

【样例3输入输出】

见选手目录下的tree/tree3.in与tree/tree3.ans。

【子任务】

一共有20个测试点。编号为1~20。每个测试点为5分。

保证在任一测试点中，数据的组数不会超过15，且所有数据的N之和不超过数据范围中标明的N的最大值的5倍。

保证所有的输入数据均为不超过$2^{31}-1$的非负整数，保证$N \geqslant 1$。

保证数据合法。

对于给定的测试点，其限制条件如下表所示。

测试点	N	测试点	N
1	$\leqslant 10$	11	$\leqslant 20000$
2	$\leqslant 50$	12	
3	$\leqslant 100$	13	
4		14	
5	$\leqslant 150$	15	
6	$\leqslant 600$	16	$\leqslant 100000$
7		17	
8		18	
9	$\leqslant 2000$	19	
10		20	

游　戏

【问题描述】

小R和室友小B在寝室里玩游戏。他们一共玩了n局游戏，每局游戏的结果要么是小R获胜，要么是小B获胜。

第1局游戏小R获胜的概率是p_1，小B获胜的概率是$1-p_1$。除了第一局游戏之外，每一局游戏小R获胜的概率与上一局游戏小R是否获胜有关。

具体来说：

（1）如果第$i-1$（$1<i\leqslant n$）局游戏小R获胜，那么第i局游戏小R获胜的概率为P_i，小B获胜的概率为$1-p_i$。

（2）如果第$i-1$（$1<i\leqslant n$）局游戏小B获胜，那么第i局游戏小R获胜的概率为q_i，小B获胜的概率为$1-q_i$。

小D时常过来看小R和小B玩游戏，因此他知道某几局游戏的结果。他想知道在他已知信息的条件下，小R在n局游戏中获胜总局数的期望是多少。

小D记性不太好，有时他会回忆起某局游戏的结果，并把它加入到已知信息中；有时他会忘记之前某局游戏的结果，并把它从已知信息中删除。你的任务是：每当小D在已知信息中增加或删除一条信息时，根据小D记得的已知信息，帮助小D计算小R在n局游戏中获胜总局数的期望是多少。

需要注意的是：如果小D忘了某一局游戏的结果，之后又重新记起，两次记忆中的游戏结果不一定是相同的。你不需要关心小D的记忆是否与实际情况相符，你只需要根据他的记忆计算相应的答案。

【输入格式】

从文件game.in中读入数据。

第一行两个正整数n，m和一个字符串type。表示小R和小B一共玩了n局游戏，小D一共进行了m次修改已知信息的操作，该数据的类型为type。type字符串是为了能让大家更方便地获得部分分，你可能不需要用到这个输入，其具体含义见**限制与约定**。

接下来n行，第1行包含一个实数p_1，表示第一局比赛小R获胜的概率是p_1。第i行（$1 < i \leqslant n$）包含两个实数p_i，q_i，p_i表示在第$i-1$局游戏小R获胜的情况下，第i局游戏小R获胜的概率；q_i表示在第$i-1$局游戏小B获胜的情况下，第i局游戏小R获胜的概率。

接下来m行，每行描述一个小D已知信息的变化，操作分为两类。

（1）add i c表示小D回忆起了第i局比赛的结果，并把它加入到已知信息中。若c=0，则表示第i局比赛小B获胜；若c=1，则表示第i局比赛小R获胜。数据保证i，c均为整数且$1 \leqslant i \leqslant n$，$0 \leqslant c \leqslant 1$，如果这个操作不是第一个操作，保证在上一个操作结束后的已知信息中没有第i局比赛的结果。

（2）del i表示小D忘记了第i局比赛的结果，并把它从已知信息中删除。数据保证i是整数且$1 \leqslant i \leqslant n$，保证在上一个操作结束后的已知信息中有第$i$局比赛的结果。

【输出格式】

输出到文件game.out中。

对于每个操作，输出一行实数，表示操作结束后，在当前已知信息的条件下，小R在n局游戏中总共获胜的局数的期望是多少。

【样例1输入】

```
3 3 A
0.3
0.5 0.2
0.9 0.8
add 1 1
add 3 0
del 1
```

【样例1输出】

```
2.350000
1.333333
0.432749
```

【样例1说明】

运用贝叶斯公式。

第一问

$$p(x_2 = 1|x_1 = 1) = 0.5$$
$$p(x_3 = 1|x_1 = 1) = 0.5 * 0.9 + 0.5 * 0.8 = 0.85$$
$$E(x_1 + x_2 + x_3|x_1 = 1) = 0.5 + 0.85 + 1 = 2.35$$

第二问

$$p(x_2=1|x_1=1,x_3=0)=\frac{p(x_3=0|x_1=1,x_2=1)\,p(x_2=1|x_3=0)}{p(x_3=0|x_1=1)}\approx 0.333$$

$$E(x_1+x_2+x_3|x_1=1,x_3=0)\approx 1.333$$

第三问

$$p(x_2=1|x_3=0)=\frac{p(x_3=0|x_2=1)\,p(x_2=1)}{p(x_3=0)}$$

其中，

$$p(x_3=0|x_2=1)=0.1$$
$$p(x_2=1)=0.3*0.5+0.7*0.2=0.29$$
$$p(x_3=0)=0.29*0.1+0.71*0.2=0.171$$

所以

$$p(x_2=1|x_3=0)=\frac{0.1*0.29}{0.171}\approx 0.16959$$

$$p(x_1=1|x_3=0)=\frac{p(x_3=0|x_1=1)\,p(x_1=1)}{p(x_3=0)}$$

其中，

$$p(x_3=0|x_1=1)=0.5*0.1+0.5*0.2=0.15$$
$$p(x_1=1)=0.3$$
$$p(x_3=0)=0.171$$

所以

$$p(x_1=1|x_3=0)=\frac{0.15*0.3}{0.171}\approx 0.26316$$

$$E(x_1+x_2+x_3|x_3=0)\approx 0.43275$$

【样例2输入输出】

见选手目录下的game/game2.in与game/game2.ans。

【样例3输入输出】

见选手目录下的game/game3.in与game/game3.ans。

【子任务】

对于100%的数据，$1\leqslant n\leqslant 200000$，$1\leqslant m\leqslant 200000$，$0<p_i$，$q_i<1$。

对于100%的数据，**输入保留最多四位小数**。

本题共有20个测试点，每个测试点5分，每个测试点的具体约定如下表。

测试点	n	m	数据类型
1–2	≤10	≤20	A
3–4	≤100	≤100	B
5–6	≤1000	≤5000	A
7–9	≤2000	≤5000	B
10–13	≤10000	≤200000	B

续 表

测试点	n	m	数据类型
14–15	$\leqslant 200000$	$\leqslant 200000$	C
16–17			D
18–20			A

数据类型的含义：

A：无限制。

B：$\forall i>1$，$|p_i-q_i|>0.999$。

C：同一时刻，小D最多只有1条已知信息。

D：同一时刻，小D最多只有5条已知信息。

【小R教你学数学】

你**可能**会用到以下公式

1. 条件概率的计算方法

我们记p（$A|B$）表示在已知事件B发生时事件A发生的概率，条件概率可以用以下公式计算：

$$p(A|B)=\frac{p(AB)}{p(B)}$$

其中，p（AB）表示事件B和事件A同时发生的概率，p（B）表示事件B发生的概率。

2. 贝叶斯公式（Bayes）

由条件概率的计算方法，我们容易得到贝叶斯公式：

$$p(A|B)=\frac{p(B|A)\,p(A)}{p(B)}$$

3. 全概率公式

如果随机变量x有k个取值，分别为x_1，x_2，…，x_k，那么：

$$p(A)=\sum_{i=1}^{k}p(A|x=x_i)\,p(x=x_i)$$

【温馨提示】

在本题中，如果你**希望获得全部的分数**，你**可能**需要考虑由于浮点数运算引入的误差。只使用加法和乘法运算不会引入太大的误差，但请谨慎使用减法和除法。

（1）两个大小相近的数相减可以引入非常大的相对误差。

（2）如果一个矩阵的行列式值非常小，那么求解该矩阵的逆可以带来相当大的误差。

当然，如果你的算法在数学上是正确的，但没有考虑浮点数运算的误差问题，可能仍然可以获得一部分的分数。

CCF CTSC 2017 第一试解题报告

《密钥》解题报告

香港大学　金　恺

【基本符号】

用［k○，k△，1×］表示一个$2k+1$个字符的多重集合，它有k个○、k个△和1个×（○对应题目描述中的字母A，△对应题目描述中的字母B）。

假设$\rho=(\rho_1, \cdots, \rho_{2k+1})$表示［$k$○，$k$△，1×］的一个排列。

【定　义】

将$\rho_1, \cdots, \rho_{2k+1}$按顺时针排成一圈。对于$\rho_j=$○，如果从×出发顺时针到$\rho_j$（含$\rho_j$）的这段区间内○比△多，则我们说它是“强的”。强的○的个数定义为ρ的特征值，记作$f_{\text{lex}}(\rho)$。

举例如下：

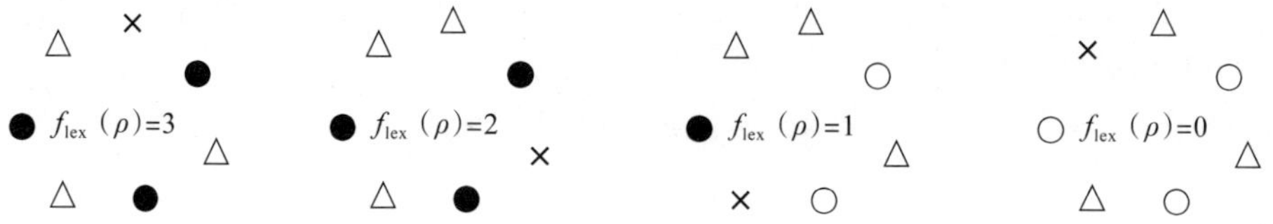

ρ=(×○△○△○△)　　ρ=(△○×○△○△)　　ρ=(△○△○×○△)　　ρ=(△○△○△○×)

图中着色的那些○是强的。这四个ρ分别有3，2，1，0个强○，所以特征值分别为3，2，1，0。

【定理一】

如果排列ρ和ρ'不相同，但是○的位置在这两个排列中是一样的，则$f_{\text{lex}}(\rho) \neq f_{\text{lex}}(\rho')$。换句话说，如果○的位置固定为$(j_1, \cdots, j_k)$，我们知道有$k+1$个这样的排列，则这$k+1$个排列的特征值各不相同。

以上图为例，$k=3$，在这$k+1=4$个排列中○的位置是一样的，而它们的特征值各不相同。

注：题面上描述但未证明该定理，该定理并不是那么显然的，我们将在本文给出证明。

【问题描述】

如果给出ρ要计算$f_{\text{lex}}(\rho)$，该问题是平凡的。我们的问题是，已知ρ中所有k个○的位置$(j_1, \cdots, j_k)$，以及ρ的特征值为i。需要你求出ρ。

注：这是原题的第2问，第3问可以容易地转化为第2问，第1问为第2问的特殊情况。

1. 引理一

给定整数j，串$S=(S_1, \cdots, S_n)$的j-th cyclic-shift 定义为：$S^{(j)}:=(S_{1+j}, \cdots, S_{n+j})$，这里所有下标对$n$取模。

假设串$S=(S_1,\cdots,S_{2k+1})$包含$2k+1$个括号，其中k个是右括号‘）’，另外$k+1$个是左括号‘（’。则恰有一个S的cyclic-shift $S^{(j)}$使得$S^{(j)}$的前$2k$个括号组成合法的括号匹配。

举例：$k=9$，$S=(_1(_2)_3)_4)_5(_6(_7(_8)_9)_{10}(_{11})_{12})_{13}(_{14}(_{15})_{16}(_{17}(_{18})_{19}$。上述$S$的唯一的cyclic-shift使得前$2k$个括号组成合法的括号匹配$S^{(14)}$

$$S^{14}=(_{15})_{16}(_{17}(_{18})_{19}(_{1}(_{2})_{3})_{4})_{5}(_{6}(_{7}(_{8})_{9})_{10}(_{11})_{12})_{13}(_{14}$$

这个引理的证明是平凡的，可以自行搜索Cycle Lemma或者Raney Lemma。

接下来，我们假设S是长为$2k+1$的一个括号串，它有k个右括号，以及$k+1$个左括号。并且我们假定S的前$2k$个括号构成一个合法的括号匹配，这样的串S叫做canonical的串。

canonical括号串S的编号

对任何一个canonical的串S，我们对其每一个括号进行编号，这个编号将对我们了解f_{lex}起到至关重要的作用（我们会在接下来的引理三进行阐述）。

我们先对所有$k+1$个左括号用$0\sim k$进行编号。编号的规则如下：

（1）如果括号所处的深度越小，则编号越小。

（2）如果深度相同，则从右往左进行编号。

为了方便，我们也对右括号进行编号。规则是：每个右括号与它匹配的左括号编号相同。

举例，对于上面的例子，编号如下图所示，左图表示括号的深度，右图表示括号的编号。

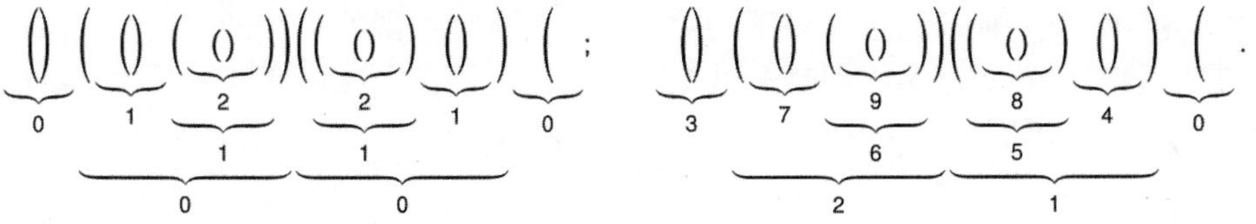

S_i的深度和编号分别记作depth（S_i）和index（S_i）。

2. 引理二

假设S是canonical的，任取S_{L}=“（”和S_{R}=“）”。我们断言，在$S_{\text{L}+1},S_{\text{L}+2},\cdots,S_{\text{R}}$（从$S$的第$L+1$个元素顺时针枚举到第$R$个元素）中右括号多于左括号，当且仅当Index（$S_{\text{L}}$）$\geqslant$ index（S_{R}）.

证明：

当$L=2k+1$时，该断言是显然的（请读者自己验证），下面我们假定$L\neq 2k+1$。

对i（$0\leqslant i\leqslant 2k+1$），记

H_i=the number of ')'s – the number of '('s in $S_1,\cdots,S_i$

H'_i=the number of ')'s – the number of '('s in $S_{i+1},\cdots,S_{2k+1}$

很显然，$H_i+H'_i=-1$（对所有i）

depth（S_{L}）$=-H_{\text{L}}-1$

depth（S_{R}）$=-H_{\text{R}}$

考虑两种情况：

（1）情况一，$L<R$。此时，$S_{\text{L}+1},\cdots,S_{\text{R}}$中右括号数减左括号数$=H_{\text{R}}-H_{\text{L}}$，因此，此区间内右括号更多$\Leftrightarrow H_{\text{R}}-H_{\text{L}}>0\Leftrightarrow$ −depth（S_{R}）+depth（S_{L}）+1 $>0\Leftrightarrow$ depth（S_{R}）$\leqslant$ depth（S_{L}）$\Leftrightarrow$ index（S_{R}）$\leqslant$ index（S_{L}）（for $L<R$）。

（2）情况二，$L>R$。此时，S_{L+1}，…，S_{2k+1}，S_1，…，S_R中右括号数减左括号数=H'_L+H_R=-1-H_L+H_R。因此，此区间内右括号更多⇔$-1-H_L+H_R>0$⇔depth（S_L）-depth（S_R）>0⇔depth（S_R）<depth（S_L）⇔index（S_R）≤index（S_L）（for $R<L$）。

3. 引理三（S的编号与f_{lex}函数间的联系）

假设S是canonical的，任选一左括号S_L，可构造［k○，k△，1×］的一个排列ρ=（ρ_1，…，ρ_{2k+1}）如下：将S_L换成×，将其余k个左括号换成△，将所有k个右括号换成○。我们断言，f_{lex}（ρ）等于index（S_L）。

证明之前，先看个例子。在上面的例子中，选择编号为7的那个左括号，我们将得到：

△○△×○△△○○○△△△○○△○○△

把强的○用●标记出来：

△●△×●△△○●●△△△○●△●●△

恰好有7个强○，上述断言成立。

下面给出引理三的证明。

我们来计算flex（ρ），即强的○的个数。假设ρ_R是一个强的圆，这意味着S_R为右括号且S_{L+1}，…，S_R中右括号比左括号多。根据引理二，S_R为右括号且index（S_R）≤index（S_L）。因此，强○的个数等于S中编号不超过index（S_L）的右括号的个数，即index（S_L）。

下面我们用引理三来证明定理一。

现在假设S是canonical的。根据引理三中的方法，我们可以构造出k+1个排列ρ（这是因为L有k+1个选法）。容易看出：

（1）这k+1个排列中所有○的位置是相同的。

（2）这k+1个排列的f_{lex}值是各不相同的。因为选择不同的S_L得到不同的index（S_L）；而且根据引理三，index（S_L）即是f_{lex}（ρ）。

再由于f_{lex}函数是cyclic-invariant的（也就是说，ρ的cyclic shift的f_{lex}值不变），我们知道如果两个排列ρ、ρ'不同但它们中○的位置相同，则它们的f_{lex}值一定不同。

注：同理可知，如果两个排列ρ、ρ'不同但它们中△的位置相同，则它们的f_{lex}值一定不同。

引理三不仅推出了定理一，而且给出了f_{lex}的更深入的性质，接下来我们用引理三解决本题。

【线性算法】

回忆一下问题：已知ρ中所有k个○的位置（j_1，…，j_k），以及f_{lex}（ρ）=i，要你求出ρ。

我们将k个○的位置填入右括号，而其他k+1个位置填入左括号，构成了一个括号串S。不失一般性，假定S是canonical的（否则可以通过旋转使得S成为canonical的，细节留给读者思考）。

要求ρ，就是要确定ρ中×的位置，这就等价于找到左括号S_L，使得index（S_L）=i，该位置L就是×的位置。

那么，如何寻找编号为i的左括号呢？

其实，很简单，我们可以把所有括号的编号都计算出来。

根据canonical串的编号的定义方法，这很容易在O（n）的时间内完成。

算法的细节非常简单，标准程序也异常简单，所以都略过，细节请阅读文献［1］。

【总结及参考文献】

本题中的f_{lex}函数给出了Middle Level Graph上的一个1-factorization。这个1-factorization

被称作Lexical Factorization of Middle Level Graph。本题的难点在于找到正确的编号方法。这个方法在文献［1］中被首次找到（定理一并不是首先由文献［1］给出，请参阅文献［1］中引言部分）。本题算是OI中较难的数学题。我不清楚是否有人在CTSC的赛场上用标准算法解决了本题，但参赛选手中很多利用数据生成性的特性，用非标准算法（最坏情况为n^2或$n\log n$的算法）得到了AC。

［1］Kai Jin. On the 1-factorizations of Middle Level Graph and Bipartite Kneser Graph, Arxiv 1704.08852.

《网络》解题报告

清华大学　余行江

【概　述】

本题是一道以图论中的树作为模型的最优化问题。题型传统、题面简明，但同时在思维和代码上都具有一定的难度，并着重考察了选手的数学逻辑思维。选手若想获得较高的分数，首先必须通过严谨的数学证明来得到一个能足够简化模型的结论。同时，简化后的问题在代码和思维上依然难度不小，很大程度上避免了“猜结论”现象的发生。

【题目大意】

给出一个结构为树的边带权无向图。要求选择图上的任意两个顶点，并在其之间连一条给定长度的边，使得连边之后，图上最远两点之间的距离最小。

【解题思路】

1. 算法1

对于40%的数据，极限情况下：单组数据顶点个数不超过600，共5组数据，可承受的算法复杂度为$O(n^2\log n)$。

容易想到算法的核心是枚举所选择的顶点对。不妨确定一个顶点，再类似DFS的方法枚举第二个顶点。根据DFS的回溯特性，我们可以将树简化成链，相应的问题为：

子问题1　给定一条链，链上共有n个顶点，每个顶点都带有两个权值D_i，V_i。现在需要选择链上的某个顶点k，并在顶点k和顶点1之间连一条权值为L的边，从而最小化

$$\text{Maxdistance} = \max_{i<j\leqslant k}\left[\mathrm{V}(i)+\mathrm{V}(j)+\min\left(D_j-D_i,\ D_k-D_j+D_i+L\right)\right]$$

$$\mathrm{V}(i)=\begin{cases} V_i, & i<k \\ \max\limits_{k\leqslant j}\left(V_j+D_j-D_k\right), & i=k \end{cases}$$

其中，V_i为对应顶点外接子树的深度，D_i为该顶点离左端顶点的距离，左端顶点为DFS的树根。

接下来我们只考虑这个简化后的最大化/最小化问题，显然可以通过二分答案的方式将其简化成存在性问题。若如此做，则需要对于每一个二分值M，在$O(n)$的时间内判定是否存在一种方案，使得$\text{Maxdistance}<M$。

对于该判定问题，考虑下面的思路：假设对于当前二分值，存在合法方案。我们从链的左端点依次枚举顶点j，则对于该顶点，显然有一个K_j，使得选择任意顶点$j<k\leqslant K_j$时，

$$\max_{i<j\leqslant k}[V(i)+V(j)+\min(D_j-D_i,D_k-D_j+D_i+L)]<M$$

如果合法方案k存在，则对于任意$j<k$，均有$k\leqslant K_j$。因此我们的任务为在$O(n)$时间内算出所有K_j即可。对于$j=k$的情况，我们会在之后分析。

由于必须在线性时间内算出，我们可以猜想K_j是单调的，但显然这不可能。然而注意到如果$j_1<j_2$，则$K_{j1}<K_{j2}$对于判定合法方案的存在性没有帮助，因此我们将K_j重设为前缀最小值，即$K'_j=\min(K'_{j-1}, K_j)$，这样K'_j的计算即可直接利用一个单调递减的指针k'来完成。

接下来考虑如何判定当前的指针k'对于所枚举的j合法，即

$$\max_{i<j\leqslant k'}[V(i)+V(j)+\min(D_j-D_i,D_{k'}-D_j+D_i+L)]<M$$

直观上，将min拆开，分离出$V(i)-D_i$和$V(i)+D_i$后，我们的问题变成：

子问题2 给定X，Y，询问是否存在一个i，使得$V(i)-D_i\geqslant X$，$V(i)+D_i\geqslant Y$。

其中，$X=M-V(j)-D_j$，$Y=M-V(j)-D_k'+D_j-L$。

由于必须在$O(n)$时间内完成，我们还是尝试寻找一些单调性。注意到D_i是递增的，即如果$i_1<i_2$，且$V(i_1)-D_{i1}<V(i_2)-D_{i2}$，那么我们也有$V(i_1)+D_{i1}<V(i_2)+D_{i2}$，显然此时$i_1$没有任何帮助，也就是说，只需要维护一个$V(i)-D_i$单调递增的队列即可。之后对于子问题2，我们只需要提出队头的元素即可在$O(1)$内判断。

至此我们设计出了一个$O(n)$时间内算出所有K'_j的方法。而对于$j=k$的情况，我们只是改变一下$V(j)$的取值，其模式依然和子问题2一样，因此也可以在$O(1)$内判断。

2. 算法2

对于100%的数据，极限情况下：单组数据顶点个数不超过100000，共5组数据，可承受的算法复杂度级别约为$O(n\log n)$。

沿着算法1的思路，我们首先可以再一次二分答案。之后每次判定需要在$O(n\log n)$内完成，此时显然无法枚举顶点对，可能需要利用树相关的数据结构，或者先一步简化问题。前者显然过于复杂，我们考虑后者是否可行。首先，考虑树的直径ab，其中a，b分别为树上的两个叶子。显然我们所选的顶点对会缩短a，b之间的距离。假设所选顶点对为（x，y），则这4个点之间的关系可以简化为下图：

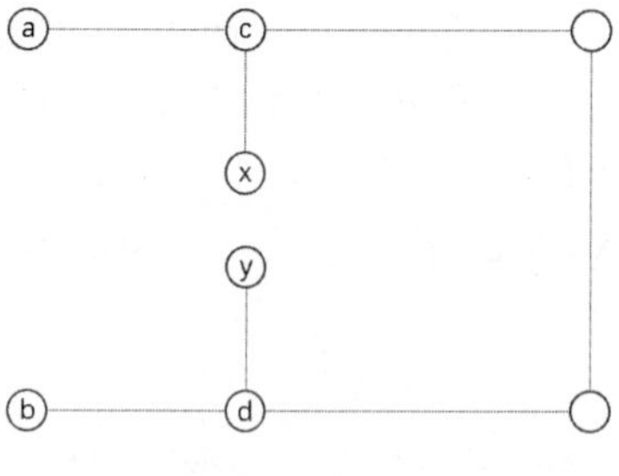

考虑树被分为两个部分：c→x路径所包含的子树部分（称为A）和其之外的路径a→c→d→b，以及d→y所包含的子树部分（称为B）。此时顶点对的所属部分有三种可能：AA，AB，BB。

考虑将所选顶点对（x，y）替换为（c，y），我们希望这样做答案不会变差，即最远距离不会变大，那么只需要证明所有顶点对的最短距离不会变大，或者选（c，y）时该顶点对的最短距离不会比选（x，y）的全局最远距离大即可。

对于AA顶点对，显然由于环长减小，其间的最短距离会减小。

对于BB顶点对，由于c→x→y→d＜c→d，易证将顶点对（x，y）替换为（c，y），

最短路径不会改变。

对于AB顶点对，不妨设该顶点对为ef，则情况如下图：

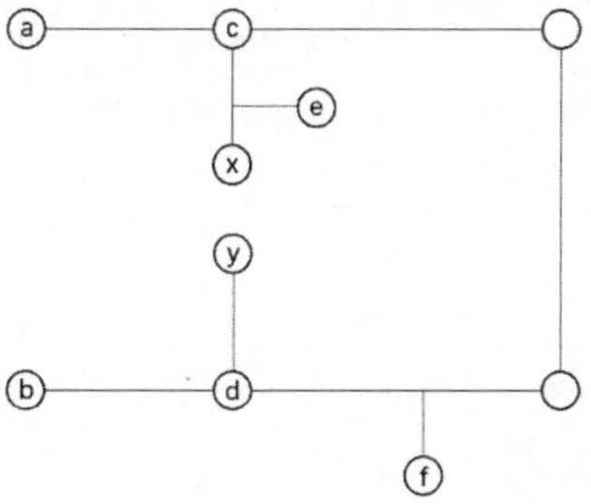

如果我们所选顶点对为（c，y），则最短路有两种可能：e→c→f和e→c→y→d→f。

考虑所选顶点对为（x，y）时，af的最短路也有两种情况：a→c→f和a→c→x→y→d→f。由于a→c→d→b是直径，显然a→c＞e→c，则我们有：

（1）a→c→f＞e→c→f;

（2）a→c→x→y→d→f＞e→c→y→d→f;

（3）Maxdistance ≥ min（a→c→f，a→c→x→y→d→f）＞min（e→c→f，e→c→y→d→f）。

即选（c，y）时顶点对ef的最短距离不会比选（x，y）的全局最远距离大。

当然也有f在路径ac上的情况。我们将A部分拓张为a→c→x所包含的子树部分，则此时顶点对类型变为BB，其他情况不变，依然可证。

因此，我们可以将顶点对（x，y）替换为（c，y），答案不会变差。同理可证，将顶点对（c，y）替换为（c，d），答案也不会变差，这意味着：

结论1 所选的顶点对一定在树的直径上。

有了该结论后，我们发现问题和算法1中的子问题1是相似的。

子问题3 给定一条链，链上共n个顶点，每个顶点都带有两个权值D_i，V_i。现在需要选择链上的两个顶点k_1，k_2，并在顶点k_1和顶点k_2之间连一条权值为L的边，从而最小化

$$\text{Maxdistance} = \max_{k_1 \leqslant i < j \leqslant k_2} [V(i) + V(j) + \min(D_j - D_i, D_{k_2} - D_j + D_i - D_{k_1} + L)]$$

$$\mathrm{V}(i) = \begin{cases} \max\limits_{j \leqslant k_1} (V_j + D_{k_1} - D_j), & i = k_1 \\ V_j, & k_1 < i < k_2 \\ \max\limits_{k_2 \leqslant j} (V_j + D_j - D_k), & i = k_2 \end{cases}$$

虽然我们需要多确定一个顶点，但公式的变化却很小。我们可以沿着算法1的思路。注意到我们之前对于单一顶点k是维护一个单调的指针k'来求出对应的K'_j，简化成子问题2后，每次取出一个单调队列队首元素并进行一次数值上的大小判断。但反过来，由于我们已知i就是队首元素，显然可以通过i来求出D_k'所对应的数值范围。而在子问题3中，所对应的就是$D'_{k_2}-D_{k_1}$的数值范围。似乎我们只需要对于每个j求出对应的$D_{k_2}-D_{k_1}$的取值范围R_j，然后枚举k_2，并判断$\cap R_j$内是否存在一个k_1即可。但有一个显然的问题：按算法一的方法，i的范围是［1，j］而非［k_1，j］。不难看出，这个问题反映在子问题3中，即为$D_i-D_{k_1}$为负的情况，因此我们要改变一下子问题3中Maxdistance的式子：

$$\text{Maxdistance} = \max_{1 \leqslant i < j \leqslant k_2} [V(i) + V(j) + \min(D_j - D_i, D_{k_2} - D_j + |D_i - D_{k_1}| + L)]$$

注意到$|D_i - D_{k_1}| = \max(D_i - D_{k_1}, D_{k_1} - D_i)$，而子问题2中的不等式符号为大于等于，这两者是相容的。相当于把子问题2中的Y变成了Y_1和Y_2，然后要求是否有i满足$V(i)+D_i \geqslant Y_1$或者$V(i)-D_i \geqslant Y_2$。

同理，我们也可以给$D_{k_2}-D_j$取绝对值。这样Maxdistance就变为：

$$\text{Maxdistance} = \max_{i<j} [V(i) + V(j) + \min(D_j - D_i, |D_{k_2} - D_j| + |D_i - D_{k_1}| + L)]$$

此时的$V(i)$和$V(j)$就没有必要再分情况讨论。而我们要做的，只是把子问题2中的Y变成为4个Y_1，Y_2，Y_3，Y_4即可。

之后的问题就非常简单：算出每个j所对应的D_{k_2}，D_{k_1}的四种组合的取值范围R_j^1，R_j^2，R_j^3，R_j^4，然后枚举k_2，并判断是否存在k_1满足范围即可。

【总　结】

综上所述，本题题面简洁，解题思路循序渐进，要求选手有较强的数学逻辑和简化问题能力，能够“先假设、后证明”，适合作为国家队选拔赛的试题。

《游戏》解题报告

清华大学　茹逸中

【概　述】

本题以生活中常见的玩游戏为背景，用生动、简洁、容易理解的语言描述了一个计算机科学中常用的马尔科夫模型。本题着重考察选手的建模能力、对于简单新知识的学习能力和对复杂问题的分析能力，是一道容易理解但又具有挑战性的综合性题目。

【题目大意】

小R和小B玩了n局游戏，每局游戏的结果要么是小R获胜，要么是小B获胜。第1局游戏小R获胜的概率是p_1，小B获胜的概率是$1-p_1$。如果前一局游戏小R获胜，那么下一局游戏小R获胜的概率是p_i，否则小R获胜的概率是q_i。现在你需要支持两种操作：增加一个已知条件（在某一局获胜的人）和删除一个已知条件，输出在每一次操作之后小R获胜的局数的期望值。

【解题思路】

1. 解法1

要求$E(\Sigma(X_i))$，即要求$E(X_i)=P(X_i=1)$。假设给出m个条件$X_{k_i}=c_i$，要求$p(X_j \mid X_{k_i}=c_i)$。事实上只有两个条件是有效的，即在X_j前面和后面离X_j最近的两个条件。所以只要解决一个问题即可，即求$p(X_i \mid X_b, X_a)$，$b<i<a$。

应用本题题面中给出的贝叶斯公式$p(A|B) = \dfrac{p(B|A)\,p(A)}{p(B)}$，可以得到

$$p(X_i|X_b, X_a) = \frac{p(X_a|X_i, X_b)\,p(X_i|X_b)}{p(X_b|X_a)}$$

其中，

$$p(X_a|X_i, X_b) = p(X_a|X_i)$$

所以我们只需要对于所有的 i，j（$i<j$），预处理出 $p(X_j|X_i)$ 即可。

首先 $p(X_{i+1}|X_i)$ 是已知的，考虑如何求 $p(X_{i+2}|X_i)$。由题面中给出的全概率公式，

$$p(X_{i+2}|X_i)=p(X_{i+2}|X_{i+1}=1, X_i)+p(X_{i+2}|X_{i+1}=0, X_i)$$
$$=p(X_{i+2}|X_{i+1}=1)p(X_{i+1}=1|X_i)+p(X_{i+2}|X_{i+1}=0)p(X_{i+1}=0|X_i)。$$

如果我们设矩阵

$$p(X_{i+1}|X_i)=P_i=\begin{bmatrix}p(X_{i+1}=0|X_i=0) & p(X_{i+1}=1|X_i=0)\\ p(X_{i+1}=0|X_i=1) & p(X_{i+1}=1|X_i=1)\end{bmatrix}$$

那么，

$$p(X_{i+2}|X_i)=P_{i+1}P_i$$

所以只需要预处理出连续一段的矩阵乘积即可。期望得分45分。

2. 解法2

考虑维护答案。当增加一个观测时，我们先找出这个观测前后的两个观测。假设是这样：$b\cdots a\cdots c$，其中 a 是增加的观测，b 和 c 是之前的观测，中间的…表示没有观测到的变量。显然只有 b 到 c 这一段变量会受到影响。实际上增加观测后的期望可以看作原期望减去 [b，c]，然后加上 [b，a] 和 [a，c]。反过来，如果原来的观测是：$b\cdots a\cdots c$，现在要删去 a，那么删去观测后的期望可以看作原期望加上 [b，c]，然后减去 [b，a] 和 [a，c]。

所以如果我们能快速算出在给定 X_a，X_b 后，$X_{a+1}+\cdots+X_{b-1}$ 的期望，那么所有问题都解决了。为了方便，我们记

$$S(a, b)=E(X_a, X_a+\cdots X_{b-1}|X_a, X_b)$$

考虑使用倍增的方法，假设已经算出了 $S(a, b)$，$S(b, c)$，要计算 $S(a, c)$。注意到

$$S(a,b)=\sum_{i=a}^{b-1}\frac{p(X_i|X_a)\,p(X_b|X_i)}{p(X_b|X_a)}, \quad S(b,c)=\sum_{i=b}^{c-1}\frac{p(X_i|X_a)\,p(X_b|X_i)}{p(X_c|X_b)}$$

所以

$$p(X_c|X_a)S(a, c)=p(X_b|X_a)S(a, b)P_{b:c}+p(X_c|X_b)P_{a:b}S(b, c)$$

其中，

$$P_{a:b}=P_{b-1}P_{b-2}\cdots P_a$$

得到了区间合并的公式之后，就可以倍增计算 $S(a, b)$ 的答案了。

【总　结】

综上所述，本题选题良好，背景合适，难度较高，适合设置在集训队选拔赛中。

CCF CTSC 2017第二试

吉夫特

【问题描述】

简单的题目，既是礼物，也是毒药。

B君设计了一道简单的题目，准备作为gift送给大家。

输入一个长度为 n 的数列 a_1，a_2，$\cdots$，a_n，问有多少个长度大于等于2的不上升的子序列 a_{b_1}，a_{b_2}，$\cdots$，a_{b_k} 满足

$$\prod_{i=2}^{k}\binom{a_{b_{i-1}}}{a_{b_i}} \bmod 2 = \binom{a_{b_1}}{a_{b_2}}\times\binom{a_{b_2}}{a_{b_3}}\times\cdots\times\binom{a_{b_{k-1}}}{a_{b_k}} \bmod 2 > 0$$

输出这个个数对1000000007取模的结果。

G君看到题目后，为大家解释了一些基本概念。

我们选择任意多个整数 b_i 满足

$$1 \leqslant b_1 < b_2 < \cdots < b_{k-1} < b_k \leqslant n$$

我们称 a_{b_1}，a_{b_2}，$\cdots$，a_{b_k} 是 a 的一个子序列。

如果这个子序列同时还满足

$$a_{b_1} \geqslant a_{b_2} \geqslant \cdots \geqslant a_{b_{k-1}} \geqslant a_{b_k}$$

我们称这个子序列是不上升的。

组合数 $\binom{n}{m}$ 是从 n 个互不相同的元素中取 m 个元素的方案数，具体计算方法如下：

$$\binom{n}{m} = \frac{n!}{m!\,(n-m)!}$$

$$= \frac{n\times(n-1)\times\cdots\times 2\times 1}{(m\times(m-1)\times\cdots\times 2\times 1)((n-m)\times(n-m-1)\times\cdots\times 2\times 1)}$$

这里要特别注意，因为我们只考虑不上升子序列，所以在求组合数的过程中，一定满足 $n \geqslant m$，也就是 $\binom{a_{b_{i-1}}}{a_{b_i}}$ 中一定有 $a_{b_{i-1}} \geqslant a_{b_i}$。

我们在这里强调取模 $x \bmod y$ 的定义：

$$x \bmod y = x - \left\lfloor \frac{x}{y} \right\rfloor \times y$$

其中，$\lfloor n \rfloor$ 表示小于等于 n 的最大整数。

$x \bmod 2 > 0$，就是表示 x 是奇数。

与此同时，经验告诉我们一个长度为 n 的序列，子序列个数有 $O(2^n)$ 个，所以我们通过对答案取模来避免输出过大。

B君觉得G君说的话十分有道理，于是再次强调了这些基本概念。

最后，G君听说这个题是作为gift送给大家，她有一句忠告。

“Vorsicht，Gift!”

“小心……剧毒！”

【输入格式】

从文件gift.in中读入数据。

第一行一个整数 n。

接下来 n 行，每行一个整数，这 n 行中的第 i 行表示 a_i。

【输出格式】

输出到文件gift.out中。

一行一个整数表示答案。

【样例1输入】

```
4
```

```
15
7
3
1
```

【样例1输出】

```
11
```

【样例2~9输入输出】

见选手目录下的gift/gift2~9.in与gift/gift2~9.ans。

【子任务】

对于前10%的测试点，$n \leqslant 9$，$1 \leqslant a_i \leqslant 13$；

对于前20%的测试点，$n \leqslant 17$，$1 \leqslant a_i \leqslant 20$；

对于前40%的测试点，$n \leqslant 1911$，$1 \leqslant a_i \leqslant 4000$；

对于前70%的测试点，$n \leqslant 2017$；

对于前85%的测试点，$n \leqslant 100084$；

对于100%的测试点，$1 \leqslant n \leqslant 211985$，$1 \leqslant a_i \leqslant 233333$。

所有的a_i互不相同，也就是说不存在i，j同时满足$1 \leqslant i < j \leqslant n$和$a_i = a_j$。

最长上升子序列

【问题描述】

猪小侠最近学习了最长上升子序列的相关知识。对于一个整数序列$A=(a_1, a_2, \cdots, a_k)$，定义$A$的子序列为：从$A$中删除若干个元素后（允许不删，也允许将所有$k$个元素都删除），剩下的元素按照原来的顺序所组成的序列。如果这个子序列的元素从左到右**严格**递增，则称它为A的一个上升子序列。其中包含元素数量最多的上升子序列称为A的最长上升子序列。例如，(2，4，5，6）和（1，4，5，6）都是（2，1，1，4，7，5，6）的最长上升子序列，长度都为4。

现在猪小侠遇到了这样一个问题：给定一个序列$B_m=(b_1, b_2, \cdots, b_m)$，设$C$是$B_m$的子序列，且$C$的最长上升子序列的长度**不超过**$k$，则$C$的长度最大能是多少？

猪小侠觉得这个问题太简单了，缺乏挑战，他决定提出一个更难的问题。于是他给了你这样一个序列$B=(b_1, b_2, \cdots, b_n)$，以及若干次询问。每次询问会给定两个整数$m$和$k$，你需要对于$B$序列的前$m$个元素构成的序列$B_m=(b_1, b_2, \cdots, b_m)$和$k$回答上述问题。

【输入格式】

从文件lis.in中读入数据。

第一行两个整数n，q，其中n是序列B的长度，q是询问次数。

第二行是空格隔开的n个正整数b_1，b_2，$\cdots$，b_n。

接下来q行，其中第i行包含两个整数m_i，k_i，表示对$m=m_i$，$k=k_i$进行询问。

【输出格式】

输出到文件lis.out中。

输出共q行，按顺序每行一个整数作为回答。

【样例1输入】

```
11 6
9 6 3 1 5 12 8 4 2 2 2
5 1
7 2
9 1
9 2
11 1
11 11
```

【样例1输出】

```
4
6
5
8
7
11
```

【样例1说明】

询问1：对于序列（9，6，3，1，5），可以选取子序列（9，6，3，1），它的最长上升子序列长度为1。

询问2：对于序列（9，6，3，1，5，12，8），可以选取子序列（9，6，3，1，12，8），它的最长上升子序列长度为2。

询问3：对于序列（9，6，3，1，5，12，8，4，2），可以选取子序列（9，6，5，4，2），它的最长上升子序列长度为1。

询问4：对于序列（9，6，3，1，5，12，8，4，2），可以选取子序列（9，6，3，1，12，8，4，2），它的最长上升子序列长度为2。

询问5：对于序列（9，6，3，1，5，12，8，4，2，2，2），可以选取子序列（9，6，5，4，2，2，2），它的最长上升子序列长度为1。

询问6：对于序列（9，6，3，1，5，12，8，4，2，2，2），可以选取子序列（9，6，3，1，5，12，8，4，2，2，2），它的最长上升子序列长度为3。

【样例2输入输出】

见选手目录下的lis/lis2.in与lis/lis2.ans。

【子任务】

测试点	n	约　束
1	$\leqslant 50000$	$k_i=1$
2	$\leqslant 300$	$k_i \leqslant 2$
3	$\leqslant 3000$	
4	$\leqslant 50000$	$b_i \leqslant 5$
5		$b_i \leqslant 8$
6	$\leqslant 100$	$m_i=n$
7		

续　表

测试点	n	约　束
8	≤800	$m_i=n$，$k_i\leqslant 10$
9	≤1500	
10	≤10000	$m_i=n$，$k_i\leqslant 30$
11	≤15000	$m_i=n$，$k_i\leqslant 40$
12	≤20000	$m_i=n$，$k_i\leqslant 50$
13		$k_i\geqslant 10000$
14	≤8000	$m_i=n$
15	≤25000	没有约束
16	≤40000	
17	≤45000	
18	≤50000	
19		
20		

对于100%的数据，$1\leqslant n\leqslant 50000$，$1\leqslant b_i\leqslant 50000$，$1\leqslant q\leqslant 200000$，$1\leqslant k_i\leqslant m_i\leqslant n$。

投　影

【问题描述】

换一个角度看，世界可能就不同。——小强

k维空间中有n个黑点与n个白点。我们为每一个黑点确定一个互不相同的对应的白点，这样一共有$n!$种对应方法。我们定义这n个黑点与n个白点之间的"移动距离"为在所有的对应方法中，对应的黑点与白点之间的n个欧几里得距离的和的**最小值**。

例如，考虑一维中的三个黑点\{1，5，6\}与三个白点\{2，3，4\}，那么它们之间的移动距离为$|1-2|+|5-3|+|6-4|=4$。

你可以验证一下这确实是距离和最小的一种对应方法。

你得到了三维空间中的n个黑点与n个白点。你想把它们投影到一个k（$1\leqslant k\leqslant 2$）维子空间上。一维子空间就是三维空间中的一条直线，二维子空间则是三维空间中的一个平面。一个点在一个子空间中的投影点就是这个子空间中距离它最近的点。

例如，(0，0，0)，(1，1，0)，(1，0，0)，(0，1，0)这四个点投影到$x-y=0$，$z=0$这条直线上，得到的投影点是(0，0，0)，(1，1，0)，(0.5，0.5，0)，(0.5，0.5，0)。

你希望这n个黑点和n个白点投影到这个k维子空间之后的移动距离**最大**。

请你计算这个最大值除以n。

【输入格式】

从文件projection.in中读入数据。

每个测试文件中可能有多个测试用例，每个测试用例的格式如下：

第一行两个数n和k，表示点数以及降到的维度。

后面$2n$行，每行三个数，表示点的坐标。

文件最后有一行包含两个数-1 -1。

【输出格式】

输出到文件projection.out中。

对文件中的每个测试用例，输出一行一个数（长度不要超过30），表示结果。

你的答案与参考答案的**相对误差**不超过10^{-7}时被认为是正确的。

只有一个文件中所有的测试用例的结果都是正确的，才能获得这个测试文件所对应的分数。

【样例1输入】

```
2 1
0 0 0
1 1 0
0 1 0
1 0 0
-1 -1
```

【样例1输出】

```
0.70710678118655
```

【样例2输入】

```
4 2
0 0 0
0 1 1
1 0 1
1 1 0
0 0 1
0 1 0
1 0 0
1 1 1
-1 -1
```

【样例2输出】

```
0.73883404559321
```

【样例3输入输出】

见选手目录下的projection/projection3.in与projection/projection3.ans。

【子任务】

对于30%的数据，$k=1$，$n \leqslant 1000$，所有点的z都是0。一个文件中最多包含一个测试用例。

对于另外40%的数据，$k=1$，$n \leqslant 1000$，所有点的坐标都是[-1，1]之间均匀独立随机生成的，一个文件中最多包含10个测试用例。

对于另外30%的数据，$k=2$，$n \leqslant 20$，所有点的坐标都是[-1，1]之间均匀独立随机生成的，一个文件中最多包含10个测试用例。

对于100%的数据，点的坐标的范围都是-1到+1之间，答案不小于0.01。

CCF CTSC 2017 第二试解题报告

《吉夫特》解题报告

清华大学　毕克

【题目大意】

输入一个数列{a_i}，问有多少个子序列，满足后一个数字包含前一个数字，即x包含y，当且仅当（x&y）== y。

【基础知识】

解决这个题目首先要了解Lucas定理。

如果我们需要计算一个组合数$C(n, m)\%p$的结果，可以递归进行

$$C(n, m) = C(n\%p, m\%p) * C(n/p, m/p)\%p$$

这里的n/p和m/p均为下取整。

如果写成非递归的形式，设n在p进制下的表示是$n[0]$，$n[1]$，…，$n[k]$。

设m在p进制下的表示是$m[0]$，$m[1]$，…，$m[k]$。

则有$C(n,m)=C(n[0],m[0])*C(n[1],m[1])*\cdots*C(n[k],m[k])\%p$。

注意，如果$n<m$，我们定义$C(n, m)=0$。

p=2是Lucas定理的一个特殊情况，考虑$n<p$且$m<p$的所有情况：

$C(0, 0)=1$

$C(0, 1)=0$

$C(1, 0)=1$

$C(1, 1)=1$

也就是说，如果存在一位，n的这一位是0，m的这一位是1，那么$C(n, m)\%2=0$。

如果满足（n & m）= m，那么$C(n, m)\%2=1$。

所以这个题目等价于问有多少个子序列，后一个数字包含前一个数字。

【题目解答】

首先有一个$O(n^2)$暴力的做法。

设$f[i]$表示以$a[i]$结尾的满足条件的子序列的个数，枚举$a[i]$之前的数字$a[j]$，判断$a[i]$是否包含$a[j]$即可。

注意到题目中$a[i]$的范围只有$2^{\{18\}}$，并且所有$a[i]$均不相同，可以把动态规划时记录的$f[i]$定义为以i结尾的满足条件的子序列的个数。同样需要枚举i之前的数字j，但是这时要求（i & j)=j，枚举的范围缩小了很多，总复杂度至多为3^{18}，复杂度缩小了很多。

在赛后与一些同学交流的过程中，还发现了更为巧妙的做法。

在上一个做法中，如果i=11（二进制），我们需要枚举00，01，10，11共四个数字。

i包含的1的个数越多，需要枚举数字增长就越快。

在这个做法中，我们把i看成高9位i_1和低9位i_2，之前的动态规划数组记做$f[i_1][i_2]$。现在设新的数组$g[i_1][i_2]$=sum（$f[j_1][j_2]$，j_1是i_1的子集），这样每次求和的时候，就不再需要枚举整个i，而只需要枚举i_2。

这样做的代价是，对于之前的做法，每次更新只需要更新一个位置即可。

对于这个做法，每次需要枚举i_1所有的超集进行更新。

换句话说，对于原做法，询问操作是2^{18}的，修改操作是1的。

经过这个优化之后，询问操作是2^9的，修改也是2^9的，效率上有所提高。

并且这个做法并不依赖于$a[i]$互不相同，所以事实上是可以加强成为一道更难的题目。

【参考代码】

https：//loj.ac/submission/128192

【总　结】

本题是一道值得记住的题目。

《最长上升子序列》解题报告

清华大学　金策

【概　述】

本题以选手们熟悉的最长上升子序列问题为背景，设计了一道生动有趣的题目。题目考察了选手们对网络流算法的熟练掌握，也考察了选手们对基本的最长上升子序列算法的深刻理解。

【得分分析】

最高分90分，许多选手获得了40分部分分。

【题目大意】

输入一个序列B，每次对于一个长度为m的前缀求出其最长的子序列长度，使得它的LIS（最长上升子序列）长度不超过k。

【解题思路】

1．解法1

当k=1的时候，LIS长度不超过1的序列是一个（不严格）递减序列。因此我们需要对于每个前缀求出最长递减子序列。使用经典的DP（动态规划）算法，用$f_i[L]$表示前i个数中，长度为L的上升子序列的结尾元素的最小值。在右端插入新元素$B[i+1]=x$时，用二分查找得到第一个满足$f[L]>x$的位置，并将$f[L]$改为x。时间复杂度是$O(n\log n)$。

2．解法2

当$B_i\leqslant 8$时，我们使用状态压缩DP算法（或称DP套DP）。内层的DP即为解法1中的DP算法；外层的DP是一个状态压缩DP算法。用$F[i][S]$表示在前i个数中选子序列，得到的DP数组是S时，子序列的最大长度。时间复杂度是$O(2^B n)$。

3. 解法3

我们使用Dilworth定理：一个序列的最长上升子序列长度为k，等价于它最少需要写成k个不上升子序列的并。于是原问题转化为：取不超过k个不上升子序列，使得并集最大。为了方便下面的描述，我们改成取k个上升子序列，并且假设原序列元素两两不同。

当$k=2$时，我们需要在序列前缀中取两个上升子序列使得取到的元素尽量多。我们采用DP算法，用$F[i][j]$表示目前第一个子序列以i结尾，第二个子序列以j结尾时，取到的最多元素数量（$i<j$）。

考虑DP的状态转移，当$j<k$，$B[i]<B[k]$或$B[j]<B[k]$时，可以转移到$f[j][k]$或$f[i][k]$。直接实现这样的转移需要$O(n^3)$的时间复杂度。为了进行优化，可以对值域建树状数组，维护前缀最大值，这样可以优化到$O(n^2\log n)$的时间复杂度。

4. 解法4

当$m=n$时，我们直接建立最小费用流模型。将每个数拆成两个点in$[i]$，out$[i]$，并在它们之间连流量为1，费用为-1的边。如果$B[i]<B[j]$，则从out$[i]$向in$[j]$连边。从源点开始每次沿最短路增广一个单位的流量。答案即为流量为k时的最小费用乘以-1。

考虑使用普通的流算法，在点数$O(n)$，边数$O(n^2)$的情况下增广k次，时间复杂度是$O(kn^3)$。

5. 解法5

考虑优化前一个算法中的网络流建图。我们利用树状数组的结构进行优化建图。按i从左往右的顺序插入新点和新边，小于$B[i]$的数的区间对应树状数组中的$O(\log n)$个结点，我们给它们连边，然后再将$B[i]$插入树状数组。对于所影响的区间需要在图中建一个新点，然后将旧点和新点相连。使用这样的方法构图，点数是$O(n\log n)$，边数也是$O(n\log n)$，增广k次需要的时间复杂度是$O(k(n\log n)^2)$。

6. 解法6

考虑费用流中的最短路算法，由于有负权边，直接求最短路需要O（点数 × 边数）的时间复杂度。我们用Johnson方法优化求最短路的过程。对于网络中的点v，令$p[v]=\text{dist}(s,v)$。将残余网络中边的费用由$\text{cost}(u,v)$改为$\text{cost}(u,v)+p[u]-p[v]$，则新的边权非负。关于新边权的距离是$\text{dist}'(s,v)=\text{dist}(s,v)+p[s]-p[v]$。从$s$沿0费用边到$t$的路径即为原网络的最短路，我们沿着它增广即可。增广后，残余网络中会少一些边，同时也会多一些边（它们都是0费用边）。我们对这个（非负边权的）图以s为源点运行Dijkstra最短路算法，并更新p数组。时间复杂度是O（边数 × 点数$+k\times$ 边数 $\times\log n)=O(n^2\log^2 n+kn\log^2 n)$。

现在的瓶颈在于初始时的最短路求解。注意到初始时残余网络是DAG（有向无环图），可以通过直接递推求得最短路，因此时间复杂度是$O(kn\log^2 n)$。

这个算法可以继续优化，由于最短路的距离是$O(n)$级别，所以可以将Dijkstra算法中的堆改为$O(n)$个列表，这样得到的时间复杂度是$O(kn\log n)$。

7. 解法7

一个序列若能写成k个上升序列的并，我们就称它为k上升序列。问题答案就是最长的k上升序列长度。我们注意到这样一个性质：

若数列里位置相邻的三个数是b，c，a（大小关系是$a<b<c$），那么将a和c交换之后，最长k上升序列的长度不变。

性质的证明如下：

将bca改为bac，最长k上升子序列不会变小。如果变大了，设新的最长k上升子序列为g，则g中有一个上升子序列同时包含a和c。那么g必须包含b，否则把b换成a，即可得到原序列中更长的一个最长k上升子序列。于是g把b，a，c都包含了。现在把g中的a和c换回来得到h，则h是原序列的更长的子序列，所以它不是k上升序列，因此它含有一个（$k+1$）长度的下降子序列，由这个下降子序列可以得到一个g中的（$k+1$）长度下降子序列，于是产生矛盾。

同理，若相邻三个数是bca或bac或acb或cab，则把a和c交换都不会改变最长k上升子序列的长度（因此也不会改变最长k下降子序列的长度）。

现在观察用二分法DP求LIS的过程。例如，当前的dp数组是1 2 4 6 9，现在插入了5，则变成了1 2 4 5 9。结合前面的性质，我们可以将其看成若干次交换（相邻三数中相邻的a和c）：

1 2 4 6 9 5

1 2 4 6 5 9

1 2 6 4 5 9

1 6 2 4 5 9

6 1 2 4 5 9

换下来的6被移到了最左边。

我们考虑用若干次不改变答案的交换操作将原序列变成一个更为简单的形式。像刚才的例子这样，换下来的数被移动到序列的左边，而这些数在左边继续建立一个这样的递增序列。例如，6 1 2 4 5 9，在右端插入一个8之后，

6 1 2 4 5 9 8

6 1 2 4 9 5 8

6 1 2 9 4 5 8

6 1 9 2 4 5 8

6 9 1 2 4 5 8

可以看到最后形成了两个递增序列。这时如果在右端继续插入一个3，则会变成6 4 9 1 2 3 5 8，可以切分成三个递增序列。我们将每个递增序列写在一行，就会得到一个杨氏图表，如下：

1 2 3 5 8

4 9

6

容易证明：每行的元素个数向下（不严格）递减；元素从左往右递增，从上往下递增；其对应的序列即为从下往上，从左往右读出的序列；这个序列的最长k上升子序列即为前k行元素个数之和，这一点很容易证明，因为每一列都对应了一个下降子序列。

因此，我们的算法就是直接模拟这个插入过程，在每一行要进行二分查找，而总行数不超过n，则时间复杂度为$O(n^2\log n)$。查询时只需用树状数组维护前缀和即可，时间复杂度是$O(Q\log n)$。

8. 解法8

注意到杨氏图表中的前k行长度总和表示最长k上升子序列的长度，而前k列长度总和表示最长k下降子序列的长度。我们可以同时维护一个杨氏图表的转置矩阵，这只需要对于所有元素乘-1后用同样方法维护杨氏图表即可。然后，我们只需要对两个杨氏图表分别维护前$O(n^{1/2})$行即可，这是因为它们足以覆盖原图表中的每个位置，从而唯一确定图表的形状，因此，我们只需要$O(n^{3/2}\log n)$的时间复杂度。

注意到对于当前行的长度较小的情况，我们不需要二分，只要暴力往左走就可以了

（这是因为每行被替换的位置的列坐标是递减的），这样我们可以得到一个$O(n^{3/2}\log^{1/2}n)$时间复杂度的算法。

【总　结】

本题的标准算法并不显然，非常考验选手们对基本的最长上升子序列算法及性质的充分理解和融会贯通，但是选手们也可以通过网络流算法的各种优化来获得充足的部分分。

《投影》解题报告

清华大学　徐明宽　范浩强

【题目大意】

本题需要寻找到最优的把两组点投影到一个子空间并最小化一个“距离”。由于数据规模和精度的要求都不高，可以考虑枚举或搜索类算法。于是问题的核心变成：

（1）如何表示搜索空间。

（2）被优化函数的计算方法。

（3）搜索策略。

【解题思路】

1．解法1：一维情况

30%的数据是二维投影到一维。注意投影到一维后，我们只需将黑点和白点分别按照投影后的坐标排序，将坐标最小的黑点和坐标最小的白点匹配，将坐标第二小的黑点和坐标第二小的白点匹配，以此类推，直至将坐标最大的黑点和坐标最大的白点匹配，这样的对应方法即为一维欧几里得距离（即坐标的差的绝对值）之和最小的方案，也即为所求的“移动距离”。

于是可以考虑枚举投影直线的斜率，然后我们只需把两类点分开来按照投影坐标排序，最后按顺序匹配即是答案。注意到答案无论是排序还是距离都只和这些点在投影直线上的先后顺序有关，那么我们可以对于每一对点处理这两个点的投影距离相等的斜率，由于只有最多$O(n^2)$对点，所以这些斜率将斜率区间$(-\infty, \infty)$分为最多$O(n^2)$段。每一段内所有投影点的先后顺序是不变的，从而可以用三分等方法在每一段中求出最大值。最后求出每段最大值中的最大值即为所求答案。

时间复杂度$O(n^2\log n)$，期望得分30分。

2．解法2：搜索剪枝

注意到三维空间内一个二维平面的方向可以用其法向量表示，而三维空间中一维直线的方向本身就是一个空间向量，所以我们可以用一个空间向量来表示投影方向。

我们可以将问题拆解成两部分：选择一个投影方向，然后计算该方向下的“移动距离”。后者相对简单，对于投影到一维的情况（无论是从二维投影到一维还是从三维投影到一维），已经在上述解法中进行了介绍，单次计算所需时间为$O(n\log n)$。

对于投影到二维的情况，我们可以求出每个黑点和每个白点的欧几里得距离，这样计算“移动距离”就变成了每侧n个点的完全二分图最小权完美匹配问题。这个问题可以转化成最小费用最大流问题，用dinic算法在$O(n^4)$的时间复杂度内解决，也可以直接用KM算法（Kuhn-Munkres算法）在$O(n^3)$的时间复杂度内解决。

注意到被搜索的函数是连续的：存在一个常数，使得函数值的差不会超过向量本身距离的倍数。这意味着，对于一个搜索区域，我们可以通过在里面求值的方法来确定整个区域的一个下界。

于是，我们可以用启发式搜索的方法来进行求解。

S1：维护一个待搜索区域的优先队列。初始时，把整个（半）球面放进去。

S2：每一步，在队列中取出当前下界最低的搜索区域，把它分裂成更多的小块，分别求出函数值和下界，加入队列。统计整个过程中遇到的最优的函数值。

S3：如果一个小块的体积已经过小，或者当前搜索区域的下界不比已经搜索到的最优值更优，则停止。

为了方便，我们将球面上四个点之间依次用大圆连线围成的区域作为一个搜索区域的表示。分裂的时候，一个这样的区域会分成4个更小的子区域。

代码如下：

```
#include <cstdio>
#include <vector>
#include <math.h>
#include <algorithm>
#include <queue>
using namespace std;

double solve_2_1_n2logn(int N, double *X, double *Y){
  vector<pair<double, pair<int, int> > > events;
  for(int i=0; i<N; i++){
    for(int j=i+1; j<N; j++){
      double dx=X[j]-X[i], dy=Y[j]-Y[i];
      if(dx!=0 || dy!=0){
        if(dy<0){
          dy=-dy;
          dx=-dx;
        }
        double a=atan2(dy, dx);
        events.push_back(make_pair(a, make_pair(i, j)));
      }
    }
  }
  sort(events.begin(), events.end());
  vector<pair<double, int> > points(N);
  vector<int> colordiff(N);
  vector<int> signs(N);
  vector<int> positions(N);
  double total_dx=0, total_dy=0;
  double ans=0;
  for(int aid=0; aid<=int(events.size()); aid++){
    double beg_angle, end_angle;
```

```
if(aid>0){
  beg_angle=events[aid-1].first;
}else{
  beg_angle=0;
}
if(aid<int(events.size())){
  end_angle=events[aid].first;
}else{
  end_angle=M_PI;
}
double mid_angle=(beg_angle+end_angle)*0.5;
double dx=-sin(mid_angle);
double dy=cos(mid_angle);
if(aid==0){
  for(int i=0; i<N; i++){
    points[i]=make_pair(X[i]*dx+Y[i]*dy, i);
  }
  sort(points.begin(), points.end());
  int bluecnt=0, redcnt=0;
  for(int i=0; i<N; i++){
    int idx=points[i].second;
    colordiff[i]=bluecnt-redcnt;
    if((idx<N/2 && colordiff[i]>=0)||
       (idx>=N/2 && colordiff[i]<=0)){
      signs[i]=-1;
    }else{
      signs[i]=1;
    }
    total_dx+=X[idx]*signs[i];
    total_dy+=Y[idx]*signs[i];
    positions[idx]=i;
    if(idx<N/2){
      bluecnt+=1;
    }else{
      redcnt+=1;
    }
  }
}
if(aid>0){
  int candidates[2]={events[aid-1].second.first, events
    [aid-1].second.second};
  for(int cid=0; cid<2; cid++){
    int i=candidates[cid];
```

```
int pi=positions[i];
double val=dx*X[i]+dy*Y[i];
for(int dir=-1; dir<=1; dir+=2){
  while(true){
    if((dir==-1 && pi==0)||(dir==1 && pi==N-1))
      break;
    double pval=dx*X[points[pi+dir].second]+dy*Y[points
      [pi+dir].second];
    if((dir==-1 && pval>val)||(dir==1 && pval<val)){
      int colori=i>=N/2;
      int colordi=points[pi+dir].second>=N/2;
      int old_sign_di=signs[pi+dir];
      if(dir==1){
        colordiff[pi+dir]+=(colori-colordi)*2;
      }else{
        colordiff[pi]+=(colordi-colori)*2;
      }
      swap(points[pi+dir], points[pi]);
      if((colordi==0 && colordiff[pi]>=0)||(colordi!=0
        &&colordiff[pi]<=0)){
        signs[pi]=-1;
      }else{
        signs[pi]=1;
      }
      if((colori==0 && colordiff[pi+dir]>=0)||(colori!=0
        &&colordiff[pi+dir]<=0)){
        signs[pi+dir]=-1;
      }else{
        signs[pi+dir]=1;
      }
      if(signs[pi]!=old_sign_di){
        total_dx+=(X[points[pi].second]-X[points[pi
          +dir].second])*(signs[pi]-old_sign_di);
        total_dy+=(Y[points[pi].second]-Y[points[pi
          +dir].second])*(signs[pi]-old_sign_di);
      }
      positions[points[pi].second]=pi;
      positions[points[pi+dir].second]=pi+dir;
      pi=positions[i];
    }else{
      break;
    }
  }
```

```
            }
        }
    }
    double totangle=atan2(-total_dx, total_dy);
    if(totangle<-M_PI/2){
      totangle+=M_PI*2;
    }
    double mag=0;
    if(totangle<beg_angle){
      mag=total_dx*(-sin(beg_angle))+total_dy*cos(beg_angle);
    }else if(totangle>end_angle){
      mag=total_dx*(-sin(end_angle))+total_dy*cos(end_angle);
    }else{
      mag=sqrt(total_dx*total_dx+total_dy*total_dy);
    }
    ans=max(ans, mag);
  }
  return ans/(N/2);
}
void normalize(double x[3]){
  double r=sqrt(x[0]*x[0]+x[1]*x[1]+x[2]*x[2]+1e-100);
  x[0]/=r;
  x[1]/=r;
  x[2]/=r;
}
void midpoint(double *x, double *a, double *b){
  for(int i=0; i<3; i++)
    x[i]=(a[i]+b[i])*0.5;
  normalize(x);
}
struct pointrec{
  double dot;
  double x, y, z;
  bool operator<(const pointrec &b) const{
    return dot<b.dot;
  }
};
double distxyz(double a[3], double b[3]){
  double dx=a[0]-b[0];
  double dy=a[1]-b[1];
  double dz=a[2]-b[2];
  return sqrt(dx*dx+dy*dy+dz*dz);
}
```

```
  vector<pointrec> P, Q;
  double evalsquare_3_1(int N, double * XYZ, double square[4][3],
double &hb){
    double direction[3]={0, 0, 0};
    for(int i=0; i<4; i++){
      for(int j=0; j<3; j++){
        direction[j]+=square[i][j];
      }
    }
    normalize(direction);
    double tolerance=0;
    for(int i=0; i<4; i++){
      tolerance=max(tolerance, distxyz(direction, square[i]));
    }
    if(P.size()==0){
      P.resize(N);
      for(int i=0; i<N; i++){
        P[i].x=XYZ[i*3+0];
        P[i].y=XYZ[i*3+1];
        P[i].z=XYZ[i*3+2];
      }
    }
    if(Q.size()==0){
      Q.resize(N);
      for(int i=0; i<N; i++){
        Q[i].x=XYZ[(i+N)*3+0];
        Q[i].y=XYZ[(i+N)*3+1];
        Q[i].z=XYZ[(i+N)*3+2];
      }
    }
    for(int i=0; i<N; i++){
      P[i].dot=P[i].x*direction[0]+P[i].y*direction[1]+P[i].
        z*direction[2];
    }
    for(int i=0; i<N; i++){
      Q[i].dot=Q[i].x*direction[0]+Q[i].y*direction[1]+Q[i].
        z*direction[2];
    }
    if(N>1024){
      sort(P.begin(), P.end());
      sort(Q.begin(), Q.end());
    }else{
      pointrec tmp[1024];
```

```
    int keys[1024];
    int cnts[2048];
    for(int i=0; i<2048; i++)
    cnts[i]=0;
    for(int i=0; i<N; i++){
      int key=(P[i].dot+2)*(2048/4.0);
      keys[i]=key;
      cnts[key]++;
    }
    for(int i=1; i<2048; i++)
      cnts[i]+=cnts[i-1];
    for(int i=N-1; i>=0; i--)
      tmp[--cnts[keys[i]]]=P[i];
    for(int i=0; i<N; i++){
      int k=i;
      while(k>0 && P[k-1].dot>tmp[i].dot){
        P[k]=P[k-1];
        k--;
      }
      P[k]=tmp[i];
    }
    for(int i=0; i<2048; i++)
      cnts[i]=0;
    for(int i=0; i<N; i++){
      int key=(Q[i].dot+2)*(2048/4.0);
      keys[i]=key;
      cnts[key]++;
    }
    for(int i=1; i<2048; i++)
      cnts[i]+=cnts[i-1];
    for(int i=N-1; i>=0; i--)
      tmp[--cnts[keys[i]]]=Q[i];
    for(int i=0; i<N; i++){
      int k=i;
      while(k>0 && Q[k-1].dot>tmp[i].dot){
        Q[k]=Q[k-1];
        k--;
      }
      Q[k]=tmp[i];
    }
  }
  double score=0;
  for(int i=0; i<N; i++){
```

```
    score+=fabs(P[i].dot-Q[i].dot);
  }
  score/=N;
  double acc[3]={0, 0, 0};
  double otherlen=0;
  for(int i=0; i<N; i++){
    double dx=P[i].x-Q[i].x;
    double dy=P[i].y-Q[i].y;
    double dz=P[i].z-Q[i].z;
    double dl=sqrt(dx*dx+dy*dy+dz*dz);
    double dot=dx*direction[0]+dy*direction[1]+dz*direction[2];
    if(dot<0){
      dx=-dx;
      dy=-dy;
      dz=-dz;
      dot=-dot;
    }
    if(dot>tolerance*dl){
      acc[0]+=dx;
      acc[1]+=dy;
      acc[2]+=dz;
    }else{
      otherlen+=dl;
    }
  }
  double nacc[3]={acc[0], acc[1], acc[2]};
  normalize(nacc);
  double diff2=0;
  if(distxyz(nacc, direction)<=tolerance){
    diff2=sqrt(acc[0]*acc[0]+acc[1]*acc[1]+acc[2]*acc[2])
      -(acc[0]*direction[0]+acc[1]*direction[1]+acc[2]
      *direction[2]);
  }else{
    double dv[3]={nacc[0]-direction[0], nacc[1]-direction[1],
      nacc[2]-direction[2]};
    double s=0;
    for(int i=0; i<3; i++){
      s+=dv[i]*direction[i];
    }
    for(int i=0; i<3; i++){
      dv[i]-=direction[i]*s;
    }
    normalize(dv);
```

```
      double ang=asin(tolerance/2)*2;
      double cosang=cos(ang), sinang=sin(ang);
      double nv[3];
      for(int i=0; i<3; i++){
        nv[i]=direction[i]*cosang+dv[i]*sinang;
      }
      diff2=0;
      for(int i=0; i<3; i++){
        diff2+=(nv[i]-direction[i])*acc[i];
      }
    }
    hb=score+otherlen/N*tolerance+diff2/N;
    hb=min(hb, score+tolerance*0.05);
    return score;
}
struct squarerec{
    double hb, score;
    double xyz[4][3];
    bool operator<(const squarerec & b)const{
      return hb<b.hb;
    }
};
double solve_3_1_proj(int N, double * X, double *Y, double * Z){
    P.clear();
    Q.clear();
    N/=2;
    vector<double> XYZ(N*2*3);
    for(int i=0; i<N*2; i++){
      XYZ[i*3+0]=X[i];
      XYZ[i*3+1]=Y[i];
      XYZ[i*3+2]=Z[i];
    }
    priority_queue<squarerec> PQ;
    int rectangles[3][4][3]={
      {{1, 1, 1}, {1, 1, -1}, {1, -1, -1}, {1, -1, 1}},
      {{1, 1, 1}, {1, -1, 1}, {-1, -1, 1}, {-1, 1, 1}},
      {{1, 1, 1}, {-1, 1, 1}, {-1, 1, -1}, {1, 1, -1}}
    };
    double r=sqrt(1.0/3);
    double best=0;
    for(int i=0; i<3; i++){
      squarerec sr;
      for(int j=0; j<4; j++)
```

```
        for(int k=0; k<3; k++)
          sr.xyz[j][k]=rectangles[i][j][k]*r;
      sr.score=evalsquare_3_1(N, &(XYZ[0]), sr.xyz, sr.hb);
      best=max(best, sr.score);
      PQ.push(sr);
    }
    int cnt=0;
    while(!PQ.empty() && PQ.top().hb>best*(1+1e-7)){
      squarerec sr=PQ.top();
      PQ.pop();
      double abcd[3], ab[3], bc[3], cd[3], da[3];
      midpoint(ab, sr.xyz[0], sr.xyz[1]);
      midpoint(bc, sr.xyz[1], sr.xyz[2]);
      midpoint(cd, sr.xyz[2], sr.xyz[3]);
      midpoint(da, sr.xyz[3], sr.xyz[0]);
      midpoint(abcd, ab, cd);
      cnt+=1;
      squarerec childs[4];
      for(int i=0; i<3; i++){
        childs[0].xyz[0][i]=sr.xyz[0][i];
        childs[0].xyz[1][i]=ab[i];
        childs[0].xyz[2][i]=abcd[i];
        childs[0].xyz[3][i]=da[i];
      }
      for(int i=0; i<3; i++){
        childs[1].xyz[0][i]=ab[i];
        childs[1].xyz[1][i]=sr.xyz[1][i];
        childs[1].xyz[2][i]=bc[i];
        childs[1].xyz[3][i]=abcd[i];
      }
      for(int i=0; i<3; i++){
        childs[2].xyz[0][i]=abcd[i];
        childs[2].xyz[1][i]=bc[i];
        childs[2].xyz[2][i]=sr.xyz[2][i];
        childs[2].xyz[3][i]=cd[i];
      }
      for(int i=0; i<3; i++){
        childs[3].xyz[0][i]=da[i];
        childs[3].xyz[1][i]=abcd[i];
        childs[3].xyz[2][i]=cd[i];
        childs[3].xyz[3][i]=sr.xyz[3][i];
      }
      for(int i=0; i<4; i++){
```

```
            childs[i].score=evalsquare_3_1(N, &(XYZ[0]), childs[i].
              xyz, childs[i].hb);
            best=max(best, childs[i].score);
            if(childs[i].hb>best){
              PQ.push(childs[i]);
            }
          }
        }
        return best;
    }
    int matchcnt=0;
    vector<int>lastmatch, tree_pre;
    void dfs_get_dist(int n, longlong *A, int i, longlong * dist){
      int tp=tree_pre[i];
      if(tp==-1){
        dist[i]=0;
        return;
      }
      if(dist[tp]==1328957342679916 79LL)
      dfs_get_dist(n, A, tp, dist);
       dist[i]=dist[tp]-A[lastmatch[tp]*n+tp]+A[lastmatch[tp]
         *n+i];
    }
    bool verify_match(int n, longlong * A, longlong * dist){
      if(int(lastmatch.size())!=n)
        return false;
      for(int i=0; i<n; i++){
        if(dist[i]>0)
          dfs_get_dist(n, A, i, &(dist[0]));
      }
      for(int i=0; i<n; i++){
        for(int j=0; j<n; j++){
          if(dist[j]>dist[i]-A[lastmatch[i]*n+i]+A[lastmatch[i]
            *n+j])
            return false;
        }
      }
      return true;
    }
    void record_match(int n, longlong *A, int * match){
      lastmatch.resize(n);
      tree_pre.resize(n);
      for(int i=0; i<n; i++){
```

```
    tree_pre[i]=-1;
    lastmatch[i]=match[i];
  }
  vector<int> Q(n+1), inQ(n);
  vector<longlong> dist(n);
  for(int i=0; i<n; i++){
    Q[i]=i;
    inQ[i]=1;
  }
  int head=0, tail=n;
  while(head!=tail){
    int x=Q[head];
    head++;
    if(head==n+1){
      head=0;
      inQ[x]=0;
      for(int i=0; i<n; i++){
        longlong t=dist[x]-A[lastmatch[x]*n+x]+A[lastmatch[x]
          *n+i];
        if(t<dist[i]){
          dist[i]=t;
          tree_pre[i]=x;
          if(!inQ[i]){
               Q[tail]=i;
               inQ[i]=1;
               tail++;
               if(tail==n+1){
                    tail=0;
        }
      }
    }
  }
}

static void bestmatch_long(int n,int m,longlong * A,int * match,
  longlong * ret){
  struct KMSolveContext{
    vector<longlong>lx, ly, slack;
    vector<char> vx, vy;
    longlong * A;
    int * match, n, m;
    bool dfs_search(int u){
      vx[u]=1;
```

```
        for(int i=0; i<m; i++){
          if(!vy[i]){
            longlong t=A[u*m+i]-lx[u]-ly[i];
            if(t<=0){
              vy[i]=1;
              if(match[i]==-1 || dfs_search(match[i])){
                match[i]=u;
                return true;
              }
            }else{
              slack[i]=min(slack[i], t);
            }
          }
        }
        return false;
    }
    KMSolveContext(int n, int m, longlong *A, int * match, longlong
      * ret, longlong * initdist){
      lx.resize(n);
      ly.resize(m);
      slack.resize(m);
      vx.resize(n);
      vy.resize(m);
      this->A=A;
      this->n=n;
      this->m=m;
      this->match=match;
      for(int i=0; i<n; i++){
        lx[i]=initdist[i];
      }
      for(int i=0; i<m; i++){
        longlong mx=A[0*m+i]-lx[0];
        for(int j=1; j<n; j++){
          mx=min(mx, A[j*m+i]-lx[j]);
        }
        ly[i]=mx;
      }
      longlong big=0;
      for(int i=0; i<n*m; i++)
        big=max(big, abs(A[i]));
      big=big*4+100;
      for(int i=0; i<m; i++)
        match[i]=-1;
```

```
    int t=0;
    for(int i=0; i<n; i++){
      for(int j=0; j<m; j++){
        slack[j]=big;
      }
      while(true){
        t++;
        for(int k=0; k<n; k++)
          vx[k]=0;
        for(int k=0; k<m; k++)
          vy[k]=0;
        if(dfs_search(i)){
          break;
        }
        longlong d=big;
        for(int j=0; j<m; j++)
          if(!vy[j] && d>slack[j])
              d=slack[j];
        for(int j=0; j<n; j++)
          if(vx[j])
              lx[j]+=d;
        for(int j=0; j<m; j++){
          if(vy[j])
            ly[j]-=d;
        }
      }
    }
    ret[0]=0;
    for(int i=0; i<m; i++)
      if(match[i]!=-1)
          ret[0]+=A[match[i]*m+i];
  }
};
vector<longlong> dist(n, 1328957342679916791LL);
if(matchcnt>=1){
  if(verify_match(n, A, &dist[0])){
    ret[0]=0;
    for(int i=0; i<m; i++)
      match[i]=lastmatch[i];
    for(int i=0; i<m; i++)
      if(match[i]!=-1)
          ret[0]+=A[match[i]*m+i];
    return;
```

```
      }
    }
    matchcnt+=1;
    KMSolveContext(n, m, A, match, ret, &dist[0]);
    record_match(n, A, match);
  }
  void proj_emd_ub(int N, double * xyz, double * dir, double
    tolerance, double *ret){
    vector<double> dists(N*N);
    for(int i=0; i<N; i++){
      for(int j=0; j<N; j++){
        double dx=xyz[i*3+0]-xyz[(j+N)*3+0];
        double dy=xyz[i*3+1]-xyz[(j+N)*3+1];
        double dz=xyz[i*3+2]-xyz[(j+N)*3+2];
        double dot=(dx*dir[0]+dy*dir[1]+dz*dir[2]);
        dx-=dir[0]*dot;
        dy-=dir[1]*dot;
        dz-=dir[2]*dot;
        dists[i*N+j]=sqrt(dx*dx+dy*dy+dz*dz);
      }
    }
    double r=*max_element(dists.begin(), dists.end());
    vector<longlong> quantdists(N*N);
    for(int i=0; i<N*N; i++)
      quantdists[i]=dists[i]/r*1e11;
    long long iret;
    vector<int> match(N);
    bestmatch_long(N, N, &quantdists[0], &(match[0]), &iret);
    double fret=0;
    for(int i=0; i<N; i++){
      fret+=dists[match[i]*N+i];
    }
    ret[0]=fret/N;
    double sinangtolerance=sin(asin(tolerance/2)*2);
    double cosangtolerance=cos(asin(tolerance/2)*2);
    double diff=0;
    for(int i=0; i<N; i++){
      int i2=match[i];
      double dx=xyz[i2*3+0]-xyz[(i+N)*3+0];
      double dy=xyz[i2*3+1]-xyz[(i+N)*3+1];
      double dz=xyz[i2*3+2]-xyz[(i+N)*3+2];
      double dl=sqrt(dx*dx+dy*dy+dz*dz);
      double ndx=dx/(dl+1e-30);
```

```
        double ndy=dy/(dl+1e-30);
        double ndz=dz/(dl+1e-30);
        double cosangle=fabs(ndx*dir[0]+ndy*dir[1]+ndz*dir[2]);
        double sinangle=sqrt(max(0.0, 1-cosangle*cosangle));
        if(cosangle<sinangtolerance){
            diff+=(1-sinangle)*dl;
        }else{
            diff+=(sinangle*cosangtolerance+cosangle*sinangtolerance
                -sinangle)*dl;
        }
    }
    ret[1]=ret[0]+diff/N;
    ret[1]=min(ret[1], ret[0]+tolerance*0.25);
    ret[1]=min(ret[1], ret[0]+tolerance*max(tolerance, 0.0003)*500);
}
double evalsquare_3_2(int N, double * XYZ, double square[4][3],
    double &hb){
    double direction[3]={0, 0, 0};
    for(int i=0; i<4; i++){
        for(int j=0; j<3; j++){
            direction[j]+=square[i][j];
        }
    }
    normalize(direction);
    double tolerance=0;
    for(int i=0; i<4; i++){
        tolerance=max(tolerance, distxyz(direction, square[i]));
    }
    double ret[2];
    proj_emd_ub(N, XYZ, direction, tolerance, ret);
    hb=ret[1];
    return ret[0];
}
double solve_3_2_proj(int N, double * X, double *Y, double * Z){
    matchcnt=0;
    N/=2;
    vector<double> XYZ(N*2*3);
    for(int i=0; i<N*2; i++){
        XYZ[i*3+0]=X[i];
        XYZ[i*3+1]=Y[i];
        XYZ[i*3+2]=Z[i];
    }
    priority_queue<squarerec> PQ;
```

```
int rectangles[3][4][3]={
  {{1, 1, 1}, {1, 1, -1}, {1, -1, -1}, {1, -1, 1}},
  {{1, 1, 1}, {1, -1, 1}, {-1, -1, 1}, {-1, 1, 1}},
  {{1, 1, 1}, {-1, 1, 1}, {-1, 1, -1}, {1, 1, -1}}
};
double r=sqrt(1.0/3);
double best=0;
for(int i=0; i<3; i++){
  squarerec sr;
  for(int j=0; j<4; j++)
  for(int k=0; k<3; k++)
  sr.xyz[j][k]=rectangles[i][j][k]*r;
  sr.score=evalsquare_3_2(N, &(XYZ[0]), sr.xyz, sr.hb);
  best=max(best, sr.score);
  PQ.push(sr);
}
int cnt=0;
while(!PQ.empty()&& PQ.top().hb>best*(1+1e-7)){
  squarerec sr=PQ.top();
  PQ.pop();
  double abcd[3], ab[3], bc[3], cd[3], da[3];
  midpoint(ab, sr.xyz[0], sr.xyz[1]);
  midpoint(bc, sr.xyz[1], sr.xyz[2]);
  midpoint(cd, sr.xyz[2], sr.xyz[3]);
  midpoint(da, sr.xyz[3], sr.xyz[0]);
  midpoint(abcd, ab, cd);
  cnt+=1;
  if(cnt>=5000)
    break;
  squarerec childs[4];
  for(int i=0; i<3; i++){
    childs[0].xyz[0][i]=sr.xyz[0][i];
    childs[0].xyz[1][i]=ab[i];
    childs[0].xyz[2][i]=abcd[i];
    childs[0].xyz[3][i]=da[i];
  }
  for(int i=0; i<3; i++){
    childs[1].xyz[0][i]=ab[i];
    childs[1].xyz[1][i]=sr.xyz[1][i];
    childs[1].xyz[2][i]=bc[i];
    childs[1].xyz[3][i]=abcd[i];
  }
  for(int i=0; i<3; i++){
```

```
      childs[2].xyz[0][i]=abcd[i];
      childs[2].xyz[1][i]=bc[i];
      childs[2].xyz[2][i]=sr.xyz[2][i];
      childs[2].xyz[3][i]=cd[i];
    }
    for(int i=0; i<3; i++){
      childs[3].xyz[0][i]=da[i];
      childs[3].xyz[1][i]=abcd[i];
      childs[3].xyz[2][i]=cd[i];
      childs[3].xyz[3][i]=sr.xyz[3][i];
    }
    for(int i=0; i<4; i++){
      childs[i].score=evalsquare_3_2(N, &(XYZ[0]), childs[i].
        xyz, childs[i].hb);
      best=max(best, childs[i].score);
      if(childs[i].hb>best){
        PQ.push(childs[i]);
      }
    }
  }
  return best;
}
int main()
{
  while(true){
    int N=-1, K;
    vector<double> X, Y, Z;
    scanf("%d%d", &N, &K);
    if(N<0)
      break;
    N*=2;
    bool is_2d=true;
    X.resize(N);
    Y.resize(N);
    Z.resize(N);
    for(int i=0; i<N; i++){
      scanf("%lf%lf%lf", &(X[i]), &(Y[i]), &(Z[i]));
      is_2d=is_2d&&(Z[i]==0);
    }
    if(is_2d && K==1){
      printf("%.14f\n", solve_2_1_n2logn(N, &X[0], &Y[0]));
    }else if(K==1){
      printf("%.14f\n", solve_3_1_proj(N, &X[0], &Y[0], &Z[0]));
```

```
    }else{
      printf("%.14f\n", solve_3_2_proj(N, &X[0], &Y[0], &Z[0]));
    }
    fflush(stdout);
  }
  return 0;
}
```

3. 解法3：实践中更快速的方法

这个方法也是实际比赛中满分同学的做法。

三维空间中一个空间向量的方向很难进行枚举，但是注意到本题允许不超过10^{-7}的相对误差（由于答案不小于0.01，故绝对误差的要求不小于10^{-9}），虽然较为苛刻但也有实现得比较好的近似算法的容错空间，所以我们可以考虑模拟退火这一近似算法。

模拟退火这一算法需要若干个参数，下面以全大写字母加下划线命名的变量（常量）表示参数。我们初始时需要随机选择START_NUM个向量作为模拟退火的初始状态。注意模拟退火算法经常是维护一个状态进行操作，但是本题中这样做效率太低，无法在时限内得出较好的结果，所以我们需要维护前SELECT_NUM个好的（而不只是最好的那一个）向量。

本题中，状态转移可以看作一个向量向其法平面中一个随机方向移动了一点（注意，在这之后需要再将向量单位化以免向量模长越来越大）。于是我们需要设置三个参数，表示模拟退火中的初始温度（初始移动长度）MOVE_STEP_ST、终止温度（终止移动长度）MOVE_STEP_ED和降温系数（每轮迭代将移动长度乘的比例）MOVE_STEP_MUL。

每轮迭代时，我们将所有SELECT_NUM个向量每个向其法平面中MOVE_NUM（虽然最后发现MOVE_NUM设置成1是最好的）个随机方向分别移动move_step（当前移动长度），加上本身的SELECT_NUM个向量，一共有SELECT_NUM *（MOVE_NUM + 1）个向量，取其中的前SELECT_NUM个好的向量即可。

然而，上述算法在迭代几轮后就出现了一个问题：前SELECT_NUM个好的向量经常聚集在一个小区域内，而这个小区域经常陷入一个局部最优解，从而无法找到全局最优解。这样一来，我们选前SELECT_NUM个好的向量就和选最好的一个向量没有区别了，无法通过本题。

一个不错的解决方案是对于较为接近的向量，只保留最好的那一个。而“较为接近”应该定义成两个向量的差的模长不超过move_step（当前移动长度）的一个倍数MOVE_RANGE_MUL比较合适，这样这个阈值也将随着模拟退火算法的进行而等比例减小。于是我们每次选前SELECT_NUM个好的向量时，先将所有向量按照答案从大到小排序，对于每个向量，暴力枚举前面已选择的每一个向量，如果这个向量与前面已选择的每一个向量的距离都大于move_step * MOVE_RANGE_MUL，再选择这个向量。

另外，投影到一维时，注意到std::sort在待排序数组本身就有序时是线性的，所以我们可以每过若干轮（如每迭代2的幂轮次后），将输入的所有点按照到当前最好的向量方向的投影排序，这样可以加速当前最好的向量及其附近方向的一些其他向量的计算“移动距离”部分（不加这个优化也可以通过本题）。

至此，我们已经完成了这个算法，剩下的工作就是调整上述参数了。

我们可以充分利用时间限制调整参数以达到更高的精度，也可以充分利用精度限制，在相对误差不超过10^{-7}的前提下调整参数对运行时间进行优化。下面的代码即利用精度限制，在每个测试点运行时间不超过0.34s的情况下，就通过了这道时间限制5s的题目。

```
#include <stdio.h>
#include <string.h>
#include <stdlib.h>
#include <iostream>
#include <algorithm>
#include <cmath>
#include <queue>
using namespace std;
const double EPS=1e-10;
int cmp(double x)
{
  return x > EPS ? 1 : x >= -EPS ? 0 : -1;
}
const int MAXN=2020;
int n, k;
bool type;
double ans;
class Point
{
  public:
  double x, y, z;
  Point(){}
  Point(double x, double y, double z): x(x), y(y), z(z){}
  void input()
  {
    scanf("%lf%lf%lf", &x, &y, &z);
    if(cmp(z) != 0)
      type=false;
  }
  double len2() const
  {
    return x * x + y * y + z * z;
  }
  double len() const
  {
    return sqrt(len2());
  }
  Point operator +(const Point &b) const
  {
    return Point(x + b.x, y + b.y, z + b.z);
  }
```

```
    Point operator -(const Point &b) const
    {
      return Point(x - b.x, y - b.y, z - b.z);
    }
    Point operator /(double b) const
    {
      return Point(x / b, y / b, z / b);
    }
    Point operator *(double b) const
    {
      return Point(x * b, y * b, z * b);
    }
    Point tounit() const
    {
      return *this /len();
    }
    Point topositive() const
    {
      return x >= 0 ? *this : Point(-x, -y, -z);
    }
    bool operator <(const Point &b) const
    {
      return x < b.x;
    }
}a[MAXN];
double b[MAXN];
Point c[MAXN];
inline double dot(const Point &a, const Point &b)
{
  return a.x * b.x + a.y * b.y + a.z * b.z;
}
inline Point proj(const Point &a, const Point &p)
{
  return a - p * dot(a, p);
}
inline double randdouble()
{
  #ifdef WIN32
   return ((((longlong)rand()) << 45) | (((longlong)rand()) <<
    30) | (rand() << 15) | rand()) / (double)((1ll << 60) - 1);
  #else
  return ((((longlong)rand()) << 31) | rand()) / (double)((1ll
    << 62) - 1);
```

```
    #endif
  }
  inline Point randpoint()
  {
    return Point(randdouble()*2- 1, randdouble()*2- 1,(type ? 0
      : randdouble()*2- 1));
  }
  namespace KM
  {
    const int MAXN=22;
    const double oo=1e9;
    int prev[MAXN], matchl[MAXN], matchr[MAXN], visitl[MAXN],
      visitr[MAXN], vn;
    double wl[MAXN], wr[MAXN], slack[MAXN], e[MAXN][MAXN];
    queue<int> q;
    inline void clear()
    {
      memset(e, 0, sizeof(e));
      memset(matchl, 0, sizeof(matchl));
      memset(matchr, 0, sizeof(matchr));
      memset(visitl, 0, sizeof(visitl));
      memset(visitr, 0, sizeof(visitr));
      vn=0;
    }
    inline void insert(int u, int v, double c)
    {
      if((e[u][v]=c) > wl[u])
        wl[u]=c;
    }
    inline void found(int x)
    {
      while(x)
      {
        int tmp=matchl[prev[x]];
        matchr[x]=prev[x];
        matchl[prev[x]]=x;
        x=tmp;
      }
    }
    void bfs(int st)
    {
      for(int i=1; i <= n; i++)
        slack[i]=oo;
```

```
while(!q.empty())
q.pop();
vn++;
visitl[st]=vn;
q.push(st);
while(1)
{
  while(!q.empty())
  {
    int now=q.front();
    double tmp;
    q.pop();
    for(int i=1; i <= n; i++)
    if(visitr[i]!= vn && cmp((tmp=wl[now]+ wr[i]- e[now]
      [i])- slack[i])<= 0)
    {
      prev[i]=now;
      if(!cmp(tmp))
      {
        visitr[i]=vn;
        if(!matchr[i])
          return found(i);
        else
        visitl[matchr[i]]=vn, q.push(matchr[i]);
      }
      else
      slack[i]=tmp;
    }
  }
  double d=oo;
  for(int i=1; i <= n; i++)
  if(visitr[i]!= vn)
    d=min(d, slack[i]);
  if(d == oo)
    return;
  for(int i=1; i <= n; i++)
  if(visitl[i]== vn)
    wl[i]-= d;
  for(int i=1; i <= n; i++)
  if(visitr[i]== vn)
    wr[i]+= d;
  else
  slack[i]-= d;
```

```
        for(int i=1; i <= n; i++)
        if(visitr[i] != vn && !cmp(slack[i]))
        {
          visitr[i]=vn;
          if(!matchr[i])
            return found(i);
          else
          visitl[matchr[i]]=vn, q.push(matchr[i]);
        }
      }
    }
    double km()
    {
      for(int i=1; i <= n; i++)
        bfs(i);
      double ret=0;
      for(int i=1; i <= n; i++)
        ret += e[i][matchl[i]];
      return ret;
    }
  }
  double calc(const Point &p)
  {
    double ret=0;
    if(k == 1)
    {
      for(int i=1; i <= n * 2; i++)
        b[i]=dot(a[i], p);
      sort(b + 1, b + n + 1);
      sort(b + n + 1, b + n *2+ 1);
      for(int i=1; i <= n; i++)
        ret += fabs(b[i]- b[n + i]);
    }
    else
    {
      for(int i=1; i <= n * 2; i++)
        c[i]=proj(a[i], p);
      KM:: clear();
      for(int i=1; i <= n; i++)
      for(int j=n + 1; j <= n * 2; j++)
        KM:: insert(i, j - n, -(c[i]- c[j]).len());
      ret=-KM:: km();
    }
```

```
    if(ret > ans)
      ans=ret;
    //printf("ret %f\n", ret / n);
    return ret;
}
pair<double, Point> f[MAXN], buf[MAXN];
bool cmp1(const pair<double, Point> &a, const pair<double, Point> &b)
{
    return a.first > b.first;
}
void sort_a(const Point &p)
{
    for(int i=1; i <= n * 2; i++)
      buf[i]=make_pair(dot(a[i], p), a[i]);
    sort(buf + 1, buf + n + 1);
    sort(buf + n + 1, buf + n *2+ 1);
    for(int i=1; i <= n * 2; i++)
      a[i]=buf[i].second;
}
void solve_main()
{
    const int START_NUM=50;
    int SELECT_NUM=20;
    const int MOVE_NUM=1;
    const double MOVE_STEP_ST=0.4;
    const double MOVE_STEP_ED=1e-7;
    double MOVE_STEP_MUL=0.86;
    const double MOVE_RANGE_MUL=0.15;
    if(k == 1)
    {
      SELECT_NUM=11;
      MOVE_STEP_MUL=0.8;
      if(type)
        SELECT_NUM=4;
    }
    for(int i=0; i < START_NUM; i++)
      f[i].first=calc(f[i].second=randpoint().tounit().topositive());
    sort(f, f + START_NUM, cmp1);
    int tmp=0;
    for(int i=0; i < START_NUM && tmp < SELECT_NUM; i++)
    {
      bool ok=true;
      for(int j=0; j < tmp; j++)
```

```
    if((f[i].second - f[j].second).len()<= MOVE_STEP_ST *MOVE_
      RANGE_MUL)
    {
      ok=false;
      break;
    }
    if(ok)
      f[tmp++]=f[i];
  }
  int tmp2=0;
  for(double move_step=MOVE_STEP_ST; move_step > MOVE_STEP_ED; move_
    step *= MOVE_STEP_MUL)
  {
    tmp2++;
    if(k == 1 && (tmp2 & -tmp2) == tmp2)
      sort_a(f[0].second);
    /*printf("%d %.15f; \n", tmp2, move_step);
    for(int i=0; i < SELECT_NUM; i++)
      printf("%.15f: %f %f %f;\n",f[i].first / n,f[i].second.x,
        f[i].second.y, f[i].second.z);
    printf("\n"); */
    for(int i=1; i <= MOVE_NUM; i++)
    for(int j=0; j < SELECT_NUM; j++)
      f[i * SELECT_NUM + j].first=calc(f[i * SELECT_NUM + j].second
       =(f[j].second + proj(randpoint(), f[j].second).tounit
      () * move_step).tounit().topositive());
    sort(f, f +(MOVE_NUM + 1)* SELECT_NUM, cmp1);
    tmp=0;
    for(int i=0; i <(MOVE_NUM + 1)* SELECT_NUM && tmp < SELECT_
      NUM; i++)
    {
      bool ok=true;
      double nowlen=move_step * MOVE_RANGE_MUL;
      nowlen *= nowlen;
      for(int j=0; j < tmp; j++)
      if((f[i].second - f[j].second).len2()<= nowlen)
      {
        ok=false;
        break;
      }
      if(ok)
        f[tmp++]=f[i];
    }
```

```
    }
}
bool solve ( )
{
    scanf ( "%d%d", &n, &k );
    if ( n == -1 )
        return false;
    ans=0.01 * n;
    type = ( k == 1 );
    for ( int i=1; i <= n * 2; i++ )
        a [ i ] .input ( );
    solve_main ( );
    printf ( "%.15f\n", ans / n );
    return true;
}
int main ( )
{
    srand ( 19990721 );
    while ( solve ( ) );
    return 0;
}
```

CCF NOI 2017试题与解题报告

CCF NOI 2017第一试

整　数

【题目背景】

在人类智慧的山巅，有着一台字长为1048576位的超级计算机，著名理论计算机科学家 P 博士正用它进行各种研究。不幸的是，某天台风切断了电力系统，超级计算机无法工作，而P博士明天就要交实验结果了，只好求助于学过OI的你……

【题目描述】

P博士将他的计算任务抽象为对一个整数的操作。

具体来说，有一个整数x，一开始为0。

接下来有n个操作，每个操作都是以下两种类型中的一种：

（1）1ab：将x加上整数$a\cdot 2^b$，其中a为一个整数，b为一个非负整数。

（2）2k：询问x在用二进制表示时，位权为2^k的位的值（即这一位上的1代表2^k）。

保证在任何时候，$x \geqslant 0$。

【输入格式】

从标准输入读入数据。

输入的第一行包含四个正整数n，t_1，t_2，t_3，n的含义见题目描述，t_1，t_2，t_3的具体含义见子任务。

接下来n行，每行给出一个操作，具体格式和含义见题目描述。

同一行输入的相邻两个元素之间，用恰好一个空格隔开。

【输出格式】

输出到标准输出。

对于每个询问操作，输出一行，表示该询问的答案（0或1）。对于加法操作，没有任何输出。

【样例1输入】

```
10 3 1 2
1 100 0
1 2333 0
1 -233 0
2 5
2 7
```

```
2 15
1 5 15
2 15
1 -1 12
2 15
```

【样例1输出】

```
0
1
0
1
0
```

【样例1解释】

样例中有10个操作：

第1个为将x加上100×2^0，操作后，x=100；

第2个为将x加上2333×2^0，操作后，x=2433；

第3个为将x加上-233×2^0，操作后，x=2200；

第4个为询问x位权为2^5的位上的值，x在二进制下为100010011000，答案为0；

第5个为询问x位权为2^7的位上的值，x在二进制下为100010011000，答案为1；

第6个为询问x位权为2^{15}的位上的值，x在二进制下为100010011000，答案为0；

第7个为将x加上5×2^{15}=163840，操作后，x=166040；

第8个为询问x位权为2^{15}的位上的值，x在二进制下为101000100010011000，答案为1；

第9个为将x加上-1×2^{12}=-4096，操作后，x=161944；

第10个为询问x位权为2^{15}的位上的值，x在二进制下为100111100010011000，答案为0。

【样例2】

见题目目录下的2.in与2.ans。该组样例的数据范围同第7个测试点。

【样例3】

见题目目录下的3.in与3.ans。该组样例的数据范围同第13个测试点。

【样例4】

见题目目录下的4.in与4.ans。该组样例的数据范围同第14个测试点。

【子任务】

在所有测试点中，$1\leqslant t_1\leqslant3$，$1\leqslant t_2\leqslant4$，$1\leqslant t_3\leqslant2$。不同的t_1，t_2，t_3对应的特殊限制如下：

对于t_1=1的测试点，满足a=1；

对于t_1=2的测试点，满足$|a|$=1；

对于t_1=3的测试点，满足$|a|\leqslant10^9$；

对于t_2=1的测试点，满足$0\leqslant b$，$k\leqslant30$；

对于t_2=2的测试点，满足$0\leqslant b$，$k\leqslant100$；

对于t_2=3的测试点，满足$0\leqslant b$，$k\leqslant n$；

对于t_2=4的测试点，满足$0\leqslant b$，$k\leqslant30n$；

对于t_3=1的测试点，保证所有询问操作都在所有修改操作之后；

对于t_3=2的测试点，不保证询问操作和修改操作的先后顺序。

本题共25个测试点，每个测试点4分。各个测试点的数据范围如下：

<table>
<tr><th>测试点编号</th><th>$n\leq$</th><th>t_1</th><th>t_2</th><th>t_3</th></tr>
<tr><td>1</td><td>10</td><td rowspan="3">3</td><td>1</td><td rowspan="4">2</td></tr>
<tr><td>2</td><td>100</td><td rowspan="2">2</td></tr>
<tr><td>3</td><td>2000</td></tr>
<tr><td>4</td><td>4000</td><td>1</td><td rowspan="3">3</td></tr>
<tr><td>5</td><td>6000</td><td>3</td><td>1</td></tr>
<tr><td>6</td><td>8000</td><td>2</td><td rowspan="4">2</td></tr>
<tr><td>7</td><td>9000</td><td rowspan="5">3</td><td>4</td></tr>
<tr><td>8</td><td>10000</td><td>3</td></tr>
<tr><td>9</td><td>30000</td><td rowspan="2">4</td></tr>
<tr><td>10</td><td>50000</td><td>1</td></tr>
<tr><td>11</td><td>60000</td><td>3</td><td rowspan="12">2</td></tr>
<tr><td>12</td><td>65000</td><td>2</td><td rowspan="5">4</td></tr>
<tr><td>13</td><td>70000</td><td rowspan="2">3</td></tr>
<tr><td>14</td><td>200000</td></tr>
<tr><td>15</td><td>300000</td><td>2</td></tr>
<tr><td>16</td><td>400000</td><td rowspan="4">3</td></tr>
<tr><td>17</td><td>500000</td><td>3</td></tr>
<tr><td>18</td><td>600000</td><td rowspan="4">4</td></tr>
<tr><td>19</td><td>700000</td></tr>
<tr><td>20</td><td>800000</td><td>1</td></tr>
<tr><td>21</td><td>900000</td><td>2</td></tr>
<tr><td>22</td><td>930000</td><td rowspan="4">3</td><td>3</td></tr>
<tr><td>23</td><td>960000</td><td>4</td><td>1</td></tr>
<tr><td>24</td><td>990000</td><td>3</td><td rowspan="2">2</td></tr>
<tr><td>25</td><td>1000000</td><td>4</td></tr>
</table>

蚯蚓排队

【题目描述】

蚯蚓幼儿园有n只蚯蚓，幼儿园园长神刀手为了管理方便，时常让这些蚯蚓列队表演。

所有蚯蚓用从$1\sim n$的连续正整数编号。每只蚯蚓的长度可以用一个正整数表示，根据入园要求，所有蚯蚓的长度都不超过6。神刀手希望这些蚯蚓排成若干个队伍，初始时，每只蚯蚓各自排成一个仅有一只蚯蚓的队伍，该蚯蚓既在队首，也在队尾。

神刀手将会依次进行m次操作，每个操作都是以下三种操作中的一种：

（1）给出i和j，令i号蚯蚓与j号蚯蚓所在的两个队伍合并为一个队伍，具体来说，令j号蚯蚓紧挨在i号蚯蚓之后，其余蚯蚓保持队伍的前后关系不变。

（2）给出i，令i号蚯蚓与紧挨其后的一只蚯蚓分离为两个队伍，具体来说，在分离之后，i号蚯蚓在其中一个队伍的队尾，原本紧挨其后的那一只蚯蚓在另一个队伍的队首，其余蚯蚓保持队伍的前后关系不变。

（3）给出一个正整数k和一个长度至少为k的数字串s，对于s的每个长度为k的连续子串t（这样的子串共有$|s|-k+1$个，其中$|s|$为s的长度），定义函数$f(t)$，询问所有这些$f(t)$的**乘积**对998244353取模后的结果。

其中$f(t)$的定义如下：

对于当前的蚯蚓队伍，定义某个蚯蚓的**向后k数字串**为：从该蚯蚓出发，沿队伍的向后方向，寻找最近的k只蚯蚓（包括其自身），将这些蚯蚓的长度视作字符连接而成的数字串；如果这样找到的蚯蚓不足k只，则其没有**向后k数字串**。例如，蚯蚓的队伍为10号蚯蚓在队首，其后是22号蚯蚓，其后是3号蚯蚓（为队尾），这些蚯蚓的长度分别为4、5、6，则10号蚯蚓的**向后3数字串**为456，22号蚯蚓没有**向后3数字串**，但其**向后2数字串**为56，其**向后1数字串**为5。

而$f(t)$表示所有蚯蚓中，**向后k数字串**恰好为t的蚯蚓只数。

【输入格式】

从标准输入读入数据。

输入文件的第一行有两个正整数n，m，分别表示蚯蚓的只数与操作次数。

第二行包含n个不超过6的正整数，依次表示编号为1，2，…，n的蚯蚓的长度。

接下来m行，每行表示一个操作。每个操作的格式可以为：

（1）$1ij$（$1 \leqslant i, j \leqslant n$）表示：令$i$号与$j$号蚯蚓**所在**的两个队伍合并为一个队伍，新队伍中，j号蚯蚓紧挨在i号蚯蚓之后。保证在此操作之前，i号蚯蚓在某个队伍的队尾，j号蚯蚓在某个队伍的队首，且两只蚯蚓不在同一个队伍中。

（2）$2i$（$1 \leqslant i \leqslant n$）表示：令$i$号蚯蚓与紧挨其后的一个蚯蚓分离为两个队伍。保证在此操作之前，i号蚯蚓不是某个队伍的队尾。

（3）$3sk$（k为正整数，s为一个长度至少为k的数字串）表示：询问s的每个长度为k的子串t的$f(t)$的乘积，对998244353取模的结果。$f(t)$的定义见题目描述。

同一行输入的相邻两个元素之间，用恰好一个空格隔开。

输入文件可能较大，请不要使用过于缓慢的读入方式。

【输出格式】

输出到标准输出。

依次对于每个形如$3sk$的操作，输出一行，仅包含一个整数，表示询问的结果。

【样例1输入】

```
5 9
3 1 3 5 3
3 333135 2
3 333135 1
1 1 3
1 2 5
1 3 2
1 5 4
3 333135 2
3 333135 1
3 333135 3
```

【样例1输出】

```
0
81
1
81
0
```

【样例1解释】

第一次询问：由于每个队伍均只有一只蚯蚓，所以没有任何蚯蚓有**向后2数字串**，答案为$f(33)\times f(33)\times f(31)\times f(13)\times f(35)=0\times 0\times 0\times 0\times 0=0$。

第二次询问：每个队伍仍只有一只蚯蚓，每只蚯蚓的**向后1数字串**就是将自己的长度视为字符的数字串，即得到的5个**向后1数字串**为1、3、3、3、5（不分先后顺序，下同），答案为$f(3)\times f(3)\times f(3)\times f(1)\times f(3)\times f(5)=3\times 3\times 3\times 1\times 3\times 1=81$。

接下来进行了若干次队伍的合并操作，使得所有蚯蚓合并成一个队伍，这个队伍从前到后的蚯蚓依次为：1号蚯蚓（长度为3）、3号蚯蚓（长度为3）、2号蚯蚓（长度为1）、5号蚯蚓（长度为3）、4号蚯蚓（长度为5）。

第三次询问：4号蚯蚓没有**向后2数字串**，而其他蚯蚓都有。得到的4个**向后2数字串**为13、31、33、35，答案为$f(33)\times f(33)\times f(31)\times f(13)\times f(35)=1\times 1\times 1\times 1\times 1=1$。

第四次询问：虽然队伍的排列方式改变了，但是每只蚯蚓的**向后1数字串**没有发生改变，所以答案同第二次询问。

第五次询问：4号蚯蚓、5号蚯蚓没有**向后3数字串**，而其他蚯蚓都有。得到的3个**向后3数字串**为135、331、313，答案为$f(333)\times f(331)\times f(313)\times f(135)=0\times 1\times 1\times 1=0$。

【样例2输入】

```
2 10
6 6
3 666666 1
1 1 2
3 666666 2
3 666666 4
3 6666666666666666666666666666 1
2 1
1 2 1
3 666666 2
3 666666 4
3 6666666666666666666666666666 1
```

【样例2输出】

```
64
1 0
75497471
1 0
```

```
75497471
```

【样例2解释】

对于第四次、第七次询问，输入的 s 为 30 个字符 6，所有 $f(t)$ 的乘积是 2^{30}=1073741824，输出的结果是这个数对于998244353取模的结果。

【样例3】

见题目目录下的3.in与3.ans。

该组样例的数据范围同第5个测试点。

【样例4】

见题目目录下的4.in与4.ans。

该组样例的数据范围同第10个测试点。

【样例5】

见题目目录下的5.in与5.ans。

该组样例的数据范围同第15个测试点。

【样例6】

见题目目录下的6.in与6.ans。

该组样例的数据范围同第20个测试点。

【子任务】

保证 $n \leqslant 2\times10^5$，$m \leqslant 5\times10^5$，$k \leqslant 50$。

设 $\sum|s|$ 为某个输入文件中所有询问的 s 的长度总和，则 $\sum|s| \leqslant 10^7$。

设 c 为某个输入文件中形如 $2\,i$ 的操作的次数，则 $c \leqslant 10^3$。

每个测试点的详细信息见下表：

<table>
<tr><th>测试点编号</th><th>n</th><th>m</th><th>k</th><th>∑|s|</th><th>c</th><th>全为1</th></tr>
<tr><td>1</td><td>=1</td><td>≤10^3</td><td>=1</td><td rowspan="5">≤10^3</td><td rowspan="2">=0</td><td rowspan="6">No</td></tr>
<tr><td>2</td><td>≤20</td><td>≤40</td><td>≤10</td></tr>
<tr><td>3</td><td>≤150</td><td>≤2000</td><td rowspan="3">≤50</td><td>≤10^3</td></tr>
<tr><td>4</td><td>≤500</td><td>≤600</td><td>=0</td></tr>
<tr><td>5</td><td>≤10^3</td><td>≤2000</td><td rowspan="2">≤10^3</td></tr>
<tr><td>6</td><td rowspan="6">≤5×10^4</td><td rowspan="4">≤6×10^4</td><td>≤5</td><td rowspan="4">≤5×10^4</td></tr>
<tr><td>7</td><td rowspan="5">≤50</td><td rowspan="2">=0</td><td>Yes</td></tr>
<tr><td>8</td><td rowspan="5">No</td></tr>
<tr><td>9</td><td>≤10^3</td></tr>
<tr><td>10</td><td rowspan="2">≤8×10^4</td><td rowspan="2">≤2.5×10^6</td><td>=0</td></tr>
<tr><td>11</td><td rowspan="2">≤10^3</td></tr>
<tr><td>12</td><td rowspan="6">≤10^5</td><td rowspan="4">≤1.1×10^5</td><td>≤6</td><td rowspan="4">≤10^5</td></tr>
<tr><td>13</td><td rowspan="5">≤50</td><td rowspan="2">=0</td><td>Yes</td></tr>
<tr><td>14</td><td rowspan="4">No</td></tr>
<tr><td>15</td><td>≤10^3</td></tr>
<tr><td>16</td><td rowspan="2">≤1.5×10^5</td><td rowspan="2">≤5×10^6</td><td>=0</td></tr>
<tr><td>17</td><td>≤10^3</td></tr>
</table>

续 表

<table>
<tr><th>测试点编号</th><th>n</th><th>m</th><th>k</th><th>$\sum |s|$</th><th>c</th><th>全为1</th></tr>
<tr><td>18</td><td rowspan="8">$\leqslant 2\times 10^5$</td><td rowspan="2">$\leqslant 5\times 10^5$</td><td rowspan="2">=1</td><td rowspan="2">$\leqslant 10^7$</td><td>=0</td><td rowspan="3">No</td></tr>
<tr><td>19</td><td rowspan="2">$\leqslant 10^3$</td></tr>
<tr><td>20</td><td rowspan="4">$\leqslant 2.5\times 10^5$</td><td>$\leqslant 7$</td><td rowspan="4">$\leqslant 2\times 10^5$</td></tr>
<tr><td>21</td><td rowspan="5">$\leqslant 50$</td><td rowspan="2">=0</td><td>Yes</td></tr>
<tr><td>22</td><td rowspan="4">No</td></tr>
<tr><td>23</td><td>$\leqslant 10^3$</td></tr>
<tr><td>24</td><td rowspan="2">$\leqslant 3\times 10^5$</td><td rowspan="2">$\leqslant 10^7$</td><td>=0</td></tr>
<tr><td>25</td><td>$\leqslant 10^3$</td></tr>
</table>

如果一个测试点的“全为1”的一列为“Yes”，则表示该测试点的所有蚯蚓的长度均为1，并且所有询问串s的每一位也均为1。

泳　池

【题目描述】

久莲是个爱玩的女孩子。

暑假终于到了，久莲决定请她的朋友来游泳，她打算先在她家的私人海滩外圈一块长方形的海域作为游泳场。然而大海里有着各种各样的危险，有些地方水太深，有些地方有带毒的水母出没。她想让圈出来的这一块海域都是安全的。

经过初步的分析，她把这块海域抽象成了一个底边长为N米，高为1001米的长方形网格。其中网格的底边对应着她家的私人海滩，每一个1×1的小正方形都代表着一个单位海域。她拜托爸爸明天去测量每一个小正方形是否安全。在得到信息之后，她要做的就是圈出她想要的游泳场。

她心目中理想的游泳场满足以下三个条件：

（1）必须保证安全性，即游泳场中的每一个单位海域都是安全的。

（2）必须是矩形，即游泳场必须是整个网格中的一个$a\times b$的子网格。

（3）必须和海滩相邻，即游泳场的下边界必须紧贴网格的下边界。

例如，当N=5时，若测量的结果如下（因为1001太大，这里只画出网格最下面三行的信息，其他部分都是危险的）。

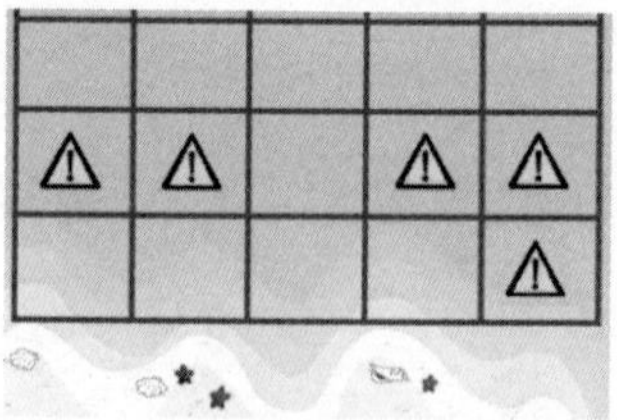

那么她可以选取最下面一行1×4的子海域，也可以选择第三列3×1的子海域。注意，她不能选取最上面一行1×5的子海域，因为它没有与海滩相邻。

为了让朋友们玩得开心，她想让游泳场的面积尽可能的大，因此她会选取最下面那一行1×4的子海域作为最终方案。

虽然她要明天才能知道每一个单位海域是否安全，但是她现在就想行动起来估计一下她的游泳场面积有多大。经过简单的估计，她假设每一个单位海域都有独立的q的概率是安全的，$1-q$的概率是不安全的。她想要知道她能选择的最大的游泳场的面积恰好为K的概率是多少。

久莲对数学并不感兴趣，因此她想让你来帮她计算一下这个数值。

【输入格式】

从文件pool.in中读入数据。

输入一行四个正整数N，K，x，y，其中$1 \leqslant x < y < 998244353$。$q$的取值为$\frac{x}{y}$。

【输出格式】

输出到文件pool.out中。

输出一行一个整数，表示答案在模998244353意义下的取值。

假设答案化为最简分式后的形式为$\frac{a}{b}$，其中a和b互质。输出整数x使得$bx \equiv a \bmod 998244353$且$0 \leqslant x < 998244353$。可以证明这样的整数$x$是唯一的。

【样例1输入】

```
10 5 1 2
```

【样例1输出】

```
342025319
```

【样例2】

见选手目录下的pool/pool2.in与pool/pool2.ans。

【样例3】

见选手目录下的pool/pool3.in与pool/pool3.ans。

【提　示】

$x^{p-1} \equiv 1 \bmod p$，其中p为质数，$x \in [1, p)$。

【子任务】

测试点编号	N	K
1，2	=1	$\leqslant 1000$
3	$\leqslant 10$	$\leqslant 8$
4	$\leqslant 10$	$\leqslant 9$
5	$\leqslant 10$	$\leqslant 10$
6	$\leqslant 1000$	$\leqslant 7$
7	$\leqslant 1000$	$\leqslant 8$
8	$\leqslant 1000$	$\leqslant 9$
9，10，11	$\leqslant 1000$	$\leqslant 100$
12，13，14	$\leqslant 1000$	$\leqslant 1000$
15，16	$\leqslant 10^9$	$\leqslant 10$
17，18	$\leqslant 10^9$	$\leqslant 100$
19，20	$\leqslant 10^9$	$\leqslant 1000$

CCF NOI 2017 第一试解题报告

《整数》解题报告

清华大学　王逸松

【概　述】

在计算机程序中，我们经常要对一些大整数进行加减操作。为了维护它们，我们常常用“高精度”这种算法，但效率并不高。

在本题中，我们要求维护一个“高精度整数”，并支持大量的简单加减和询问操作。这引发了选手的思考和编程兴趣，让选手尝试优化高精度整数的表示和维护算法。

【得分分析】

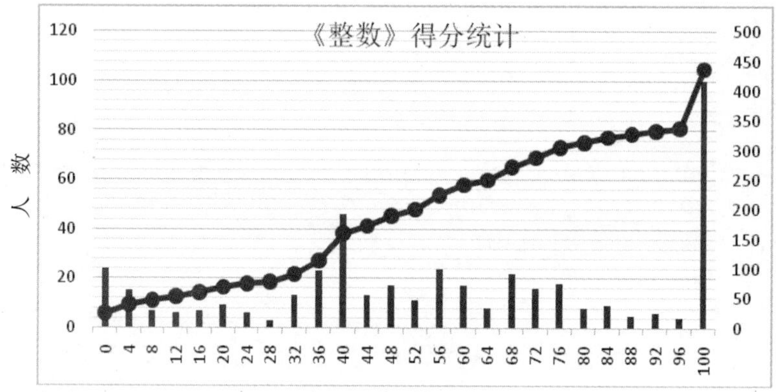

从图中可以看出，本题的满分人数为100人，60~99分人数为113人，40~59分人数为111人，40分以下人数为113人，平均58.16分，除满分外，40分的人数最多，约为45人。

可见本题各分数段得分人数分布均匀，且有约一半的选手获得了60分以上的分数。这说明本题很好地区分了中上及以下水平的选手的实力，适合作为NOI第一天第一题。

【题目大意】

维护一个整数x，初值为0。有n个操作，每个操作可以是以下两种操作中的一种：

（1）给x加上一个整数$a \times 2^b$；

（2）询问x在二进制表示下，位权为2^k的位的值。

操作数量不超过10^6，$|a| \leqslant 10^9$，$0 \leqslant k$，$b \leqslant 30n$。

【解题思路】

1．解法1

对于32%的测试数据，满足$n \leqslant 10000$。

我们直接使用数组来存储高精度整数的每个位。每次加减操作时，在数组模拟进位或退位的过程。每次操作的时间复杂度为$O(n)$，可以通过这部分测试数据。实际上，直接实现该算法可以获得40分。

这部分分数考察了选手阅读理解题意的能力，以及基本的高精度算法的实现。

2. 解法2

对于52%的测试数据，满足$n \leqslant 70000$。

我们知道在高精度算法中，可以通过选择整数的进制，来减少空间的使用和加快算法的速度。

在本题中，由于使用二进制进行询问，所以选择2^{32}进制（每一位恰好可以用32位无符号整数存下）是最合适的。

在2^{32}进制的高精度整数中，进位和退位时只需判断当前位是否为0或为$2^{32}-1$。

我们知道，这样单次操作的时间复杂度为$O\left(\frac{n}{32}\right)$，可以通过这部分测试数据。在实际实现过程中我们发现，该算法可以获得60分。

这部分分数考察了选手对高精度算法的熟练掌握和基本的优化能力。

3. 解法3

考虑高精度加法进位的实质：从被进的位开始找一段连续的1，将其修改为0，再将上一位修改为1。

这个过程其实可以用线段树来实现，只要在树上维护"区间里是否全为1"即可。对于高精度减法也同理，只需维护"区间里是否全为0"。

那么总时间复杂度为$O(n\log n\log |a|)$，其中$\log |a|$是因为每次修改操作时需要对a的每一位分别进行操作。

通过使用解法2的"压位"策略，可以把时间复杂度降到$O(n\log n)$，此时只需在线段树上维护"区间里是否全为0"和"区间里是否全为$2^{32}-1$"。

本算法可以通过所有测试数据。

这部分分数考察了选手对线段树这种数据结构的熟练掌握和应用能力，以及高精度中压位思想的使用。我们认为，在NOI中上段的选手应该具备这些能力。

4. 解法4

在解法2中，使用2^{32}进制的高精度算法，可以做到单次操作$O\left(\frac{n}{32}\right)$的时间复杂度。其中瓶颈是，在高精度整数中，找到第一个不是0或者不是$2^{32}-1$的位。

如果我们将"每个32位整数是否是0或者是否是$2^{32}-1$"也进行压位，操作时在压位结果中查找，则我们得到了一个单次操作$O\left(\frac{n}{1024}\right)$的算法。经过实测，本算法可以获得80分。

仔细考虑这一过程，上文中的压位结果其实可以再进行压位，甚至压位后再进行压位，这样似乎可以得到单次操作$O\left(\frac{n}{32768}\right)$甚至$O\left(\frac{n}{1048576}\right)$的算法。

事实上，将这个过程理解成一种自底向上的树形结构，我们就能知道，该算法的时间复杂度为$O(n\log_{32} n)$，可以将其称为"32叉线段树"。

本算法也可以通过所有测试数据。本题没有给本算法单独设置部分分，是为了给选手在算法的优化上留出更多的想象空间。

【总　结】

综上所述，本题选题良好，背景合适，考试效果符合预期，得分分布合理，适合设置为NOI第一天第一题。

《蚯蚓排队》解题报告

清华大学 于纪平

【概 述】

维护一个字符串集合，初始时有n个字符串，每个字符串仅为单个字符，共有m个操作，每次可以：

（1）合并两个字符串；

（2）将一个字符串分割成两个字符串；

（3）给出字符串s和整数k，询问s的每个长度为k的子串在集合中所有串出现的次数的乘积，对一个质数取模输出。

【数据规模】

$n \leqslant 2 \times 10^5$，$m \leqslant 5 \times 10^5$，$k \leqslant 50$，$\sum |s| \leqslant 10^7$。

此外，保证至多有1000次分割操作，且字符集大小仅为6。

时间限制2s，空间限制2GB。

【得分情况】

下图是所有参赛选手的得分分布情况，横坐标为在本题的排名，纵坐标为在本题的得分。

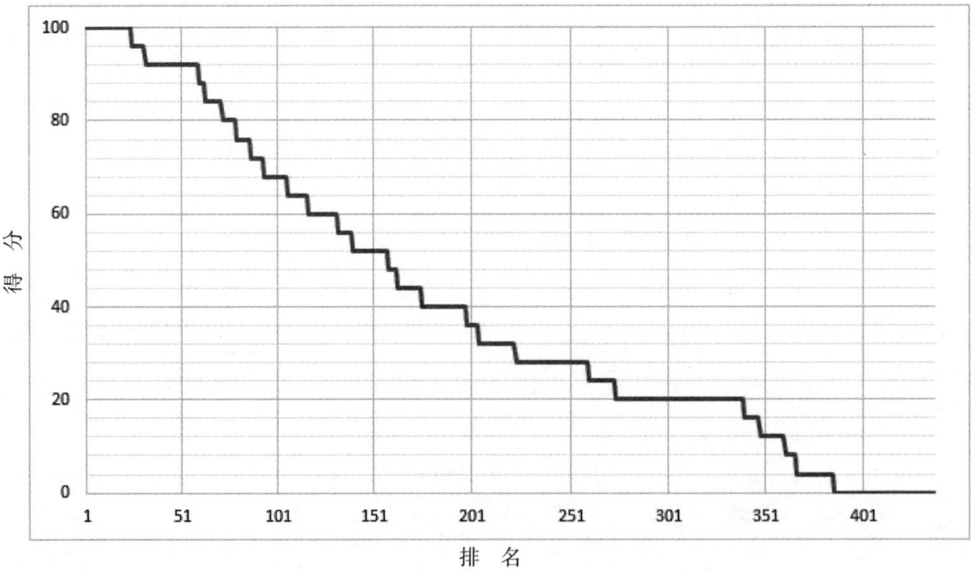

平均分为40分，中位数为32分。

【解题思路】

1. 朴素算法

记录每个蚯蚓的后一个蚯蚓的编号（或者为空）。对于每个询问的每个子串，对于每个蚯蚓求出其向后k数字串，进行比较，得出答案。

设K为所有询问中最大的k，则时间复杂度为O（$Kn\sum|s|+m$）。

期望得分：20分。

2. k=1的算法

统计每个数出现的次数，对于每次询问直接将询问串中所有数字的出现次数乘起来。可以无视合并与分割操作。

期望得分：额外的8分。

3. 标准算法1

直接根据数据得到K，然后维护一个新的集合，其中含有原集合的所有长度不超过K的子串的哈希值。容易发现，这样的串至多有Kn个。

对于每次合并操作：将所有新增的长度不超过K的子串的哈希值加入集合。虽然单次合并最多可能新增K^2个元素，但总元素个数不会超过Kn个，均摊意义下的时间复杂度是可以保证的。

对于每次分割操作：与合并操作的流程相同，只需要把插入元素变成删除元素，每次分割的时间是$O(K^2)$。

对于每次询问：对于每个子串，在集合中按照哈希值寻找其出现次数。我们可以在$O(1)$的时间内，根据前一个子串的哈希值推出后一个子串的哈希值，所以可以$O(|s|)$完成一次询问。

注意到集合中的元素个数大约是10^7的量级，为了保证发生冲突的概率较低，需要选取10^{18}级别的数进行取模。

维护哈希值的集合用哈希表最方便。哈希表的大小只能开到10^7的量级，所以需要对上述的字符串哈希值进行再次哈希。注意区分两次哈希的意义不相同，模数的量级差别很大，且是否允许冲突也不一样。

另一个细节是，不需要用平衡树维护每个字符串，用链表就足够了。

4. 其他部分分的算法

一些数据中$\sum|s|$较小，仅与n同阶，这部分是给标算写错（复杂度写成了$O(K\sum|s|)$）或忘了能$O(1)$推出下一个哈希值，或是想到了各种带K的算法的选手设计的。

如果时间复杂度写成了$O(K^2n)$，也许只能通过后面很少的数据，但是从大样例即可发现问题。

有一些没有删除操作的测试点，防止删除写错/复杂度错。

有一些k很小的测试点，提示你用哈希，并且在哈希写错时仍有可能得到分数。

如果什么字符串算法都不会，还有所有字符全为“1”的测试点来玩。

5. 标准算法2

上一个标准算法中，“哈希”或许总是让人感到隐约的不安，尤其是在使用了固定模数的时候……

我们可以改为使用Trie直接维护字符串集合（而不是哈希值的集合），这样比哈希更快（但需要的空间更大）。

在Trie的除了根的每个点上额外记录一个指针，表示删掉当前串的首个字符得到的串对应的节点。对于合并与分割操作，每次操作的方法与上一种标准算法的过程完全相同，仅是将以哈希表维护的整数集合换成了以Trie维护的字符串集合。

由于被插入到集合中的所有字符串都满足其所有的子串都在集合中，所以不会对时间、空间复杂度有影响。具体来说，由于我们维护的是所有长度不超过K的子串，所以这样最多会开$O(Kn)$个节点。此外，我们需要额外留出$O(K^2c)$个节点来应对删除操作。

对于每次询问，我们只需要在Trie上顺着走一遍，并在适当的时候利用上述额外维护的指针，来确保当前节点对应的字符串的长度始终为K，即是被查询串的长度为K的子串所对应的节点。需要注意，如果走到了空节点，应当直接输出0（因为一个为0，所有的乘积也是0)，重新从头开始走的时间复杂度是不对的。

空间与字符集大小成正比，标程实际使用的空间在512M以内。

《泳池》解题报告

北京大学 吉如一

【概 述】

本题以建造泳池为背景，设计了一道非常综合的期望动态规划题，选手需要有概率分析、笛卡儿树、矩阵乘法优化线性齐次递推、特征多项式等方面的知识才能解出这道题，非常全面。同时本题的解法非常自然优美，相信可以激发选手对动态规划问题的兴趣。

【题目大意】

有一个底边长N，高为1001的01矩阵，每一个格子有独立的q的概率为1，$1-q$的概率为0。一个子矩形是好的，当且仅当其底边紧贴整个矩形的底边且矩形内的所有格子都是1。

问这个矩形的面积最大的好的子矩形面积恰好为K的概率是多少，对998244353取模。

$N \leqslant 10^9$，$K \leqslant 1000$。

【解题思路】

1. 算法1

考虑$N \leqslant 1000$，$K \leqslant 100$的部分分。

首先考虑给定01矩阵，如何求其面积最大的好的子矩形。令$A[i]$为第i列紧贴底边的连续的1的个数。那么在选取子矩形时，如果底边选择的是区间$[1, r]$，那么高一定是该区间中$A[i]$的最小值；同样，如果$A[x]$是选择的列中$A[i]$最小的，那么选择矩形的左右端点一定尽可能地向两端延伸（直到碰到$A[i]$更小的列为止）。

于是可以对$A[i]$建笛卡儿树（小根），那么对于笛卡儿树上的每一个节点i，包含它的最大的好的子矩形面积为节点i的子树大小乘以$A[i]$。

这样我们可以在$O(N)$的时间复杂度内求解给定矩形的权值。

现在考虑原问题，原问题等价于给定了$A[i]$的分布，计算权值恰好为K的概率。因为计算权值可以用笛卡儿树，因此在动态规划的过程中，我们也考虑针对笛卡尔树的结构来构造状态。

第一步转化是将恰好等于K的概率转化成小于等于K的概率减去小于等于$K-1$的概率。因此，我们只需要计算序列A的笛卡儿树中，每一个节点都满足$A[i]$乘以子树大小小于等于K的概率。

令dp$[s][h]$表示一个长度为s的区间，满足$A[i]$最小值的大小为h，且该区间的笛卡儿树的每一个节点都满足$A[i]$乘以子树大小小于等于K的概率。

当$s \times h > K$时，因为根节点本身不满足条件，所以dp$[s][h]=0$。

现在考虑$s \times h \leqslant K$的情况。因为笛卡儿树是一个二叉树结构，$A[i]$的最小值即为树根，当一个自然的转移时，枚举$A[i]$所在的位置为m，那么左子树满足条件的概率为dp$[m][<h]$，右子树满足条件的概率为dp$[s-m][\leqslant h]$，这两个概率可以对dp$[s][h]$的第二维预处理前缀和来达到$O(1)$取值。

这样动态规划的状态数是$O(nK)$，转移的时间复杂度是$O(n)$，总的时间复杂度为

$O(n^2K)$，可以获得55分。

2. 算法2

在算法1中，dp［s］［h］在$s\times h>K$时取值必定为0，因此有效状态只有$\sum_{s=1}^{K}\left\lfloor\frac{K}{s}\right\rfloor=O(K\log K)$种，同时由于求解dp［$s$］［$h$］的转移复杂度为$O(s)$，因此实际上总的DP的运算次数为$\sum_{s=1}^{K}\left\lfloor\frac{K}{s}\right\rfloor\times s=O(K^2)$。

由此可知，转移时只求解有效的状态，时间复杂度就会降到$O(K^2)$，可以通过前14个测试点，获得70分。

3. 算法3

显然当$A[i]$连续不为0的区间超过K的时候，矩阵的权值一定超过了K。因此，所有权值小于等于K的$A[i]$一定是由大量0隔开了很多长度小于等于K的全大于0的区间得到的。

通过算法2的DP，我们可以在$O(K^2)$的时间复杂度内，求出一个长度为i的全大于0的区间合法的概率$w[i]$，那么令$f[n]$为一个长度为n序列合法的概率，枚举第一个0的位置，可以得到下列转移方程：

$$f[n]=\sum_{i=1}^{K+1}f[n-i]\times(1-p)\times w[i-1]$$

这是一个典型的线性齐次递推式，可以使用矩阵乘法在$O(K^3\log n)$的时间复杂度内求解，可以通过前18个测试点，获得90分。

更进一步地，对于线性齐次递推式，我们可以得到递推矩阵的特征多项式。可以把矩阵的乘法问题变成多项式的乘法问题，时间复杂度可以降到$O(K^2\log n)$。

如果使用多项式乘法/取模进行优化，可以得到一个时间复杂度为$O(K\log K\log n)$的算法（当然算法2中的递推也要用NTT进行优化）。本题中，由于K的范围只有1000，因此对这一步优化并没有做出要求。

【总　结】

这是一道虽然比较套路但是考察内容非常全面的动态规划题。题目有趣，思维难度较高，同时标算的时限复杂度相对来说很低，是一道非常简洁有趣的题目，作为NOI第一天的最后一题非常合适。

CCF NOI 2017 第二试

游　戏

【题目背景】

"狂野飙车"是小L最喜欢的游戏。与其他业余玩家不同的是，小L在玩游戏之余，还精于研究游戏的设计，因此他有着与众不同的游戏策略。

【题目描述】

小L计划进行n场游戏，每场游戏使用一张地图，他会选择一辆车在该地图上完成游戏。

小L有三辆赛车，分别用大写字母A、B、C表示。地图一共有四种，分别用小写字母x、a、b、c表示。其中，赛车A不适合在地图a上使用，赛车B不适合在地图b上使用，赛车C不适合在地图c上使用，而地图x则适合所有赛车参加。适合所有赛车参加的地图并不多见，最多只会有d张。

n场游戏的地图可以用一个小写字母组成的字符串描述。例如，S=xaabxcbc表示小L计划进行8场游戏，其中，第1场和第5场的地图类型是x，适合所有赛车；第2场和第3场的地图是a，不适合赛车A；第4场和第7场的地图是b，不适合赛车B；第6场和第8场的地图是c，不适合赛车C。

小L对游戏有一些特殊的要求，这些要求可以用四元组（i，h_i，j，h_j）来描述，表示若在第i场使用型号为h_i的车子，则第j场游戏要使用型号为h_j的车子。

你能帮小L选择每场游戏使用的赛车吗？如果有多种方案，输出任意一种方案。如果无解，输出“-1”（不含双引号）。

【输入格式】

从标准输入读入数据。

输入第一行包含两个非负整数n，d。

输入第二行为一个字符串S。

n，d，S的含义见题目描述，其中，S包含n个字符，且其中恰好有d个小写字母x。

输入第三行为一个正整数m，表示有m条用车规则。接下来m行，每行包含一个四元组i，h_i，j，h_j，其中i，j为整数，h_i，h_j为字符A、B或C，含义见题目描述。

【输出格式】

输出到标准输出。

输出一行。

若无解输出“-1”（不含双引号）。

若有解，则输出一个长度为n的仅包含大写字母A、B、C的字符串，表示小L在这n场游戏中如何安排赛车的使用。如果存在多组解，输出其中任意一组即可。

【样例1输入】

```
3 1
xcc
1
1 A 2 B
```

【样例1输出】

```
ABA
```

【样例2】

见题目目录下的2.in与2.ans。

【样例1解释】

小L计划进行3场游戏，其中，第1场的地图类型是x，适合所有赛车，第2场和第3场的地图是c，不适合赛车C。

小L希望，若第1场游戏使用赛车A，则第2场游戏使用赛车B。

那么为这3场游戏分别安排赛车A、B、A，可以满足所有条件。

若为3场游戏依次安排赛车为BBB或BAA时，也可以满足所有条件，也被视为正确答案。但依次安排赛车为AAB或ABC时，不能满足所有条件，所以不被视为正确答案。

【子任务】

<table>
<tr><th>测试点编号</th><th>n</th><th>d</th><th>m</th><th>其他性质</th></tr>
<tr><td>1</td><td rowspan="2">≤2</td><td>0</td><td rowspan="2">≤4</td><td rowspan="6">无</td></tr>
<tr><td>2</td><td>≤n</td></tr>
<tr><td>3</td><td rowspan="2">≤5</td><td>0</td><td rowspan="2">≤10</td></tr>
<tr><td>4</td><td>≤n</td></tr>
<tr><td>5</td><td rowspan="2">≤10</td><td>0</td><td rowspan="2">≤20</td></tr>
<tr><td>6</td><td>≤8</td></tr>
<tr><td>7</td><td rowspan="4">≤20</td><td rowspan="2">0</td><td rowspan="4">≤40</td><td>S中只包含c</td></tr>
<tr><td>8</td><td>无</td></tr>
<tr><td>9</td><td rowspan="2">≤8</td><td>S中只包含x或c</td></tr>
<tr><td>10</td><td>无</td></tr>
<tr><td>11</td><td rowspan="4">≤100</td><td rowspan="2">0</td><td rowspan="4">≤200</td><td>S中只包含c</td></tr>
<tr><td>12</td><td>无</td></tr>
<tr><td>13</td><td rowspan="2">≤8</td><td>S中只包含x或c</td></tr>
<tr><td>14</td><td rowspan="2">无</td></tr>
<tr><td>15</td><td rowspan="3">≤5000</td><td>0</td><td rowspan="3">≤10000</td></tr>
<tr><td>16</td><td rowspan="2">≤8</td><td>S中只包含x或c</td></tr>
<tr><td>17</td><td rowspan="2">无</td></tr>
<tr><td>18</td><td rowspan="3">≤50000</td><td>0</td><td rowspan="3">≤100000</td></tr>
<tr><td>19</td><td rowspan="2">≤8</td><td>S中只包含x或c</td></tr>
<tr><td>20</td><td>无</td></tr>
</table>

蔬 菜

【题目描述】

小N是蔬菜仓库的管理员，负责设计蔬菜的销售方案。

在蔬菜仓库中，共存放有n种蔬菜，小N需要根据不同蔬菜的特性，综合考虑各方面因素，设计合理的销售方案，以获得最多的收益。

在计算销售蔬菜的收益时，每销售一个单位第i种蔬菜，就可以获得a_i的收益。

特别地，由于政策鼓励商家进行多样化销售，第一次销售第i种蔬菜时，还会额外得到s_i的额外收益。

在经营开始时，第i种蔬菜的库存为c_i个单位。

然而，蔬菜的保鲜时间非常有限，一旦变质就不能进行销售，不过聪明的小N已经计算出了每个单位蔬菜变质的时间，对于第i种蔬菜，存在保鲜值x_i，即每天结束时会有x_i个单位的蔬菜变质，直到所有蔬菜都变质（注意：每一个单位蔬菜的变质时间是固定的，不随销售发生变化）。

形式化地，对于所有满足条件$d\times x_i\leqslant c_i$的正整数d，有x_i个单位的蔬菜将在第d天结束时变质。

特别地，若$(d-1)\times x_i\leqslant c_i<d\times x_i$，则有$c_i-(d-1)\times x_i$单位的蔬菜将在第$d$天结束时变质。

注意，当$x_i=0$时，意味着这种蔬菜不会变质。

同时，每天销售的蔬菜**总量**也是有限的，最多不能超过m个单位。

现在，小N有k个问题，想请你帮忙算一算。每个问题的形式都是，对于已知的p_j，如果需要销售p_j天，最多能获得多少收益？

【输入格式】

从标准输入读入数据。

第一行包含三个正整数n, m, k，分别表示蔬菜的种类数目、每天销售蔬菜总量上限、小N提出问题的个数。

接下来n行，每行输入四个非负整数，描述一种蔬菜的特点，依次为a_i，s_i，c_i，x_i，意义如上文所述。

接下来k行，每行输入一个非负整数p_j，意义如上文所述。

【输出格式】

输出到标准输出。

输出k行，每行包含一个整数，第i行的数表示第i个问题的答案。

【样例1输入】

```
2 3 2
3 3 3 3
2 5 8 3
1
3
```

【样例1输出】

```
16
27
```

【样例2】

见题目目录下的2.in与2.ans。

【样例3】

见题目目录下的3.in与3.ans。

【样例1解释】

共有两种蔬菜：

销售第一种蔬菜时，每销售一单位可以获得的收益为3，第一次销售这种蔬菜时，额外可以获得的收益为3。这种蔬菜共有3个单位，均会在第一天结束时变质。

销售第二种蔬菜时，每销售一单位可以获得的收益为2，第一次销售这种蔬菜时，额外可以获得的收益为5。这种蔬菜共有8个单位，其中，有3单位在第一天结束时变质，3单位在第二天结束时变质，2单位在第三天结束时变质。

只销售一天时，应当销售 2 单位的第一种蔬菜和 1 单位的第二种蔬菜。

在这种情况下，销售第一种蔬菜的收益为 $2\times3+3$；销售第二种蔬菜的收益为 $1\times2+5$；总共获得的收益为（$2\times3+3$）+（$1\times2+5$）=16。

只销售三天时，第一天应当销售 3 单位的第一种蔬菜，第二天应当销售 3 单位的第二种蔬菜（此时选择在第二天结束时会变质的 3 个单位出售），第三天销售 2 单位的第二种蔬菜。

在这种情况下，销售第一种蔬菜的收益为 $3\times3+3$；销售第二种蔬菜的收益为（3+2）× 2+5；总共获得的收益为（$3\times3+3$）+［（3+2）× 2+5］=27。

【子任务】

<table>
<tr><th>测试点编号</th><th>n</th><th>m</th><th>p_j</th><th>特性1</th><th>特性2</th></tr>
<tr><td>1</td><td>$\leqslant 2$</td><td rowspan="6">$\leqslant 10$</td><td rowspan="3">$\leqslant 10^3$</td><td rowspan="7">无</td><td rowspan="7">无</td></tr>
<tr><td>2</td><td>$\leqslant 3$</td></tr>
<tr><td>3</td><td>$\leqslant 4$</td></tr>
<tr><td>4</td><td rowspan="3">$\leqslant 10^3$</td><td>$\leqslant 2$</td></tr>
<tr><td>5</td><td>$\leqslant 3$</td></tr>
<tr><td>6</td><td rowspan="2">$\leqslant 4$</td></tr>
<tr><td>7</td><td>$\leqslant 4$</td><td>$\leqslant 1$</td></tr>
<tr><td>8</td><td>$\leqslant 6$</td><td>$\leqslant 2$</td><td>$\leqslant 6$</td><td rowspan="4">无</td><td rowspan="4">无</td></tr>
<tr><td>9</td><td>$\leqslant 8$</td><td>$\leqslant 1$</td><td>$\leqslant 8$</td></tr>
<tr><td>10</td><td>$\leqslant 10$</td><td>$\leqslant 2$</td><td>$\leqslant 10$</td></tr>
<tr><td>11</td><td>$\leqslant 20$</td><td>$\leqslant 3$</td><td>$\leqslant 20$</td></tr>
<tr><td>12</td><td rowspan="4">$\leqslant 10^2$</td><td rowspan="14">$\leqslant 10$</td><td rowspan="4">$\leqslant 10^2$</td><td>有</td><td>无</td></tr>
<tr><td>13</td><td rowspan="3">无</td><td>有</td></tr>
<tr><td>14</td><td rowspan="2">无</td></tr>
<tr><td>15</td></tr>
<tr><td>16</td><td rowspan="5">$\leqslant 10^3$</td><td rowspan="5">$\leqslant 10^3$</td><td rowspan="2">有</td><td>有</td></tr>
<tr><td>17</td><td>无</td></tr>
<tr><td>18</td><td rowspan="3">无</td><td>有</td></tr>
<tr><td>19</td><td rowspan="2">无</td></tr>
<tr><td>20</td></tr>
<tr><td>21</td><td rowspan="5">$\leqslant 10^5$</td><td rowspan="5">$\leqslant 10^5$</td><td rowspan="2">有</td><td>有</td></tr>
<tr><td>22</td><td>无</td></tr>
<tr><td>23</td><td rowspan="3">无</td><td>有</td></tr>
<tr><td>24</td><td rowspan="2">无</td></tr>
<tr><td>25</td></tr>
</table>

特性 1：所有的 s_i 均为 0。

特性 2：所有的 x_i 均为 0。

对于所有的测试数据，均保证 k 组询问中的 p_j 互不相同。

对于所有的测试数据，均保证$0< a_i$，$c_i \leqslant 10^9$，$0 \leqslant s_i$，$x_i \leqslant 10^9$。

分身术

【题目描述】

“分！身！术！”—— 小P

平面上有n个小P的分身。定义一组分身占领的区域为覆盖这组分身的最小凸多边形。小P能力有限，每一时刻都会有若干分身消失，但在下一时刻之前，小P会使用“分！身！术！”使得这些消失的分身重新出现在原来的位置。小P想知道，每一时刻分身消失后，剩下的分身占领的区域面积是多少？

【输入格式】

从标准输入读入数据。

输入第一行包含两个正整数n，m，描述初始时分身的个数和总时刻数。

接下来n行，第i行有两个整数x_i，y_i，描述第i个分身的位置。

接下来m行，每行的第一个整数k表示这一时刻有k个分身消失。接下来有 k个非负整数c_1，c_2，…，c_k，用于生成消失的分身的编号。

生成方式如下：

设上一个时刻中，分身占领面积的**两倍**为S，则该时刻消失的分身p_1，p_2，…，p_k的编号为

$$p_i=[(S+c_i) \bmod n]+1$$

特别地，在第一个时刻，我们认为上一个时刻中，$S=-1$，即第一个时刻消失的分身p_1，p_2，…，p_k的编号为：

$$p_i=[(-1+c_i) \bmod n]+1$$

【输出格式】

输出到标准输出。

按给出时刻的顺序依次输出m行，每行一个整数，表示该时刻剩余分身所占领区域面积的**两倍**。

【样例1输入】

```
6 2
-1 0
-1 -1
0 -1
1 0
0 1
0 0
3 1 3 6
2 0 1
```

【样例1输出】

```
3
2
```

【样例2】

见题目目录下的2.in与2.ans。

【样例3】

见题目目录下的3.in与3.ans。

【样例4】

见题目目录下的4.in与4.ans。

【样例1解释】

如下图所示，左图表示输入的6个分身的位置及它们占领的区域；中图表示第一个时刻的情形，消失的分身编号分别为 1，3，6，剩余3个点占领图中实线内部区域，占据面积的两倍为3；右图表示第二个时刻的情形，消失的分身编号分别为

$[(0+3) \bmod 6]+1=4$

$[(1+3) \bmod 6]+1=5$

剩余4个点占领图中实线内部区域。

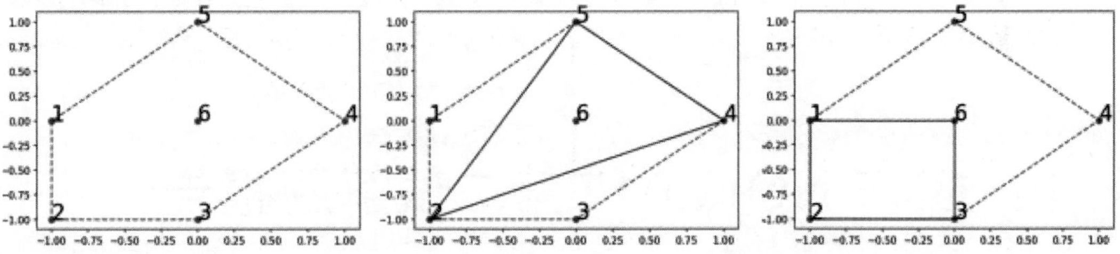

【子任务】

<table>
<tr><th>测试点编号</th><th>$n \leqslant$</th><th>$m \leqslant$</th><th>k</th></tr>
<tr><td>1</td><td>10</td><td>10</td><td rowspan="4">$\leqslant n-3$</td></tr>
<tr><td>2</td><td rowspan="3">1000</td><td rowspan="3">1000</td></tr>
<tr><td>3</td></tr>
<tr><td>4</td></tr>
<tr><td>5</td><td rowspan="12">100000</td><td rowspan="12">100000</td><td rowspan="4">=1</td></tr>
<tr><td>6</td></tr>
<tr><td>7</td></tr>
<tr><td>8</td></tr>
<tr><td>9</td><td rowspan="2">=2</td></tr>
<tr><td>10</td></tr>
<tr><td>11</td><td>$\leqslant 3$</td></tr>
<tr><td>12</td><td>$\leqslant 5$</td></tr>
<tr><td>13</td><td>$\leqslant 9$</td></tr>
<tr><td>14</td><td>$\leqslant 12$</td></tr>
<tr><td>15</td><td>$\leqslant 20$</td></tr>
<tr><td>16</td><td>$\leqslant 100$</td></tr>
</table>

续 表

测试点编号	$n\leq$	$m\leq$	k
17	100000	100000	≤ 100
18			
19			
20			

对于所有数据，保证：

（1）$|x_i|$，$|y_i|\leq 10^8$；

（2）没有两个分身的坐标是完全相同的；

（3）$k\leq 100$；

（4）所有时刻的k之和不超过2×10^6；

（5）$0\leq c_i\leq 2^{31}-1$；

（6）初始时，所有n个分身占据区域面积大于0；

（7）定义所有n个分身所占据区域的**顶点集合**为S，$|S|\geq 3$。在任意时刻，S中至少存在两个未消失的分身。

CCF NOI 2017 第二试解题报告

《游戏》解题报告

北京大学　黎才华

【概　述】

本题以游戏为背景，设计了一道考察选手对搜索、2-SAT等基本知识点的掌握程度及编程能力的题目。

【得分分析】

从下页得分分析图中可以看出，该题的得分在50/85/100分各有一个台阶，符合预期。较多选手拿到50分以上，其中46人拿到满分，说明大部分选手的基础知识相对扎实。这道题目较好地考察选手基本功的同时不失区分度。

【题目大意】

给定长度为n的由a，b，c，x四种字符构成的字符串S，其中x的个数为d。要求输出长度为n的由A，B，C三种字符构成的字符串A，满足$A[i]$和$S[i]$不互为对应的大小写字母，且A要满足m条形如（i，h_i，j，h_j）的规则：若$A[i]$为hi则$A[j]$为hj。若无解，输出-1。

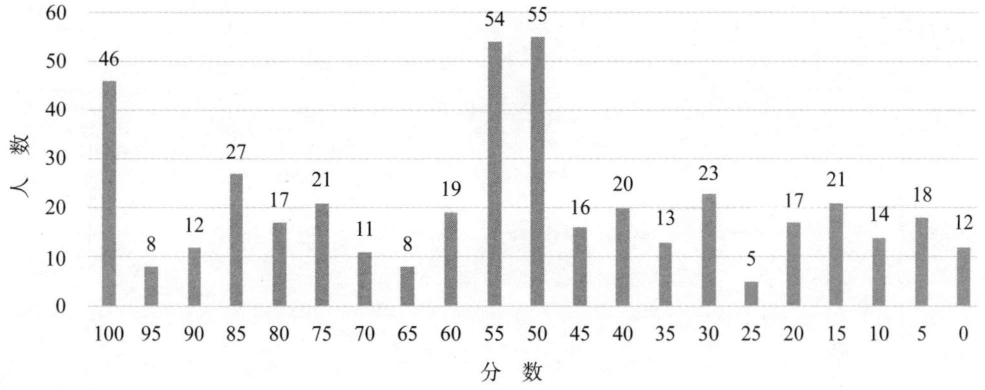

【解题思路】

1. 解法1

对于50%的测试数据，满足$n \leqslant 20$且$d \leqslant 8$。

对于这部分测试数据，由于数据规模比较小，可以直接用回溯求解，若$S[i]=x$，则有三个分支，否则只有两个分支。时间复杂度为0（$3^d*2^{n-d}*m$），可以通过前50%的数据。

2. 解法2

容易发现，若S中不存在字母x，则原问题是一个赤裸裸的2-SAT问题。而字母x的个数d小于等于8，我们容易想到通过搜索先确定把这d个字母修改为a或者b，然后再套用求解2-SAT问题的算法即可。

至于为什么枚举把x修改成a或者b，这是因为在最终答案A中，x对应的字母是A或B或C，当我们枚举把x修改为a时，对应的字母可以是B或C；枚举把x修改为b时，对应的字母可以是A或C，所以，若原问题有解，这个解总能在某一次枚举时，通过求解2-SAT来求到。

最后，受数据规模所限，若使用强连通分量来加快求解2-SAT问题，时间复杂度为$O(2^d*m)$，可以得到满分，否则最后三个数据点一般会超时，得到85分。

【总　结】

综上所述，本题选题良好，考试效果符合预期，得分分布合理，适合设置在NOI第一题。

《蔬菜》解题报告

清华大学　张瑞喆

【概　述】

本题以生产工作中的蔬菜调配问题为背景，围绕一个调配问题的场景，结合蔬菜保质期短的难题展开。本题设计新颖有趣，贴近生活，将实际生活场景与算法结合起来，创造了这样一道新的题目。激发了选手的编程兴趣，引导选手通过编程解决实际生产生活中的各种问题，为选手未来的发展提供了正确的方向。

【得分分析】

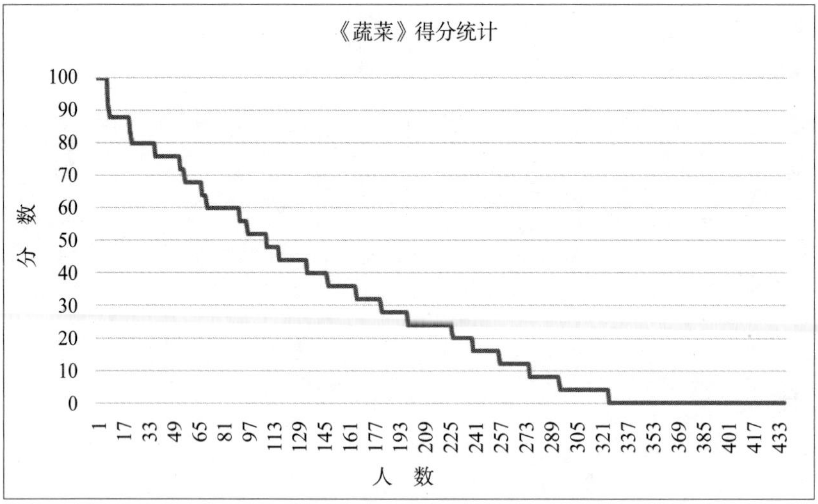

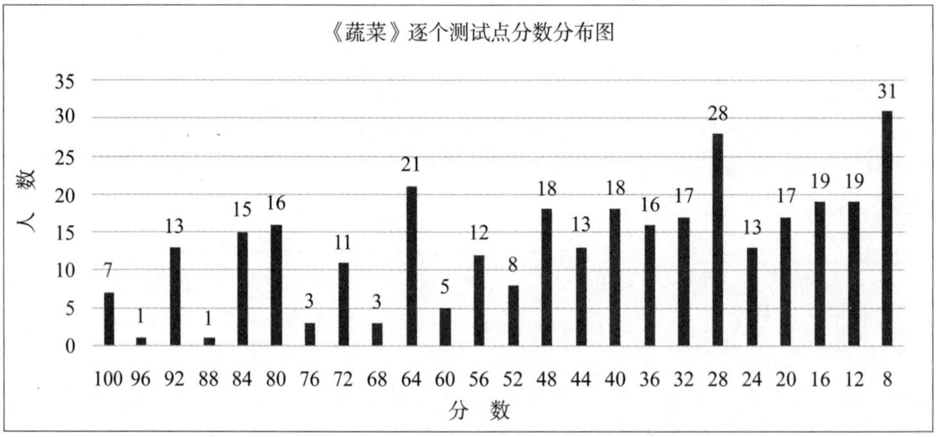

从图中可以看出，本题的满分人数为7人，部分分有梯度地分布，在各分数段均有一定人数。分数基本上均匀分布且偏向于低分段，有108名选手在本题获得了50分及以上的分数。

本题很好地区分了各区间选手的实力，为NOI评奖划分阶梯起到了应有的作用。

【解题思路】

1．解法1

对于前20%的测试数据，n和m的取值范围均较小，在这种情况下，我们可以采取一些复杂度相对较高甚至达到指数级的算法来解决这一问题。

在解决这个问题时，首先枚举第一天第一个卖出的蔬菜是什么，然后进一步递归，在此基础上枚举第一天第二个卖出的蔬菜……以此类推，可以使用深度优先搜索的方法来解决这一问题。

在深度优先搜索得到的所有方案中，选择一个总收益最大的方案作为答案输出即可。

有许多最优性剪枝可以在本题中应用，利用这些剪枝加速算法可以得到更高的分数。

时间复杂度非常高，达到 $O(n^{m\times \mathrm{Max}(p)})$，期望得分为0~20分。

2. 解法2

上述算法的时间复杂度较高，要求在n和m的取值范围均较小的情况下才能在规定的时间内运行完毕。

我们考虑到之前的算法中，能不能对m进行一定的优化呢？如果只有n的取值范围较小，而m的取值范围较大，可以考虑仅仅进行复杂度和n相关的枚举。

具体地，枚举n种蔬菜是否每种都被购买过至少一个。然后，在此基础上，依次选择每天购买哪些蔬菜。考虑到我们需要让最终受益最大，在枚举了买过哪些蔬菜之后，受益的一部分——第一次售卖时的受益就已经被确定了。只需要通过贪心的方法，售卖单价尽量高的蔬菜即可。

时间复杂度被优化到了 $O(2^n m\times \max(p_i))$，期望得分在28~32分。

3. 解法3

解法2虽然对解法1进行了一定的优化，但是，算法的复杂度仍然在指数级的范围内，只要n或m稍微增大，算法便无法在规定时间内解决问题。

为了进一步优化算法，我们需要进行一些题目性质上的分析。

首先，对于一部分数据，其中x_i均为0，即所有蔬菜均不会变质，对于这一部分数据，只需要根据天数计算出购买量，按照蔬菜价格从高到低贪心即可，对于每种蔬菜，第一次销售的奖励直接加在第一个的收益上即可。

结合上述算法，总计可以得到52分。

4. 解法4

考虑到还有一种特性——没有奖励，对于这一部分数据，我们可以采取一些特殊的做法获得分数。

我们在考虑第一天要销售哪些蔬菜时，会面临一个问题，我们有时希望销售价格较高的蔬菜，有时又希望销售变质较快的蔬菜。这两点有时不能同时满足，而具体需要哪一种则要为第二天及之后做考虑，不能为了销售价格高的蔬菜，而让价格一般的蔬菜在第一天结束时变质，这样会导致第二天可能只能销售价格很低的蔬菜。

这个问题没有办法很好地解决。因此，我们从反方向考虑问题，先考虑最后一天有哪些蔬菜还没变质，这样，最后一天销售的蔬菜可以从这些蔬菜中按照价格从高到低的顺序选择。从后往前考虑具有从前向后选择所不具有的好处——不需要考虑蔬菜会变质，能销售的蔬菜只会越来越多（在一定的时间节点前能销售）。

这样，就可以用一个堆维护可以销售的蔬菜，对于每个询问，从后向前进行贪心即可。在维护的过程中，堆中只记录每种蔬菜的价格和数量，至多只有n个元素。

这样的算法时间复杂度为 $O(nm\log n\sum p_i)$，结合上述算法，如果实现正确可以得到76分。

5. 解法5

考虑上述算法是否能处理带奖励的情况？

答案是肯定的，需要知道，第一次销售时进行奖励其实意味着销售过这种蔬菜就会获得奖励，进一步意味着，卖过这种蔬菜就会获得奖励。

那么，怎么解决这一问题呢？我们将每种蔬菜的奖励加到最后一个销售的这种蔬菜上（最迟变质中的一个）。

然后，套用解法4即可解决问题，时间复杂度不变，期望得分变为84分。

6. 解法6

以上算法的瓶颈在于，对于每个询问，都需要分别做出考虑，分别从后往前进行贪心。

那么，能不能回到最初的想法，考虑从前往后设计算法呢，这样就可以一次求出所有的答案了。

答案是肯定的，考虑到在天数增加时，前若干天的策略可能需要进行调整，我们需要一种可以支持调整的算法来完成这一任务。

使用网络流可以很好地解决这一问题。

网络流模型构造如下：

（1）节点构造：

· 新建源、汇节点；

· 对每一天新建一个节点 d_i；

· 在第 i 天为供应的蔬菜 j 新建一个节点 veg_{ij}。

（2）边及流量（括号中的数字，前一个表示流量，后一个表示费用）：

· $S \to d_i$（K，0）；

· $d_i \to d_{i+1}$（∞，0）；

· $d_i \to veg_{ij}$（∞，0）。

· 当这种蔬菜这天全部变质时，

  i. $veg_{ij} \to T$（k_i-1，a_i）；

  ii. $veg_{ij} \to T$（1，s_i+a_i）；

· 否则，

  i. $veg_{ij} \to T$（k_i，a_i）。

通过这样的方法构造出费用流模型后，可以解决前60%的数据。

7．解法7

要想解决更多的数据，我们需要对网络流模型进行优化，观察网络流模型可以发现：

（1）第二层到第三层的点连出的边（从 d_i 到 veg_{ij}）的流量均为正无穷；

（2）第二层到第三层的点连出的边（从 d_i 到 veg_{ij}）的费用均为0；

（3）第二层到第三层的点是单射。

因此，可以将第二层和第三层合并来简化模型。

在这种情况下，边数依然是 $O(nk)$ 的，这是模型效率低的原因。

我们考虑到网络流还有一种通用的性质，那就是，连向汇点的边一定不会被退流。考虑到这一点，我们可以对每个点连向汇点的边，用堆来进行维护。

具体地，对于每一天，建一个堆维护其连向汇点的边的边权，因为我们只会选择边权最大的边，只有当边权最大的边消失（满流）后，才会考虑其他边。

所以使用堆这种数据结构来支持选择最大值和插入操作是再好不过的。

这样优化后，结合上述算法可以得到88分。

8．解法8

注意观察上述网络流的性质，可以进行以下构造。

注意到每次增广时，实际上是在一个后缀区间内取最大值，区间左端点取决于中间一层的连边能退流到何处，显然，这可以用线段树维护。

采用新的构造方法，每次卖一种蔬菜的时候，假设其先卖最后变质的那一种（早变质的蔬菜能卖的情况下迟变质的一定能卖，出现的矛盾可以通过退流解决）。

这样，每种蔬菜就只需要维护其一个出现的位置。

用线段树和堆对其进行维护，时间复杂度 $O(km\log n)$，期望得分100分。

9．解法9

我们从另一个角度考虑，如果没有网络流的构图帮助推导，要如何解决问题呢？

如果只有一天，可以直接在全局取最优解。

在不止一天的情况下，需要保证，第w天及之前所有天取的总量不超过wm。

这样的过程是单调进行的，如果有一天恰好达到这个上界，则以后再也不可以在这一天之前取值。

时间复杂度$O(nmk)$，期望得分80分。

10. 解法10

对解法9中的取最大值操作，使用可持久化堆来维护，即可优化时间复杂度，获得100分。

【总　结】

本题具有两种不同的解法（解法8、解法10），两者有一定的相似之处，共用了一些结论，但思路上有较大的差距，这种设计很好地考察了选手的综合能力，能够选拔出具有算法思维的人才。

综上所述，本题选题良好，背景合适，考试效果符合预期，得分分布合理，有效地为NOI评奖提供了区分度，适合设置在NOI第二题。

《分身术》解题报告

清华大学　余行江

【概　述】

本题是一道以计算几何中凸包作为模型的问题。题型传统、题面简明，同时在思维、代码上都具有一定的难度。本题可以使用经典的高级数据结构方法解决，也可以通过细致的数学分析来得到更加直观，简洁的做法。

【题目大意】

给出平面上的一个点集S，以及若干询问。每次询问给出点集中的一个子集，询问删掉该子集中的所有点后，剩余点构成的凸包大小。询问相互独立。

【解题思路】

1. 算法1

对于20%的数据，极限情况下，点集大小不超过1000，询问个数不超过1000。

只需要对于每一个询问，构造一遍剩余点集的凸包即可。构造凸包与求凸包面积的方法属于NOI考查知识点范围，在此不赘述。算法时间复杂度为$O(nq\log n)$，可以预先将点集排序，则时间复杂度为$O(nq)$。

2. 算法2

存在20%的数据，点集大小不超过10^5，每次询问中只删去一个点。

我们考虑一种“剥洋葱”的思路。首先，如果删去的点不在凸壳C_S上，那么显然答案不变；如果删去的点在凸壳C_S上，那么新凸壳会在C_S的基础上，向第二层凸包收缩。这个第二层凸包，即$S \setminus C_S$点集所对应的凸包，如下图所示：

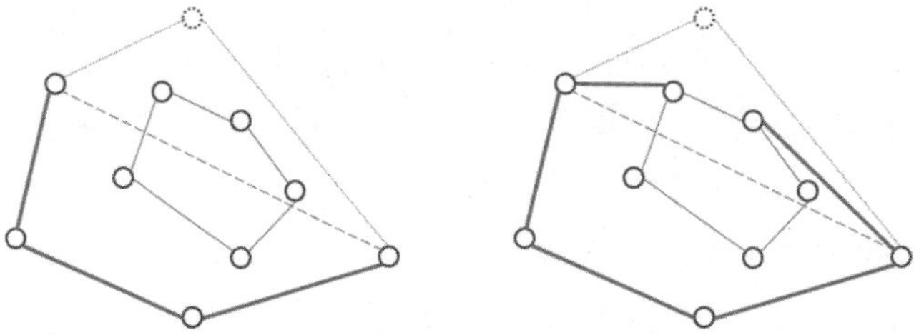

注意到凸壳收缩的方式是以删去点在凸壳上相邻的两个点，向第二层凸包做切线，我们称这两个点组成一个缺口。而所得到的新凸壳部分，即为第二层凸壳上两切线所在切点按对应时针方向所对应的部分，因此我们的问题就变成了子问题1。

子问题1 给出一个凸包和凸包外一点，求该点向凸包所做的顺时针/逆时针切线。

切线可以用二分法于 $O(\log n)$ 时间内查找，此为经典算法，在此不赘述。

3. 算法3

存在10%的数据，点集大小不超过10^5，每次询问中删去两个点。

如果删去的两个点都在第一层凸壳上，则与删去一个点的情况类似。若两个点不相邻，则分别处理两个缺口；否则这两个点只会产生一个缺口。

如果删去的两个点中，一个点在第一层凸壳上，另一个点在第二层凸壳上，我们不妨沿着“剥洋葱”的思路，构造第三层凸壳。当我们删去第二层凸壳上的点时，直觉上只需找到对应的缺口，然后向第三层凸壳做切线即可，如下图左图所示。

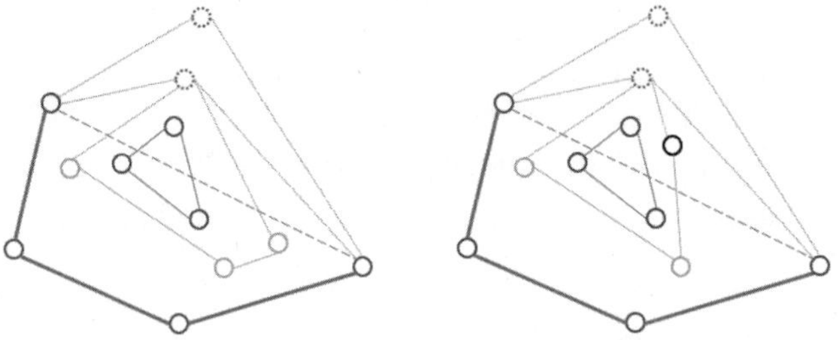

但容易看出反例，如上图右图所示，删去第二层凸壳上的点时，向第三层凸壳所引切线有可能会被第二层凸壳上的某个点卡住。观察该反例，容易证明这种情况出现的必要条件是，从第一层凸壳上的某点向第三层凸壳引切线时才会发生，并且卡住的点只可能是第二层凸壳上与被删点相邻的点。因此我们只需要做一次特判，如果被卡住，则将缺口的第一层凸壳上点修正到卡住的点上，再重新引切线即可。

4. 算法4

对于100%的数据，点集大小不超过10^5，所有询问中被删去点的总个数不超过10^6，单个询问中的点个数不超过100。

依然是“剥洋葱”的思路。由于单个询问中删去的点个数不超过100，我们可以先依次构造100层凸壳C^1，C^2，…，C^{100}。然后从外向内，按点所属凸壳层依次删除。首先考虑如何维护当前收缩后的凸壳，不妨称其为C^C。当删去第i层凸壳上的点后，C^C中的点分为两种：在前i层凸壳上的点，以及在第i+1层凸壳上的点。

容易证明：

定理1 前者中的所有点在此之后都必定在最终的C^C上，并且如果有两个这样的点在当前C^C中相邻，那么这两点在最终的C^C上一定也相邻。

由定理1我们可知，删去第i层凸壳上的点后，只需要记录C^C中在第i+1层凸壳上的连续段即可，仅有这些连续段会在之后的删点过程中改变。更具体地，只需要维护这些连续段所对应的缺口即可，记录该缺口的两端分别在前i层凸壳上的哪两个点A，B，以及在C^{i+1}中对应的连续段$S^{i+1}_{s..e}$。

之后删去第i+1层凸壳上的点时，对于一个缺口（A，$S^{i+1}_{s..e}$，B），我们判断$S^{i+1}_{s..e}$中删去点的情况。由定理1可知，若$S^{i+1}_{s..e}$中有k个连续段$S_{s1..e1}$，$S_{s2..e2}$，…，$S_{sk..ek}$被删除，则该缺口将拓展为k个新的缺口（S_{si-1}，S'_i，S_{ei+1}），其中A=S_{s-1}，B=S_{e+1}，S'_i为S_{si-1}，S_{ei+1}两点向第i+1层所引切线截断而出的连续段。

这个做法基于一个假设：删去第一层凸壳C^1上的点时，我们要向C^2引切线；而当删去第i层凸壳C^i上的点时，理想情况下，我们希望只需要向C^{i+1}引切线即可。然而通过算法3中的反例，我们可以感受到问题并不仅仅是向下一层凸壳引切线这么简单，这个反例很容易从两层凸壳推广到多层凸壳的情况，并且难以直观讨论。

不妨考虑一个极端情况：对于一个缺口（A，$S^i_{s..e}$，B），恰好$S^i_{s..e}$中所有点都被删去，即该缺口的两端不变。此时当由A，B向C^{i+1}引切线时，可能会被C^i层中剩余的某些点卡住，如上页下图右图所示。

容易证明：

定理2 在该情况下，只需要考虑C^i中连续段$S^i_{s..e}$的两端S^i_{s-1}和S^i_{e+1}，即所引切线只可能被这两点卡住。

我们可以进一步推广定理2。

定理3 对于一个缺口（A，$S^i_{s..e}$，B），如果恰好每次都删去该缺口连续段中的所有点，即缺口的变化为（A，$S^i_{s..e}$，B），（A，$S^{i+1}_{s..e}$，B），…，（A，$S^j_{s..e}$，B），则当该缺口向C^{j+1}引切线时，可能被S^i_{s-1}，S^i_{e+1}，S^{i+1}_{s-1}，S^{i+1}_{e+1}，S^{i+2}_{s-1}，S^{i+2}_{e+1}，…，S^j_{s-1}，S^j_{e+1}中的某点卡住。

定理4 当一个缺口（A，$S^i_{s..e}$，B）拓展出一个缺口（A，$S^{i+1}_{s..e}$，S^i_t）时，A向C^{i+1}切线可能被S^i_{s-1}卡住。B的情况类似。

这意味着，对于一个缺口，我们还需要维护一个点集R，用来查找一次引切线是否会被卡住。例如，由A引切线被点P卡住时，根据定理1，我们只需要将该缺口变为（P，$S^i_{s..e}$，B），将AP加入最终的凸包内，并重新由P向C^{i+1}引切线即可。

我们最终还需要考虑两个问题：如何快速求出引切线时被哪个点卡住，以及当缺口由（A，$S^i_{s..e}$，B）变为（P，$S^i_{s..e}$，B）时，该缺口维护点集该如何变化。

对于第一个问题，我们可以通过维护点集$R\cup\{A, B\}$的凸包（A，R_1，R_2，…，R_r，B）来得到。如果A引切线时，C^{i+1}中对应点在该凸包内，则说明被R_1卡住，P=R_1；而B引切线被卡住时，P=R_r。第二个问题也很显然，从缺口维护点集的凸包中删去A或B即可。

最后考虑如何维护这个凸包。不妨从A，B两端分别维护，这样做是为了保证当一个缺口（A，$S^i_{s..e}$，B）拓展出一个缺口（A，$S^{i+1}_{s..e}$，S^i_t）时，我们只需直接把A端对应部分保留下来。最终的遗留问题是该如何分别维护，注意到当A向C^{i+1}引切线时，若A为C^j上一点（$j<i+1$），则切线只可能被$C^{j+1\sim i}$中的某点P卡住，同理当P向C^{i+1}引切线时，卡住的也只可能是所属凸壳层比P更深的点。根据缺口维护点集的变化，可知A，B端维护的部分凸包应满足所属凸壳层的编号是严格递增的。因此，如果新加入R的只有一个点，我们将这个点分别加入两端维护的部分凸包；如果新加入R的有两个点，要么其中只有一个点被同时加入两端，要么两个点分别被加入两端，这里进行简单的分类讨论即可。

最后分析时间复杂度，可以发现缺口的个数不超过删去点的个数，而缺口需要维护的整体点集大小也与删去点个数呈线性关系，缺口维护凸包的时间复杂度是线性的，主要复杂度集中在二分法引切线和预处理凸壳层上，因此最终的时间复杂度为O（$n\log n+kn+d\log n$），其中，k为询问中删去点的最大个数，d为所有询问删去点的总个数。

5. 算法5

有经典的动态凸包算法，支持删点加点并动态维护凸包，但需要复杂的高级数据结构，同时时间复杂度为$O(d\log^2 n)$，难以承受所有询问中被删去点的总个数不超过10^6数据范围。

【总 结】

本题看似有非常经典的数据结构解法，但难度较大，通过分析问题的特殊性质，我们可以用较为基础的计算几何知识来解决。从满分角度而言，本题的思维难度中等偏上，符合NOI压轴题难度；但具体实现较为烦琐，对代码能力要求偏高。从考场得分分布上看，本题成功实现算法1的选手不超过全部参赛选手的50%，而实现算法2及得分以上的选手屈指可数，即使算法2、算法3的实现并不困难。一定程度上反映了目前NOI选手在计算几何方面的整体水平有待提高。

IOI 2017试题与解题报告

InternationalOlympiadinInformatics2017

July28–August4，2017

Tehran，Iran

IOI 2017 第一试

诺鲁孜节

再过几天就是诺鲁孜节了（波斯人的新年），爷爷邀请全家人到他的花园来聚会。在众多的宾客中有k个小孩。为了让孩子们在聚会中更开心，爷爷打算让他们玩一个捉迷藏的游戏。

整个花园可以看成一个有$m\times n$个方格的网格。其中有一些（或许没有）方格被岩石堵住了，而剩下的方格就称为空格。如果两个格子共享同一条边，我们就称这两个格子是邻居。因此，每一个方格最多有4个邻居：两个水平方向的和两个垂直方向的。爷爷想把花园变成一个迷宫。为达此目的，他会在花园中的一些空格上种植灌木来堵住它们。而这些被灌木丛堵住的方格就不再是空格了。

一个迷宫必须具有下面所述的性质。在迷宫中的任意一对空格a和b之间都只会恰有唯一的一条简单路径相连。而这条由a到b的简单路径就是一个从空格a开始并以空格b结束的空格序列，序列中所有的方格必须是不同的，而且每两个相连的方格都是邻居。

一个小孩能够躲藏在一个方格当且仅当这个方格是空格，而且它恰有唯一一个邻居是空格。同一个空格内只能躲藏一个小孩。题目会给出整个花园的地图作为输入文件。你的任务就是帮助爷爷构造一个能够躲藏尽量多小孩的迷宫。

【实现细节】

这是一个提交答案类型的题目，而且它有部分分。题目会给出10个描述爷爷花园的输入文件。对于每个输入文件你应该提交一个含有迷宫的地图作为输出文件。我们会根据你提交的每个输出文件中的迷宫能够躲藏的小孩数目来给出你的分数。

这道题目你不需要提交任何源代码。

【输入格式】

每个输入文件都描述了一个表示整个花园的网格，我们也会给出爷爷邀请的小孩数目k。格式如下：

第1行：1：mnk。

第$1+i$（$1\leqslant i\leqslant m$）行：网格中的第i行，它是一个长度为n的字符串，包含以下的字符（中间没有空格）。

'.'：一个空格。

'#'：一块岩石。

【输出格式】

第 i（$1\leqslant i\leqslant m$）行：迷宫中的第 z 行（种植了灌木的花园），它是一个长度为 n 的字符串，包含以下字母（中间没有空格）。

'.'：一个空格。

'#'：一块岩石。

'X'：一个灌木（注意字母X必须为大写字母）。

【限制条件】

$1\leqslant m，n<1024$

【评　分】

一个有效的输出文件必须符合下列所有的条件：

（1）除了把输入文件中的任意多个字母','修改成字母'X'（即被灌木堵塞）外，输出的地图必须和输入地图完全一样。

（2）输出的地图必须符合上文中提及的迷宫的所有性质。

对于某一个测试数据，如果你的输出不是有效的，这个测试数据的得分将会是0。反之，你的得分是min（10，$10\cdot l/k$），向下取值至小数点后二位，这里的 Z 是指输出的迷宫中能够最多藏着的小孩数目，而 k 则表示在输入文件中题目要求你躲藏的小孩数目。对于一个测试数据，你能够得到10分，当且仅当你的输出是一个能够躲藏 k 个或更多个小孩的迷宫。

对于每组测试数据都存在一个能得到10分的答案。

请注意，如果你的答案是有效的，但根据上述公式你的得分仍然是0分，则在评分系统中，显示的结果将会是'WrongAnswer'。

【例　子】

考虑以下输入：

```
4 5 5
....#
.#..#
...#.
....#
```

以下是其中一个有效的输出：

```
.X.X#
.#..#
...#X
XX..#
```

因为 l=4个小孩能够藏在这个迷宫中，所以这个解答能够得到 $10\cdot 4/5=8$ 分。小孩能够躲藏的方格以O表示。

```
OXOX#
.#.O#
...#X
XX.O#
```

以下三个输出都不是有效输出：

```
.XXX#        ...X#        XXXX#
.#XX#        .#.X#        X#XX#
...#.        ...#X        ..X#X
XX..#        XXXX#        ..XX#
```

在最左边的输出中，左上角的空格和最右列（位于右下方）的空格之间并没有一条简单路径。

在其他的两个输出中，对于任意两个空格之间都恰有两条简单路径相连。

接 线

Maryam是一位电机工程师，她正在为一座通讯塔设计接线方案。在这个塔上有一些分布在不同高度的连接点。一条电线可以用来将任何两个连接点连接起来。每一个连接点都可以接上任意数目的电线。而连接点分别为红色连接点和蓝色连接点。

为了表述方便，通讯塔会被视为一条直线，而那些红色及蓝色连接点会被视为在这条直线上的一些非负整数坐标。一条电线的长度是该电线所连接的两个连接点间的距离。

你要做的是帮Maryam找出一个接线方案，使得满足以下条件：

（1）每个连接点上最少有一条电线连接到一个不同颜色的连接点上。

（2）所用电线的总长度为最短。

【实现细节】

你需要实现以下的子程序：

int64 min_total_length（int[]r，int[]b）

r：一个长度为n的数组，其内以升序排列着所有红色连接点的位置。

b：一个长度为m的数组，其内以升序排列着所有蓝色连接点的位置。

这个子程序需要将所有可能的连接方案中，最短电线总长度的那个方案的电线总长度作为其返回值。

请注意这个子程序的返回值的类型为int64。

【样 例】

Min_total_length（[1，2，3，7]，[0，4，5，9，10]）

下图表述了样例中的数据。

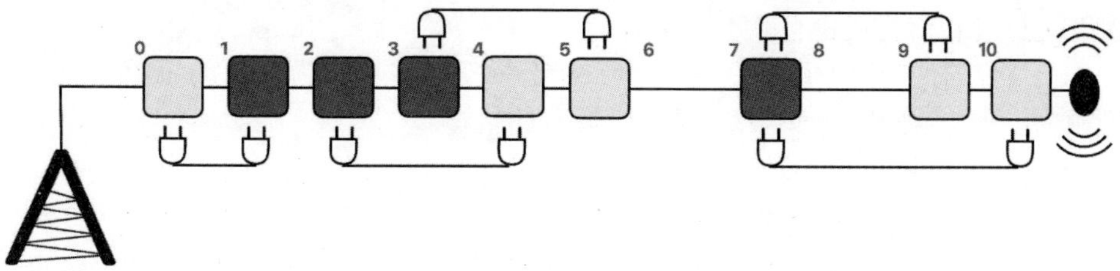

（1）图中以水平的方式表示出相关的通讯塔。

（2）因题目打印是黑白色的，所以红色连接点以较深灰度来表示，蓝色连接点则以较浅灰度来表示。

（3）图中有4个红色的连接点，其位置分别为1，2，3，7。

（4）图中有5个蓝色的连接点，其位置分别为0，4，5，9，10。

（5）样例最优解的电线总长度为1+2+2+2+3=10，所以子程序的返回值为10。

（6）请注意共有两条电线连接在位置为7的连接点上。

【限制条件】

（1）$1 \leqslant n, m \leqslant 100000$。

（2）$0 \leqslant r[i] \leqslant 10^9$（对于所有$0 \leqslant i \leqslant n-1$）。

（3）$0 \leqslant b[i] \leqslant 10^9$（对于所有$0 \leqslant i \leqslant m-1$）。

（4）数组r及数组b都已经按升序排序。

（5）数组r及数组b内的所有$n+m$个值互不相同。

【子任务】

（1）$n, m \leqslant 200$。（7分）

（2）所有红色连接点的位置坐标小于任何蓝色连接点的位置坐标。（13分）

（3）在每7个连续（接续）的连接点内必有最少一个红色连接点及一个蓝色连接点。（10分）

（4）所有连接点在［1，$n+m$］范围内有不同的位置坐标。（25分）

（5）没有任何附加的限制。（45分）

【评分程序样例】

评分程序样例将会读入以下格式的数据：

第1行：n　m。

第2行：$r[0]$ $r(1)$ $\wedge$ $r[n-1]$。

第3行：$b[0]$ $b(1)$ $\wedge$ $b(m-1)$。

评分程序样例将会输出单独一行数据，上面含有min_total_length的返回值。

玩具火车

Arezou和她的兄弟Borzou是双胞胎。他们收到的生日礼物是一套好玩的玩具火车。他们用它建了一个有n个车站和m段单向轨道的铁路系统。这些车站的编号是从$0 \sim n-1$。每段轨道都开始于某一车站，然后终止于同一车站或其他车站。每个车站至少会有一段轨道以它为起点。

其中有些车站是充电车站。无论何时，如果火车抵达某个充电车站，它都会被充满电。满电火车拥有足够的动力连续地驶过n段轨道，但是如果不再充电的话，在即将进入第$n+1$段轨道时它就会因电已用光而停车。

每个车站都有一个轨道开关，可以扳向任一段以该车站为起点的轨道。火车从某个车站驶出时，驶向的正是该车站的开关所扳向的轨道。

这对双胞胎打算用他们的火车玩个游戏。他们已经分完了所有的车站：每个车站要么归Arezou，要么归Borzou。游戏里面只有一列火车。游戏开始时，这列火车停在车站s，并且充满了电。为启动游戏，车站s的拥有者把车站s的开关扳向某个以s为起点的轨道，随后他们启动火车，火车开始沿着轨道行驶。

无论何时，在火车首次进入某一车站时。该车站的拥有者都要扳动车站开关。开关一旦扳动，它就会保持状态不变直到游戏结束。因此，火车如果开到了某个曾经进过的车站，就会沿着与之前相同的轨道开出该车站。

由于车站数量是有限的，火车的行驶最终都会进入某个环路。环路是一系列不同的车站 $c[0]$，$c[1]$，∧，$c[k-1]$，其中火车离开车站 $c[i]$（$0 \leqslant i < k-1$）后驶上连向车站 $c[i+1]$ 的轨道，离开车站 $c[k-1]$ 后驶上连向车站 $c[0]$ 的轨道。一个环路可能只包括一个车站（此时 $k=1$），即火车从车站 $c[0]$ 驶出后又驶上了连向 $c[0]$ 的轨道。

如果火车能够连续行驶，Arezou 就赢了。否则火车最后会因电用光而停车，这样 Borzou 就赢了。换句话说，如果在车站 $c[0]$，$c[1]$，…，$c[k-1]$ 中至少有一个充电车站，使得火车能够不断地充电而沿着环路跑个没完，Arezou 赢。否则，火车就会最终把电用光（有可能是在沿着环路跑好几圈后），Borzou 赢。

现在给你一个这样的铁路系统，Arezou 和 Borzou 将会玩 n 轮游戏。其中在第 s 轮游戏中（$0 \leqslant s \leqslant n-1$），火车最初停在车站 e 上。你的任务是，对每一轮游戏，判断是否无论 Borzou 怎么玩，Arezou 都必胜。

【实现细节】

你需要实现下面的函数：

int [ ] who_win（int[] a，int[]r，int[] u，int[]v）

a：长度为 n 的数组。如果 Arezou 拥有车站 i，则 $a[i]=1$；否则 Borzou 拥有车站 i，则 $a[i]=0$。

r：长度为 n 的数组。如果车站 i 是充电车站，则 $r[i]=1$；否则 $r[i]=0$。

u 和 v：长度为 m 的数组。对于所有 $0 \leqslant i \leqslant m-1$，存在某单向轨道，其起点为 $u[i]$，终点为 $v[i]$。

该函数需要返回一个长度为 n 的数组 w。对于每个 $0 \leqslant i \leqslant n-1$，如果在火车最初停在车站 i 的游戏中，不管 Borzou 怎么玩，Arezou 都能赢，则 $w[i]$ 的值应为 1；否则 $w[i]$ 的值应为 0。

【样　例】

who wins（[0，1]，[1，0]，[0，0，1，1]，[0，1，0，1]）

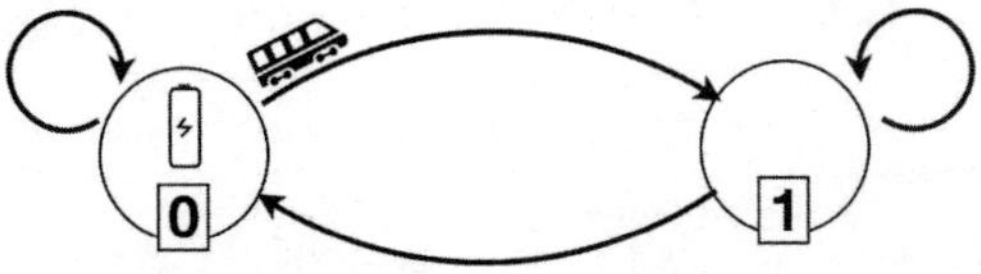

这里有 2 个车站，Borzou 拥有充电车站 0，Arezou 拥有车站 1，但它不是充电车站。

这里有 4 段轨道（0，0），（0，1），（1，0）和（1，1），其中（i，j）表示一个以车站 i 为起点、车站 j 为终点的单向轨道。

考虑火车最初停在车站 0 的游戏。如果 Borzou 将车站 0 的开关扳向轨道（0，0），那么火车就会沿着这个环形轨道连续行驶（注意，车站 0 是一个充电车站）。在这种情况下，Arezou 赢。否则，如果 Borzou 把车站 0 的开关扳向轨道（0，1），Arezou 可以把车站 1 的开关扳向轨道（1，0），这样的话，火车将会在两个车站之间绕个不停。Arezou 还是会赢，因为车站 0 是充电车站，火车将连续行驶。因此，无论 Borzou 怎么玩，Arezou 都会赢。

根据类似的逻辑，在火车最初停在车站 1 的游戏中，无论 Borzou 怎么玩，Arezou 也都会赢，因此，函数应当返回 [1，1]。

【数据范围和限制】

（1）$1 \leqslant n \leqslant 5000$。

（2）$n \leqslant m \leqslant 20000$。

（3）至少会有一个充电车站。

（4）每个车站至少会有一段轨道以它为起点。

（5）可能会有某个轨道的起点和终点是相同的（$u[i]=v[i]$）。

（6）所有轨道两两不同。也就是说，不存在这样的两个下标i和j（$0 \leqslant i < j \leqslant m-1$），使得$u[i]=j[i]$且$v[i]=v[j]$。

（7）对于所有$0 \leqslant i \leqslant m-1$，都有$0 \leqslant u[i]$，$v[i] \leqslant n-1$。

【子任务】

（1）对于所有$0 \leqslant i \leqslant m-1$，都有$v[i]=u[i]$或者$v[i]=u[i]+1$。（5分）

（2）$n \leqslant 15$。（10分）

（3）Arezou拥有所有车站。（11分）

（4）Borzou拥有所有车站。（11分）

（5）充电车站的数量为1。（12分）

（6）无任何限制。（51分）

【评分程序样例】

评分程序样例会按照下述格式来读取输入数据：

第1行：$n\ m$

第2行：$a[0]\ a[1]\ \wedge\wedge\ [n-1]$

第3行：$r[0]\ r[1]\ \wedge\wedge\ r[n-1]$

第4+i行（对于所有$0 \leqslant i \leqslant m-1$）：$u[i]\ v[i]$

评分程序样例会按照下述格式打印出who_Wills的返回结果：

第1行：$w[0]\ w[1]\ \wedge\wedge\ w[n-1]$

IOI 2017第一试解题报告

《诺鲁孜节》解题报告

福建省福州第一中学 钟知闲

【题目大意】

给定mn的字符矩阵，每个字符为“.”和“#”之一。你需要将一些“.”换成“X”，使得任意两个“.”之间恰有一条仅包含“.”的简单路径，并且恰与一个“.”相邻的“.”的个数不少于k。两个位置相邻当且仅当它们有公共边。

提交答案题，共有10个测试点，每个10分。对于每个测试点，如果恰与一个“.”相邻的“.”个数为l，则得分为min（10；$10l=k$）。

【解题思路】

1．算法1

问题等价于求由“.”构成的图G的一个导出子图T，使得T是树且T的叶子数目尽可能多。

考虑随机生成一个解。可以先令T0为空，然后按随机顺序将G中的点加入T0。当点u加入T0时，如果与u相邻的点v已被加入T0，则把边（u；v）加入T0；如果加入后T0出现了环，就从T0中删去u及其出边。

这样随机得出的T0可能是一个森林，我们保留其中叶子结点最多的连通块作为T，将不属于T的“.”改成“X”输出即可。

通过这种简单的方法生成的解如下所示。

测试点	m	n	k	l	得　分
1	16	16	60	38	6.33
2	64	64	1338	696	5.20
3	64	64	1105	646	5.85
4	256	256	21764	11129	5.11
5	256	256	17960	10524	5.86
6	64	1024	17031	10283	6.04
7	1024	128	33363	20586	6.17
8	1024	1024	258113	161751	6.27
9	1024	1024	232619	153271	6.59
10	1024	1024	206582	138589	6.71

期望得分60分。

2. 算法2

随机生成解有一个可以改进的地方，可以多次随机取最优解，即对每个测试点多次执行算法1，取每次生成的解中叶子个数最多的一个输出。

通过长时间的随机，n=16，m=16的测试点1可以得到满分，其余测试点通过约$10^8/nm$次随机生成取最优也能少量提高得分。

测试点	m	n	k	l	得　分
1	16	16	60	60	10.00
2	64	64	1338	756	5.65
3	64	64	1105	719	6.51
4	256	256	21764	11330	5.21
5	256	256	17960	10779	6.00
6	64	1024	17031	10488	6.16
7	1024	128	33363	20754	6.22
8	1024	1024	258113	162749	6.31
9	1024	1024	232619	154451	6.64
10	1024	1024	206582	140171	6.79

期望得分65分。

3. 算法3

显然，仅通过随机，得到的解效果并不是很好，不妨尝试用一些构造性的方法生成解。

考虑一种简单的构造树的方法——BFS。随机选一个起点（x_0; y_0），然后按照BFS序扩展点，可以得到一个以（x_0; y_0）为根的BFS树。过程如下：

```
Algorithm1 Random-BFS
随机选一个“.”的位置（x0; y0）
令T只包含一个点（x0; y0），队列Q只包含一个点（x0; y0）
while Q is not emptydo
(x; y)=Q.head
Q.dequeue()
for all (x'; y') as a “.” neighbor of (x; y) do
if (x'; y') is not in Tand the neighbor of (x'; y') in T is onlythen
Q.enqueue((x'; y'))
T.insert((x'; y'))
endif
endfor
endwhile
return T
```

多次选随机起点运行Random-BFS，取叶子最多的T作为最优解，将不属于T的“.”改成“X”输出。和前两种算法相比，这样生成的树较为规则，能一定程度减少随机带来的冗余，提高解的质量。

用该算法运行测试点1，可以发现输出解的$l>k$，且其余测试点的得分也在8分以上，如下所示。

测试点	*m*	*n*	*k*	*l*	得 分
1	16	16	60	70	10.00
2	64	64	1338	1234	9.22
3	64	64	1105	963	8.71
4	256	256	21764	19669	9.03
5	256	256	17960	14404	8.02
6	64	1024	17031	14155	8.31
7	1024	128	33363	27931	8.37
8	1024	1024	258113	215986	8.37
9	1024	1024	232619	204909	8.81
10	1024	1024	206582	190663	9.23

期望得分88分。

4. 算法4

考虑在BFS中加入贪心的因素。然而在扩展时贪心选取使叶子最多的方案并不可行，取而代之，可以通过分配随机权值的方法增大部分格子成为叶结点的概率。

将字符矩阵黑白染色，然后对每个格子分配随机权值，要求黑格权值严格大于白格权值（或者反过来），接着将算法3的Random-BFS改成优先扩展权值大的点的BFS即可。过程如下（伪代码中M的值大于随机函数rand()的范围）：

```
Algorithm2 Modified-Random-BFS
Let t is random in f0; 1g
for all (x0; y0) which is "." do
Let v(x0; y0)=rand()+[x0+y0t(mod2)]M
endfor
随机选一个"."的位置(x0; y0)
令T只包含一个点(x0; y0)，优先队列Q以v(x; y)为关键字
将(x0; y0)的所有"."邻居加入Q
while Q is not empty do
(x; y)=Q.head
Q.dequeue()
if (x; y) is not in T and the neighbor of (x; y) in T is onlythen
T.insert((x0; y0))
for all (x0; y0) as a "." neighbor of (x; y) do
Q.enqueue((x0; y0))
endfor
endif
endwhile
return T
```

值得注意的是，该算法引入了随机性，效果不一定比算法3优。可以在该算法与算法3中取一个较优解。

另外可以尝试不同的分配权值的方法，以取得更优的效果。

期望得分92~100分。

《接线》解题报告

湖南长沙雅礼中学　毛啸

【题目大意】

一条直线上有n个红点和m个蓝点，你需要用一些线段连接这些点，连接x位置的点和y位置的点的代价是$|x-y|$，使得每个点都至少与一个异色点相连，求最小代价。

n，$m \leqslant 100000$。

（1）subtask1：n，$m \leqslant 200$。（7分）

（2）subtask2：所有红点在所有蓝点的左边。（13分）

（3）subtask3：线段上连续7个点必有一对异色点。（10分）

（4）subtask4：所有点坐标在（1，$n+m$）之内且互不相同。（25分）

【一个显然的结论】

为了方便起见，如果我们说点p，那么p不仅代表这个点，也代表这个点的坐标。

对于两对点（a_1，a_2），（b_1，b_2），如果a_1与b_1相连，a_2与b_2相连，且$a_1 \leqslant a_2$，则存在一种最优解使得$b_1 \leqslant b_2$。

假设 $b_1 > b_2$，那么我们让 a_1 与 b_2 相连，a_2 与 b_2 相连，答案不会变差。

【一个错误的做法】

这次IOI我失误的根源就在于这个题，在此题上我花了四个小时才获得满分。这道题的失败对于这场比赛后面以及第二天比赛的心态和自信心都有很大的影响。

之所以浪费那么长时间，主要原因是我想到的几个错误算法。这些错误算法都开始于我最开始的错误想法，因为这个想法我急于求成，才有了后面几个错误做法。

这个想法是如果 $n=m$，那么我们应该按照顺序将 a 与 b 依次相连，也就是说，a 的第一个连 b 的第一个，a 的第二个连 b 的第二个。

这个算法看起来貌似有理，然而，它并不是正确的。因为考虑 $a=(1, 2, 10)$，$b=\{1, 9, 10\}$，最优解并不是 $\{1\to1, 2\to9, 10\to10\}$，而是 $\{1\to1, 2\to1, 10\to9, 10\to10\}$。

如果我们要求每个点的度数为1，那么这个算法就是正确的。Codeforces前不久的830A就是一个思想类似的题，有趣的是，在IOI上我和钟知闲都想到了这个做法，而我们恰好在前不久也参加了那场比赛。可见做一个题对一个人思考其他题时的潜意识的影响。

【7分的做法】

对于 n 和 m 很小的情况，我们将两列点排序，然后使用一个动态规划即可，$dp_{i,j}$ 表示 a 的前 i 个点和 b 的前 j 个点都被匹配的最小代价，那么下一个匹配只能是 $(a+1, b)$，$(a, b+1)$，$(a+1, b+1)$ 三者之一，转移即可。时空复杂度均为 $O(nm)$，可以获得7分。

实际上，还可以使用费用流，做法更直接，但是复杂度更高且实现复杂度更高，因此这里不再赘述。

【另一个错误做法】

说到费用流，考场上我很长时间都在想优化费用流。我的第二个想法显得非常欠考虑，但是我在考场上依然没有及时发现问题。我认为可以从左往右加入点，然后在左边找一个匹配，匹配无非就是两种方式，第一种是找一个异色点，第二种是找一个同色的度数大于1的点，并找一个它匹配的点换下来，这个思路看起来很强大，但是实际上每次不一定只换一条边，可能会换多条边，反例比较难以讲述，我在考场上并没有想过换多条边的情况，显然是已经着急了。

【一个无法优化的做法】

我们注意到，如果每个点度数确定，那么我们很容易确定答案，对于每一条连接相邻的点的线段，对于它左边的所有点，求出红点度数和与蓝点度数和，那么它们的绝对值就是这一条线段要经过的次数。

因此我又花了很长时间来维护这个度数，一种做法就是每次调整一下度数，使得答案减小，我考场上实现了一个基于这个思想的做法，虽然这个做法不是错误做法，但是我无法把它优化成能通过全部数据的做法。

【13分的做法】

当所有红点都在蓝点左边时，我们考虑代价的式子 $|x-y|$，显然红点贡献为负，蓝点贡献为正，且所有点至少有一次贡献，当红点多于蓝点时，显然我们应该让蓝点最左边的点多贡献点数差次，蓝点多于红点时，应该让红点最右边的点多贡献点数差次。

【subtask 给我们的提示】

连续7个点必有一对异色点看起来很难实现，因为异色点的距离似乎并不能帮上忙。7个点有一对异色点意味着不会有太长的连续的同色点，结合前面的subtask我们考虑连续的同色段。

【一个结论】

考虑四个点$p_1 \leqslant p_2 \leqslant p_3 < p_4$，其中$p_1$与$p_3$同色，$p_2$与$p_4$同色，$p_1$与$p_2$异色。假如$p_4$与$p_1$匹配，那么我们可以改成$p_1$与$p_2$，$p_2$与$p_3$，$p_3$与$p_4$匹配，因此存在一种最优解使得每对匹配点都在相邻的两段。

【满分做法】

至此，这个题的满分做法便不难了，我们设dp_i表示i之前的点都被匹配的最优代价，那么转移就是枚举下一段，下一段显然应该只包含两段点，这两段点之间相连的最优代价可以用subtask2的做法套上前缀和优化求出，也就是说，将前i个点的坐标和记为sum_i，令$\mathrm{sum}_0=0$，那么从［i，j］的一种颜色的点连向［$j+1$，k］的另一种颜色的点的代价为$\mathrm{sum}_k-\mathrm{sum}_j-$（$\mathrm{sum}_j-\mathrm{sum}_{i-1}-\max$（0，（$k-j$）－（$j-i+1$）$\times p_j$）$+\max$（0，（$j-i+1$）－（$k-j$））$\times p_{j+1}$。

考虑这个式子满足$k-j \geqslant j-i+1$和不满足两种情况，我们发现在两种情况下都是一个变量为i，j，k的函数，且每一项最多与一个变量相关。

考虑对于一个k的转移，我们可以把所有与j相关的项求出来，那么转移无非就是在两种情况的范围内找最小值，我们发现满足$k-j \geqslant j-i+1$的i是一个后缀，不满足的显然就是一个前缀，因此可以通过记录前缀和后缀最小值进行转移。

由于给出的数组已经排序好，所以可以线性归并成一个有序数组，当然也可以直接用系统的排序函数，不计排序的复杂度，算法的时空复杂度均为O（$n+/n$），可以获得满分。

【总　结】

这个题做法并不难，但是这个题最复杂的地方在于容易想到貌似正确的做法，从而浪费很长时间。题目本身看起来十分经典，而在经典的题上人们总倾向于去想经典的做法，因此如果没有见过标算这种做法，很难想出正解。

这个题如果认真思考subtask，尤其是注意到第三个subtask存在的意义，再结合第二个subtask，便很容易想到标算，因此在想不出题目做法的时候，看subtask或许会有帮助，考场上三个小时的时候我发现做法全部都是错误的，才开始认真思考subtask，看完便马上想到标算，若是开始时多思考一下subtask，比如发现为什么没有$n=m$的subtask，说不定可以直接发现我最初做法的问题，当然也可能直接想到标算。

至于第四档部分分，我不知道有什么优美的特殊算法，可能是为了照顾会标算但是细节出问题的选手吧。

《玩具火车》解题报告

北京师范大学附属实验中学 徐明宽

【题目大意】

有一个由n个车站（点）和m段单向轨道（边）组成的铁路系统（无重边但可能有自环的有向图），其中有些车站可以充电。每当火车到达一个充电车站，它就会被充满电。满电火车恰能走过n段轨道。

现在Alice（Arezou）和Bob（Borzou）要玩一个游戏，他们分完了所有的车站（每个车站要么属于Alice要么属于Bob），游戏开始时有一辆充满电的火车停在车站s，每当火车首次进入某一车站时，该车站的拥有者都要扳动开关——决定火车从哪条以该车站为起点的轨道驶出。开关一旦扳动，它就会保持状态不变直到游戏结束。如果火车能一直连续行驶，Alice就赢了；否则火车最后会把电用光而停车，Bob就赢了。现在问如果双方都按最优策略玩，对于哪些初始车站s，Alice能赢。

$1 \leqslant n \leqslant 5000$，$n \leqslant m \leqslant 20000$。

【算法讨论】

首先，火车一定会从第一次进入一个已经进入过的车站开始落入一个环。

注意到满电火车恰能走过n段轨道，而走过n段轨道后一定能进入一个已经进入过的车站，所以火车初始的动力就足以走入一个环（并走过这个环上的所有车站至少一次）。也就是说，如果双方都按最优策略玩，Alice能赢当且仅当她能让火车走入的环中有至少一个充电车站。

下面为了方便描述，所有“能走到”或“不能走到”都指的是在双方都按最优策略玩的前提下，即Alice希望能走到而Bob希望不能走到。

如果一个车站不能走到任何一个充电车站，那么显然火车走到这个车站的时候Bob就赢了。所以，如果一个充电车站不能走到任何一个充电车站（含自己），那么把这个充电车站改为不能充电不会对答案造成任何影响。

现在我们只要发现一个充电车站不能走到任何一个充电车站（含自己），就把它改为不能充电，最后得到的状态就满足任意一个充电车站都能走到某一个充电车站。此时由于充电车站的数量是有限的，从任意一个充电车站开始向充电车站走，总能走到一个包含至少一个充电车站的环，所以对于每个初始车站Alice能赢当且仅当它能走到任意一个充电车站。

具体实现时，我们可以通过一次（根据博弈定义的）BFS找出所有能走到任意一个充电车站的点，从而得到所有可能走到任意一个充电车站的点，将其中的充电车站改为不能充电，然后迭代（即只要有修改就再做一遍）。一共迭代不超过n次，每次BFS的时间复杂度是$O(m)$的，所以总时间复杂度为$O(nm)$。

IOI 2017 第二试

大 奖

“大奖”是一个家喻户晓的电视游戏节目，这次你很幸运地进入到最后一轮。已知编号为 $0 \sim n-1$ 的 n 个盒子从左到右排成一行，你就站在这排盒子的前面。每个盒子里面有一个奖品，必须打开盒子才能看到是什么奖品。已知有 $v \geqslant 2$ 种不同类型的奖品。这 v 种类型按照奖品价值的降序从 $1 \sim v$ 排列。

类型1的奖品是一块钻石，价值最高。所有盒子加起来只有一块钻石。类型 v 的奖品是一块棒棒糖，价值最低。为了使得游戏更加激动人心，相对便宜的奖品数量远比价值昂贵的奖品数量要多。更具体一点，对于满足 $2 \leqslant t \leqslant v$ 的所有 t，我们有：如果类型 $t-1$ 的奖品有 k 个，那么类型 t 的奖品将严格多于 k^2 个。

你的目标是赢得那块钻石。游戏结束时，你必须打开一个盒子并收取盒子内的奖品。在选择要打开的盒子之前，你可以向节目主持人Rambod提一些问题。每一个问题中，你选择就某个 i 号盒子进行提问。Rambod将给你一个包含两个整数的数组 a 作为回答。这两个整数的意义如下：

（1）在 i 号盒子左面的盒子中，刚好有 $a[0]$ 个盒子中的奖品，价值比 i 号盒子中的奖品价值要高。

（2）在 i 号盒子右面的盒子中，刚好有 $a[1]$ 个盒子中的奖品，价值比 i 号盒子中的奖品价值要高。

例如，假设 $n=8$，在你的问题中，你选择就 $i=2$ 号盒子进行提问。Rambod的回答是 $a=[1 2]$。这个回答的意义是：

（1）0号盒子和1号盒子中恰好有一个盒子中的奖品比2号盒子中的奖品更贵。

（2）在3，4，…，7号盒子中恰好有两个盒子中的奖品比2号盒子中的奖品更贵。

你的任务就是通过问少量的问题找出包含钻石的盒子。

【实现细节】

你应当实现如下函数段：

```
intfind_best(intn)
```

此函数只被评测程序调用一次。

n：盒子的数量。

你实现的这个函数应该返回装有钻石的盒子编号，即唯一的整数 d（$0 \leqslant d \leqslant n-1$），表示 d 号盒子放有类型为1的奖品。

上述函数可以调用下列函数：

```
int[]ask(inti)
```

i：你在询问时选择的盒子编号。i 的数值必须介于0和 $n-1$（含）之间。

这个函数返回包含2个元素的数组 a。其中，$a[0]$ 是在 i 号盒子的左面，奖品比 i 号盒子的奖品价值更高的盒子数目；而 $a[1]$ 则是在 i 号盒子右面，奖品比 i 号盒子的奖品价值更高的盒子数目。

【样 例】

评测工具将做如下函数调用：

find_best（8）

这里有n=8个盒子。假定奖品类型为［3，2，3，1，3，3，2，3］，对函数ask的所有可能的调用以及相应的返回值列出如下：

ask（0）返回［03］；

ask（1）返回［01］；

ask（2）返回［12］；

ask（3）返回［00］；

ask（4）返回［21］；

ask（5）返回［21］；

ask（6）返回［10］；

ask（7）返回［3，0］。

在这个例子中，钻石放在3号盒子里，所以函数find_best应该返回3。

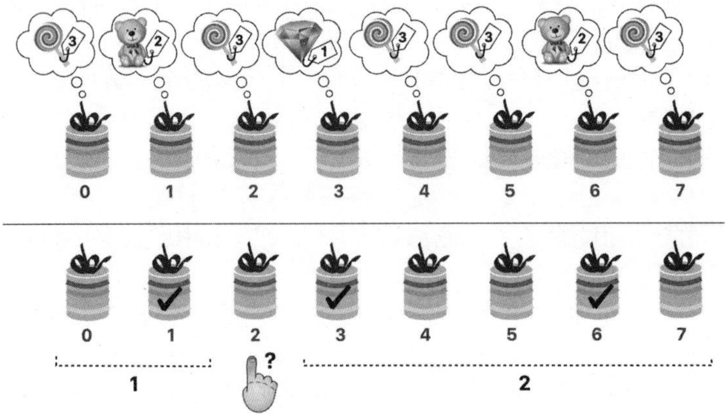

上图阐释了这个例子。图中上半部分给出了每个盒子中奖品的类型。图中的下半部分阐释了询问ask（2）。做了标记（打√）的盒子中装有比2号盒子的奖品价值更高的奖品。

【限 制】

（1）$3 \leqslant n \leqslant 200000$。

（2）每个盒子中奖品的类型介于1和v（含）之间。

（3）类型1的奖品恰有一个。

（4）对于所有$2 \leqslant t \leqslant v$，如果类型$t-1$的奖品有$k$个，那么类型$t$的奖品将严格多于$k^2$个。

【子任务与评分】

在某些测试数据中，评测工具的行为是自适应的。这意味着在这些测试数据中评测工具并没有一个固定的奖品序列。取而代之的是，由评测工具给出的答案可能依赖于你的程序问过的问题。评测工具的回答方式可以保证，在每次回答之后，至少有一个奖品序列与到目前为止给出的所有回答都不冲突。

（1）恰好有1个钻石和$n-1$个棒棒糖（所以，v=2）。你可以调用函数ask最多10000次。（20分）

（2）没有附加限制。（80分）

在子任务（2）中你可以获得部分分。令q是在这个子任务的所有测试数据上函数ask被调用的最大次数，那么你在这个子任务上的得分将按照下表计算：

问　题	得　分
$10000 < q$	0（在CMS中报告显示‘WrongAnswer’）
$6000 < q \leqslant 10000$	70
$5000 < q \leqslant 6000$	80-（q-5000）/100
$q \leqslant 5000$	80

【评测工具示例】

评测工具的这个示例不是自适应的。取而代之的是，它只是读取并使用一个固定的奖品类型的数组p。对于所有的$0 \leqslant b \leqslant n-1$，$b$号盒子中的奖品类型将由$p[b]$给出。评测工具示例期望的输入格式如下：

第1行：n。

第2行：$p[0]\ p[1] \cdots p[n-1]$。

评测工具示例输出单独一行，其中包含find_best的返回值，以及调用函数ask的次数。

西默夫

根据沙纳玛（Shahnameh）中的古代波斯传说，“Zal”传奇的波斯英雄疯狂地爱上了Kabul王国的公主 Rudaba。在Zal Rudaba求婚时Rudaba的父亲给了他一个颇具挑战性的任务。

在波斯有n个城市，标记为$0 \sim n-1$，以及m条双向道路，标记为$0 \sim m-1$。每条道路连接两个不同的城市，每一对城市至多会被一条道路连接。有些道路是御道（royal roads），专用于皇室通行，但这些信息是保密的。Zal的任务是找出哪些道路是御道。

Zal有一张包括所有城市和所有道路的波斯地图。他不知道哪些道路是御道，但是他可以求助于Simurgh——好心的神鸟，Zal的保护者。然而，Simurgh并不想直接告诉他哪些道路是御道。作为替代，Simurgh告诉Zal，所有御道的集合是一个黄金集合（golden set）。一个道路的集合是黄金集合，当且仅当它恰好包含n-1条道路，而且对于每一对城市，仅沿着这个集合中的道路即可从其中一个城市抵达另外一个城市。

此外，Zal可以问Simurgh一些问题，对于每个问题，Zal选出道路的一个黄金集合，然后Simurgh会告诉Zal，在所选择的黄金集合中有多少条道路是御道。

你的程序可以问Simurgh最多q个问题，以此帮助Zal找出御道的集合。评测工具将扮演Simurgh的角色。

【实现细节】

你需要实现下面的函数：

```
int[] find roads(int n, int[] u,  int[] v)
```

n：城市的数量，

u和v：均为长度为m的数组。对于所有$0 \leqslant i \leqslant m-1$，$u[i]$和$v[i]$是被道路$i$所连接的城市。

该函数需要返回一个长度为$n-1$的数组，其中包含所有御道的标号（可以按任意的顺序给出）。

你的程序至多只能调用评测工具中的如下函数q次：

```
int count_common_roads(int[] r)
```

r：长度为$n-1$的数组，其中包含一个黄金集合中的道路标号（可以按任意的顺序给出）。

【样 例】

```
find_roads(4, [0, 0, 0, 1, 1, 2], [1, 2, 3, 2, 3, 3])
```

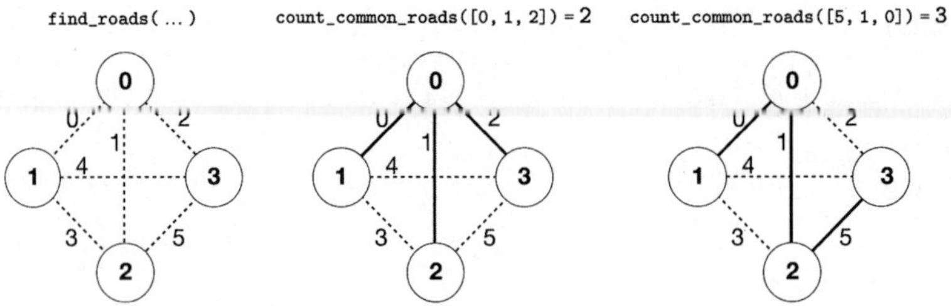

这个例子中有4个城市和6条道路。我们将连接城市a和b的道路表示为（a，b）。这些道路按照下面的顺序标记为0～5：（0，1），（0，2），（0，3），（1，2），（1，3）和（2，3）。每个黄金集合包含$n-1=3$条道路。

假设御道是标号为0，1和5的道路，即（0，1），（0，2）和（2，3）。这样的话：

（1）count_common_roads（[0，1，2]）返回2，该询问涉及标号为0，1和2的道路，即（0，1），（0，2）和（0，3），其中有两条道路是御道。

（2）count_common_roads（[5，1，0]）返回3，该询问涉及所有的御道。

函数find roads需要返回[5，1，0]或任意其他包含这三个元素且长度为3的数组。

注意，下面列出的调用是不允许的：

（1）count_common_roads（[0，1]）：这里r的长度不是3。

（2）count_common_roads（[0，1，3]）：这里r不是一个黄金集合，因为无法仅沿道路（0，1），（0，2），（1，2）就从城市0走到城市3。

【限制条件】

（1）$2 \leqslant n \leqslant 500$。

（2）$n-1 \leqslant m \leqslant n(n-1)/2$。

（3）$0 \leqslant u[i], v[i] \leqslant n-1$（对于所有$0 \leqslant i \leqslant m-1$）。

（4）对于所有$0 \leqslant i \leqslant m-1$，道路$i$连接两个不同的城市（即$u[i] \neq v[i]$）。

（5）每对城市之间至多连有一条道路。

（6）经由这些道路，可以在任意一对城市之间来往。

（7）所有的御道组成一个黄金集合。

（8）find_roads可以调用count_common_roads最多q次。在每次调用中，由r所给出的道路必须是一个黄金集合。

【子任务】

（1）$n \leqslant 7$，$q=30000$。（13分）

（2）$n \leqslant 50$，$q=30000$。（17分）

（3）$n \leqslant 240$，$q=30000$。（21分）

（4）q=12000，在任意两个城市之间都连有一条道路。（19分）

（5）q=8000。（30分）

【评测工具示例】

评测工具示例：读入下述格式的输入数据：

第1行：nm。

第2+i行（对于所有$0 \leqslant i \leqslant m-1$）：$u[i]$ $v[i]$。

第2+m行：$s[0]$ $s[1]$ ∧∧ $s[n-2]$。

这里，$s[0]$，$s[1]$ ∧∧，$s[n-2]$是所有御道的标号。

如果find roads最多调用30000次count_common_reads，而且正确地返回了御道的集合，评测工具示例将会输出YES，否则评测工具示例将会输出NO。

需要明确的是，评测工具示例中的函数count_common_reads不会检查r是否满足一个黄金集合的所有条件。替代性地，它会对数组r中的御道进行计数，并且返回。然而，在你提交的程序调用count_common_roads时，如果传给它的不是对应某个黄金集合的标号集合，评测结果将会是‘Wrong Answer’。

【技术提示】

出于效率方面的考虑，面向C++和Pascal的函数count_common_reads使用了引用调用（call by reference）的方式，你可以像平常一样调用这个函数。评测工具确保不会改变r中的值。

古　书

德黑兰市是伊朗国家图书馆的所在地。这个图书馆的镇馆之宝位于一个长长的大厅内，大厅里有排成一行的n张桌子，从左到右依次编号为$0 \sim n-1$。每张桌子上都陈列着一本手写的古书。这些古书是根据其历史年份进行排序的，这使得访客们难以根据书名来查找它们。所以，图书馆主管决定按照书名的字母序来重新排列它们。

图书管理员Aryan要完成这项工作。他创建了一个长度为n的列表p，其中包括$0 \sim n-1$的不同整数。这个列表描述了按字母序来重排古书所要做的改变：对于$0 \leqslant i < n$，目前在桌子i上的古书应该被移到桌子$p[i]$上。

Aryan从桌子s开始重排这些古书。他希望在做完重排工作之后再回到同一张桌子上。由于这些古书非常珍贵，在任何时间，他手持的古书都不能超过一本。在重排古书的过程中，Aryan将会做一系列的操作，每个操作只能是以下操作其中之一：

（1）如果他手上没有书，而他所在的桌子上恰好有一本书时，他可以拿起这本书。

（2）如果他手上有一本书，而他所在的桌子上恰好有另一本书时，他可以把手上的书和桌子上的书进行交换。

（3）如果他手上有一本书，而他所在的桌子上没有书时，他可以把手上的书放到这个桌子上。

（4）他可以走到任何一张桌子前。当他进行这个操作时，他手上可以拿一本书。

对于所有$0 \leqslant i$，$j \leqslant n-1$，桌子i和桌子j之间的距离正好是$|j-i|$米。你的任务是，计算出Aryan重排好所有古书所走过的总距离的最小值。

【实现细节】

你需要实现下面的函数：

```
int64 minimum_walk(int[]p, int s)
```

p：一个长度为n的数组。初始阶段在桌子i上的古书需要被Aryan移到桌子$p[i]$上（对于所有$0 \leq i < n$）。

s：初始阶段Aryan所在桌子的编号，同时也是重排好所有古书之后他应该在的位置。

该函数要返回Aryan重排好所有古书所需走过的总距离的最小值（以米为单位）。

【例　子】

```
minimum_walk([0, 2, 3, 1], 0)
```

在这个例子中，n=4，在初始阶段Aryan位于桌子0处。他按照如下步骤进行重排：

（1）走到桌子1处并且拿起桌上的书。这本书应该要被放到桌子2上。

（2）他走到桌子2处，并且把他手上的书和桌子上的书进行交换。现在他新拿到手上的书应该被放到桌子3上。

（3）他走到桌子3处，并且把他手上的书和桌子上的书进行交换。现在他新拿到手上的书应该被放到桌子1上。

（4）他走到桌子1处，并且把他手上的书放到桌子上。

（5）他回到桌子0处。

注意，桌子0上的书已经在正确的位置，即桌子0上，因此Aryan不需要把它拿起来。在这个方案中，他的总行走距离是6米，这是一个最优解，因此，函数应该返回6。

【限　制】

（1）$1 \leq n \leq 1000000$。

（2）$0 \leq s \leq n-1$。

（3）数组p包含n个$0 \sim n-1$（含）的不同整数。

【子任务】

（1）$n \leq 4$且s=0。（12分）

（2）$n \leq 1000$且s=0。（10分）

（3）s=0。（28分）

（4）$n \leq 1000$。（20分）

（5）没有附加任何限制。（30分）

【评测工具示例】

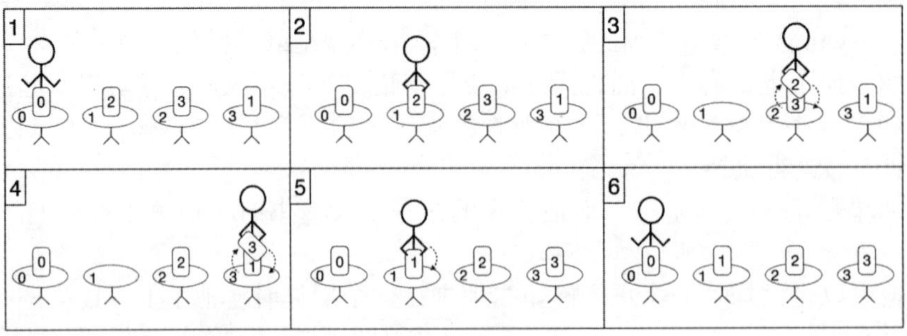

评测工具示例将会读取如下格式的输入数据：

第1行：ns。

第2行：$p[0]\ p[1]\ \cdots p[n-1]$。

评测工具示例将输出一行，其中包括minimum_walk的返回值。

IOI 2017 第二试解题报告

《大奖》解题报告

中山市 中山纪念中学 杨家齐

【题目大意】

有一个长度为n的数组a_n，它满足以下三个条件：

（1）$1 \leqslant a_i \leqslant m$。

（2）有恰好一个位置i满足a_i=1。

（3）对于所有$lx < m$，如果值为x的元素有k个，那么值为x+1的元素个数严格大于k^2。

现在对于任意位置i，你可以询问（#{j：j < i^a_j < a_i}，#{j：j > i^a_j < a_i}），其中#S表示集合S的大小。也就是说，每次询问位置i会返回一个有序对，表示i左边和i右边比a_i小的元素个数。

你需要用尽可能少的询问次数，得到1在数组中的位置。

【子任务】

1. 子任务1（20分）

m=2并且你至多能询问10000次。

2. 子任务2（80分）

（1）若你的询问次数q满足$6000 < q < 10000$，那么你能获得70分。

（2）若你的询问次数q满足$5000 < q \leqslant 6000$，那么你能获得80-（q-5000）/100分。

（3）若你的询问次数q满足$q \leqslant 5000$，那么你能获得满分80分。

对于所有数据，$3 \leqslant n \leqslant 200000$。数组下标从0开始。

【解题思路】

1. 子任务1解法

在子任务1中，m等于2。不妨假设询问位置i得到的结果为（l_i；r_i）。那么除去a_0=1的情况，我们可以通过比较（l_0；r_0）是否与（l_i；r_i）相同，得知1位于位置i的左边还是右边。

利用这个性质我们可以二分1的位置，从而解决问题。

2. 子任务2解法

（1）70分算法。我们不妨把所有元素分成两类：小于m的（用A表示）和等于m的（用B表示）。由于A的个数是$O\left(\sqrt{n}\right)$的，因此我们用$O\left(\sqrt{n}\right)$次询问（实际上大约是472次）就可以找到至少一个B。接下来我们用子任务1中的二分查找，就可以确定每一段连续的B的边界，从而得到所有A的位置。之后对所有A取最小值，就可以得到答案了。

这个做法所需要的询问次数为$O\left(\sqrt{n}\log n\right)$，如果实现得不好，所需要的询问次数会比

10000大一些。

那么我们可以采用分块二分的方法：将整个序列分割成$O\left(\sqrt{n}\right)$个块，先询问出块与块的分界点的答案。当我们每次需要二分B的边界时，先用分界点的信息确定出这个边界位于哪个块，再在这个块中二分。这样就可以将询问次数降低到$O\left(\sqrt{n}\log\sqrt{n}\right)$，可以拿到70分。

（2）80分算法。上面的做法如果实现得好，是可以通过这道题的。不过下面我们将介绍另一种做法。

我们先用不超过472次询问，得到整个序列中B的个数，然后分治整个区间。设当前处理的区间为［1；r］。实际上，根据已有的信息，我们能够知道区间内A的个数。然后我们不断二分整个区间，假设mid是B，那么我们就递归到两个子区间中。否则我们询问mid1；mid2；……直到找到一个A为止，再递归到子区间中。注意，当我们询问mid之后，我们实际上同时得到了［1，mid1］和［mid+1，r］中有多少个B。

这个算法所需要的询问次数同样是$O\left(\sqrt{n}\log\sqrt{n}\right)$，与上一个方法相比它不需要预处理块与块的分界点的答案，因此常数上要优一点，更容易得到满分。

《西默夫》解题报告

北京师范大学附属实验中学　徐明宽

【题目大意】

这是一道交互题，给定一个简单无向连通图，其中有一棵生成树的$n-1$条边是黑色的，其他边都是白色的（你不知道每条边的颜色）。你可以询问任意一棵生成树，交互库会返回其中黑色边的数量，现在你需要在Q次询问内找出所有黑色的边。

【子任务】

（1）子任务1、2、3：$2 \leqslant n \leqslant 240$，$q=30000$。（51分）

（2）子任务4：$2 \leqslant n \leqslant 500$，$q=12000$，给定的图是完全图。（19分）

（3）子任务5：$2 \leqslant n \leqslant 500$，$q=8000$。（30分）

【解题思路】

1. 子任务1、2、3的解法

这个数据范围允许我们查询$n(n-1)/2+O(n)$次。

首先我们可以给定任意一棵生成树（并查询其中的黑边数量作为初始值$start$），那么每条非树边都覆盖了树上的一条路径，非树边和它覆盖的路径形成了一个环。最开始，每条边的颜色都没有确定。我们可以依次处理每条非树边，有以下两种情况：

（1）这条非树边形成的环上每条边的颜色都没有确定。那么我们可以对这条非树边覆盖的每一条边，把树上这条边删去并加上这条非树边进行一次查询。

· 如果这些查询的结果全都是$start$，说明这个环上所有边的颜色相同，由于黑边形成一棵生成树，所以这个环上的边只可能都是白色的。

· 如果这些查询的结果不全是$start$，那么一条边是黑色的，当且仅当删去它进行查询时得到的结果较小。例如，如果查询的结果中有*start*-1，那么查询得到*start*-1时删去的边就是黑色的，得到*start*时删去的边就是白色的，这条非树边也是白色的；否则，如果查询的结果中有*start*+1，那么查询得到*start*+1时删去的边就是白色的，得到*start*时删去的边就是黑色的，这条非树边也是黑色的。

（2）这条非树边形成的环上有至少一条边的颜色已经被确定了。那么我们可以先将这条边删去并加上非树边得到非树边的颜色，再对这个环上的每一条颜色未确定的边，把这条边删去并加上非树边进行一次查询，即可得到这条边的颜色。

每条非树边都被处理完，如果还有未确定颜色的边，那么一定是树边而且是割边，因为黑边形成一棵生成树，所以这些边一定是黑边。至此，我们确定了每一条边的颜色。

这个算法查询了至多$n(n-1)/2$次，时间复杂度为$O(n^3)$，可以得到51分。

2. 子任务4的解法

我们不能再对每条边查询一次了。注意到黑边（$n-1$条）相对于总边数（至多$n(n-1)/2$条）非常少，我们可以考虑二分查找出所有黑边。

首先，通过和子任务1、2、3相同的算法，我们可以通过n次查询得出（0，1)，(1，2)，(2，3）……（$n-2$，$n-1$），（$n-1$，0）这n条边的颜色。这样，我们就可以（相当于）每次查询不是一整棵生成树——例如，我们只想查询（5，3)，(5，8)，(5，9）这些边，就可以加上（0，1)，(1，2)，(2，3)，(3，4)，(6，6)，(6，7)，(9，10)，(10，11)，……，（$n-2$，$n-1$）这些已知的边来补成一棵生成树。于是，可以依次对每个点连出的所有未确定颜色的边进行二分查找，每个点需要先整体查询一次看有没有黑边，每条黑边需要$[\log_2 n]$次查询确定，所以总查询次数至多为$2n+(n-1)[\log_2 n]$，时间复杂度为$O(n^2\log n)$，结合上述算法可以得到70分。

3. 子任务5的解法（满分算法）

满分算法其实就是将上述两个算法结合起来。在子任务1、2、3的算法中处理每条非树边时，如果这条非树边覆盖的每条边的颜色都已经被确定了，我们不要用一次询问确定这条非树边的颜色，而是先暂不确定它。不要小看这一次查询，这样做可以在不超过$2n$次查询内确定一棵生成树上每条边的颜色，而不需要$n(n-1)/2$次查询了。

然后，我们再对每个点连出的所有未确定颜色的边进行二分查找，每次希望查询的边是一棵树，我们可以通过补上不在这棵树上的点，以及这棵树在初始生成树中深度最小的点（除了初始生成树的根），在初始生成树中向它父亲连的边来补成一棵生成树进行查询。注意，二分查找的过程中右半部分的黑边数量等于整体的黑边数量减去左半部分的黑边数量，不要再查询一次，否则会带来两倍的查询常数，只能得到70分。

总查询次数至多为$3n+(n-1)[\log_2 n]$，时间复杂度为$O(n^2\log n)$，可以得到100分。

《古书》解题报告

安徽师大附属中学　罗哲正

【题目大意】

一个数轴上排列着n张桌子，编号为$0\sim n-1$，有n本古书摆放在这些桌子上，第i张桌子上的古书后来需要被移动到第p_i张桌子上。

你可以进行如下操作：

（1）拿着手中的书（或不拿）移动到相邻的桌子。

（2）若你手上有书而你面前的桌子上没有书，你可以把手中的书放在面前的桌子上。

（3）若你手上没有书而你面前的桌子上有书，你可以把桌子上的书拿起来。

（4）若你手上和桌子上都有书，你可以把手上的书与桌子上的书互换。

第一个操作耗时1单位时间，后面三个操作都不花费时间，初始时你在编号为s的桌子面前，问把所有书排好序的最短时间。

$1 \leqslant n \leqslant 10^6$。

$0 \leqslant s \leqslant n-1$。

p_i是0~$n-1$的一个排列。

（1）$n \leqslant 4$且$s=0$。（12分）

（2）$n \leqslant 1000$且$s=0$。（10分）

（3）$s=0$。（28分）

（4）$n \leqslant 1000$。（20分）

（5）没有任何限制。（30分）

【寻找答案的朴素下界】

本题是带有方案构造性的最优化问题，这种题一般会存在某种可数学证明的约束下界，即“理论上不可能超越的值”，通过对下界的研究往往能对构造方法和答案算法有所提示。

先来大致理解一下这个问题，一定是人走到某个位置，拿起书，走一段，把书和当前位置的书交换，然后再走一段，如此循环往复，直到走回刚开始拿书的点，把书放下，接着再空手走一段继续拿书……

那我们不妨把人走过的路分为两种，必须要携带书的和不一定要携带书的。为观察性质，我们把问题弱化一下使得人在不拿书的时候移动不需要时间，下面我们来思考这个弱化版问题的答案。

既然人空手移动不需要时间，那么我们可以从这个排列中找出若干个轮换，对于每个轮换C，即长度为m序列C_0，C_1，…，C_{m-1}满足$p_{ci}=C(i+1) \bmod m$，我们可以采用如下方法拿书。

首先人走到桌子C_0前，把桌子C_0上的书拿到桌子C_1处，并和桌子C_1上的书交换，接着拿到桌子C_2处，并和桌子C_2上的书交换……最后拿着C_{m-1}号桌子上的书回到C_0并放下。

在这个过程中，第k张桌子上的书行走了$|p_k-k|$的距离，并且耗费了$|p_k-k|$单位的时间，容易发现这是每本书需要耗费的时间的最小值，所以这是答案的一个下界。

从另一个角度来理解，考虑间隔k表示桌子k和$k+1$间的路程，人在这个间隔中的往返次数T_k至少是左边的桌子上需要到达间隔右边的书的数目，也一定等于原本在右边的桌子上需要到达左边的书的数目，即$T_k=\sum_{j=0}^{k}[p_j>k]$，而所有容易证明的和就是所有$|p-k|$的和。

【子任务1，2，3——欧拉回路与更紧的下界】

上文说到答案的下界是$\sum_{k=0}^{n-1}|p_k-k|$。那么答案一定能取到下界吗？

显然是不行的，来看一个例子$p=\{0，2，1\}$，$s=0$，上文中提到的下界计算结果是2，而这个例子的答案是4。

出现这种情况的原因也很显然，我们刚开始的位置可能不在某个轮换上，而且轮换和轮换之间可能相离，所以需要走额外的长度来到达其他需要排序的轮换。这里我们可以从欧拉回路的角度来理解，欧拉回路不仅要求每个点入度等于初度，还要有边的连通块互相可达。

于是我们对于间隔k，即使没有任何一本书需要从左边运往右边也没有右边的书要到左边来，如果左侧和右侧都有大小超过1或者包含s的轮换，我们需要在这个间隔中走上至少一个来回从而让每个连通块互相可达。

对于每个这样的间隔我们给答案加上2，就可以得到一个正确性未知的算法了。

不妨先写一个算法尝试一下，发现过了子任务1，2，3，可以猜测这个算法只有当$s=0$时是正确的，而在$s \neq 0$的时候这个算法的答案显然是一个更紧的下界。

【子任务1，2，3，4，5——最短路】

通过手工构造或者对拍我们可以得到一个很小的反例$p=\{3，2，1，0\}$，$s=1$（不取$p=\{2，1，0\}$是因为想考虑多个轮换的情况），上文的算法求出的答案是8，而实际的答案是10。可以发现，如果s或者s通过所在轮换可达的所有点在某个大轮换内部，则人需要空着手走到大轮换上再走回来。

为什么$s=0$就不需要从大轮换走到小轮换上了呢？

其实可以这样走，拿起0号桌子上的书走到1号桌子，接着把手上的书与1号桌子上的书交换，先完成小轮换$\{1，2\}$的排序，回到1号桌子后用手上的书交换之前放下的书继续$\{0，3\}$的排序。

进一步发现，排序轮换C_1的过程中能同时排序轮换C_2的条件是，排序C_1的过程中能经过C_2中至少一个点。

我们不妨进一步定义轮换之间的关系：

对于一个轮换C，记其最左边的点为$L(C)$，其最右边的点为$R(C)$，若存在$x \in C_1$，满足$L(C_2)<x<R(C_2)$则称轮换C_2可达轮换C_1，若两个轮换C_1，C_2互相可达，则称C_1，C_2交错，若C_1可达C_2而C_2不可达C_1，则称C_1包含C_2或C_2被C_1包含。

考虑所有不被任何其他轮换包含的大小大于1的轮换，称这些轮换为“外层轮换”，显然两个外层轮换的关系只可能是交错或者相离，交错的两个外层轮换可以在排序其中一个的时候排序另一个，而相离的两个外层轮换可以通过在解决子任务1，2，3过程中在间隔中加的边互相到达，从而可以同时排序。故一旦我们走到某个外层轮换上，就可以到达所有轮换并排序了。

那么直接寻找离s最近的外层轮换上的点就可以了吗？答案是否定的，我们可以利用某些非外层轮换来节省空手的移动距离，例如，$p=\{4,2,1,3,0\}$，$s=2$，就可以在排序$\{1,2\}$的过程中到达1号桌子，然后拿着手上的书走到0号桌子，到达外层轮换，将其余轮换都排序并返回0号桌子的时候交换带过来的书，返回轮换$\{1，2\}$继续完成排序。

简而言之，同一个轮换上的点互相之间都直接可达，交错轮换上的点也都直接可达，一个轮换直接可达所有被其包含的点（这一条在从s向外层走的过程中没有作用故而可以不考虑），相邻两个点可花费2的代价到达彼此（一个来回），那么把这些边建出来，跑从s到外层轮换上的点的最短路，并把最短路加到子任务1，2，3的答案里即可。

同一个轮换上的点容易建边，相邻两个点也容易建边，唯一的难点在于如何处理交错的轮换。这里有一个做法：

建立栈S，初始时为空，从前往后扫描所有桌子，考虑当前桌子x。

若x是某个轮换的第一个桌子，则将x加入S中。

若x是某个轮换除了第一个桌子之外的桌子，意味着栈中比x所在轮换第一个桌子后加入的桌子所在的轮换，都与x所在轮换交错，这时候我们使用并查集把这一段的桌子并起来，注意这里的并查集始终是从右向左合并，以便快速找到一个互相交错的段的段首。

若x是某个轮换的最后一个桌子，把这个轮换的第一个桌子（在栈中）标记为删除。

重复弹出栈顶，直到栈顶没有被标记为删除。

最后对于同一个等价类中的桌子，把所在轮换之间连边。

建图的复杂度是$O(n)$，只有0，2两种权值的最短路可以做到$O(n+e)$，从而本题的复杂度就是$O(n)$。

【总　结】

本题是本次IOI中比较难的一道题，需要观察和验证一些性质和构造，通过思考欧拉回路对构图进行提示，与去年IOI 2016的Railroad有相似之处。同时，s=0的子任务对解题的关键步骤有很强的提示作用，我考场上选择去做并成功AC此题，与我开场不久就猜结论过了s=0的部分分有很大关系。总体来说，本题是一道比较考察选手思维的建模题。

CCF NOIP 2017试题与解题报告

CCF NOIP 2017初赛试题

（普及组C++语言试题）

竞赛时间：2017年10月14日14：30~16：30

选手注意：

· 试题纸共有7页，答题纸共有2页，满分100分。请在答题纸上作答，写在试题纸上的一律无效。

· 不得使用任何电子设备（如计算器、手机、电子词典等）或查阅任何书籍资料。

一、单项选择题（共20题，每题1.5分，共计30分；每题有且仅有一个正确选项）

1．在8位二进制补码中，10101011表示的数是十进制的（　　）。

A．43　　B．−85　　C．−43　　D．−84

2．计算机存储数据的基本单位是（　　）。

A．bit　　B．Byte　　C．GB　　D．KB

3．下列协议中与电子邮件无关的是（　　）。

A．POP3　　B．SMTP　　C．WTO　　D．IMAP

4．分辨率为800×600、16位色的位图，存储图像信息所需的空间为（　　）。

A．937.5KB　　B．4218.75KB　　C．4320KB　　D．2880KB

5．计算机应用的最早领域是（　　）。

A．数值计算　　B．人工智能　　C．机器人　　D．过程控制

6．下列不属于面向对象程序设计语言的是（　　）。

A．C　　B．C++　　C．Java　　D．C#

7．NOI的中文意思是（　　）。

A．中国信息学联赛

B．全国青少年信息学奥林匹克竞赛

C．中国青少年信息学奥林匹克竞赛

D．中国计算机协会

8．2017年10月1日是星期日，1999年10月1日是（　　）。

A．星期三　　B．星期日　　C．星期五　　D．星期二

9．甲、乙、丙三位同学选修课程，从4门课程中，甲选修2门，乙、丙各选修3门，则不同的选修方案共有（　　）种。

A．36　　B．48　　C．96　　D．192

10．设G是有n个结点、m条边（$n \leq m$）的连通图，必须删去G的（　　）条边，才能使得G变成一棵树。

A．$m-n+1$　　B．$m-n$　　C．$m+n+1$　　D．$n-m+1$

11．对于给定的序列$\{a_k\}$，我们把（i，j）称为逆序对，当且仅当$i<j$且$a_i>a_j$。那么序列1，7，2，3，5，4的逆序对数为（　　）个。

A．4　　B．5　　C．6　　D．7

12．表达式a *（b + c）* d的后缀形式是（　　）。

A．a b c d * + *　　B．a b c + * d *

C．a * b c + * d　　D．b + c * a * d

13．向一个栈顶指针为hs的链式栈中插入一个指针s指向的结点时，应执行（　　）。

A．hs->next=s;

B．s->next=hs; hs=s;

C．s->next=hs->next; hs->next=s;

D．s->next=hs; hs=hs->next;

14．若串S=“copyright”，其子串的个数是（　　）。

A．72　　B．45　　C．46　　D．36

15．十进制小数13.375对应的二进制数是（　　）。

A．1101.011　　B．1011.011　　C．1101.101　　D．1010.01

16．对于入栈顺序为a，b，c，d，e，f，g的序列，下列（　　）不可能是合法的出栈序列。

A．a，b，c，d，e，f，g　　B．a，d，c，b，e，g，f

C．a，d，b，c，g，f，e　　D．g，f，e，d，c，b，a

17．设A和B是两个长为n的有序数组，现在需要将A和B合并成一个排好序的数组，任何以元素比较作为基本运算的归并算法在最坏情况下至少要做（　　）次比较。

A．n^2　　B．$n\log n$　　C．$2n$　　D．$2n-1$

18．从（　　）年开始，NOIP竞赛将不再支持Pascal语言。

A．2020　　B．2021　　C．2022　　D．2023

19．一家四口人，至少两个人同一月份的概率是（　　）（假定每个人属于每个月份的概率相同且不同人之间没有相关性）。

A．1/12　　B．1/144　　C．41/96　　D．3/4

20．以下和计算机领域密切相关的奖项是（　　）。

A．奥斯卡奖　　B．图灵奖　　C．诺贝尔奖　　D．普利策奖

二、问题求解（共2题，每题5分，共计10分）

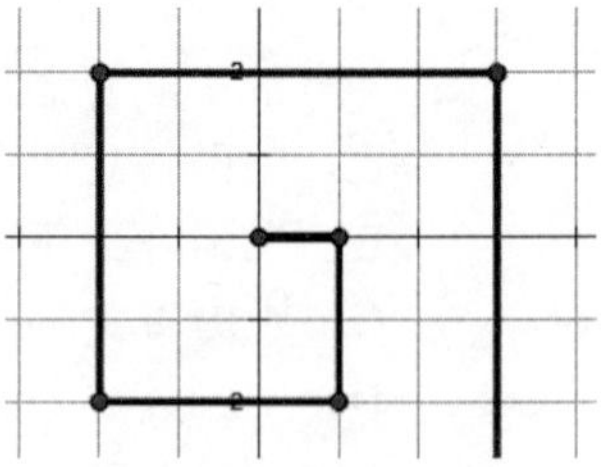

1．一个人站在坐标（0，0）处，面朝x轴正方向。第一轮，他向前走1单位距离，然后右转；第二轮，他向前走2单位距离，然后右转；第三轮，他向前走3单位距离，然后右转……他一直这么走下去。请问第2017轮后，他的坐标是：（__________，__________）。（请在答题纸上用逗号隔开两空答案）

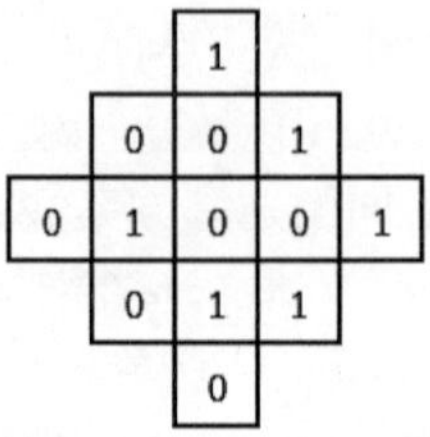

2．如右图所示，共有13个格子。对任何一个格子进行一次操作，会使得它自己以及与它上下左右相邻的格子中的数字改变（由1变0或由0变1）。现在要使得所有格子中的数字都变为0，至少需要__________次操作。

三、阅读程序写结果（共4题，每题8分，共计32分）

1.
```
#include <iostream>
using namespace std;

int main(){
  int t[256];
  string s;
  int i;
  cin >> s;
  for(i=0; i < 256; i++)
    t[i]=0;
  for(i=0; i < s.length(); i++)
    t[s[i]]++;
  for(i=0; i < s.length(); i++)
    if(t[s[i]] == 1){
       cout << s[i] << endl;
       return 0;
    }
  cout << "no" << endl;
  return 0;
}
```

输入：xyzxyw

输出：__________

2.
```
#include <iostream>
using namespace std;

int g(int m, int n, int x){
  int ans=0;
  int i;
  if(n == 1)
    return 1;
  for(i=x; i <= m / n; i++)
    ans += g(m - i, n - 1, i);
  return ans;
}

int main(){
  int t, m, n;
  cin >> m >> n;
  cout << g(m, n, 0) << endl;
```

```
  return 0;
}
```

输入：7 3

输出：__________

3.
```
#include <iostream>
using namespace std;

int main() {
  string ch;
  int a[200];
  int b[200];
  int n, i, t, res;
  cin >> ch;
  n=ch.length();
  for (i=0; i < 200; i++)
    b[i]=0;
  for (i=1; i <= n; i++) {
    a[i]=ch[i - 1] - '0';
    b[i]=b[i - 1] + a[i];
  }
  res=b[n];
  t=0;
  for (i=n; i > 0; i--) {
    if (a[i] == 0)
      t++;
    if (b[i - 1] + t < res)
      res=b[i - 1] + t;
  }
  cout << res << endl;
  return 0;
}
```

输入：1001101011001101101011110001

输出：__________

4.
```
#include <iostream>
using namespace std;

int main() {
  int n, m;
  cin >> n >> m;
```

```
    int x=1;
    int y=1;
    int dx=1;
    int dy=1;
    int cnt=0;
    while(cnt != 2){
      cnt=0;
      x=x + dx;
      y=y + dy;
      if(x == 1 || x == n){
        ++cnt;
        dx=-dx;
      }
      if(y == 1 || y == m){
        ++cnt;
        dy=-dy;
      }
    }
    cout << x << " " << y << endl;
    return 0;
}
```

输入1：4 3

输出1:__________（3分）

输入2：2017 1014

输出2:__________（5分）

四、完善程序（共2题，每题14分，共计28分）

1.（**快速幂**）请完善下面的程序，该程序使用分治法求 $x^p \bmod m$ 的值。（第一空2分，其余3分）

输入：三个不超过10000的正整数 x，p，m。

输出：$x^p \bmod m$ 的值。

提示：若 p 为偶数，则 $x^p=(x^2)^{p/2}$；若 p 为奇数，则 $x^p=x*(x^2)^{(p-1)/2}$。

```
#include <iostream>
using namespace std;

int x, p, m, i, result;

int main(){
  cin >> x >> p >> m;
  result=___(1)___;
```

```
    while (    (2)    ) {
      if (p %2== 1)
          result=    (3)    ;
      p /= 2;
      x=    (4)    ;
    }
  cout <<    (5)    << endl;
  return 0;
  }
```

2.（**切割绳子**）有n条绳子，每条绳子的长度已知且均为正整数。绳子可以以任意正整数长度切割，但不可以连接。现在要从这些绳子中切割出m条长度相同的绳段，求绳段的最大长度是多少。（第一、二空2.5分，其余3分）

输入：第一行是一个不超过100的正整数n，第二行是n个不超过10^6的正整数，表示每条绳子的长度，第三行是一个不超过10^8的正整数m。

输出：绳段的最大长度，若无法切割，输出Failed。

```
#include <iostream>
using namespace std;

int n, m, i, lbound, ubound, mid, count;
intlen[100];    // 绳子长度
int main() {
  cin >> n;
  count=0;
  for(i=0; i < n; i++){
    cin >>len[i];
       (1)    ;
  }
  cin >> m;
  if (    (2)    ) {
    cout << "Failed" << endl;
    return 0;
  }
  lbound=1;
  ubound=1000000;
  while (    (3)    ) {
    mid=    (4)    ;
    count=0;
    for(i=0; i < n; i++)
         (5)    ;
    if(count < m)
      ubound=mid - 1;
```

```
    else
      lbound=mid;
  }
  cout <<lbound << endl;
  return 0;
}
```

CCF NOIP 2017 初赛试题

（普及组C语言试题）

竞赛时间：2017年10月14日14：30~16：30

选手注意：

· 试题纸共有7页，答题纸共有2页，满分100分。请在答题纸上作答，写在试题纸上的一律无效。

· 不得使用任何电子设备（如计算器、手机、电子词典等）或查阅任何书籍资料。

一、单项选择题（共20题，每题1.5分，共计30分；每题有且仅有一个正确选项）

1．在8位二进制补码中，10101011表示的数是十进制的（　　）。

A．43　　B．−85　　C．−43　　D．−84

2．计算机存储数据的基本单位是（　　）。

A．bit　　B．Byte　　C．GB　　D．KB

3．下列协议中与电子邮件无关的是（　　）。

A．POP3　　B．SMTP　　C．WTO　　D．IMAP

4．分辨率为800×600、16位色的位图，存储图像信息所需的空间为（　　）。

A．937.5KB　　B．4218.75KB　　C．4320KB　　D．2880KB

5．计算机应用的最早领域是（　　）。

A．数值计算　　B．人工智能　　C．机器人　　D．过程控制

6．下列不属于面向对象程序设计语言的是（　　）。

A．C　　B．C++　　C．Java　　D．C#

7．NOI的中文意思是（　　）。

A．中国信息学联赛

B．全国青少年信息学奥林匹克竞赛

C．中国青少年信息学奥林匹克竞赛

D．中国计算机学会

8．2017年10月1日是星期日，1999年10月1日是（　　）。

A．星期三　　B．星期日　　C．星期五　　D．星期二

9．甲、乙、丙三位同学选修课程，从4门课程中，甲选修2门，乙、丙各选修3门，则不同的选修方案共有（　　）种。

A．36　　B．48　　C．96　　D．192

10．设G是有n个结点、m条边（$n \leqslant m$）的连通图，必须删去G的（　　）条边，才能使得G变成一棵树。

A．$m-n+1$　　B．$m-n$　　C．$m+n+1$　　D．$n-m+1$

11．对于给定的序列$\{a_k\}$，我们把（i，j）称为逆序对，当且仅当$i<j$且$a_i>a_j$。那么序列1，7，2，3，5，4的逆序对数为（　　）个。

A．4　　B．5　　C．6　　D．7

12．表达式a *（b + c）* d的后缀形式是（　　）。

A．a b c d * + *　　B．a b c + * d *

C．a * b c + * d　　D．b + c * a * d

13．向一个栈顶指针为hs的链式栈中插入一个指针s指向的结点时，应执行（　　）。

A．hs->next=s；

B．s->next=hs；hs=s；

C．s->next=hs->next；hs->next=s；

D．s->next=hs；hs=hs->next；

14．若串S=“copyright”，其子串的个数是（　　）。

A．72　　B．45　　C．46　　D．36

15．十进制小数13.375对应的二进制数是（　　）。

A．1101.011　　B．1011.011　　C．1101.101　　D．1010.01

16．对于入栈顺序为a，b，c，d，e，f，g的序列，下列（　　）不可能是合法的出栈序列。

A．a，b，c，d，e，f，g　　B．a，d，c，b，e，g，f

C．a，d，b，c，g，f，e　　D．g，f，e，d，c，b，a

17．设A和B是两个长为n的有序数组，现在需要将A和B合并成一个排好序的数组，任何以元素比较作为基本运算的归并算法在最坏情况下至少要做（　　）次比较。

A．n^2　　B．$n\log n$　　C．$2n$　　D．$2n-1$

18．从（　　）年开始，NOIP竞赛将不再支持Pascal语言。

A．2020　　B．2021　　C．2022　　D．2023

19．一家四口人，至少两个人生日属于同一月份的概率是（　　）（假定每个人生日属于每个月份的概率相同且不同人之间相互独立）。

A．1/12　　B．1/144　　C．41/96　　D．3/4

20．以下和计算机领域密切相关的奖项是（　　）。

A．奥斯卡奖　　B．图灵奖　　C．诺贝尔奖　　D．普利策奖

二、问题求解（共2题，每题5分，共计10分）

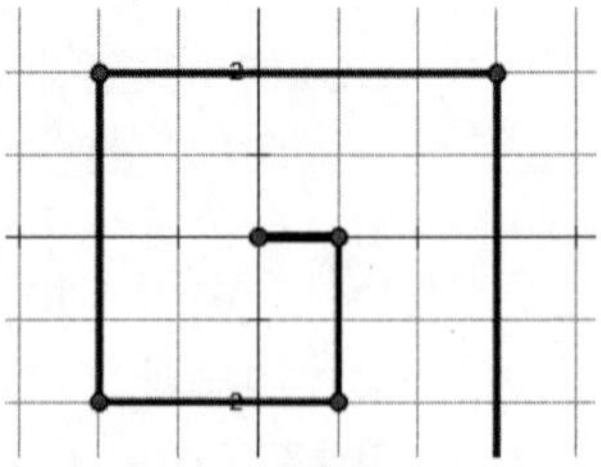

1．一个人站在坐标（0，0）处，面朝x轴正方向。第一轮，他向前走1单位距离，然后右转；第二轮，他向前走2单位距离，然后右转；第三轮，他向前走3单位距离，然后右转……他一直这么走下去。请问第2017轮后，他的坐标是：（__________，__________）。（请在答题纸上用逗号隔开两空答案）

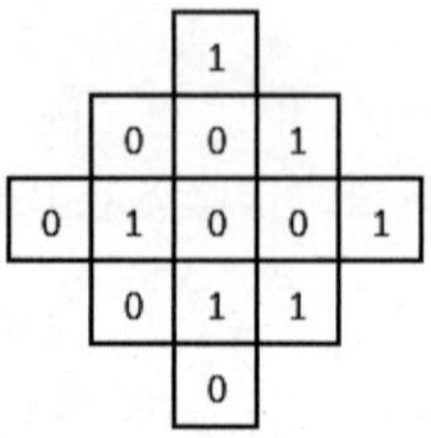

2．如右图所示，共有13个格子。对任何一个格子进行一次操作，会使得它自己以及与它上下左右相邻的格子中的数字改变（由1变0或由0变1）。现在要使得所有格子中的数字都变为0，至少需要__________次操作。

三、阅读程序写结果（共4题，每题8分，共计32分）

1.
```
#include <stdio.h>
#include <string.h>

int main() {
  int t[256];
  char s[10];
  int i;
  scanf("%s", s);
  for(i=0; i < 256; i++)
    t[i]=0;
  for(i=0; i < strlen(s); i++)
    t[s[i]]++;
  for(i=0; i < strlen(s); i++)
    if(t[s[i]] == 1) {
        printf("%c\n", s[i]);
        return 0;
        }
  printf("no\n");
  return 0;
}
```

输入：xyzxyw

输出：__________

2.
```
#include <stdio.h>

int g(int m, int n, int x) {
  int ans=0;
  int i;
  if(n == 1)
    return 1;
  for(i=x; i <= m / n; i++)
    ans += g(m - i, n - 1, i);
  return ans;
}

int main() {
  int t, m, n;
  scanf("%d%d", &m, &n);
  printf("%d\n", g(m, n, 0));
  return 0;
}
```

输入：7 3

输出：__________

3.
```
#include <stdio.h>
#include <string.h>

int main() {
  char ch[200];
  int a[200];
  int b[200];
  int n, i, t, res;
  scanf("%s", ch);
  n=strlen(ch);
  for(i=0; i < 200; i++)
    b[i]=0;
  for(i=1; i <= n; i++) {
    a[i]=ch[i - 1] - '0';
    b[i]=b[i - 1] + a[i];
  }
  res=b[n];
  t=0;
  for(i=n; i > 0; i--) {
    if(a[i] == 0)
      t++;
    if(b[i - 1] + t < res)
      res=b[i - 1] + t;
  }
  printf("%d\n", res);
  return 0;
}
```

输入：1001101011001101101011110001

输出：__________

4.
```
#include <stdio.h>

int main() {
  int n, m;
  scanf("%d%d", &n, &m);
  int x=1;
  int y=1;
  int dx=1;
  int dy=1;
```

```
    int cnt=0;
    while (cnt != 2) {
        cnt=0;
        x=x + dx;
        y=y + dy;
        if (x == 1 || x == n) {
            ++cnt;
            dx=-dx;
        }
        if (y == 1 || y == m) {
            ++cnt;
            dy=-dy;
        }
    }
    printf ("%d %d\n", x, y);
    return 0;
}
```

输入1：4 3

输出1：__________（3分）

输入2：2017 1014

输出2：__________（5分）

四、完善程序（共2题，每题14分，共计28分）

1.（**快速幂**）请完善下面的程序，该程序使用分治法求 $x^p \bmod m$ 的值。（第一空2分，其余3分）

输入：三个不超过10000的正整数 x，p，m。

输出：$x^p \bmod m$ 的值。

提示：若 p 为偶数，则 $x^p=(x^2)^{p/2}$；若 p 为奇数，则 $x^p=x*(x^2)^{(p-1)/2}$。

```
#include <stdio.h>

int x, p, m, i, result;

int main () {
    scanf ("%d%d%d", &x, &p, &m);
    result=____(1)____;
    while (____(2)____) {
        if (p %2== 1)
        result=____(3)____;
        p /= 2;
        x=____(4)____;
```

```
  }
  printf ("%d\n", ___(5)___);
  return 0;
}
```

2.（**切割绳子**）有n条绳子，每条绳子的长度已知且均为正整数。绳子可以以任意正整数长度切割，但不可以连接。现在要从这些绳子中切割出m条长度相同的绳段，求绳段的最大长度是多少。（第一、二空2.5分，其余3分）

输入：第一行是一个不超过100的正整数n，第二行是n个不超过10^6的正整数，表示每条绳子的长度，第三行是一个不超过10^8的正整数m。

输出：绳段的最大长度，若无法切割，输出Failed。

```
#include <stdio.h>

int n, m, i, lbound, ubound, mid, count;
intlen[100];    // 绳子长度

int main () {
  scanf ("%d", &n);
  count=0;
  for (i=0; i < n; i++) {
    scanf ("%d", &len[i]);
    ___(1)___;
  }
  scanf ("%d", &m);
  if (___(2)___) {
    printf ("Failed\n");
    return 0;
  }
  lbound=1;
  ubound=1000000;
  while (___(3)___) {
    mid=___(4)___;
    count=0;
    for (i=0; i < n; i++)
      ___(5)___;
    if (count < m)
      ubound=mid - 1;
    else
      lbound=mid;
  }
  printf ("%d\n", lbound);
  return 0;
}
```

CCF NOIP 2017 初赛试题

（普及组Pascal语言试题）

竞赛时间：2017年10月14日14：30~16：30

选手注意：

· 试题纸共有7页，答题纸共有2页，满分100分。请在答题纸上作答，写在试题纸上的一律无效。

· 不得使用任何电子设备（如计算器、手机、电子词典等）或查阅任何书籍资料。

一、单项选择题（共20题，每题1.5分，共计30分；每题有且仅有一个正确选项）

1．在8位二进制补码中，10101011表示的数是十进制的（　　）。

A．43　　B．−85　　C．−43　　D．−84

2．计算机存储数据的基本单位是（　　）。

A．bit　　B．Byte　　C．GB　　D．KB

3．下列协议中与电子邮件无关的是（　　）。

A．POP3　　B．SMTP　　C．WTO　　D．IMAP

4．分辨率为800 × 600、16位色的位图，存储图像信息所需的空间为（　　）。

A．937.5KB　　B．4218.75KB　　C．4320KB　　D．2880KB

5．计算机应用的最早领域是（　　）。

A．数值计算　　B．人工智能　　C．机器人　　D．过程控制

6．下列不属于面向对象程序设计语言的是（　　）。

A．C　　B．C++　　C．Java　　D．C#

7．NOI的中文意思是（　　）。

A．中国信息学联赛

B．全国青少年信息学奥林匹克竞赛

C．中国青少年信息学奥林匹克竞赛

D．中国计算机协会

8．2017年10月1日是星期日，1999年10月1日是（　　）。

A．星期三　　B．星期日　　C．星期五　　D．星期二

9．甲、乙、丙三位同学选修课程，从4门课程中，甲选修2门，乙、丙各选修3门，则不同的选修方案共有（　　）种。

A．36　　B．48　　C．96　　D．192

10．设G是有n个结点、m条边（$n \leqslant m$）的连通图，必须删去G的（　　）条边，才能使得G变成一棵树。

A．$m-n+1$　　B．$m-n$　　C．$m+n+1$　　D．$n-m+1$

11．对于给定的序列$\{a_k\}$，我们把（i，j）称为逆序对，当且仅当$i<j$且$a_i>a_j$。那么序列1，7，2，3，5，4的逆序对数为（　　）个。

A．4　　B．5　　C．6　　D．7

12．表达式a * (b + c) * d的后缀形式是（　　）。

A．a b c d * + *　　B．a b c + * d *

C．a * b c + * d　　D．b + c * a * d

13．向一个栈顶指针为hs的链式栈中插入一个指针s指向的结点时，应执行（ ）。

A．hs^.next：= s;

B．s^.next：= hs; hs：= s;

C．s^.next：= hs^.next; hs^.next：= s;

D．s^.next：= hs; hs：= hs^.next;

14．若串S=“copyright”，其子串的个数是（ ）。

A．72 B．45 C．46 D．36

15．十进制小数13.375对应的二进制数是（ ）。

A．1101.011 B．1011.011 C．1101.101 D．1010.01

16．对于入栈顺序为a，b，c，d，e，f，g的序列，下列（ ）不可能是合法的出栈序列。

A．a，b，c，d，e，f，g B．a，d，c，b，e，g，f

C．a，d，b，c，g，f，e D．g，f，e，d，c，b，a

17．设A和B是两个长为n的有序数组，现在需要将A和B合并成一个排好序的数组，任何以元素比较作为基本运算的归并算法在最坏情况下至少要做（ ）次比较。

A．n^2 B．$n\log n$ C．$2n$ D．$2n-1$

18．从（ ）年开始，NOIP竞赛将不再支持Pascal语言。

A．2020 B．2021 C．2022 D．2023

19．一家四口人，至少两个人生日属于同一月份的概率是（ ）（假定每个人生日属于每个月份的概率相同且不同人之间相互独立）。

A．1/12 B．1/144 C．41/96 D．3/4

20．以下和计算机领域密切相关的奖项是（ ）。

A．奥斯卡奖 B．图灵奖 C．诺贝尔奖 D．普利策奖

二、问题求解（共2题，每题5分，共计10分）

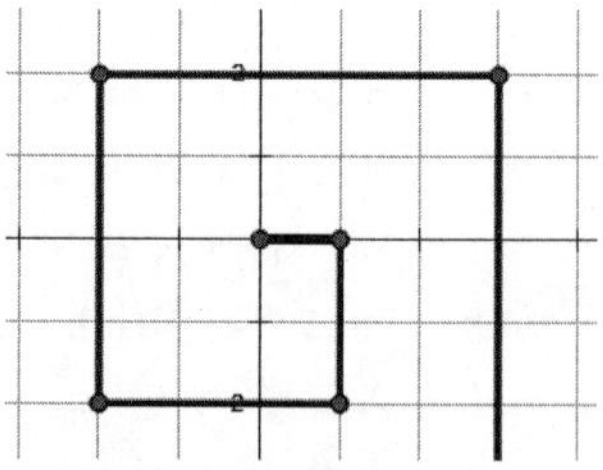

1．一个人站在坐标（0，0）处，面朝x轴正方向。第一轮，他向前走1单位距离，然后右转；第二轮，他向前走2单位距离，然后右转；第三轮，他向前走3单位距离，然后右转……他一直这么走下去。请问第2017轮后，他的坐标是：（__________，__________）。（请在答题纸上用逗号隔开两空答案）

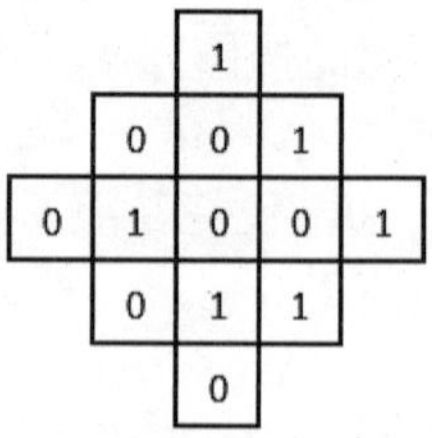

2．如右图所示，共有13个格子。对任何一个格子进行一次操作，会使得它自己以及与它上下左右相邻的格子中的数字改变（由1变0或由0变1）。现在要使得所有格子中的数字都变为0，至少需要__________次操作。

三、阅读程序写结果（共4题，每题8分，共计32分）

1.
```
var
  t: array [0..255] oflongint;
  s: string;
  i: longint;

begin
```

```
  read(s);
  for i:=0 to 255 do
    t[i]:= 0;
  for i:=1 tolength(s) do
    inc(t[ord(s[i])]);
  for i:=1 tolength(s) do
    if(t[ord(s[i])]=1) then
    begin
      writeln(s[i]);
      exit;
    end;
  writeln('no');
end.
```

输入：xyzxyw

输出：__________

2.
```
var
  t, m, n: longint;

function g(m, n, x: longint): longint;
var
  i, ans: longint;
begin
  ans := 0;
  if(n=1) then
    exit(1);
  for i:=x to m div n do
    ans := ans + g(m - i, n - 1, i);
  exit(ans);
end;

begin
  read(m, n);
  writeln(g(m, n, 0));
end.
```

输入：7 3

输出：__________

3.
```
var
  ch : string;
  a, b : array[0..200] oflongint;
```

```
  n, i, t, res : longint;
begin
  read(ch);
  n :=length(ch);
  for i := 0 to 199 do
    b[i]:= 0;
  for i := 1 to n do
  begin
    a[i]:= ord(ch[i]) - ord('0');
    b[i]:= b[i-1] + a[i];
  end;
  res := b[n];
  t := 0;
  for i := n downto 1 do
  begin
    if a[i]=0 then
      inc(t);
    if (b[i-1] + t < res) then
      res := b[i-1] + t;
  end;
  writeln(res);
end.
```

输入：10011010110011011010111110001

输出：__________

4.
```
var
  x, y, dx, dy, cnt, n, m : longint;

begin
  read(n, m);
  x := 1;
  y := 1;
  dx := 1;
  dy := 1;
  cnt := 0;
  while(cnt <> 2) do
  begin
    cnt := 0;
    x := x + dx;
    y := y + dy;
    if (x=1) or (x=n) then
    begin
```

```
            cnt := cnt + 1;
            dx := -dx;
        end;
        if (y=1) or (y=m) then
        begin
            cnt := cnt + 1;
            dy := -dy;
        end;
    end;
    writeln(x, ' ', y);
end.
```

输入1：4 3

输出1:__________（3分）

输入2：2017 1014

输出2:__________（5分）

四、完善程序（共2题，每题14分，共计28分）

1.（**快速幂**）请完善下面的程序，该程序使用分治法求x^p mod m的值。（第一空2分，其余3分）

输入：三个不超过10000的正整数x，p，m。

输出：x^p mod m的值。

提示：若p为偶数，$x^p=(x^2)^{p/2}$；若p为奇数，$x^p=x*(x^2)^{(p-1)/2}$。

```
var
    x, p, m, i, result : longint;

begin
    read(x, p, m);
    result := ___(1)___;
    while (___(2)___) do
    begin
        if (p mod 2=1) then
            result := ___(3)___;
        p := p div 2;
        x := ___(4)___;
    end;
    write(___(5)___);
end.
```

2.（**切割绳子**）有n条绳子，每条绳子的长度已知且均为正整数。绳子可以以任意正整数长度切割，但不可以连接。现在要从这些绳子中切割出m条长度相同的绳段，求绳

段的最大长度是多少。（第一、二空2.5分，其余3分）

输入：第一行是一个不超过100的正整数n，第二行是n个不超过10^6的正整数，表示每条绳子的长度，第三行是一个不超过10^8的正整数m。

输出：绳段的最大长度，若无法切割，输出Failed。

```
var
  n, m, i, lbound, ubound, mid, count : longint;
 len : array[0..100] oflongint;

begin
  read(n);
  count := 0;
  for i := 0 to n - 1 do
  begin
    read(len[i]);
    ____(1)____;
  end;
  read(m);
  if (____(2)____) then
  begin
    writeln('Failed');
    exit;
  end;
  lbound := 1;
  ubound := 1000000;
  while (____(3)____) do
  begin
    mid := ____(4)____;
    count := 0;
    for i := 0 to n - 1 do
      ____(5)____;
    if (count < m) then
      ubound := mid - 1
    else
     lbound := mid;
  end;
  writeln(lbound);
end.
```

CCF NOIP 2017 初赛普及组 答案与解题提示

（普及组C++语言）

一、单项选择题

1．答案：B。考查补码的概念以及进制转换。

2．答案：B。

3．答案：C。WTO是世界贸易组织。

4．答案：A。$800 \times 600 \times 16$ bit=937.5 KB

5．答案：A。

6．答案：A。

7．答案：B。

8．答案：C。考查闰年与同余的相关知识。

9．答案：C。根据组合与乘法原理，可得答案为$6 \times 4 \times 4=96$。

10．答案：A。一棵树有$n-1$条边。

11．答案：B。

12．答案：B。考查后缀表达式。

13．答案：B。考查指针的知识。

14．答案：C。

15．答案：A。考查基本的进制转换。

16．答案：C。考查栈的相关知识。

17．答案：D。对于两个长度为n的有序数组，归并算法最坏仅需$2n-1$次比较。

18．答案：C。

19．答案：C。先计算四个人都在不同月份出生的概率：$\frac{A_{12}^4}{12!}=\frac{55}{96}$，因此，至少两个人在同一月份出生的概率是$1-\frac{55}{96}=\frac{41}{96}$。

20．答案：B。图灵奖是计算机领域最为重要的奖项之一。

二、问题求解

1．答案：1009，1008。

可以发现，第$4n$轮，坐标为（$-2n$，$2n$）。因此，2016轮后，坐标变为（-1008，1008）。最后向右走2017个单位，坐标变为（1009，1008）。

2．答案：3。

对第一行第一个位置、第三行第三个位置和第三行第四个位置进行操作，便可以将所有格子的数字都变为0。

三、阅读程序写结果

1．答案：z

此程序先统计输入字符串中每个字母出现的次数，然后求这个字符串中第一个仅出现一次的字母。

2．答案：8

此程序求的是将m个无序物品无序地分成n份的方案数。输入7，3，因此，共有（0，0，7），（0，1，6），（0，2，5），（0，3，4），（1，1，5），（1，2，4），（1，3，3），（2，2，3）8个方案。

3．答案：11

此程序在一个0、1串中找一个位置，使得该位置前面1的个数加上该位置后面0的个数最大。输出最大的值。

4．答案：1 3；2017 1。

此程序有两个关键变量x和y。x的值从1到n再到1循环；y的值从1到m再到1循环。程序求的是x和y同时变为边界值时，边界值为多少。观察发现x周期为$2n-2$，y周期为$2m-2$。因此，对$n-1$与$m-1$求最小公倍数D，用D分别除以$n-1$和$m-1$，观察结果。如果结果为偶数，那么对应的值为1，否则为n或m。

四、完善程序

1．答案：

（1）1

（2）p＞0 或 p!=0 或 p

（3）result * x % m

（4）x * x % m

（5）result

本题考查快速幂的知识。

2．答案：

（1）count=count+len［i］或 count+=len［i］

（2）count＜m 或 m＞count

（3）lbound＜ubound 或 ubound＞lbound

（4）（lbound+ubound+1）/2 或（lbound+ubound+1）>>1 或（lbound+ubound）/2+1

（5）count=count+len［i］/mid 或 count+=len［i］/mid

本题主要考查二分算法和贪心算法。二分算法中间的for循环使用贪心算法计算能够切割出的绳段个数。

CCF NOIP 2017初赛普及组 参考答案与评分标准

一、单项选择题（共20题，每题1.5分，共计30分）

1	2	3	4	5	6	7	8	9	10
B	B	C	A	A	A	B	C	C	A
11	12	13	14	15	16	17	18	19	20
B	B	B	C	A	C	D	C	C	B

二、问题求解（共2题，每题5分，共计10分）

1．1009，1008

2．3

三、阅读程序写结果（共4题，每题8分，共计32分）

1．z

2．8

3．11

4．输出1：1 3（3分）
　输出2：2017 1（5分）

四、完善程序（共计28分，以下各程序填空可能还有一些等价的写法，由各省赛区组织本省专家审定及上机验证，可以不上报CCF NOI科学委员会复核）

		Pascal 语言	C++ 语言	C 语言	分值		
1.	（1）	1			2		
	（2）	p＞0 或 p＜＞0	p＞0 或 p!=0 或 p				3
	（3）	result * x mod m	result * x % m				3
	（4）	x * x mod m	x * x % m				3
	（5）	result					3
2.	（1）	count：=count+len［i］或 inc（count，len［i］）	count=count+len［i］或 count+=len［i］			2.5	
	（2）	count<m 或 m>count				2.5	
	（3）	lbound<ubound 或 ubound>lbound					3
	（4）	（lbound+ubound+1）div2 或（lbound+ubound+1）shr 1 或（lbound+ubound）div2+ 1	（lbound+ubound+1）/2 或（lbound+ubound+1）>>1 或（lbound+ubound）/2+1				3
	（5）	count：=count +len［i］div mid 或 inc（count，len［i］div mid）	count=count+len［i］/mid 或 count+=len［i］/mid				3

CCF NOIP 2017 初赛试题

（提高组C++语言试题）

竞赛时间：2017年10月14日14：30~16：30

选手注意：

·试题纸共有10页，答题纸共有2页，满分100分。请在答题纸上作答，写在试题纸上的一律无效。

·不得使用任何电子设备（如计算器、手机、电子词典等）或查阅任何书籍资料。

一、单项选择题（共15题，每题1.5分，共计22.5分；每题有且仅有一个正确选项）

1．从（　　）年开始，NOIP竞赛将不再支持Pascal语言。

A．2020　　B．2021　　C．2022　　D．2023

2．在8位二进制补码中，10101011表示的数是十进制的（　　）。

A．43　　B．−85　　C．−43　　D．−84

3．分辨率为1600×900、16位色的位图，存储图像信息所需的空间为（　　）。

A．2812.5KB　　B．4218.75KB　　C．4320KB　　D．2880KB

4．2017年10月1日是星期日，1949年10月1日是（　　）。

A．星期三　　B．星期日　　C．星期六　　D．星期二

5．设G是有n个结点、m条边（$n \leqslant m$）的连通图，必须删去G的（　　）条边，才能使得G变成一棵树。

A．$m-n+1$　　B．$m-n$　　C．$m+n+1$　　D．$n-m+1$

6．若某算法的计算时间表示为递推关系式：

$T(N) = 2T(N/2) + N\log N$

$T(1) = 1$

则该算法的时间复杂度为（　　）。

A．$O(N)$　　B．$O(N\log N)$　　C．$O(N\log^2 N)$　　D．$O(N^2)$

7．表达式a * (b + c) * d的后缀形式是（　　）。

A．a b c d * + *　　B．a b c + * d *

C．a * b c + * d　　D．b + c * a * d

8．由4个不同的点构成的简单无向连通图的个数是（　　）。

A．32　　B．35　　C．38　　D．41

9．将7个名额分给4个不同的班级，允许有的班级没有名额，有（　　）种不同的分配方案。

A．60　　B．84　　C．96　　D．120

10．若$f[0]=0$，$f[1]=1$，$f[n+1]=(f[n]+f[n-1])/2$，则随着i的增大，$f[i]$将接近于（　　）。

A．1/2　　B．2/3　　C．$\dfrac{\sqrt{5}-1}{2}$　　D．1

11．设A和B是两个长为n的有序数组，现在需要将A和B合并成一个排好序的数组，请问任何以元素比较作为基本运算的归并算法最坏情况下至少要做（　　）次比较。

A．n^2　　B．$n\log n$　　C．$2n$　　D．$2n-1$

12．在n（$n \geqslant 3$）枚硬币中有一枚质量不合格的硬币（质量过轻或质量过重），如果只有一架天平可以用来称重且称重的硬币数没有限制，下面是找出这枚不合格的硬币的算法。请把a~c三行代码补全到算法中。

a. A←X∪Y

b. A←Z

c. n←|A|

算法Coin（A，n）

1．k←|n/3|

2．将A中硬币分成X，Y，Z三个集合，使得|X|=|Y|=k，|Z|=n−2k

3．if W（X）≠W（Y）　　//W（X），W（Y）分别为X或Y的重量

4．then ＿＿＿＿＿＿

5．else ＿＿＿＿＿＿

6．＿＿＿＿＿＿

7. if n > 2 then goto 1

8. if n=2 then 任取A中一枚硬币与拿走硬币比较，若不等，则它不合格；若相等，则A中剩下的硬币不合格

9. if n=1 then A中硬币不合格

正确的填空顺序是（　　）。

A. b, c, a　　B. c, b, a　　C. c, a, b　　D. a, b, c

13. 有正实数构成的数字三角形，排列形式如右图所示。第一行的数为 a_{11}；第二行的数从左到右依次为 a_{21}，a_{22}；……第 n 行的数从左到右依次为 a_{n1}，a_{n2}，…，a_{nn}。从 a_{11} 开始，每一行的数 a_{ij} 只有两条边可以分别通向下一行的两个数 $a_{(i+1)j}$ 和 $a_{(i+1)(j+1)}$。用动态规划算法找出一条从 a_{11} 向下通到 a_{n1}，a_{n2}，…，a_{nn} 中某个数的路径，使得该路径上的数之和达到最大。

$$
\begin{array}{ccccccc}
 & & & a_{11} & & & \\
 & & a_{21} & & a_{22} & & \\
 & a_{31} & & a_{32} & & a_{33} & \\
 & & & \cdots\cdots & & & \\
a_{n1} & a_{n2} & & \cdots\cdots\cdots\cdots & & & a_{nn}
\end{array}
$$

令 $C[i, j]$ 是从 a_{11} 到 a_{ij} 的路径上的数的最大和，并且 $C[i, 0]=C[0, j]=0$，则 $C[i, j]=$（　　）。

A. $\max\{C[i-1, j-1], C[i-1, j]\} + a_{ij}$

B. $C[i-1, j-1] + C[i-1, j]$

C. $\max\{C[i-1, j-1], C[i-1, j]\} + 1$

D. $\max\{C[i, j-1], C[i-1, j]\} + a_{ij}$

14. 小明要去南美洲旅游，一共需乘坐三趟航班才能到达目的地，其中，第1个航班准点的概率是0.9，第2个航班准点的概率为0.8，第3个航班准点的概率为0.9。如果第 i 个（i=1，2）航班晚点，第 i+1 个航班准点，则小明将赶不上第 i+1 个航班，旅行失败；除了这种情况，其他情况下旅行都能成功。请问小明此次旅行成功的概率是（　　）。

A. 0.5　　B. 0.648　　C. 0.72　　D. 0.74

15. 欢乐喷球：儿童游乐场有个游戏叫“欢乐喷球”，正方形场地中心能不断喷出彩色乒乓球，以场地中心为圆心还有一个圆形轨道，轨道上有一列小火车在匀速运动，火车有6节车厢。假设乒乓球等概率落到正方形场地的每个地点，包括火车车厢。小朋友玩这个游戏时，只能坐在同一个火车车厢里，可以在自己的车厢里捡落在该车厢内的所有乒乓球，每个人每次游戏有3分钟时间，则一个小朋友独自玩一次游戏期望可以得到（　　）个乒乓球。假设乒乓球喷出的速度为2个/秒，每节车厢的面积是整个场地面积的1/20。

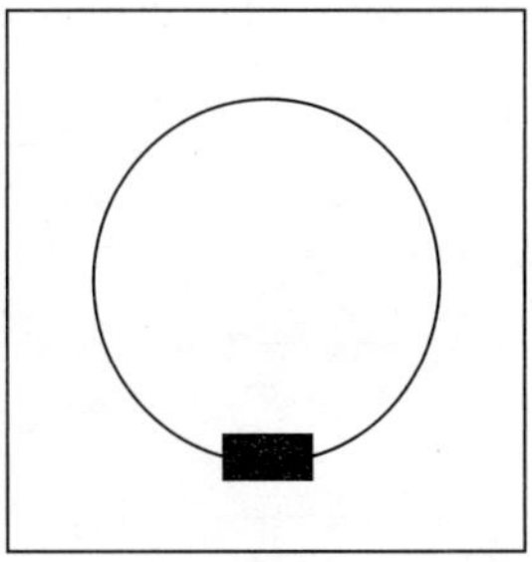

A. 60　　B. 108　　C. 18　　D. 20

二、不定项选择题（共5题，每题1.5分，共计7.5分；每题有一个或多个正确选项，多选或少选均不得分）

1. 以下排序算法在最坏情况下时间复杂度最优的有（　　）。

A. 冒泡排序　　B. 快速排序　　C. 归并排序　　D. 堆排序

2. 对于入栈顺序为a,b,c,d,e,f,g的序列，下列（　　）不可能是合法的出栈序列。

A. a, b, c, d, e, f, g　　B. a, d, c, b, e, g, f

C. a, d, b, c, g, f, e　　D. g, f, e, d, c, b, a

3．下列算法中，（　　）是稳定的排序算法。

A．快速排序　　B．堆排序　　C．希尔排序　　D．插入排序

4．以下是面向对象的高级语言的有（　　）。

A．汇编语言　　B．C++　　C．Fortran　　D．Java

5．以下和计算机领域密切相关的奖项有（　　）。

A．奥斯卡奖　　B．图灵奖　　C．诺贝尔奖　　D．王选奖

三、问题求解（共2题，每题5分，共计10分）

1．如右图所示，共有13个格子。对任何一个格子进行一次操作，会使得它自己以及与它上下左右相邻的格子中的数字改变（由1变0或由0变1）。现在要使得所有格子中的数字都变为0，至少需要__________次操作。

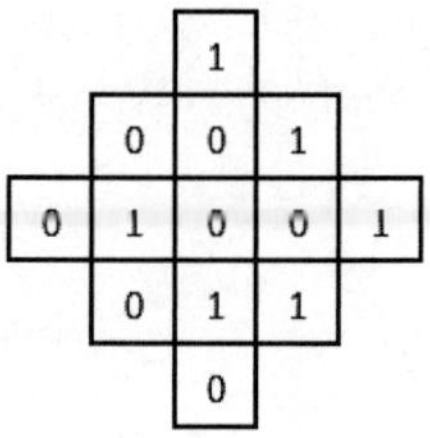

2．如下图所示，A到B是连通的。假设删除一条细的边的代价是1，删除一条粗的边的代价是2，要让A、B不连通，最小代价是__________（2分），最小代价的不同方案数是__________（3分）。（只要有一条删除的边不同，就是不同的方案）

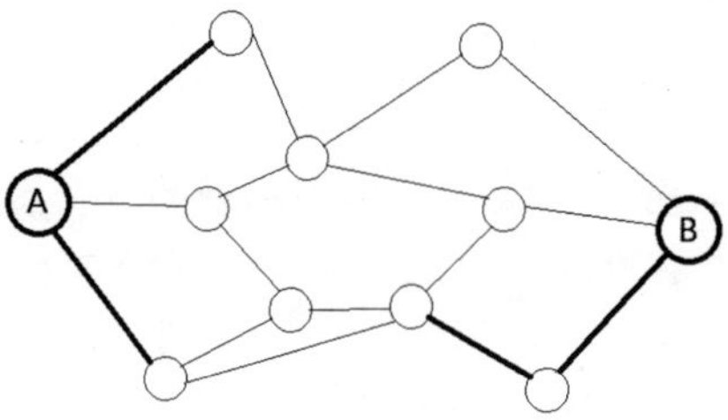

四、阅读程序写结果（共4题，每题8分，共计32分）

1.

```
#include <iostream>
using namespace std;

int g(int m, int n, int x){
  int ans=0;
  int i;
  if(n == 1)
    return 1;
  for(i=x; i <= m / n; i++)
    ans += g(m - i, n - 1, i);
  return ans;
}

int main(){
  int t, m, n;
  cin >> m >> n;
  cout << g(m, n, 0) << endl;
```

```
  return 0;
}
```

输入：8 4

输出：__________

2.
```
#include <iostream>
using namespace std;

int main() {
  int n, i, j, x, y, nx, ny;
  int a[40][40];
  for (i=0; i < 40; i++)
    for (j=0; j < 40; j++)
      a[i][j]=0;
  cin >> n;
  y=0; x=n - 1;
  n=2 * n - 1;
  for (i=1; i <= n * n; i++) {
    a[y][x]=i;
    ny = (y - 1 + n) % n;
    nx = (x + 1) % n;
    if ((y == 0 && x == n - 1) || a[ny][nx] != 0)
      y=y + 1;
    else { y=ny; x=nx; }
  }
  for (j=0; j < n; j++)
    cout << a[0][j] << " ";
  cout << endl;
  return 0;
}
```

输入：3

输出：__________

3.
```
#include <iostream>
using namespace std;

int n, s, a[100005], t[100005], i;
void mergesort(int l, int r) {
  if (l == r)
    return;
  int mid = (l + r) / 2;
```

```
  int p=l;
  int i=l;
  int j=mid + 1;
  mergesort(l, mid);
  mergesort(mid + 1, r);
  while(i <= mid && j <= r){
    if(a[j]< a[i]){
      s += mid - I + 1;
      t[p]=a[j];
      p++;
      j++;
    }
    else {
      t[p]=a[i];
      p++;
      i++;
    }
  }
  while(i <= mid){
    t[p]=a[i];
    p++;
    i++;
  }
  while(j <= r){
    t[p]=a[j];
    p++;
    j++;
  }
  for(i=l; i <= r; i++)
    a[i]=t[i];
}

int main(){
  cin >> n;
  for(i=1; i <= n; i++)
    cin >> a[i];
  mergesort(1, n);
  cout << s << endl;
  return 0;
}
```

输入：6

2 6 3 4 5 1

输出：__________

4.
```
#include <iostream>
using namespace std;

int main(){
  int n, m;
  cin >> n >> m;
  int x=1;
  int y=1;
  int dx=1;
  int dy=1;
  int cnt=0;
  while(cnt != 2){
    cnt=0;
    x=x + dx;
    y=y + dy;
    if(x == 1 || x == n){
      ++cnt;
      dx=-dx;
    }
    if(y == 1 || y == m){
      ++cnt;
      dy=-dy;
    }
  }
  cout << x << " " << y << endl;
  return 0;
}
```

输入1：4 3

输出1：__________（2分）

输入2：2017 1014

输出2：__________（3分）

输入3：987 321

输出3：__________（3分）

五、完善程序（共2题，每题14分，共计28分）

1.（**大整数除法**）给定两个正整数p和q，其中，p不超过10^{100}，q不超过100000，求p除以q的商和余数。（第一空2分，其余3分）

输入：第一行是p的位数n，第二行是正整数p，第三行是正整数q。

输出：两行，分别是p除以q的商和余数。

```
#include <iostream>
using namespace std;

int p[100];
int n, i, q, rest;
char c;

int main(){
  cin >> n;
  for(i=0; i < n; i++){
    cin >> c;
    p[i]=c - '0';
  }
  cin >> q;
  rest=___(1)___;
  i=1;
  while(___(2)___ && i < n){
    rest=rest * 10 + p[i];
    i++;
  }
  if(rest < q)
    cout << 0 << endl;
  else {
    cout << ___(3)___;
    while(i < n){
      rest=___(4)___;
      i++;
      cout << rest / q;
    }
    cout << endl;
  }
  cout << ___(5)___ << endl;
  return 0;
}
```

2.（**最长路径**）给定一个有向无环图，每条边长度为1，求图中的最长路径长度。（第五空2分，其余3分）

输入：第一行是结点数n（不超过100）和边数m，接下来m行，每行两个整数a，b，表示从结点a到结点b有一条有向边。结点标号从0到n-1。

输出：最长路径长度。

提示：先进行拓扑排序，然后按照拓扑序计算最长路径。

```
#include <iostream>
using namespace std;

int n, m, i, j, a, b, head, tail, ans;
int graph[100][100];      // 用邻接矩阵存储图
int degree[100];          // 记录每个结点的入度
int len[100];             // 记录以各结点为终点的最长路径长度
int queue[100];           // 存放拓扑排序结果

int main(){
  cin >> n >> m;
  for(i=0; i < n; i++)
    for(j=0; j < n; j++)
        graph[i][j]=0;
  for(i=0; i < n; i++)
    degree[i]=0;
  for(i=0; i < m; i++){
    cin >> a >> b;
    graph[a][b]=1;
    ____(1)____;
  }
  tail=0;
  for(i=0; i < n; i++)
    if(____(2)____){
      queue[tail]=i;
      tail++;
    }
  head=0;
  while(tail < n - 1){
    for(i=0; i < n; i++)
       if(graph[queue[head]][i] == 1){
           ____(3)____;
           if(degree[i] == 0){
               queue[tail]=i;
               tail++;
           }
           }
         ____(4)____;
  }
  ans=0;
  for(i=0; i < n; i++){
    a=queue[i];
```

```
      len[a]=1;
      for(j=0; j < n; j++)
        if(graph[j][a] == 1 &&len[j]+ 1 >len[a])
          len[a]=len[j]+ 1;
      if(  (5)  )
        ans=len[a];
    }
    cout << ans << endl;
    return 0;
}
```

CCF NOIP 2017初赛试题

（提高组C语言试题）

竞赛时间：2017年10月14日14：30~16：30

选手注意：

·试题纸共有10页，答题纸共有2页，满分100分。请在答题纸上作答，写在试题纸上的一律无效。

·不得使用任何电子设备（如计算器、手机、电子词典等）或查阅任何书籍资料。

一、单项选择题（共15题，每题1.5分，共计22.5分；每题有且仅有一个正确选项）

1. 从（　　）年开始，NOIP竞赛将不再支持Pascal语言。

A．2020　　B．2021　　C．2022　　D．2023

2. 在8位二进制补码中，10101011表示的数是十进制的（　　）。

A．43　　B．−85　　C．−43　　D．−84

3. 分辨率为1600×900、16位色的位图，存储图像信息所需的空间为（　　）。

A．2812.5KB　　B．4218.75KB　　C．4320KB　　D．2880KB

4. 2017年10月1日是星期日，1949年10月1日是（　　）。

A．星期三　　B．星期日　　C．星期六　　D．星期二

5. 设G是有n个结点、m条边（$n \le m$）的连通图，必须删去G的（　　）条边，才能使得G变成一棵树。

A．$m-n+1$　　B．$m-n$　　C．$m+n+1$　　D．$n-m+1$

6. 若某算法的计算时间表示为递推关系式：

$T(N) = 2T(N/2) + N\log N$

$T(1) = 1$

则该算法的时间复杂度为（　　）。

A．$O(N)$　　B．$O(N\log N)$　　C．$O(N\log^2 N)$　　D．$O(N^2)$

7. 表达式a *（b + c）* d的后缀形式是（　　）。

A．a b c d * + *　　B．a b c + * d *

C．a * b c + * d　　D．b + c * a * d

8．由4个不同的点构成的简单无向连通图的个数是（　　）。

A．32　　B．35　　C．38　　D．41

9．将7个名额分给4个不同的班级，允许有的班级没有名额，有（　　）种不同的分配方案。

A．60　　B．84　　C．96　　D．120

10．若$f[0]=0$，$f[1]=1$，$f[n+1]=(f[n]+f[n-1])/2$，则随着i的增大，$f[i]$将接近于（　　）。

A．1/2　　B．2/3　　C．$\frac{\sqrt{5}-1}{2}$　　D．1

11．设A和B是两个长为n的有序数组，现在需要将A和B合并成一个排好序的数组，请问任何以元素比较作为基本运算的归并算法最坏情况下至少要做（　　）次比较。

A．n^2　　B．$n\log n$　　C．$2n$　　D．$2n-1$

12．在n（$n\geqslant 3$）枚硬币中有一枚质量不合格的硬币（质量过轻或质量过重），如果只有一架天平可以用来称重且称重的硬币数没有限制，下面是找出这枚不合格的硬币的算法。请把a~c三行代码补全到算法中。

a．A←X∪Y

b．A←Z

c．n←|A|

算法Coin（A，n）

1．k←⌊n/3⌋

2．将A中硬币分成X，Y，Z三个集合，使得|X|=|Y|=k，|Z|=n−2k

3．if W（X）≠W（Y）　//W（X），W（Y）分别为X或Y的重量

4．then __________

5．else __________

6．__________

7．if n>2 then goto 1

8．if n=2 then 任取A中一枚硬币与拿走硬币比较，若不等，则它不合格；若相等，则A中剩下的硬币不合格

9．if n=1 then A中硬币不合格

正确的填空顺序是（　　）。

A．b，c，a　　B．c，b，a　　C．c，a，b　　D．a，b，c

13．有正实数构成的数字三角形，排列形式如右图所示。第一行的数为a_{11}；第二行的数从左到右依次为a_{21}，a_{22}；……第n行的数从左到右依次为a_{n1}，a_{n2}，…，a_{nn}。从a_{11}开始，每一行的数a_{ij}只有两条边可以分别通向下一行的两个数$a_{(i+1)j}$和$a_{(i+1)(j+1)}$。用动态规划算法找出一条从a_{11}向下通到a_{n1}，a_{n2}，…，a_{nn}中某个数的路径，使得该路径上的数之和达到最大。

a_{11}

a_{21}　a_{22}

a_{31}　a_{32}　a_{33}

……

a_{n1}　a_{n2}　…………　a_{nn}

令$C[i,j]$是从a_{11}到a_{ij}的路径上的数的最大和，并且$C[i,0]=C[0,j]=0$，则$C[i,j]=$（　　）。

A．$\max\{C[i-1,j-1],C[i-1,j]\}+a_{ij}$

B．$C[i-1,j-1]+C[i-1,j]$

C．$\max\{C[i-1,j-1],C[i-1,j]\}+1$

D．$\max\{C[i, j\text{-}1], C[i\text{-}1, j]\} + a_{ij}$

14．小明要去南美洲旅游，一共需乘坐三趟航班才能到达目的地，其中，第1个航班准点的概率是0.9，第2个航班准点的概率为0.8，第3个航班准点的概率为0.9。如果第i个（i=1，2）航班晚点，第i+1个航班准点，则小明将赶不上第i+1个航班，旅行失败；除了这种情况，其他情况下旅行都能成功。请问小明此次旅行成功的概率是（　　）。

A．0.5　　B．0.648　　C．0.72　　D．0.74

15．欢乐喷球：儿童游乐场有个游戏叫“欢乐喷球”，正方形场地中心能不断喷出彩色乒乓球，以场地中心为圆心还有一个圆形轨道，轨道上有一列小火车在匀速运动，火车有6节车厢。假设乒乓球等概率落到正方形场地的每个地点，包括火车车厢。小朋友玩这个游戏时，只能坐在同一个火车车厢里，可以在自己的车厢里捡落在该车厢内的所有乒乓球，每个人每次游戏有3分钟时间，则一个小朋友独自玩一次游戏期望可以得到（　　）个乒乓球。假设乒乓球喷出的速度为2个/秒，每节车厢的面积是整个场地面积的1/20。

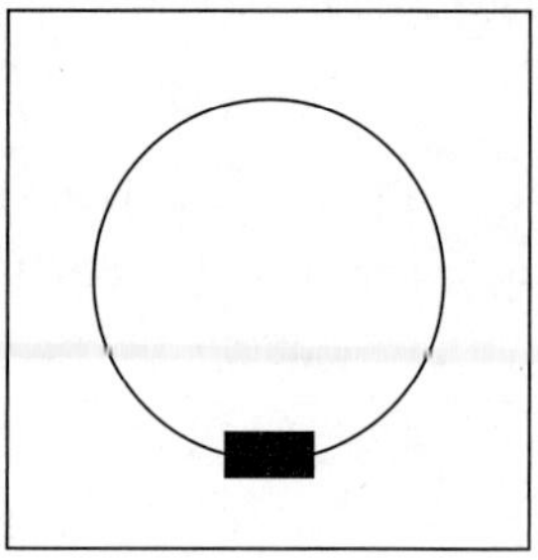

A．60　　B．108　　C．18　　D．20

二、不定项选择题（共5题，每题1.5分，共计7.5分；每题有一个或多个正确选项，多选或少选均不得分）

1．以下排序算法在最坏情况下时间复杂度最优的有（　　）。

A．冒泡排序　　B．快速排序　　C．归并排序　　D．堆排序

2．对于入栈顺序为a,b,c,d,e,f,g的序列，下列（　　）不可能是合法的出栈序列。

A．a，b，c，d，e，f，g　　B．a，d，c，b，e，g，f

C．a，d，b，c，g，f，e　　D．g，f，e，d，c，b，a

3．下列算法中，（　　）是稳定的排序算法。

A．快速排序　　B．堆排序　　C．希尔排序　　D．插入排序

4．以下是面向对象的高级语言的有（　　）。

A．汇编语言　　B．C++　　C．Fortran　　D．Java

5．以下和计算机领域密切相关的奖项有（　　）。

A．奥斯卡奖　　B．图灵奖　　C．诺贝尔奖　　D．王选奖

三、问题求解（共2题，每题5分，共计10分）

1．如右图所示，共有13个格子。对任何一个格子进行一次操作，会使得它自己以及与它上下左右相邻的格子中的数字改变（由1变0或由0变1）。现在要使得所有格子中的数字都变为0，至少需要＿＿＿＿＿＿次操作。

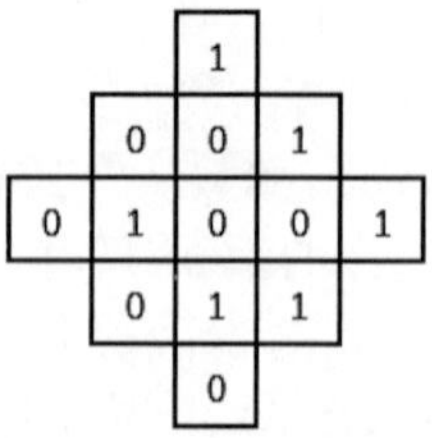

2．如下图所示，A到B是连通的。假设删除一条细的边的代价是1，删除一条粗的边的代价是2，要让A、B不连通，最小代价是＿＿＿＿＿＿（2分），最小代价的不同方案数是＿＿＿＿＿＿（3分）。（只要有一条删除的边不同，就是不同的方案）

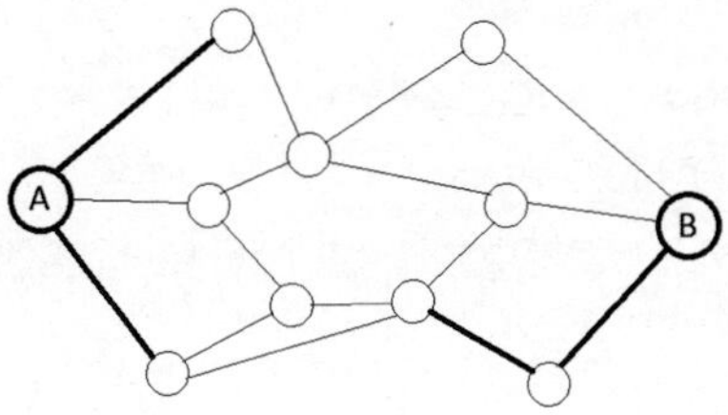

四、阅读程序写结果（共4题，每题8分，共计32分）

1.
```
#include <stdio.h>

int g(int m, int n, int x){
  int ans=0;
  int i;
  if(n == 1)
    return 1;
  for(i=x; i <= m / n; i++)
    ans += g(m - i, n - 1, i);
  return ans;
}

int main(){
  int t, m, n;
  scanf("%d%d", &m, &n);
  printf("%d\n", g(m, n, 0));
  return 0;
}
```

输入：8 4

输出：__________

2.
```
#include <stdio.h>

int main(){
  int n, i, j, x, y, nx, ny;
  int a[40][40];
  for(i=0; i < 40; i++)
    for(j=0; j < 40; j++)
      a[i][j]=0;
  scanf("%d", &n);
  y=0; x=n - 1;
  n=2 * n - 1;
  for(i=1; i <= n * n; i++){
```

```
      a[y][x]=i;
      ny =(y - 1 + n) % n;
      nx =(x + 1) % n;
      if((y == 0 && x == n - 1) || a[ny][nx] != 0)
        y=y + 1;
      else { y=ny; x=nx; }
    }
    for(j=0; j < n; j++)
      printf("%d ", a[0][j]);
    printf("\n");
    return 0;
}
```

输入：3

输出：__________

3.
```
#include <stdio.h>

int n, s, a[100005], t[100005], i;
void mergesort(int l, int r){
  if(l == r)
    return;
  int mid =(l + r) / 2;
  int p=l;
  int i=l;
  int j=mid + 1;
  mergesort(l, mid);
  mergesort(mid + 1, r);
  while(i <= mid && j <= r){
    if(a[j]< a[i]){
      s += mid - i + 1;
      t[p]=a[j];
      p++;
      j++;
    }
    else {
      t[p]=a[i];
      p++;
      i++;
    }
  }
  while(i <= mid){
    t[p]=a[i];
```

```
      p++;
      i++;
    }
    while (j <= r) {
      t[p]=a[j];
      p++;
      j++;
    }
    for (i=1; I <= r; i++)
      a[i]=t[i];
}

int main() {
    scanf("%d", &n);
    for (I=1; I <= n; i++)
      scanf("%d", &a[i]);
    mergesort(1, n);
    printf("%d\n", s);
    return 0;
}
```

输入：6

　　2 6 3 4 5 1

输出：________

4.
```
#include <stdio.h>

int main() {
    int n, m;
    scanf("%d%d", &n, &m);
    int x=1;
    int y=1;
    int dx=1;
    int dy=1;
    int cnt=0;
    while (cnt != 2) {
      cnt=0;
      x=x + dx;
      y=y + dy;
      if (x == 1 || x == n) {
        ++cnt;
        dx=-dx;
      }
```

```
        if (y == 1 || y == m) {
          ++cnt;
          dy=-dy;
        }
      }
    printf ("%d %d\n", x, y);
    return 0;
}
```

输入1：4 3

输出1：__________（2分）

输入2：2017 1014

输出2：__________（3分）

输入3：987 321

输出3：__________（3分）

五、完善程序（共2题，每题14分，共计28分）

1.（**大整数除法**）给定两个正整数p和q，其中，p不超过10^{100}，q不超过100000，求p除以q的商和余数。（第一空2分，其余3分）

输入：第一行是p的位数n，第二行是正整数p，第三行是正整数q。

输出：两行，分别是p除以q的商和余数。

```
#include <stdio.h>

int p[100];
int n, i, q, rest;
char c;

int main() {
  scanf("%d", &n);
  for (i=0; i < n; i++) {
    scanf("%c", &c);
    p[i]=c - '0';
  }
  scanf("%d", &q);
  rest=___(1)___;
  i=1;
  while (___(2)___ && i < n) {
    rest=rest * 10 + p[i];
    i++;
  }
  if (rest < q)
```

```
    printf("0\n");
  else {
    printf("%d", (3) );
    while(i < n){
      rest= (4) ;
      i++;
      printf("%d", rest / q);
    }
    printf("\n");
  }
  printf("%d\n", (5) );
  return 0;
}
```

2.(**最长路径**)给定一个有向无环图，每条边长度为1，求图中的最长路径长度。(第五空2分，其余3分)

输入：第一行是结点数n(不超过100)和边数m，接下来m行，每行两个整数a，b，表示从结点a到结点b有一条有向边。结点标号从0到$n-1$。

输出：最长路径长度。

提示：先进行拓扑排序，然后按照拓扑序计算最长路径。

```
#include <stdio.h>

int n, m, i, j, a, b, head, tail, ans;
int graph[100][100];      // 用邻接矩阵存储图
int degree[100];          // 记录每个结点的入度
int len[100];             // 记录以各结点为终点的最长路径长度
int queue[100];           // 存放拓扑排序结果

int main(){
  scanf("%d%d", &n, &m);
  for(i=0; i < n; i++)
    for(j=0; j < n; j++)
       graph[i][j]=0;
  for(i=0; i < n; i++)
    degree[i]=0;
  for(i=0; i < m; i++){
    scanf("%d%d", &a, &b);
    graph[a][b]=1;
     (1) ;
  }
  tail=0;
  for(i=0; i < n; i++)
```

```
    if(    (2)    ){
       queue[tail]=i;
       tail++;
    }
  head=0;
  while(tail < n - 1){
    for(i=0; i < n; i++)
    if(graph[queue[head]][i] == 1){
   (3)   ;
        if(degree[i] == 0){
           queue[tail]=i;
           tail++;
        }
      }
   (4)   ;
  }
  ans=0;
  for(i=0; i < n; i++){
    a=queue[i];
    len[a]=1;
    for(j=0; j < n; j++)
      if(graph[j][a] == 1 &&len[j] + 1 >len[a])
        len[a]=len[j] + 1;
    if(    (5)    )
      ans=len[a];
  }
  printf("%d\n", ans);
  return 0;
}
```

CCF NOIP 2017 初赛试题

（提高组Pascal语言试题）

竞赛时间：2017年10月14日 14:30~16:30

选手注意：

· 试题纸共有10页，答题纸共有2页，满分100分。请在答题纸上作答，写在试题纸上的一律无效。

· 不得使用任何电子设备（如计算器、手机、电子词典等）或查阅任何书籍资料。

一、单项选择题（共15题，每题1.5分，共计22.5分；每题有且仅有一个正确选项）

1. 从（　　）年开始，NOIP竞赛将不再支持Pascal语言。

A. 2020　　B. 2021　　C. 2022　　D. 2023

2. 在8位二进制补码中，10101011表示的数是十进制的（　　）。

A. 43　　B. −85　　C. −43　　D. −84

3. 分辨率为1600 × 900、16位色的位图，存储图像信息所需的空间为（　　）。

A. 2812.5KB　　B. 4218.75KB　　C. 4320KB　　D. 2880KB

4. 2017年10月1日是星期日，1949年10月1日是（　　）。

A. 星期三　　B. 星期日　　C. 星期六　　D. 星期二

5. 设G是有n个结点、m条边（$n \leqslant m$）的连通图，必须删去G的（　　）条边，才能使得G变成一棵树。

A. $m-n+1$　　B. $m-n$　　C. $m+n+1$　　D. $n-m+1$

6. 若某算法的计算时间表示为递推关系式：

$T(N) = 2T(N/2) + N\log N$

$T(1) = 1$

则该算法的时间复杂度为（　　）。

A. $O(N)$　　B. $O(N\log N)$　　C. $O(N\log^2 N)$　　D. $O(N^2)$

7. 表达式a *（b + c）* d的后缀形式是（　　）。

A. a b c d * + *　　B. a b c + * d *　　C. a * b c + * d　　D. b + c * a * d

8. 由4个不同的点构成的简单无向连通图的个数是（　　）。

A. 32　　B. 35　　C. 38　　D. 41

9. 将7个名额分给4个不同的班级，允许有的班级没有名额，有（　　）种不同的分配方案。

A. 60　　B. 84　　C. 96　　D. 120

10. 若$f[0]=0$，$f[1]=1$，$f[n+1]=(f[n]+f[n-1])/2$，则随着i的增大，$f[i]$将接近于（　　）。

A. 1/2　　B. 2/3　　C. $\frac{\sqrt{5}-1}{2}$　　D. 1

11. 设A和B是两个长为n的有序数组，现在需要将A和B合并成一个排好序的数组，请问任何以元素比较作为基本运算的归并算法最坏情况下至少要做（　　）次比较。

A. n^2　　B. $n\log n$　　C. $2n$　　D. $2n-1$

12. 在n（$n \geqslant 3$）枚硬币中有一枚质量不合格的硬币（质量过轻或质量过重），如果只有一架天平可以用来称重且称重的硬币数没有限制，下面是找出这枚不合格的硬币的算法。请把a~c三行代码补全到算法中。

a. A←X∪Y

b. A←Z

c. n←|A|

算法Coin（A，n）

1. k←|n/3|
2. 将A中硬币分成X，Y，Z三个集合，使得|X|=|Y|=k，|Z|=n−2k
3. if W（X）≠ W（Y）　　//W（X），W（Y）分别为X或Y的重量
4. then __________
5. else __________
6. __________
7. if n>2 then goto 1

8. if n=2 then 任取A中1枚硬币与拿走硬币比较，若不等，则它不合格；若相等，则A中剩下的硬币不合格

9. if n=1 then A中硬币不合格

正确的填空顺序是（ ）。

A. b，c，a　　B. c，b，a　　C. c，a，b　　D. a，b，c

13. 有正实数构成的数字三角形，排列形式如右图所示。第一行的数为 a_{11}；第二行的数从左到右依次为 a_{21}，a_{22}；… 第 n 行的数从左到右依次为 a_{n1}，a_{n2}，…，a_{nn}。从 a_{11} 开始，每一行的数 a_{ij} 只有两条边可以分别通向下一行的两个数 $a_{(i+1)j}$ 和 $a_{(i+1)(j+1)}$。用动态规划算法找出一条从 a_{11} 向下通到 a_{n1}，a_{n2}，…，a_{nn} 中某个数的路径，使得该路径上的数之和达到最大。

$$\begin{array}{c} a_{11} \\ a_{21} \quad a_{22} \\ a_{31} \quad a_{32} \quad a_{33} \\ \cdots\cdots \\ a_{n1} \quad a_{n2} \quad \cdots\cdots\cdots\cdots \quad a_{nn} \end{array}$$

令 $C[i, j]$ 是从 a_{11} 到 a_{ij} 的路径上的数的最大和，并且 $C[i, 0]=C[0, j]=0$，则 $C[i, j]=$（ ）。

A. $\max\{C[i-1, j-1], C[i-1, j]\}+a_{ij}$

B. $C[i-1, j-1]+C[i-1, j]$

C. $\max\{C[i-1, j-1], C[i-1, j]\}+1$

D. $\max\{C[i, j-1], C[i-1, j]\}+a_{ij}$

14. 小明要去南美洲旅游，一共需乘坐三趟航班才能到达目的地，其中，第1个航班准点的概率是0.9，第2个航班准点的概率为0.8，第3个航班准点的概率为0.9。如果第 i 个（i=1，2）航班晚点，第 i+1个航班准点，则小明将赶不上第 i+1个航班，旅行失败；除了这种情况，其他情况下旅行都能成功。请问小明此次旅行成功的概率是（ ）。

A. 0.5　　B. 0.648　　C. 0.72　　D. 0.74

15. 欢乐喷球：儿童游乐场有个游戏叫“欢乐喷球”，正方形场地中心能不断喷出彩色乒乓球，以场地中心为圆心还有一个圆形轨道，轨道上有一列小火车在匀速运动，火车有6节车厢。假设乒乓球等概率落到正方形场地的每个地点，包括火车车厢。小朋友玩这个游戏时，只能坐在同一个火车车厢里，可以在自己的车厢里捡落在该车厢内的所有乒乓球，每个人每次游戏有3分钟时间，则一个小朋友独自玩一次游戏期望可以得到（ ）个乒乓球。假设乒乓球喷出的速度为2个/秒，每节车厢的面积是整个场地面积的1/20。

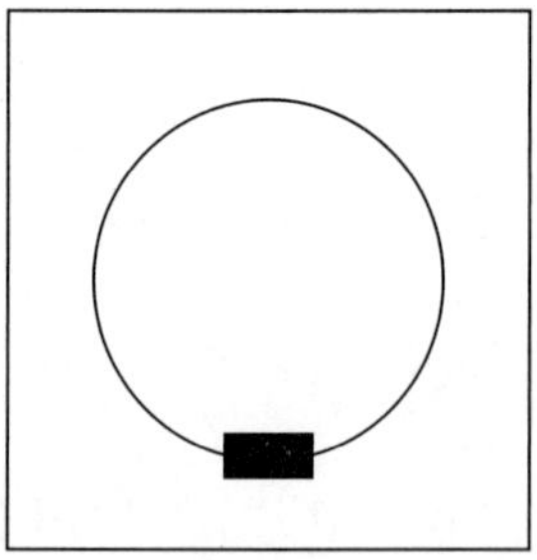

A. 60　　B. 108　　C. 18　　D. 20

二、不定项选择题（共5题，每题1.5分，共计7.5分；每题有一个或多个正确选项，多选或少选均不得分）

1. 以下排序算法在最坏情况下时间复杂度最优的有（ ）。

A. 冒泡排序　　B. 快速排序　　C. 归并排序　　D. 堆排序

2. 对于入栈顺序为a,b,c,d,e,f,g的序列，下列（ ）不可能是合法的出栈序列。

A. a，b，c，d，e，f，g　　B. a，d，c，b，e，g，f

C. a，d，b，c，g，f，e　　D. g，f，e，d，c，b，a

3. 下列算法中，（ ）是稳定的排序算法。

A．快速排序　　B．堆排序　　C．希尔排序　　D．插入排序

4．以下是面向对象的高级语言的有（　　）。

A．汇编语言　　B．C++　　C．Fortran　　D．Java

5．以下和计算机领域密切相关的奖项有（　　）。

A．奥斯卡奖　　B．图灵奖　　C．诺贝尔奖　　D．王选奖

三、问题求解（共2题，每题5分，共计10分）

1．如右图所示，共有13个格子。对任何一个格子进行一次操作，会使得它自己以及与它上下左右相邻的格子中的数字改变（由1变0或由0变1）。现在要使得所有格子中的数字都变为0，至少需要__________次操作。

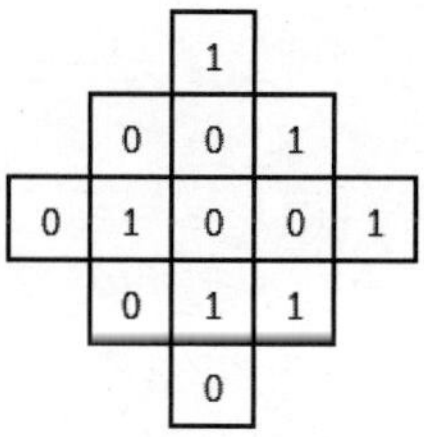

2.如下图所示，A到B是连通的。假设删除一条细的边的代价是1，删除一条粗的边的代价是2，要让A、B不连通，最小代价是__________（2分），最小代价的不同方案数是__________（3分）。（只要有一条删除的边不同，就是不同的方案）

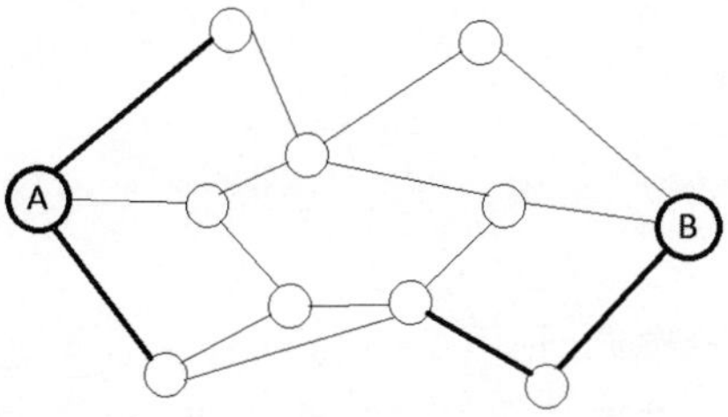

四、阅读程序写结果（共4题，每题8分，共计32分）

1．
```
var
  t, m, n: longint;

function g(m, n, x: longint): longint;
var
  i, ans: longint;
begin
  ans := 0;
  if (n=1) then
    exit(1);
  for i:=x to m div n do
    ans := ans + g(m - i, n - 1, i);
  exit(ans);
end;

begin
  read(m, n);
  writeln(g(m, n, 0));
```

```
end.
```

输入：8 4

输出：________

2.
```
var
  n, i, j, x, y, nx, ny : longint;
  a : array[0..40, 0..40] of longint;

begin
  for i := 0 to 39 do
    for j := 0 to 39 do
      a[i][j]:= 0;
  read(n);
  y := 0; x := n - 1;
  n :=2* n - 1;
  for i := 1 to n*n do
  begin
    a[y][x]:= i;
    ny := (y - 1 + n) mod n;
    nx := (x + 1) mod n;
    if ((y=0) and (x=n - 1)) or (a[ny][nx] <> 0) then
      y := y + 1
    else begin y := ny; x := nx;
    end;
  end;
  for j := 0 to n-1 do
    write(a[0][j], ' ');
  writeln;
end.
```

输入：3

输出：________

3.
```
var
  n, s, i : longint;
  a, t : array[0..100005] of longint;

procedure mergesort(l, r : longint);
var
  mid, p, i, j : longint;
begin
  if (l=r) then exit;
```

```
    mid : =(l + r) div 2;
  p : =l;
  i : =l;
  j : = mid + 1;
  mergesort(l, mid);
  mergesort(mid + 1, r);
  while(i <= mid) and(j <= r) do
  begin
    if(a[j]< a[i]) then
    begin
      s : = s + mid - i + 1;
      t[p]: = a[j];
      p : = p + 1;
      j : = j + 1;
    end else
    begin
      t[p]: = a[i];
      p : = p + 1;
      i : = i + 1;
    end;
  end;
  while(i <= mid) do
  begin
    t[p]: = a[i];
    p : = p + 1;
    i : = i + 1;
  end;
  while(j <= r) do
  begin
    t[p]: = a[j];
    p : = p + 1;
    j : = j + 1;
  end;
  for i : =l to r do
    a[i]: = t[i];
end;

begin
  read(n);
  for i : = 1 to n do
    read(a[i]);
  writeln; writeln;
  mergesort(1, n);
```

```
  writeln(s);
end.
```

输入：6

2 6 3 4 5 1

输出：__________

4.
```
var
  x, y, dx, dy, cnt, n, m : longint;

begin
  read(n, m);
  x := 1;
  y := 1;
  dx := 1;
  dy := 1;
  cnt := 0;
  while (cnt <> 2) do
  begin
cnt := 0;
x := x + dx;
y := y + dy;
if (x=1) or (x=n) then
  begin
    cnt := cnt + 1;
    dx := -dx;
end;
if (y=1) or (y=m) then
  begin
    cnt := cnt + 1;
    dy := -dy;
end;
  end;
  writeln(x, ' ', y);
end.
```

输入1：4 3

输出1：__________（2分）

输入2：2017 1014

输出2：__________（3分）

输入3：987 321

输出3：__________（3分）

五、完善程序（共2题，每题14分，共计28分）

1.（**大整数除法**）给定两个正整数p和q，其中，p不超过10^{100}，q不超过100000，求p除以q的商和余数。（第一空2分，其余3分）

输入：第一行是p的位数n，第二行是正整数p，第三行是正整数q。

输出：两行，分别是p除以q的商和余数。

```
var
  p : array[0..100] of longint;
  n, i, q, rest : longint;
  c : char;

begin
  readln(n);
  for i := 0 to n - 1 do
    begin
    read(c);
    p[i]:= ord(c) - ord('0');
  end;
  read(q);
  rest := ____(1)____;
  i := 1;
  while (____(2)____) and (i < n) do
  begin
    rest := rest * 10 + p[i];
    i := i + 1;
  end;
  if (rest < q) then
    writeln(0)
  else

  begin
    write(____(3)____);
    while (i < n) do
    begin
      rest := ____(4)____;
      i := i + 1;
      write(rest div q);
    end;
    writeln;
  end;
  writeln(____(5)____);
end.
```

2.(**最长路径**)给定一个有向无环图，每条边长度为1，求图中的最长路径长度。(第五空2分，其余3分)

输入：第一行是结点数*n*(不超过100)和边数*m*，接下来*m*行，每行两个整数*a*，*b*，表示从结点*a*到结点*b*有一条有向边。结点标号从0到*n*–1。

输出：最长路径长度。

提示：先进行拓扑排序，然后按照拓扑序计算最长路径。

```
var
  n, m, i, j, a, b, head, tail, ans : longint;
  graph : array[0..100, 0..100] of longint;
  len, queue, degree : array[0..100] of longint;

begin
  read(n, m);
  for i := 0 to n - 1 do
    for j := 0 to n - 1 do
      graph[i][j]:= 0;
  for i := 0 to n - 1 do
    degree[i]:= 0;
  for i := 0 to m - 1 do
    begin
    read(a, b);
    graph[a][b]:= 1;
    ____(1)____;
  end;
  tail := 0;
  for i := 0 to n - 1 do
    if(____(2)____) then
    begin
      queue[tail]:= i;
      tail := tail + 1;
    end;
  head := 0;
  while(tail < n - 1) do
  begin
    for i := 0 to n - 1 do
      if(graph[queue[head]][i]=1) then
        begin
        ____(3)____;
        if(degree[i]=0) then
          begin
          queue[tail]:= i;
          tail := tail + 1;
```

```
        end;
      end;
    ____(4)____;
  end;
  ans := 0;
  for i := 0 to n - 1 do
    begin
    a := queue[i];
    len[a]:= 1;
    for j := 0 to n - 1 do
      if (graph[j][a]=1) and (len[j] + 1 >len[a]) then
        len[a]: =len[j] + 1;
      if (____(5)____) then
         ans := len[a];
  end;
  writeln(ans);
end.
```

CCF NOIP 2017初赛提高组答案与解题提示

(提高组C++语言)

一、单项选择题

1. 答案：C。
2. 答案：B。考查基础的进制转换和补码的概念。
3. 答案：A。1600 × 900 × 16 bit=2812.5 KB。
4. 答案：C。考查闰年与同余的相关知识。
5. 答案：A。一棵树有n−1条边。
6. 答案：C。考查主定理。
7. 答案：B。考查后缀表达式。
8. 答案：C。
9. 答案：D。共有$C_{7+4-1}^{3}=C_{10}^{3}=120$种。
10. 答案：B。可利用待定系数法求通项公式后，再令i趋于无穷。另一种方法是，假设答案为X，则X=（X+X）/2，可得X为2/3。
11. 答案：D。对于两个长度为n的有序数组，归并算法最坏仅需$2n-1$次比较。
12. 答案：D。如果X与Y重量相等，那么硬币肯定在$X\cup Y$中。否则硬币肯定在Z中。
13. 答案：A。考查简单动态规划的应用。
14. 答案：D。统计各种情况的概率，然后加起来。

15．答案：C。答案为3分钟 × 2个/秒 × 1/20=18个。

二、不定项选择题

1．答案：CD。冒泡排序和快速排序最坏情况下的时间复杂度为$O(n^2)$。

2．答案：C。考查栈的相关知识。

3．答案：D。

4．答案：BD。

5．答案：BD。

三、问题求解

1．答案：3。

对第一行第一个位置、第三行第三个位置和第三行第四个位置进行操作，便可以将所有格子的数字都变为0。

2．答案：4；7。

考查最短路与最短路方案数。

四、阅读程序写结果

1．答案：15

此程序求的是将m个无序物品无序地分成n份的方案数。

2．答案：17 24 1 8 15

由于n比较小，直接模拟即可。

3．答案：8

此程序求逆序对个数，直接求解逆序对即可。

4．答案：1 3；2017 1；1 321

此程序有两个关键变量x和y。x的值从1到n再到1循环；y的值从1到m再到1循环。程序求的是x和y同时变为边界值时，边界值为多少。观察发现x周期为$2n-2$，y周期为$2m-2$。因此，对$n-1$与$m-1$求最小公倍数D，用D分别除以$n-1$和$m-1$，观察结果。如果结果为偶数，那么对应的值为1，否则为n或m。

五、完善程序

1．答案：

（1）p[0]

（2）rest < q 或 q > rest

（3）rest / q

（4）rest % q * 10 + p[i]

（5）rest % q

本题考查高精度除以单精度算法的实现。

2．答案：

（1）degree[b]=degree[b]+1 或 degree[b]++ 或 ++degree[b]

（2）degree[i]==0 或 !degree[i]

（3）degree[i]=degree[i]-1 或 degree[i]-- 或 --degree[i]

（4）head=head+1 或 head++ 或 ++head

（5）ans < len[a] 或 len[a] > ans

本题首先用BFS算法进行拓扑排序，然后按照拓扑顺序递推计算到每个点的最长路径，并将所有点的最长路径取最大值后输出。

CCF NOIP 2017 初赛提高组 参考答案与评分标准

一、单项选择题（共15题，每题1.5分，共计22.5分）

1	2	3	4	5	6	7	8
C	B	A	C	A	C	B	C
9	10	11	12	13	14	15	
D	B	D	D	A	D	C	

二、不定项选择题（共5题，每题1.5分，共计7.5分；每题有一个或多个正确选项，没有部分分）

1	2	3	4	5
CD	C	D	BD	BD

三、问题求解（共2题，每题5分，共计10分）

1. 3
2. 4（2分）
   7（3分）

四、阅读程序写结果（共4题，每题8分，共计32分）

1. 15
2. 17 24 1 8 15
3. 8
4. 输出1：1 3（2分）
   输出2：2017 1（3分）
   输出3：1 321（3分）

五、完善程序（共计28分，以下各程序填空可能还有一些等价的写法，由各省赛区组织本省专家审定及上机验证，可以不上报CCF NOI科学委员会复核）

		Pascal语言	C++语言	C语言	分值	
1.	（1）	p［0］			2	
	（2）	rest < q 或 q > rest				3
	（3）	rest div q	rest / q			3

续 表

		Pascal语言	C++语言	C语言	分 值	
1.	（4）	rest mod q * 10 + p［i］	rest % q * 10 + p［i］			3
	（5）	rest mod q	rest % q			3
22.	（1）	degree［b］：=degree［b］+1 或 inc（degree［b］）	degree［b］=degree［b］+1 或 degree［b］++ 或 ++degree［b］			3
	（2）	degree［i］=0	degree［i］==0 或 !degree［i］			3
	（3）	degree［i］：=degree［i］-1 或 dec（degree［i］）	degree［i］=degree［i］-1 或 degree［i］-- 或 --degree［i］			3
	（4）	head：=head+1 或 inc（head）	head=head+1 或 head++ 或 ++head			3
	（5）	ans < len［a］或 len［a］> ans			2	

CCF NOIP 2017复赛普及组试题

一、题目概况

中文题目名称	成　绩	图书管理员	棋　盘	跳房子
英文题目与子目录名	score	librarian	chess	jump
可执行文件名	score	librarian	chess	jump
输入文件名	score.in	librarian.in	chess.in	jump.in
输出文件名	score.out	librarian.out	chess.out	jump.out
每个测试点时限	1秒	1秒	1秒	2秒
测试点数目	10	10	20	10
每个测试点分值	10	10	5	10
附加样例文件	有	有	有	有
结果比较方式	全文比较（过滤行末空格及文末回车）			
题目类型	传统	传统	传统	传统
运行内存上限	256M	256M	256M	256M

二、提交源程序文件名

对于C++语言	score.cpp	librarian.cpp	chess.cpp	jump.cpp
对于C语言	score.c	librarian.c	chess.c	jump.c
对于Pascal语言	score.pas	librarian.pas	chess.pas	jump.pas

三、编译命令（不包含任何优化开关）

对于C++语言	g++ –o score score.cpp –lm	g++ –olibrarian librarian.cpp –lm	g++ –o chess chess.cpp –lm	g++ –o jump jump.cpp –lm
对于C语言	gcc –o score score.c –lm	gcc –olibrarian librarian.c –lm	gcc –o chess chess.c –lm	gcc –o jump jump.c –lm
对于Pascal语言	fpc score.pas	fpc librarian.pas	fpc chess.pas	fpc jump.pas

注意事项：

（1）文件名（程序名和输入输出文件名）必须使用英文小写字母。

（2）C/C++中函数main（）的返回值类型必须是int，程序正常结束时的返回值必须是0。

（3）全国统一评测时采用的机器配置为：CPU AMD Athlon（tm）II x2 240 processor，2.8GHz，内存4G，上述时限以此配置为准。

（4）只提供Linux格式附加样例文件。

（5）提交的程序代码文件的放置位置请参照各省的具体要求。

（6）特别提醒：评测在当前最新公布的NOI Linux下进行，各语言的编译器版本以其为准。

成　绩

（score.cpp/c/pas）

【问题描述】

牛牛最近学习了C++语言入门课程，这门课程总成绩的计算方法是：

总成绩=作业成绩 ×20%+小测成绩 ×30%+期末考试成绩 ×50%

牛牛想知道，这门课程自己最终能得到多少分。

【输入格式】

输入文件名为score.in。

输入文件只有一行，包含3个非负整数A、B、C，分别表示牛牛的作业成绩、小测成绩和期末考试成绩。相邻两个数之间用一个空格隔开，三项成绩满分都是100分。

【输出格式】

输出文件名为score.out。

输出文件只有一行，包含一个整数，即牛牛这门课程的总成绩，满分也是100分。

【输入输出样例1】

score.in	score.out
100 100 80	90

见选手目录下的score/score1.in和score/score1.ans。

【输入输出样例1说明】

牛牛的作业成绩是100分，小测成绩是100分，期末考试成绩是80分，总成绩是100

×20%+100×30%+80×50%=20+30+40=90。

【输入输出样例2】

score.in	score.out
60 90 80	79

见选手目录下的score/score2.in和score/score2.ans。

【输入输出样例2说明】

牛牛的作业成绩是60分，小测成绩是90分，期末考试成绩是80分，总成绩是60×20%+90×30%+80×50%=12+27+40=79。

【数据说明】

对于30%的数据，$A=B=0$。

对于另外30%的数据，$A=B=100$。

对于100%的数据，$0 \leqslant A, B, C \leqslant 100$，且$A$，$B$，$C$都是10的整数倍。

图书管理员

（librarian.cpp/c/pas）

【问题描述】

图书馆中每本书都有一个图书编码，可以用于快速检索图书，这个图书编码是一个正整数。

每位借书的读者手中有一个需求码，这个需求码也是一个正整数。如果一本书的图书编码恰好以读者的需求码结尾，那么这本书就是这位读者所需要的。

小D刚刚当上图书馆的管理员，她知道图书馆里所有书的图书编码，她请你帮她写一个程序，对于每一位读者，求出他所需要的书中图书编码最小的那本书，如果没有他需要的书，请输出-1。

【输入格式】

输入文件名为librarian.in。

输入文件的第一行，包含两个正整数n和q，以一个空格隔开，分别代表图书馆里书的数量和读者的数量。

接下来n行，每行包含一个正整数，代表图书馆里某本书的图书编码。

接下来q行，每行包含两个正整数，以一个空格隔开，第一个正整数代表图书馆里读者的需求码的长度，第二个正整数代表读者的需求码。

【输出格式】

输出文件名为librarian.out。

输出文件有q行，每行包含一个整数，如果存在第i个读者所需要的书，则在第i行输出第i个读者所需要的书中图书编码最小的那本书的图书编码，否则输出-1。

【输入输出样例1】

librarian.in	librarian.out
5 5 2123 1123 23 24 24 2 23 3 123 3 124 2 12 2 12	23 1123 –1 –1 –1

见选手目录下的librarian /librarian1.in和librarian/librarian1.ans。

【输入输出样例1说明】

第一位读者需要的书有2123、1123、23，其中，23是最小的图书编码。第二位读者需要的书有2123、1123，其中，1123是最小的图书编码。对于第三位，第四位和第五位读者，没有书的图书编码以他们的需求码结尾，即没有他们需要的书，输出–1。

【输入输出样例2】

见选手目录下的librarian/librarian2.in和librarian/librarian2.ans。

【数据规模与约定】

对于20%的数据，$1 \leqslant n \leqslant 2$。

另有20%的数据，q=1。

另有20%的数据，所有读者的需求码的长度均为1。

另有20%的数据，所有的图书编码按从小到大的顺序给出。

对于100%的数据，$1 \leqslant n \leqslant 1000$，$1 \leqslant q \leqslant 1000$，所有的图书编码和需求码均不超过10000000。

棋　盘

（chess.cpp/c/pas）

【问题描述】

有一个$m \times m$的棋盘，棋盘上每一个格子可能是红色、黄色或没有任何颜色。你现在要从棋盘的最左上角走到棋盘的最右下角。

任何一个时刻，你所站在的位置必须是有颜色的（不能是无色的），你只能向上、下、左、右四个方向前进。当你从一个格子走向另一个格子时，如果两个格子的颜色相同，那你不需要花费金币；如果不同，则你需要花费1个金币。

另外，你可以花费2个金币施展魔法让下一个无色格子暂时变为你指定的颜色。但这个魔法不能连续使用，而且这个魔法的持续时间很短，也就是说，如果你使用了这个魔法，走到了这个暂时有颜色的格子上，你就不能继续使用魔法；只有当你离开这个位置，走到一个本来就有颜色的格子上的时候，你才能继续使用这个魔法，而当你离开了这个位置（施展魔法使其变为有颜色的格子）时，这个格子恢复为无色。

现在你要从棋盘的最左上角，走到棋盘的最右下角，求花费的最少金币是多少？

【输入格式】

输入文件名为chess.in。

数据的第一行包含两个正整数m，n，以一个空格隔开，分别代表棋盘的大小，棋盘上有颜色的格子的数量。

接下来n行，每行三个正整数x，y，c，分别表示坐标为（x，y）的格子有颜色c。其中，c=1代表黄色，c=0代表红色。相邻两个数之间用一个空格隔开。棋盘左上角的坐标为（1，1），右下角的坐标为（m，m）。

棋盘上其余的格子都是无色的。保证棋盘的左上角，也就是（1，1）格一定是有颜色的。

【输出格式】

输出文件名为chess.out。

输出一行，一个整数，表示花费的金币的最小值，如果无法到达，输出-1。

【输入输出样例1】

chess.in	chess.out
5 7 1 1 0 1 2 0 2 2 1 3 3 1 3 4 0 4 4 1 5 5 0	8

见选手目录下的chess/chess1.in和chess/chess1.ans。

【输入输出样例1说明】

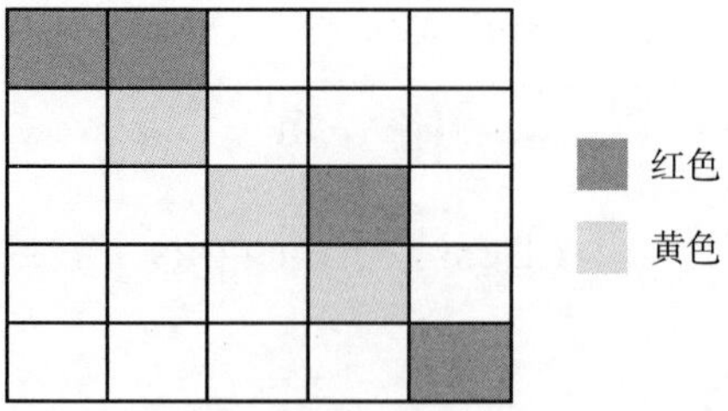

从（1，1）开始，走到（1，2）不花费金币；
从（1，2）向下走到（2，2）花费1枚金币；
从（2，2）施展魔法，将（2，3）变为黄色，花费2枚金币；
从（2，2）走到（2，3）不花费金币；
从（2，3）走到（3，3）不花费金币；
从（3，3）走到（3，4）花费1枚金币；
从（3，4）走到（4，4）花费1枚金币；
从（4，4）施展魔法，将（4，5）变为黄色，花费2枚金币；
从（4，4）走到（4，5）不花费金币；

从（4，5）走到（5，5）花费1枚金币；

共花费8枚金币。

【输入输出样例2】

chess.in	chess.out
5 5 1 1 0 1 2 0 2 2 1 3 3 1 5 5 0	-1

见选手目录下的chess/chess2.in和chess/chess2.ans。

【输入输出样例2说明】

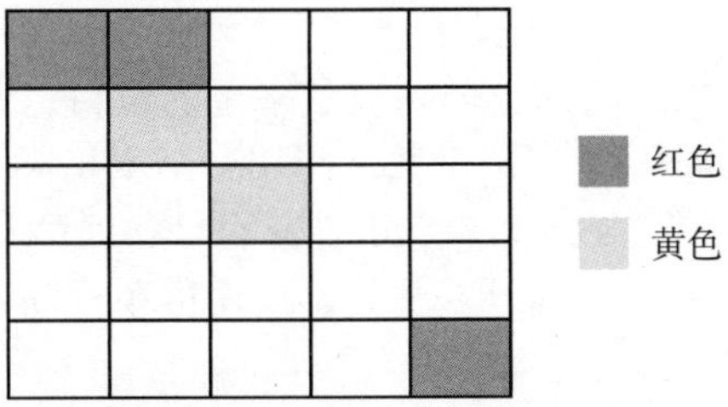

从（1，1）走到（1，2），不花费金币；

从（1，2）走到（2，2），花费1金币；

施展魔法将（2，3）变为黄色，并从（2，2）走到（2，3）花费2金币；

从（2，3）走到（3，3）不花费金币；

从（3，3）只能施展魔法到达（3，2），（2，3），（3，4），（4，3）；

而从以上四点均无法到达（5，5），故无法到达终点，输出-1。

【输入输出样例3】

见选手目录下的chess/chess3.in和chess/chess3.ans。

【数据规模与约定】

对于30%的数据，$1 \leqslant m \leqslant 5$，$1 \leqslant n \leqslant 10$。

对于60%的数据，$1 \leqslant m \leqslant 20$，$1 \leqslant n \leqslant 200$。

对于100%的数据，$1 \leqslant m \leqslant 100$，$1 \leqslant n \leqslant 1000$。

跳房子

（jump.cpp/c/pas）

【问题描述】

跳房子，也叫跳飞机，是一种世界性的儿童游戏，也是中国民间传统的体育游戏之一。跳房子的游戏规则如下：

在地面上确定一个起点，然后在起点右侧画n个格子，这些格子都在同一条直线上。

每个格子内有一个数字（整数），表示到达这个格子能得到的分数。玩家第一次从起点开始向右跳，跳到起点右侧的一个格子内。第二次再从当前位置继续向右跳，依此类推。规则规定：玩家每次都必须跳到当前位置右侧的一个格子内。玩家可以在任意时刻结束游戏，获得的分数为曾经到达过的格子中的数字之和。

现在小R研发了一款弹跳机器人来参加这个游戏。但是这个机器人有一个非常严重的缺陷，它每次向右弹跳的距离只能为固定的d。小R希望改进他的机器人，如果他花g个金币改进他的机器人，那么他的机器人灵活性就能增加g，但是需要注意的是，每次弹跳的距离至少为1。具体而言，当$g<d$时，他的机器人每次可以选择向右弹跳的距离为$d-g$，$d-g+1$，$d-g+2$，…，$d+g-2$，$d+g-1$，$d+g$；否则（当$g \geqslant d$时），他的机器人每次可以选择向右弹跳的距离为1，2，3，…，$d+g-2$，$d+g-1$，$d+g$。

现在小R希望获得至少k分，请问他至少要花多少金币来改造他的机器人。

【输入格式】

输入文件名为jump.in。

第一行包含三个正整数n，d，k，分别表示格子的数目，改进前机器人弹跳的固定距离，以及希望至少获得的分数。相邻两个数之间用一个空格隔开。

接下来n行，每行两个正整数x_i，s_i，分别表示起点到第i个格子的距离以及第i个格子的分数。两个数之间用一个空格隔开。保证x_i按递增顺序输入。

【输出格式】

输出文件名为jump.out。

共一行，一个整数，表示至少要花多少金币来改造他的机器人。若无论如何他都无法获得至少k分，输出-1。

【输入输出样例1】

jump.in	jump.out
7 4 10 2 6 5 -3 10 3 11 -3 13 1 17 6 20 2	2

见选手目录下的jump/jump1.in和jump/jump1.ans。

【输入输出样例1说明】

花费2个金币改进后，小R的机器人依次选择的向右弹跳的距离分别为2，3，5，3，4，3，先后到达的位置分别为2，5，10，13，17，20，对应1，2，3，5，6，7这6个格子。这些格子中的数字之和15即为小R获得的分数。

【输入输出样例2】

jump.in	jump.out
7 4 20 2 6 5 –3 10 3 11 –3 13 1 17 6 20 2	–1

见选手目录下的jump/jump2.in和jump/jump2.ans。

【输入输出样例2说明】

由于样例中7个格子组合的最大可能数字之和只有18，无论如何都无法获得20分。

【输入输出样例3】

见选手目录下的jump/jump3.in和jump/jump3.ans。

【数据规模与约定】

本题共10组测试数据，每组数据10分。对于全部的数据满足 $1 \leqslant n \leqslant 500000$，$1 \leqslant d \leqslant 2000$，$1 \leqslant x_i$，$k \leqslant 10^9$，$|s_i|<10^5$。

对于第1，2组测试数据，$n \leqslant 10$。

对于第3，4，5组测试数据，$n \leqslant 500$。

对于第6，7，8组测试数据，d=1。

CCF NOIP 2017复赛普及组解题报告

《成绩》解题报告

清华大学　张瑞喆

【概　述】

本题为NOIP 2017普及组的第一道题目，题目以实际生活中加权平均计算总分为背景设计。要求选手动手编写一个能自动计算总分的程序。激发选手的编程兴趣，引导选手通过编程解决实际生产生活中的各种问题，为选手未来的发展提供了正确的方向。

【得分抽样分析】

从下图可以看出，本题的满分人数占比超过60%，部分得分有梯度地分布，在60分和30分分别形成小平台。约有80%的选手获得了60分以上的分数。

本题很好地区分了普及组低水平选手的实力，会写代码的选手都能够获得满分，作为第一道简单题，为普及组评奖划分阶梯起到了应有的作用。

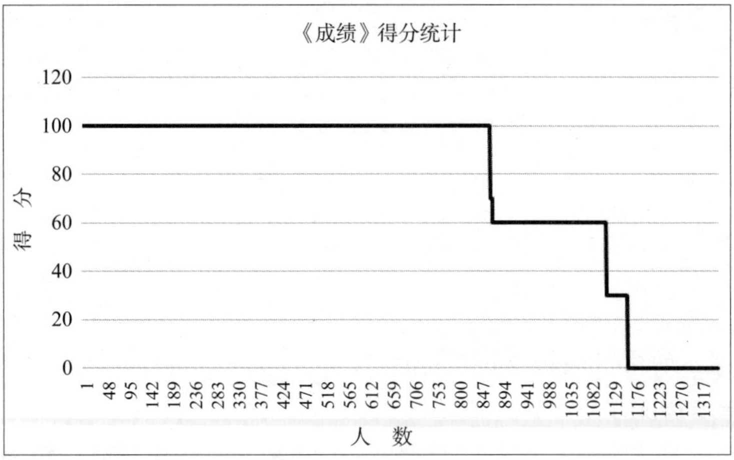

【题目大意】

输入一个人的各项目成绩，按照以下公式求出总成绩并输出。保证各项目成绩都是10的整数倍。

总成绩＝作业成绩 ×20%+ 小测成绩 ×30%+ 期末考试成绩 ×50%

【解　法】

在这道题中，选手需要根据题目给定的算分公式，算出总分。

选手编写C++程序时，除了输入和输出外，还需要根据题目的要求完成相应的任务。具体来讲，需要分为以下三个步骤：

（1）读入被计算的三个正整数 A，B，C。

（2）计算 $A\times0.2+B\times0.3+C\times0.5$ 的值并存储在变量 D 中。

（3）输出变量 D。

通过代码实现如下：

```
#include<cstdio>
int main()
{
  freopen("score.in", "r", stdin);
  freopen("score.out", "w", stdout);
  int a, b, c;
  scanf("%d%d%d", &a, &b, &c);
  printf("%d\n", (a*2+b*3+c*5)/10);
  return 0;
}
```

【总　结】

综上所述，本题选题良好，背景合适，考试效果符合预期，得分分布合理，适合设置在NOIP普及组第一题。但有部分选手在这道题目上没有获得分数，可能是由于其不会编写程序或者不会使用文件输入输出。针对第一种情况，应该加大编程技能在初中生中的普及力度，确保参加NOIP的绝大多数学生都会写程序。对于第二种情况，在未来可以考虑在系列赛中使用标准输入输出进行评测，在评测时利用重定向的方法避免给选手在读写文件上设置障碍。

《图书管理员》解题报告

中国人民大学 梁钧凯

【算法分析】

本题主要考察数组和循环。

将所有图书的编码利用数组储存起来。

对于每位读者，已知需求码 s 和需求码长度 l，如果一本书的编码是 a，则 $a \bmod 10^l=s$ 代表这本书符合需求，否则不符合。

枚举所有图书，将符合需求的图书中最小的记录下来即可（注意：每次都需要将最小值初始化），如果不存在输出“-1”。

时间复杂度为 $O(nq)$。

《棋盘》解题报告

中国人民大学 冯宁轩

【概 述】

本题以一个有趣的小游戏为背景，设计了一个创新有趣的题目。本题引导学生通过编程寻找游戏中的最佳选择，激发学生的编程兴趣。

【题目大意】

要从棋盘的最左上角走到最右下角，每次只能走到相邻的格子上，格子是有颜色的（红色和黄色），玩家只能站在有颜色的格子上，保证最左上角的格子是有颜色的，玩家还可以额外花费金币施展一次魔法，在一个回合将一个格子变成任意颜色，但是这个魔法不能连续使用。求走到终点所花费的最少金币。

【解 法】

本题可以将每个初始就有颜色的格子看成是图上的节点，每两个格子之间有一个距离，如果两个格子相邻且颜色一样，则距离为0（因为不需要花费金币就可以到达），如果两个格子相邻且颜色不一样，则距离为1（原因同上），如果两个格子横纵坐标都差1并且颜色一样，则距离为2（需要施展一次魔法），如果两个格子横纵坐标都差1并且颜色不一样，则距离为3（需要施展一次魔法并且需要额外支付1金币），其余情况距离均为INF（无法一步到达），这样本题就简化为从坐标为（1，1）的节点到坐标为（m，m）的节点的单源最短路问题，使用dijkstra算法可以轻松解决。

【总 结】

综上所述，本题选题良好，背景合适，区分度高，适合设置在NOIP普及组第三题。

《跳房子》解题报告

清华大学 茹逸中

【概 述】

本题以传统的儿童游戏为背景，题面简洁又不失趣味性。本题着重考察选手对较为复杂问题的分析能力和动态规划算法的设计以及优化能力，是一道对于初中生而言容易下手但又有一定挑战性的综合性题目。

【题目大意】

n个格子从左到右排成一排，每个格子上都写着一个整数。小R从第一个格子开始向右跳，每次可以跳的距离是［$\max\{d-g,1\}$，$d+g$］中的任意整数。每跳到一个格子上，他可以获得这个格子上写的数字代表的分数。如果小R至少要获得k分，问g的最小取值是多少。

【解法1】

假如我们确定了花费的金币数量g，那么可以用动态规划的算法计算出最多能得到的分数b。假设f［i］表示当前到达点i能获得的最大得分，那么动态规划的转移方程为

$$f[i]=\max_{i+d-g\leq j\leq i+d+g,j>i} f[j]+s[i]$$

式中，s［j］表示j点的分数。

因为可以在任意时刻结束游戏，所以最终的答案是所有f的最大值。这个动态规划算法的复杂度是O（n^2）。

显然g越大，每次弹跳的选择越大，此时能获得的分数b也就越高，所以b关于g是非严格递增的。因此，可以二分g，通过动态规划判断在当前的g下是否能够获得至少k分。总复杂度为O（$n^2\log n$）。

期望得分50分。

【解法2】

考虑优化动态规划算法。考虑状态转移方程，主要复杂度在求max上。由于在一段定长的区间上求max，可以使用单调队列进行优化。如果我们从小到大计算f［i］，维护一个递减的单调队列，计算完f［i］后，将其加入队列，弹出队尾所有比f［i］小的数。这样在单调队列中，队头永远是最大的，因此，每次取max时只需取队头即可。总复杂度为O（$n\log n$）。

期望得分100分。

【总 结】

综上所述，本题选题良好，背景合适，难度合理，适合设置在NOIP普及组第四题。

CCF NOIP 2017 复赛提高组第一试

一、题目概况

中文题目名称	小凯的疑惑	时间复杂度	逛公园
英文题目与子目录名	math	complexity	park
可执行文件名	math	complexity	park
输入文件名	math.in	complexity.in	park.in
输出文件名	math.out	complexity.out	park.out
每个测试点时限	1秒	1秒	3秒
测试点数目	20	10	10
每个测试点分值	5	10	10
附加样例文件	有	有	有
结果比较方式	全文比较（过滤行末空格及文末回车）		
题目类型	传统	传统	传统
运行内存上限	256M	256M	512M

二、提交源程序文件名

对于C++语言	math.cpp	complexity.cpp	park.cpp
对于C语言	math.c	complexity.c	park.c
对于Pascal语言	math.pas	complexity.pas	park.pas

三、编译命令（不包含任何优化开关）

对于C++语言	g++ -o math math.cpp -lm	g++ -o complexity complexity.cpp -lm	g++ -o park park.cpp -lm
对于C语言	gcc -o math math.c -lm	gcc -o complexity complexity.c -lm	gcc -o park park.c -lm
对于Pascal语言	fpc math.pas	fpc complexity.pas	fpc park.pas

注意事项：

（1）文件名（程序名和输入输出文件名）必须使用英文小写字母。

（2）C/C++中函数main（）的返回值类型必须是int，程序正常结束时的返回值必须是0。

（3）全国统一评测时采用的机器配置为：CPU AMD Athlon（tm）II x2 240 processor，2.8GHz，内存4G，上述时限以此配置为准。

（4）只提供Linux格式附加样例文件。

（5）提交的程序代码文件的放置位置请参照各省的具体要求。

（6）特别提醒：评测在当前最新公布的NOI Linux下进行，各语言的编译器版本以其为准。

小凯的疑惑

（math.cpp/c/pas）

【问题描述】

小凯手中有两种面值的金币，两种面值均为正整数且彼此互素。每种金币小凯都有无数个。在不找零的情况下，仅凭这两种金币，有些物品他是无法准确支付的。现在小凯想知道在无法准确支付的物品中，最贵的价值是多少金币？注意：输入数据保证存在小凯无法准确支付的商品。

【输入格式】

输入文件名为math.in。

输入数据仅一行，包含两个正整数a和b，它们用一个空格隔开，表示小凯手中金币的面值。

【输出格式】

输出文件名为math.out。

输出文件仅一行，一个正整数N，表示不找零的情况下，小凯用手中的金币不能准确支付的最贵的物品价值。

【输入输出样例1】

math.in	math.out
3 7	11

见选手目录下的math/math1.in和math/math1.ans。

【输入输出样例1说明】

小凯手中有无数个面值为3和7的金币，在不找零的前提下无法准确支付价值为1、2、4、5、8、11的物品，其中，最贵的物品价值为11，比11贵的物品都能买到，例如，

$12=3\times 4+7\times 0$

$13=3\times 2+7\times 1$

$14=3\times 0+7\times 2$

$15=3\times 5+7\times 0$

……

【输入输出样例2】

见选手目录下的math/math2.in和math/math2.ans。

【数据规模与约定】

对于30%的数据：$1\leqslant a, b\leqslant 50$。

对于60%的数据：$1\leqslant a, b\leqslant 10000$。

对于100%的数据：$1\leqslant a, b\leqslant 1000000000$。

时间复杂度

（complexity.cpp/c/pas）

【问题描述】

小明正在学习一种新的编程语言A++，刚学会循环语句的他激动地写了好多程序，并给出了自己算出的时间复杂度，可他的编程老师实在不想一个一个检查小明的程序，于是你的机会来啦！下面请你编写程序来判断小明对每个程序给出的时间复杂度是否正确。

A++语言的循环结构如下：

```
F i x y
    循环体
E
```

其中，“F i x y”表示新建变量i（变量i不可与未被销毁的变量重名）并初始化为x，然后判断i和y的大小关系，若i小于等于y则进入循环，否则不进入。每次循环结束后i都会被修改成$i+1$，一旦i大于y终止循环。

x和y可以是正整数（x和y的大小关系不定）或变量n。n是一个表示数据规模的变量，在时间复杂度计算中需保留该变量而不能将其视为常数，该数远大于100。

“E”表示循环体结束。循环体结束时，这个循环体新建的变量也被销毁。

注：本题为了书写方便，在描述复杂度时，使用大写英文字母“O”表示通常意义下“Θ”的概念。

【输入格式】

输入文件名为complexity.in。

输入文件第一行一个正整数t，表示有t（$t\leq 10$）个程序需要计算时间复杂度。每个程序我们只需抽取其中“F i x y”和“E”即可计算时间复杂度。注意：循环结构允许嵌套。

接下来，每个程序的第一行包含一个正整数l和一个字符串，L代表程序行数，字符串表示这个程序的复杂度，“O（1）”表示常数复杂度，“O（n^w）”表示复杂度为n^w，其中，w是一个小于100的正整数（输入中不包含引号），输入保证复杂度只有O（1）和O（n^w）两种类型。

接下来，l行代表程序循环结构中的“F i x y”或者“E”。

程序行若以“F”开头，表示进入一个循环，之后是用空格隔开的三个字符（串）i x y，其中，i是一个小写字母（保证不为“n”），表示新建的变量名，x和y可能是正整数或n，已知若为正整数则一定小于100。

程序行若以“E”开头，则表示循环体结束。

【输出格式】

输出文件名为complexity.out。

输出文件共t行，对应输入的t个程序，每行输出“Yes”或“No”或者“ERR”（输出中不包含引号），若程序实际复杂度与输入给出的复杂度一致则输出“Yes”，不一致则输出“No”，若程序有语法错误（其中，语法错误只有①F 和 E 不匹配，②新建的变量与已经存在但未被销毁的变量重复两种情况），则输出“ERR”。

注意：即使在程序不会执行的循环体中出现了语法错误也会编译错误，要输出“ERR”。

【输入输出样例1】

complexity.in	complexity.out
8 2 O（1） F i 1 1 E 2 O（n^1） F x 1 n E 1 O（1） F x 1 n 4 O（n^2） F x 5 n F y 10 n E E 4 O（n^2） F x 9 n E F y2n E 4 O（n^1） F x 9 n F y n 4 E E 4 O（1） F y n 4 F x 9 n E E 4 O（n^2） F x 1 n F x 1 10 E E	Yes Yes ERR Yes No Yes Yes ERR

见选手目录下的complexity/complexity1.in和complexity/complexity1.ans。

【输入输出样例1说明】

第一个程序i从1到1，是常数复杂度。

第二个程序x从1到n，是n的一次方的复杂度。

第三个程序有一个F开启循环却没有E结束，语法错误。

第四个程序二重循环，n的平方的复杂度。

第五个程序两个一重循环，n的一次方的复杂度。

第六个程序第一重循环正常，但第二重循环开始即终止（因为n远大于100，100大于4）。

第七个程序第一重循环无法进入，故为常数复杂度。

第八个程序第二重循环中的变量x与第一重循环中的变量重复，出现语法错误②，输出ERR。

【输入输出样例2】

见选手目录下的complexity/complexity2.in和complexity/complexity2.ans。

【数据规模与约定】

对于30%的数据：不存在语法错误，数据保证小明给出的每个程序的前$L/2$行一定为以F开头的语句，第$L/2+1$行至第L行一定为以E开头的语句，$L \leqslant 10$，若x、y均为整数，x一定小于y，并且只有y有可能为n。

对于50%的数据：不存在语法错误，$L \leqslant 100$，若x、y均为整数，x一定小于y，并且只有y有可能为n。

对于70%的数据：不存在语法错误，$L \leqslant 100$。

对于100%的数据：$L \leqslant 100$。

逛公园

（park.cpp/c/pas）

【问题描述】

策策同学特别喜欢逛公园。公园可以看成一张由N个点、M条边构成的有向图，且没有自环和重边。其中，1号点是公园的入口，N号点是公园的出口，每条边有一个非负权值，代表策策经过这条边所要用的时间。

策策每天都会去逛公园，他总是从1号点进去，从N号点出来。

策策喜欢新鲜的事物，他不希望有两天逛公园的路线完全一样，同时策策还是一个特别热爱学习的好孩子，他不希望每天在逛公园这件事上花费太多的时间。如果1号点到N号点的最短路长为d，那么策策只会喜欢长度不超过$d+K$的路线。

策策同学想知道总共有多少条满足条件的路线，你能帮帮他吗？

为避免输出过大，答案对P取模。

如果有无穷多条合法的路线，请输出-1。

【输入格式】

输入文件名为park.in。

第一行包含一个整数T，代表数据组数。

接下来T组数据，对于每组数据：

第一行包含四个整数N，M，K，P，每两个整数之间用一个空格隔开。

接下来M行，每行三个整数a_i，b_i，c_i，代表编号为a_i，b_i的两点之间有一条权值为c_i的有向边，每两个整数之间用一个空格隔开。

【输出格式】

输出文件名为park.out。

输出文件包含T行，每行一个整数代表答案。

【输入输出样例1】

park.in	park.out
2 5 7 2 10 1 2 1 2 4 0 4 5 2 2 3 2 3 4 1 3 5 2 1 5 3 2 2 0 10 1 2 0 2 1 0	3 -1

见选手目录下的park/park1.in和park/park1.ans。

对于第一组数据，最短路为3。

1-5，1-2-4-5，1-2-3-5为三条合法路径。

【输入输出样例2】

见选手目录下的park/park2.in和park/park2.ans。

【数据规模与约定】

对于不同的测试点，我们约定各种参数的规模不会超过下表。

测试点编号	T	N	M	K	是否有0边
1	5	5	10	0	否
2	5	1000	2000	0	否
3	5	1000	2000	50	否
4	5	1000	2000	50	否
5	5	1000	2000	50	否
6	5	1000	2000	50	是
7	5	100000	200000	0	否
8	3	100000	200000	50	否
9	3	100000	200000	50	是
10	3	100000	200000	50	是

对于100%的数据：$1 \leqslant P \leqslant 10^9$，$1 \leqslant a_i$，$b_i \leqslant N$，$0 \leqslant c_i \leqslant 1000$。

数据保证：至少存在一条合法的路线。

CCF NOIP 2017 复赛提高组第一试解题报告

《小凯的疑惑》解题报告

中国人民大学　冯宁轩

【概　述】

本题以现实生活为背景，衍生设计了一个创新有趣的题目。本题引导学生通过编程解决生活中的实际问题，激发学生的编程兴趣。

【题目大意】

a，b 是两个互素的正整数，求不能被 a，b 表示的最大正整数（如果 n 可以写成 $n=k_1a+k_2b$（k_1，$k_2 \in \mathbb{N}$））。

【解　法】

本题共提供两种解题思路，第一种直接根据数论公式，两个互素的正整数 a，b 不能表示的最大正整数为 $a*b-a-b$；第二种为从 $a*b$ 向下进行二分加扩展欧几里得算法，也可求出最终结果。

【总　结】

综上所述，本题选题良好，背景合适，适合设置在NOI提高组第一天第一题，帮助学生开启美好的NOI之旅。

《时间复杂度》解题报告

中国人民大学　侯宇蓬

【概　述】

本题从程序设计的基础结构入手，构造出一道既贴近学生学习生活，又有新意的题目。题目抽象了程序结构，提取了一部分编译器的工作，大大简化了考生面对的任务，主要考察选手对基础数据结构——栈的理解和快速准确编写程序的能力。引导学生在学习编程时多思考各处细节，尝试应用所学的基础算法。激发学生学习兴趣，为长期学习计算机科学的学生提供引导。

【得分分析】

从下页图中可以看出，这道题满分人数为1344人，作为一道中档题比较合适，既有一定区分度，又保证了有能力的选手可以轻松拿到满分。部分分分配合理，有3569人拿到部分分，几乎呈线性分布，比较好地区分了选手的能力。值得注意的是，有超过50%的选手没有拿到分数，未来应该继续降低题目部分分难度，让更多选手取得部分成绩。

【题目大意】

给定一个只含循环结构的程序，判断这个程序循环嵌套的最大层数，以及是否有语

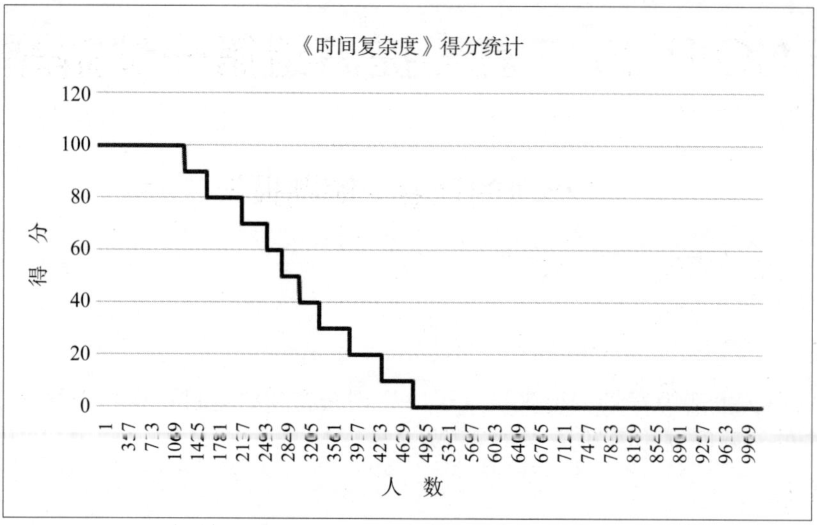

法错误（如变量名重复出现或循环开始/结束不对应）。

【解　法】

依次输入每一行，使用栈记录当前循环嵌套的层数，并同时维护全局的最大层数和在前一层循环中出现的变量名。这个层数即对应着时间复杂度的n的幂次，与输入对比即可。

本题有些细节需要注意，下面一一列出：

（1）如果单层循环中始末点都为给定的常数，则该层循环时间复杂度算作O（1）（常数复杂度）。

（2）单层循环的始末点可以相同，这种情况下当前层时间复杂度算作O（1）。

（3）单层循环的起点大于终点时，此层及之后的层数不会进入，故不计时间复杂度，也无需记录变量名来判断有无语法错误，但后层还会输入，这时程序不可跳出。

（4）“E”的数量可能比“F”多，此时判断程序有语法错误但不可停止输入直接跳出，需要处理之后的输入数据。

（5）可以使用数组记录变量名是否出现，若变量名重复在一个循环块中出现则判定为语法错误。但若出现（2）的情况，在未进入的部分出现变量名重复不算语法错误。

并列的循环块取时间复杂度高的计入总时间复杂度。

【总　结】

综上所述，本题选题良好，背景合适，考试效果符合预期，得分分布合理，适合设置在NOIP提高组第一天第二题。

《逛公园》解题报告

北京大学　周子鑫

【题目大意】

给出一张边权非负的无向图，求1到N长度不超过最短路径长度$+K$的路径条数。

【解　法】

1. K=0且没有零边

非常经典的最短路计数问题，先求出这张图的最短路图，由于没有零边的存在，最短路图一定是一个DAG。

考虑在DAG上进行dp，$f[u]$代表从1～u有多少条最短路径。

若v是u在最短路图上的后继节点，则会有转移$f[v]$ += $f[u]$。

对于小规模的数据，可用$O(n^2)$的dijkstra算法求最短路。

对于大规模的数据，可以使用堆优化的dijkstra算法，最短路部分的时间复杂度为$O(M\log M)$，dp部分的时间复杂度为$O(M)$。

2. $K>0$且没有零边

稍微修改一下K=0时的dp，令$f[u][k]$为1～u，长度为最短路径+K的路径条数。

同样的，在没有零边的情况下，最短路图为DAG，若v是u在最短路图上的后继节点，则会有转移$f[v][k+\text{len}[u][v]-d[v]+d[u]]$ += $f[u]$，其中，$\text{len}[u][v]$为u到v的边的长度，$d[u]$，$d[v]$分别代表1～u，1～v的最短路长度。

dp部分复杂度为$O(KM)$。

需要注意，当走到N号点后，仍然可以再走出来，只要此时的路程没有超过最短路长+K。

3. 有零边的情况

有零边的情况会稍烦琐，比较传统的处理方法是先将图中所有的零环缩成点（例如，使用tarjan算法求零边的强连通分量）。

在缩点之后的图中套用上述解法。

需要注意的是，对无穷多解的判断，有无穷多解当且仅当存在一条1～N，长度不超过最短路长+K且经过某个零环上的点的路径。

缩点之后，1号点和N号点可能落在某个零环内，需要小心。

4. 有关常数的问题

首先可以看到此题规模较大，若使用STL中的容器可能会超时。

注意到因为有些点不存在到达N的合法路径，若正向进行dp会有很多点是没有用的。

为了进行优化，可以从N点出发，倒着建立最短路图进行dp，这样可以保证最短路图上的点都是能够到达N点的。

CCF NOIP 2017复赛提高组第二试

一、题目概况

中文题目名称	奶　酪	宝　藏	列　队
英文题目与子目录名	cheese	treasure	phalanx
可执行文件名	cheese	treasure	phalanx
输入文件名	cheese.in	treasure.in	phalanx.in
输出文件名	cheese.out	treasure.out	phalanx.out
每个测试点时限	1秒	1秒	2秒
测试点数目	10	20	20

续　表

每个测试点分值	10	5	5
附加样例文件	有	有	有
结果比较方式	全文比较（过滤行末空格及文末回车）		
题目类型	传统	传统	传统
运行内存上限	256M	256M	512M

二、提交源程序文件名

对于C++语言	cheese.cpp	treasure.cpp	phalanx.cpp
对于C语言	cheese.c	treasure.c	phalanx.c
对于Pascal语言	cheese.pas	treasure.pas	phalanx.pas

三、编译命令（不包含任何优化开关）

对于C++语言	g++ -o cheese cheese.cpp -lm	g++ -o treasure treasure.cpp -lm	g++ -o phalanx phalanx.cpp -lm
对于C语言	gcc -o cheese cheese.c -lm	gcc -o treasure treasure.c -lm	gcc -o phalanx phalanx.c -lm
对于Pascal语言	fpc cheese.pas	fpc treasure.pas	fpc phalanx.pas

注意事项：

（1）文件名（程序名和输入输出文件名）必须使用英文小写字母。

（2）C/C++中函数main（）的返回值类型必须是int，程序正常结束时的返回值必须是0。

（3）全国统一评测时采用的机器配置为：CPU AMD Athlon（tm）II x2 240 processor，2.8GHz，内存4G，上述时限以此配置为准。

（4）只提供Linux格式附加样例文件。

（5）提交的程序代码文件的放置位置请参照各省的具体要求。

（6）特别提醒：评测在当前最新公布的NOI Linux下进行，各语言的编译器版本以其为准。

奶　酪

（cheese.cpp/c/pas）

【问题描述】

现有一块大奶酪，它的高度为h，它的长度和宽度我们可以认为是无限大的，奶酪中间有许多半径相同的球形空洞。我们可以在这块奶酪中建立空间坐标系，在坐标系中，奶酪的下表面为$z=0$，奶酪的上表面为$z=h$。

现在，奶酪的下表面有一只小老鼠Jerry，它知道奶酪中所有空洞的球心所在的坐标。如果两个空洞相切或是相交，则Jerry可以从其中一个空洞跑到另一个空洞，特别地，如果一个空洞与奶酪下表面相切或是相交，Jerry 则可以从奶酪下表面跑进空洞；如果一个空洞与奶酪上表面相切或是相交，Jerry 则可以从空洞跑到奶酪上表面。

位于奶酪下表面的 Jerry 想知道，在不破坏奶酪的情况下，能否利用已有的空洞跑到奶酪的上表面去？

空间内两点 $P_1(x_1, y_1, z_1)$，$P_2(x_2, y_2, z_2)$ 的距离公式如下：

$$\text{dist}(P_1, P_2) = \sqrt{(x_1 - x_2)^2 + (y_1 - y_2)^2 + (z_1 - z_2)^2}$$

【输入格式】

输入文件名为 cheese.in。

每个输入文件包含多组数据。

输入文件的第一行，包含一个正整数 T，代表该输入文件中所含的数据组数。

接下来是 T 组数据，每组数据的格式如下：

第一行包含三个正整数 n，h，r，两个数之间以一个空格隔开，分别代表奶酪中空洞的数量、奶酪的高度和空洞的半径。

接下来的 n 行，每行包含三个整数 x，y，z，两个数之间以一个空格隔开，表示空洞球心坐标为 (x, y, z)。

【输出格式】

输出文件名为 cheese.out。

输出文件包含 T 行，分别对应 T 组数据的答案，如果在第 i 组数据中，Jerry 能从下表面跑到上表面，则输出“Yes”，如果不能，则输出“No”（均不包含引号）。

【输入输出样例 1】

cheese.in	cheese.out
3 2 4 1 0 0 1 0 0 3 2 5 1 0 0 1 0 0 4 2 5 2 0 0 2 2 0 4	Yes No Yes

见选手目录下的 cheese/cheese1.in 和 cheese/cheese1.ans。

【输入输出样例 1 说明】

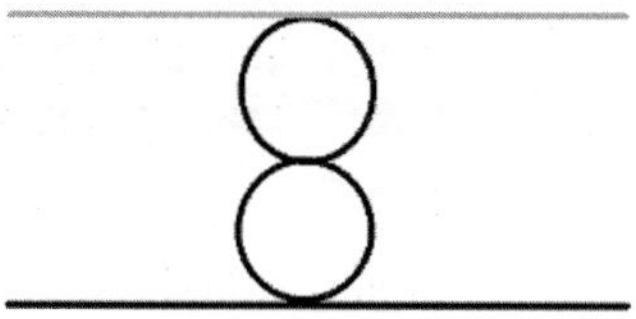

第一组数据，由右侧奶酪的剖面图可见：

第一个空洞在（0，0，0）与奶酪下表面相切；

第二个空洞在（0，0，4）与奶酪上表面相切；

两个空洞在（0，0，2）相切；

输出 Yes

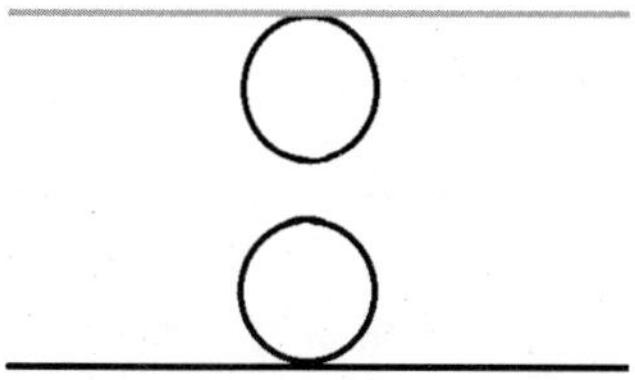

第二组数据，由右侧奶酪的剖面图可见：

两个空洞既不相交也不相切；

输出No。

第三组数据，由右侧奶酪的剖面图可见：
两个空洞相交；
且与上下表面相切或相交；
输出Yes。

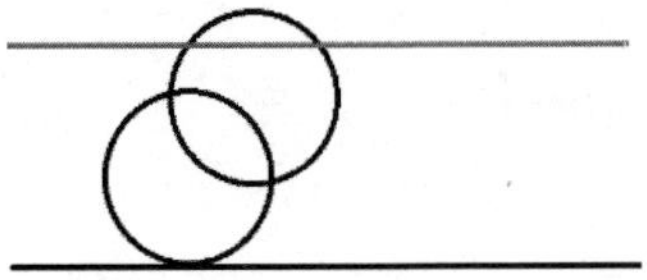

【输入输出样例2】

见选手目录下的cheese/cheese2.in和cheese/cheese2.ans。

【数据规模与约定】

对于20%的数据：$n=1$，$1 \leqslant h$，$r \leqslant 10000$，坐标的绝对值不超过10000。

对于40%的数据：$1 \leqslant n \leqslant 8$，$1 \leqslant h$，$r \leqslant 10000$，坐标的绝对值不超过10000。

对于80%的数据：$1 \leqslant n \leqslant 1000$，$1 \leqslant h$，$r \leqslant 10000$，坐标的绝对值不超过10000。

对于100%的数据：$1 \leqslant n \leqslant 1000$，$1 \leqslant h$，$r \leqslant 1000000000$，$T \leqslant 20$，坐标的绝对值不超过1000000000。

宝　藏

（treasure.cpp/c/pas）

【问题描述】

参与考古挖掘的小明得到了一份藏宝图，藏宝图上标出了n个深埋在地下的宝藏屋，也给出了这n个宝藏屋之间可供开发的m条道路和它们的长度。

小明决心亲自挖掘所有宝藏屋中的宝藏。但是，每个宝藏屋距离地面都很远，也就是说，从地面打通一条到某个宝藏屋的道路是很困难的，而开发宝藏屋之间的道路则相对容易很多。

小明的决心感动了考古挖掘的赞助商，赞助商决定免费赞助他打通一条从地面到某个宝藏屋的通道，通往哪个宝藏屋则由小明来决定。

在此基础上，小明还需要考虑如何开凿宝藏屋之间的道路。已经开凿出的道路可以任意通行不消耗代价。每开凿出一条新道路，小明就会与考古队一起挖掘出由该条道路所能到达的宝藏屋的宝藏。另外，小明不想开发无用道路，即两个已经被挖掘过的宝藏屋之间的道路无需再开发。

新开发一条道路的代价是：这条道路的长度 × 从赞助商帮小明打通的宝藏屋到这条道路起点的宝藏屋所经过的宝藏屋的数量（包括赞助商帮你打通的宝藏屋和这条道路起点的宝藏屋）。

请你编写程序为小明选定由赞助商打通的宝藏屋和之后开凿的道路，使得工程总代价最小，并输出这个最小值。

【输入格式】

输入文件名为treasure.in。

第一行两个用空格隔开的正整数n和m，代表宝藏屋的个数和道路数。

接下来m行，每行三个用空格隔开的正整数，分别表示由一条道路连接的两个宝藏屋的编号（编号为 1~n）和这条道路的长度 v。

【输出格式】

输出文件名为 treasure.out。

输出共一行，一个正整数，表示最小的总代价。

【输入输出样例 1】

treasure.in	treasure.out
4 5 1 2 1 1 3 3 1 4 1 2 3 4 3 4 1	4

见选手目录下的 treasure/treasure1.in 和 treasure/treasure1.ans。

【输入输出样例 1 说明】

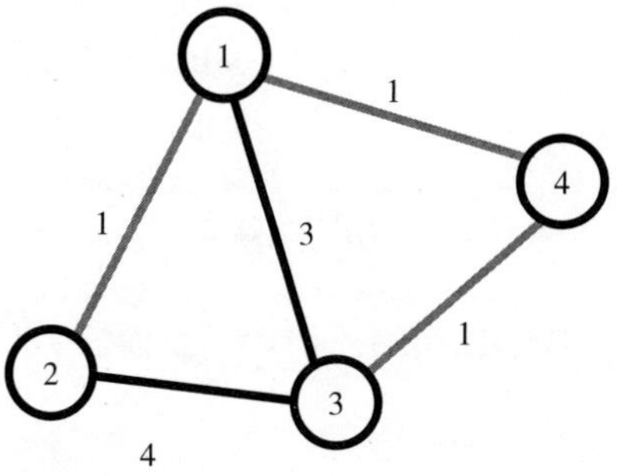

小明选定让赞助商打通了 1 号宝藏屋。小明开发了道路 1→2，挖掘了 2 号宝藏；开发了道路 1→4，挖掘了 4 号宝藏；还开发了道路 4→3，挖掘了 3 号宝藏。工程总代价为：1 × 1+1 × 1+1 × 2=4。

（1→2）（1→4）（4→3）

【样例输入输出 2】

treasure.in	treasure.out
4 5 1 2 1 1 3 3 1 4 1 2 3 4 3 4 2	5

见选手目录下的 treasure/treasure2.in 和 treasure/treasure2.ans。

【输入输出样例 2 说明】

小明选定让赞助商打通了 1 号宝藏屋。小明开发了道路 1→2，挖掘了 2 号宝藏；开发了道路 1→3，挖掘了 3 号宝藏；还开发了道路 1→4，挖掘了 4 号宝藏。工程总代价为：1 × 1+3 × 1+1 × 1=5。

（1→2）（1→3）（1→4）

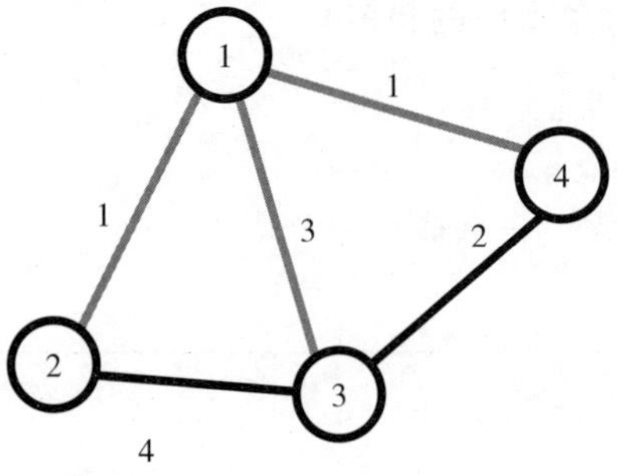

【输入输出样例3】

见选手目录下的treasure/treasure3.in和treasure/treasure3.out。

【数据规模与约定】

对于20%的数据：保证输入是一棵树，$1 \leqslant n \leqslant 8$，$v \leqslant 5000$且所有的$v$都相等。

对于40%的数据：$1 \leqslant n \leqslant 8$，$0 \leqslant m \leqslant 1000$，$v \leqslant 5000$且所有的$v$都相等。

对于70%的数据：$1 \leqslant n \leqslant 8$，$0 \leqslant m \leqslant 1000$，$v \leqslant 5000$。

对于100%的数据：$1 \leqslant n \leqslant 12$，$0 \leqslant m \leqslant 1000$，$v \leqslant 500000$。

列　队

（phalanx.cpp/c/pas）

【问题描述】

Sylvia是一个热爱学习的女孩子。

前段时间，Sylvia参加了学校的军训。众所周知，军训的时候需要站方阵。Sylvia所在的方阵中有$n \times m$名学生，方阵的行数为n，列数为m。

为了便于管理，教官在训练开始时，按照从前到后、从左到右的顺序给方阵中的学生从$1 \sim n \times m$编上号码（参见后面的样例）。即初始时，第i行第j列的学生的编号是$(i-1) \times m+j$。

然而在练习方阵的时候，经常会有学生因为各种各样的事情需要离队。一天中，一共发生了q次这样的离队事件。每一次离队事件可以用数对(x, y)（$1 \leqslant x \leqslant n$，$1 \leqslant y \leqslant m$）描述，表示第$x$行第$y$列的学生离队。

有学生离队后，队伍中出现了一个空位。为了队伍的整齐，教官会依次下达下面两条指令：

（1）向左看齐。这时第一列保持不动，所有学生向左填补空缺。不难发现在这条指令之后，空位在第x行第m列。

（2）向前看齐。这时第一行保持不动，所有学生向前填补空缺。不难发现在这条指令之后，空位在第n行第m列。

教官规定不能有两个或更多学生同时离队，即在前一个离队的学生归队之后，下一个学生才能离队。因此，在每一个离队的学生要归队时，队伍中有且仅有第n行第m列一个空位，这时这个学生会自然地填补到这个位置。

因为站方阵真的很无聊，所以Sylvia想要计算每一次离队事件中，离队同学的编号是多少。

注意： 每一个同学的编号不会随着离队事件的发生而改变，在发生离队事件后方阵中同学的编号可能是乱序的。

【输入格式】

输入文件名为 phalanx.in。

输入共 $q+1$ 行。

第一行包含三个用空格隔开的正整数 n，m，q，表示方阵大小是 n 行 m 列，一共发生了 q 次离队事件。

接下来 q 行，按照事件发生顺序描述了 q 次事件。每一行是两个整数 x，y，用一个空格分隔，表示这个离队事件中离队的学生当时排在第 x 行第 y 列。

【输出格式】

输出文件名为 phalanx.out。

按照事件输入的顺序，每一个事件输出一行一个整数，表示这个离队事件中离队学生的编号。

【输入输出样例 1】

phalanx.in	phalanx.out
2 2 3 1 1 2 2 1 2	1 1 4

见选手目录下的 phalanx/phalanx1.in 与 phalanx/phalanx1.ans。

【输入输出样例 1 说明】

$$\begin{bmatrix}1 & 2\\3 & 4\end{bmatrix} \Rightarrow \begin{bmatrix} & 2\\3 & 4\end{bmatrix} \Rightarrow \begin{bmatrix}2 & \\3 & 4\end{bmatrix} \Rightarrow \begin{bmatrix}2 & 4\\3 & \end{bmatrix} \Rightarrow \begin{bmatrix}2 & 4\\3 & 1\end{bmatrix}$$

$$\begin{bmatrix}2 & 4\\3 & 1\end{bmatrix} \Rightarrow \begin{bmatrix}2 & 4\\3 & \end{bmatrix} \Rightarrow \begin{bmatrix}2 & 4\\3 & \end{bmatrix} \Rightarrow \begin{bmatrix}2 & 4\\3 & \end{bmatrix} \Rightarrow \begin{bmatrix}2 & 4\\3 & 1\end{bmatrix}$$

$$\begin{bmatrix}2 & 4\\3 & 1\end{bmatrix} \Rightarrow \begin{bmatrix}2 & \\3 & 1\end{bmatrix} \Rightarrow \begin{bmatrix}2 & \\3 & 1\end{bmatrix} \Rightarrow \begin{bmatrix}2 & 1\\3 & \end{bmatrix} \Rightarrow \begin{bmatrix}2 & 1\\3 & 4\end{bmatrix}$$

列队的过程如上图所示，每一行描述了一个事件。

在第一个事件中，编号为 1 的同学离队，这时空位在第 1 行第 1 列。接着所有同学向左标齐，这时编号为 2 的同学向左移动一步，空位移动到第 1 行第 2 列。然后所有同学向上标齐，这时编号为 4 的同学向上一步，这时空位移动到第 2 行第 2 列。最后编号为 1 的同学返回填补到空位中。

【样例输入输出 2】

见选手目录下的 phalanx/phalanx2.in 与 phalanx/phalanx2.ans。

【数据规模与约定】

测试点编号	n	m	q	其他约定
1，2 3，4 5，6	$\leqslant 1000$	$\leqslant 1000$	$\leqslant 500$	无
7，8 9，10	$\leqslant 5\times 10^4$	$\leqslant 5\times 10^4$		
11，12	=1	$\leqslant 10^5$	$\leqslant 10^5$	所有事件x=1
13，14		$\leqslant 3\times 10^5$	$\leqslant 3\times 10^5$	
15，16	$\leqslant 3\times 10^5$			
17，18	$\leqslant 10^5$	$\leqslant 10^5$	$\leqslant 10^5$	无
19，20	$\leqslant 3\times 10^5$	$\leqslant 3\times 10^5$	$\leqslant 3\times 10^5$	

数据保证每一个事件满足$1 \leqslant x \leqslant n$，$1 \leqslant y \leqslant m$。

CCF NOIP 2017复赛提高组第二试解题报告

《奶酪》解题报告

中国人民大学　侯宇蓬

【概　述】

本题灵感来自于材料学科研中的真实问题，但本题经过很好的抽象，既让题目妙趣横生，又让选手着手运用程序设计解决实际问题。本题表面看是三维空间中的问题，但实际考察选手的抽象能力。能否将三维空间抽象为图的连通模型，并找出有效算法是解决此问题的关键。

【得分分析】

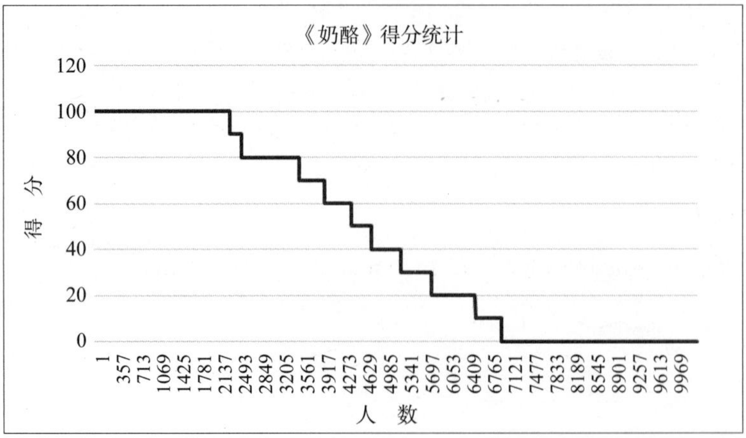

从上页图中可以看出，本题的满分人数为2340人，部分分有梯度地分布，在80分形成小平台。将近7000人拿到了不同程度的分数，作为NOIP第二天第一题来说比较合适。

【题目大意】

三维空间中有很多半径相同的球体，并且有两个相互平行的平面，如果平面和球，或球和球之间相交则表示它们连通。求能否从一个平面，通过连通的球体，到达另一个平面。

【解　法】

我们只需要先计算出任意两个球体是否相交，即是否满足：

两球球心距离<两球半径之和

这个计算过程可以用$O(n^2)$进行预处理。然后将与下平面相交的球作为起点，寻找是否有通往上平面的路径即可。这个过程可以用DFS算法解决。需要注意的是，我们搜索到某个球时，就需要判断这个球是否与上平面相交，如果相交，则证明搜索成功。如果无论如何也找不到一个这样的球，则证明搜索失败。

另外，为了加速算法，我们需要采用“记忆化搜索”，即如果我们已经搜索过某个球，就没必要再搜索一次了，因为根据DFS的性质，和这个球相连的其他球也已经被搜索过了。这样每个球最多只会被遍历一次，时间复杂度为$O(n)$。本题总的时间复杂度为$O(n^2)$。

【总　结】

综上所述，本题选题良好，背景合适，考试效果符合预期，得分分布合理，适合设置在NOIP提高组第二天第一题。

《宝藏》解题报告

中国人民大学　侯宇蓬

【概　述】

本题对经典的生成树问题进行改进，提出对于一种评分方案的最优生成树问题，并巧妙地和状态压缩动态规划的解法结合起来，形成了一道考察选手抽象问题能力，启发选手思考的题目。本题有助于选手拓宽视野，开发想象力，对于选手今后的学习之路具有启发意义。

【得分分析】

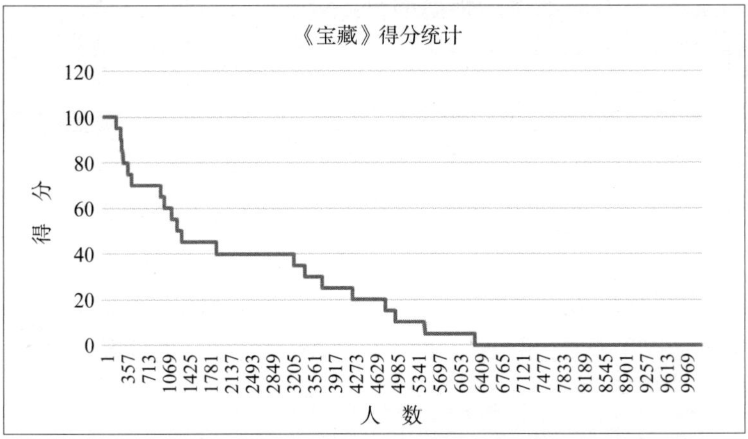

从上页图中可以看出，本题满分人数为243人，很好地区分出了顶尖选手。同时在70分和40分分别形成小平台，具有很好的区分度。超过60%的选手拿到了分数，有助于增强选手信心。

这道题很好地区分了中高水平的提高组选手的实力，为提高组评奖划分阶梯起到了应有的作用。

【题目大意】

给定一个无向有边权的图，给定一种生成树的权值计算方式，求给定标准下使权值最小的生成树的权值。

权值的计算方式为，每条边的边权乘以从这条边到根节点的距离的和。如果边上某点为根节点，则这条边距离为1，其他边的距离同理。

【解　法】

本题是一个有后效性的最优生成树问题，主要考察状态压缩动态规划。

部分选手会认为本题是最小生成树问题的变种，尝试选择贪心算法来解决。但应该注意到，贪心选取一个边加入当前生成树后，由于深度对权值的影响，使得部分最优解带有后效性，会影响后续方案的选择，因此，会得出错误答案。

对于20%的数据，由于保证输入数据是一棵树，因此，不必考虑选边的问题。故枚举树根，对于每个树根计算该树对应的权值即可。在树根固定的情况下，从树根开始DFS，并记录深度。

对于40%的数据，由于所有点权值固定，因此，事实上只要使每个点的深度尽可能小，则可以达到最小值。因此，枚举树根，使用DFS计算每个点到树根的最短距离（同时也是最小深度）。

对于更多的数据，注意到数据量不大，我们考虑状压dp的方法。

由于这种生成树上每个边对应的权值只与它所在的层数有关，我们考虑枚举生成树的层数、当前状态和未更新这一层时的状态，处理更新这一层新增的最小权值，然后乘上当前层数，加到总和即可。状态转移方程为

$$\mathrm{dp}[i][l]=\min(\mathrm{dp}[i][l],\ \mathrm{dp}[j][l-1]+l*st[i][j])$$

其中，$st[i][j]$代表第i层到第j层的最小转移代价。

现在验证最优性，考虑是否会有边在枚举的层数变大时，被加到了不划算的位置。由于我们枚举了所有的状态，所以如果有更优情况，一定也被枚举过，蕴含在答案中，证明了算法一定可以找到最优解。

这样的话，枚举层数、枚举当前状态、枚举上一层状态、处理层与层之间转移时$O(n^2)$计算最小转移代价，总的时间复杂度为$O(4^n*n^3)$。这样可以解决70%的数据，但是复杂度过高，考虑优化。

由于在层次状态转移时，计算出的最小代价与层次无关，所以我们可以把这一步拿出循环。先做一个时间复杂度为$O(4^n*n^2)$的预处理，计算出$st[i][j]$的值，然后再对$O(4^n*n)$的复杂度进行动态规划，则可使总时间复杂度优化为$O(4^n*n^2)$。

【总　结】

综上所述，本题选题良好，背景合适，考试效果符合预期，得分分布合理，适合设置为NOIP提高组第二天第二题。

《列队》解题报告

北京大学　吉如一

【概　述】

这是出题人在军训的时候想出来的数据结构题，题目背景切合实际，考察选手用数据结构知识分析与解决实际问题的能力。

同时，这道题的标算需要选手对基础数据结构——树状数组有着较为深刻的理解并能灵活使用，有着一定的难度与技巧性。本题引导选手对一些基础的数据结构有进一步理解，而不是盲目追求高级数据结构，激发选手对研究数据结构本身有趣性质的兴趣。

【得分分析】

因为数据有限，下图为浙江赛区的选手在该题的得分分布图和该题得分与浙江省相对排名的关系图。

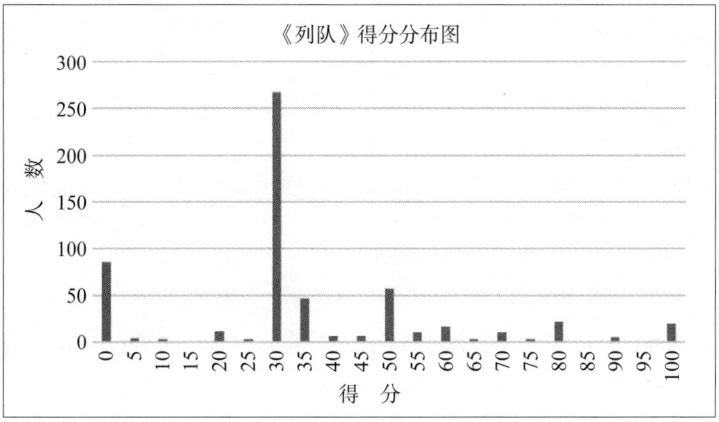

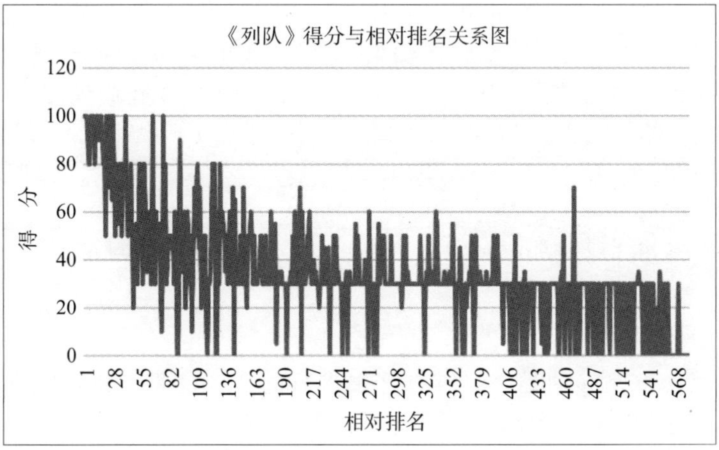

从第一张图可以看出该题的得分集中在 30~50 分数段，同时也有相当一部分（47人）选手获得了 80 分的高分。这些数据体现出，本题作为 NOIP 2017 的最后一题，很好地区分出了高水平选手，可以拉开分数差距，为一等奖分数线的划分起到了重要的区分作用。

同时从第二张图可以看出，本题的得分和选手的排名有明显的正相关关系，体现出这道题虽然作为最后一题，但是由于部分分设置合理，对各个分数段的选手都有较好的区分性。

【题目大意】

有一个$n\times m$的方阵，第i行第j列的人的编号为$(i-1)m+j$。现在依次发生了q次事件，保证每一个事件都是在上一个事件结束后才发生的。每一个事件分为4步：

（1）第i行第j列的人离开方阵，在(i, j)处产生一个空位。

（2）所有人向左对齐，空位移动到(i, m)。

（3）所有人向前对齐，空位移动到(n, m)。

（4）之前离开的人归队，位置填补到(n, m)处。

要求对每一个事件回答离队的人的编号是什么。

$n, m, q\leqslant 300000$。

【算法1】

考虑只有第一行的人会离队的部分分。可以发现所有的事件中，只有第一行的人和最后一列的人会发生移动，其余人的坐标是始终不变的。

于是可以把第一行和第m列拉直变成一个数列，问题就被转化成，有一个数列，每次把一个数移动到最后，并询问数列第i个数是多少。

这个问题可以用平衡树在单次$O(\log n)$的时间复杂度解决，但是由于平衡树的常数较大，不一定可以通过300000的数据范围。

可以进行更进一步的转化，即把这个数移动到最后，我们保持空位不变，而不是把后面的数向左移一位。这样在操作的过程中，始终保持是一个有空位的数列，因此，在询问的过程中需要快速找到第i个为1的位置。

更抽象地，有一个01数列，操作为单点修改，询问为找第i个1的下标。这个问题可以用线段树直接处理，每一个节点维护区间内有多少个1，然后询问的时候在线段树上走就可以了，如果询问的1在左子树就递归左边，反之则递归右边。

同时，这个问题也可以用树状数组来解决。我们用一个树状数组A来维护数列的前缀和。在树状数组中单点的修改是基础操作，只需要考虑如何询问第i个1的位置。

考虑$A[i]$的意义，令j为lowbit(i)，则$A[i]$的值为区间$[i-j+1, i]$的和。考虑按照二进制位从高到低的顺序来确定第i个1的位置。假设我们现在已经确定了比第k位更高的二进制位的值为x，以及区间$[1, x]$中有y个1，现在要判断第k位(2^{k-1})的值。显然只需要判断$y+A[x+2^{k-1}]$和i的大小就可以了，如果i更大，说明这一位是1，否则，说明这一位是0。

使用树状数组和线段树都能做到单次询问$O(\log n)$的时间复杂度，但是树状数组的常数要更小一些。

【算法2】

在完整的题目中，移动是在二维方阵中进行的，考虑把二维的情况转化成一维的情况。

我们把矩阵的前$m-1$列和第m列分开。这样关于操作(i, j)，对左半边来说，可以看成把(i, j)元素删除，并从右半部分索要一个元素接到最后；对于右半边来说，可以看成把第i个元素删除，并从左半部分索要一个元素接到最后。

为了解决这种循环的依赖关系，我们可以先在第m列的最后补充足够多编号为$nm+k$的元素，其中，$nm+k$表示的是第k次询问的答案。这样对第m列来说，操作只是单点删除，询问只是问第i个非空位置的和，可以直接使用“算法1”来求解。

接着对左半边来说，通过之前的求解，我们已经知道了每一次接到最后的是什么数。现在在左半边中，每一行都是独立的，我们可以对每一行分别求解，同样可以用“算法1”的方法来实现。

需要注意的细节是，在不同的行之间切换时，我们需要把数据结构清空。直接数组赋值（memset 或者 fillchar）是不行的，因此要清空 n 次。可取的方法是记录下每一次操作涉及的位置，在结束后遍历这些位置还原初值，这样，时间复杂度就只和这一行的操作个数有关了，总的清空复杂度为 $O(q\log n)$。

在做完左半边的询问之后，我们再把 $nm+k$ 的值和第 k 次的答案对应起来，就能得到答案了。

总的时间复杂度为 $O(n\log n)$（这里假设 n，m，q 同阶，都用 n 来代替），可以通过全部的测试点。

【总　结】

这是一道难度较低但是非常有趣的数据结构题，最终的解法只用到了最基础的数据结构——树状数组，非常简洁。

同时这道题看似是一个二维的问题，实际上通过一系列问题的转化，可以当作一维的数据结构问题来处理。很好地考察了选手对问题的分析能力，是一道非常合适的NOIP题。

国家集训队集训试题与解题报告

国家集训队第一次训练赛

生成树计数

【问题描述】

在一个有 s 个点的图中，存在 $s-n$ 条边，使得图中形成了 n 个连通块，第 i 个连通块中有 a_i 个点。

现在我们需要再连接 $n-1$ 条边，使该图变成一棵树。对于一种连边方案，设原图中第 i 个连通块连出了 d_i 条边，那么这棵树 T 的价值为：

$$\operatorname{val}(T)=\left(\prod_{i=1}^{n} d_i^m\right)\left(\sum_{i=1}^{n} d_i^m\right)$$

你的任务是求出所有可能的生成树的价值之和，对 998244353 取模。

【输入格式】

从文件 tree.in 中读入数据。

输入的第一行包含两个整数 n，m，意义见题目描述。

接下来一行有 n 个整数，第 i 个整数表示 a_i（$1 \leqslant a_i < 998244353$）。

你可以由 a_i 计算出图中总点数 s，所以在输入中不再给出 s 的值。

【输出格式】

输出到文件 tree.out 中。

输出包含一行一个整数，表示答案。

【样例 1 输入】

```
3 1
2 3 4
```

【样例 1 输出】

```
1728
```

【样例 1 说明】

令 i 表示大小为 i 的原连通块，连通块之间的连边有以下三种可能：

· 2–3–4

· 3–2–4

· 2–4–3

价值和为：

$$(2\times 3^2\times 4\times 2+3\times 2^2\times 4\times 2+2\times 4^2\times 3\times 2)\times(1+2+1)=1728$$

【样例2输入输出】

见选手目录下的tree/tree2.in与tree/tree2.ans。

【子任务】

· 20%的数据中，$n\leqslant 500$。
· 另外20%的数据中，$n\leqslant 3000$。
· 另外10%的数据中，$n\leqslant 10000$，$m=1$。
· 另外10%的数据中，$n\leqslant 10000$，$m=2$。
· 另外20%的数据中，所有a_i相等。

100%的数据中，$n\leqslant 30000$，$m\leqslant 30$。

无限之环

【问题描述】

曾经有一款流行的游戏，叫做Infinity Loop，先来简单介绍一下这个游戏：游戏在一个$n\times m$的网格状棋盘上进行，其中，有些小方格中会有水管，水管可能在方格某些方向的边界的中点有接口，所有水管的粗细都相同，所以如果两个相邻方格公共边界的中点都有接头，那么可以看作这两个接头互相连接。水管有下图所示的15种形状。

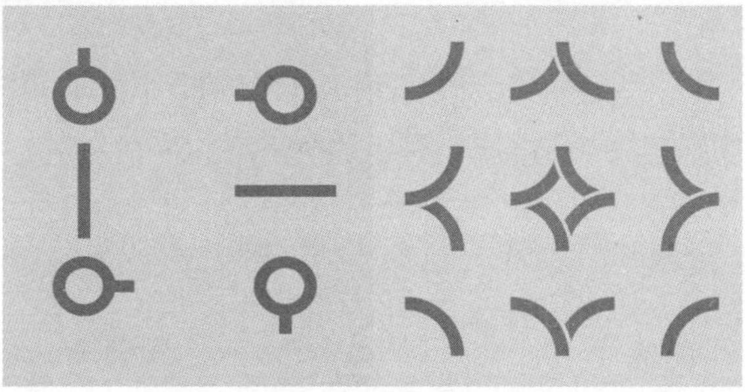

游戏开始时，棋盘中水管可能存在漏水的地方。

形式化地，如果存在某个接头，没有和其他接头相连接，那么它就是一个漏水的地方。

玩家可以进行一种操作：选定一个含有非直线型水管的方格，将其中的水管绕方格中心顺时针或逆时针旋转90°。

直线型水管是指上图中中间一行左侧的两种水管。

现给出一个初始局面，请问最少进行多少次操作可以使棋盘上不存在漏水的地方。

【输入格式】

从文件infinityloop.in中读入数据。

第一行两个正整数n，m，代表网格的大小。

接下来n行每行m个数，每个数是［0，15］中的一个，可以将其看作一个4位的二进制数，从低到高每一位分别代表初始局面中这个格子上、右、下、左方向上是否有水管接头。

特别地，如果这个数是0，则意味着这个位置没有水管。

比如3（$0011_{(2)}$）代表格子的上和右方向有接头，也就是一个L型，而12（$1100_{(2)}$）代表格子的下和左方向有接头，也就是将L型旋转180°。

【输出格式】

输出到文件infinityloop.out中。

输出共一行，表示最少操作次数。如果无法达成目标，输出-1。

【样例1输入】

```
2 3
3 14 12
3 11 12
```

【样例1输出】

```
2
```

【样例1说明】

样例1棋盘如下：

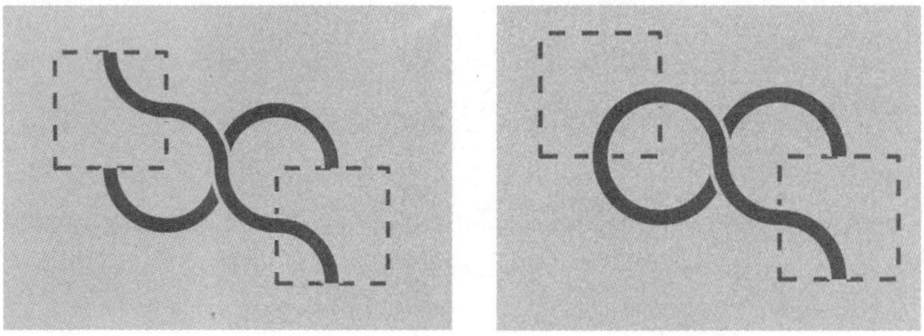

旋转方法很明显，先将左上角虚线方格内的水管顺时针旋转90°。然后，将右下角虚线方格内的水管顺时针旋转90°，这样就可以使水管封闭了。

【样例2输入】

```
3 2
1 8
5 10
2 4
```

【样例2输出】

```
-1
```

【样例2说明】

样例2为题目描述中的第一张图片，无法达成目标。

【样例3输入】

```
3 3
9 11 3
13 15 7
12 14 6
```

【样例3输出】

```
16
```

【样例3说明】

样例3为题目描述中的第二张图片，将除了中心方格以外的每个方格内的水管都旋转180° 即可完成任务。

【子任务】

<table>
<tr><th>测试点编号</th><th>$n \times m$ 的范围</th><th>特殊约定</th></tr>
<tr><td>1</td><td rowspan="2">$n \times m \leqslant 16$</td><td rowspan="2">无特殊要求</td></tr>
<tr><td>2</td></tr>
<tr><td>3</td><td rowspan="18">$n \times m \leqslant 2000$</td><td rowspan="6">$\min(n, m) \leqslant 15$</td></tr>
<tr><td>4</td></tr>
<tr><td>5</td></tr>
<tr><td>6</td></tr>
<tr><td>7</td></tr>
<tr><td>8</td></tr>
<tr><td>9</td><td rowspan="12">无特殊要求</td></tr>
<tr><td>10</td></tr>
<tr><td>11</td></tr>
<tr><td>12</td></tr>
<tr><td>13</td></tr>
<tr><td>14</td></tr>
<tr><td>15</td></tr>
<tr><td>16</td></tr>
<tr><td>17</td></tr>
<tr><td>18</td></tr>
<tr><td>19</td></tr>
<tr><td>20</td></tr>
</table>

Hello World!

【问题描述】

一年前，小V还是一名清华集训队的选手，坐在机房里为他已风中残烛般的OI生涯做最后的挣扎。如今，他已成为了一名光荣的出题人。他感到非常激动，不禁感叹道：“Hello World!”。

小V有 n 道题，他的题都非常“毒瘤”，所以关爱选手的ufozgg打算削弱这些题。为了逃避削弱，小V把他的“毒瘤”题都藏到了一棵有 n 个节点的树里（节点编号为11 ~ n），这棵树上的所有节点与小V的所有题一一对应。小V的每一道题都有一个“毒瘤”值，节点 i（表示标号为 i 的树上节点，下同）对应的题的毒瘤值为 a_i。

魔法师小V为了保护他的题目，对这棵树施了魔法，这样一来，任何人想要一探这棵树的究竟，都必须在上面做跳跃操作。每一次跳跃操作包含一个起点 s、一个终点 t 和一个步频 k，表示跳跃者会从 s 出发，在树上沿着简单路径多次跳跃到达 t，每次跳跃，如果从当前点到t的最短路长度不超过k，那么跳跃者就会直接跳到t，否则跳跃者就会沿着最短路跳过恰好k边。

既然小V把题藏在了树里，ufozgg就不能直接削弱题目了。他必须在树上跳跃，边跳跃边削弱题目。ufozgg每次跳跃经过一个节点（包括起点s，当$s=t$的时候也是如此），就会把该节点上的题目的“毒瘤”值开根并向下取整，即如果他经过了节点i，他就会使$a_i = \lfloor \sqrt{a_i} \rfloor$，这种操作我们称为**削弱操作**。

ufozgg还会不时地希望知道他对题目的削弱程度。因此，他在一些跳跃操作中会放弃对题目的削弱，转而统计该次跳跃经过节点的题目“毒瘤”值总和，这种操作我们称为**统计操作**。

吃瓜群众绿绿对小V的“毒瘤”题和ufozgg的削弱计划非常感兴趣。他现在想知道ufozgg每次做统计操作时得到的结果。你能帮帮他吗？

【输入格式】

从文件helloworld.in中读入数据。

输入的第一行为一个正整数n，表示树的节点数。

接下来一行为n个用空格隔开的正整数a_1，$a_2 \cdots a_n$，依次描述每个节点上题目的“毒瘤”值。

接下来$n-1$行，描述这棵树。每行两个正整数u，v，描述一条树上的边（u，v）（保证$1 \leq u$，$v \leq n$，保证这$n-1$条边构成了一棵树）。

接下来一行为一个正整数Q，表示ufozgg的操作总数。

接下来Q行按ufozgg执行操作的先后顺序依次描述每个操作，每行4个用空格隔开的整数op，s，t，k，表示ufozgg此次跳跃的起点为s，终点为t，步频为k。如果$op=0$，表示这是一次削弱操作；如果$op=1$，表示这是一次统计操作。

【输出格式】

输出到文件helloworld.out中。

输出共一行，表示最少操作次数。如果无法达成目标，输出-1。

【样例1输入】

```
5
1 2 3 4 5
1 2
2 3
3 4
2 5
5
1 1 4 1
1 1 4 2
0 1 5 2
1 2 4 5
1 1 5 1
```

【样例1输出】

```
10
```

8
6
5

【样例2输入输出】

见选手目录下的helloworld/helloworld2.in与helloworld/helloworld2.ans。

【子任务】

测试点编号	$n=$	$Q=$	其他约束	测试点分值
1	2000	5000		12
2	40000	400000	无	14
3	45000	400000		14
4	50000	400000	对于所有边都有 $u+1=v$	17
5	50000	400000	保证所有初始毒瘤值 $a_i=1$	7
6	50000	400000	保证对于所有询问 $k=1$	13
7	50000	400000	无	23

对于100%的数据，保证$n\leqslant 50000$，$Q\leqslant 400000$，$1\leqslant a_i\leqslant 10^{13}$，对于所有的操作保证$0\leqslant op\leqslant 1$，$1\leqslant s, t, k\leqslant n$。

国家集训队第一次训练赛解题报告

《生成树计数》解题报告

清华大学　吕欣

【概　述】

本题是2018年国家集训队清华集训的第一天第一题。题目以算法竞赛中常见的树形数据结构为切入点，设计了一道有趣的计数类问题，为选手的四天训练赛开了一个好头。

【得分分析】

如下页图所示，1人获得满分，5人获得60分以上的成绩，多数人获得了30~60的分数，体现了较好的区分度。又能让大家在赛后学到一些知识，有所进步。

【题目大意】

N个点，每个点有一个点权$v[i]$，两个点之间有$v[i]*v[j]$条边。一棵生成树的贡献是每个点度数的m次方之和乘以每个点度数m次方之积，求贡献。

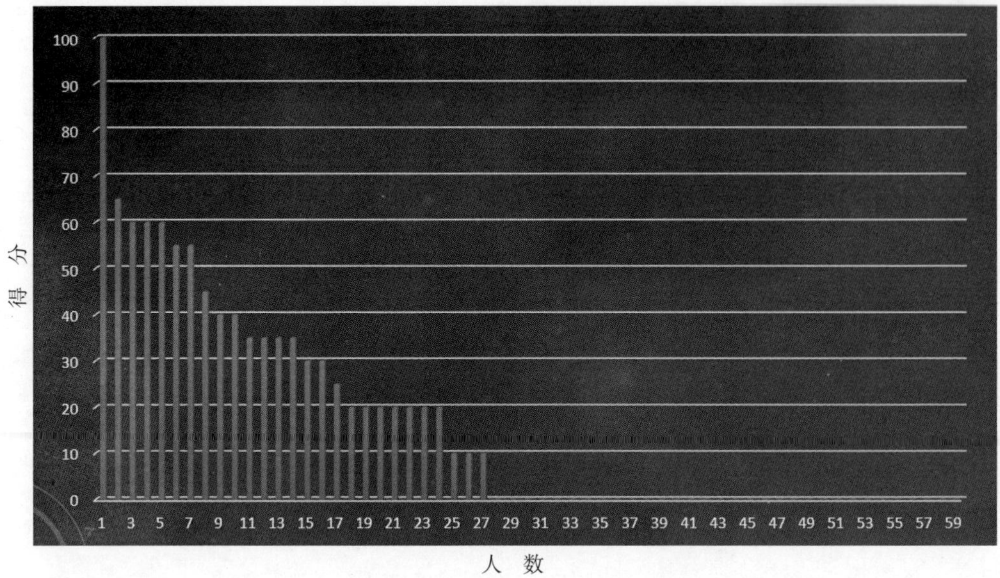

【解　法】

这是一个与生成树的度数相关的统计问题，容易想到Prufer 编码。

事实上，在题目描述中的特殊图下，Prufer编码的结论依然成立：假设一个点在Prufer编码里连了x条边，对应到原图上，对方案数产生（v_i）^{x}的贡献。

部分分算法：我们可以从前向后dp，枚举每个点在Prufer编码里填了多少个位置，用组合数转移即可，复杂度是$O(N^3)$。这样的dp可以自然统计诸点的度数乘积，为了处理诸点度数之和，我们用组合意义把它拆成选择一个点，额外产生d^m的贡献，那么可以设两个dp数组，分别表示是否选过一个特殊点。这样就可以在相同的时间复杂度内dp得出答案。

组合意义转化：考虑这样一个计数问题，从N个人里选出若干个人组成一个小组，再在这个小组里分别选出一个组长和一个干事（允许兼任）的方案数。一般的思路是枚举小组有k个人，那么有$C(n, k)$种方案选出这些人，在这些人里选择两个人担任职务的方案数就是k^2，这样的计算复杂度是$O(N)$。我们还可以把这个思路倒过来，先从N个人里选好组长和干事，然后再挑选若干个人组成一个小组。那么，只需要枚举组长和干事是否是同一个人，我们易得方案数为$N\times 2^{N-1}+N\times(N-1)\times 2^{N-2}$，这样的计算复杂度是$O(1)$。

进一步地，考虑$(x_1+x_2+\cdots+x_k)^m$这样一个式子，我们把它展开，容易发现会产生贡献的是不超过m个x元素的乘积。那么我们可以枚举一些元素的乘积，计算它们会在多少种情况中对答案产生贡献。

满分算法：回到原题，考虑到m比较小，我们可以对每个点都进行这个过程。考虑我们填好一个 Prufer 序列之后，一个点若出现了c次，它的贡献是$(c+1)^m$，那么这个值的贡献可以理解为，这个点在序列的不同出现位置，选出不超过m个元素组合在一起，配上一个与所取元素个数的系数（其实是斯特林数）相关的方案数。

为了处理“度数之和”的因素，同样地，还是理解为选择一个点产生额外的贡献，由此我们可以设计一个$O(N^2M)$的dp。优化也很容易，注意到这个dp过程的本质相当于很多低阶多项式的卷积，那么自然地使用分治FFT即可。总时间复杂度为$O(NM\log^2N)$。

【总　结】

本题区分度良好，同时具有一定的难度，给选手们带来了愉快的比赛体验。通过这样一道题目，我们也推广了从组合意义入手，用斯特林数转化一类贡献计算的小trick。

《无限之环》解题报告

清华大学　邢健开

【题目描述】

曾经有一款流行的游戏叫做Infinity Loop，先简单地介绍一下这个游戏。游戏在一个 $n \times m$ 的网格状棋盘上进行，其中，有些小方格中会有水管，水管可能在方格某些方向的边界中点有接口，所有水管的粗细都相同，所以如果两个相邻方格的公共边界中点都有接头，那么可以看作这两个接头互相连接。水管有下图所示的15种形状。

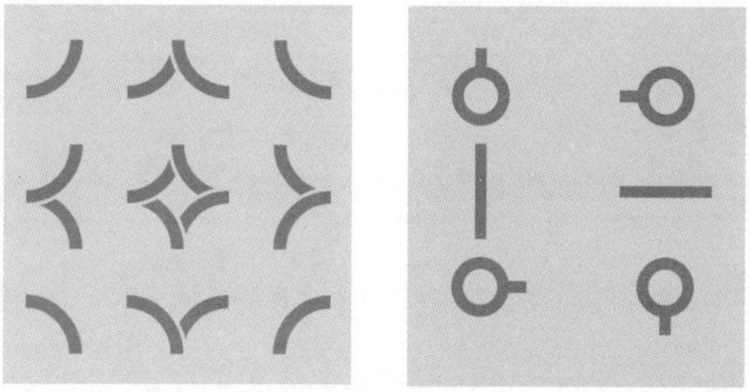

游戏开始时，棋盘中水管可能存在漏水的地方。

形式化地，如果存在某个接头，没有和其他接头相连接，那么它就是一个漏水的地方。

玩家可以进行一种操作：选定一个含有**非直线型**水管的方格，将其中的水管绕方格中心顺时针或逆时针旋转90°。

直线型水管是指上图中间一行右侧的两种水管。

现给出一个初始局面，请问最少进行多少次操作可以使棋盘上不存在漏水的地方。

【输入格式】

第一行两个正整数 n，m，代表网格的大小。

接下来 n 行每行 m 个数，每个数是［0，15］中的一个，你可以将其看作一个4位的二进制数，从低到高每一位分别代表初始局面中这个格子上、右、下、左方向上是否有水管接头。

特别地，如果这个数是0，则意味着这个位置没有水管。

例如，3代表格子的上和右方向有接头，也就是一个L型，而12代表格子的下和左方向有接头，也就是将L型旋转180°。

【输出格式】

输出共一行，表示最少操作次数。如果无法达成目标，输出 -1。

【样例输入1】

2 3

```
3 14 12
3 11 12
```

【样例输出1】

```
2
```

【样例输入2】

```
3 2
1 8
5 10
2 4
```

【样例输出2】

```
-1
```

【样例输入3】

```
3 3
9 11 3
13 15 7
12 14 6
```

【样例输出3】

```
16
```

【数据范围与提示】

测试点编号	$n\times m$的范围	特殊约定
1	$n\times m\leqslant 16$	无特殊要求
2		
3	$n\times m\leqslant 2000$	min（n，m）$\leqslant 15$
4		
5		
6		
7		
8		
9		无特殊要求
10		
11		
12		
13		
14		
15		
16		

续 表

测试点编号	$n\times m$ 的范围	特殊约定
17	$n\times m\leqslant 2000$	无特殊要求
18		
19		
20		

【得分分布】

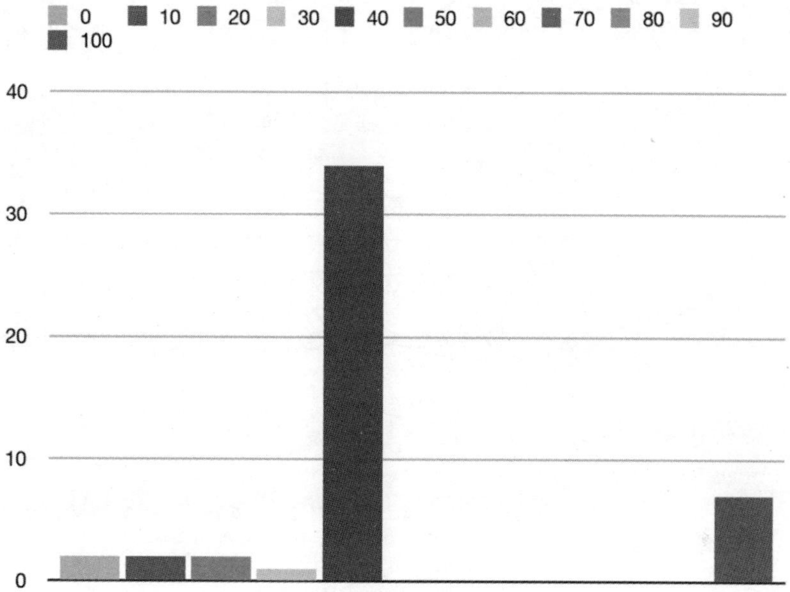

分数分布图

【解法1】

顺序枚举每个格子的旋转方法，复杂度最坏 $O(2^{\{nm\}})$，可通过前20%数据。

【解法2】

插头dp，用 $f[i][j][k]$ 表示处理到第 i 行，第 j 个格子，当前轮廓线上状态为 k 所需的最小旋转次数，k 可以用最小表示法。然后，枚举第 i 行第 j 个格子的旋转方法，更改连通性即可。

解法2的时间复杂度为 $O(nm*2^{\min(n,m)})$，利用解法2或结合解法1和解法2可通过前40%数据。

【解法3】

这实际上是一个匹配问题，可以用最小费用最大流解决。

首先将网格黑白染色，对每个方格四个方向的接口建立4个新点，显然，白色点的接口只能和黑色点的接口相连。

对于每个方格中的水管，有5种本质不同的形状。

白方格和原点在一侧，对不同的形状建图如下：

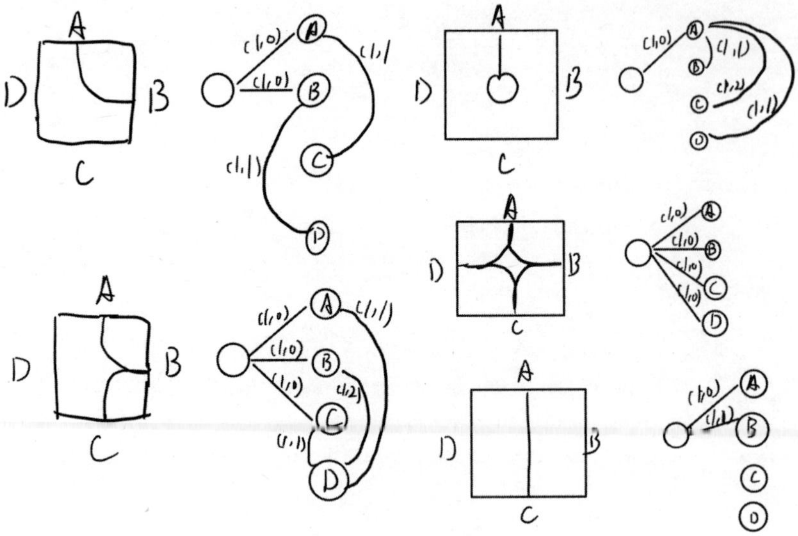

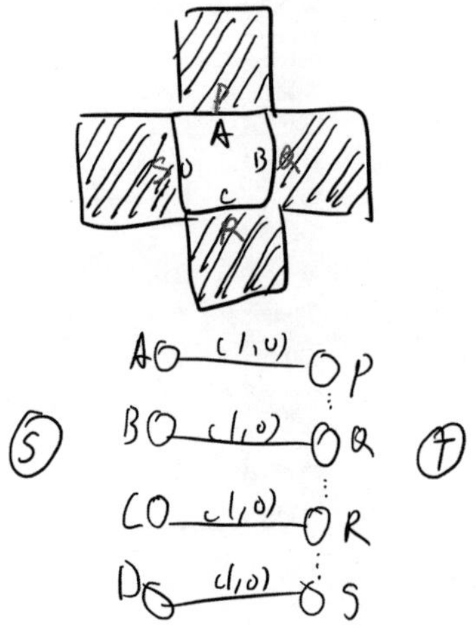

黑点的建图方式和白点对称。

将黑白点能相连的接口对应的点连一条容量为1，费用为0的边。

跑最小费用最大流，如果S和T均满流，最小费用就是答案，否则，无解。

正确性证明：最后的图形是封闭的环，当且仅当所有水管的接口都有两根水管，如果和源点相连的边或和汇点相连的边没有满流，那一定出现了没有匹配的水管。

最小费用是答案比较显然。

【两个值得思考的问题】

（1）如果直线型水管可以旋转，如何建图。

（2）如果只允许向一个方向旋转，如何建图。

【总　结】

本题是一道从游戏中抽取出来的图论题目，构思十分精巧，很考验选手的图论能力，同时也包含有一定代码难度的40分部分分设计，让没有想到正确解法的同学也能靠自己的代码能力获得一定分数，相信一定能让所有的集训队选手都有所收获。

《Hello World!》解题报告

清华大学 王聿中

【概 述】

本题从基础的数据结构树出发，设计了一道对于清华集训而言码量适中、思维难度较低的简单题目。本题的题目设计中规中矩却又不乏亮点，在经典的数据结构树上，我们经常遇到需要从一个节点出发，沿树上的边移动到另一个节点的问题，而本题则设计了“跳”的行动规则，可谓妙趣横生。再结合经典的修改操作、查询操作，即孕育了这样一道全新的题目。

本题是非常典型的数据结构题，它考察了多种数据结构的基本使用，在思维难度偏低、思路较为经典的情况下，本题的代码量是选手唯一需要跨越的沟壑。因此，本题重点考察集训队选手的代码能力，也将为集训队员的后续发展和选拔提供强有力的助推。

【得分分析】

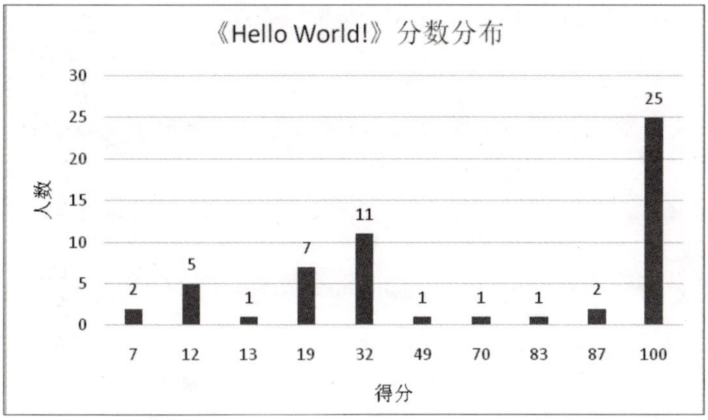

从图中可以看出，本题的满分人数为25人，达到了总选手人数的一半左右。部分分较有梯度地分布，未获得满分的选手大多在32分及以下的分数段，并且分布得较为分散。

综上，本题很好地区分了中位数前后的集训队选手，为选拔15人组成国家候选队做出了应有的贡献。

【题目大意】

给定一棵树，每个点有一个点权a_i。

定义从u到v以k的步频跳跃：在u到v的最短路上跳过恰好k条边（如果不足k条边则直接跳到终点），在此之后，如果未到达终点，则从新点跳跃至终点。

要求支持两种操作：

（1）从u到v以k的步频跳跃，并将跳跃过程中经过点的点权进行先开根后下取整的操作。

（2）从u到v以k的步频跳跃，并求跳跃过程中经过点的点权和。

【转 化】

对于一个跳跃操作，我们可以首先求出u到v的最近公共祖先和最短路径长度，分别记为w和len。

不难发现，如果 len 不是 k 的倍数，则在最后一步跳跃时会发生距离不够的情况，对于这种情况，我们不妨先对 v 进行单独操作（修改或询问），然后将终点 v 调整为倒数第二个经过的节点，即 v 的 $len\%k$ 级祖先。这样可以将此次跳跃等价地分为三段：从 u 以 k 的步频向上跳跃，直至即将越过两点的LCA（最近公共祖先）；从 u 以 k 的步频向上跳跃，直至即将越过两点的LCA（最近公共祖先）；单个的 v 节点。

这一转化将为我们的后续解题提供便利，因为将所有路径均转化成了自底向根的路径，并使得最后一步，如距离不足需更改步频的特殊情况不复存在。因此，在后续的所有算法（尤其是高效率算法）中，这个转化都是非常必要的。

【算法1】

本题的第1个测试点满足 n=2000，Q=5000。该测试点的分值为12分。

对于这一测试点，我们显然可以承受时间复杂度为 $O(nQ)$ 或 $O(nQ\log n)$ 的算法。

因此，我们模拟跳跃的过程，并对所有经过点的点权进行求和或修改，即可通过本测试点。

【算法2】

本题的第5个测试点保证所有的 a_i=1，测试点分值为7。

不难发现，对1进行开根并下取整的操作，不会改变其值。这也意味着，修改操作是无效的。

不仅如此，a_i=1还导致了对经过点数求和的问题，等价于统计经过的点数。这就意味着，询问操作等价于询问跳跃经过的点数。

在经过“转化”后，这便是一个非常经典的问题，可以在简单的预处理后利用深度差快速求出答案。

这个针对具备特殊性质测试点算法的时间复杂度是 $O(Q\log n)$。

【结　论】

我们知道，对于任意一个数，如果我们将其开根，那么它将会变得比原数小很多。从这个思路出发，我们不难想到，一个数经过极少次修改操作，就会变成1。事实上，我们可以证明，一个数 a 只需要经过 $O(\log\log a)$ 次修改操作，就会变为1。

再由【算法2】分析发现，如果一个数变成1，那么修改操作将对其无效。这一重要性质将会为我们提供非常大的帮助。

【算法3】

本题的第6个测试点满足跳跃步频均为1，测试点分值为13分。

这一测试点事实上是一个经典问题。

我们可以使用经典数据结构并查集在树上维护点权尚未等于1的点，具体来说，对于任意一个点权变成1的树上节点，我们在并查集上将其对应集合的根节点设为它在实际树上的父亲。由此，我们可以快速查询一个点的最近的点权尚未等于1的祖先。

接着，我们在树的欧拉序上使用经典数据结构——树状数组进行维护，即可支持快速查询树上任意链的点权和。因此，我们可以以 $O(\log n)$ 的时间复杂度回答一个询问。

针对修改操作，我们只需借助并查集，修改所有点权尚未等于1的点即可。由结论可知，所有点被有效修改的总次数是有保证的，因此，修改的总时间复杂度可达 $O(n\log\log a\log n)$。

该算法的总时间复杂度为 $O(Q\log n+n\log\log a\log n)$。

【算法4】

本题的第4个测试点满足所有边都有$u+1=v$（这意味着树退化成了一条链），这个测试点的分值为17分。

对于这一测试点，我们考虑分块算法。首先确定常数K，L，它们是算法中的两个阈值。

对于$k>K$的询问，其过大的步频决定了经过点的数目不会太多（具体而言，不会超过$\frac{n}{k}$个），因此，我们可以进行模拟，并在模拟过程中求和。

对于$k\leqslant K$的询问，我们考虑用数据结构进行维护。对于［1，K］之间的所有k，我们同时维护下标在模k意义下相同的位置（用树状数组维护序列和即可）。这样，由于单次跳跃的步频固定，导致经过的点一定被同一个树状数组维护，并且在该树状数组上连续。因此，我们便可以在单次跳跃中做到快速（以$O(\log n)$的时间复杂度）统计节点权值和了。

这样，单次查询的时间复杂度为$O\left(\frac{n}{k}+\log n\right)$。

同时，为了方便修改，对于［1，L］之间的所有k，我们同时维护下标在模k意义下相同的位置，用并查集维护所有点权尚未等于1的位置（维护方法同【算法2】），即可加速询问。

对于修改操作，如果$k\leqslant L$，我们可以借助并查集快速完成修改；如果$k>L$，我们进行模拟并同时修改即可。修改的总时间复杂度为$O\left(n(K\log\log a\log n+L\alpha(n))+\frac{n}{L}\right)$。

本算法的总时间复杂度为$O\left(\frac{nQ}{K}+\frac{nQ}{L}+n(K\log\log a\log n+L\alpha(n))\right)$。不妨设loglog a，log n，α（n）同阶，则取$K=\frac{n^{\frac{1}{2}}}{\log n}$，$L=n^{\frac{1}{2}}$，可得理论最优时间复杂度$O(n^{\frac{1}{2}}(n\log n+Q))$。

事实上，选手可以微调块的大小，使程序实际运行速度更快。

【算法5】

面对琳琅满目的针对特殊测试点的算法，选手如果仅仅选择其中一个进行实现，将只能获得较低的分数。

因此，我们不妨考虑数据分治。选手可以结合不同的算法，进而获得不同的分数。最优秀的选手可以结合算法1至算法4，进而获得49分。

【算法6】

对于所有的测试点，仍然考虑分块。本算法同时借鉴了【算法3】与【算法4】的思想，将它们进行了巧妙的融合。

对于$k>K$的询问，我们可以仿照【算法4】，进行模拟并在模拟中直接求和。

对于$k\leqslant K$的询问，我们仍考虑用类似的数据结构进行维护。对于［1，K］之间的所有k，我们同时维护深度在模k意义下相同的节点。我们建出K棵新树，第i棵树中的节点u的父亲为其在原树中的i级祖先。于是，我们即可在树的欧拉序上使用树状数组维护，即可支持快速查询这棵树上任意一条链的点权和。同理，由于单次跳跃步频不变，导致对于任意一条自底向根的链上的操作，其经过的点都一定在同一棵树上。至此，快速的查询方法已设计完成。单次查询的时间复杂度为$O\left(\frac{n}{k}+\log n\right)$。

同样地，为了方便修改，对于［1，L］之间的所有k，我们同时维护深度在模k意义下相同的节点。类似地，建出L棵与上面类似的树，并使用并查集维护所有点权尚未等于

1的节点，即可加速查询。

对于修改操作，如果$k \leq L$，那么可以借助并查集快速完成修改；如果$k > L$，则边模拟边修改即可。总复杂度为$O\left(n(K\log\log a\log n + L\alpha(n)) + \dfrac{n}{L}\right)$。

与【算法4】相同，如果我们近似地认为loglog a, log n, α（n）同阶，则取$K = \dfrac{n^{\frac{1}{2}}}{\log n}$，$L = n^{\frac{1}{2}}$，即可得理论最优时间复杂度$O(n^{\frac{1}{2}}(n\log n + Q))$。

同样地，选手可以微调块的大小，使程序实际运行速度更快。

在这里，有一个不得不提的细节，我们需要借助长链剖分或分块预处理来支持O（1）求某个节点的k级祖先（k为任意整数）。否则最终算法的时间复杂度会被额外乘上一个log n。实际上，并不是必须这样做。事实证明，它对程序的运行效率几乎没有优化效果。

【小结与探讨】

本题作为清华集训第一试相对最容易的题目，无疑是命题人对选手最温柔的问候。有趣的题目背景，亲切的题目名称，丰富而又巧妙的知识点设计，以及自然而又相对轻松的解法推导，都让本题体现了其作为清华集训简单题应有的素质。命题人坚信，本题一定可以给逐梦国家候选队的集训队选手提供热身的机会和最有力的援助。

然而，事与愿违的事总会发生。本题完美设计背后的小瑕疵，就是其测试数据相当难构造。尤其是面对琳琅满目的**暴力算法**，在每组测试点单独评分的情况下，可怜的命题人竟也显得弱小又无助。命题人在一组数据中，同时完美地使所有暴力算法的运行时间均远超标准算法，这导致了命题人只能在单组测试点中竭尽所能使各种不正确算法的运行效率变得略低。

因此，选手在解本题时，可以通过优化程序的常数因子，结合标准算法的部分思想，加快一些错误算法的运行效率。这将有可能使得程序对本就弱不禁风的测试数据轻易地通过。

事实上，在本次比赛中，确实存在部分选手使用这一方法通过本题。这应该是本题小小的遗憾。如果本题能够采取捆绑测试，那么其选拔效果一定会更加出色。

因此，我们有理由期待，在未来的某一天，捆绑测试的引入能使这类题目大放异彩。

【总　结】

综上所述，本题选题良好，背景合适，考试效果基本符合预期，得分分布合理，适合设置在清华集训的对应位置。

国家集训队第二次训练赛

小Y和地铁

【问题描述】

小Y是一个爱好旅行的OIer。某天，她来到一座新的城市。由于不熟悉那里的交通系统，她选择了坐地铁。

她发现每条地铁线路可以看成平面上的一条曲线，不同线路的交点处一定会设有换乘站。通过调查得知，没有线路是环线，也没有线路与自身相交。任意两条不同线路只会在若干个点上相交，没有重合的部分，并且没有三线共点的情况，即下图所示的情况都是不存在的。

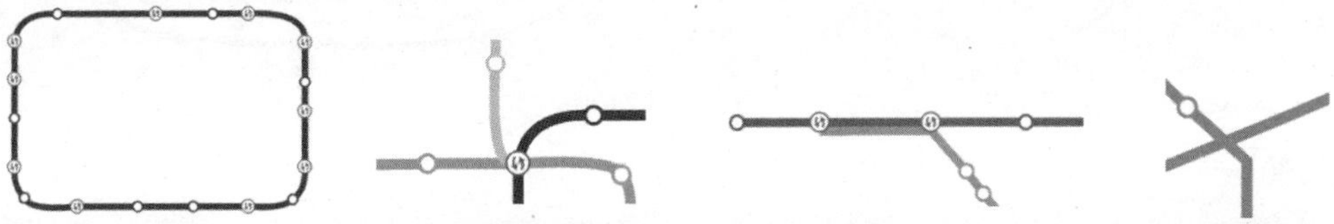

环线 × 三线共点 × 重合 × 没有换乘站 ×

小Y乘坐地铁0号线，路上依次经过了n个换乘站。她记下了每个换乘站可以换乘的线路编号，发现每条线路与她所乘坐的线路最多只有2个换乘站。现在小Y想知道，除去她经过的换乘站以外，这个城市里最少有几个换乘站。只有你告诉她正确的答案，她才会答应下次带你去玩。

【输入格式】

从文件metro.in中读入数据。

请注意本题有多组输入数据。

输入数据的第一行是一个整数T，表示输入数据的组数。接下来依次给出每组数据。

对于每组数据，第一行是一个整数n，表示小Y经过的换乘站的数目。第二行为n个用空格隔开的整数，依次表示每个换乘站可以换乘的线路编号，这些编号都在1~n。

【输出格式】

输出到文件metro.out中。

对于每组输入数据，输出一行一个整数，表示除去这n个换乘站之外，最少有几个换乘站。

【样例1输入】

```
4
4
1 2 1 2
8
1 2 3 4 1 2 3 4
5
5 4 3 3 5
8
1 2 3 4 1 3 2 4
```

【样例1输出】

```
0
0
0
1
```

【样例1说明】

对于样例1的前两组数据，一种可能的最优答案如下图所示：

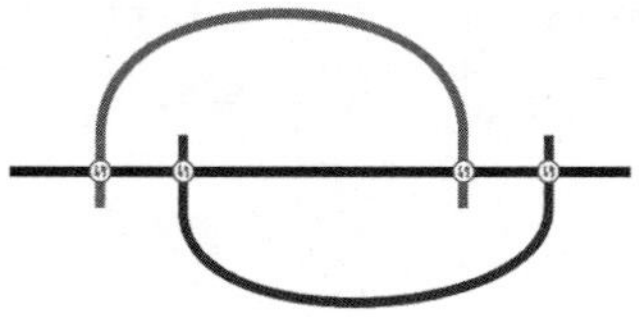

第一组数据

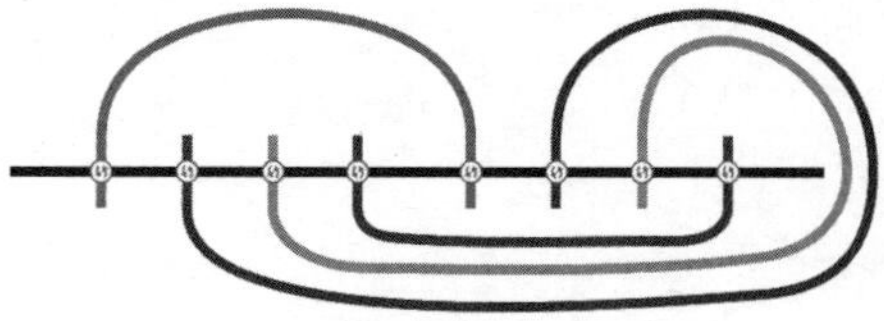

第二组数据

【子任务】

一共有50个测试点，每个测试点2分。你只有在答案完全正确时才能得到该测试点的全部分数，否则不得分。

对于所有测试点，以及对于样例，$1 \leqslant T \leqslant 100$，$1 \leqslant n \leqslant 44$。对于每个测试点，$n$的范围如下表。

测试点编号	$1 \leqslant n \leqslant$	测试点编号	$1 \leqslant n \leqslant$
1	2	26	32
2	3	27	33
3	4	28	33
4	5	29	34
5	6	30	34
6	8	31	35
7	9	32	35
8	10	33	36
9	11	34	36
10	12	35	37
11	13	36	37
12	14	37	38
13	15	38	38
14	16	39	39
15	17	40	39
16	20	41	40
17	22	42	40
18	24	43	41
19	26	44	41
20	28	45	42
21	30	46	42
22	30	47	43
23	31	48	43
24	31	49	44
25	32	50	44

小Y的二叉树

【问题描述】

小Y是一个心灵手巧的OIer，她有许多二叉树模型。

小Y的二叉树模型中，每个结点都有一个编号，小Y把她最喜欢的一个二叉树模型挂在了墙上，树根在最上面，左右子树分别在树根的左下方与右下方，并且它们也都满足这样的悬挂规则。为了让这个模型更加美观，小Y选择了一种让这棵二叉树的中序遍历序列最小的悬挂方法。所谓中序遍历最小，就是指中序遍历的结点编号序列的字典序最小。

一天，这个模型不小心掉在了地上，幸运的是，所有结点和边都没有摔坏，但是她想不起这个模型原来是怎样悬挂的，也就是说，她想不起来树根节点的编号了。

小Y最近忙于准备清华集训，所以没有太多时间处理其他事情，她只好找到同样心灵手巧的你帮忙复原她的二叉树模型。

给定小Y的二叉树模型，节点的编号为$1\sim n$，你需要给出其可能的最小的中序遍历，方便小Y更快地摆好她的模型。

【输入格式】

从文件binary.in中读入数据。

第一行为一个正整数n，表示点的个数。

后接n行，每行若干个整数：第$i+1$行的第一个整数为k_i，表示编号为i的结点的度数，后接k_i个整数$a_{i,j}$，表示编号为i的结点与编号为$a_{i,j}$的结点之间有一条边。

同一行输入的相邻两个元素之间，用一个空格隔开。

【输出格式】

输出到文件binary.out中。

输出共一行，n个整数，表示字典序最小的中序遍历。

【样例1输入】

```
4
3 2 3 4
1 1
1 1
1 1
```

【样例1输出】

```
2 1 3 4
```

【样例1说明】

样例的一组最优解如右图所示。

其中，结点4为根，结点1为结点4的左儿子，结点2，3分别为结点1的左右儿子。

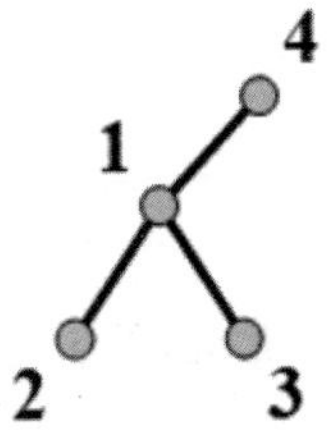

【子任务】

本题共20个测试点，每个测试点5分。各个测试点的数据范围如下：

<table>
<tr><th>测试点编号</th><th>$n\leq$</th><th>k_i</th><th>特殊条件</th></tr>
<tr><td>1</td><td>5</td><td rowspan="8">1，2，3</td><td rowspan="8">无</td></tr>
<tr><td>2</td><td>10</td></tr>
<tr><td>3</td><td>15</td></tr>
<tr><td>4</td><td>20</td></tr>
<tr><td>5</td><td>100</td></tr>
<tr><td>6</td><td>1000</td></tr>
<tr><td>7</td><td>2000</td></tr>
<tr><td>8</td><td>5000</td></tr>
<tr><td>9</td><td>1000000</td><td rowspan="4">1，2</td><td>结点i与结点i–1相连</td></tr>
<tr><td>10</td><td>100000</td><td rowspan="3">无</td></tr>
<tr><td>11</td><td>300000</td></tr>
<tr><td>12</td><td>1000000</td></tr>
<tr><td>13</td><td>100000</td><td rowspan="2">1，3</td><td>保证数据随机</td></tr>
<tr><td>14</td><td>1000000</td><td>无</td></tr>
<tr><td>15</td><td>20000</td><td rowspan="6">1，2，3</td><td rowspan="2">保证数据随机</td></tr>
<tr><td>16</td><td>200000</td></tr>
<tr><td>17</td><td>100000</td><td rowspan="4">无</td></tr>
<tr><td>18</td><td>500000</td></tr>
<tr><td>19</td><td>800000</td></tr>
<tr><td>20</td><td>1000000</td></tr>
</table>

随机数据的生成方式如下：

（1）对于第13个测试点，从一棵有两个结点的树开始，每次随机一个树上的度数为1的结点（即叶结点），并生成两个与之直接相连的结点，直到这棵树上有n个结点。显然，在这个测试点中，n是一个偶数。

（2）对于第15和第16个测试点，从一棵有一个结点的树开始，每次随机一个树上的度数不超过2的结点，并生成一个与之直接相连的结点，直到这棵树上有n个结点。

【提　示】

我们提供了一个只包含输入和输出功能的程序binary_sample.cpp。关于该程序的说明，见readme.txt文件。

你可以在答题时使用该程序的代码，也可以不使用，这与你的得分无关。

小Y和恐怖的奴隶主

【问题描述】

“A fight? Count me in!”要打架了，算我一个。

“Everyone，get in here!”所有人，都过来！

小 Y 是一个喜欢玩游戏的 OIer。一天，她正在玩一款游戏，要打一个 Boss。虽然这个 Boss 有 10^{100} 点生命值，但它只带了一个随从——一个只有 m 点生命值的“恐怖的奴隶主”。

这个“恐怖的奴隶主”有一个特殊的技能：每当它被扣减生命值但没有死亡（死亡即生命值 $\leqslant 0$），并且 Boss 的随从数量小于上限 k，便会召唤一个新的具有 m 点生命值的“恐怖的奴隶主”。

现在小 Y 可以进行 n 次攻击，每次攻击时，会从 Boss 以及 Boss 的所有随从中等概率随机选择一个，并扣减 1 点生命值，她想知道进行 n 次攻击后，扣减 Boss 的生命值点数的期望。为了避免精度误差，你的答案需要对 998244353 取模。

【输入格式】

从文件 patron.in 中读入数据。

输入第一行包含三个正整数 T，m，k，T 表示询问组数，m，k 的含义见题目描述。

接下来 T 行，每行包含一个正整数 n，表示询问进行 n 次攻击后，扣减 Boss 的生命值点数的期望。

【输出格式】

输出到文件 patron.out 中。

输出共 T 行，对于每个询问输出一行含一个非负整数，表示该询问的答案对 998244353 取模的结果。

可以证明，所求期望一定是一个有理数，设其为 $\frac{p}{q}$ $(\gcd(p,q)=1)$，那么输出的数 x 要满足 $p \equiv qx \pmod{998244353}$。

【样例 1 输入】

```
3 2 6
1
2
3
```

【样例 1 输出】

```
499122177
415935148
471393168
```

【样例 1 说明】

对于第一次询问，第一次攻击有 $\frac{1}{2}$ 的概率扣减 Boss 的生命值，有 $\frac{1}{2}$ 的概率扣减随从的生命值，所以答案为 $\frac{1}{2}$。$1 \equiv 2 \times 499122177 \pmod{998244353}$。

对于第二次询问，如果第一次攻击扣减了 Boss 的生命值，那么有 $\frac{1}{2}$ 的概率第二次攻击仍扣减 Boss 的生命值，有 $\frac{1}{2}$ 的概率第二次攻击扣减随从的生命值。如果第一次攻击扣减了随从的生命值，那么现在又新召唤了一个随从（“恐怖的奴隶主”），于是有 $\frac{1}{3}$ 的概率第二次攻击扣减Boss的生命值，有$\frac{2}{3}$的概率第二次攻击扣减随从的生命值。所以答案为$\frac{1}{2}\times\frac{1}{2}\times 2+\frac{1}{2}\times\frac{1}{2}\times 1+\frac{1}{2}\times\frac{1}{3}\times 1+\frac{1}{2}\times\frac{2}{3}\times 0=\frac{11}{12}$。$11\equiv 12\times 415935148\pmod{998244353}$。

【样例2输入输出】

见选手目录下的patron/patron2.in与patron/patron2.ans。

【子任务】

在所有测试点中，$1\leqslant T\leqslant 1000$，$1\leqslant n\leqslant 10^{18}$，$1\leqslant m\leqslant 3$，$1\leqslant k\leqslant 8$。

各测试点的分值和数据范围如下：

<table>
<tr><th>测试点编号</th><th>分值</th><th>$T=$</th><th>$n\leqslant$</th><th>$m=$</th><th>$k=$</th></tr>
<tr><td>1</td><td>3</td><td rowspan="4">10</td><td rowspan="2">10</td><td>1</td><td>1</td></tr>
<tr><td>2</td><td>8</td><td rowspan="3">2</td><td>8</td></tr>
<tr><td>3</td><td>7</td><td rowspan="8">10^{18}</td><td>3</td></tr>
<tr><td>4</td><td>12</td><td>7</td></tr>
<tr><td>5</td><td>30</td><td>20</td><td rowspan="6">3</td><td>5</td></tr>
<tr><td>6</td><td>10</td><td>500</td><td>6</td></tr>
<tr><td>7</td><td>10</td><td>200</td><td rowspan="2">7</td></tr>
<tr><td>8</td><td>5</td><td>1000</td></tr>
<tr><td>9</td><td>10</td><td>100</td><td rowspan="2">8</td></tr>
<tr><td>10</td><td>5</td><td>500</td></tr>
</table>

【提 示】

题目顺序可能与难度无关。

国家集训队第二次训练赛解题报告

《小Y和地铁》解题报告

清华大学 王逸松

【概 述】

在现代城市中，地铁是一种常见的交通工具。本题以此为背景，考察了一个平面中的拓扑学问题，需要通过搜索和优化来解决，以激发选手们的思考能力。

【得分分析】

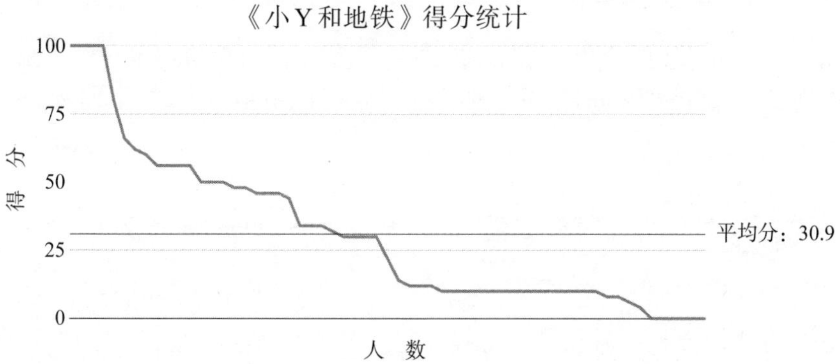

本图的横轴为人数，纵轴为得分。一共58人参加比赛。

从上图大致可以看出，平均分约为30分，约有一半的选手获得了平均分以上的分数。另外，获得10分的选手约有15人。

本题很好地区分了集训队不同选手的实力，为当天比赛的区分度做出了很大的贡献。

【题目大意】

有一个地铁系统，即平面上的一些不重合不自交且只在点上相交的曲线。已知不存在三线共点，并且每个交点都存在一个“换乘站”。

现在已知一条线路上的n个换乘站，保证与同一条线路的换乘站最多只有2个。问除了已知的换乘站以外，地铁系统中最少会有几个换乘站。

$n \leqslant 44$，每个测试点中有100组测试数据。

【解法1】

对于10%的测试点，满足$n \leqslant 6$。

通过枚举每种情况，可以发现，此时所有情况的答案均为0。因此，直接对每组测试数据输出0，即可获得10分。

这部分分数考察了选手对题意的理解，以及对特殊数据的观察。

【解法2】

首先我们知道，只出现一次的线路不会对答案有贡献。而对于剩下的每条线路，可以证明，只有如下图所示的4种本质不同的连接方式。这是因为，在同一种连接方式中，对①②③④⑤⑥这些平面区域的划分方式一致，因此对应的最优情况对答案的贡献也一致。

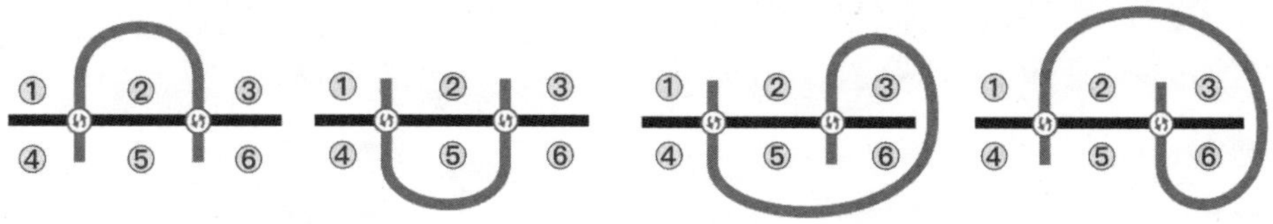

我们可以枚举每条线路的连接方式。对每种方案，我们可以对于每对线路，分别计算它们对答案的贡献。显然除了必然会相交的情况以外，其他情况都可以通过在平面上进行适当移动，来避免相交。

由于最多有$n/2$条线路，每种线路有4种连接方式，因此，本算法的时间复杂度为$O(2^n)$，可以用搜索来实现。根据实现过程中一些优化（如剪枝）的不同，可以获得30~50分。

这部分分数考察了选手的模型转化能力，将一个拓扑问题转化成搜索问题。

【解法3】

在解法2中，如果按照第一个换乘站的顺序，从左到右枚举各条线路，则可以发现，当前线路的连接方式对后续线路的贡献只有两种本质不同的情况，如下图所示。

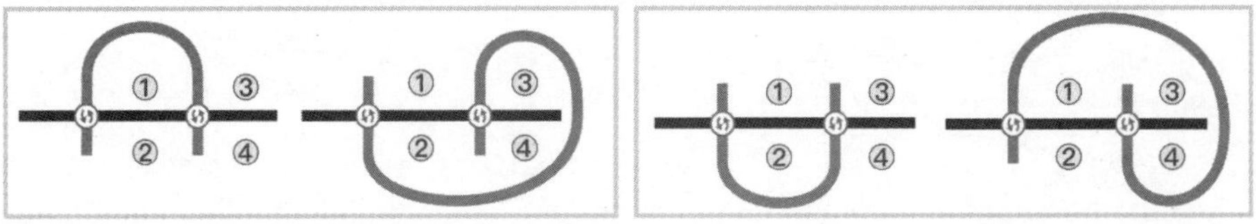

两种连接方式的贡献本质相同，是因为它们对①②③④这些平面区域的划分方式一致。之所以不必考虑第一个换乘站左边的两个区域，是因为后续线路不会经过这两个区域。

对于所有线路，按照第一个换乘站的顺序从左到右搜索。每次先对本质相同的两种连接方式取最小值，再作为一种方案继续进行搜索。总时间复杂度为$O(2^{n/2})$，可以获得60~100分。

这部分分数考察了选手对题目性质的挖掘能力，以及以此来优化搜索算法的能力。对于想要进入国家队的集训队选手，需要有较强的这方面的能力。

【总　结】

综上所述，本题选题良好，背景合适，考试效果符合预期，得分分布合理，适合设置在清华集训的比赛中。

《小Y的二叉树》解题报告

北京大学　周笑鸥

【概　述】

本题从基础数据结构树出发，设计了一道对于清华集训而言较为简单的题目，考察了树上贪心的一些基本技巧，激发了选手的思考。

【得分分析】

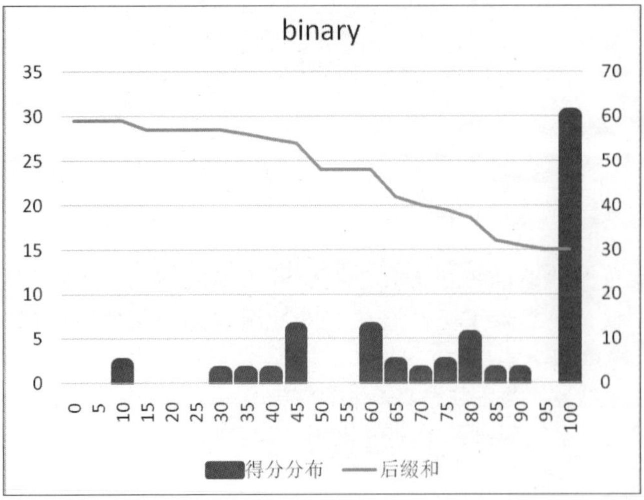

从图中可以看出，本题的满分人数为30人，超过了选手人数的一半。

本题很好地区分了集训队中下水平选手的实力，为当天比赛的区分度做出了很大的贡献。

【题目大意】

给定一棵每个结点度数不超过3的树，可以任意指定它的根和每个结点的左右儿子（需要保证它是二叉树），求它字典序最小的中序遍历。

$n \leqslant 1000000$。

【解法1】

对于20%的测试数据，满足 $n \leqslant 20$。

暴力枚举根和每个节点的左右儿子。

这部分分数考察了选手对题意的理解，以及基本搜索算法的实现。

【解法2】

对于40%的测试数据，满足 $n \leqslant 5000$。

枚举根，递归处理所有结点，对于一个结点，比较其左右儿子的答案，字典序小的作为左儿子，字典序大的作为右儿子。如果只有一个儿子，比较它和这个结点本身的编号。

由于结点编号不重复，比较两个中序遍历的字典序，只需要比较它们的第一位。

这部分分数考察了选手对基本的贪心算法的实现。

【解法3】

首先我们知道，中序遍历的第一位是从根一直往左儿子走，走到底的结点，那么我们从这个结点——树的左下角开始贪心，就可以省去枚举根的时间。

定义 $f[x][y]$ 为以 x 为根，y 为 x 的父亲所得子树的最小中序遍历的第一位。由于树上只有 $n-1$ 条边，那么一共只有 $O(n)$ 个有效的 $f[x][y]$。事实上，$f[x][y]$ 就是子树 x 中度数 $\leqslant 2$ 的编号最小的结点的编号，用树形 dp 处理即可。

不妨假设当前处理的左下角为结点 A。

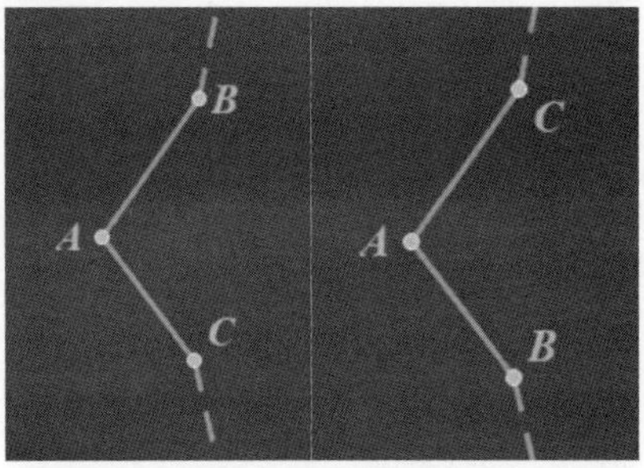

当结点 A 的度数为2时，若如上左图所示放置，则中序遍历为 $A \to f[C][A] \cdots\cdots$，如上右图所示放置，则为 $A \to f[B][A] \cdots\cdots$，只需比较 $f[C][A]$ 和 $f[B][A]$ 的大小，即可得出 B 和 C 谁应该是 A 的父亲结点。

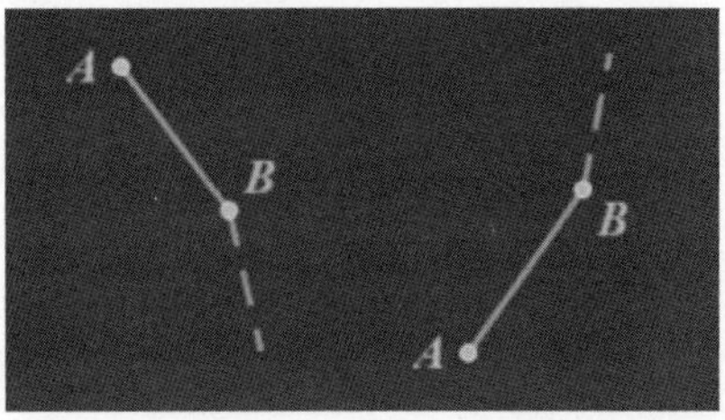

当结点A的度数为1时，若如上左图所示放置，则中序遍历为$A \to f[B][A]\cdots\cdots$，如上右图所示放置，则为$A \to B\cdots\cdots$，只需比较$f[B][A]$和$B$的大小即可。

注意，若$f[B][A]=B$，则B应为A的父亲结点。否则可能会导致下图中的问题。其中，左图中序遍历为1 2 4 3 5，右图中序遍历为1 2 3 4 5。

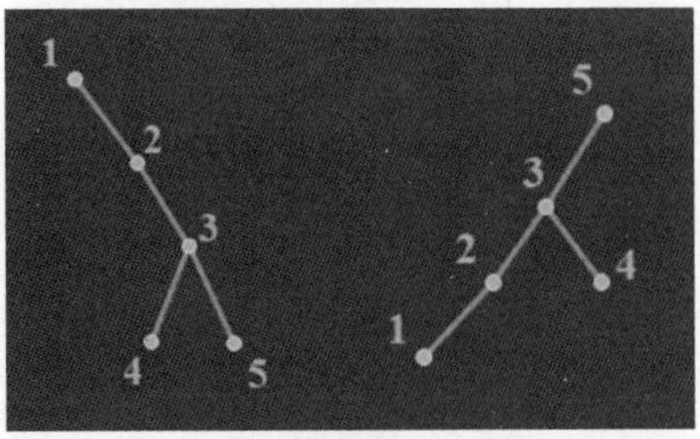

在决定结点A的父亲结点后，我们可以忽略A到其父亲的连边，向上递归处理，直到找到根为止。

这部分分数考察了选手对题目性质的挖掘能力，以及以此来优化贪心算法的能力。

【总　结】

综上所述，本题选题良好，背景合适，考试效果符合预期，得分分布合理，适合设置在清华集训的比赛中。

《小Y和恐怖的奴隶主》解题报告

清华大学　徐明宽

【题目大意】

维护一个（可重）集合，初始有两个数$\{\infty, m\}$。

现在进行n次操作，每次随机选一个数，把它减1，如果结果为0，把它删掉；否则如果选择的数不为∞，并且集合中除了∞以外的数不超过k个，则向集合中添加一个m。

最后问那个∞期望被减了多少，对质数998244353取模。

每个测试点对于相同的m和k，询问T次（可能不同的）n。

【得分分析】

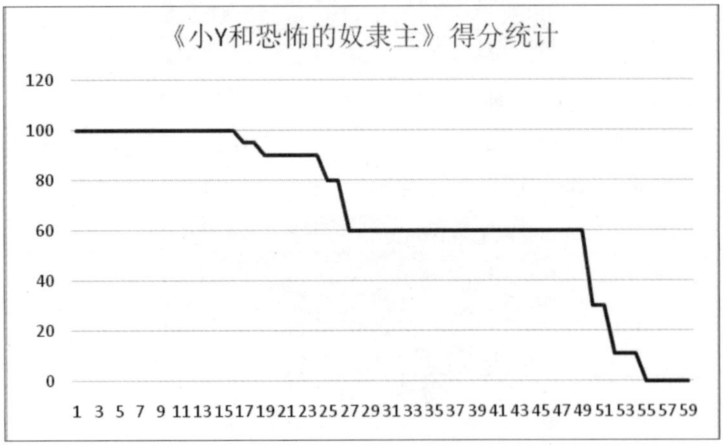

从图中可以看出，本题的满分人数为16人，部分分有梯度地分布，并在60分形成一个大平台。本题有49人拿到了至少60分，平均分67.17分。

本题在清华集训中的难度定位较低，在增加大部分选手得分的同时，起到了筛选与区分的作用。

【解法1】

测试点1满足$n \leqslant 10$，$m=1$，$k=1$。

对于这个测试点，我们可以发现集合中永远不会添加新的数，而且集合中的m至多被减了一次，所以所求答案即为n减去m被减一次的概率。

注意到对于任意正整数i，第i次操作选择m的概率是$\frac{1}{2^i}$，于是答案即为$n-\left(\frac{1}{2}+\frac{1}{4}+\cdots+\frac{1}{2^n}\right)=n-1+\frac{1}{2^n}$。在样例中已经给出了2模998244353的逆元为499122177，所以我们可以暴力计算499122177的n次方模998244353的余数，从而得到$\frac{1}{2^n}$模998244353的结果。

时间复杂度$O(Tn)$，期望得分3分。这部分分数主要考察选手理解题意的能力。

【解法2】

测试点1，2满足$n \leqslant 10$，$m \leqslant 2$，$k \leqslant 8$。

对于这部分测试点，我们可以直接按照题目描述进行模拟，暴力搜索每一种可能的情况并计算其概率。

时间复杂度$O(Tk!(k+1)^{n-k+1})$，期望得分11分，这部分分数主要考察选手实现模拟与搜索算法的能力。

【解法3】

测试点1～4满足$m \leqslant 2$。

对于这部分测试点，我们注意到，任意时刻集合中2这个数至多只有1个，于是至多只有$2k+1$种不同的状态。由于n很大，我们可以使用矩阵快速幂算法优化动态规划，从而快速计算答案。

时间复杂度$O(Tk^3\log n)$，期望得分30分，这部分分数主要考察选手对问题的基本分析与实现矩阵快速幂算法的能力。

【解法4】

测试点5满足$T=20$，$m=3$，$k=5$。

我们可以将解法3的思想推广到$m=3$，只需记录集合中1、2、3的个数即可确定一个状态，令w表示状态数，则有$w=\binom{k+m}{m}$。当$m=3$，$k=5$时，$w=56$。

时间复杂度$O(Tw^3\log n)$，期望得分60分，这部分分数主要考察选手对问题的分析，对状态的压缩表示与处理，以及实现矩阵快速幂算法的能力。

【解法5】

全部数据满足$m \leqslant 3$，$k \leqslant 8$。

不使用矩阵快速幂算法，而直接dp处理出n比较小（如300以内）的答案，然后使用Berlekamp-Massey算法计算出答案数列的线性递推式。设递推式需要用到前面t项，则$m=3$，$k=8$时，$t=300$。我们可以在$O(t^2\log n)$的时间内算出一个t阶线性递推数列的第n项。

时间复杂度$O(Tt^2\log n)$，期望得分90分，这部分分数主要是为了显示Berlekamp-Massey算法对于答案呈线性递推数列的题目并不是万能的，但是实际上并没有选手在考场上使用这个算法。

【解法6】

$m=3$，$k=8$时，状态数$w=165$。在解法4的基础上，预处理矩阵的2的幂次方，这样每次询问时只需计算矩阵乘向量。

时间复杂度$O(w^3\log n+Tw^2\log n)$，期望得分90~100分。在60分基础上的这部分分数主要考察选手对矩阵相关算法进行优化的能力。

如果实现常数较大的话，可能只能得到90分。注意到算法的瓶颈在于$O(w^3\log n+Tw^2\log n)$次乘法和取模运算，而取模运算速度较慢，于是我们可以在运算时用longlong类型存储乘积的和，注意到每个乘积都小于10^{18}，而longlong类型支持9×10^{18}范围内的数，这样每加8次乘积再取一次模，即可将取模次数缩小到原来的$\frac{1}{8}$。仅增加这一个优化即可通过本题，并将运行时间降低到时间限制的一半以内。

一些选手使用了其他效果差一些的常数优化方法，也通过了本题，例如，把n从小到大排序，相当于把n的规模减小T倍，将$\log n$一项的常数减小到原来的$\frac{5}{6}$；注意到$T>w$，即瓶颈在于询问而不是预处理，故使用三进制快速幂将预处理常数增大到原来的$\log_3 4$倍，同时将询问常数减小到原来的$\log_3 2$倍；循环展开等底层优化。

【总　结】

本题考察了选手对问题的转化，状态压缩动态规划的状态处理，以及对矩阵快速幂算法的理解与优化。与此同时，本题涉及细节较少，随机数据即有很不错的强度，在IOI赛制下也不易被错误算法通过。本题考试效果符合预期，得分分布合理，适合设置在清华集训中作为一道相对简单的题目。

国家集训队第三次训练赛

简单数据结构

【问题描述】

参加完IOI 2018之后就是姚班面试。而你，由于讨厌物理，并且想成为像乔布斯一样的创业家，被成功踢回贵系。

转眼，时间的指针指向2019，大二，12月初，考试周。

你早听学长说，数据结构期中考试很难，对竞赛生不友好，集训队选手做不完卷子。你冷笑。哼，堂堂国际金，这点难度的考试算什么。两小时，你看完习题解析前5章所有内容，并且倒背如流；一小时，你看了500页的讲义，并且记忆犹新；十分钟，你骑车到考场，自信的你只带了一支水笔，虽然考试可以带资料；现在，摊开传说中神级卷子，你定神一看——

给出一个长度为N的序列A_1，A_2，…，A_N，如果A中的一个子序列B_1，B_2，…，B_M，满足下列条件：

（1）$1 \leqslant M \leqslant N$。

（2）$\forall 1 \leqslant i < M$，$B_i \mid B_{i+1}$。

那么称B为A的上升倍数子序列。

现在有一个长度为N的序列A被初始化为A_1，A_2，…，A_N，以及Q次对序列A的操作。此处要求实现如下四种操作：

0 x：在序列A的最左端插入一个数字x。

1 x：在序列A的最右端插入一个数字x。

2：移除序列A最左端的一个数字。

3：移除序列A最右端的一个数字。

在初始化序列A和每次操作之后，请计算此时序列A中最长上升倍数子序列的长度MaxLen，以及所有长度为MaxLen的上升倍数子序列的不同的开头数Cnt，输出MaxLen和Cnt。

为了大幅度降低题目难度，保证在任意时刻序列A非空，其中的元素互不相等，并且均为1~M之间的正整数；同一个数字最多只会被插入C次。

【输入格式】

从文件dsa.in中读入数据。

输入第一行包含3个正整数N, M, Q，具体含义见上，保证$1 \leqslant N \leqslant 10^5, N \leqslant M \leqslant 10^6$，$0 \leqslant Q \leqslant 10^5$。

输入第二行包含N个正整数，为A_1，A_2，…，A_N，保证$1 \leqslant A_i \leqslant M$，并且序列$A$中的元素互不相等。

接下来共Q行输入，每行输入格式形如0 x或者1 x或者2或者3，具体含义见上。

【输出格式】

输出到文件dsa.out中。

输出共Q+1行，在初始化和每次对序列A操作后，输出A中最长上升倍数子序列的长度MaxLen和所有长度为MaxLen的上升倍数子序列的不同的开头数Cnt，用一个空格隔开。

【样例1输入】

```
5 10 10
1 2 5 9 10
2
1 7
3
3
0 8
3
2
1 8
3
0 3
```

【样例1输出】

```
3 1
2 2
2 2
2 2
1 3
1 4
1 3
1 2
2 1
1 2
1 3
```

【样例1说明】

表格中以//隔开不同开头的最长上升子序列。

操作次数	A	输出答案	可能的解释
0	1 2 5 9 10	3 1	1 2 10
1	2 5 9 10	2 2	2 10//5 10
2	2 5 9 10 7	2 2	2 10//5 10
3	2 5 9 10	2 2	2 10//5 10
4	2 5 9	1 3	2//5//9
5	8 2 5 9	1 4	2//5//8//9
6	8 2 5	1 3	2//5//8
7	2 5	1 2	2//5
8	2 5 8	2 1	2 8
9	2 5	1 2	2//5

【子任务】

对于所有的数据，有$1 \leqslant N \leqslant 10^5$，$N \leqslant M \leqslant 10^6$，$0 \leqslant Q \leqslant 10^5$，$1 \leqslant A_i \leqslant M$，$C=10$。

下表展示了某些数据点的一些特殊约束，其中**只有1**表示只有形如**1 x**的操作，其他表述同理。

测试点编号	约束条件
1，2，3	N，$Q \leqslant 100$
4，5	N，$Q \leqslant 1000$
6	$N=M \leqslant 1000$
7	$Q=0$
8	只有0
9	只有1
10	只有2

续 表

测试点编号	约束条件
11，12	只有3
13	只有0和1
14，15	只有0和2
16	只有1和3
17	只有2和3
18，19，20	无限制

福若格斯

【问题描述】

小d是4xx9小游戏高手。有一天，小d发现了一个很经典的小游戏：跳青蛙。游戏在一个有5个格子的棋盘上进行。游戏一开始，最左边的两个格子上各有一个向右的青蛙，最右边的两个格子上各有一个向左的青蛙。

每次移动可以选取一个青蛙，向这只青蛙的前方移动一格到空格中或跳过前方的一个不同朝向的青蛙并移动到空格中。

为了使你更好地理解这个游戏，我们下发了一个游戏demo作为参考（**注意：这个demo中的棋盘大小和题目中并不相同**）。

这个游戏本身当然难不倒小d，小d轻松地就解决了这个游戏。但是一个人玩游戏实在是太寂寞了，于是小d找到了小m和他一起玩耍。小d规定，自己只能操控向右的青蛙，小m只能操控向左的青蛙。

小d很快发现，这个游戏想要做到双方轮流行动，就无法达到交换所有青蛙的游戏结局。于是，小d打开了m个游戏，并规定双方轮流行动，每次选择其中一个游戏并控制自己的青蛙行动一步（不能不动）。小d发现，这么做的话就能够使大部分的游戏最终都交换所有的青蛙。

由于小d是坑队友高手，所以他们玩了一会之后，就开始互相坑害对方，都希望对方无法行动。他们约定，当轮到一方行动时，若其所有的青蛙都无法行动，则对方获得游戏的胜利。正当博弈论大师小d计算着谁会成为最后的胜者时，电脑卡死了。小d发现，只能kill掉一些游戏才能使剩下的游戏进行下去。由于电脑已经卡死，小d无法自由选择kill掉哪些游戏，只能运行系统自带的随机kill小程序。具体来说，小d运行这个随机kill小程序之后，每个游戏有$\frac{1}{2}$的概率被kill掉，有$\frac{1}{2}$的概率能够继续下去。游戏之间被kill掉的概率是独立的。

小d思考了一番，决定如果运行小程序之后他的胜率过低，就直接重启电脑。这时，小d突然发现自己已经不记得刚才轮到谁行动了，于是他决定综合考虑自己先手和后手的胜率。

小d并不擅长概率论，他想让你告诉他运行小程序后，剩下的局面为小d必胜，小m必胜，先手必胜，后手必胜的概率各为多少，这样他才能更好地决定是否重启电脑。

为了避免出现精度问题，输出答案为概率乘2^m之后对998244353取模的结果。

注意：题目并不保证输入的所有m个状态中小m和小d之前的总行动步数相差不超过1，但是保证不会出现起始状态无法到达的状态。

【输入格式】

从文件frogs.in中读入数据。

我们使用一个长度为5的字符串来表示一个状态，其中，L表示面朝右的青蛙，R表示面朝左的青蛙，_（下划线）表示空格子。例如，初始状态为LL_RR。

本题含有多组数据，第一行两个整数T，C（$1 \leqslant C \leqslant 100$）分别表示测试点编号和数据组数。

对于每组数据，第一行一个整数n（$1 \leqslant n \leqslant 23$）表示不同状态的棋盘个数，接下来$n$行每行一个长度为5的字符串$s_i$和一个正整数$a_i$（$1 \leqslant a_i \leqslant 10^6$），分别表示棋盘的状态和在该状态下的棋盘的个数。

保证输入的字符串合法且不重复。

【输出格式】

输出到文件frogs.out中。

定义$m=\sum a_i$。

对于每组数据，输出一行4个整数，分别表示小d必胜（即L的控制方必胜），小m必胜（即R的控制方必胜），先手必胜，后手必胜的概率乘2^m之后对998244353取模的结果。

【样例1输入】

```
0 1
1
LL_RR 1
```

【样例1输出】

```
0 0 1 1
```

【样例1说明】

对于样例1，若该游戏没有被kill，双方唯一可能的操作序列为LL_RR→L_LRR→LRL_R→LR_LR→LRRL_→LRR_L→L胜，小m先手时同理，故该情况为先手必胜。若该游戏被kill了，双方都没有合法行动，后手必胜。

【样例2输入】

```
0 1
3
LRRL_ 1
LRR_L 1
LLR_R 1
```

【样例2输出】

```
4 2 0 2
```

【样例2说明】

对于样例2，令这三个棋盘的状态从上到下为A，B，C，则{A，B，C}，{A，B}，{A，C}，{A}{A，B，C}，{A，B}，{A，C}，{A}为小d必胜，{C}，{B，C}{C}，{B，C}为小m必胜，{B}，{}{B}，{}为后手必胜。

【样例3输入】

```
0 1
1
LRRL_ 1000000
```

【样例3输出】

```
421273116 0 0 1
```

【子任务】

保证数据中不会出现从LL_RR状态无法到达的状态（如RLLR_），故合法的状态共有23种。

定义k-不可达点为从LL_RR操作k次（双方加起来一共操作k次，顺序任意）后依然无法到达的合法状态，如1-不可达点为：全集\{LL_RR，L_LRR，LLR_R}共20个，5-不可达点为{RLR_L，RRL_L，RR_LL，R_LRL，R_RLL}。

对于100%的数据，$1 \leqslant n \leqslant 23$，$1 \leqslant m \leqslant 10^6$，$1 \leqslant C \leqslant 100$，所有可能出现在该数据点的状态均为等概率出现（也就是说，你可以认为最后一个点中每种状态的a_i之和大约为$\frac{10^8}{23}$）。

测试点编号（T）	C	M	其他
1	=100	=1	无限制
2	=100	≤5	无限制
3	=100	≤8	$n=m$
4	=100	≤10	$n=m$
5	=100	无限制	$n=1$

续 表

测试点编号（T）	C	M	其 他
6	=100	无限制	$n=1$
7	=100	$\leqslant 500$	只含5–不可达点
8	=100	$\leqslant 6\times10^5$	只含5–不可达点
9	=100	$\leqslant 100$	只含2–不可达点
10	=100	$\leqslant 7\times10^5$	只含2–不可达点
11	=100	$\leqslant 16$	只含1–不可达点
12	=100	$\leqslant 8\times10^5$	只含1–不可达点
13	=100	$\leqslant 14$	只含0–不可达点
14	=100	$\leqslant 9\times10^5$	只含0–不可达点
15	=100	$\leqslant 12$	无限制
16	=100	$\leqslant 5000$	无限制
17	=100	$\leqslant 10^5$	无限制
18	=100	$\leqslant 2\times10^5$	无限制
19	=100	无限制	无限制
20	=100	无限制	无限制

避难所

【问题描述】

“B君啊，你当年的伙伴都不在北京了，为什么你还在北京呢？”

“大概是因为出了一些事故吧，否则这道题就不叫避难所了。”

“唔，那你之后会去哪呢？”

“去一个没有冬天的地方。”

对于一个正整数n，我们定义它在b进制下，各个位上的数的乘积为$p=F(n, b)$。

比如$F(3338, 10)=216$。

考虑这样一个问题，已知p和b，求最小的n满足$p=F(n, b)$。

这是一个非常有趣的问题，对于一些b来说，我们可以用贪心来做，例如，如果$b=10$，$p=216$。

我们可以从$b-1$到2试除，直到p为1为止，答案是389，可以验证389是满足$p=F(n, b)$最小的n。

但是对于一些进制b，是不能用贪心做的，比如$b=9$，$p=216$。使用贪心得到的解是3338，而最优解是666（均为9进制下）。

本题便是在给定进制b的情况下，举出一个这样的反例或指出这样的反例不存在。

由于计算资源所限，反例中所有数字的乘积不能超过10^{18}。如果最小的反例中所有数字的乘积超过了10^{18}，那么也应该输出-1。

【输入格式】

从文件hafen.in中读入数据。

第一行一个整数t，表示一共有t组数据。

接下来每行一个整数b，表示进制。

【输出格式】

输出到文件hafen.out中。

如果不存在反例，输出一行一个整数-1。

如果存在反例，首先输出一个整数k，表示反例n的位数，接下来在同一行输出k个十进制整数，表示任意一个反例的最优解。

【样例1输入】

```
3
8
9
10
```

【样例1输出】

```
-1
3 6 6 6
-1
```

【子任务】

对于第1个测试点，分值为30，$1 \leqslant n \leqslant 32$。

对于第2个测试点，分值为40，$1 \leqslant n \leqslant 100$。

对于第3个测试点，分值为30，$1 \leqslant t \leqslant 200$，$1 \leqslant n \leqslant 100000$。

国家集训队第三次训练赛解题报告

《简单数据结构》解题报告

清华大学　翁家翌

【题目大意】

给出一串长度为N的互异序列A，要求实现在A的队首和队尾抽插元素的同时，实时统计最长上升倍数子序列的长度和不同开头的个数。

【得分分析】

从下图中可以看出，接近1/3的集训队选手得到了满分，在75分、70分、55分、50分、35分这些分数段形成小平台，较好地体现了本题的区分度。

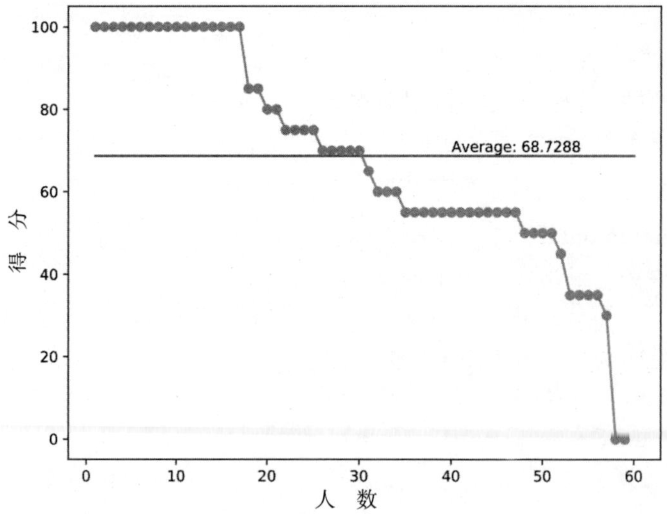

【解　法】

考虑维护一个dp数组f，记f_i表示以序列A中的第i个元素为开头的最长上升倍数子序列长度。从后往前的状态转移方程为：

$f_i = \mathrm{Max}\,(f_j,\ 0) + 1$，if $f_i < j \leqslant N$ and $A_i \mid A_j$

具体而言，考虑序列A={1，2，4，3，6，18，12}相互之间组成的关系：

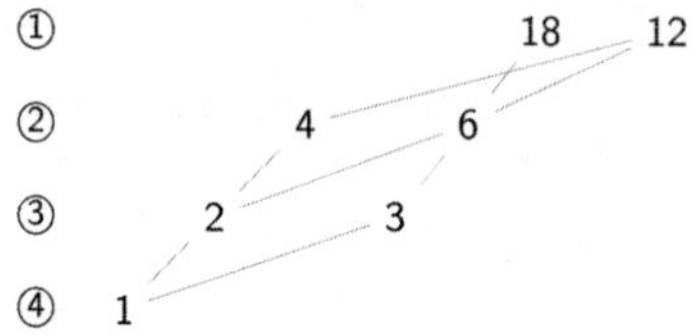

从上图中可以看出f的值依次为{4，3，2，3，2，1，1}。此时MaxLen=4，Cnt=1。

接下来依据题意，把最后一个数字12删除。如果在dp数组中把12的痕迹直接删去，会变成这样：

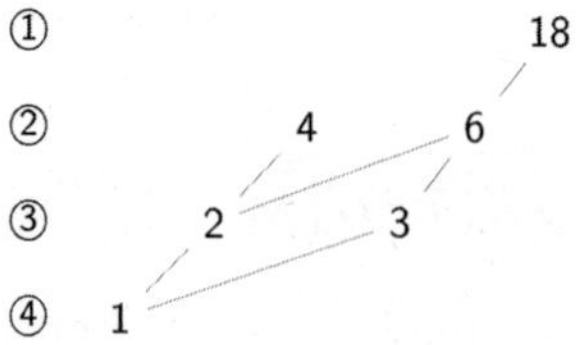

这样并不符合刚才的dp数组定义，比如f_3不应该是2而是1，因为4之后的3，6，18都不是4的倍数。因此，需要微调dp数组如下：

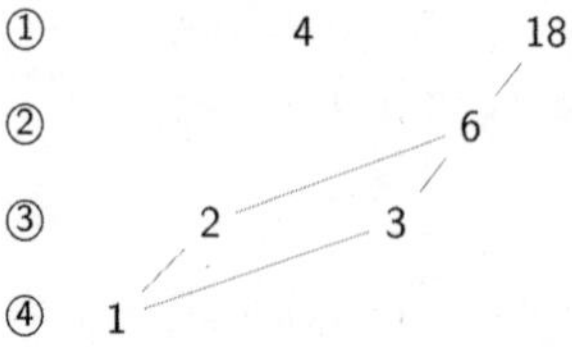

对于题目中要求的4种操作，在这个dp数组上的操作为：

（1）0 x：在A中找x的倍数中dp值最大的那个数字连一条线。

（2）1 x：令其dp值为1，把x在A中的因数全部拿出来更新一遍dp值。

（3）2：可直接删去。

（4）3：把A_N在A中的所有因数的dp值全部更新。

每一次需要维护dp值的时候，对于操作0x和2，维护dp值是非常简单的；对于操作1 x ，需要维护所有x的因子的dp值，最多加1；对于操作3，需要寻找A_N的因数A_i中有没有其他的数A_j满足$i<j$，$A_i \mid A_j$，$f_i=f_j+1$，并且A_j不是A_N的因数，如果满足这个条件，那么不更新f_i，否则$f_i:=f_i-1$并且更新f_i的所有因数，这样递归下去直到更新完成。

这样看来，维护的复杂度似乎不能承受。然而我们可以计算一下这样操作的复杂度上界：

对于每一个x，它的两个约数a，b，满足$a|b|x$的二元组有多少个，记为$f(x)$。

如果$C=1$，那么上界为最大的q个$f(x)$求和，对于本题的数据范围设定，算下来大约是六千万的操作次数。

如果$C\neq 1$，那么上界为最大的q/C个$f(x)$求和，对于本题中的$C=10$，这样算下来大约是两亿的操作次数。

因此，按照上述方法维护dp数组，复杂度是能够有保证的。复杂度分析是本题的难点所在。

【总　结】

综上所述，本题选题良好，考试效果符合预期，得分分布合理，有一定的思维难度，适合设置在清华集训第一题。

《福若格斯》解题报告

清华大学　邹逍遥

【概　述】

本题从一个常见的小游戏出发，引出了一个双人组合游戏的模型，并在这个模型的基础上提出一个胜负计数问题。考虑到组合游戏在OI界还不是特别普及，所以本题的主要考察点是选手对于自己不熟悉的类型的题目进行分析，并一步步得出最终结论的能力。本题子任务的设计也能够一步步引导选手分析问题，并且提供了前面两个小数据供选手测试自己的程序，防止选手由于担心一开始就做错而将大量时间浪费在检验正确性上。总体来说，这道题既能在选手思考和分析能力方面提供不错的区分度，又能为将组合游戏引入OI界做出很好的铺垫，是一道十分良心的好题。

【得分分析】

本题仅有两名高水平选手分别获得了30分和25分，在5~20分段有不少选手，并且低分段人数明显多于高分段人数，在0~30分这个区间内获得了良好的区分度。

由于本题的难度较高，为了让满分算法更有吸引力，纯暴力的做法给分较少。同时为了防止背诵经典结论的选手获得过多的分数，可以利用经典结论解决的这部分分数也给的较少。所以本题主要的部分分都集中在标准解法的各种弱化版中，从而保证那些想出几乎正确的算法的选手和那些被卡常数的选手获得远高于其他选手的分数。同时，这些弱化版的子任务也可以为选手的解题提供一定的方向，从而降低本题的难度。但可惜的是并没有选手能够拿到这部分的分数。

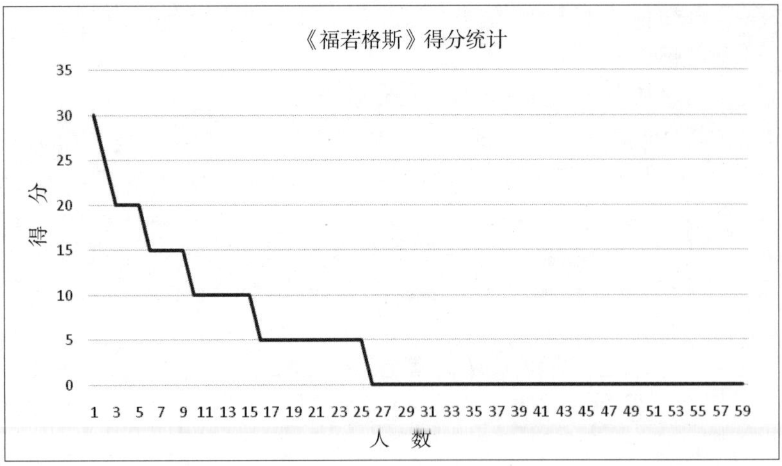

【题目大意】

给定一个双人组合游戏，初始状态为LL_RR，A选手每次可以将L_变成_L或者将LR_变成_RL，B选手每次可以将_R变成R_或者将_LR变成RL_。一局游戏中同时存在多个棋盘，双方轮流行动，每轮必须选择其中一个棋盘进行一次合法操作，最先无法操作的人输。

现在题目给出了m个棋盘，每个棋盘都是23种从初始状态可能转移到的状态之一。求在这m个棋盘的所有2^m个子集中，A选手必胜，B选手必胜，先手必胜，后手必胜的子集个数对10^9+7取模的结果。

【解法1】

对于测试点1，$m=1$。将所有的23种状态都画出来进行手算即可通过这个测试点。

可以通过测试点1获得5分。

【解法2】

对于测试点1，2，$m \leq 5$。枚举所有2^m个子集和先手方分别进行搜索，最后再综合起来算出答案即可。

可以通过测试点1，2获得10分。

【解法3】

观察一下组合游戏的性质：

（1）如果有两个不相交的集合X，Y都是A必胜，那么X∪Y也是A必胜。原因：如果B操作X，那么A也操作X，如果B操作Y，那么A也操作Y。那么这两个集合分别处于两个A后手（如果X∪Y是A后手），或者A一先手一后手（如果X∪Y是A先手），不论哪种情况A都能同时赢下X和Y。

（2）同理，如果有两个不相交的集合X，Y都是B必胜，那么X∪Y也是B必胜。

（3）如果有两个不相交的集合X，Y，其中Y是后手必胜，那么X∪Y的答案与X的答案相同。原因：A只在B操作一步Y后操作Y。那么A总能在Y中获胜，同时X中的操作仍然是AB交替没有变化。

那么对于所有的2^m个子集，我们可以先枚举它的子集，看它是否能由两个必胜、两个必败、一个后手必胜这三种情况之一的子集拼成，如果可以就不需要搜索这个子集的胜负了。加上这个剪枝之后，可以大大减少搜索的次数。

可以通过测试点1，2，3获得15分。

【解法4】

继续观察组合游戏的性质：令 $-x$ 表示将 x 对称之后的状态，如L_RLR对称后为LRL_R。定义后手必胜状态为0，那么有 $x+(-x)=0$。所以同时将一局游戏中的 x 和 $-x$ 都删掉不会影响结果。原因：A只在B操作 x 或 $-x$ 后操作另一个局面。由于这两个局面是对称的，所以A一定能够做出等价的操作，即操作完成后两个局面仍然对称。

那么在搜索的过程中，可以将所有这样的两个对称的局面直接删除再继续搜索。加上这个剪枝之后，可以大大增加搜索的速度。

可以通过测试点1，2，3，4获得20分。

【解法5】

对于测试点5，6，只有一种棋盘。通过之前的分析可以得出，A必胜+A必胜仍为A必胜，后手必胜+后手必胜仍为后手必胜，所以只需要考虑多个先手必胜的情况。由于LL_RR和自己互为对称状态，大胆猜想奇数个先手必胜之和为先手必胜，偶数个先手必胜之和为后手必胜（也可以使用打表找规律猜出）。

可以通过测试点5，6获得10分。

【解法6】

对于测试点7，8，仅包含5-不可达点。

我们可以将博弈树画出来：

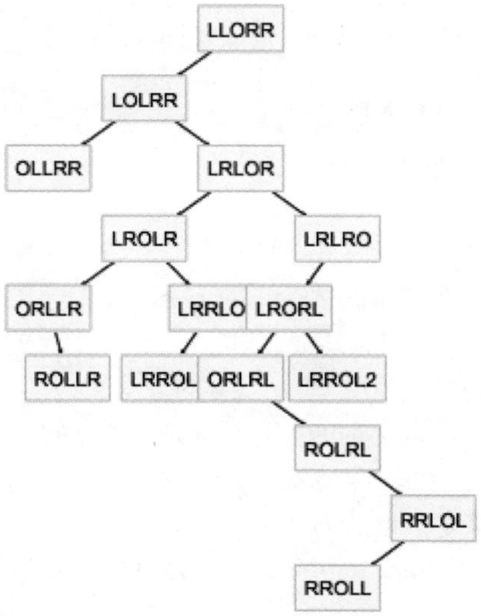

注：由于双方决策对称所以只画了左半边。

那么这部分数据只包含最下层的三个状态（还有对称之后的三个状态）。RR_LL状态显然为后手必胜，所以可以忽略。RRL_L状态可以为L方提供走一步的机会，而R方则无法进行操作。R_LRL状态则表示R方能够操作一次，但L方可以选择立即继续操作一次来抵消R方的这一次操作，所以R方的操作没有任何好处，即这个状态和无法移动的状态等价，为后手必胜。

分析之后我们可以发现，胜负仅仅取决于RRL_L和R_RLL这两个状态的数量关系：如果RRL_L多，那么L可以走的步数就多，故为L必胜；如果R_RLL多，那么R可以走的步数就多，故为R必胜；如果一样多，则为后手必胜。

可以通过测试点7，8获得10分。

【解法7】

使用Surreal Numbers进行分析：

_LLRR=R_LLR=LRR_L=RR_LL={|}=0

RRL_L=LRRL_={0|}=1

R_LRL={|1}=0

_RLLR=_RLRL={|0}=−1

$LR\_RL = \{-1|0\} = -\frac{1}{2}$

$LRRL\_ = \left\{-\frac{1}{2}|\right\} = 0$

LR_LR={−1|1}=0

LRL_R={0|0}=*

L_LRR={0|*}= ↑

LL_RR={ ↑ | ↓ }=*

注：由于双方决策对称所以只写了左半边。

由于↑ + ↓ =0，*+*=0，所以最后的和一定是$x+y*+z\uparrow$的形式，其中，$y\in\{0, 1\}$。

那么当y=0时：

· 当$x>0$或x=0且$z>0$时L方胜。

· 当$x<0$或x=0且$z<0$时R方胜。

· 当x=0且z=0时后手胜。

当y=1时：

· 当$x>0$或x=0且$z>1$时L方胜。

· 当$x<0$或x=0且$z<-1$时R方胜。

· 当x=0且$|z|\leq 1$时先手胜。

注意到*，↑，数字三者互不相关，所以可以分开计算。

对于*：分别计算出奇数个*和偶数个*的方案。

对于↑：分别计算出和为<−1，=−1，=0，=1，>1 ↑的方案。

对于数字：分别计算出和为<0，=0，>0的方案。

我们可以使用dp［i］［j］表示前i个里面选取和为j的方案数，这样可以对于每一类都算出最后和为某个值的方案数。容易看出i和j的取值范围均为O（m）（事实上由于数据随机常数非常小），总时间复杂度为O（m^2）。

可以通过测试点1，2，3，4，7，9，11，13，15，16获得45分。

【解法8】

考虑如何加速计算的过程。

对于*：设共有n个*。若n=0则偶数个*有1种；否则偶数个*和奇数个*各有2^{n-1}种。时间复杂度为O（log n）。

对于↑：注意$\sum$dp［i］［j］$\cdot x^j$可以被看成一个多项式，相邻两个多项式之间相差（即dp［i］/dp［i−1］的值）$1+\frac{1}{x}$或$1+x$。那么可以使用分治FFT或者多项式exp等技巧在低于O（m^2）的时间内算出dp［m］的值。

对于数字：$\sum$dp［i］［j］$\cdot x^j$同样可以被看成一个多项式，相邻两个多项式之间相差

$1+\frac{1}{x^2}$，$1+\frac{1}{x}$，1，$1+x$ 或 $1+x^2$。同样可以使用多项式技巧在低于 $O(m^2)$ 的时间内算出 dp [m] 的值。

根据选择的算法不同，以及实现情况可以获得45~100分不等。

【解法9】

由于我们只需要计算目标多项式中间几项的值和前后缀和，不需要计算出每一项的值，所以可以想办法减少这些冗余计算。

对于↑：注意到 $1+\frac{1}{x}=\frac{1}{x}(1+x)$，所以这个多项式就是组合数的项进行平移后的结果。而组合数在预处理阶乘之后可以 $O(m)$ 计算。

对于数字：对于差为1的项，不会改变和的大小，直接将答案乘2即可。所有 $1+\frac{1}{x}$ 和 $1+x$ 的乘积可以利用组合数在 $O(m)$ 时间内计算，所有 $1+\frac{1}{x^2}$ 和 $1+x^2$ 的乘积可以看成 x^2 的组合数在 $O(m)$ 时间内计算。那么最终要求的多项式是这两个多项式的卷积。不妨设它们分别为A多项式和B多项式。我们可以先计算出B多项式的前缀和和后缀和，之后枚举A多项式的每一项，就可以用 $O(1)$ 计算出这一项分别对于 <0，$=0$，>0 的贡献。时间复杂度 $O(m)$。

总时间复杂度 $O(m)$，可以获得100分。

【总　结】

综上所述，本题难度较高，得分点较多，子任务数量足够，并且同一个子任务可能有多种不同的思路能够解决，并不限制选手的思维方向。所以本题即使在选手得分较低的情况下仍然能够有非常优秀的区分度。同时单点10组数据和计数的题目设计方式在所有子任务上都成功防止了现场的所有错误算法通过，是一道区分顶尖水平选手的好题。

《避难所》解题报告

清华大学　毕克

【题目大意】

设 $F(n, b)$ 表示 n 在 b 进制下，各位数字的乘积，

比如F（3338，10）=216

考虑这样一个问题：现在输入 $F(n, b)$ 和 b 的值，问 n 最小可以是多少。

一个很容易想到的做法，就是从 $b-1$ 到2一个一个试除，对于上面的例子，可以得到答案389，这是正确的答案。

但是注意到，对于一些 b 并不能这样做，比如说 $b=9$，通过贪心得到的解是3338，但最优解是666。

输入 b，你的目标是构造一个这样的反例，使得贪心得到的解比输入的数字更大。

【题目解答】

事实上，不存在反例只限于很小的情况。大多数情况下是存在反例的。

另一方面，如果存在反例，一定可以找到一个有3个数字的反例，所以直接暴力生成

所有长度为3的例子，验证是不是反例即可。

上面这个做法可以处理$b \leqslant 100$的情况。

如果b比较大，可以输出3个floor（$b^{\{1/3\}}$）* ceiling（$b^{\{1/2\}}$）。其中，floor（x）表示小于等于x最大的质数，ceiling（x）表示大于等于x最小的质数。

这样进行贪心，第一步会贪心得到floor（$b^{\{1/3\}}$）^{3}，然后得到3个ceiling$b^{\{1/2\}}$，共需要4个数字。

按照这样的方法，就可以通过本题了。

【总　结】

在传统的OI比赛中，为了命题和评测的方便，一般尽量出文本比较题目。构造类的题目较少，随着时代的进步，IOI等比赛均采用了在线实时评测。给了构造类题目广泛的空间，这是一个值得注意的趋势。

国家集训队第四次训练赛

我的生命已如风中残烛

【问题描述】

“九条可怜”是一个贪玩的女孩子。

某天她在一面墙钉了n个钉子，第i个钉子的坐标是（x_i，y_i）。接着她又在墙上钉上了m根绳子，绳子的一端是点s_i（sx_i，sy_i），绳子经过点t_i（tx_i，ty_i），同时绳子的长度是L_i。其中，s_i点是粘在墙上的，而另一个端点是可以移动的。初始情况下绳子是紧绷的一条直线段。

接着，对每一根绳子她都进行了一次游戏。在第i次游戏中，她会捏着第i根绳子的活动端点进行顺时针移动，移动过程中每时每刻绳子都是紧绷的。

不难发现绳子每时每刻都在以某一个位置为圆心作顺时针的圆周运动。初始情况下圆心是绳子的固定端点s，但是在运动的过程中圆心可能会不断发生变化，如下图所示：

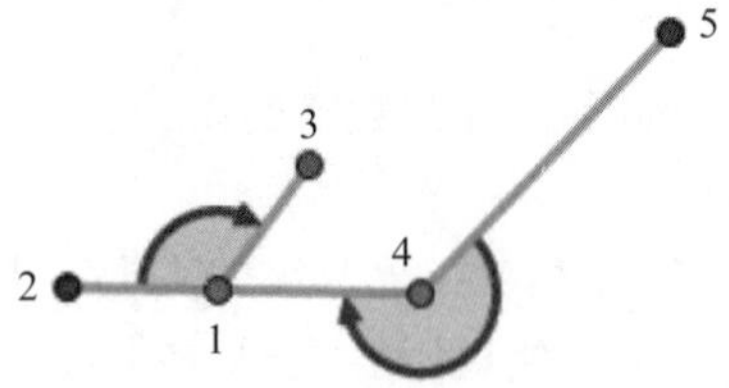

图中，左侧1点为钉子所在的点，右侧4点为绳子的固定端点，其他点为虚拟点，活动端点为5点；绳子从5点开始运动，在运行到2点时绳子绕上左侧1点的钉子，因此活动端点更换了圆心和半径，继续作顺时针的圆周运动。接着活动端点会运行到3点，并且接下来活动端点会一直绕着左侧钉子不停地做圆周运动。

不难发现绳子的运动是不会停止的，因此她感觉累了之后就会停下来。但是作为一个充满好奇心的女孩子，她决定对每一根绳子计算一下如果绳子无限的运行下去，那么它的圆心会切换多少次（包括初始的圆心）。不难发现这个数值一定是有限的。

这里通过对游戏过程进行一定程度的假设来简化问题：

（1）活动端点在运动的过程中距离每一个钉子的欧几里得距离始终大于等于9×10^{-4}。

（2）钉子的坐标两两不同但可能有多点共线。

（3）钉子的体积以及绳子的体积可以忽略不计。在游戏的过程中每一段绳子之间不会互相影响。

（4）初始情况下绳子距离每一个钉子的最近欧几里得距离大于等于9×10^{-4}。

（5）每一根绳子初始粘着的端点不会影响绳子的运动，即绳子不会绕回到端点上。

【输入格式】

从文件game.in中读入数据。

第一行输入一个整数T，表示数据组数。

每组数据第一行为两个整数n，m，表示钉子数和绳子数。

接下来n行，每行两个整数x_i，y_i，表示钉子的坐标。

接下来m行，每行五个整数sx_i，sy_i，tx_i，ty_i，L_i，表示一段绳子，含义如上所述。

【输出格式】

输出到文件game.out中。

对于每组数据的每组询问，输出一行一个整数，表示运行过程中圆心变化了多少次。

不同数据组数之间无需空行隔开。

【样例1输入】

```
2
5 3
0 0
2 0
2 2
0 2
1 1
1 3 10 3 10
1 3 10 3 20
1 3 10 3 30
3 1
0 0
100 0
1000 0
1 3 10 3 1000000000
```

【样例1输出】

```
6
11
16
1000001
```

【样例2输入输出】

见选手目录下的game/game2.in与game/game2.ans。

【样例2说明】

为了选手的身体健康，"九条可怜" 决定临时加上一个大样例。但是因为是 IOI 赛制，她不想让大样例太强。

大样例如下图所示：

其中，两种灰度的 "点" 分别表示钉子和询问。为什么询问看起来像是一个点呢？因为每一个询问都是长度为1的线段，而坐标范围又很大，所以看起来就是一个点。

不难发现每一个询问的答案都是1。

【子任务】

对于前10%的数据，$n \leqslant 2$。

对于前20%的数据，$n \leqslant 3$。

对于前30%的数据，$n \leqslant 10$。

对于前60%的数据，$n \leqslant 100$，$m \leqslant 100$。

对于100%的数据，$1 \leqslant n \leqslant 500$，$1 \leqslant m \leqslant 500$，$1 \leqslant T \leqslant 10$。

对于100%的数据，$0 \leqslant |x_i|$，$|y_i|$，$|sx_i|$，$|sy_i|$，$|tx_i|$，$|ty_i| \leqslant 10^4$，$1 \leqslant L_i \leqslant 10^9$。

榕树之心

【问题描述】

深秋，冷风吹散了最后一丝夏日的暑气，也吹落了榕树脚下灌木丛的叶子。相识数年的Evan和Lyra再次回到了小时候见面的茂盛榕树之下。小溪依旧，石桥依旧，榕树虽是历经荣枯更迭，依旧亭亭如盖，只是Evan和Lyra再也不是七八年前不经世事的少年了。

……

"已经快是严冬了，榕树的叶子还没落呢……"

"榕树是常绿树，是看不到明显的落叶季节的……"

"唉……想不到已经七年了呢。榕树还是当年的榕树，你却不是当年的你了……"

"其实又有什么是一成不变的呢？榕树常绿，翠绿树冠的宏观永恒，是由无数细小树叶的荣枯更迭组成的。在时间的流逝中一切都在不断变化着呢……"

"但你看这榕树，日日如此，季季如此，年年如此，仿佛亘古不变，盘根错节，郁郁葱葱。我在想，或许成为一棵树更好吧，任时间从枝叶间流过，我只守这一片绿荫就好。"

"榕树固然长久，但在这无限的时光里，终归是要湮灭于尘土的。与其像榕树一般，植根于一方泥土中感受年复一年的四季更替。倒不如在有限的时间里看过尽可能多的世界吧。再说了，榕树虽生长缓慢，却依旧会在每年春天抽出一根新的枝条去向外探索的呢……”

“真的吗，榕树在她漫长的一生里，就是这样往外一步步探索的吗？”

“毕竟就算树冠看起来一成不变，榕树也会随着时间周期变化，春天到了自然就是生长的时候了，她也应当做出对应的表现吧……”

“相比于对季节更替做出本能的生长，我倒宁愿相信，榕树有一颗活跃的，探索的心。”

“其实榕树是有心的，榕树刚刚种下的时候，心就在根的地方发芽了。以后每年春天榕树长出新枝条的时候，心就会向着新枝条的方向移动一点，这样就能更靠近外面的世界了。你看这头顶上的枝条，纵横交错，其实心已经在这枝杈间，移动了数十载了呢……”

“哇，也就是说，这密密麻麻的树杈中的某个地方，藏着这棵榕树的心吗？”

“没错，可是要知道它在哪，就得另花一番功夫了……”

“呀，这时候想想，一株树还是不如一个人好……比如你，要是这样贴上去的话，就能听到跳动的声音呢……”

……

一棵榕树可以抽象成一棵 n 个结点的有根树，其中，结点编号为 $1\sim n$，而1号点就是根节点。初始时，树只有1号点，而心也在1号点。之后每一步，树都会长出一个新结点，即某个和当前已经存在的某个结点相邻的结点被加入了树中，之后，心会沿着心到新加结点的简单路径移动一步。这棵 n 个结点的树有多种生长的顺序，不同的顺序会导致最终心的位置不同。现在，Evan和Lyra想知道，哪些结点可能是心在生长过程结束时停留的位置呢？

例如，一棵大小为4的树，连边为 $\{<1, 2>, <1, 3>, <1, 4>\}$，我们有三种不同的生长顺序可以让心分别停留在2，3，4号节点上。

最终停留在2号点：

（1）从1生长出3，心从1移动到3；

（2）从1生长出4，心从3移动回1；

（3）从1生长出2，心从1移动到2。

最终停留在3号点：

（1）从1生长出2，心从1移动到2；

（2）从1生长出4，心从2移动回1；

（3）从1生长出3，心从1移动到3。

最终停留在4号点：

（1）从1生长出2，心从1移动到2；

（2）从1生长出3，心从2移动回1；

（3）从1生长出4，心从1移动到4。

我们可以证明，不存在任何一种可能的生长顺序使得心停留在1号点。

【输入格式】

从文件core.in中读入数据。

输入第一行包含两个正整数 W，T，分别表示子任务编号（在样例中 W=0）和数据组数，接下来是 T 组数据的描述。

对于每组数据，第一行一个正整数n，表示树上结点的个数。

接下来n-1行，每行两个正整数a_i，b_i，表示编号a_i，b_i的结点间有一条树边，保证$a_i \neq b_i$，并且输入的n-1条边恰好构成了一棵树。

【输出格式】

输出到文件core.out中。

若输入的W不等于3，对于每组数据输出一行一个长度为n的01字符串，表示编号为1~n的结点是否有可能是心最后所在的位置，若01字符串对应位是1则表示可能，为0则表示不可能。

若输入的W等于3，则对每组数据输出一个字符，表示1号点的答案。

【样例1输入】

```
0 3
4
1 2
1 3
1 4
6
1 2
1 3
1 4
4 5
5 6
10
1 2
1 3
3 4
3 5
3 6
4 7
7 8
8 9
9 10
```

【样例1输出】

```
0111
000101
0000001010
```

【样例2输入输出】

见选手目录下的core/core2.in与core/core2.ans。

【子任务】

Subtask 1 [10pts]：$T \leqslant 50$；$n \leqslant 15$。

Subtask 2 [10pts]：$T \leqslant 20$；$n \leqslant 10^5$。除了1号点之外，每个点度数（包括父亲）不

超过2。

Subtask 3 [10pts]：$T \leqslant 200$；$n \leqslant 100$。只输出一个字符表示1号点答案，即保证1号点答案正确即可。

Subtask 4 [35pts]：$T \leqslant 20$；$n \leqslant 10^3$。

Subtask 5 [35pts]：$T \leqslant 20$；$n \leqslant 10^5$。

某位歌姬的故事

【问题描述】

IA是一名会唱歌的女孩子。

IOI 2018就要来了，IA决定给参赛选手们写一首歌，以表达美好的祝愿。这首歌一共有n个音符，第i个音符的音高为h_i。IA的音域是A，她只能唱出1~A中的正整数音高。因此$1 \leqslant h_i \leqslant A$。

在写歌之前，IA需要确定这首歌的结构，于是她写下了Q条限制，其中第i条为：编号在l_i ~ r_i的音符的最高音高为m_i。确定了结构之后，她就可以开始写歌了。不过她还是想知道，一共有多少种可能的歌曲满足她的所有限制？她听说你还有9个月就要去IOI了，于是希望你帮她计算一下这个值。

【输入格式】

从文件rmq.in中读入数据。

输入的第一行包含一个整数T（$T \leqslant 20$），代表测试数据的组数。

每组数据的第一行包含三个正整数n，Q，A。接下来Q行，每行三个整数l_i，r_i，m_i，表示一条限制。保证$1 \leqslant l_i \leqslant r_i \leqslant n$，$1 \leqslant m_i \leqslant A$。

【输出格式】

输出到文件rmq.out中。

输出文件只有一行，表示可能的歌曲数目。这个数可能很大，请将答案模998244353输出。

【样例1输入】

```
1
3 2 3
1 2 3
2 3 2
```

【样例1输出】

```
3
```

【样例1说明】

以下是三种可能的歌曲：（3，1，2），（3，2，1），（3，2，2）。

【样例2输入】

```
2
4 2 4
1 2 3
```

```
2 3 4
7 3 74
3 6 56
2 5 56
3 7 70
```

【样例2输出】

```
20
160326468
```

【子任务】

测试点编号	n	Q	A	m_i	分　数
1	$\leqslant 7$	$\leqslant 7$	$\leqslant 7$	$\leqslant A$	5
2	$\leqslant 10$	$\leqslant 500$	$\leqslant 9\times10^8$	$\leqslant A$	10
3	$\leqslant 500$	$\leqslant 10$	$\leqslant 9\times10^8$	$\leqslant A$	8
4	$\leqslant 500$	$\leqslant 500$	$=2$	$=2$	12
5	$\leqslant 9\times10^8$	$\leqslant 500$	$=2$	$=2$	18
6	$\leqslant 500$	$\leqslant 500$	$\leqslant 9\times10^8$	$\leqslant A$	28
7	$\leqslant 9\times10^8$	$\leqslant 500$	$\leqslant 9\times10^8$	$\leqslant A$	19

国家集训队第四次训练赛解题报告

《我的生命已如风中残烛》解题报告

北京大学　吉如一

【概　述】

这题是一道非常简单的计算几何题，这道题的出发点是考察选手对简单的几何问题、精度问题的分析能力，以及对一些基本的计算几何算法，例如极角排序等的熟悉程度。考察点非常全面，同时也能激发选手对计算几何的兴趣。

【得分分析】

赛场上集训队选手的得分情况如下：

分　数	人　数	分　数	人　数
100	5	60	9
90	2	10~30	15

作为一道清华集训的题目，这道题在设计时并没有添加过多的部分分。但是从上述

数据可以看出，这道题还是有着非常好的区分度，非常好地区分了集训队中不同计算几何水平的选手。为预备队的选拔起到了应有的作用。

【题目大意】

平面上有 n 个钉子，m 条绳子。每一条绳子的一个端点固定，另一个端点在绳子绷紧的情况下作顺时针运动，绳子会碰到钉子上。不难发现在有限的时间之后，绳子会绕某一个中心不停地做圆周运动。

现在对每一根绳子问在运动的过程中，一共改变了几次圆心。

n，$m \leqslant 500$，绳子长度不超过 10^9，坐标范围 10^4。

【解法1】

一个自然的思路是对每一条绳子，每一次求出它顺时针运动的过程中，下一次碰到的钉子是什么，直到绳子的长度变得足够短，再也不碰到钉子为止。

但是这样的时间复杂度并不对，因为绳子可能在两个距离为1的钉子之间不断的绕圈，因为绳子的长度是 10^9，所以最坏情况下圆心可能变化 10^9 次。

出现上述情况的本质原因是，绳子在若干个钉子之间循环了很多圈。因此一个可行的优化是一旦开始循环，我们可以直接计算出绳子会在这个循环里绕多少个整圈（绳子的剩余长度除以循环一圈消耗的长度），然后从这些圈结束以后再继续计算。

可以证明绳子的运行过程中，最多产生 $O(\log L)$ 次循环，其中 L 为绳子的长度。

证明的思路很简单。首先可以注意到，绳子的循环一定是在一个凸多边形上绕圈，因此我们可以转而证明如下图（绳子的一端是最左侧的1点，另一端是中间的2点）所示的这种“绕进去”的行为，只会发生 $O(\log L)$ 次（因为“绕进去”的次数一定大于等于循环的个数）。

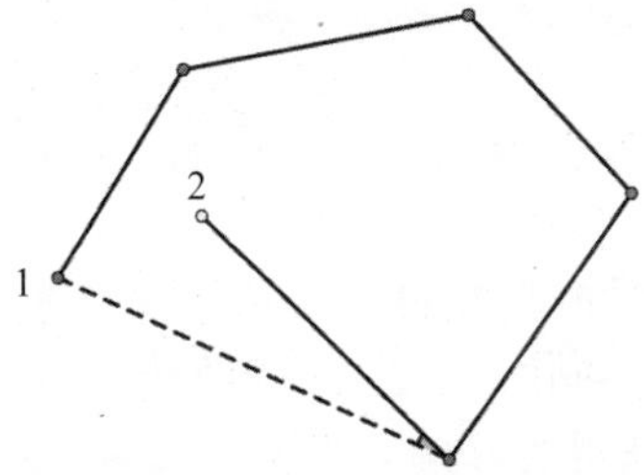

根据两点之间线段最短，实线凸轮廓的长度肯定大于等于虚线的长度，从而一定大于等于绳子的剩余长度。因此，进行一次“绕进去”的行为，绳子的剩余长度至少除以2。

因此，绕圈只会发生 $O(\log L)$ 次，用去掉绕圈的方式模拟，最多只需要模拟 $O(n\log L)$ 步。暴力的时间复杂度为 $O(n^2 m\log L)$，可以获得60分。

【解法2】

可以考虑优化寻找运行下去碰到的第一个钉子的过程。不难发现除了绳子第一步变化圆心之外，绳子一定是绕某一个钉子运行的。因此，变换圆心时，绳子的角度最多只有 n 种（前一步圆心是什么），同时在碰到下一个钉子的时候，角度也最多只有 n 种（下一步圆心是什么）。

因此对每一个钉子，我们可以把这 $2n$ 个角度极角排序。这样每一次找下一个钉子的过程可以看成从一个循环数组中的一个位置出发，找后面第一个距离小于等于 L（绳子的剩余长度）的位置。

这可以用倍增在 $O(\log n)$ 的时间内求解，即预处理 $f[i][j]$ 表示从第 i 个位置出发，往后走2^j步碰到的最近距离是什么，然后直接倍增地向后跳就可以了。

这样时间复杂度可以被降为$O(nm\log n\log L)$，可以获得满分。

【解法3】

如果把解法2中，倍增的部分改成暴力向后找，时间复杂度会进一步地下降到$O(nm\log L)$。

证明其实很简单，考虑下图：

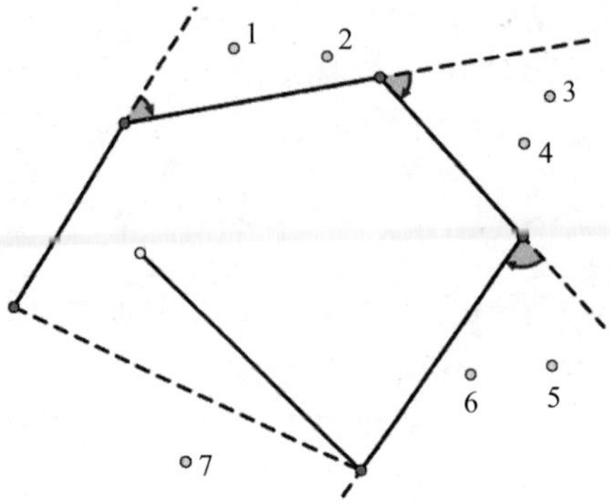

1~7点表示绳子在运动过程中扫过的点（为了图片的大小，1~7点距离被缩小了，实际上它们在足够远处绳子绕不到的地方）。不难发现在绳子绕着一个凸多边形的边界移动时，一圈只会扫到每一个点至多一次。

而在解法1中我们证明了绳子的移动可以被拆成$O(\log L)$段凸多边形的边界。因此总扫过的点数不会超过$O(n\log L)$，于是总的时间复杂度就被降到了$O(nm\log L)$，可以获得满分。

【总　结】

这是一道难度较低但是非常有趣的计算几何题，最终算法的分析利用了两个有趣的而且反直觉的集合性质，非常的优美。

同时尽管解法2比较烦琐，但是在最后的解法中，反而是简单的枚举时间复杂度更低，体现了几何问题的简洁美。同时启发了选手们做题不能无脑使用数据结构，有些时候分析一下题目的具体性质能获得更好的效果。

《榕树之心》解题报告

麻省理工学院　罗哲正

【概　述】

本题是一道中等难度，涉及对树结构和重心理解的试题，最终做法较为简单且仅需要对树进行简单遍历和dp，可以考察选手对树的理解和洞察能力。同时本题有多种不同的可行算法，考查选手的同时可激发选手的发散性思维。

【得分分析】

现场比赛一共59人参加，其中，100分21人，55分1人，20分5人，10分17人，0分15人。得分较为极端化，标准差为44.5，为三题最高（其他两题分别为39.1和33.6）。

得分趋向于两极化的原因可能是部分分的提示性较强，只要触摸到核心的idea就可以通过部分分设置一步步得到解法。

对该天的分数表进行统计学分析，可以得出本题得分和总成绩的相关性（Correlation）为0.67，是这场比赛中相关性最高的（其他两题分别为0.52和0.61），可以说为正向区分不同水平的选手起了较大的作用。

【题目大意】

定义树的生长过程，刚开始有一个初始节点，树的心在这个位置上，之后每次从当前某个已存在的节点上长出一个叶子，并把心向该新节点移动一步（最短路径方向）。现在给定树的结构，初始只有1号点，问哪些节点是心最后可能停留的位置。

数据组数$T \leqslant 20$；$n \leqslant 10^5$。

【子任务1】

数据规模$T \leqslant 50$；$n \leqslant 15$。

对于n比较小的情况，可以直接令$f_{x,s}$表示当前心在x节点，且当前已经长出的叶子节点集合s是否可行。

【一个简单的必要条件】

注意到树是一个二分图，黑白染色后，每次生长会让心的颜色翻转，由此可以得出最后心所在节点的颜色，如此一来，有一半的点必然是不可行的。

接下来只考虑可行的那一种颜色的点。

【逆向思维】

把生长过程倒过来考虑，每次删除一个叶子把心向另一个方向推动一步，问能否回到1号点。任意时刻，当心在1号点时，若1号点度数为1则不可行。

【从子任务3开始推理】

考虑简化版问题：心能否从1号点回到1号点。

一个简单的Case——重心：若1号点是重心，显然是可以的，否则就要想办法把心推进最大的子树来消耗子树的大小。推进最大的子树后，可以把两个孩子相互抵消，若其中还是有一个孩子过大，则必须继续推进。

于是我们从根开始，把心一直往下推，每次推进最大的子树，推进子树时可以利用除了子树内和根链上的点，看能否推到底。

这里我们可以进行一种猜想，令轻重链剖分后，从1开始的重链为主链，若可以通过某种方式把心推到主链的低端，则为可行，否则为不可行。

猜想的简单证明（感悟）：

必要性：若存在这样一个不可达的子树，则从根到这棵子树的路径和子树内的点之外的其他点全部消完，也不可能消到这个子树，这个子树最终会成为1号点的唯一出度。

充分性：考虑主链，在向下消到底的过程中若存在某个点x，满足若从现在开始把心往上推，推到x则x的重孩子恰好会切换，则可以立即把心推回x，并把x原本的重孩子子树和新的重孩子子树互相抵消，以此可以把重子树消到任意大小。若消到底也没有任何满足条件的x，可以确定消成了一条链，直接推回根即可。

【推广到任意节点】

称1开始的重链为主链，考虑刚开始（或者说最后）心不在1号点的情况：

（1）心不在主链上：当心不在主链上时，先把心推到主链上，再做主链上的情况即可。

（2）心在主链上：当心在主链上时，可能会出现把心往回推的时候，由于当前子树大小的减少，导致当前心所在点某个祖先x的重孩子切换的情况，我们需要找到最浅的这个x，然后从这个点开始把心往新的主链上推。我们可以在DFS的时候使用单调栈维护这个x。

所以做法就是用dp_i表示从i这个点开始往下推到重链的底端至少需要多少额外的推的次数（从i子树外获得），其中，可以使用i开始的重链之外的子树内的节点。

【总　结】

这是一道难度中等，主要考察对树结构和重心的理解，逆向思维，组合规律的猜测证明和树上基DFS算法实现能力的小清新思维题。目标是直接区分出思维较好，能针对模型观察本质设计解法的优秀集训队选手。集训队有近一半选手AC虽出乎意料但也在情理之中，也说明本题是否AC起到了较为重要的区分效果。

《某位歌姬的故事》解题报告

清华大学　任翰林

【得分分析】

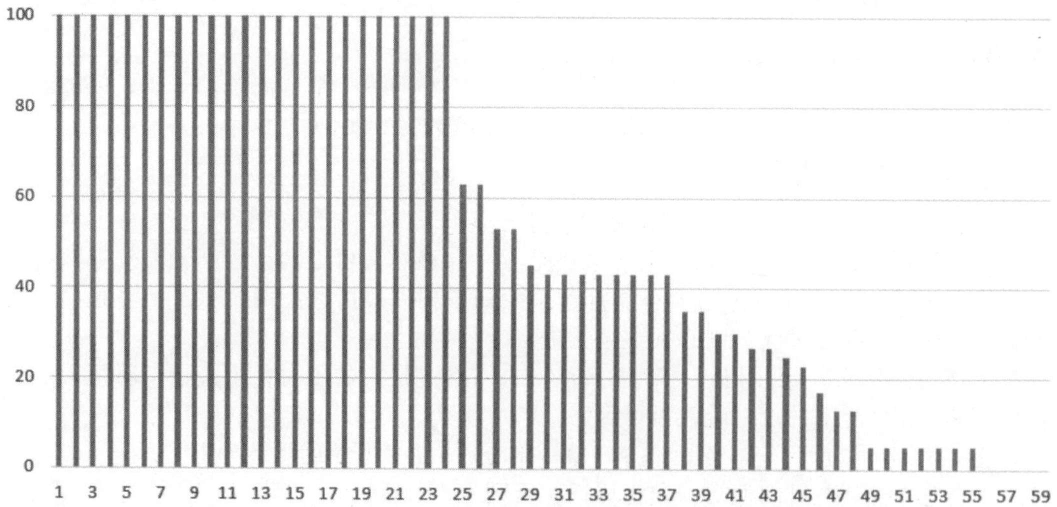

【题目大意】

有一个长度为n的数列a，已知每个数都是不超过A的正整数，还有Q个条件，每一个形如$a[l_i]$，$a[l_{i+1}]$，…，$a[r_i]$中的最小值恰好为m_i。求有多少个不同的数列a满足这些条件。

【解法1】

显然可以暴力枚举所有的数列a，并依次判断该数列是否满足条件。这样的数列一共有A^n个，对每一个数列可以用$O(Qn)$时间进行判断，故时间复杂度为$O(QnA^n)$。可以通过测试点1，期望得分5分。

【解法2】

首先我们得到每一个数的上界U_i：起初$U_i := A$。对每一个限制（l_i，r_i，m_i），对$l_i \leqslant j \leqslant r_i$的所有$j$更新其上界：$U_j := \min(U_j, m_i)$。这样，我们只需要考虑满足$1 \leqslant a_i \leqslant U_i$的数列。

现在题目变成了有Q个限制，第i个限制形如：区间［l_i，r_i］中存在等于m_i的数。我们可以用容斥的方法求出满足所有限制的数列个数。考虑这些限制的一个子集S，我们先令$V_i := U_i$，然后对每个$i \in S$和$l_i \leqslant j \leqslant r_i$，令$V_j := \min(V_j, m_i-1)$，则$\prod_{i=1}^{n} V_i$就是不满足$S$内限制的方案数，设为$f(S)$。由容斥原理，最终答案就是$\sum_{S\subseteq\{1,2,\ldots,Q\}}(-1)^{|S|}f(S)$。该算法的时间复杂度为$O(Qn2^Q)$，可以通过测试点1，3，期望得分13分。

【解法3】

我们说一个点i支配一个区间［l_j，r_j］当且仅当$i \in [l_j, r_j]$且$m_j=U_i$；说一个点i达到极限值当且仅当$a_i=U_i$。如果对每个区间［l_i，r_i］，其中都有一个支配该区间的点i达到极限值，那么这个数列就是合法的；否则这个数列就是不合法的。我们枚举每个点是否达到极限值，然后判断在这个条件下数列是否合法（即对每个区间，存在一个支配该区间的点达到极限值）；如果合法，则更新答案。令$U_i' = \begin{cases} 1 & i\text{达到极限值} \\ U_i - 1 & i\text{没有达到极限值} \end{cases}$，那么符合条件的数列有$\prod_{i=1}^{n} U'_i$种，将这个数加到答案里面去即可。该算法的时间复杂度为$O(Qn2^n)$，可以通过测试点1，2，期望得分15分。

【解法4】

我们发现对于子任务4，5，$A=2$，也就是说，每个a_i的值只能是1或2。此时问题变成，选一些点填上2，将剩下的点填上1，使得每个区间内至少有一个点填上了2。

首先我们有一个非常简单的发现：如果区间［l_i，r_i］包含了区间［l_j，r_j］，那么我们可以把［l_j，r_j］扔掉，答案显然不会改变。于是剩下的区间满足$l_i < l_j \Leftrightarrow r_i < r_j$。为简单起见，我们把区间按照$l_i$从小到大排序（当然，等价于按照$r_i$从小到大排序），即$l_1 < l_2 < \cdots < l_Q$。

对于这种情况，我们可以使用动态规划：令f_i表示只考虑$< l_i$的点，从中选出若干个点填上2，使得所有［l_1，r_1］，［l_2，r_2］，…，［l_{i-1}，r_{i-1}］内都有至少一个2的方案数（如果$r_j \geqslant l_i$，那么在［l_j，l_{i-1}］内必须填上至少一个2）。

状态转移可以用容斥原理：所有方案数为2^{l_i-1}；设第一个不含2的区间为［l_j，r_j］，那么有f_j种方法填$<j$的区间，剩下$\max(0, l_i-r_j-1)$个点随意赋值。也就是

$$f_i = 2^{l_i-1} - \sum_{j<i} f_j 2^{\max(0, l_i-r_j-1)}$$

该算法的时间复杂度为$O(Q^2)$，可以通过测试点4，5，期望得分30分。

【解法5】

我们按照从大到小来处理这些m_i，m_i相同的区间一起处理。现在只考虑$m_i=m$的区间。我们需要在支配这些区间的点中选出一部分点，让它们达到极限值，并使得每个区间被某一个达到极限值的点支配。为简单起见，我们把$m_i=m$的区间中，包含其他（$m_i=m$的）区间的区间删掉，设剩下的区间按l_i从小到大排序后为［l_1，r_1］，［l_2，r_2］，…，［$l_{Q'}$，$r_{Q'}$］。

设 f_i 表示只考虑 $< l_i$ 的点，从它们中选出若干个点，使得所有 $[l_1, r_1]$，$[l_2, r_2]$，…，$[l_{i-1}, r_{i-1}]$ 中都有一个点的方案数。当然在这里，如果一个点被选了，那么只有一种方案；否则有 $m-1$ 种方案。

令 sl_i 为 $< l_i$ 的点中 $U_x=m$ 的点 x 的数量，sr_i 为 $< r_i$ 的点中 $U_x=m$ 的点 x 的数量。与解法4类似，可以用容斥原理进行转移。如果没有任何限制，则有 m^{sl_i} 种方案；设第一个没有任何点被选出来的区间为 $[l_j, r_j]$，则

（1）$< l_j$ 的点有 f_j 种选择方案。

（2）$[l_j, r_j]$ 中的点有 $\min(sl_i, sr_j)-sl_j$ 个，每个点有 $m-1$ 种选择方案。

（3）$> r_j$ 的点有 $sl_i-\min(sl_i, sr_j)$ 个，每个点有 m 种选择方案。

故可以写出转移方程：

$$f_i = m^{sl_i} - \sum_{j<i} f_j (m-1)^{\min(sl_i, sr_j)-sl_j} m^{sl_i-\min(sl_i, sr_j)}$$

该算法的时间复杂度为 $O(Q^2)$，可以通过全部测试点，期望得分100分。

【总　结】

本题是一道简单的计数问题，考察了选手对容斥原理与动态规划的熟练程度。

索　引

英文字母词汇

汉字词汇